受験生・歌よみ必携

【古文単語千五百】
マスタリング
Mastering
ウェポン
Weapon

【weapon】武器・得物・対抗手段
…他者がそれを手にした時、丸腰の者に勝ち目なし。勝ちたくば、自ら求め修むべし。

authored by 之人冗悟（のと・じゃうご：Jaugo Noto）
essentially excerpt from 『扶桑語り』（ふさうがたり）
http://fusaugatari.com

Beneath
Umbrella of
ZUBARAIE LLC.   http://zubaraie.com

http://fusau.com 古文単語千五百マスタリング・ウェポン http://fusaugatari.com

http://fusau.com 古文単語千五百マスタリング・ウェポン http://fusaugatari.com

わかたねは
こするおもひも
せんなくて
こひやくちなむ
ちりもえもせて

分かたねば　期する想ひも　詮無くて　恋や朽ちなむ　散りも得もせで

Thoughts burning inside
Fostered unshared alone in vain
Love unknown ungained may wane
Without words, no worthy rewards

…人の思いは伝え合ってナンボ、言わぬ想いは思わぬに似たり。
言葉がなけりゃ、恋も人生も始まらない。
言わぬまま、得られもせぬまま、風化して、思い出の中でだけ戯れていたい？
そんな生き方、したくないなら（恋に、人生に）踏み出す前に、言葉に磨きをかけるべし：
　　　　　　　　受験生・歌よみ必携『古文単語　千五百 Mastering Weapon』

http://zubaraie.com　　　　see also 古文・和歌マスタリング・ウェポン

http://fusau.com 古文単語千五百マスタリング・ウェポン http://fusaugatari.com

《古文単語千五百》マスタリング・ウェポン 内容紹介

■〈収録語数・範囲とその選別基準〉

本書には、日本の大学入試古文問題の主要な対象となる平安時代の文物の読解に大いに役立つ古語・連語類を、全部で1500語収録してある。

本書収録の1500の古語は、以下の三段階を経て厳選されている：

(1) 大学入試に際し受験生が古語語彙構築の源典とすると思われる市販の古文単語集の収録語を網羅的に調査し、任意の古語が収録されている市販古文単語集の多寡を基準にして（市販単語集の全部に収録されている語は重要度高し／一冊に載ってるだけなら重要度低し、という具合に）、重要古語の等級（〈A〉・〈B〉・〈C〉）を（暫定的に）割り出した。

(2) 高校生を対象とする学習古語中辞典（複数冊）の収録語を一語残らず全て吟味し、当該辞書の編者が重要語として特筆する語句と、特筆されていなくとも各種の観点から重要語扱いが妥当と思われる古語を拾い出し、前述の市販単語集収録頻度から暫定的に割り出した古語重要度等級（〈A〉・〈B〉・〈C〉）の更なる洗練を図った。

(3) 過去の大学入試で出題された古文問題（延べ1300年度分以上）の原文を筆者自身が実際に（機械任せの"全自動コンピュータ分析"ではなく）読み解き、平安時代の文物に頻出する古語・入試古文問題で狙われ易い古語の水準を入念に（大学入試古文問題出題者の視点で）再検討し、件の重要古語等級（〈A〉・〈B〉・〈C〉）を、最終的に1500語へと確定した。

…かくて、本書の採用する古語重要度等級〈A〉・〈B〉・〈C〉が誕生した：

〈A〉 どんな市販古文単語集でも外すわけに行かぬ"有無を言わさぬ最重要古語"
　　　＝単語400／連語類50
　…古文初学者（＋入試直前でなお古語未習得の受験生）は、まずこれだけは覚えるべし

〈B〉 収録語数の制約がなければ"古文指導者として単語集に入れたい中堅語"
　　　＝単語450／連語類50
　…古典文法も基礎的語彙も習得した後（＋難関入試に挑む者）は、これをも覚えるべし

〈C〉 入試云々よりむしろ"古典常識・古文書解読力の向上に役立つ最上級古語"
　　　＝単語500／連語類50
　…古文入試力の死角をなくしたい・古文の塾講師や家庭教師として恥ずかしくない実力を身に付けたい・優雅なる文芸としての古文・和歌の嗜みが欲しい、なら、ここまで覚えるべし

http://zubaraie.com

http://fusau.com 古文単語千五百マスタリング・ウェポン http://fusaugatari.com

■〈収録語の配置順〉

　本書では、1500に上る膨大な古語群を理知的・効率的・感覚的に理解・暗記し易くするための工夫として、語源・語形・意味等の面から関連の深い古語を並べて一堂に記す"意味集団別配置"（五十音順or"試験に出る順"に非ず）を採用した。

　全収録語1500語を、同類古語群として126種の意味集団に分け、各意味集団の始まりには"●当該意味集団の簡単な紹介文"を付けた。

　各意味集団内に於ける語句の配列もまた、五十音順であるとか（上述の）古語重要度等級（〈A〉・〈B〉・〈C〉）順だとかの安易な機械的配置にはせず、同一意味集団内の他の語句との関連性が理解し易く暗記に好適な合理的配列を心掛けた。

■〈収録語に関する情報〉

　全1500語の収録語には、以下の情報を記してある：

(1)―収録語番号―〈古語重要度等級A・B・C〉かな読み【漢字読み】

　　・・・各古語見出語の冒頭部には以下の情報を記載した：

　　　＊全1500語中の何番目にあたる収録語か？

　　　＊重要度は〈A〉最重要・〈B〉中堅・〈C〉最上級 のどの等級か？

　　　＊「ひらがな」に加えて、どんな【漢字】で表記される場合があり得るか？

(2)〔品詞〕

　見出語の〔品詞〕は、同一品詞に属する最初の語義の〈語義解説〉直前に略号で記した。略号の形態は、大方の辞書・単語集のそれに倣い、例えば「他動詞でタ行下二段活用する語」＝〔他タ下二〕／「助動詞でラ行変格活用に属する語」＝〔助動ラ変型〕／「形容詞のク活用」＝〔形ク〕／「形容動詞ナリ活用」＝〔形動ナリ〕／「接続詞」＝〔接続〕／「接続助詞」＝〔接助〕／「接尾語」＝〔接尾〕のように記した。

　〔連語〕の場合、それを構成する成文までも、同一連語に属する最初の語義の〈語義解説〉直前に記した。なお、連語の中でも構成成分相互の関連性が強く、"単語"や"一品詞"に近い扱いで一まとめにして覚えるべきであると筆者が判断した語は、特に〔連接語〕と記して、単なる〔連語〕とは区別した。

(3)《語源考察》

　各見出語の個別的語義の解説に先立って、当該見出語にまつわる語源・歴史・文化的背景事情を簡潔に記して、その全体的な語感が思い浮かぶようにした。

http://zubaraie.com　　　　　see also 古文・和歌マスタリング・ウェポン

(4)〈語義解説〉
　各古語の語義は、"その古語を現代日本語に訳したらどうなるか"をダラダラ羅列する形で漫然と示すのではなく、〈その古語の表わす意味を論理的に定義するとどうなるか〉を、当該見出語の各語義ごとに細かく分析する形で記載した。(…英英辞典──an English-to-English dictionary──や百科辞典のみっちりと濃密な解説文のイメージである)

(5)厳選訳語
　各古語の訳語は、当該見出語の各語義の〈語義解説〉直後にその古語の意味を現代日本語で忠実に伝えるのに最も妥当と思われる一語のみを厳選し記した(これは、受験生の暗記の労苦を最低限に絞り込むための割り切りである)。但し、〈語義解説〉中に複数の論理的定義が並立する場合は、各論理的定義一つごとに一語ずつ複数の訳語を配した。

※語義の収録範囲(割愛対象)について
　大学入試で問題となる古語の語義が実質的に中古(≒平安時代)に限定される現実に鑑み、この時代を大きく外れ、語義も現代語からの類推で片が付くことの多い後代の語(近世語)は《語源考察》で言及されている場合等を例外として)全て割愛した。但し、近世語でも、それが文芸語として重要であるとか、その他の観点から覚えておくべき重要語であると判断される場合は、特例として記載した。
　近世以前の語義については、本書には一切割愛せずに記載してある。中世(大まかに言えば鎌倉～室町時代)の語義や上代(≒奈良時代)の語義も(時代背景の注記を添えて)残らず記してある。即ち、本書は"中古日本の古語オールスター列伝"として「辞書的に」使用可能な古文単語集、ということになる。

※漢字表記と振り仮名(ルビ)について
　本書では、漢字表記が妥当な箇所では妥協なく漢字書きを貫いた。漢字の表意性(見た目から意味が浮かび易い便利な図柄としての特性)を、漢字排除の仮名書き和語が偉そうに罷り通る現代日本にあって漢字をロクに知らぬ読者連に再認識させる意を込めて、である。低きに流れる時代の潮流に抗う一表現者の意思表示の一環として、表現・用語ともなるべく格調高いもの(現代の日常会話にはあまり登場せぬもの)を意識的に多用した…ので、識字能力の高くない読者のために、難読語や誤読可能性の高い漢字には、重複を厭わず振り仮名(ルビ)を賑やかなまでに割り振った。(横書きなのは電子媒体上の都合で、他意はない)

http://fusau.com 古文単語千五百マスタリング・ウェポン http://fusaugatari.com

■〈巻末索引〉
　本書の巻末に用意した索引には、1500の収録語全てを、古語重要度等級〈A〉(450語)／〈B〉(500語)／〈C〉(550語)の三集団に分割した上で、各等級別に、その重要度集団に属する古語を五十音順(本編と異なり、意味集団別ではない)にまとめて配置してある。(総数41ページ！・・・ただの索引とは訳が違う)
　この索引には、各見出語の本書内に於ける―収録語番号―を付記してある：のみならず、見出語の"ひらがな読み【漢字読み】〔品詞〕厳選訳語"まで残らず記載してある。即ち、本書巻末の索引はそれだけで一種の"〈A〉〈B〉〈C〉重要度別1500語古文単語集(あいうえお順インデックス)"を形成している、ということである。
　本編で語源や各語義の論理的解説を消化吸収した後で巻末索引を使って語義の理解度を確認するもよし、巻末索引にある一語の訳語から各古語の〈語義解説〉を逆に思い浮かべる訓練を通して自らの論理的言語能力を錬磨するもよし、古文の授業や独習の際に参照して文章中に登場する古語の意味の確認に用いてもよし、試験日までの切迫した時間の中で最小限の語彙を手っ取り早く身に付けるために巻末索引の見出語＋訳語のみ(かつ、〈A〉のみとか、〈C〉は排除とか)を丸暗記する等の駆込寺的な活用もまたよし・・・使い道は様々、すべて読者の工夫次第である。
　単語に"例文"が付属せぬことに不満な読者は、千五百もの単語群の"例文集"がいかに分厚くなるか想像してみてほしい：多くの単語集の収録語数が四～五百語止まりであることの"商業的(≒非学術的)"理由がわかる管である・・・それでも妥協を許さぬ読者は、同様に妥協と怯懦を嫌う作者の手によって「千五百全見出語」に加え「助動詞37全用例＋助詞77全用例＋古典文法全重要語法」までふんだんに織り込まれた平安調擬古文歌物語集22編『ふさうがたり(Fusau Tales)扶桑語り』を(繰り返し)読むことで、語学的卓越と共に文芸の愉悦をも味わわれるが宜しかろう・・・が、大方の受験生の場合、本書＋『古文・和歌MasteringWeapon』の併用学習のみで十分：両書で力を付けて後に挑む入試古文の過去問は、正しいやり方で戦って得る勝利の美味を、諸君に堪能させてくれることであろう。

　　　　　　・・・能書きはこのへんでよろしかろう。以下、本編：
　　　　　　実りある活用＆輝ける成果を、期待する。
　　　　　　　　　　　　　　　　2011(平成二十三)年 夏
　　　　　　作者 之人冗悟(のと・じゃうご: Noto Jaugo)

http://fusau.com 古文単語千五百マスタリング・ウェポン http://fusaugatari.com

…『古文単語千五百 Mastering Weapon』意味集団別語群 一覧…

1) 1●五十音からいっても人の情からも、「あ・い」がなければ始まらない、ということで、まずは「愛・情」関連の古語から
2) 23●「愛着」が生じたら、次なる必然の過程は、「結合・結婚・縁故（えんこ）」等々、人と人とを結び付ける古語の数々
3) 54●愛着と結合でこの世は回る、ってことで、次は「よ」にまつわる古語あれこれ
4) 62●「世」つながりで今度は「夜」
5) 65●夜が明ければ次は「朝」
6) 70●明ければ暮れる、「明」の後は「暗」が世の常、人の常
7) 76●電灯のない古典時代の夜を照らす唯一の明かり「月」と、その明度に絡（か）めて「鮮明／不鮮明」系の古語をひとしきり
8) 95●日も月も昇ってはまた沈み、世の勢いもまた上り下りを繰り返す、ということで次は「上・下」にまつわる古語の数々
9) 106●おろす勢いで「髪」まで剃り落としちゃったついでに、「かみ」つながりで人の世の序列の「上」にまつわる古語のあれこれ
10) 152●次は、上流階層に連なる人々の感覚で言う「人並（ひとな）み以上」を表わす古語の数々
11) 163●上流階層気取る連中のあるところ、必ずや構造的に作り出される「下」に連なる人・物の名や様態の数々
12) 184●続いては、平安時代人の高らかに誇らしげな息づかいの宿る「高貴」なる古語のあれこれ
13) 195●次は、「身の程（ほど）」にまつわる古語あれこれ
14) 202●「上」の「下」のの大騒ぎの後は、どんぐりの背比（せいくら）べ得意気（とくいげ）に繰り返す人々の「空（むな）」なる心の虚しさ表わす古語にて、お口直しをどうぞ
15) 212●やはり人間「実直」が一番
16) 216-●真面目（まじめ）ばっかじゃ息が詰まるから、ここらで一つ「遊び」・「戯（たわむ）れ」系いきましょー
17) 231●「遊び」も過ぎれば「飽き」がきて、次に来るのは「倦怠（けんたい）」系古語の数々
18) 240●お次は、心「浮き浮き」楽しい古語というか、注意力「うかうか」馬鹿（ばか）っぽいやつらというか、そんな連中をひとくさり
19) 248●「軽薄」系のお口直しはやはり「由緒（ゆいしょ）」ある古語で
20) 253●「由（よし）」つながりで「よし」いってみよう
21) 263●良いのの次は当然「悪い」のを
22) 266●「善し（よ）・悪（あ）し」論ずる人の思惑など知らんぷりして突き進む世や人を前にしての感情、「残念」系の古語あれこれ

http://zubaraie.com

23)283●次は、良いの悪いの残念だのと言ってるだけじゃ生きられぬ、とばかり
ガッポガッポと「わがものにする」たくましき経済系古語の数々
24)296●自分で「稼ぐ」の台頭は鎌倉期以降；平安朝宮人意識では、貴人が「与ふ」、
臣下が「受く」
25)304●平安時代の賜わり物の中核を成した「衣裳」の呼称あれこれ
26)314●授与のやりとりあるところ、意識するのは「実入りの多寡」や「やりがいの
有無」
27)329●「かひなし」に絡めて、古文世界で雲霞の如く乱発された「何を言っても
結局むなしい」なる表現放棄の言い回しを概観
28)333●文筆者の自殺的表現放棄表現「も疎かなり」乱舞のその後は、やはり
「愚か」のオンパレードがよろしいようで
29)343●「愚か」と言われぬためにはまず「知る」が一番の特効薬
30)348●英語でも申します：To know is one thing, to do is another.「しる」ば
かりでは無益につき、次は「なす」系古語をどうぞ
31)360●do の後は be、というわけで、次は「あり」系古語
32)378●「あり」と似つつも、尊敬・謙譲絡みでややこしい「をり」・「はべり」・
「いまそかり」等々の存在系古語の数々
33)391●ここらで、古典時代の貴人独特の行動様式「他者を使って事を為す」体の
敬語表現をあれこれと
34)407●「存在」系に前後して、次は「誕生」・「成長」系古語をひとしきり
35)416●「生」の後、必ず来るのはやっぱり「死」
36)439●次は、「死」には至らぬものながら、どこか寂しい「別離」の古語たち
37)446●「行く」も「別れ」も、その先には必ず「方向」・「場所」あり、ということで、
次は空間位置(place)系の古語
38)459●続いては、「場所」を表わす指示代名詞等々
39)470●次は、具体的な「建物」・「調度品」類を表わす古語
40)478●「場所」の最後は、大きく出て「国土」系の古語をば
41)482●「場所(space)」が一段落したら、次なる主題は当然「時間(time)」；まずは
「過去」にまつわる古語の数々
42)491●次なるは、時の流れて行き着く「末」の古語群
43)501●「元」と「末」とに挟まれた「今」に属する古語のほか、「未だ」来たらぬ未然
系、「既に」終わった已然系の語についてもここらで
44)508●「過去／現在／未来」の悠久の時の次は、日々の暮らしの中で意識され
る時間的区切りの古語あれこれ
45)525●次なる時間系語は、事態の展開にまつわる「早い/遅い」系古語あれこれ

46)547●次なる古語は「経年」系;過ぎた時間が長ければ、いろんな事が起こるもの
47)557●次なる時間系古語は、特定行為と結び付いた「場合・場面・状況・展開」系
48)577●次なるは、時の束縛(そくばく)を飛び越えて「現在」・「未来」・「過去」にまたがる
　超時系概念を表わす不思議な古語たち
49)585●時間系古語の最後は、「期間」系、字面(じづら)に似合わぬ語義多し
50)588●「時」系古語の長旅を終えたところで、軽い「健康」チェックしときましょうか
51)590●「すくすく」の次は「なよなよ」;「病気・心痛・不健康」系古語の多さは、
　医療未発達の時代背景の為(な)せる業(わざ)
52)604●ただ辛(つら)いばかりの「苦痛」系の次は、痛いほど・身も痩(や)せるほど何かに強
　く感じる思いを表わす乙(オツ)な古語で心をお癒(いや)しあれ
53)618●今度は、程度が過ぎればこれまた「痛し」という発想の、エスカレート系
　古語あれこれ
54)625●「相手の痛みを感じること=相手をいたわる気持ち」の図式の最も自然な
　対象となるのは「子供」、その様態を表わす古語あれこれ
55)631●いたいけな「子供」の次は、「大人」の様態・行動にまつわる古語あれこれ
56)639●これよりしばし、「子供」に「大人」に「男」に「女」、人間の各種の属性に
　応じて用意された呼び名の数々を御紹介
57)664●「女」、とくればその性質は「柔和(にゅうわ)」・「美麗(びれい)」、そしてその特性がもたらす
　他者からの「愛顧(あいこ)」系の古語あれこれ
58)674●次なる語群は、「美」・「愛顧」と紙一重のところで成立する聖なるものへの
　「畏敬(いけい)」・「慎(つつし)み」の念を表わす古語あれこれ
59)692●境界線は微妙ながら、ここから先は、聖なるものへの「畏敬(いけい)」より、あまり
　の凄(すご)さへの「恐怖(きょうふ)」・「嫌悪(けんお)」が勝った感のある古語群
60)709●強烈なるものどもの様態の後は、「驚(おどろ)き」の声に由来する感動詞の類
61)714●今度は、様態(英語で言うところのhow)にまつわる古語の大海原(おおうなばら)へ;最初
　の獲物は「いか」
62)724●とにかく膨大(ぼうだい)な様態系古語の海産物は、細切れで料理しましょ:「いか」の
　次は「とかく」系
63)732●様態系の大海原で、「いか」と並ぶ二大勢力は「しか」・「さ」;読み方
　変われど筆記は同じ「然」にまつわる古語の小宇宙へ、いざ
64)772●「さ」・「しか」の次は「そ」・「こ」に関わる指示代名詞系と「分量」にまつわる
　古語を少々
65)779●次は、計数的な「多数」を表わす古語を少々
66)783●「数量(how much?how many?)」の次は「人物(who?)」系古語の数々
67)794●次なるは「なんで?(why?)」系古語のラインナップ

68)802●「なんで？」ときたら、次は当然「質問・探求」系の動詞・形容詞あれこれ
69)811●今度は、「言ふ」にまつわる古語の数々
70)817●次は、何ともややこしい「言ふ」にまつわる尊敬・謙譲表現あれこれ
71)825●「発言」あれば当然「返答」あり
72)831●次は、「発言」の行為ではなくその内容に言及する古語のあれこれ
73)840●次は、「発言・表現」という行為そのものを云々する特殊な古語あれこれ
74)849●お次は、「発言」や「行動」を促す古語を少々
75)853●今度は、相手からの働きかけに素直に応じる「応諾」系古語群
76)857●お次は、他者の「発言・行動」に対して「さあどうでしょ」「おいおい」と返したり「（無言）」だったりの否定的反応の古語たち
77)877●次は、まっすぐ肯定的に受け入れられぬものに対する「斜に構えてねじ曲がり」系や「回避」系の意味を持つ古語
78)890●「発言・行動」を巡る YES・NO の綱引き古語群が一段落ついたところで、お次は「発声（または、騒音）」系古語群の御紹介
79)902●次なるは、「雑音」系の中でも特に人の心に訴える「泣き」の表現あれこれ
80)915●聞こえくる「音」の中でも人の社会的感性に最も敏感に訴える「世評」系の古語をば
81)926●「音」の次は、人間のみが用いる意味ある音としての「言葉」にまつわる古語をいくつか
82)931●古典時代初期には不可分の存在とみなされていた「言」と「事」、更にややこしい「異」を含めた「こと」にまつわる古語のあれこれ
83)953●次は、古典時代の感性では「事」と類似しつつ微妙に異なる「物」にまつわる古語あれこれ
84)960●現代のように目に見えて即物的なばかりではない古典時代の「物」の雰囲気を伝える摩訶不思議な古語を少々
85)963●「化け物」まで出てきちゃったついでに、科学的を自称する現代人には縁の薄い古語への注意を促しておきましょうか
86)977●摩訶不思議な「もの」の世界はここらで終わり；「行く」・「来る」・「走る」と現実世界を躍動する古語の世界に目を転じましょう
87)1000●「行」ったり「来」たりのその後は、誰しもすることはただ「寝る」だけ；但し、古文の中では「ただの眠り」か男女の「共寝」かに要注意
88)1007●艶っぽい「寝」が出たところで、今度は「色」にまつわる古語あれこれ
89)1015●「色」は何も恋愛にばかり絡む語に非ず、ということで、次は「場の空気を読む」系古語あれこれ
90)1022●「気配を見る」系古語の次は、より一般的な「見る」のあれこれ

91)1033●面倒を「見る」が出たところで、心理的に傾斜してその相手を見る「味方」及びその逆の「敵方」に関する古語をちらほら

92)1040●「敵・味方」入り乱れて争った後は、他者との相対的な「優劣・比較」にまつわる古語あれこれ

93)1066●次は、相対的な価値判断と現に身を置く状況・待遇との隔たりから生じる不調和感を表わす古語を少々

94)1069●他者との「相対比較」の次は、想定される「100%完璧」に照らしての「優劣・美醜」に関する古語を少々

95)1073●「美・醜」が出たら、お次はやはり「外形」の様態に関する古語のあれこれ

96)1078●「外形」の次は、やや抽象的なものをも含む様態の「様」にまつわる古語あれこれ

97)1083●次は、人の外面的様態の中で最も注目を引く部位たる「面」にまつわる古語あれこれ

98)1094●外形的様態の最後は、「手」・「指」、ついでに「肉」まで含めた大売り出し

99)1104●生々しい肉体の部位あれこれの後は、実体そのものではなく、その実体が「現実に存在すること」に重きを置く古語あれこれ

100)1109●次は、「事実・実際」系の古語をば

101)1114●連綿と続く「現実」に疲れた時、人が逃げ込む先は「夢」・「魂」そして「心」

102)1135●「心」は、他者に見せる「面（おもて）」とは裏腹な思いを宿すが故に「うら」とも読む；そんな「うら」の世界の古語あれこれ

103)1140●「心（うら）」に展開する思いとしてはやはりこれが主役、ということで、次なる主題は「怨・恨・嘆・憎」

104)1149●「心（うら）」の世界の否定的古語オンパレード、次なる役者群は「しんどい」系

105)1158●「しんどい」ことばかり続けば、いつまでも「心（うら）」に秘めてはおけません；ということで次なる語群は「あんたが悪いっ！」系

106)1165●「心（うら）」に溜まった嫌なもの、積もり積もって次なる古語は「やめて！かんべんして！もういや！」系

107)1174●嫌だ、嫌いだ、と敬遠する古語ばかり続いた後は、「積極的行動」系の古語で巻き直し

108)1196●積極的な行動様態を表わす副詞はしばしば「否定の強調語」として用いられる、という例をしばし

109)1207●「積極的行動」古語群、次なるは、経済・経営学部の学生サンが喜びそうな「企画・運営」系をあれこれ

110)1232●次は実務的な事態運営に必要不可欠な「選別・裁断」のキッパリ系古語

111)1238●「選別・裁断」の果てに待つは、「完遂」か、はたまた「放棄」か
112)1242●次なるは、「0」か「1」かの二進法で万事片付ける電算処理ならぬ人の世の営みにはこれまた付き物の「迷い」系古語あれこれ
113)1246●お次は、「迷い」あれども付けねばならぬ事の決着、そこに至るための人の必死の営みたる「詮議」系古語をあれこれと
114)1262●次は、詮議を尽くして裁断して実務処理に奔走した挙げ句の果てに、「どうしようもない」という無力感に辿り着く古語のあれこれ
115)1273●事態運営に積極的に関わったり、挫折して訳が分からなくなったりしたその後に来るのは当然「じっと動かない」系古語
116)1286●「じっと動かない」系の次は、その種の非行動状態の維持に必要な「忍耐」に関する古語あれこれ
117)1291●ひたすら動かず耐えているだけ、というんじゃやってられんのが人の心、ということで、次に来るのは「発散」系古語群
118)1297●こちらからあちらへの外向的方向性を持つ「やる」の次は、逆にあちらからこちらへの引き寄せ系の「おこす」
119)1299●思いを他者に寄せたり他者から寄せてもらおうとしたりの営みの次は、それが徒労に帰した人が往々にして陥る「破壊」系古語たち
120)1303●外界との対応が不調の時、最悪の「破壊」の前段階で人がまず陥る「屈託・沈鬱」系古語の世界に、ひとまず戻っておきましょう
121)1317●「破壊」・「沈鬱」で気が滅入った後は、それら負の波状攻撃への特効薬、「珍奇なるものへの興味・関心」の古語をどうぞ
122)1330●「興味・関心」の次に来るのは、「価値判断」系古語の数々を、ほめ／けなし、織り交ぜてどうぞ御覧あれ
123)1386●「価値判断」系古語オンパレードの次は、それらの判断を可能にする「思ふ」にまつわる古語たち
124)1394●次は、人が「思ふ」助けになる「書物」・「学問」そして「学識」にまつわるアカデミックな古語のあれこれ
125)1401●数多の古語学習の最後は、身に付けた「学識」を誇りたがる愚かなる人間の行状を表わす古語で締めましょう；御自戒もされたし

☆▼☆　↓試験直前の受験生必見！　本書の白眉〔連接語〕リスト↓　☆▼☆
126)1406●これより先は、文法上の要注目語句、及び、単に語と語が連らなる「連語」というより、「連接語」と呼ぶべき有機的連携語群の数々

↓↓では、いざ本編(1500古語 in 126意味別集団)の言葉の旅路へ↓↓

●五十音からいっても人の情からも、「あ・い」がなければ始まらない、ということで、まずは「愛・情」関連の古語から

-1- 〈B〉あいぎゃう【愛敬】《元は「慈悲の心」を意味する仏教語が、外面的特性の語義に転じたもの》〔名〕(1)〈(仏教語)他者を敬い尊ぶ気持ち〉慈愛。(2)〈(外見上の)他者を魅了する愛らしさ〉魅力。(3)〈(性格・行動面で)相手の立場を考えること〉配慮。

-2- 〈A〉なさけ【情け】《「為す」+「気」の転との説もあるが、語源は定かではない。対人間の「心遣い」、男女間の「恋愛感情」、自然・人情など非個人的対象に感情移入できる感性「機微」や、その種の物事が醸し出す独特な雰囲気「情趣」など、対象の性質に応じた様々な語義を持つ》〔名〕(1)〈相手の立場を考え、その人にとって良かれと思う心情。(血縁関係の者に対しては用いない)〉心遣い。(2)〈(男女間の)相手を大事に思う感情〉愛情。(3)〈自然や人間的感情を理解する心。また、自然や人間の営みが醸し出す独特の雰囲気〉風雅。人情。情趣。(4)〈(漢文訓読調の脈絡で)非生物や植物にはない、生き物ならではの心の動き〉感情。

-3- 〈A〉なさけなし【情け無し】《現代語の「なさけない」と同じ「嘆かわしい」の語義もあるが、古語では「人間的な心が籠もっていない」及び「醸し出される独自の雰囲気といったものがない」の語義の方が重要》〔形ク〕(1)〈人間ならばあって当然の心が籠もっていない〉薄情だ。(2)〈(自然や人の営みから)醸し出される独特の雰囲気が感じられない〉情趣がない。(3)〈(相手が薄情だ、対象に情趣がないなどの理由から)嘆きや落胆を誘うさま〉嘆かわしい。興醒めだ。

-4- 〈C〉なさけおくる【情け後る】《男女間の恋愛感情であれ、自然の景物への感動であれ、「情趣を解する心に欠ける」という否定的な意を表わす。「おくる」は「後る」で、現代語でいう「遅れている/劣る」の意。これを「送る」と解すれば「相手に情をかける」などと正反対の誤解に陥るので要注意》〔自ラ下二〕〈情趣を解する心に欠ける〉情に乏しい。

-5- 〈A〉しのぶ【忍ぶ】【慕ぶ・偲ぶ・賞ぶ】《「忍ぶ」と「慕ぶ・偲ぶ・賞ぶ」は語源的には別語。「堪え忍ぶ」及び「秘密裏に行なう」の語義には「忍ぶ」の漢字を宛て、「慕う」及び「賞美する」の「しのぶ」(中古以降の語で、上代には「しのふ」と清音)の宛字は「慕ぶ・偲ぶ・賞ぶ」である》〔他バ上二〕〔他バ四〕【忍ぶ】(1)〈感情を抑制して表情や行動に出さないようにする〉堪え忍ぶ。(2)〈人目に付かぬよう隠したり、密かに行動する〉秘密裏に事を運ぶ。隠蔽する。【慕ぶ・偲ぶ・賞ぶ】(3)〈(主に、近辺にいない人のことを)心の中で恋しく思う〉思慕する。(4)〈(目で見て)素晴らしいと感じる〉賞美する。

-6- 〈B〉けさう【懸想】《漢語「懸想」の撥音「ん」の無表記形。平安中期までは「ん」文字が存在しなかったため、撥音無表記語も「ん」付きで読む(例:「あめり」は「あんめり」)というのが通例だが、この「懸想」の読み方は「ケソウ」のまま。サ変動詞には「懸想す／懸想ず」と清濁双方の形がある》〔名・他サ変〕〈(異性に対し)恋情を抱くこと〉恋慕。

-7- 〈B〉むつまし【睦まし】《近世以降「むつまじ」と濁音化して現代に至る。動詞形は「睦ぶ」。「身内のような態度で慣れ親しんでいる」が原義で、単なる友人関係よりも濃密な(一歩間違えると馴れ合い・甘えにつながる)親密さを意味する。目上から目下にも用い、人間以外の対象にも用いる》〔形シク〕(1)〈(友人・男女関係・主人から使用人へなど、血縁関係がない相手に対し、まるで肉親のように)親しくしている〉親密だ。 (2)〈(人、あるいは無生物に対し)心が自然と吸い寄せられていく感じがする〉慕わしい。

-8- 〈B〉むつぶ【睦ぶ】《元来は「身内のような態度で慣れ親しんだ振舞いをする」の意。その対象が、(血縁関係のない)夫や妻に、やがて極めて親しい者どうしにと拡大し、「仲良くする」の意になった。その語源学的事情から、類義語「慣る・馴る」よりも親近感の度合いが濃密な語》〔自バ上二〕〈(非血縁者と)(まるで肉親のように)親しく付き合う〉親しく交わる。

-9- 〈A〉ねんごろ【懇】《「根」+「如・若」(似た状態)=「草木の根が絡み合って土中に一緒にいるのと同様」が原義。宛字「懇」が「墾る」(大地を耕し田畑とする)に近いのはこの来歴ゆえ。肯定的には「親密」(近世以前は肉体関係を含意しない)・「熱心」、否定的には「やり過ぎ」を意味する》〔形動ナリ〕(1)〈心を込めて何かをするさま〉熱心だ。 (2)〈(人と人とが)お互いに親しみ合っているさま。(愛情は意味しても、肉体的な関係は含意しない)〉親密だ。 (3)〈(貶して)妥当と感じられる程度を越えているさま〉度を超している。

-10- 〈C〉なつく【懐く】《対象に深く執着する意の「なつ」を根底に持ち、形容詞「なつかし」の元となった動詞で、現代語では自動詞の「慣れ親しむ」の意だけが残るが、古語では「慣れ親しませる」(現代語では「なつかせる」)の意の他動詞としても用いる》〔自カ四〕〈(人・物に)愛着を抱き、離れ難く感じる〉馴染む。〔他カ下二〕〈(人・物に)自分への愛着を抱かせ、離れ難く感じさせる〉馴染ませる。

-11- 〈A〉なつかし【懐かし】《動詞「懐く」の形容詞化。「泥む」(行き悩む・執着する)／「なづさふ」(水面に漂う／親しげに纏わり付く)／「灘」(潮流のため航行困難な場所)に共通する「一箇所への停留感」を根に持ち、「愛しさ」・「好感」・「懐旧の情」を理由に「ずっと傍に居たい」意を表わす》〔形シク〕(1)〈(人が)対象を愛しく思い、常にその対象と共にありたいと願う〉離したくない。(2)〈(対象が)人の好感を誘い、近しくありたい、もっと触れていたいという気持ちにさせる〉心惹かれる。(3)〈(中世以降)昔の事を思い出して、心引かれる〉昔懐かしい。

-12- 〈B〉なづむ【泥む】《物理的「進行困難」／心理的「離れ難い」の意の「なづ」に由来し、泥や水に足を取られ「進むのに難儀する」が原義。物理／心理中間の語義に「(病気・困難を前に)思い悩む」がある。近世以降は「一事にいつまでも執着する」という心理的語義が優勢となる》〔自マ四〕(1)〈(物理的に)(ぬかるんでいたり水流があったりして)思うように進めない〉行き悩む。(2)〈(物理的、または心理的に)良くない体調や状況を前にして苦しむ〉難儀する。(3)〈(否定的に)一つの事柄に心を深く悩ませる〉こだわる。

-13- 〈C〉なづさふ【なづさふ】《物理的に「進行困難・停滞」／心理的に「去り難い・愛着」を意味する「なづ」に由来する語。水草が揺れ動きつつどこにも行けぬさまの「水面に浮かび漂う」や、小さな子供が「まつわりついて離れない」、愛着をもって人と「慣れ親しむ」といった語義を持つ》〔自ハ四〕(1)〈(水草などが)水の表面に浮かび漂う。また、水中に浸る〉水に漂う。(2)〈(小さな子供などが)相手を慕って身体的接触を図る。また、(環境・心理面で)極めて近い関係を持つ〉まつわりつく。慣れ親しむ。

-14- 〈A〉なる【慣る・馴る】【萎る・褻る】《「平す・均す・馴らす」や「習ふ」と同根語で、反復的接触により凸凹状態を取り違和感なく(時に、緊張感なく)すんなり入り込む状態となる意。「習熟する」・「慣れ親しむ／馴れ馴れしくなる」は「ならふ」の類義語。「萎る・褻る」だと「経年変化」(よれよれ・使い古し)の意になる》〔自ラ下二〕【慣る・馴る】(1)〈(物事に関し)経験を重ねることで、違和感が消失して行く。また、完成度が高まったり、余裕ができたりする〉慣れる。熟成する。(2)〈(人・物事に対し)幾度も接するうちに、敵対感情や疎遠な感じが消えて行く。また、親近感が増しすぎて、緊張感や遠慮がなくなる〉慣れ親しむ。馴れ馴れしくなる。【萎る・褻る】(3)〈(着物や道具について)長く使ううちに、使用者にぴったり適合するようになる。また、経年変化で摩滅・劣化する〉馴染む。使い古す。

-15- 〈A〉ならふ【慣らふ・馴らふ】【習ふ】《「平す・均す・馴らす」と同根の「慣る・馴る」に反復の「ふ」を付けた語で、対象への反復的接触により凹凸なき円滑な関係を作り出すのが原義。他動詞「学習する」、自動詞「模倣する」は現代語と同様。自動詞用法としては他に「慣れ親しむ」・「経験を積んで慣れる」の語義をも持つ》〔自ハ四〕【慣らふ・馴らふ】(1)〈(物事に関し)経験を重ねることで、違和感が消失して行く〉習慣となる。 (2)〈(人・物事に対し)幾度も接するうちに、敵対感情や疎遠な感じが消えて行く〉慣れ親しむ。 (3)〈(自らの行動を)既存の事柄を手本として行なう〉模倣する。〔他ハ四〕【習ふ】〈意図的に何かを身に付ける。また、身に付けるための反復的・体系的努力をする〉学ぶ。

-16- 〈B〉ならひ【慣らひ・習ひ】《動詞「ならふ」の名詞化。「習慣」・「風習」の語義は現代語「(世間の)習い」の中にそのまま残り、「学習」の意は「習い事」の語形の中にその名残を留める》〔名〕(1)〈反復的経験によって違和感が消失し、自然的・反射的にそうなってしまうこと〉習慣。 (2)〈過去から連綿と引き継がれた世間一般の物事の処理の仕方。また、経験則的に見てそうなることの多い事態〉風習。世の常。 (3)〈意志的・継続的に何かを身に付けること。また、そのための努力や、それによって学び取るべき内容〉学習(内容)。

-17- 〈C〉おもなる【面馴る】《「面」(顔)を何度も見合わせるうちに「馴る(＝違和感・緊張感が消失する)」が原義で、「見慣れて、馴染む」という好意的意味にも、「遠慮を忘れ、馴れ馴れしくなる」という否定的意味にもなる》〔自ラ下二〕(1)〈(幾度も見るうちに)緊張が解ける。親しみが沸いてくる〉見慣れる。馴染む。 (2)〈(同じものに何度も触れるうちに)当初の初々しい感覚を失い、然るべき敬意や緊張感を伴って対象に接することがなくなる〉馴れ馴れしくなる。

-18- 〈C〉みなる【見馴る・見慣る】《現代語と全く同じ「見慣れる」の語義と、繰り返し接触・経験することで「慣れ親しむ」の語義とがある。後者の語義では、同じく視覚的習熟を意味する「見付く」と同義語》〔自ラ下二〕(1)〈(同じものを繰り返し見ることで)未知の感覚や新鮮味が薄れる〉見慣れる。 (2)〈(何度も経験や接触を重ねることで)次第に親密度が増す〉馴染む。

-19- 〈C〉みつく【見付く】《「つく」の意に応じて意味が二分され、他動詞だと「見付ける」(目に"付く")、自動詞では「慣れ親しむ」(愛"着"を感じる)の意を表わす》〔自カ四〕〈(何度も経験や接触を重ねることで)次第に親密度が増す〉馴染む。〔他カ下二〕〈(隠れていたものや、見たことのないものを)初めて目にする〉見つける。

-20-〈C〉いひつく【言ひ付く】《密着・習慣系:「(男女が)親しげに言葉を交わし親密になる」・「(特定の呼び名・物事を)口にする習慣がある」／委託系:「挨拶・依頼をする」・「事態処理・第三者への仲介などを期待・命令する」・「(本人不在の場で)告げ口する」へと語義が二分化する》〔自カ四〕(1)〈(男女間で)親しげな言葉を交わして仲良くなる〉求愛する。親密な関係になる。 (2)〈(人に)挨拶・頼み事などを言う。(特に恋愛を含意しない)〉言葉をかける。〔他カ下二〕(1)〈(人に)(事態の処理や第三者への伝言などを)期待、または、命令する〉託する。言い付ける。 (2)〈(良からぬ事柄について)(本人の知らない場面で)第三者に告げる〉告げ口する。 (3)〈(特定の呼び名・物事などを)口にするのが習慣になっている〉言い慣れる。呼び習わす。

-21-〈C〉こころづく【心付く】《「心」の表わす意味に応じて、お堅い「思慮分別が付く年齢になる」の意になったり、性的に「異性を意識する年齢になる」・「(特定の相手に、自分が)好意を寄せる」といった恋愛系の語義や、「(特定対象に)注意力を注ぐ」という集中系の語義になるので、文脈に注意する必要がある》〔自カ四〕(1)〈(年齢が増して)物事を合理的に判断する能力が備わる。また、異性を性的に意識するようになる〉分別が付く。色気付く。 (2)〈(特定の対象に)思考・注意が向く〉思い付く。気付く。 (3)〈(特定の人・物に)好意的な感情を持つ〉気に入る。〔他カ下二〕(1)〈(特定の対象に)思考・注意を向かせる〉気付かせる。 (2)〈(特定の人・物に)好意的な感情を持つ〉心を寄せる。

-22-〈A〉こころづきなし【心付き無し】《「(特定の対象に)注意力を注ぐ」及び「(特定の相手に自分が)好意を寄せる」の意を表わす動詞「心付く」に、「無し」を付けて、「興味・関心を引かれない」(つまらない)、「好意的に見ることができない」(気に食わない)の意を表わした形容詞》〔形ク〕(1)〈(特定の対象が)自分の興味・関心を引かないさま〉心引かれない。 (2)〈(特定の対象に対し)心情的に好意を抱けないさま〉気に入らない。

●「愛着」が生じたら、次なる必然の過程は、「結合・結婚・縁故」等々、人と人とを結び付ける古語の数々

-23- 〈B〉つく【付く・着く・著く・就く・即く】《自動詞(四段活用)・他動詞(下二段活用)として二桁にも上る多数の語義を有する他、他動詞の四段活用形(「備える」・「名付ける」)もあり、下二段形の補助動詞(「常に・・・し慣れる」)的機能もある。「和歌の下の句を付ける」は、文芸常識として、目立たないが重要な語義》〔自カ四〕(1)〈(二つ以上のものが)一つのもののように密接に接触・接合する〉**くっつく。** (2)〈(汚れ・色・傷跡など)本来そこにはなかった外来的な何かが加わる〉**付着する。色付く。傷付く。** (3)〈(空間的に)ある場所に到達する。ある物に接近する〉**到着する。近付く。** (4)〈(立っていた姿勢から)ある場所に腰を下ろして落ち着く〉**着席する。** (5)〈(地位・役職・係などを)自らの身に引き受ける〉**就任する。** (6)〈(人・物に対し)(賛同・心服・信頼して)行動を共にする〉**いつも一緒である。** (7)〈(人・物に対し)心情・興味・関心を引かれる〉**心引かれる。関心を持つ。** (8)〈(今までなかった何らかの感情が)新たに生じる〉**感覚が芽生える。** (9)〈(自然現象として)火がつく〉**着火する。** (10)〈(特性や能力が)その人のものとして定着する〉**身に付く。** (11)〈(多く否定の表現で用いて)(人・物に)しっかりと調和する〉**似合う。** (12)〈(他事よりも優先して)ある物事に関わり合う〉**従事する。** (13)〈(霊的なものが)乗り移る〉**取り憑く。** (14)〈(「につきて」の形で)(人・物に)関連する〉**・・・に関して。** 〔他カ下二〕(1)〈(二つ以上のものを)一つのもののように密接に接触・接合させる〉**くっつける。** (2)〈(汚れ・色・傷跡など)本来そこにはなかった外来的な何かを加える〉**付着させる。色付ける。傷付ける。** (3)〈(空間的に)ある場所に到達させる。ある物に接近させる〉**到着させる。近付ける。** (4)〈(地位・役職・係などを)ある者の身に引き受けさせる〉**就任させる。** (5)〈(人を信頼して)事態を処置してくれるものと期待する。また、(第三者に)誰かへの取り次ぎを頼む〉**託す。言付ける。** (6)〈(人・物に対し)(賛同・心服・信頼して)行動を共にさせる〉**いつも一緒にいさせる。** (7)〈(第三者に命じて)人の後を追跡調査させる〉**尾行させる。** (8)〈(人・物に対し)心情・興味・関心を向ける〉**心引かれる。関心を持つ。** (9)〈(物理的に)燃焼状態にする〉**着火する。** (10)〈衣類・装身具・調度品などを)(身体や場所に)つける。置く〉**身に付ける。備える。** (11)〈(特に、他者の詠んだ)和歌の上の句に対し、下の句を付け足す〉**詠み添える。** (12)〈名前を付ける〉**名付ける。** (13)〈(「につけて」の形で)関連させる〉**・・・に関して。** (14)〈(動詞の連用形に付いて、補助動詞的に)そうするのが常である意を表わす〉**いつも・・・している。** 〔他カ四〕(1)〈(装備・才芸として)常にそこにあるようにする〉**身に付ける。備え付ける。** (2)〈(特定の文字などを)自らの名前とする〉**名付ける。**

-24- 〈B〉むすぶ【結ぶ】【掬ぶ】《人間の両手や紐の両端など、一対をなす細長いものどうしを固く絡み合わせて離れないようにするのが原義。「絡めて繋ぐ」の意では現代語「結ぶ」と変わらないが、古語にはまた「両掌を合わせて水をすくう」の意があり、この動作には特別に「掬ぶ」の文字を当てる》〔自バ四〕【結ぶ】〈(物理的に)何らかの形状を形成する。(結露・氷結などの自然現象について言う場合が多い)〉形を成す。〔他バ四〕【結ぶ】(1)〈(紐などの細長いものを)ほどけぬように固く絡み合わせる。また、(結び文や呪術的な手指の組合せなど)目印・象徴として絡み合わせる〉結び付ける。結び目を作る。(2)〈(材料や部品を)組み合わせて一つのものを形作る〉構成する。(3)〈(人と人が)同じ意図・目的を持って結び付く。また、志を一にすることを誓い合う〉結束する。約束する。(4)〈(心の中に)何らかの感情を抱かせる。(多く、哀感や憂鬱について言う)〉引き起こす。【掬ぶ】(5)〈(人が)両手の掌を合わせる。(特に、水を掬って飲む動作について言う)〉掌で水を掬う。

-25- 〈C〉むすぼほる【結ぼほる】《意図的に組み合わせる「結ぶ」に自発の「る」を付けて自然発生的自動詞とした語が「結ぼほる」(「むすぼる」と略すこともある)。幾つもの語義を持つが、古文で多用され、しかも最も意外性がある語義は「胸中にもやもやとした気持ちが居座り、気分が晴れない」》〔自ラ下二〕(1)〈(一つの感情が)いつも胸の中に居座って離れない。(主に、哀感・憂鬱について言う)〉もやもやした気分になる。(2)〈(紐などの細長いものが)固く組み合わされてほどけぬようになる〉固結びになる。(3)〈(自然現象として)露・霜・氷が発生する〉結露する。霜が降りる。氷結する。(4)〈(人が、他の人やものと)何らかの縁によって結び付く〉関係者になる。

-26- 〈B〉よばふ【呼ばふ・婚ふ】《「呼ぶ」の未然形に反復性の「ふ」を付け、文字通りには「(注意を引くため)繰り返し呼ぶ」の意だが、男が愛する女の名を繰り返し呼ぶことから「求婚する」の意で用いる場合が(「妻問婚」の時代には)多い(後代には禁断の色彩を帯び、「夜這ふ」なる艶っぽい宛字も生まれた)》〔他ハ四〕(1)〈(相手の注意をこちらに引き付けるために)繰り返し呼ぶ〉何度も呼ぶ。(2)〈(男が女に)繰り返し恋人または妻になってくれるよう求める〉言い寄る。

-27- 〈A〉すむ【住む】《「生活の場として、ある場所に居着く」の意では現代語と変わらないが、古語で重要なのは「男が女の所に恋人・夫として通う」意味での「住む」。所謂「妻問婚」時代の恋愛・婚姻形態であるが、平安期の文物に於けるその出現頻度・重要度は極めて高い》〔自マ四〕(1)〈(生活の場として)ある場所に居着く〉暮らす。(2)〈(妻問婚の形で)男が女の許に夫として通う〉男が女の許を訪れる。

-28- 〈A〉あふ【合ふ・会ふ・逢ふ・婚ふ】《別々のものが集合する意味を多岐に亘って表わす語で、現代語同様の語義が多いが、古語で多用される要注意語義は「男と女して結ばれる」。下二段活用だと他動詞で「一つに合わせる」の意となる》〔自ハ四〕(1)〈(別々のものが)一ケ所に集まる〉集合する。 (2)〈(異なるものどうしが)ぴたりとうまく合う〉調和する。 (3)〈(偶然または約束して)人・物事に会う〉出会う。 (4)〈(夫婦または恋人どうしとして)男と女が結ばれる〉結婚する。肉体関係を持つ。 (5)〈(敵どうしとして)対面する〉張り合う。 (6)〈(動詞の連用形に付いて、補助動詞的に)共に何かを行なう意を表わす〉一緒に・・・する。 〔他ハ下二〕〈複数のものを一つにする〉合わせる。

-29- 〈A〉あはひ【間】《「あひあひ」の略で、物理的には「相対するものどうしの形成する空間」、社会的には「人と人との関係」、抽象的には「人・物・色合いなどの取り合わせ」や「時間・場面の巡り合わせ」の意を表わす》〔名〕(1)〈向き合うものどうしの間の空間〉間隔。 (2)〈人と人との関係〉間柄。 (3)〈人・物・色調などの相互関係〉釣り合い。 (4)〈時間・場面の巡り合わせ〉情勢。

-30- 〈A〉あひだ【間】《空間的に近接した物事の「隙間」や、一定範囲内の空間的な「距離」が原義。連続の範囲が時間的に拡大されると「期間」、対人関係に言及すると「間柄」の意になる。「原因(・・・なので)」・「契機(・・・したところ)」の接続助詞用法は中世以降の漢文体でのもの》〔名〕(1)〈複数のものの間の、空間的・時間的な欠落部分〉隙間。合間。 (2)〈ある一定範囲内の空間的・時間的連続〉区画。距離。期間。 (3)〈対人関係における近さ〉間柄。 〔接助〕(1)〈(中世以降)原因・理由を表わす〉・・・なので。 (2)〈(中世以降)ある事態に引き続き、別の事態が起こることを表わす〉・・・(した)ところ。

-31- 〈C〉なからひ【仲らひ】《人と人との関係を表わす「仲」+「中ら・半ら」(半々)の漠たる距離感+「合ひ」(巡り会うことで初めて成立する非血縁的人間関係)=「仲らひ」なので、社会的関係として生じる「人との付き合い」(特に、恋愛関係)が基本義で、「血族」への流用は(語源的には)誤用》〔名〕(1)〈(血縁に拠らぬ)人と人との付き合い。(多く、男女の仲について言う)〉付き合い。 (2)〈(社交に拠らぬ)血縁的な人間関係〉血族。

-32- 〈B〉**あはす【合はす】**《四段活用動詞「合ふ」を他動詞化したもの。現代語と同じ語義が多いが、色恋(いろこい)の文脈での「男女を夫婦として一組にする」、歌合はせなどの競技で「別々の組として張り合わせる」、夢占いに於ける「見た夢の含む意味を読み解く」などは古語特有の語義なので要注意》〔他サ下二〕(1)〈別々のものを一つにまとめる〉**合わせる。**(2)〈状況に適合するように調整する〉**釣り合わせる。**(3)〈他者の演奏や詩文に調子を合わせて自らも演奏・詩作をする。また、楽器を調音する〉**調子を合わせる。調律(ちょうりつ)する。**(4)〈(運命または人為で)ある事態に遭遇させる〉**・・・に遭遇(そうぐう)させる。**(5)〈男女を夫婦にさせる〉**めあわせる。**(6)〈見た夢の内容から、吉凶(きっきょう)を判断する〉**夢占(ゆめうらな)いをする。**(7)〈(歌合はせなどの競技で、参加者どうしを)対抗させて勝敗を決める〉**競わせる。**(8)〈(動詞の連用形に付いて、補助動詞的に)複数のものが同時、または、相互(そうご)に何かをするさまを表わす〉**一緒に・・・する。お互(たが)い・・・し合う。**

-33- 〈C〉**あふせ【逢ふ瀬】**《「瀬」は「川の浅瀬(かわ)」=「辛うじて渡(わた)れる狭(せま)い場所」ということから「辛うじて逢うことのできる数少ない場面」の意になる。こうした場面を心待ちにするのは、恋愛関係にある男女(多くは、人目を忍ぶ仲)ということになる》〔名〕〈(人目を忍んだり、困難を乗り越えたりしながら)恋愛関係にある男女が会う機会〉**逢(あ)い引き(の場面)。**

-34- 〈A〉**ちぎる【契る】**《誓(ちか)いを込めて「堅(かた)く約束する」意を表わす。古文では「男女が変わらぬ愛を誓い合う」語義が重要。そうして愛を誓い合った男女が「肉体関係を持つ/結婚する/夫婦の関係を保つ」の語義もあるが、古文は恋愛場面の詳述(しょうじゅつ)に乏(とぼ)しく、どの程度の関係かの判別は困難》〔他ラ四〕(1)〈誓いを込めて、堅く約束する〉**誓約(せいやく)する。**(2)〈(男女が)心変わりはしないと約束する〉**変わらぬ愛を誓(ちか)う。**(3)〈(男女が)愛の印として肉体的に結ばれる〉**肉体関係を持つ。夫婦の関係にある。**

-35- 〈B〉**きぬぎぬ【衣衣・後朝】**《衣服を表わす「衣(きぬ)」を畳語(じょうご)(=二段重ね)化した「衣衣(きぬぎぬ)」は、前夜に共寝をした男女が、翌朝、それぞれの衣服を着てさよならすることを表わす表記。「後朝(きぬぎぬ)」の表記は「事(こと)の果てた後の朝」というその語義に着目した宛字(あてじ)》〔名〕(1)〈(前夜に愛し合った男女が、翌朝)それぞれの衣服を着て別れること。また、その朝〉**後朝(きぬぎぬ)の別れ。情事の翌朝(じょうご)。**(2)〈(主に、愛し合っている男女や夫婦が)別れ別れになること〉**離別(りべつ)。**

-36-〈C〉まじらふ【交じらふ】《「交じり」+「合ふ」の略とも、「交じる」の連用形+反復を意味する接尾語「ふ」に由来するとも言われる語で、物理的に「混じり合う」の意を表わす他、多数・大人数の存在する場面に自ら分け入る=「仲間入りする」の語義にもなる》〔自ハ四〕(1)〈他の物事の中へと入り込み、区別が困難な状態になる〉混じり合う。(2)〈(大勢いる人々の中に)自らも分け入る。(特に、宮中への出仕を意味する例が多い)〉仲間入りする。

-37-〈B〉すだく【集く】《「巣+抱く」に由来すると思われる語。人以外にも動物・虫が一箇所に集まる様子の形容に多用されるのは、「巣に集まる」の語感ゆえのことであろう。類義語「あつまる」は生物・無生物双方が対象。「つどふ」だと、意思を持つ人間が集合する意になる》〔自カ四〕(1)〈(人・動物・虫などが)一箇所に集まる〉群がる。(2)〈(虫などが)集まって鳴く〉鳴き騒ぐ。

-38-〈B〉たづき【方便】《「手」+「付き」=「どこから手を付けるべきか」と考えれば「手段」が原義となる;が、「様子・状態」の意もあり、後者には古くは「跡状」の表記もあるのに対し、「た」=「手」の表記例は『万葉集』時代には存在しないので、あるいは後者の方が原義か、とも言われる》〔名〕(1)〈(目的を果たすための)やり方〉手段。(2)〈(物事の)ありさま〉様子。

-39-〈A〉たより【便り・頼り】《「手」+「寄り」=相手に手を伸ばしてすがりつく、が原義。「拠り所」・「縁故」・「便宜」・「機会」などは原義に忠実な依存性の語義。依頼の手段としての「手紙」の語義もそこから派生した。多少原義から外れたものとして「物どうしの取り合わせ」の語義もある》〔名〕(1)〈頼みとする人や物〉拠り所。(2)〈血縁関係のある誰か〉縁故。(3)〈事を為す上で有利に作用する人や物〉手づる。つて。(4)〈事を為すのに適当な時〉機会。(5)〈こちら側の事情を相手に伝えるもの。また、伝わってくる相手側の事情〉消息。(6)〈物と物とが相互に影響を及ぼし合って生まれる全体的な印象〉取り合わせ。

-40- 〈C〉よせ【寄せ】《他者に対し心を寄せること＝「期待・信頼・信望」が原義。期待を寄せてよい相手ということから「後ろ盾」や「縁故」、更には歌論用語としての「縁語」の語義が派生した。「理由・いわれ」の語義は「よすが…拠す＋処＝事寄せるべき事情」と同根語と考えればよい》〔名〕(1)〈(他者を)立派なもの、信じるに足るものと考えて、心を許すこと〉信望。 (2)〈(他者に対し)面倒を見たり社会的影響力を行使して助けたりする人物〉後ろ盾。 (3)〈血縁関係でつながっている人物〉縁故。 (4)〈(ある事態を正当化する)然るべき事情〉理由。 (5)〈縁語。(和歌の中で、異なる複数の語句どうしが、直接にはつながらないものの、意味上の関連性を持っているために、相互に響き合ってイメージの膨らみを演出する修辞法に於ける、意味上関連性のある複数の語句どうしのこと)〉縁語。

-41- 〈C〉よそふ【寄そふ・比ふ】《対象に"寄せる"を語源とし、似たものどうしとして「関係付ける」、比較したり引き合いに出したりするために「比べる」の意を表わす》〔他ハ下二〕(1)〈(対象と似たものどうしとして)相互に関係ありとする〉関係付ける。 (2)〈(相対比較や例示のために)異なるものどうしを並べて比べる〉なぞらえる。

-42- 〈C〉よそふ【装ふ】《現代語「装い」にもある通り、「きちんと正式に衣装を整える」や「準備する」が原義。服装を整える語義から派生した「食器に食べ物を盛り付ける」の意での「よそふ」は、いつしか「盛る」と混同され、両者を足して二で割ったかのような「よそる」の語形も生じた》〔他ハ四〕(1)〈(一般的に)事に臨んできちんと物品を用意する〉準備する。 (2)〈(衣服を整えて)きちんとした身なりをする〉身支度をする。 (3)〈(食べ物を)きちんと食器の上に乗せる〉よそる。

-43- 〈A〉よすが【縁・因・便】《語源は「寄す＋処」(拠り所)で、奈良時代は「よすか」と清音。精神的・物質的に「頼るもの」(拠り所)、血縁上「頼れる身近な存在」(親類縁者)、自分のために「社会的影響力を行使してくれる存在」(つて)、目的を達成するために取り得る「手段」の語義を持つ》〔名〕(1)〈(精神的・物質的に)頼ることのできるもの〉拠り所。 (2)〈(血縁のつながりなどから)頼りにできる身近な存在〉縁者。 (3)〈(自分のために)社会的影響力を行使してくれる存在〉手づる。 (4)〈(目的を達成するために)取り得るやり方〉手段。

-44-〈B〉えにし【縁】《現代語同様の「縁」を、「ん・ン」の撥音表記がなかった当時は末尾の"n"音に「に」文字を宛がって「えに」と書いたが、中古には(特に和歌で)多く「えに＋し＋あらば」の形で強意の副助詞「し」と共に用いたので、「えにし」があたかも一語の名詞の如く錯覚された》[名]〈(何らかの因果関係を生じるような、物・人の間の)つながり〉因縁。

-45-〈B〉ゆかり【縁】《「由」(起点)＋「許」(目的地)の転とも、「故」＋「係り」の略ともされる。類義語「縁」が「ある結果を必ず生じる必然的原因」を表わす仏教語なのに対し、「ゆかり」は「何らかのつながり」という間接的関係や「血縁関係により生じた人と人とのつながり」を意味する語》[名](1)〈(血縁関係によって生じた)人と人とのつながり〉縁故。 (2)〈(直接的には明らかではないが、元をただせば認識できるような形で)人・物どうしが何らかの形で結び付いていること〉つながり。

-46-〈C〉ぐ【具】《「一対になるもの・常に傍らに存在するもの」が原義。「常に付き添う相手」の意は四字熟語「不倶戴天」(＝共に並んで天を戴くことができぬ敵対者)の「倶」の感覚、「食事の添え物」の意は「味噌汁の具」、「身の回りの日用品」の意は「道具」に絡めて理解するとよい》[名](1)〈(人に)常に付き添う者。(貴人の)御側近くに居る者。結婚した相手。(前夫・前妻との間に生まれた)子供〉相棒。従者。配偶者。連れ子。 (2)〈日常用いる身の回りの品〉道具。家具。 (3)〈(料理で)主たる食材に混ぜて出す副食材〉添え物。 [接尾]〈(衣服・器具・食品など)異なる品目が全部揃って初めて完全になる物事を数える語〉・・・揃い。

-47-〈A〉ぐす【具す】《漢語「具」の持つ「随伴」の意をサ変動詞化した語で、「具備」及び「帯同・携帯」を表わす自動詞／他動詞として用いる》[自サ変] (1)〈(一揃いの品目や求められる特性を)欠けることなく有する〉具備する。 (2)〈(人と)一緒に行く〉同行する。 (3)〈(男女が)夫婦となって一緒に暮らす〉連れ添う。 [他サ変] (1)〈(一揃いの品目を)欠けることなく全部集める〉備える。 (2)〈(人を)一緒に連れて行く〉帯同する。 (3)〈(物品を)身に付けて運ぶ〉携帯する。

-48-〈B〉つら【列・連】《「釣り」・「弦」・「連れ」と同根語で、「途切れることなく連なるもの」が原義。「連れ立つ相手」即ち「仲間・同類」に言及する例も多い。「つら」の畳語の「つらつら」は、思考や行動を「途切れることなくじっくりと」の意の副詞として現代語にもそのまま残っている》[名](1)〈途切れることなく連なるもの〉行列。 (2)〈(物理的に)場所を同じくする者達の集団。(分類学的に)特性を同じくする者の集団〉仲間。同類。

-49- 〈A〉**どち**【どち】《「仲間」の意の名詞にも、「…な者どうし」の接尾語にもなる。現代風に漢字表記すれば「同士・同志」だが、「どし」の読みは後発で、元来は「どち」》〔名〕〈親しい間柄にある者達〉仲間。〔接尾〕〈(名詞に付けて)同類の意を表わす〉…同士。

-50- 〈C〉**おのがどち**【己がどち】《「どち」は現代語「同士」に通ずる名詞で、接尾語として用いると「…な者どうし」を表わす。これに「自分自身」を意味する代名詞「己」＋所有の格助詞「が」がついて「仲間どうし(の間で)」の意の名詞／副詞となる》〔名〕〈(世間一般と区分しての)当人どうし〉仲間同士。〔副〕〈(世間一般と区分して)自分達の間だけで、の意を表わす〉仲間内で。

-51- 〈B〉**はらから**【同胞】《起源・由来を表わす「から」を内包する点で「輩」・「族」などと同系語。「同じ母親の腹から出た者どうし」＝「兄弟姉妹」を表わす。その後、男系社会になり、母親は違っても父親は同じ兄弟姉妹にも拡大して用いられるようになった。非血縁者には用いない》〔名〕〈(原義的には同母の、やがて異母をも含めた)親を同じくする血縁関係にある者〉兄弟姉妹。

-52- 〈C〉**ともがら**【輩】《「から」は起原・出自を表わす。「同胞」だと「同じ母親の腹から生じた者達」＝「兄弟姉妹」、「族・輩」は「同じ家・屋から出た者達」＝「一族」(または「連中」)で、「輩」だと、血縁関係を持たず、ただ「共に居る」という共通項で結ばれた人間集団＝「仲間・同類」を意味する》〔名〕〈同じ場所や経験を共有する者達〉仲間。

-53- 〈C〉**みなひと**【皆人】《特定の場面に限定して「その場に存在する全員」の意を表わす。複数形にして「皆人人」とも言う。語順が逆転した「人皆」でも同じ意を表わせるが、「人皆」の場合は、特定の場に限定されずに万人、即ち「世の中のありとあらゆる人間」の意を表わす場合もある》〔名〕〈(特定の場面に居合わせた)人物全員。(世の中の「万人」の意味ではない)〉その場の全員。

●愛着と結合でこの世は回る、ってことで、次は「よ」にまつわる古語あれこれ

-54- 〈A〉よ【世・代】《竹の「節」(現代では「ふし」だが古語では「よ」)と同音・同発想の語。成長の節目ごとに刻まれるこの「よ」を「時間的区切り」と意識して生じた語が「世・代」で、その根底にあるのは「画期」であって「区画」ではない(＝時間系の語であって空間系の語ではない)》〔名〕(1)〈(人が)生まれてから死ぬまでの間の時間・経験。または、その長さ〉一生。寿命。 (2)〈(仏教語)前世(生まれる前の世)・現世(この世)・来世(生まれ変わる世)の三世。または、正法・像法・末法の三つの時代区分〉三世。 (3)〈(歴史的に)特定の支配者(天皇や将軍など)が君臨した時代として、他の時代と区分される時代〉・・・期。時代。 (4)〈(社会的に)様々に移り変わる人間世界全般。また、(歴史的に)その時代特有の風潮によって他の時期とは区分される世の中〉世間。時勢。 (5)〈(人・物事が)今の状態とは異なる状態で存在したある特定の時〉時期。 (6)〈(社会的に)人が置かれた立場の軽重。(経済的に)人の暮らしの状態〉境遇。貧福。 (7)〈(地理・政治的に)人間が暮らす領域〉世界。 (8)〈(出家・隠遁した立場の人間から見て)世俗的欲望に満ちた世界、また、その世界の人々やその欲望〉俗世間。世俗的欲望。 (9)〈(経済学的に)生きるためにしなければならない営みや、その状態〉生活。暮らし向き。 (10)〈(世間から見た)社会的な評価や位置付け〉世評。 (11)〈(愛情の濃淡から見た)男女間の関係の緊密さ〉(夫婦)仲。

-55- 〈B〉よのなか【世の中】《「世」は「竹の節」と同根語で、時間的区切り目の特性が強いが、これに「中」を加えて「世の中」となると、空間的・社会的色彩が濃くなる。基本的語義は「世」も「世の中」も同じ。「世／世の中」に「男女の仲・愛情の濃淡」なる私的状況の意がある点には特に要注意》〔名〕(1)〈(地理・政治的に)人間が暮らす領域〉世界。 (2)〈(社会的に)様々に移り変わる人間世界全般。(歴史的に)その時代特有の風潮によって他の時期とは区分される世の中〉世間。時勢。 (3)〈(歴史的に)特定の支配者(天皇や将軍など)が君臨した時代として、他の時代と区分される時代〉・・・期。時代。 (4)〈(世間から見た)社会的な評価や位置付け〉世評。 (5)〈(社会的に)人が置かれた立場の軽重。(経済的に)人の暮らしの状態〉境遇。貧福。 (6)〈(愛情の濃淡から見た)男女間の関係の緊密さ〉(夫婦)仲。 (7)〈(人間生活を取り巻く)外界の様相。(特に、自然現象としての天候を問題にする場合が多い)〉自然界。天候。 (8)〈(「世の中の」や「世の中に」の形で)希少性や程度の甚だしさを強調する語〉とてつもない。

-56- 〈C〉あめがした【天が下】《漢語の「天下」を和訳したもので、「神・仏・この世のものではない何者かの領域」としての天界との対比に於いて捉えた「地上世界」と、政治的区分としての「この世界・国家・国政」の意味に分かれる》〔名〕(1)〈(神の領域としての天界と対比しての)地上の世界(の全て)〉この世。(2)〈(政治的区分としての)この世界。また、その世界を統治すること〉天下。国家。国政。

-57- 〈A〉すくせ【宿世】《字義通りには「この世に生まれる前の先の世」即ち「前世」を指すが、平安時代の文物では「因果応報の理により、前世での行ないに応じて確定している現世に於ける人の運命」即ち「宿命・因縁」の語義で使われる場合が多い》〔名〕(1)〈(人が、この世に生まれるよりも)前に存在していた世〉前世。(2)〈(前世での行ないによって決定している)この世での運命〉宿命。

-58- 〈C〉よをすつ【世を捨つ】《この「世」は「俗世間・世俗的欲求」の意で、それを捨て去るのだから「出家・隠遁する」の意となる。「世を…」の形で同じ意を表わす類例には、「世を…背く・遁る・離る」などがある》〔連語〕《よ〔名〕+を〔格助〕+すつ〔他タ下二〕》〈(俗世間を離れて)仏教の修行に専念する〉出家する。

-59- 〈C〉よをそむく【世を背く】《「世」＝「俗世間・世俗的欲求」、「背く」＝「背中を向ける」なので、両方合わせて「俗世を捨てて宗教生活に入る＝出家・隠遁する」の意の連語となる。現代的類推から「世間の目を欺く」とか「腐った世の中に背を向けて自分だけの世界に入る」などと誤解せぬように》〔連語〕《よ〔名〕+を〔格助〕+そむく〔他カ下二〕》〈(俗世間を離れて)仏教の修行に専念する〉出家する。

-60- 〈C〉よづく【世付く】《「世」を「世間」と解釈すれば「世間慣れする」・「世間並みになる」・「俗っぽくなる」などの常識的語義となり、「世」＝「男女の仲」の線で解すると「異性を意識する・色気付く・性的に成熟する・オトナになる」という艶っぽい語義になる。「世慣る・世馴る」と同義語》〔自カ四〕(1)〈(人が成長して)社会の現実や人との付き合いに慣れる〉世間慣れする。(2)〈(人が成長して)男女の情を理解するようになる〉色気付く。(3)〈(人が低い身分から身を起こして)社会の一般的水準に到達する〉世間並みになる。(4)〈(昔は純粋・神聖だった人や物が)俗世間の影響を受けて残念な姿に変わってしまう〉通俗的になる。

-61- 〈C〉よなる【世慣る・世馴る】《現代日本語にも残る「世慣れる」は、「長年の経験から、多く、小狡い形で、他者を出し抜く悪知恵が付く」の語義だが、古語の「世」には「男女の仲」の意もあるので、「異性を意識する・色気付く・性的に成熟する・オトナになる」の語義にもなる。同義語に「世付く」がある》〔自ラ下二〕(1)〈(人が成長して)社会の現実や人との付き合いに慣れる〉世間慣れする。(2)〈(人が成長して)男女の情を理解するようになる〉色気付く。

●「世」つながりで今度は「夜」

-62- 〈C〉よさり【夜さり】《この「さり」は「去り」ではなく、人の思惑に無関係に恒常的に来ては去る性質の時間的推移に言及して「夜になる頃」または「今夜」の意を表わす。「夜」を、「節」・「枝」・「世」・「四」・「予・余」などの同音異義語と区分するのに好適な形として「夕さり」の類推から生じた語》〔名〕〈昼の時間帯が終わり、夜の時間帯になる頃。また、その日の夜〉夜になる頃。今夜。

-63- 〈C〉よは【夜半】《「宵」が、母音交替形の「夕」に化けたのと同様、「よひ→よは」に転じた語か、と言われる。語頭以外での「ハ」行音は「ワ」行転呼するので、読み方は「ヨワ」といかにも柔和になるため、主として平安・鎌倉期の和歌の中で「夜半・夜中」の雅語として用いられた》〔名〕〈日が暮れて真っ暗な時間帯。(主に、平安・鎌倉期の和歌の中で使われる雅語)〉夜。

-64- 〈C〉よがれ【夜離れ】《「夜離れ」よりむしろ、語義的には「世枯れ」とも感じられる語。男が女のもとへ通う古典時代の妻問婚の恋愛・結婚形態に於いて「男が夜に女を訪問しなくなる」(=愛情が冷める)意で、学校で教えるには些か艶っぽいが、文物の主題に恋愛が多い古文では重要語》〔名〕〈(夫婦・恋人の関係の)男が女のもとへ通わなくなること〉男女間の仲が冷えること。

●夜が明ければ次は「朝」

-65- 〈A〉あかつき【暁】《上代語「あかとき=明か時=夜が朝日に赤く染まる頃」が、中古以降「あかつき」となった。早朝の時間帯全般を指す語で、これが更に前半=「曙(和歌では「東雲」)」／後半=「朝朗け」に分かれる》〔名〕〈夜中から朝に移行する時間帯〉早暁。

-66- 〈A〉あけぼの【曙・明ぼの】《「明け」+「ほの」(=夜が仄かに赤く染まる頃)で、「あかつき」の前半の時間帯(和歌用語では「東雲」)。後半の時間帯は「朝朗け」》〔名〕〈夜が白み始める早い時間帯〉早朝。

-67- 〈B〉**あさぼらけ【朝朗け】**《「朝＋ほろ＋明け」(＝朝がほろほろと・・・一気にでなくじんわりと全体的に・・・明ける)の転。早朝全般を指す「あかつき」の中でも後半の時間帯。前半の時間帯は「曙」(和歌では「東雲」)》〔名〕〈日の出に近い時間帯〉**明け方**。

-68- 〈A〉**ありあけ【有り明け】**《「(月がまだ空に)有り」ながらも「(夜が)明け」ること。月の出が遅い十六夜以降に特有の現象で、「二十日余りの月」が特に有名。和歌の中では「(早くも明けた夜を惜しむ)心残り」の象徴となる》〔名〕(1)〈陰暦十六日以降、空に月が残った状態で夜が明けること。また、その時分、またはその頃の月〉**残月**。 (2)〈(「有り明け行灯」の略)夜明けまで点灯しておく明かり〉**常夜灯**。

-69- 〈C〉**あかし【明かし】**《「明し」は明るい色彩語の「赤し」と同根語。逆に暗い色彩語「黒し」と関係が深いのが「暮る・暗る」や「暮す・暗す」》〔形〕(1)〈(太陽・灯火などの)光が照っている〉**明るい**。 (2)〈心にやましさがない〉**誠実だ**。

●明ければ暮れる、「明」の後は「暗」が世の常、人の常

-70- 〈B〉**たそかれ【黄昏】**《「誰そ彼(あの人は誰)？との疑問が出るほどに人物の識別も困難な夕暮れ時」が原義。近世以降は濁音化して「たそがれ」。「彼は誰(時)」も同発想の語で、上代には「明け方／暮れ方」双方を表わしたが、後世には「黄昏」の対義語として「明け方」のみを表わした》〔名〕〈(人物の識別も困難な)日没前後の時間帯〉**日暮れ時**。

-71- 〈B〉**あけくれ【明け暮れ】**《現代語「明けても暮れても」に通じる表現で、一年三百六十五日・四六時中(4×6＝24時間)ずっと・毎日・alwaysの意。似て非なる語に「明け暗れ」(夜明け前の暗い時間帯)というのがある》〔名〕〈夜が明けて日が暮れること。また、日々の有様〉**朝晩。日常**。 〔副〕〈いつも常に変わらぬさま〉**常日頃**。

-72- 〈B〉**あさなゆふな【朝な夕な】**《時間帯を表わす格助詞「に」に相当する上代の格助詞「な」を「朝」と「夕」に付けて、「朝も夕も」の意となる。「朝な朝な・・・読みは"あさなさな"」(毎朝)・「夜な夜な」(毎晩)」なども同系の語》〔副〕〈時間帯を問わず常に〉**朝夕**。

-73- 〈B〉くる【暗る・暮る・昏る】【暗る・眩る】《「暗し」と同根で、色彩語「黒」に由来するとされる。対照的なのが「赤」に発するとされる「明く」・「明かし」。空に太陽がある時間帯(赤)とない時間帯(黒)の繰り返しの中で日々を送る人の営みの「暮らす」が、「暗す」(=暗くする)と同音異義語なのは偶然ではない》〔自ラ下二〕【暮る・暗る・昏る】(1)〈(太陽が沈んで)辺りが暗くなる〉日が暮れる。 (2)〈(年や季節が)終わりに近付く。また、過ぎ去る〉年が押し詰まる。過ぎ行く。【暗る・眩る】(3)〈(多く「目眩る」の形で)視覚が混乱し、周囲が見えなくなったり、揺れ動く感じがしたり、平衡感覚を失ったりする〉目が眩む。 (4)〈(多く「涙に眩る」の形で)涙のせいで視界がぼやける〉目が霞む。 (5)〈(一時的に)精神的に混乱して正常な判断ができなくなる〉心を乱す。

-74- 〈C〉めくる【目眩る・目昏る】《「くる」は「暮る」即ち「暗くなる」で、「黒」と同根。畳語化した擬態語「クラクラ」が象徴する「目眩がする・視界が利かない」の意を表わす。よく似た現代語「めくるめく」(=思わずクラッとするほど魅力的)は「目」+「転めく／転べく」(=クルンクルン回転する)で、組成的には別物》〔自ラ下二〕〈目の前が暗くなり、ものが見えなくなる〉目が眩む。

-75- 〈C〉かきくらす【掻き暗す】《「掻き」は「掻き回したように周囲一面に作用が及ぶ」意の接頭語。「くらす」は、現代的音感からは「暮らす」が思い浮かぶが、実際には「暗らす」であり、「(空が)一面真っ暗」・「(心が)すっかり真っ暗」という物理・心理両面の「黒さ」を表わす》〔他サ四〕(1)〈(雲・雨・雪などの気象現象が)空一面を暗黒に染める〉辺り一面を暗くする。 (2)〈(心配事が)心を暗くする〉気持ちを暗くする。

●電灯のない古典時代の夜を照らす唯一の明かり「月」と、その明度に絡めて「鮮明／不鮮明」系の古語をひとしきり

-76- 〈B〉つきかげ【月影】《現代語の「影」は「暗くなった部分」のみを想起させるが、古語の「影」には「光によって結ばれる像」の意もあり、明・暗いずれをも指す。「月影」と言えば「月明かり」や「月光に照らし出されたものの姿」、更には「月そのものの姿(満月とか三日月とか)」をも意味する》〔名〕(1)〈月が放つ光〉月明かり。 (2)〈(満月・半月・三日月など、月齢に応じて)様々に姿を変える月の外観〉月の姿。 (3)〈月の光に照らし出されて見える人や物の外観〉月下の姿。

-77- 〈A〉かげ【影・景】【陰・蔭】《「光輝」を意味する「かが」が原義で、「鏡」・「輝く」・「陽炎」更には「かぐや姫」などにも通ずる語。「光が当たらず暗い部分」という現代語感覚で捉えると失敗する語で、「明・暗」双方を意味する様々な語義を持つ》〔名〕【影・景】(1)〈(太陽・月、灯火の放つ)光線〉光。(2)〈(光の照射を受けて浮かび上がる)物体の視覚的存在〉姿形。(3)〈(鏡面・水面に)反射投影された像〉鏡像。水鏡。(4)〈(心の中で)思い浮かべた姿・形〉面影。(5)〈(形はあるが重量感・実質感を伴わない)弱々しい姿〉見る影もなくやつれた姿。(6)〈(人が死んだ後になお)この世に残る有形・無形のもの〉霊魂。遺影。遺蹟。(7)〈(うっすらと目には見えるが)実体を持たないもの〉幻影。(8)〈(実物に)似せて作ったもの〉模造品。(9)〈光の照射面の反対側にできる暗い像〉陰影。(10)〈(実体に対する陰影の如く)常に身を離れないもの〉影身。【陰・蔭】(11)〈(物に遮られて)光・風などが当たらない場所〉物陰。(12)〈(外界の影響や視線を避けて、意図的に)身を隠すことができる場所〉隠れ場所。(13)〈(外界の影響から)身をかばってくれること。また、その人物〉恩恵。庇護者。

-78- 〈C〉かゞやく【輝く・赫く・耀く】《現代語のように「かがやく」と濁音化したのは近世中頃。「かゝ」・「かゞ」・「かぎ」は「光」を示す(英語に於ける"gl"(ex. glance, glare, glass, gleam, glitter, glory, gloss, …)に相当する)語で、彼の有名な「かぐや姫」(＝光り輝く美しい姫)も同系語である》〔自カ四〕(1)〈(物理的に)明るく光る〉光り輝く。(2)〈(心理的に)その美しさが光り輝くように感じられる〉輝くばかりの美しさだ。(3)〈(心理的に)恥ずかしさに顔が火照るように感じられる〉赤面する。〔他カ四〕〈(人に)恥ずかしい思いをさせる〉赤面させる。

-79- 〈B〉くま【隈・曲】《「道や川の湾曲した部分」が原義で、「中心から外れた部分」や「暗くなっている部分」の語義は派生的なもの。後者の語義が転じて「心に隠された秘密」や「性格上の欠点」の意味を生み、形式名詞的な「…な所」の語義も生まれた》〔名〕(1)〈(道や川の)湾曲した部分〉曲がり角。(2)〈(中心から外れて)人目に付かない奥まった部分。また、(都から離れた)地方〉片隅。片田舎。(3)〈(奥まっているために)光が当たらず暗くなっている部分〉陰。(4)〈(心の中に)隠されていて他者には見えない事柄〉隠し事。(5)〈(人の)性格上の疵とみなされるような特性〉短所。(6)〈(形式名詞的に用いて)観点・特性を表わす〉…なところ。(7)〈(近世語)(歌舞伎役者が)表情を誇張するために明暗を際立たせた化粧〉隈取り。

-80-〈A〉くまなし【隈無し】《「光が当たらず、暗くなっている部分」を意味する「隈」に「無し」を付けて、「くまなく光が届いている」・「配慮が行き届いている」・「他者に対して何一つ隠すところがない」の意を表わす》〔形ク〕(1)〈(太陽の光が)あらゆる場所を照らしている。(月の表面に)暗い影が全くない〉辺り一面が明るい。一点の曇りもない。(2)〈(配慮・知性が)あらゆる点に於いて優れている〉万事抜かりがない。万事に精通している。(3)〈(他者に対し)隠そうという意図がない〉大っぴらだ。

-81-〈B〉おもひぐまなし【思ひ隈無し】《「隈」を「完全性を汚す曇った黒点」ではなく「他者に見えぬ所で巡らす深謀遠慮」の意で用い、「思ひに隈無し…深い考えがない…浅はかだ／思いやりがない」の意となる。「隈無し」の類推から「完璧に思慮が行き届いている」の意だと思うとひどい目に遭う》〔形ク〕(1)〈(当人としては十分考えたつもりでも)どこかしら考えに足りないところがある〉浅はかだ。(2)〈(相手の感情を考えるだけの)心の広さや気持ちの余裕がない〉思いやりがない。

-82-〈A〉さやか【明か・清か・分明】《「冴ゆ」と同根語で、視覚的に「はっきりよく見える」が原義だが、中世以降は聴覚的に「澄んだ音でよく聞き取れる」の用例も多い。「秋来ぬと目にはさやかに見えねども風の音にぞ驚かれぬる」(藤原敏行)のような視・聴覚いずれにも分かち難い感覚的な「明瞭さ」の意もある》〔形動ナリ〕(1)〈(視覚的に)明るく冴えて明瞭なさま〉くっきりと明るい。(2)〈(中世以降)(聴覚的に)音が澄んでいて明瞭なさま〉はっきり聞こえる。(3)〈(感覚的に)曖昧なところがなく明瞭なさま〉はっきりわかる。

-83-〈B〉さやけし【清けし・明けし】《「さやか」の兄弟語で、「冴ゆ」と同根語。視・聴覚的な明瞭性「明るく澄んでいる」・「音が澄んでいる(この語義は中世以降)」の他、純潔性の「汚れがない」の語義をも持つ》〔形ク〕(1)〈(視覚的に)明るく明瞭なさま〉鮮やかだ。(2)〈(中世以降)(聴覚的に)音が清く澄んでいるさま〉爽やかだ。(3)〈(不純なものとは無縁で)純潔なさま〉清らかだ。

-84-〈C〉けざやか【けざやか】《「冴ゆ」に由来し視覚的明瞭感を表わす「清か・分明か」に、異なる物事どうしの境目を表わす「界」を付けて、「(複数の物事の)対比が明瞭」の意を表わす。「け」＝「気」と捉え、気配が「さやか」(明瞭)に見えてしまうの発想から「比較的露骨に」の意となる場合もある》〔形動ナリ〕(1)〈(「界＋さやか」で)(異なる物事どうしの)対比が明瞭である。また、周囲の中でも一際目立つ〉対照的だ。際立つ。(2)〈(「気＋さやか」で)(本来曖昧であるべきものが)隠されもせずに現れてしまっている〉露骨だ。

-85- 〈B〉ほのか【仄か】《背後にある何かの存在が、明瞭ではないがぼんやりと感じられるさまを表わすのが「仄」の原義。「はっきりしないが、何となくその存在が感じられる」/「(分量・程度が)僅かだ」の意を表わす他、「ほの＋…」で「何となく…」の意を表わす接頭辞としても用いられる》〔形動ナリ〕(1)〈(音・形・色・光などについて)明確な形ではないが、漠然と感じられるさま〉ぼんやりしている。(2)〈(量・程度について)極めて軽微なさま〉ちょっぴりだ。

-86- 〈A〉みそか【密か】《「潜む」・「顰む」と同根語の「密か」の別読み語で、主に平安女流文学で用いられた。「うま」が「むま」になるようなマ行音転呼は古文によく見られるが、「ひ→み」の転音は不自然なので、「な＋見＋そ」(どうか見ないでください)の類推から生じた人為的転音かもしれない》〔形動ナリ〕〈人目を忍んで目立たぬように行なうさま〉こっそり。

-87- 〈C〉ひそむ【顰む】《「密か」と同根で、内面の激しい感情(主に、悲しみ・怒り)を表出させまいとして押し殺した時に生じる不自然な表情を指す語。「眉をひそめる」は現代語にもそのまま残るが、古語では「口元が歪む」・「泣き顔になる」の語義もある》〔自マ四〕(1)〈(抑えていた悲しみが)思わず顔に出てしまう〉泣き顔になる。(2)〈(不愉快な気持ちが)口元に現われる〉口元が歪む。〔他マ下二〕〈(多く「眉を顰む」の形で)(不満な気持ちで)目を細めた表情をする〉しかめ面をする。

-88- 〈C〉かすむ【掠む】《気象現象の「霞」、形容詞「幽か・微か」、更には表面を少しこする意の「掠る・擦る」と同根語で、「人にはっきりとは知らせない(＝示唆)」のほかに、「人に知られず悪事を働く(＝こそ泥／欺瞞)」という好ましからざる語義も持つ》〔他マ下二〕(1)〈(人に知られずに)こっそりとわがものにしてしまう〉掠め取る。(2)〈(はっきり言わずに)それとなく相手にわからせる〉示唆する。(3)〈(知られたくない真相を)相手がわざとわからぬよう仕向ける〉誤魔化す。

-89- 〈A〉こころもとなし【心許無し】《「もとな」は上代の副詞で「本・元・許＋無＝心の落ち着き所が無い＝…したくて騒ぐ心を抑えようがない」の意を持つが、これに「心」を付けたのが「こころもとなし」。「心に落ち着きを欠く」を共通項とする様々な語義を持つ》〔形ク〕(1)〈対象への強い希求感覚を表わす〉待ち遠しい。(2)〈(視覚的・情報的に)対象が明瞭に認識できないことを表わす〉はっきりしない。(3)〈(事情がよくわからないために)心安らかでいられない〉気懸かりだ。(4)〈(妥当と考える水準に達せず)不満である〉物足りない。

-90- 〈A〉**おぼつかなし**【覚束なし】《「おぼ」=「不明瞭」の意、「つか」=接尾語、「なし」=程度の甚だしさを示す「甚し」とされ、「正体不明で掴み所がない…ので不安」がその語義の中核。転じて「近くにいなくて事情がわからない=御無沙汰／早く近くに来てほしい=待ち遠しい」の意も生じた》〔形ク〕 (1) 〈(物理的、多くの場合視覚的に)その正体がよくわからない〉**不明瞭だ。** (2) 〈(心理的に、事情・理由・意味・記憶などが)はっきりせずに、確信が持てない〉**不案内だ。不安だ。** (3) 〈(人・物事から)離れていて事情がわからない。また、会いたくて仕方がない〉**御無沙汰している。待ち遠しい。**

-91- 〈B〉**おぼろけ**【朧け】《不明瞭の意の「朧」+様態の接尾語「気」…なのに「ぼんやり霞んではっきりしない」ではなく「並大抵」の意となり、ほぼ常に否定の文脈で用いて実質的には「朧けならず」(=普通じゃない)の意(たとえ「朧けの」の表記でも実質的には「朧けならぬ」)という不思議な語》〔形動ナリ〕 (1) 〈(下に打消・反語の表現を伴って)並一通りでないことを表わす〉**並みの…ではない。** (2) 〈(打消の語を伴わないながらも、慣用的に「朧けならず」に等しい意を表わして)並一通りでないことを表わす〉**並々ならぬ。**

-92- 〈B〉**おぼめく**【おぼめく】《「曖昧で正体不明」の意の「おぼ」に、そうした様態になることを示す動詞化語尾「めく」を付けた語。「対象が正体不明で曖昧…なので不審に思う／不安だ」の受動的意味の他に、「相手に向かってわざと曖昧な態度を取る」という能動的な素振りの意をも表わす》〔自カ四〕 (1) 〈(物事の状態や、人の態度が)はっきりしない〉**不明瞭だ。** (2) 〈(よくわからぬものに対して)疑問の念を抱く〉**不審に思う。** (3) 〈(他者に対して、多く、意図的に)はっきりしない曖昧な態度を取る〉**曖昧にぼかす。**

-93- 〈B〉**おぼめかし**【おぼめかし】《正体不明の曖昧さを表わす「おぼ」に、そうした様態になることを示す語尾「めく」を付けた動詞「おぼめく」の形容詞化。同根語「覚束なし」の物理的不明瞭性に対し、対人関係や心理面に於ける(しばしば作為的な)曖昧性に力点を置くのが「おぼめかし」》〔形シク〕 (1) 〈(物事の状態や、人の態度が)はっきりしない〉**不明瞭だ。** (2) 〈(心理的に、事情・理由・意味・記憶などが)はっきりせずに、確信が持てない〉**不案内だ。不安だ。** (3) 〈(他者に対する態度について、多く、意図的に)はっきりしない曖昧なさまを表わす〉**有耶無耶だ。**

-94- 〈C〉おぼほる【溺ほる】【惚ほる】《共にぼんやりした状態を表わす「朧」＋「惚る」を合わせたもの（上代には「朧」＋「大し」だったかもしれないとの説もある）。意識がぼうっとするのが原義だが、朦朧となる原因は、水没・落涙・感覚麻痺・老化・精神的衝撃・過度の没頭・演技など、多岐に亘る》〔自ラ下二〕【溺ほる】(1)〈(水中に)沈む。または、うまく泳げずに心身の機能が麻痺した状態になる〉溺れる。 (2)〈(悲しみの余り)表情や呼吸が常ならぬ状態になる〉涙に咽ぶ。【惚ほる】(3)〈(感覚器官の麻痺により)対象物を正常に認識できない状態になる〉よくわからない。 (4)〈(老化、または強い精神的衝撃のために)頭脳や感覚が正常に機能しない状態になる〉惚ける。呆然とする。 (5)〈(他事を忘れて)特定の行動・対象へと過度に熱中する〉耽溺する。 (6)〈(作為的に)無知を装う〉とぼける。

●日も月も昇ってはまた沈み、世の勢いもまた上り下りを繰り返す、ということで次は「上・下」にまつわる古語の数々

-95- 〈A〉あがる【上がる・揚がる・騰がる】《下方から上方への移動について、移動後の位置や他との関係の変化を主眼に述べる語。他動詞形は「上ぐ」。対義語は「下がる」》〔自ラ四〕(1)〈高い場所に存在・移動する〉上がる。高くなっている。 (2)〈位・階級が上がる〉昇進する。 (3)〈(雨・霧などが終わって)晴天に戻る〉あがる。 (4)〈(時代が)昔に遡る〉その昔は。 (5)〈身分の高い人のもとへ行く〉参上する。 (6)〈頭に血がのぼる〉のぼせる。〔他ラ四〕〈(女房語)飲食することを指す尊敬語〉召し上がる。

-96- 〈B〉のぼる【上る・登る・昇る】《下方から上方への移動について、その途中経過に力点を置いて述べる語。他動詞形は「上す」。対義語は「降る」・「下る」》〔自ラ四〕(1)〈(物理的に)低い位置から高い位置へ移動する〉上昇する。 (2)〈(川で)流れと反対方向へと移動する〉遡上する。 (3)〈(地方から)首都の方向へと移動する〉上京する。 (4)〈(へりくだって)宮中や貴人のもとに行く〉参上する。 (5)〈(従来の地位よりも)高い地位に進む〉昇進する。 (6)〈(回想の中で)注目する時点・視点を、過ぎ去った過去へと差し戻す〉昔に遡る。

-97- 〈C〉あがりたるよ【上がりたる世】《古典用語で言う「上代」＝(平安時代から見て)時代を遡った奈良時代以前の意を表わす語。対義語は「下れる世・後の世」(後代)》〔連語〕《あがる〔自ラ四〕＋たり〔助動ラ変型〕完了＋よ〔名〕》〈遙かに時を遡った昔の世の中〉上代。

-98- 〈C〉あげず【上げず】《複数回繰り返される事態・行動について、その発生間隔の短さを言う表現で、現代語では「…と空けず／置かず」と言うが、古語では「…に上げず」となる》〔連接語〕《あぐ〔他ガ下二〕＋ず〔助動特殊型〕打消》
〈(「…に上げず」の形で)時間的間隔を置かずに〉…と間を空けずに。

-99- 〈B〉くだる【下る・降る】《空間的な「高所から低所への移動」が原義。時間的には「年代が下る・一定時刻を過ぎる」の意となり、社会的序列の色彩が加わると「首都から地方に下向する」・上位者から「命令が下る」あるいは「物が下賜される」・「地位・等級・品質が下がる」・「敵に降参する」などとなる》〔自ラ四〕(1)〈(空間的に)高い場所から低い場所へと移動する〉下る。 (2)〈(首都である京都から離れて)地方へ行く〉下向する。 (3)〈(歴史上)後の時代になる。(一定の時刻を)経過する〉時代が下る。定刻を過ぎる。 (4)〈(高位から下位の者に、褒美として)物品(時に、家臣や女性など)が与えられる〉下げ渡される。 (5)〈(高位から下位の者に)命令が伝えられる〉命令が下る。 (6)〈(地位・等級・品質・品性などが)低くなる〉低落する。 (7)〈(敵に対し)敗北の意思表示をする〉降伏する。

-100- 〈B〉くだり【件・条】《「下り」と同源で、上から下への一連の流れを持って縦書き表記される日本語文書の「記述の一部分・内容」を指す語。「既述の内容」の意もあり、これが特に「くだりの」の形で連体詞的に用いられたものの撥音便形が、現代日本語「件の」(＝前述の)である》〔名〕(1)〈(縦書き表記される)文書の記述の一部分〉一節。 (2)〈(文章の中で)既に述べられた内容〉既述の件。

-101- 〈C〉くだんの【件の】《「件の」の撥音便形で、「既述の」及び「毎度お馴染みの」の意を表わす。現代日本語にも文語表現としてそのまま残っている》〔連体〕(1)〈(一連の文章の流れの中で)既に述べられた内容を表わす〉既述の。 (2)〈(書き手・話し手・読み手・聞き手にとって)お馴染みの内容を表わす〉例の。

-102- 〈B〉おろす【下ろす・降ろす】《「降る」の他動詞形。実に語義の多い語だが、古語として要注意なのは「地位の降格」・「他者への非難」・「出家のための剃髪」あたり》〔他サ四〕(1)〈(物理的に)高所から低所へ位置を移動させる〉下ろす。(2)〈(帝位・官位を)辞めさせる、または、下の位に落とす〉退位・辞任・降格させる。(3)〈(他者のことを)人前で悪く言う〉こき下ろす。(4)〈(俗世を捨てて仏門に入るために)髪を切り落とす〉剃髪する。(5)〈(貴人の前から)引き下がらせる〉退出させる。(6)〈(神仏への供物、貴人の残飯や使用後の物品を)譲り与える〉おこぼれを与える。(7)〈(未使用の品を)取り出して使う〉新品をおろす。(8)〈(金属や植物を、道具を用い、摩擦作用で)細かい断片へと分解する〉摺り下ろす。(9)〈(鳥・魚などを)包丁でいくつかの部分に分けて料理する〉・・・枚におろす。(10)〈(妊娠した女性の)出産を人為的にやめさせる〉妊娠中絶する。(11)〈(高い所にあるものを)切断して落下させる〉落とす。(12)〈(自動詞的に用いて)風が、高い場所から低い場所へと吹く〉吹き下ろす。

-103- 〈C〉かしらおろす【頭下ろす】《「仏門に入るために、髪の毛を剃り落とす」の意味。ここでの「頭」とは「頭髪」のことであって「頸」のことではないから、「斬首」(＝首を切り落として殺すこと)と錯覚せぬように》〔連語〕《かしら〔名〕＋おろす〔他サ四〕》〈(仏門に入るために)頭髪を剃り落とす〉剃髪する。

-104- 〈C〉みぐしおろす【御髪下ろす】《「御髪」は貴人の髪の毛を指す。それを「下ろす」のだから、貴人が「髪の毛を切り下ろす」＝「剃髪」即ち「髪を剃り落として仏門に入る」の意となる》〔連語〕《み〔接頭〕＋くし〔名〕＋おろす〔他サ四〕》〈(貴人が)髪を切り落とし、俗世を捨てて、仏門に入る〉出家する。

-105- 〈C〉かざりをおろす【飾りを下ろす】《「貴人が、仏門に入るために、髪を切り落とすこと」を意味する漢語「落飾」を訓読したもの。「飾り」のイメージからすると「女性が尼になること」のみを指すように感じるが、実際には男女いずれにも(対象が貴人であれば)適用可能な表現》〔連語〕《かざり〔名〕＋を〔格助〕＋おろす〔他サ四〕》〈(貴人が)仏門に入るために髪を剃る。(男・女を問わない)〉頭を丸める。

●おろす勢いで「髪」まで剃り落としちゃったついでに、「かみ」つながりで人の世の序列の「上」にまつわる古語のあれこれ

-106- 〈A〉かみ【上】《一連の物事の中での空間的・時間的な上方を指すのが「上」。類義語「上」は空間的に隔絶した高所・表面を意味する》〔名〕(1)〈(空間的に)上の方〉上部。(2)〈(一連の流れの中での)源に近い方〉川上。(3)〈(天皇の居所としての)京都。特に(皇居に近い)北部〉上方。上京区。(4)〈(多く、「そのかみ」の形で用いて)(時系列的に)遡った時代〉昔。(5)〈(物事を構成する一連の部分の中で)最初の部分。(和歌の)詠い出しの部分〉冒頭部。上の句。(6)〈(暦の一ヶ月の中での)最初の頃〉月初。(7)〈(年齢的に)年かさの人物〉年長者。(8)〈(社会的序列が)上の人物。特に、天皇・徳川将軍〉帝。将軍。主君。(9)〈(社会的序列によって決まる)人間集団内での座席で、上位者が占める席〉上座。

-107- 〈B〉そのかみ【其の上】《「上」には、空間的な「高所」の他に、心理的・時間的に連続した何かの「上方・当初」の意もある。従って「其の上」は、話者の意識の中での「その当時」を原義とする。回想の中での時間は常に往時・過去であることから、「その昔」の語義も生じた》〔名〕(1)〈(話題に上っている事柄と)同じ時点を回想的に指し示す語〉その当時。(2)〈既に過ぎ去った時間・時代〉過去。(3)〈(「そのとき」・「そのをり」の類推から)(回想的含みを伴わず)直前に記された出来事の発生と時を同じくして別の事柄が発生する意を表わす〉その時。

-108- 〈C〉このかみ【兄】《「子の上」=「複数の子供達のうちの上位の存在」が原義。狭義には「家長権を相続する資格者たる長男」、広義には「性別や出生順に関係なく(下の弟・妹に対する)兄／姉」、拡大解釈されて「年長者」・「人の上に立つ人物」などの意を表わす》〔名〕(1)〈兄弟の中にあって、家長権を相続する権利を有するただ一人の子〉長男。(2)〈(家長権に無関係に)下に弟・妹がいる者〉兄。姉。(3)〈年齢が上であること。また、年齢が上の人物〉年長(者)。(4)〈特定の人間集団の中で、他者の上に立つ資質を有する人物〉人の上に立つ器量の持ち主。(5)〈(血縁的つながりはないが)兄同然に慕う人物〉義兄。

-109- 〈A〉うへ【上】《「空間的な表面・上方」から「階層的な上位」、更には「既存のものへの累加」へと幅広い語義展開が見られる語。古文では「貴人への尊称」としての語義が特に重要》〔名〕(1)〈(空間位置が)高い部分〉**上方**。(2)〈(物体の)表の側〉**表面**。(3)〈(特定の場所に)近いあたり〉**近辺**。(4)〈(社会的に)上の階層にいる人。特に、天皇、主君〉**帝**。**主人**。**貴人**。**貴人の妻**。(5)〈貴人の住んでいる場所(特に宮中)、または、その近く〉**御座所**。**御前**。(6)〈(形式名詞的に用いて)人物・物事に関する事柄〉**事情**。(7)〈(「うへに」の形で)事態が更に加わることを表わす〉**その上**。(8)〈(「うへは」の形で)ある事態を前にして、何らかの見解を述べる〉**こうなった以上は**。(9)〈(「〜の上」の形で)貴人の妻、または、高貴な女性への敬称〉**・・・の貴婦人**。**・・・の奥方様**。〔接尾〕〈(人を表わす名詞に付いて)尊敬の意を添える語〉**・・・様**。

-110- 〈A〉くもゐ【雲居・雲井】《「雲の居る場所」＝「天空」の原義から、「空に浮かぶ雲」・「遙かに遠い場所」という物理的語義へと転じ、更に「(一般世界とは別世界の)宮中」や「(天皇の居住なされる)都」の意をも表わした》〔名〕(1)〈(雲の存在する場所としての)空〉**天空**。(2)〈(物理的な)雲〉**雲**。(3)〈(空間距離的に)遠い場所〉**遙か彼方**。(4)〈(一般世界とは別世界としての)天皇の居られる宮殿。また、首都〉**宮中**。**都**。

-111- 〈B〉くものうへ【雲の上】《物理的な「(雲より上の)高空」から転じて、「(一般人から見て別世界の)宮中」の意をも表わす》〔名〕(1)〈(雲より更に上の)高い空〉**天上**。(2)〈(一般世界から見て別世界の)天皇の住まわれ、国政が行なわれる宮殿〉**宮中**。

-112- 〈B〉くものうへびと【雲の上人】《「雲の上」は「宮中」の意味で、広義には「宮中に仕える貴人の総称」、狭義には「宮中の殿上の間に昇ることを許された四・五位の貴人、または六位の蔵人」を指す。「上人」と略したり、漢語読みして「雲上人」とも言う。「殿上人」も同義語。対義語は「地下人」》〔名〕(1)〈宮中に仕える身分の高い人の総称〉**貴人**。(2)〈四位・五位の貴人(または六位の蔵人)で、宮中の清涼殿の殿上の間への昇殿を許された者〉**四位以下で昇殿を許された者**。

-113- 〈B〉うへびと【上人】《「社会的に階層が上の人」または「御殿の上の場所にいる人」の意。後者の意味では「殿上人」とも言う：具体的には「宮中の清涼殿の殿上の間」に昇殿を許される者のうち、官位が四位・五位の貴族(蔵人の場合は六位でも可)の人々のこと》〔名〕(1)〈従四位以下、五位までの貴族(蔵人の場合は六位)で、宮中の清涼殿の殿上の間に昇ることを許された者〉**殿上人**。 (2)〈天皇の御側近くに仕える女房〉**天皇付きの女房**。

-114- 〈B〉てんじゃうびと【殿上人】《文字通り「宮中の清涼殿の殿上の間に昇殿を許された貴族(具体的には、四位・五位・及び六位の蔵人)」の意。昇殿は官位が四位・五位以上の者にしか許されなかったが、天皇の身の回りの世話役であった「蔵人」だけは、六位でも例外的に昇殿を許された》〔名〕〈宮中の清涼殿の殿上の間に昇殿を許された四位・五位の貴族、及び六位の蔵人〉**殿上人**。

-115- 〈B〉じゃうず【上衆・上種】《現代にも残る「手際が良い」の意味の「上手」と同音異義語で「高い身分の者」の意。対義語は「下衆」。「上衆めく」とすると「貴族らしく見える／振る舞う」の意になる(「上手めく」だと「巧妙そうに見える／振る舞う」の意)》〔名〕〈身分の高い人〉**高貴な人物**。

-116- 〈B〉じゃうらふ【上臈】《元来は「修行を積んだ上位の僧」の意の仏教語。社会的に転用されて「身分の高い者」及び「上流階級の貴婦人」の意味となった。対義語は「下臈」》〔名〕(1)〈(仏教語)修行の年功を積んだ高位の僧〉**高僧**。 (2)〈(社会的に)身分・地位の高い男性〉**上流階級。高位高官**。 (3)〈(社会的に)身分の高い女性〉**貴婦人**。 (4)〈(「上臈女房」の略)二位・三位の典侍や、禁色を許された大臣の娘・孫娘などの高位の女官〉**高位の女官**。

-117- 〈A〉きみ【君・公】《現代語の「君」は、眼前の相手を(時として軽侮を含みつつ)軽く呼ぶ代名詞だが、古語の「君」には常に敬意が含まれる。代名詞としての「君」は、上代には主として女性が男性に対して用いたが、中古以降は親しい間柄でなら男女ともに用いた》〔名〕(1)〈国家を統治する人物〉**天皇**。 (2)〈(自分の主人として)仕える相手〉**主君**。 (3)〈(敬意を込めた)三人称の代名詞的に用いる語〉**例のお方**。 (4)〈(格助詞「の」を伴い、官職・人の名の下に付けて)貴人に対する敬意を表す〉・・・**様**。〔代名〕〈眼前の相手に呼び掛ける代名詞。(上代は主に女性から男性に、中古以降は男女の区別なく親密な相手に用いた)〉**あなた**。〔接尾〕〈(人を表わす名詞の下に付けて)尊敬の意を表わす〉・・・**様**。

-118- 〈B〉**きんだち**【公達・君達】《人への敬称としての「君」に、敬意を込めた複数語尾の「達」を付けた「きみたち」の撥音便形で「きむだち」とも書く。元来は複数形だが、単数で用いられる場合もある。平家一門の子息＝「公達」／源氏一門の子息＝「御曹司」という使い分けも覚えておきたい》〔名〕(1)〈(単複両用で)上流貴族の男子(稀に女子)を指す。特に、平氏の男子。(源氏の「御曹司」に対する呼称)〉上流階層の御子息・御息女。(2)〈(天皇以外の)皇族の高貴な方々〉皇孫。(3)〈(代名詞的に用いて)(単複両用で)眼前の相手を敬って呼ぶ語〉あなたがた。貴方様。

-119- 〈B〉**かんだちめ**【上達部】《「上」(上級官位)＋「達」(敬意を含む複数)＋「部」(一群・・・類例:「物部」・「刑部」)に由来し、「上級貴族(官位三位以上)」の意を表わす和語(「かんだちべ」とも言い、漢語風だと「公卿」)。「殿上人・上達部」の並置形が示す通り、四位・五位(殿上人)とは別格扱いのエリート階層だったようである》〔名〕〈官位が三位以上の貴族で、官職が摂政・関白・左大臣・右大臣・大納言・中納言・参議の者〉公卿。

-120- 〈C〉**くぎゃう**【公卿】《漢語系の語(和風だと「上達部」)。「公」＝「太政大臣・左大臣・右大臣」／「卿」＝「大納言・中納言・参議・三位以上の貴族」で、両者合わせて「公卿」＝「国政の最高幹部」の意。昇殿を許された貴族中でも、四位・五位とは別格扱いのエリート貴族だったようである》〔名〕〈「太政大臣・左大臣・右大臣」(＝公)及び「大納言・中納言・参議・三位以上の貴族」(＝卿)〉国政の最高幹部。

-121- 〈C〉**ごたち**【御達】《「御」は婦人を軽く敬う語で、現代語「姉御」の中にも見られる。「達」は本来複数を表わす接尾語だが、「御達」は必ずしも複数の女性達を指すとは限らない。このあたりの事情は「子供」と言っても単数の場合があるのと同様である》〔名〕〈女性(特に上級の女官)を、軽い敬意や親しみを込めて呼ぶ語。(必ずしも複数とは限らない)〉御婦人(方)。

-122- 〈A〉**おほん**【大御・御】《美称の接頭語「大」＋尊敬の接頭語「御」で最大級の敬意を表わした「大御」が、「おほむ」→「おほん」となったもの。更に崩れると「おん」や「お」の形になる。直後の名詞を省略した形で用いる用例もあり、その場合、欠落した名詞は状況から補足して読み取る》〔名〕〈「御＋名詞」から、名詞が省略されたもの。(直後にあるべき名詞は、文脈から読み取る)〉御・・・。〔接頭〕〈(名詞の直前に置いて)高い敬意を表わす〉御・・・。

-123- 〈C〉おほんぞ【御衣】《「麻」に発すると言われ、「袖(そで)」・「裾(すそ)」とも兄弟語とされる「衣」(=衣服)に、高い敬意を添える接頭語「御(おほ)」を付けたもので、「貴人の衣類」の意。仮名書きでは「おほむそ／おほんそ」、漢字交じりだと「御(おほ)そ」などの表記がある。「おほんぞ／おんぞ」の濁音化は中世以降》[名]〈貴人の着用する衣類〉お召し物。

-124- 〈C〉くらうど【蔵人】《皇室の文書・道具類を納める倉を管理する「蔵人」のウ音便形。官位は最下位の六位で、元来は軽い使い走り役的存在だったが、後には天皇の側近として昇殿を許され、宮中で最大の権限を持つ役人となる。平安中期以降は、院や摂関家にも置かれるようになる》[名](1)〈古くは、天皇側近の部下として宮廷行事や太政官との連絡係を務めた役人。後には天皇の御側近くに仕えて、位こそ最下位の六位だが昇殿を許され、御衣・御膳・伝宣・進奏・除目・節会の儀式等々、殿上の雑事全般を司り、宮中で最大の権限を持つ側近中の側近。平安中期以降は上皇及び摂政・関白にも蔵人が付くようになった〉蔵人。(2)〈(「女蔵人」の略)宮中で裁縫・清掃・配膳などの雑務にあたった下級の女官で、「内侍」・「命婦」に次ぐ位〉女蔵人。

-125- 〈C〉あそん【朝臣】《「吾兄」の古形「吾兄(あせ)」と「臣」の複合語とされる「あそみ」の転。中世以降促音化して「あっそん」とも読まれた。男性に対する呼びかけ語としては「君(きみ)」の感覚で用いた。平安時代には五位以上の貴人の姓に付ける敬称となった(官位に応じて読み方が微妙に異なる)》[名](1)〈平安時代の五位以上の貴族に付ける敬称。(Ⅰ)六位以下は「藤原 某(なにがし)」のように氏・名のみを言い、姓は付けない。(Ⅱ)五位は「藤原朝臣 某」のように氏・姓・名で呼ぶ。(Ⅲ)四位は「業平朝臣」のように名・姓で呼ぶ。(Ⅳ)三位以上は「藤原朝臣」のように氏・姓のみ(敬意を表して名は言わない)〉朝臣。(2)〈貴族の男子どうしが親しんで呼ぶ語〉君。(3)〈(上代語)家柄を表わす名称。天武天皇制定の「八色の姓(やくさのかばね)」の第二位〉朝臣。

-126- 〈B〉みや【宮】《神聖なものに付ける接頭語「御(み)」に住居の意の「屋」を付けた語で、「神が住まわれる御殿」(神社)の原義が、現人神としての「天皇が住まわれる御殿」(皇居・宮殿)に転じ、「皇族全般の住居」にも語義拡大した末に、「皇族の敬称」(男女を問わない)にもなった》[名](1)〈神が住まわれる神聖なる場所〉神社。(2)〈(現人神としての)天皇、及びその一族が住まわれる御殿〉御所。皇族の居所。(3)〈(男女問わず)皇族の敬称。(皇族から臣下に降嫁した皇女についても言う)〉…宮(のみや)。

-127- 〈B〉みこ【御子・皇子】《「天皇の子・子孫」の敬称で、男女双方に用いる。狭義には「親王」(天皇の兄弟及び皇子で、親王宣下を受けた人物)を指す。「皇子」と書けば「みこ」と読むが、「御子」の表記は、皇室関係は「みこ」／それ以外の貴人の子女は「おんこ・おほんこ」と読み分ける》〔名〕(1)〈天皇の子、または子孫の敬称。(男女ともにいう)〉皇子。皇女。 (2)〈天皇の皇子・皇孫で、親王宣下を受けた者の敬称〉親王。

-128- 〈B〉とうぐう【東宮・春宮】《天皇の御所の東にある宮が「東宮御所」、其処に住むのが(皇位継承権を公的に認められた)「皇太子」。より厳密には、「東宮」は皇太子の御座所／「春宮」は官舎を指す、との説もあるが、古文中での両者の間には実際上そうした線引きは困難である》〔名〕(1)〈皇太子の住む御殿〉東宮御所。 (2)〈皇位継承権を持つ天皇の男子の敬称〉皇太子。

-129- 〈C〉みゆき【行幸・御幸】《神聖なものに付ける「御」を、出向く意の「行き」に付けた「御行」が原義で、「天皇のお出まし」の意。古くは「上皇・法皇・女院のお出まし」にも用いたが、後には前者は「行幸」／後者は「御幸」と表記も読み方も区分した。「皇后・東宮のお出まし」は「行啓」と呼んだ》〔名〕〈天皇がお出かけになること。(古くは、上皇・法皇・女院がお出かけになることの意味でも用いた)〉天皇(上皇・法皇・女院)のお出まし。

-130- 〈C〉せちゑ【節会】《「竹の節目」の類推から「季節の分け目」を意味した「節」に由来し、平安時代、季節の節目や公的行事に際し、宮中で天皇が臨席して群臣に酒食を賜わった集会を指すのが「節会」。「節分」や「節句・節供」などの表現中に、現代でもその名残が見られる》〔名〕〈平安時代、季節の節目や公的行事に際して、宮中で天皇が臨席して群臣に酒食を賜わった集会〉節会。

-131- 〈B〉みかど【御門・帝】《「御+門」=「貴人の邸宅の立派な門の敬称」に由来。貴人に直接言及するのを憚ってその存在場所を代用呼称とするのは古典時代の一特徴で、一族の長を表わす「御+館」(おやかた／みたち)もまたその類例》〔名〕(1)〈貴人(特に、天皇)の邸宅の門を敬って言う語〉御門。 (2)〈天皇のお住まい。また、天皇の御一族〉皇居。皇室。 (3)〈天皇、または、天皇が治める国を敬って言う語〉天皇。皇国。

-132- 〈B〉ゐん【院】《「(貴人の邸宅や役所・寺院など)周囲に垣を巡らした建物」が原義。古文では特に「上皇・法皇・女院の御所や別邸」及びその建物の名を人物の代用呼称として用いた「上皇・法皇・女院」の意での使用例が多い》〔名〕(1)〈(貴人の邸宅や役所・寺院など)周囲に垣を巡らした建物〉大きな屋敷。(2)〈上皇・法皇・女院の御所、または別邸〉(上皇・法皇・女院の)御所。(3)〈上皇・法皇・女院の敬称〉上皇。法皇。女院。

-133- 〈B〉きたのかた【北の方】《奈良・平安時代の貴人は「寝殿造り」の屋敷に暮らしていたが、その中で、主人の居間及び客間となったのが「寝殿」、その北方に対置されていたのが「北の対」であり、そこに暮らしていたのが「北の方」即ち「貴人の妻」である》〔名〕(1)〈貴人の妻の敬称〉奥方。(2)〈(地理的に)北を向く方角〉北方。

-134- 〈C〉みやすどころ【御息所】《貴人の「御＋休み所」(御寝所)が原義だが、場所そのものでなく「天皇(広義には皇太子・親王)の御寝所での夜の御相手＝御后様」を意味する語。対象の女性は時代ごとに異なり、当初は「女御」や「皇太后」をも含んだが、後には低位の「更衣」のみに限定された》〔名〕(1)〈天皇の御寝所で御奉仕する女官。(狭義には、「更衣」のみを指す)〉帝の御寵愛を受ける女官。(2)〈皇太子・親王の妻〉皇太子妃。親王妃。

-135- 〈C〉にょうご【女御】《「天皇の御寝所で御奉仕する女官」。天皇正妃たる皇后、それに準ずる中宮に次いで、第三番目に高い地位の女性で、官位は四位か五位が多い。天皇家と結び付きの深い摂政・関白・大臣家の娘から選ばれるのが通例で、上皇や皇太子の妃の呼称としても用いた》〔名〕〈皇后・中宮の下、更衣の上の地位の女官。天皇の御寝所で御奉仕し、摂政・関白・大臣家の娘から選ばれるのが通例で、官位は四位か五位が多い。上皇・皇太子の妃を言う場合もある〉女御。

-136- 〈C〉かうい【更衣】《「衣服を着替える」が原義だが、重要なのは、後宮の女性中最下位の「天皇の衣替えの御用を行なう大納言家以下の娘(位は五位、稀に四位)」の意。裸の帝に接する女性だけに、御寝所での相手役として寵愛を受ける場合もあった(光源氏の母も「桐壺の更衣」である)》〔名〕(1)〈(季節に合わせて)衣服を着替えること〉衣替え。(2)〈平安時代の後宮女官中の最下位。大納言家以下の娘で、位階は五位(稀に四位)〉更衣。

-137- 〈B〉にょうぼう【女房】《「宮中や邸宅内に、専用の房(=自室)を宛がわれた女性」の意で、「天皇・皇后などに仕えた部屋持ちの女官」または「貴人の家に仕える侍女」が原義。「女性の総称語」や、現代にも残る「(男から見た)妻」の意もあるが、これらは古文では非主流派の語義》〔名〕(1)〈天皇・皇后・中宮などに仕え、宮中に私室(=局)を与えられた女性〉女房。(2)〈貴族の家に仕える女性〉侍女。(3)〈男から見た配偶者の女性〉妻。(4)〈女性の総称語〉女性。

-138- 〈B〉つぼね【局】《「壺」に由来する語で、宮中や貴族の邸宅の中に周囲を仕切った区画を作って「女房・女官の私室」としたものを指す。そうした私室を与えられた「女房・女官」その人を指す用法もある》〔名〕(1)〈宮中や貴族の邸宅の中を板や壁・屏風などで仕切り、上級の女官・女房の私室としたもの〉局。(2)〈宮廷や貴族の邸宅内に私室を持っている女官・女房の敬称〉局。

-139- 〈C〉みやづかへ【宮仕へ】《「宮」の原義が「御+屋」=「神聖・高貴な場所」なので、その場所の種類に応じて「宮中に出仕すること」・「貴人の家に奉公に出ること」・「神仏に仕えること」の三つの語義を持つ》〔名〕(1)〈宮中に仕えること〉宮中への出仕。(2)〈貴人の家に仕えること。また、主君・主人の下で家臣として働くこと〉奉公。(3)〈神仏に仕えること〉帰依。

-140- 〈B〉おほやけ【公】《「大宅」=「大きな家」の意から、「天皇の宮殿」、転じて「天皇・皇后・将軍」といった天下第一の人物、更には「朝廷・幕府」といった行政府の意味を経て、「(私事の対義語としての)公的な事柄」の語義をも持つに至った》〔名〕(1)〈天皇の住む場所〉宮中。(2)〈中央政府の行政機関〉朝廷。政府。幕府。(3)〈天下を掌握する人物。(中世では天皇・皇后または中宮、近世では将軍)〉天下人。(4)〈(私事と対照して)公的な、または、他人に関する事柄。また、世の中全般。(必ずしも「公共」・「正義」などの概念を含まず、単に「私事ではない」、換言すれば「他人の私事である」場合が多い)〉天下国家の事。他人事。世間。

-141- 〈C〉くげ【公家】《「公家」は、現代人の意識の中では「武家」即ち幕府の臣下としての武士の対義語たる「京都の朝廷に仕える貴族」即ち「朝臣」の語感が強いであろうが、これは武家政権成立後の鎌倉期以降の語義。平安時代までは「朝廷」及び「天皇」を意味する点に要注意》〔名〕(1)〈(朝廷の中核としての)国王〉天皇。(2)〈(国政の中心機関としての)中央政府〉朝廷。(3)〈(中世以降、「武家」の対義語として)京都の朝廷に仕える貴族〉朝臣。

-142- 〈B〉わたくし【私】《代名詞としての「私(英語で言う I, me)」という現代的語義は中世後期以降のもので、古文では主に「公(おほやけ)」の対義語としての名詞の色彩が濃く、「自分自身にのみ関わる事」及び「自分自身の個人的な都合を優先させる立場」の語義を持つ》〔名〕(1)〈(「公(おほやけ)」の対義語としての)自分自身にのみ関わる事柄〉**個人的なこと。** (2)〈(非難の含みを込めて)自分自身の個人的な都合や利益を優先する立場〉**個人の思惑。**〔代〕〈(中世末期以降)自分自身を指し示す人称代名詞〉**私。**

-143- 〈A〉うち【内】《類義語の「中」が外周の物により生じた単なる空間上の概念としての内側なのに対し、「内」は、自身から見て空間的・心理的に近しい、自分が自由に行動できる勢力圏内という「縄張意識(なはり)」を伴う》〔名〕(1)〈(物理空間的に)ある範囲内〉**内側。** (2)〈(「内裏(うち)」とも書く)首都にある天皇の住居〉**宮中。** (3)〈(「内裏(うち)」とも書く)天皇〉**帝。** (4)〈(対外的態度・立場と対比しての)心の内側。または、私的事柄〉**内心。私生活。** (5)〈(他人と対比しての)自分の家、または、家族〉**我が家。身内。** (6)〈配偶者〉**夫。妻。** (7)〈(数量・時間的に)ある範囲内〉**・・・以内。・・・の間じゅう。** (8)〈(外来教典としての儒教に対比して)国内教典としての仏の教え〉**仏教。**

-144- 〈C〉じゅだい【入内】《皇后・中宮・女御など、天皇の妻となる女性が、正式の儀式を経て、天皇家の生活区画である御所の内裏に入ることを言う。単に皇族に仕えるために宮中に出仕するだけの「内住み(うちずみ)」とは異なる》〔名・自サ変〕〈皇后・中宮・女御など、天皇の妻となる女性が、正式の儀式を経て、天皇家の生活区画である御所の内裏に入ること〉**入内。**

-145- 〈B〉おとど【大殿・大臣】《壮大な御殿を意味する「大殿」の転と言われる語。転じて、そうした大邸宅の住人たる「大臣・公卿」やその「貴婦人の敬称」としても用いた。古語に頻出する、「人物」への直接的言及回避手段としての「場所→人物」代用呼称の典型例》〔名〕(1)〈貴人の邸宅の敬称〉**御殿。** (2)〈大臣・公卿の敬称〉**大臣。** (3)〈身分の高い女性、または(乳母などの)老婦人の敬称〉**・・・様。**

-146- 〈A〉おほとのごもる【大殿籠る】《日中は公務で宮中に身を置く貴人が、夜に自宅の「大殿」(御殿)に「籠る」が原義で、「貴人が就寝する」の意。面白いのは、寝る場所は「大殿」でなくとも(愛人女性の寝室でも)よいという点:「大殿」が「場所」→場の主たる「貴人」への意味変化を遂げている一つの証しである》〔自ラ四〕〈(「寝(ぬ)」・「寝ぬ(いぬ)」の尊敬語)貴人が就寝することを表わす〉**お休みになる。**

-147- 〈C〉おほとなぶら【大殿油】《貴人の邸宅「大殿」の「油」(灯火)の「おほとのあぶら」の音便形。貴人は身の回りの事を自分ではせず、他人にやらせる「使役」を行動の基本線とする人種なので、夕刻以降に灯火を点けるのも下僕、その動作は当然謙譲語の「参る」を付けた「大殿油参る」となる》〔名〕〈宮殿や貴人の邸宅で、夜に点す油火の明かり〉殿中の灯火。

-148- 〈C〉とのゐ【宿直】《原義は「殿居」で、宮中・役所・貴人の御殿で「夜間に宿泊しての要人警護」。これは屈強な男子の仕事だが、警護以外の用件での天皇・貴人の「夜のお相手」という艶っぽい語義にもなり、こちらは大抵、見目麗しき女性(乃至、美少年)がその役を果たすことになる》〔名〕(1)〈宮中・役所・貴人の御殿などに夜間宿泊して警護や勤務にあたること〉宿直。(2)〈(女性や美少年が)夜、天皇や貴人の近くに仕えて、話し相手になったり、共寝したりすること〉夜のお相手。

-149- 〈C〉つかさ【司・官・寮】《「塚」(土を盛り上げて一段高くなった所)と同源語で、「高い位置にあり、命令を下すもの」を原義とする。「役所」・「役職」そして「役人」と、官僚的で嫌味なその語感は、高い所から下々を見下ろしている(つもりの)官尊民卑の語源学的来歴によるものかもしれない》〔名〕(1)〈中央政府の機関として、国政を司る組織〉役所。(2)〈役所に勤める人〉役人。(3)〈公的機関に於ける階級や任務〉位階。官職。

-150- 〈C〉あがためしのぢもく【県召しの除目】《春に行なわれる地方官(国司・受領)任免式のこと(中央政府役人任免式「司召しの除目」は秋)で、「除目」とは前任者を「除き」新任者を「目録に記載」する意。朝廷への納税分以外の任国からの税収を私物化する特権を持つ国司は、中流貴族の羨望の的であった》〔連語〕《あがためし〔名〕＋の〔格助〕＋ぢもく〔名〕》〈平安時代の国司(地方官)任命行事。春先に行なわれたので「春の除目」とも言う。国司任官は蓄財と出世の近道だったため、県召しの除目は中級貴族の関心の的だった〉地方官任命。

-151- 〈B〉ずりゃう【受領】《中央政府に任命される地方官(＝国司・国の守)のうち、実際に任地に赴いた者を指す語(任命されても現地には赴かず代役を赴任させ税収の一部を上納させる「遙任」という習慣もあった)。前任者から引継ぎの書状(＝解由状)を「受領する」ところに由来する名》〔名〕〈中央政府に任命されて地方の任地に実際に赴任した者〉国司。

●次は、上流階層に連なる人々の感覚で言う「人並み以上」を表わす古語の数々

-152- 〈A〉ひと【人】《語義は極めて多岐に亘るが、古語ならではの要注意語義は、凡人と対比しての「ひとかどの人物」、主君の命令に応じて動く「手下」、相手に直接的に呼び掛ける形の対称の人称代名詞「あなた」あたりであろう》〔名〕(1)〈(無生物や他の動物と対比しての) 人間〉人。(2)〈(自分自身と対比しての) 他の人間〉人々。他人。(3)〈(その脈絡で話題に上っている) 特定の人物。(多く、恋慕の対象について言う)〉あの人。恋人。(4)〈(世間並みの凡人と対比しての) 立派な人材〉大人物。(5)〈(子供と対比しての) 一人前の人間〉大人。(6)〈(主君に) 命じられるがままに動く受動的存在としての人員〉使いの者。(7)〈(他者と) 人を区別したり規定したりする社会的属性〉身分。人柄。(8)〈(動物の住処の山里と対比しての) 人間が暮らす世界。また、人間が暮らしている気配〉人里。人気。〔代名〕〈対称の人称代名詞〉あなた。

-153- 〈B〉ひとびとし【人人し】《社会学的属性を指す「人」を畳語化して「人並みの水準だ」または「地位が高い」の意を表わす語。類義語は「人めかし」、対義語は「人気無し」》〔形シク〕(1)〈(社会学的観点から) 世間の一般的水準を満たしている〉人並みだ。(2)〈(社会階層的に) 平均以上である〉身分が高い。

-154- 〈B〉ひとめかし【人めかし】《「世間一般の人間と変わらない」及び「ひとかどの人物として高く評価し得る」の意。後者は「人人し」と同義語。前者の語義には「いかにも人間らしくて、憎めない」(英語で言うところの"human / humanitarian / humane")の肯定的含みがある場合もあるので要注意》〔形シク〕(1)〈(良くも悪くも) 普通の人間と変わらないさま〉標準的だ。人間らしい。(2)〈(能力・階級などの観点から) 第一級の人物として扱うに値する〉ひとかどの人物だ。

-155- 〈C〉ひととなる【人と成る】《子供が「一人前になる」(成人) の意と、意識を失っていたり気が動転していた者が「正気づく」(覚醒) の意を表わす》〔連語〕《ひと〔名〕+と〔格助〕+なる〔自ラ四〕》(1)〈(年齢・特性的に) 子供から一人前の大人になる〉成人する。(2)〈(無意識に陥っていたり、気が動転していた者が) まともな意識を取り戻す〉正気に返る。

-156- 〈C〉かずまふ【数まふ】《「物の数のうちに入れる」=「重要視する」の意だが、この種の概括的な「評価の対象とする」表現は、否定・疑問の脈絡で「評価の対象外」として使うのが古語の通例・・・「評定=粗探し=(×)長所を褒める／(○)短所を指弾する」が日本国の伝統芸、ということか》〔他ハ下二〕〈(通例、打消の語を伴って) それなりの存在として扱う〉物の数に入れる。

-157- 〈C〉かどひろし【門広し】《自分が所属する「一門・一族」が社会的に繁栄していることを、「門」(＝家の玄関口)が「広し」(＝大きくて立派だ)という物理的表現で言い表わしたもの。そのように一門を繁栄させることを「門広ぐ」と言う》〔連語〕《かど〔名〕＋ひろし〔形ク〕》〈(社会的に)自分が所属する血縁集団の勢いが盛んである〉一族が繁栄している。

-158- 〈B〉きはぎはし【際際し】《名詞「際」の持つ「他の物事との境界線」の語義を畳語化して強調し「際立つ」意の形容詞にしたもの》〔形シク〕〈(他者との)対照が極めて明らかであるさま〉際立つ。

-159- 〈B〉にぎはばし【賑はばし】《語源未詳の上代の動詞「賑はふ」の形容詞化。末尾「はふ」は「そのような状態になる／する」だから、「にぎ」＝「物量的に膨大」の意、ということになる。現代では「賑やかだ」の意のみだが、元来は、物理的に「数量が多い」、多くの富を有して「繁栄している」の意》〔形シク〕(1)〈物質的に満たされ、社会的に繁栄するさま〉富み栄えている。 (2)〈人数・物量が多く、活気があるさま〉賑やかだ。 (3)〈(乱雑さに力点を置いて)一箇所に沢山の物があり、隙間がないように感じられるさま〉やたらと多い。

-160- 〈A〉たのもし【頼もし】《接頭語「た」＋「祈む」(期待してすがる)に由来するとされる動詞「頼む」の形容詞化。対象の確かさに言及する「頼りになる」、将来の可能性に言及する「期待が持てる」は解り易いが、経済的堅実さを言う「裕福だ」は中世古文に頻出する意外な語義として要注意》〔形シク〕(1)〈(対象の確かさについて)安心して任せられるさま〉頼りになる。 (2)〈(将来の可能性について)期待が持てるさま〉先々楽しみだ。 (3)〈(経済的に)窮迫することがないさま〉裕福だ。

-161- 〈A〉ときめく【時めく】《時流に乗って栄える「繁栄する」の意と、時の重要人物(権力者や御主人様)に目をかけてもらう「恩顧・寵愛を受ける」の意を表わす。現代の「ときめき」は、古語「心ときめき」(現実に良い事がある前に、予想や期待で胸が高鳴る)の末流》〔自カ四〕(1)〈時流に乗って栄える〉繁栄する。 (2)〈(仕えている主人や権力者から)特別な存在として扱われる〉恩顧を受ける。

-162- 〈C〉よにあり【世に有り】《「世」を「人が物理的に存在している現世」と捉えれば「この世に生きている」の意となり、「人々の社会的活動や情報交換の場」と解すれば「世間で広く認められている」の意となる。対義語は「世に無し」》〔連語〕《よ〔名〕＋に〔格助〕＋あり〔自ラ変〕》(1)〈(生物学的に)生存している〉この世に生きている。 (2)〈(社会的に)多くの人々にその存在や価値を認められている〉世に名高い。

●上流階層気取る連中のあるところ、必ずや構造的に作り出される「下」に連なる人・物の名や様態の数々

-163- 〈A〉いやし【賤し・卑し】《「いと」+「あやし」(=全く素姓が知れない)の転とも、「弥」+「下」(=最下層の身分)に由来するとも言われる語で、「階層／外観／品格／その他の基準に照らして、下等だ」の意を表わす》〔形シク〕(1)〈社会的地位が低い〉下賤の。 (2)〈(外見が)優雅さに欠けている〉みすぼらしい。 (3)〈人間としての品格に欠けている〉品性が卑しい。 (4)〈(何らかの価値判断の基準に照らして)低劣だ〉取るに足らない。

-164- 〈A〉あやし【怪し・奇し・異し】【賤し】《驚嘆の感動詞「あや」の形容詞化。現代語の「怪しい」同様、自身の理解を超えた物事に対する「不可思議」の念を原義とする。貴族階層から見て「理解不能な別世界」としての「下賤の庶民の様態」をも表わす語義に於いては「いやし」と同義語となる》〔形シク〕【怪し・奇し・異し】(1)〈(人知を越えた理解不能なものに対する)驚嘆の念を表わす〉不思議だ。 (2)〈(良い意味でも悪い意味でも)普通のものと異なるさま〉珍しい。 (3)〈(普通と異なるために)疑念や不安を招くさま〉不審だ。 (4)〈(道理や礼儀に反しているために)非難したい感じだ〉けしからぬ。【賤し】(5)〈身分や地位が低い〉卑しい。 (6)〈(身なりや行動様態が)美しくない〉見苦しい。聞き苦しい。

-165- 〈B〉かずなし【数無し】《「ひとかどのものとして数え上げるにも値しない」と捉えれば「些末な」の意となり、「数え切れるものではない」と解すれば「無数の」の意を表わす》〔連語〕《かず〔名〕+なし〔形ク〕》(1)〈(評価に値せぬほどに)価値が低い〉取るに足らない。 (2)〈(数え切れないほどに)数が多い〉無数だ。

-166- 〈B〉かずならず【数ならず】《「物の数にも入らない」(=評価の対象にならぬほどに低価値)の意で、「数無し」の同義語。社会が(よく言えば)安定し、序列意識(悪く言えば、どんぐりの背比べ・目糞鼻糞を笑う根性)が強い時代(平安期など)には、侮辱・謙遜双方の目的で多用された語である》〔連語〕《かず〔名〕+なり〔助動ナリ型〕断定+ず〔助動特殊型〕打消》〈(評価に値せぬほどに)価値が低い〉取るに足らない。

-167- 〈B〉ひとげなし【人気無し】《この「人」は「一人前」の意であって「人間」ではないから、「人間らしくない」ではなく「人並み以下」の意味となる。「数ならず」と同様に、人物の評価を表わす語だが、他者を貶すよりむしろ自身について謙遜する用例が多い》〔形ク〕〈(多く、自分自身について謙遜して)大した存在ではない意を表わす〉人並み以下だ。

-168- 〈C〉かろし【軽し】《「かろし」は「かるし」の母音交替形。「枯る・涸る」や「空」と同根語で、水分・中身が消失して「(目方が)軽い」が原義。比喩的に転じて、「程度・価値が軽い」・「身分が低い」・「思慮が足りず軽薄だ」の語義も生じた》〔形ク〕 (1)〈(水分や中身が消失して)目方が少ない〉軽量だ。 (2)〈程度・価値が低く、重要な扱いをするまでもない〉大したことはない。 (3)〈社会的な地位が低い〉身分が低い。 (4)〈思慮が足りず、行動が無責任だ〉軽薄だ。

-169- 〈C〉よになし【世に無し】《否定的には「死んでしまって既にこの世の人ではない」・「人並み以上の存在として世間で扱われていない」の意で、「世に有り」の対義語となる。その一方で、「世の中に比べものになるものが他に存在しないほど優れている」という強調的賛辞にもなる》〔連語〕《よ〔名〕＋に〔格助〕＋なし〔形ク〕》(1)〈死んでしまって既にもうこの世にいない〉今は亡き。 (2)〈同じものが他に存在しないほど優れている〉比類なき素晴らしさだ。 (3)〈一人前の人物ではないとして世間から黙殺されている〉取るに足らない。

-170- 〈B〉ともし【乏し・羨し】《「求む」と同根語とされ、自分に欠落しているものを求める気持ちが根底にある(英語"want"と同発想の語)。「不足している」・「窮迫している」という欠乏状況を客観的に述べる語義と、その欠乏感ゆえに「うらやましい」・「心引かれる」という心理的語義とがある》〔形シク〕 (1)〈(物質的に)必要量に満たない〉少ない。 (2)〈(経済的に)生活の必要を満たせない〉貧乏だ。 (3)〈(他人にはあって自分にはない何かが)自分にもあればよいのになあと感じる気持ち〉羨ましい。 (4)〈(滅多にないものを見て)これは珍しい、と感心する気持ち〉心引かれる。

-171- 〈B〉ぢげ【地下】《漢字表記「地下」は「地底」を想起させるが、実際は「宮中の高い場所(＝清涼殿の殿上の間)に昇殿を許されぬ者」即ち「下級貴族」の意であり、広義には「宮中出仕者以外の下々の人々(を、宮中の者が軽蔑して呼ぶ語)」ともなる》〔名〕(1)〈宮中の清涼殿の殿上の間に昇殿を許されない宮人。また、その家柄〉下級貴族。 (2)〈宮中出仕者以外の人々。(宮中から、軽蔑を込めて呼ぶ語)〉下々の民。

-172- 〈C〉ただびと【直人・徒人】《「(神仏など)超人的存在」・「(天皇など)皇族」・「(摂政・関白など)高位の貴族」に対して、「そうではないただの人」の意。「ただうど」とも言う》〔名〕(1)〈(神仏など超人的な存在に対して)普通の人間〉生身の人間。 (2)〈(天皇・皇族に対して)従属的立場の人間〉臣下。 (3)〈(摂政・関白など高位の貴族に対して)地位の低い宮廷人〉一般貴族。

-173- 〈B〉げす【下種・下衆】《「衆生」(人々)の中でも、社会的階級が「下」に属する者を指す語。現代語「ゲス」は身分よりむしろ品性の下劣さを表わす罵倒語だが、古語の「げす」にはそうした攻撃的含みはなく、単に「身分の低い者」(「上衆」の対義語)及び「使用人」(「主」の対義語)の意》〔名〕(1)〈(社会的に)低い立場にある者〉身分の低い人。 (2)〈(男女ともに)特定の者を主人として仕える者〉使用人。

-174- 〈C〉げらふ【下臈】《元来は仏教語で「修行が足りぬ下位の僧」の意。官界に転ずると「官位の低い者」、地位の上下に言及すれば「他者に使役される身分の者」となり、社会的地位全般に拡大して「身分の低い者」をも表わす。いずれの語義に関しても「上臈」が対義語となる》〔名〕(1)〈(仏教語)修行の年数が少なく、地位の低い僧〉下位の僧。 (2)〈(宮廷に仕える者の中で)官位が低い者〉下級官僚。 (3)〈(職能上)他者に使役される従属的身分の者〉下僕。 (4)〈(社会全般に関して)身分が低い者〉下賤の者。

-175- 〈B〉ぬすびと【盗人】《「ぬすみひと」の略で、現代では「ぬすっと」と促音化するのが普通だが、古文では「ぬすびと」。文字通りには昔も今も「他人のものを盗む者」の意だが、古語では窃盗犯よりむしろ「人間のクズ」への罵り文句として用いる場面が多い》〔名〕(1)〈他人のものを不当に我がものとする人物〉泥棒。 (2)〈(窃盗の有無に無関係に)人を罵って言う語〉見下げ果てたやつ。

-176- 〈C〉えせ【似非】《「外観は類似/実質は異質」な物事について非難する語として現代でも用いるが、平安時代には現代よりも強い軽蔑調を込めて使われ、後には「低劣・悪質・法外・不愉快」など、対象に対し主観的に抱くあらゆる悪感情を包含し得る罵倒語となった》〔接頭〕〔形動ナリ〕(1)〈外見は似ているが実質は異なる物事について、軽蔑を込めて言う語〉にせの。 (2)〈(低劣・悪質・法外など)主観的に不愉快に感じる対象について、罵倒の気持ちを込めて言う語〉ひどい。

-177- 〈B〉しづ【賤】《「沈む」・「雫」などに見られる「下方への推移」が「社会的に下の階層」の意に用いられた語か、とされる。「賤・山賤」(都を外れた田舎や山中に暮らす下層民)という"下賤の者ども"を並置した形で、"(自称)上層民"の視点から軽蔑を込めて語られる差別語である》〔名〕〈身分の卑しいこと(者)〉下層民。下賤の身分。

-178- 〈C〉あま【海人・海士・蜑・海女】《現代の「海女」は「女性の潜水士」のみを指すが、古語だと「漁師・船乗り全般」の語義もある。同音異義語に「尼」(仏門に入り髪を丸めた女性)があるが、社会的階層がまるで違う女性であるから、脈絡に注意すれば両者の混同を心配する必要はあるまい》〔名〕(1) 〈漁獲・製塩に従事する人。(男女を問わない)〉漁師。(2) 〈潜水して貝や海藻を取る女性〉海女。

-179- 〈C〉そま【杣】《「伐採を目的として植えた樹木」(杣木)、「伐採用に植林した山」(杣山)、「伐採に従事する人」(杣人)の略語。雅びなる上流階層を自認する宮中出仕者から見れば、彼ら林業従事者も「山中で得体の知れぬ生活をしている優雅ならざる低い身分の者」ということになる》〔名〕(1) 〈伐採を目的として植えた樹木。また、それを伐り出したもの〉伐採用樹木。(2) 〈伐採を目的として植林した山〉伐採用山林。(3) 〈木々の伐採に従事する人〉木樵。

-180- 〈C〉やまがつ【山賤】《「山」＋所在地の格助詞「が」＋「賤」の「やまがしづ」の縮約形で、人里から遠く離れた「山里に住む身分の低い人間」または「山の住人の住む粗末な家」の意を表わす。しばしば「しづ・やまがつ」(身分の低い庶民)の並置形で用いる》〔名〕(1) 〈山里に住む身分の低い人。また、伐採、狩猟を生業とする人〉山に住む下層民。(2) 〈山里の住人の住む家。また、粗末な家〉山の家。粗末な家屋。

-181- 〈C〉えびす【夷・戎】《北海道の先住民であるアイヌ民族が自称語として用いた「男・人」の意を表わす言い回しを仮名表記した「蝦夷」の転が「夷・戎」。北海道に限らず(京都人から見て)東方の住人で朝廷支配の及ばぬ遠隔地の異民族や粗野な田舎者の蔑称として用いた》〔名〕(1) 〈(住民感情的に、京都の人々から見て)都から遠い田舎に暮らす野蛮人〉田舎者。(2) 〈(都風の雅を知らぬ)関東地方の武士〉板東武者。(3) 〈(地政学的に、京都の朝廷の支配力が弱い)北関東から東北・北海道の住人の呼び名〉東国の人間。(4) 〈未開の異民族・外国人に対する蔑称〉異邦人。

-182- 〈B〉ひな【鄙】《「日」＋「な」(太陽が昇る方向)＝「東方」が原義で、「日向(日＋な＋手)」と同組成。関西圏(奈良・京都)に都があった古典時代の「東」(関東)は、都会から遠く離れた未開の野蛮人達の住処(鄙＋処＝ひなか・・・転じて「ゐなか:田舎」)という発想である》〔名〕〈都から遠く離れた場所〉田舎。

-183- 〈B〉さと【里】《人の住めぬ獣の世界である野・山に対する「人家が集落を形成する場所」が原義。古語では、宮中生活者や奉公人・養子・養女・嫁などの「実家」、あるいは都を外れた「辺鄙な場所」の意で用いる例が多い。寺社に絡む宗教的文脈であれば「俗世間」の意となる》〔名〕(1)〈(動物達の世界である野・山に対し)人家が密集して人間の世界を形成している場所〉人里。 (2)〈(宮中生活者、奉公人、養子・養女、嫁などの)日頃身を置く勤務先や家庭に対し、本来の家庭を指す〉自宅。実家。 (3)〈(禁欲的な「寺」に対して)宗教的制約に縛られていない世界〉俗世間。 (4)〈(国の中心としての賑やかな「都」に対し)閑静な市外の土地〉田舎。

●続いては、平安時代人の高らかに誇らしげな息づかいの宿る「高貴」なる古語のあれこれ

-184- 〈A〉みやび【雅び】《宮中・都会の意の「宮」の末尾に動詞化語尾「ぶ」を付けた「雅ぶ」の連用形「雅び」の名詞化で、平安貴族が誇らしげに求めた優雅さの全てを漠然と表わす語。対義語は「里ぶ／鄙ぶ／田舎ぶ」(=平安貴族が嫌んだ思考・感覚・行動・存在と対照的な様態を取ること)》〔名〕(1)〈宮廷風・都会風に洗練された雰囲気〉優雅。 (2)〈(平安時代の美的感覚で)素晴らしく洗練された振る舞い。(特に、恋愛について言う場合が多い)〉洗練された振る舞い。洒落た恋愛。

-185- 〈A〉あて【貴】《血筋・育ちの良さから来る上品さを示すのが「貴」で、対義語は「卑し・賤し」。捨て置けぬ第一級の存在を表わす「やんごとなし」や、個性の輝きに発する「優」や「艶」などの讃辞に比すれば、しかし、「貴」はごくおとなしい高貴さを表わす語に過ぎない》〔形動ナリ〕(1)〈社会的な階層が高い〉高貴だ。 (2)〈(容姿・物腰・性格・筆跡などに)育ちの良さが表われている〉気品がある。

-186- 〈C〉あてはか【貴はか】《高貴の意の「貴」に「端」が付き、一見「貴」だが本筋の高貴さでないことを示し、「見た目が上品」という上っ面だけの優美さを表わす語。「あて」→「あてやか」→「あてはか」の順に上品さの度合が落ちて行く》〔形動ナリ〕〈外見上、品が良く見える〉見た目が上品だ。

-187- 〈A〉やむごとなし【止む事無し】《「止む事無し」即ち「無視・放置しておく訳には行かぬ」が原義。注目せずにいられぬ対象の特性に言及する「大変素晴らしい」の語義も派生した。これらの主観的価値判断系語義とは別に、身分・家柄などの社会的属性に言及する「高貴だ」の語義も生まれた》〔形ク〕(1)〈無視・放置しておくわけには行かない〉捨ててはおけない。 (2)〈(主観的に)大変素晴らしく思われる〉格別だ。 (3)〈(身分や家柄などの社会的属性から見て)一流の人物である〉高貴だ。

-188- 〈B〉たふとし【尊し・貴し】《接頭語「た」+「太し」に由来し、自然現象の雄大さへの畏敬の原義が、社会的事情による敬意に転じて「身分が高い」の意となった。規模の大きさや地位の高さと無関係の「尊敬・高評価に値する」・「感謝に値する」の語義もある》〔形ク〕(1)〈(社会的な身分の高さが)他者の尊敬を誘う〉高貴だ。 (2)〈(社会的地位や外見の立派さ以外の観点から)尊敬や高い評価に値する〉敬うべきだ。価値が高い。 (3)〈(もたらされる恩恵の観点から)感謝に値する〉有り難い。

-189- 〈A〉いう【優】《「優」の原義は「俳優」=「神前で各種の芸を演じること」で、「戯れ・偽り」の語義はここに由来する。が、古語「優」の主たる語義は、同音「裕」の持つ「豊潤」の語義に発する「優秀」・「優美」であり、「艶」と並んで平安的理想美を代表する語となった》〔形動ナリ〕(1)〈(性格・外見・振る舞い・書・画・音楽などについて)人物の物質的充足や精神的余裕から生まれる美が感じられる〉優美だ。 (2)〈(他者との相対比較上)まさっている〉優秀だ。 (3)〈(物質的に)豊かである〉潤沢だ。 (4)〈(本気・本物ではなく)かりそめ・いつわりだ〉ほんの戯れだ。

-190- 〈A〉えん【艶】《漢語に由来し、上代には(男女双方の)「華麗で艶のある美」、中古漢詩文では外観上の魅惑的な美(妖艶)の意で用いたが、漢学の素養のある平安女流文学の筆者達が各人各様の「魅惑的」の感覚で濫用し出して以降、定義困難な多様性を持つ語となった》〔名〕〈(鎌倉初期に藤原俊成が唱えた)和歌の余情美を表わす歌論用語〉艶。〔名・形動ナリ〕(1)〈(外観上の)人目を引くような際立つ美〉華麗なる美しさ。 (2)〈(人の容姿・態度からそれとなく発散される)肉感的な魅力〉官能的魅力。 (3)〈(人が)風情あるものや恋愛の情緒を好む態度〉風流心。好色。 (4)〈(人の態度から感じられる)何かしらわけがありそうな感じ〉いわくあげ。 (5)〈(景色・物に対する個人的印象としての)何となく心引かれる趣〉情趣。 (6)〈(歌論語として)華麗にして奥深い余情美〉妖艶。

-191- 〈A〉**きよし**【清し】《「生き」や「息」の「き」と、「善し・良し・好し」の合体した語という説もあり、汚れ・不純物のない純粋で清浄な美を表わす。「汚なし」の対義語として認識するとわかりやすい》〔形ク〕(1)〈(自然や人・物の見た目が)汚れや混じり気がない純粋な美しさだ〉**清らかに美しい。** (2)〈(自然が)体表感覚的に快く感じられる〉**爽快だ。** (3)〈(人の心に)汚れがない〉**心がきれいだ。** (4)〈(追いつめられた人が)見苦しい行動をせずに、見る者を感心させる〉**潔い。** (5)〈(連用形「きよく」を副詞的に用いて)徹底的であるさまを表わす〉**きれいさっぱり。**

-192- 〈A〉**きよげ**【清げ】《一点の曇りもない清浄さを表わす「清し」の語幹に、「…というような感じに近い」意の接尾語「げ」を付けた語。同じ語幹を持つ語でも、第一級の清浄美を表わすのが「清ら」／二級品の表面上の美の感じが「清げ」、というように中世までは使い分けられていた》〔形動ナリ〕(1)〈(人・物の見た目が)不潔なところがなくて好感が持てるさま〉**清浄感がある。** (2)〈(物事や文物の内容に)乱雑なところがなくて好感が持てるさま〉**整然としている。**

-193- 〈A〉**きよら**【清ら】《現代語「清らか」の元の語。汚濁や不純物と無縁の清浄感を表わす形容詞「清し」の語幹に、擬態語語尾「ら」を付けたもの。類義語「清げ」が表わす「見た目の美しさ」に対し、「清ら」は「対象の本源的な美しさ」を表わす語として一段格上の美の感があるとされた》〔名〕〈(類義語「清げ」の外観上の清浄感と対比して)(人・物の持つ)本源的な美しさ〉**最高の美。** 〔形動ナリ〕(1)〈(人が)生まれながらの本源的美を持っている〉**上品で美しい。** (2)〈(物品が)上等な美しさを持っている〉**華麗だ。**

-194- 〈C〉**けうら**【清ら】《「清ら」の発音(きょうら)を逆に辿った語が「けうら」。『源氏物語』中では濁音含みの「清げ」を嫌い「清ら」のみを皇族関係者に用いた(雲上界では濁音を汚れとして嫌う)ので「清ら=最上級の美」とみなされるに至ったが、この意味では「けうら」と「清ら」は別の語ということになる》〔形動ナリ〕〈(人・物が)汚濁・不純と無縁で、清浄感がある〉**清らかに美しい。**

●次は、「身の程」にまつわる古語あれこれ

-195- 〈A〉ほど【程】《ある動作を行なう際に経過する「時間の長さ」が原義。その時間幅の中で移動可能な「空間距離」や、一定時間内に変化する物事の「様子・程度・度合」、更には社会学的に見た人間の属性を示す様々な尺度を意味する「身のほど」へと語義が広がった》[名] (1)〈(時間的程度)ある動作・行動が行なわれる際に経過する一定の時間幅を表わす〉頃。 (2)〈(空間的程度)具体的な空間距離や、その空間の内部・近辺に存在する意を表わす〉距離。辺り。 (3)〈(質量的程度)一定範囲内で変化し得る物事について、現時点でどの段階・どんな様態にあるかを表わす〉程度。様子。 (4)〈(社会的程度)人間個人の属性を社会的に規定する様々な尺度を表わす〉身の程。年齢。仲。

-196- 〈B〉ぶん【分】《原義は「分け前」。全体の中でどの程度の分量を受け取る資格があるかを示すこの語義から、「身のほど」という社会的制約に関する語義が生じた。身分差別語としては「際」と同義語で、「分際」という熟語からもその同義性は感じ取れる》[名] (1)〈(全体の中から)特定の対象に対して割り当てられる部分〉割当。 (2)〈(社会的に定められた)その人物の立場〉分際。 (3)〈(形式名詞的に用いて)・・・した度合い〉・・・な分。 (4)〈(多く、名詞の直後に付けて)あるものに準ずる存在。(「親分」・「子分」・「兄貴分」・「客分」など)〉名目上の・・・。

-197- 〈A〉きは【際】《「切端」に由来する語かと言われ、空間的・時間的・序列的な限界点を表わす各種の語義を持つ》[名] (1)〈(空間的な)末の部分。また、物と物の間の接する部分〉末端。境界。 (2)〈(物事の)到達可能な最高の度合い〉限り。 (3)〈(物事の)度合い〉程度。 (4)〈(人の)社会的な位置付け。また、特定の位置付けにある人物〉身の程。・・・的立場の人。 (5)〈(他の場面と区分された)特定の出来事のある時間帯〉当座。 (6)〈(一連の)時間・行為の最後の部分。また、人が死ぬこと〉終わり。臨終。

-198- 〈C〉きざみ【刻み】《物事に切れ目を入れて区分する「刻む」の物理的語義から、「(社会的な区分としての)身分」・「(特別な状況としての)場合」の意が生じた》[名] (1)〈(社会的な)立場の違い。(品質的な)水準の違い〉階層。等級。 (2)〈(他と区分された)特別な場面〉・・・の折り。 (3)〈(物理的に)切り刻むこと。また、刻み具合〉刻み。刻み加減。

-199- 〈A〉しな【階・品・級・科】《「地形の高低差・坂」の原義から、「階段」・「階級」・「品格」・「種別」の意が生じた。比較的新しい派生義としては、「状況」・「品目」がある：前者は「事態全体を段階別に眺めた場合の一様相」、後者は「箇条書き的に他の物事と区別される個々の品々」の意である》〔名〕(1)〈階段。また、階段を構成する段〉**階段**。(2)〈(社会的な)階級〉**身分**。(3)〈(高貴な身分の醸し出す)上等な雰囲気〉**品格**。(4)〈他の物事と違うこと〉**差異**。(5)〈(事態全体の展開の中での)ある特定の段階〉**状況**。(6)〈(箇条書き的に列挙される物事の中で)他の物事と区別された個々の品々〉**品目**。

-200- 〈C〉はした【端・半・半端】《漢字は「物事の端末」を想起させるが、語源的には「斜＝楔形 ＾」に由来し、調和を感じる円形・正方形・正対称形と対照的な不揃いで見苦しい感覚から、「どっちつかずで処置に困る」・「不揃いで処置に困る」・「能力的に一人前とは認められない」の意となった》〔名・形動ナリ〕(1)〈(中途半端な状態のため)判断・行動が行ないづらいさま〉**どっちつかずだ**。(2)〈(数量的に過不足があるため)まともに使えず処置に困るさま〉**半端だ**。(3)〈(人について)一人前の実力を持つとは認められないさま。また、そうした実力不足の者〉**半人前だ。下男。下女**。

-201- 〈A〉はしたなし【端なし】《中途半端の意の「端…先端のトンガった不格好な木の切り屑のイメージ」＋程度の甚だしさの「甚」(「無し」ではない)で、美／醜、動／静、思惑／結果、理想／現実、などがズレていてどっちつかずな違和感がもどかしい、という感覚が各語義の根底にある》〔形〕(1)〈異なるものどうしの調和が取れず、外観上の調和を欠くさま〉**不釣り合いだ**。(2)〈判断・行動に迷いがあったり、思惑と行動の結果にずれがあったりして、心理的に動揺するさま〉**気まずい**。(3)〈他者の行動に対し、どう対処してよいかわからずに、心理的に動揺するさま〉**困ってしまう**。(4)〈(他者に心理的動揺を与えるような)人情味に欠ける振る舞いについて非難する語〉**つれない**。(5)〈(中世以降の語)程度の激しいさま〉**強烈だ**。

●「上」の「下」のの大騒ぎの後は、どんぐりの背比べ得意気に繰り返す人々の「空」なる心の虚しさ表わす古語にて、お口直しをどうぞ

-202- 〈B〉そら【空・虚】《空間的な「天と地の間」が原義。多義語だが、人間の領域「土・地」と、神々の領域「天」の間に挟まれ、何にも属さず、宙ぶらりんで不安定、信頼性がなく、永続性もない頼りないふわふわ感覚が、「空」には常に付き纏う》〔名〕(1)〈(空間的に)天と地の間の領域〉**空中**。 (2)〈(空間的に)高い所〉**高所**。 (3)〈(物理的な諸条件に関して)一時的または季節的な自然界の様子〉**空模様**。**時節**。 (4)〈(ある事態が展開している)特定の時・場所〉**場面**。 (5)〈(多く、打消の語を伴って)(心理・境遇が)不安・不安定な状態〉**心持ち**。**立場**。 〔形動ナリ〕(1)〈眼前の事態に意識が集中できない〉**上の空だ**。 (2)〈確たる根拠がない〉**いい加減だ**。 (3)〈期待しても成果が得られそうにもない〉**虚しい**。 (4)〈(「空に」の形で)何も参照せずとも記憶に頼って再生できるまで確実に覚え込むさま〉**丸暗記して**。 〔接頭〕(1)〈期待が持てない意を表わす〉**当てにならない**。 (2)〈実際にはそうでないのに、そうであるかの如く見せかける意を表わす〉**偽りの**。 (3)〈確たる根拠はないが、漠然とそう感じる意を表わす〉**何となく…**。

-203- 〈C〉なかぞら【中空】《空間的な語義としては、「空の中ほど(=中天)」・「道の中ほど(=途中)」があり、抽象的には「どっちつかず(=中途半端)」・「心が落ち着かぬ(=上の空)」の意となる》〔名〕(1)〈(空間的に)空の中程〉**中天**。 (2)〈(空間的に)道の中程〉**途中**。 〔形動ナリ〕(1)〈目標がしっかりと定まらず、行動が曖昧なさま〉**中途半端だ**。 (2)〈心が落ち着かず、ぼうっとしているさま〉**上の空だ**。

-204- 〈A〉そらごと【空言・虚言】《「そら」=「中空」=「大地にしっかりと足を下ろしていない」の発想から、「根拠のない作り話」の意となる。現代語で「うそ」の意に「そらごと」を用いる場合は、「絵空事」(想像だけで実現性に乏しい夢物語)の略形感覚も含まれているかもしれない》〔名〕〈根拠がない作り話〉**嘘**。

-205- 〈B〉そらだのめ【空頼め】《末尾の違いに要注意の古語。「無根拠」を意味する「空」に命令形(または下二段連用形)「頼め」が付いた「空頼め」ならば、「虚しい期待を抱くよう他者に仕向けること」の意。一方、末尾が(四段)連用形の「空頼み」なら、「(自分で勝手に)当てにならぬ期待を抱くこと」となる》〔名〕〈他者に対し当てにならぬことを期待させること〉**空約束をすること**。

-206- 〈A〉あだ【徒】《「徒花」(=実を結ぶことのない花)に象徴されるように「実のなさ」を意味する語で、「不実」と書くこともある。「成果なし」の意では「はかなし」の類義語・「はかばかし」の対義語、「不誠実」の意では「まめ」の対義語となる》〔形動ナリ〕(1)〈(時間的に)永続性がないさま〉**はかない**。 (2)〈内容や成果を伴わないさま〉**無益だ**。 (3)〈誠意がないさま〉**不誠実だ**。

-207- 〈B〉あだあだし【徒徒し】《根拠・目的・誠意のない意の「あだ」を畳語化したもの》〔形シク〕(1)〈(確たる根拠や目的もなく)軽い気持ちで事を為すさま〉いい加減だ。(2)〈(恋愛で)相手への誠意がない〉移り気だ。

-208- 〈C〉あだびと【徒人】《恋愛・対人関係の脈絡では「浮気者」、文芸関連では「風流人」となる。本来心を注ぐべき人物(=恋人)・対象(=実務)以外に無意味に入れ込んでいる人への軽侮・自嘲を込めた語である》〔名〕(1)〈(主に恋愛で)誠意に欠ける人〉浮気者。(2)〈風流を解する人〉風流人。

-209- 〈B〉あだこと【徒事】【徒言】《「言」・「事」で意味が異なる。行動が伴わなければ「徒言」(軽口)、色恋関連なら「徒事」(情事)、それ以外なら「徒事」(ちょっとした事柄)と解すればよい》〔名〕【徒事】(1)〈(本気でなく行なう)何気ない事柄〉戯れ事。(2)〈(恒常的に付き合っている異性以外と)かりそめの恋愛関係を持つこと〉情事。【徒言】(3)〈(誠意・実質に欠けていて)真剣に受け止めるに値しない言葉〉軽口。

-210- 〈C〉あだしごころ【徒し心】《「あだし」は本来「他し」で「別の」の意を表わし、中身のなさを意味する「徒」とは別の語だが、本来あるべき場所以外に心を移す=恋人以外に対し恋愛感情を抱く=浮気、の発想で、不実を意味する「徒」と混同されて「他し心／徒し心／徒心」などの語形が生じた》〔名〕〈(恋愛面で)誠意のない心〉浮気心。

-211- 〈C〉あだな【徒名・仇名】《無根拠・多情性の意の「徒」に、風評の意の「名」を付けて「根も葉もない噂」・「恋多き男／女としての評判」の意となる。現代語「渾名」は「本来の名以外に付いた通り名」の意だが、これは「他し名」(別の名)に由来するもので、「徒名」とは別系統の語》〔名〕(1)〈恋愛方面での(主として、多情だとの)噂〉浮き名。(2)〈根拠のない風評〉根も葉もない噂。

●やはり人間「実直」が一番

-212- 〈A〉まめ【忠実・真実】《「真実」(嘘がないこと)の転とも、「真目」(対象から目をそらさず一心に打ち込むこと)に由来するとも言われる。褒め言葉としての「心に偽りがない」・「熱心・忠実だ」の他、「実用本位で、華がない」(虚飾に満ちた平安人には特に嫌われた様態)の語義もある》〔形動ナリ〕(1)〈心に偽りがなく、清らかだ。また、人を裏切る気持ちがない〉誠実だ。忠実だ。(2)〈(ほめて)対象から目を逸らさず、一心に打ち込むさま〉熱心だ。(3)〈(しばしば、貶して)実際に役立つことだけを目的としていて、華麗さがない〉実用第一の。(4)〈(身体的に)病気と無縁で、しっかりしている〉丈夫だ。

-213- 〈B〉まめまめし【忠実忠実し】《「まめ」を畳語化したもので、語義も「まめ」にほぼ同じく、「誠実だ」・「実用本位だ(貶し文句として用いる場合も多い)」となる。対義語は「徒徒し」(不誠実で浮ついている)》〔形シク〕(1) 〈心に偽りがなく、清らかだ。また、人を裏切る気持ちがない〉誠実だ。忠実だ。 (2) 〈(しばしば、貶して)実際に役立つことだけを目的としていて、華麗さがない〉実用第一の。

-214- 〈B〉まめやか【忠実やか】《「まめ」の派生語で、「誠実・忠実」・「実用本位」の語義は全く同じ。独自語義としては「かりそめ・冗談交じりのものではなく、本気・本格的」(余裕を重視する平安人には特殊な様態)がある。連用形「まめやかに」を文頭間投表現として用いると「実は」の意になる》〔形動ナリ〕(1) 〈心に偽りがなく、清らかだ。また、人を裏切る気持ちがない〉誠実だ。忠実だ。 (2) 〈(しばしば、貶して)実際に役立つことだけを目的としていて、華麗さがない〉実用第一の。 (3) 〈(多く連用形「まめやかに」を副詞的に用いて)かりそめや一時的なものでなく、冗談抜きで真剣そのもののさまを表わす〉本格的だ。本気だ。 (4) 〈(連用形「まめやかに」を文頭に用いて)打ち明け話をする時に言う語〉実は。

-215- 〈C〉まめごと【忠実事・実事】《「まじめ」の「まめ」に「事」を付けた語だから「真面目な事柄」の意だが、具体的な意味を把握するには対義語「徒事」の表わす「ちょっとした戯れ」及び「色事」の語義と対比して捉えるとよく、訳語としては「実務・公務・仕事」あたりがよいだろう》〔名〕〈(遊びや浮ついた気持ちでやるのではない)まじめな事柄〉地道にやること。仕事。

●真面目ばっかじゃ息が詰まるから、ここらで一つ「遊び」・「戯れ」系いきましょー

-216- 〈A〉あそぶ【遊ぶ】《日常生活や仕事以外の営みへと心・身を解き放つ点では現代日本語や英語の"プレイ(play)"と共通だが、古語の「遊び」の対象は広範囲に及び、「詩歌・管弦・舞踏」が中核的語義となる》〔自バ四〕(1) 〈詩歌・管弦・舞踊などを(鑑賞したり自ら行なったりして)楽しむ〉芸能(詩歌・管弦・舞踊等)にいそしむ。 (2) 〈狩猟・行楽・酒宴などを楽しむ〉遊楽(狩猟・行楽・酒宴等)をする。 (3) 〈日常の仕事・生活とは関係のない何かをする〉遊び戯れる。 (4) 〈特定の目的(地)もなく動き回る〉そぞろ歩く。 (5) 〈(本来ならば人の管理下にあるべき子供や動物が)自由に動き回る〉野放しだ。 (6) 〈仕事をしない状態にある〉ぶらぶらしている。 〔他バ四〕〈特定の楽曲・楽器を演奏する〉奏でる。

-217- 〈A〉あそばす【遊ばす】《「遊興をする」の意の動詞「遊ぶ」の未然形＋上代の尊敬助動詞「す」の連語が、中古以降一語化したもの。後に「為」の尊敬語と化し、近世以降は尊敬(…なさる)の意を表わす補助動詞となった》〔他サ四〕(1)〈「遊ぶ」の尊敬語〉管弦・詩歌・遊芸などをなさる。 (2)〈「為」の尊敬語〉…なさる。

-218- 〈B〉しらぶ【調ぶ】《現代的な「調べる」の語義は比較的後発で、この語の原義は「演奏前に楽器を調律する」。この「試し弾き」の語感は現代語「小手調べ」の中にも残るが、調子に乗り過ぎて延々と演奏を続ける音楽家の様態から生じたと思われる「図に乗る」の語義もある》〔他バ下二〕(1)〈(本番演奏前に)楽器の音律を整える〉調律する。 (2)〈楽器を弾く〉演奏する。 (3)〈(話をする際に)調子に乗る〉調子づく。 (4)〈じっくりと内容を検討する〉吟味する。

-219- 〈A〉すき【好き・数寄】《動詞「好く」連用形の名詞化。何かにひたすら魅了される心情を言い、その種の心の持ち主を「好き者」、没入対象を「好き事」と呼ぶ。恋愛系と風流系に分かれ、後者は和歌・連歌・茶の湯などの芸事を含むが、室町時代以降、茶の湯好きには「数寄」の字を宛てるようになった》〔名〕(1)〈恋愛。また、それに執心すること、その心持ち〉恋(心)。 (2)〈(音楽・和歌・連歌・茶の湯などの)芸事、また、それに執心すること、その心持ち。(室町時代以降は特に茶の湯を指す)〉風流(心)。

-220- 〈B〉すきもの【好き者・数寄者】《現代語では「過度に好色な人物」や「変な趣味の持ち主」という否定的色彩が濃いが、古語の「好き」は「恋愛」／「芸道」いずれにせよ一心に入れ込む気持ちの強い人物というだけで、その執心ぶりを「異常」と非難する含みは持たない》〔名〕(1)〈恋愛に深く入れ込む人〉好色な人物。 (2)〈風流な物事に入れ込む人〉風流人。

-221- 〈B〉すきずきし【好き好きし】《名詞「好き」の畳語で、深く心引かれる意を表わし、対象は「異性・恋愛」と「芸事・趣味」のいずれか。その執心ぶりを否定的に述べる場合もあれば、賞賛する場合もある》〔形シク〕(1)〈(異性に対する)興味関心が実に強い〉恋愛に夢中だ。 (2)〈(芸事や趣味に対する)興味関心が実に強い〉物好きだ。その道にひたむきだ。

-222- 〈C〉すかす【賺す】《「好く」と同根語で、「これは好い！」と相手が感じるように仕向けるのが原義。「相手をおだてて調子に乗せる」・「沈んでいる相手を慰める」という（ある程度まで）相手本意の語義と、「相手を欺き自分に有利に事を運ぶ」という徹底的に利己的で嫌味な語義がある》〔他サ四〕(1)〈相手の判断力を鈍らせて、自分に有利に事を運ぶ〉欺く。 (2)〈相手が好い気分になるように仕向ける〉おだてる。 (3)〈沈んでいる相手の気持ちを浮揚させる〉慰める。

-223- 〈C〉あるじまうけ【饗設け】《家の主人役として客人をもてなすための準備をする「行為」(＝接待)または出された「飲食物」(＝御馳走)そのものを指す語》〔名・自サ変〕〈主人として客人をもてなすこと。また、もてなすために出される飲食物〉接待。御馳走。

-224- 〈A〉あるじ【主・主人】【饗】《現代語と同じ「主人」の語義よりも、「主人役として客人をもてなす」の語義（「饗設け」の略）や「その道の第一人者」の語義（「…の主」の形で用いる）が古語では重要》〔名〕【主・主人】(1)〈(客人・家臣などに対する語)家・一族・国などの中心人物〉主人。 (2)〈(「…の主」の形で)その道に熟達した人〉第一人者。〔名・自サ変〕【饗】〈(「饗設け」の略)主人として客人をもてなすこと〉接待。

-225- 〈B〉まらうと【客人・賓】《「稀」＋「人」の転じた「まらひと」が「まらふと」となった語（近世には「まらうど」と濁音化）。「稀にしかやって来ず、常にそこに居るわけではない人＝たまさかの来訪時には歓迎すべき人」の原義から「客人」の意となった。もてなし役の「主」の対義語》〔名〕〈(相手をもてなす主人役に対し)相手を訪問し、もてなしを受ける立場の人〉客人。

-226- 〈A〉たはぶる【戯る】《現代語「戯れる」に相当し、「ふざけてはしゃぐ」や「本気でなく軽い気持ちで立ち回る」の意は現代にも通じる；が、本義は「性的に乱れた行動を取る」で、「倫理・社会通念に反した（多く、性的に）異常な行動を取る」の非難を含む語として「戯け」・「戯れ」と同根》〔自ラ下二〕(1)〈(ウケを狙って)軽い発言・行動をする〉ふざける。 (2)〈(仕事を離れて)楽しく過ごす〉遊興する。 (3)〈(社会通念的に許されないような)性的に問題のある行動を取る〉淫らなことをする。

-227- 〈C〉ろうず【弄ず】《深い気持ちも労力も込めずに、遊び半分で軽く対象を扱う意。現代語「翻弄する」からの類推も働くであろう》〔他サ変〕〈(人に対し)まじめに取り合わず、軽い気持ちで関わる〉からかう。

-228- 〈A〉あざる【狂る・戯る】【鯘る】《「痣」・「鮮やか」に見る通り、他より際立つ意を表わす「あざ」が、「人目に付く普通と違う行動(ふざける・打ち解ける・好色に振る舞う)」・「鼻を突く異臭と異常な形状・色彩(魚肉の鮮度劣化)」の意に結び付いたもの》〔自ラ下二〕【狂る・戯る】(1)〈真面目な気持ちもなく何かに打ち興じる〉ふざける。(2)〈心に緊張のない状態で振る舞う〉打ち解ける。(3)〈わざとだらしなくしたり隙を見せたりして、相手を誘惑する〉色っぽく振る舞う。【鯘る】(4)〈魚肉などの鮮度(主として、色)が落ちる〉腐敗する。〔自ラ四〕【狂る・戯る】〈(上代語)(「たちあざる」の形で)語義未詳:取り乱して騒ぐ、うろうろと動き回る、の意か?〉騒然となる。

-229- 〈B〉ざる【戯る】《「あざる」の略形で、普通と違う目立ち方に言及する点は同じだが、それを気の利いた振る舞いとして好意的に捉えていて、その語感は現代語「駄洒落」・「オシャレ」に引き継がれている》〔自ラ下二〕(1)〈(真剣でなく)軽い気持ちで楽しげに事を為す〉ふざける。(2)〈男女間の恋愛事情によく通じている。また、好色そうに見える〉世慣れている。なまめかしい。(3)〈(見た目が)美的感覚・芸術的嗜好に訴える魅力を持っている〉洒落ている。(4)〈(人に関し、他者との相対的対応に於いて)頭の回転が速く、行動にそつがない〉気が利いている。

-230- 〈B〉ざれこと【戯れ言】【戯れ事】《宛字が「言」だと「本気でない軽口」、「事」を宛てれば「本気でなく軽い振舞い」の意になる》〔名〕【戯れ言】(1)〈(本気でなく)軽い気持ちで言う言葉〉冗談。【戯れ事】(2)〈(本気でなく)軽い気持ちです る行動〉戯れ。

●「遊び」も過ぎれば「飽き」がきて、次に来るのは「倦怠」系古語の数々
-231- 〈A〉あく【飽く・厭く】《「もう十分・これ以上関わりたくない」と感じる自らの心と対象との間に出来る心理的距離(=空き)に由来する語》〔自カ四〕(1)〈十分な水準に達する〉満足する。(2)〈(有り余るほどの分量・頻度が)倦怠を誘う〉げんなりする。(3)〈(動詞の連用形に付いて)十分である意を表わす〉十分・・・する。(4)〈(動詞の連用形に付いて)過度である意を表わす〉あまりにも・・・しすぎる。

-232- 〈C〉あかなくに【飽かなくに】《「もう十分である」の意を表わす動詞「飽く」の未然形に、打消助動詞「ず」の古形「な」のク語法「なく」を付け、逆接の接続助詞「に」で前後をつないで、「まだ飽き足りないのに」の逆接の意を表わす。文末に言い切り形で置いて詠嘆の意を添える場合もある》〔連接語〕《あく〔自カ四〕＋ず〔助動特殊型〕打消＋に〔接助〕》〈まだ不十分、不満足であるにもかかわらず、途中で打ち切りになる意を表わす。(文中では逆接、文末に言い切り形で置くと詠嘆の意を表わす)〉**まだ飽き足りないのに。**

-233- 〈C〉あかぬわかれ【飽かぬ別れ】《十分満足しないうちに訪れる名残惜しい別離のことで、一夜の逢瀬を終えた男女の別れを言うことが多い》〔連語〕《あく〔自カ四〕＋ず〔助動特殊型〕打消＋わかれ〔名〕》〈まだ一緒にいたいのに、やむなく別れざるを得なくなること〉**惜別。**

-234- 〈A〉うし【憂し】《「倦む」と同根で、思うに任せぬ状況への対応に疲れ、心に不満がたまり、消極的になる心理を指す。類義語「辛し」は、他人から自分への仕打ちを「嫌だ」と感じる対人的憂鬱を表わすが、「うし」はひたすら自己完結的な「憂鬱だ・気乗りしない」の感情を表わす》〔形ク〕(1)〈(自分にはどうにも出来ぬ事態を前にして)心が重い〉**憂鬱だ。**(2)〈(事態を自力でどうこうしようという)気力が沸いてこない〉**気が乗らない。**(3)〈(自分に憂鬱な思いを抱かせるような)相手の態度を恨めしく思う〉**薄情だ。**〔接尾ク型〕〈(動詞の連用形に付いて)気乗りがしないさまを表わす〉**・・・したくない。**

-235- 〈A〉こころうし【心憂し】《本源的には「憂し」と同じ語。内面性の「(自身の)心が辛く感じる」と、外向性の「(他者の行為が)不愉快に感じる」という二つの意を表わす》〔形ク〕(1)〈(自分自身について)心情的に辛い。(他者への訴えかけを含意しない)〉**心痛を感じる。**(2)〈(他者について)不愉快に感じる。(対外的な非難の気持ちを含む)〉**嫌な感じだ。**

-236- 〈A〉ものうし【物憂し】《「憂し」に、正体不明の漠然とした感覚を示す接頭語「もの」を付けたもの。その指向性に応じて、積極的な外向性活力の欠如を示す「行動に踏み出す気がしない」と、消極的な内向的感覚が胸中に充満するさまを示す「辛い」という二つの語義に分かれる》〔形ク〕(1)〈積極的に行動に踏み出す気分に欠けるさま〉**億劫だ。**(2)〈否定的な感情が胸中に充満するさま〉**辛い。**

-237- 〈C〉うむ【倦む】《「憂し」の同根語で、「同じ状況が延々と続くことに対する嫌気」を表わす》〔自マ四〕〈(単調で変化のない状況に対し)嫌悪に駆られ、対応を放棄したくなる〉**嫌気がさす。**

-238- 〈B〉うんず【倦ず・鬱ず】《「憂し」と同根語で、「同じ状況が延々と続くことに対する嫌気」を表わす「倦む」の連用形に「為」が付いた「倦み為」の転か、とされる。「ん」が消失したり、代わりに「む」が付いたりした「うず」・「うむず」の表記も見られる。現代語「うんざり」に通じる語》〔自サ変〕(1)〈(期待通りでないために)気持ちが挫ける〉**気落ちする。** (2)〈(同じ事の繰り返しに)対応を放棄したい気分になる〉**飽き飽きする。**

-239- 〈A〉こころぐるし【心苦し】《「(自分自身の)心が辛い」の語義では「憂し」・「心憂し」と全く同じ。「(他者の立場に同情して)気の毒だ」の語義は要注意で、現代語が「他者に悪く思われている自分の立場が辛い」と自己本意なのと異なり、古語の「心苦し」の視点はあくまで他者中心である》〔形シク〕(1)〈(自分自身について)心情的に辛い。(他者への訴えかけを含意しない)〉**心痛を感じる。** (2)〈(他者の立場について)同情を禁じ得ない〉**気の毒だ。** (3)〈(相手の弱い立場が)あまりに気懸かりで、守ってやりたくなる〉**大切にしてやりたい。**

●お次は、心「浮き浮き」楽しい古語というか、注意力「うかうか」馬鹿っぽいやつらというか、そんな連中をひとくさり

-240- 〈A〉うきよ【憂き世】【浮き世】《現代語の「浮世」=「浮かれ騒ぐ享楽的な世間」の語義は室町時代末期以降に生じたもの。それ以前は無常観の支配する「憂き世」の意だった。古語の「世」には「男女の仲」の意も含まれるため、「辛いこの世」と同時に「冷えた男女関係」も包含する》〔名〕【憂き世】(1)〈(世間全般を指して)苦しみ・悲しみに満ちた現実世界〉**辛い世の中。** (2)〈(男女の関係を指して)あれこれと悩みの絶えない仲〉**悩み多き男女関係。**

-241- 〈B〉うきな【憂き名】【浮き名】《元来は「憂き名」(自分としては辛い形で名が世間に知れること)=「酷評・悪評」を意味したが、次第に「浮き名」=「恋愛関連の噂話」へとその語義が転じていった。現代語には「浮き名を流す」(=艶聞が世間に響く)の形で後者のみが残っている》〔名〕【憂き名】(1)〈(対象を限定せず)世間に流れている、嬉しくない評判〉**悪評。** 【浮き名】(2)〈恋愛に関する世間での評判。(嫌な噂・満更でもない風評の双方を含む)〉**艶聞。**

-242- 〈B〉をこ【痴・烏滸・尾籠】《上代の「うこ」の母音交替語が「をこ」。語源学的には「浮く」に通じ、「うかうか・うっかり・うかつ・うかれる・うきうき」などの現代語に残る「浮つく」感覚を、「心がしっかり収まるべきところに収まっていない」という否定的側面に於いて捉えたもの》〔名・形動ナリ〕〈堅実な知性に欠け、行動が愚かで、笑い飛ばしたり、顔をしかめたりしたくなるさま〉馬鹿。

-243- 〈A〉をこがまし【痴がまし】《中世までの語義は「馬鹿げて見える」で、この意味では「をこめく」と同義語。現代にも残る「分不相応に出しゃばっていて、他者から好感を持って迎えられない」の語義は近世以降に生じたもの》〔形シク〕〈見るからに愚かしく感じられる〉馬鹿みたいだ。

-244- 〈A〉をかし【をかし】《「地に足が着かず軽佻浮薄」(否定的)／「心浮き立つ素敵な感じ」(肯定的)の両極端な語義を持つが、これは、「をかし」→「おこ:痴・烏滸・尾籠」(=頭ぽんやり)→「うこ」→「うか:うかうか・迂闊・浮かつく・浮かる」(=心ふわふわ)の語源学的経緯によるもの》〔形シク〕(1)〈(思わず心が浮き立つような)心引かれる思いがする〉興味深い。(2)〈(外見や動作が、美しかったり可愛らしかったりして)見る者の心を捕らえ、うっとりさせる〉美しい。可愛い。(3)〈(対象が発する魅力的な雰囲気に)しばし目を留めて見入りたくなる〉趣深い。(4)〈(普通でないさまをしているので)思わず笑いたくなる〉滑稽だ。(5)〈(通常と異なるさまをしているので)疑念や不安を抱かせる〉奇妙だ。

-245- 〈A〉あさまし【あさまし】《深みに欠ける「浅し」を動詞化した「浅む」の形容詞形なので「あまりの浅薄さに呆れる」の語義のみかと思いきや、「見る者の事前の読みの浅さを痛感させる意外性」を持つ対象なら善し悪しを問わず用いるのが古語の「あさまし」で、否定一本槍の語ではない》〔形シク〕(1)〈(自身の思慮・観察・予測が浅かったために)眼前の事態を意外に感じる〉驚いた。(2)〈(予想を下回る現実に)落胆する〉がっかりだ。(3)〈(自分の倫理・美学などの規準に満たぬものに接して)嘆息する〉嘆かわしい。(4)〈(連用形「あさましく」やウ音便「あさましう」の形で、副詞的に)程度がはなはだしい〉非常に。(5)〈(外観の低劣さが)他者の軽蔑を誘う〉見苦しい。(6)〈(身分の低さゆえに)他者の注目・敬意を得られない〉取るに足らない。

-246- 〈B〉あさむ【あさむ】【浅む】《形容詞「あさし」を動詞化した語。対象の浅薄さを「軽蔑する」意の他に「驚く」の意があるのは、「自分自身の事前の予測の浅さを痛感する」と読み替えれば納得できる筈》〔自マ四〕【浅む】〈〈自身の思慮・観察の浅さから〉対象への新鮮な驚きを感じる〉意外に思う。〔他マ四〕【あさむ】〈〈対象の浅薄さを〉一段高い所から見下ろす〉侮る。

-247- 〈B〉あさし【浅し】《「浅し」には多様な語義があるが、語尾を変えると「褪す」(色が薄くなる)・「浅む」(軽んずる)・「あさまし」(呆気にとられる)になり、語頭を変えると「薄し」になる。「浅し」の語義を考える時にはこれらの語句との関連の上で捉えると理解し易い》〔形ク〕(1)〈表面から底面までの距離が深くない〉底が浅い。(2)〈色や香りが深くない〉淡い。(3)〈経過時間が長くない〉早い。(4)〈空間的・感覚的に遠くない〉近しい。(5)〈思いや愛情が深くない〉薄情だ。(6)〈経験・程度・思慮が深くない〉浅薄だ。(7)〈情趣・風情が深くない〉趣に欠ける。(8)〈罪・因縁などが深くない〉軽微な。(9)〈身分・家柄・官位などが高くない〉取るに足らない。

●「軽薄」系のお口直しはやはり「由緒」ある古語で

-248- 〈A〉ゆゑ【故】《事態の発生や物事の存在の根本的成立事情(=原因)が原義。順接「…のゆえに」／逆接「…であるのに」の形式名詞用法や、事態の進展を妨げる原因たる「異変・支障」、人が持つ「先天的一級品の雰囲気」(後に「後天的上品さ」・「風情」に拡大)などの語義を持つ》〔名〕(1)〈〈事態の発生や物事の存在にまつわる〉根本的な拠り所〉原因。(2)〈〈人や、人にまつわる社会的集団に〉先天的・伝統的に備わった第一級の雰囲気。(人の個人的営為ではどうにもならぬところに力点がある)〉由緒。(3)〈〈人が、個人的営為の末に〉後天的に身に付けた第一級の雰囲気〉上品な嗜好。(4)〈〈人造物に〉人為的に備わった第一級の雰囲気〉風情。(5)〈〈人の〉他の人間との血縁上のつながり、または、つながりを持つ者〉縁故。血縁(者)。(6)〈〈物事の順調な展開を妨げるような〉普段と異なる事態〉異変。(7)〈(順接の形式名詞)(体言・用言の連体形に付いて)(直前に述べた事態が、直後に述べる事態を引き起こしている、という形で)原因・理由を表す〉…のゆえに。(8)〈(逆接の形式名詞)(体言・用言の連体形に付いて)(直前に述べた事態が、直後に述べる事態の妨げになる筈なのに、実際にはその事態が相変わらず成立している、という形で)逆接の関係で前後の記述をつなぐ〉…にもかかわらず。

-249- 〈C〉ゆゑゆゑし【故故し】《「由緒・格式・教養」など、社会的に高く評価される特性の「故」を量語化し、その種の雰囲気が色濃く漂っている意を表わす語。基本的には褒め言葉だが、度を超せば「大袈裟・仰々しい・格式張っている」と非難を含む語感になるのは、「ものものし」などの語と同様》〔形シク〕〈(褒め言葉として)由緒・格式・教養が色濃く感じられる。(やや貶して)格式が高すぎて大袈裟だ〉**格調高い。格式張っている。**

-250- 〈C〉ゆゑづく【故付く】《「情趣・由緒・風流・教養」など、他者の目に魅力的に映る特性の「故」に「付く」を付けた語。自然にそう(由緒・風流がありそうに／教養ある人柄に)見える場合と、他者の目を意識して何かありそうな振舞いを作為的に演じる場合とに分かれる。自・他動詞双方で用いる》〔自カ四〕(1)〈(他者の目を意識して、作為的に)自身の教養を見せびらかしたり、特別な事情があるのだという態度を取る〉**教養をひけらかす。訳ありといった感じだ。** (2)〈(自然な感じで)情趣・由緒・風流・教養がそこはかとなく感じられる〉**由緒ありげだ。**〔他カ下二〕(1)〈(他者の目を意識して、作為的に)特別な事情があるのだという態度を取る〉**訳ありげに振る舞う。** (2)〈(作為的に)情趣・由緒・風流・教養などの雰囲気を添える〉**風情を加える。**

-251- 〈A〉よし【由・因・縁】《目的地への接近を意味する動詞「寄す」の名詞化と言われる語。「故」と類似した語義が多いが、「優れた存在への意図的接近」の含意があるため、「生得的・本源的に一級品」の「故」に対し、「由・因・縁」は「無理してやっと一級、本来は二級品」の感覚が付きまとう》〔名〕(1)〈(事態の発生や物事の存在にまつわる)根本的な拠り所〉**原因。** (2)〈(平安女流文学の中で、「故」と対照的に用いて)(人や、人にまつわる社会的集団の)社会的勢力・伝統などの観点から見て二流と感じられる雰囲気〉**二流の血統。** (3)〈(人が、個人的営為の末に)後天的に身に付けた第一級の雰囲気〉**上品な嗜好。** (4)〈(人造物に)人為的に備わった第一級の雰囲気〉**風情。** (5)〈(人の)他の人間との血縁上のつながり、または、つながりを持つ者〉**縁故。血縁(者)。** (6)〈(特定の目的を達成するために)取り得る何らかのやり方〉**方法。** (7)〈(用言の連体形に続けて、形式名詞的に)外見上、そのような印象を与えるさまを表わす〉**様子。**

-252- 〈C〉よしばむ【由ばむ】《「上品な雰囲気」の意の「由」に「それらしくする」の人為性を表わす「ばむ」を付けて「いかにもいわれや由緒がありそうに振る舞う」の組成は「故付く」や「故立つ」に近い》〔自マ四〕〈(人や物事について)人の心を引き付けるような上等な雰囲気を、自然でなく、いかにもそれらしく感じられるよう人為的に演出する〉**由緒ありげに振る舞う。**

●「由」つながりで「よし」いってみよう

-253- 〈A〉よし【良し・好し・善し・吉し】《十数種にも及ぶ語義があるが、基本的には、「善し悪し」の表現に見る通り、「よし」は「あし」と対を成して「積極的な好感・満足」を表わす語。「よし」の積極的讃辞に対し、消極的承認を表わす語が「よろし」で、その対義語は「わろし」、という図式も押さえておこう》〔形ク〕(1)〈(一般的に)好感が持て、高く評価できる〉素晴らしい。(2)〈(主観的に)快感を伴う〉快い。(3)〈(外見が)美麗で好感が持てる〉美しい。(4)〈(論理・道義に照らして)間違っていない〉正しい。善良だ。(5)〈(特定の物事を行なう上で)しっかり目的や用途に合致している〉相応しい。(6)〈(特定の物事に関して)対処する術をよく弁えている〉上手だ。(7)〈(特定の物事を行なう上で)偶然、良い条件が整っている〉縁起がよい。(8)〈(経済的に)潤っており、勢いがある〉富裕だ。(9)〈(社会的に)高い地位にある〉高貴だ。(10)〈(社会的地位の高さに伴う知的卓越性に言及して)物事やその道理をよく弁えている〉聡明だ。(11)〈(人と)良好な社会的関係を保っている〉親しい。(12)〈「とも」や「ても」に続けて)そのようにしても問題はない〉・・・してかまわない。(13)〈(動詞の連用形に続けて、補助動詞的に)容易にそうすることができる意を表わす〉・・・(し)易い。

-254- 〈A〉よしなし【由無し】《「由」は多義語なので、「無し」を付けた場合の語義も、「無根拠」・「手の施しようがない」・「無関係」・「風情がない」・「無意味」・「人聞きが悪い」と多岐に亘る。「由無し事」(無益な事)・「由無し心」(他愛ない考え)・「由無し物」(つまらぬもの)などの連語もある》〔形ク〕(1)〈(事態の発生や物事の存在に)根本的な拠り所がない〉理由がない。(2)〈(特定の目的を達成するために)取り得るやり方が、見つからない〉方法がない。(3)〈(人について)他の人間や集団との血縁的・社会的なつながりがない〉関係がない。(4)〈(人や物事の)表面には現われぬ奥深い部分に感じられる魅力というものが、備わっていない〉薄っぺらだ。(5)〈(行為に)それを行なうべき然るべき理由や、行なった末に見込める効用がない〉無意味だ。(6)〈(人に知られた場合に)良い感じを与えない〉人聞きが悪い。

-255- 〈C〉よしなしごと【由無し事】《物事を為すに足る正当な理由が無い事＝「やってもしようもないつまらぬこと」の意。「そんなことしても無意味」の語義からは、この他にも「由無し心」(たわいもない考え)・「由無し物」(つまらぬもの)・「由無し業」(つまらぬ行為)などの連語が生まれている》〔名〕〈それを行なうべき然るべき理由や、行なった末に見込める効用がない物事〉無意味なこと。

-256- 〈C〉よざま【善様】《「よさま」と清音でも用いた。形容詞「善し」に様態を表わす「様」を付けて「良さそうな様子だ」の意となる。対義語は「悪し様」。同音異義語に「世様」(暮らし向き)があり、似たような語に「横様」(横向き／邪悪／異常)がある》〔形動ナリ〕〈(外見的に)良好に見えるさま〉よさそうだ。

-257- 〈C〉ようせずは【良うせずは】《副詞「よく」のウ音便形に、動詞「為」の未然形と格助詞「は」を付けた表現で、「へたをすれば・・・になってしまう」という危惧を表わす言い回し》〔連接語〕《よく〔副〕＋す〔自サ変〕＋ず〔助動特殊型〕打消＋は〔係助〕》〈事態が悪い展開となった場合のことを危惧して言う語〉下手をすると。

-258- 〈C〉よし【縦し】《受け容れる意の形容詞「宜し」が副詞に転じた語。「納得できないが、受け容れるしかない」という不承不承の賛同／仮定表現を伴い「たとえ・・・と認めるにしても、それでもやはり」という逆接の文脈を続ける用法がある。後者は現代語「よしんば」に通じる》〔副〕(1)〈(不承不承の賛同)納得はできないが、受け容れるよりほか仕方がない意を表わす〉まぁ、しようがない。 (2)〈(譲歩)(仮定の表現を伴って)ある事態を認めつつも、逆接的に、それとは対照的な別の事態を述べる〉よしんば・・・でも。

-259- 〈A〉よろし【宜し】《「寄らし」に由来し、対象に向けて第三者側から歩み寄って「そこそこの評価・好感を寄せる」のが「よろし」で、対象自体が高い価値や魅力を自然に発する「よし」より賞賛の程度が落ちる、とされる語(但し、上代の文物には両者の使い分けの形跡はない)》〔形シク〕(1)〈(肯定的に)好感・満足の意を表わす〉好ましい。 (2)〈(特定の物事を行なう上で)しっかり目的や用途に合致している〉相応しい。 (3)〈(控え目に)誉める意を表わす〉悪くはない。 (4)〈(やや否定的に)とりたてて誉めるべきところがない〉可もなく不可もない。

-260- 〈C〉よろこび【喜び・悦び・慶び】《動詞「よろこぶ」の名詞形だが、「嬉しく思うこと」という感情系の語義の他に、他者への「お祝いの言葉」や、「喜び事」という行事そのもの、更には「(自分を昇進させてくれた相手への)御礼(を述べること)」＝「慶び申し」という儀礼的な語義まである点に要注意》〔名〕(1)〈(心情的に)喜びの感情。または、その種の感情を抱くこと〉嬉しさ。嬉しく思うこと。 (2)〈喜ばしく感じられる出来事や行事。(任官や昇進について言う場合が多い)〉慶事。 (3)〈(他者に対する)めでたい折りの挨拶の言葉〉祝辞。 (4)〈(自分を任官・昇進させてくれた相手に)言葉や行動で感謝を表わすこと〉御礼。謝辞。

-261- 〈B〉らうらうじ【労労じ】《長年の経験を意味する「労」を畳語化した形容詞で、その使用例は中古末期から後期に集中し、当時の一時的流行語と思われる。人の熟練の手管を誉める「いかにも手慣れている」の語義と、「気高く洗練されている」という外見上の印象を表わす語義がある》〔形シク〕(1)〈(経験を積むことで)行動に無駄がなく、見事に立ち回っている〉**熟練している。** (2)〈(人や物について)気品に溢れた魅力がある〉**上品に愛らしい。**

-262- 〈C〉らうあり【労有り】《「労」は、あれこれ手を回す(骨折り)／気を回す(気苦労)の意。そうした苦労や心遣いが行動・態度の陰に感じられる意を表わす「よく気が付く」／経験の賜物としての「熟練している・洗練されている」の語義を持つ。庭園などの人造物に用いる「趣深い」の用例もある》〔連語〕《らう〔名〕＋あり〔自ラ変〕》(1)〈(人の行動や態度の背後に)あれこれ手を回し気を回していることが感じられて、好感が持てる〉**心遣いが行き届いている。** (2)〈(経験を積むことで)行動に無駄がなく、見事に立ち回っている〉**熟練している。** (3)〈(庭などの人造物について)造り手の心のほどが感じられて、好感が持てる〉**趣深い。**

●良いのの次は当然「悪い」のを

-263- 〈A〉あし【悪し】《「あし」は本源的に邪悪・凶悪・醜悪なものを積極的に否定する語で、対義語は「良し・好し・善し」。同じ語を「わろし」と読めば多少否定度が落ちて「あまりよくない」の意で、その対義語は「宜し」(まあ、悪くはない)》〔形シク〕(1)〈道義などの価値判断の基準に照らして、正しくない〉**不正な。** (2)〈状況的に見て、思わしくない〉**具合が悪い。** (3)〈(「心地悪し」・「気色悪し」などの形で)体調や精神状態がよくない〉**だるい。不快だ。** (4)〈外観がよくない〉**醜悪だ。** (5)〈技術・腕前が高くない〉**下手くそだ。** (6)〈品質・状態がよくない〉**粗末だ。** (7)〈天候・行動・気性が静穏でない〉**荒々しい。** (8)〈身分・境遇が不遇である〉**貧窮した。** (9)〈(上代語)(動詞の連用形について)うまく行なうことができない意を表わす〉**・・・しにくい。**

-264- 〈A〉わろし【悪し】《「わろし」は「あし」ほどひどくはないが良くもない(「宜し」とは言い難い)の感覚で、その語幹「わろ」は「まろ＝丸」の対極にあり、円満・無欠の象徴である「円・球」との対照から「わろ＝悪」の否定的語感が生じた》〔形ク〕(1)〈(一般的に)好感が持てず、評価が低い〉よくない。(2)〈(何らかの基準に照らして)間違っている〉正しくない。(3)〈(外見が)美しくなくて好感が持てない〉醜悪だ。(4)〈(特定の物事への)対処が上手にできない〉下手だ。(5)〈(社会的・経済的に)恵まれず、勢いがない〉衰退している。貧乏だ。(6)〈(病気・問題などについて)対応が容易でなく、心身に辛い〉たちが悪い。

-265- 〈C〉まろぶ【転ぶ】《語源は「丸」で、球体を地面に置くと自然にコロコロ転がることに由来し、「転がる」または「倒れる」意を表わす。類義語に「転ぶ」があるが、こちらの語の登場は鎌倉期で、「まろぶ」のような「回転移動」の語感はなく単に「コケる」だけ》〔自バ四〕〈地面の上を回転しつつ移動して行く。また、起立していたものが転倒する〉転がる。倒れる。

●「善し・悪し」論ずる人の思惑など知らんぷりして突き進む世や人を前にしての感情、「残念」系の古語あれこれ

-266- 〈A〉をし【愛し】【惜し】《自分の近くにあるものが、失われたり離れたりして近くになくなることを残念に思う、が原義。手放すことを嫌がる「惜しい」と、手放せぬほどに大事な対象への愛着に力点を置く「愛おしい」の語義に二分される》〔形シク〕【愛し】(1)〈自分の間近から手放せないと思うほどに、深い愛着を抱くさま〉とても愛おしい。【惜し】(2)〈(愛着を感じる人や物事が)遠ざかって行ったり失われたりするのを、嫌だ、残念だと思うさま〉失いたくない。名残が尽きない。

-267- 〈B〉をしむ【愛しむ・惜しむ】《自分の近くにあるものが、失われたり離れたりして近くになくなることを残念に思う意の「をし」の他動詞化。手放せぬほど大事な対象への愛着(深く愛する)／喪失への哀惜(名残惜しく思う)の念を表わし、後者にはケチ臭い「物惜しみする」の感覚が加わることがある》〔他マ四〕(1)〈自分の間近から手放せないと思うほどに、深い愛着を抱く〉とても愛おしい。(2)〈(愛着を感じる人や物事が)遠ざかって行ったり失われたりするのを、嫌だ、残念だと思う〉哀惜する。(3)〈(既にある物事や事態に)惰性的に安住したがったり、執着心を抱いたりして、失ったり他者に与えたりするのを嫌がる〉物惜しみする。(4)〈(格助詞「を」・「も」を伴い、打消の「…を／もをしまず」の形で)遠慮・抑制を加えることなくやり放題の意を表わす〉思う存分。

-268- 〈A〉くちをし【口惜し】《上代には使用例がなく、中古以降の語とされる。原義は「朽ち＋惜し」で、朽ち果てるのを止められない無力感を表わす「残念だ」の意。後には「口＋惜し」（口に出して語ることすら惜しまれる）の発想で「期待外れだ」・「身分が低い」の語義が生まれた》〔形シク〕(1)〈(自分ではどうにもならない外的状況に関し)納得できないが受け入れるより他に仕方がない、という無力感を表わす〉何とも残念なことだ。 (2)〈(期待に外れる他者・自身の状態・行為に関し)失望を禁じ得ない〉がっかりだ。 (3)〈(話題に乗せることすらはばかられるほどに)社会的地位が低い〉身分が賤しい。

-269- 〈A〉くやし【悔し】《動詞「悔ゆ」の形容詞化。語義は現代同様「後悔する」・「腹を立てる」。元来「悔ゆ」は自身の行為・状態を「残念がる」語で、自分ではどうにもならぬ他者の行為・状態に「立腹する」意の類義語「口惜し」と対を成したが、やがて両者の語義は重なるようになって行った》〔形シク〕(1)〈(自分自身の現状に関して)その原因となった過去の行為を、しなければよかった、と悔やむ気持ちを表わす〉悔やまれる。 (2)〈(他者の仕打ちに関して)不当だと感じて憤る気持ちを表わす〉腹立たしい。

-270- 〈A〉あたらし【惜し】《価値がありながら不当に低い評価しか受けていない物事に関し、本来の価値に「当たるようにしたい」が「あたらし」の語源。現代語「新しい」は元来「あらたし」だったものが「あたらし」と混同されて中古に成立した勘違い語》〔形シク〕(1)〈不当に低評価されていることや、素晴らしいものなのに失われようとしていることを、残念がるさま〉惜しい。 (2)〈立派な何かが、いつまでもそのままの状態であり続けることを願うさま〉素晴らしい。

-271- 〈B〉あたら【惜】《形容詞「あたらし」の元になった語で、元来は名詞直前に置かれて接頭語的機能を果たしていたものが、中古以降独立的に用いられるようになった》〔副〕〈価値あるものが、正当に扱われないことや、失われてしまうことを、惜しむ気持ちを表わす〉勿体なくも。 〔連体〕〈不当に低評価の物事や、消え去るのが惜しまれる物事に付ける〉折角の。

-272- 〈B〉あらた【あらた】《「現る」と同根で、神秘の力が明瞭に示されるさまを示す語。「新鮮」の意の「新た」と勘違いし易いが、現代にも残る「霊験あらたか」の言い回しで記憶しておけば間違いあるまい》〔形動ナリ〕〈神仏の霊威が顕著に確認できる。また、霊験が著しい〉霊験あらたかだ。

-273- 〈B〉あらは【顕】《「現る」・「生る」と同根語で、内部に隠れているべきものが剥き出しになっているさまが原義。現代語と異なる要注意語義として、他者の目にどう映るかを考えず自分の思うがままに振る舞うことに対する非難(「すさむ」に通じるもの)がある》〔形動ナリ〕(1)〈(物理的に)覆い隠されることなく、全てが露出しているさま〉丸見えだ。 (2)〈(現象・意図などが)はっきり認識できて、疑う余地がない〉明白だ。 (3)〈他者に対して隠そうという意図がない〉露骨だ。 (4)〈他者の目にどう映るかを考えぬ行動が、非難を招くさま〉無遠慮だ。

-274- 〈A〉すさぶ【荒ぶ・遊ぶ】《「進む」と同根語とされるが、直線的な「進む」に対し、「すさぶ」及び「すさむ」には恣意的・不規則・無秩序の感覚が伴い、沸き上がる勢いに任せて事を為したり止めたりするのが原義で、その場限りで一時的、相手構わず自己本位、といった否定的語感が強い》〔自バ上二〕〔自バ四〕(1)〈(継続性を感じさせない)勢いがどんどん盛り上がる〉ますます盛んになる。 (2)〈(本気でなく、その場の勢いに任せて)気の向くままに事を進める〉勝手気ままに…する。 (3)〈(「すさむ」からの還流語義)(本格的にでなく)ほんの気持ち程度に行なう〉わずかに…する。〔補動バ上二〕〔補動バ四〕(1)〈(その場限りの)勢いに任せて…する〉盛んに…する。 (2)〈(本気でなく、その場の勢いに任せて)気の向くままに…する〉勝手気ままに…する。 (3)〈(それまで盛んだった)…の勢いが衰えてぱたりと止まってしまう〉…しなくなる。

-275- 〈A〉すさむ【荒む・進む・遊む】《「進む」と同根(「すさぶ」と同義)で、勢いに任せて盛んに…する系の「勢いが盛んになる」・「気の向くまま…する」・「何気なく気に留め、好感を抱く」・「勢いが衰えて止まる」の他に、「寒む・冷む」由来の「嫌がり遠ざける」・「ほんの形だけ…する」の語義も持つ語》〔自マ四〕(1)〈(継続性を感じさせない)勢いがどんどん盛り上がる〉ますます盛んになる。 (2)〈(本気でなく、その場の勢いに任せて)気の向くままに事を進める〉勝手気ままに…する。 (3)〈(本格的にでなく)ほんの気持ち程度に行なう〉わずかに…する。〔他マ下二〕(1)〈(何気なく)気に留め、良いと感じる〉ふと心に留める。 (2)〈嫌がり、遠ざける〉嫌う。〔補動マ四〕(1)〈(その場限りの)勢いに任せて…する〉盛んに…する。 (2)〈(本気でなく、その場の勢いに任せて)気の向くままに…する〉勝手気ままに…する。 (3)〈(それまで盛んだった)…の勢いが衰えてぱたりと止まってしまう〉…しなくなる。

-276- 〈A〉すさまじ【凄じ・冷じ】《「素＋寒／冷む」に由来し、期待と結果の落差／あるものと別のものとの不調和／ある人と他の人との熱意の差などに接して生まれる寒々とした心持ちで対象を冷淡に突き放しつつ斜め視線で見る語。「進む」に由来する「すさむ・すさぶ」とは本来別系統の語》〔形シク〕(1)〈(他の物事や通常の水準に比して)あまりにも釣り合わない物事に接して、気持ちが白々と萎えてしまう〉興醒めだ。(2)〈(ある人の熱意に対し、別の人が)まるで気乗りせず、心が冷めている〉冷淡だ。(3)〈(季節感のなさや景物の乏しさなど)本来あるべきものがない寂しさに、心が寒くなる〉寒々としている。(4)〈(「すさむ・すさぶ」の類推から)勢い・程度が甚だしい〉物凄い。(5)〈(あまりに異常な対象を前にして)恐怖に心が凍り付く〉ぞっとする。

-277- 〈C〉すさびごと【遊び事】【遊び言】《「遊ぶ」は「進む」と同根語で、自然の勢いに任せてどんどん進むことを意味するので、「遊び事」＝「心の赴くままに好き放題楽しむこと」となり、「遊び言」なら「口から出任せに言う気紛れな言葉」となる》〔名〕【遊び事】(1)〈気の向くままに、軽い気持ちで好き放題に楽しむこと〉慰みごと。【遊び言】(2)〈(本気でなく)口から出任せに言う軽い台詞〉気紛れな言葉。

-278- 〈A〉すごし【凄し】《現代では「素晴らしい」という肯定的語義のみが残るが、古語の「凄し」は良かれ悪しかれ「背筋が寒くなる」・「ぞっと来る」という感覚を引き起こす対象の特質を表わす語であり、「寒々とした物寂しさ」や「寒気がするような薄気味悪さ」という暗い雰囲気をも表わす》〔形ク〕(1)〈(暗く寂しい雰囲気に)思わず背筋が寒くなる〉荒涼としている。(2)〈(あまりの恐ろしさに)思わず背筋が寒くなる〉無気味だ。(3)〈(あまりの素晴らしさに)思わず背筋が寒くなる〉素晴らしい。

-279- 〈C〉くゎうりゃう【荒涼・広量】《漢語由来系古語にありがちな語義の拡散と消滅を見た古語。その原義「荒れ果てて見るに堪えない」は現代語「荒涼たる」にも引き継がれているが、これ以外の語義は、中世～近世に字面の類推から好き勝手に使われた挙げ句、悉く消え去って今は跡形もない。現代語ではタリ活用だが、古語ではナリ活用》〔名・形動ナリ〕(1)〈(根拠が希薄、範囲が広すぎるなどの理由から)確実性が感じられないさま〉曖昧だ。(2)〈(他者に対して)広い心を持っている〉度量が広い。(3)〈(取るに足らない人物のくせに)まるで大物気取りの態度が、他者の不快感を誘うさま〉尊大だ。〔名・自サ変・形動ナリ〕(1)〈(正常状態や、昔の状態からかけ離れ、手入れもなされず、人から見捨てられて)見るに堪えないさま〉荒涼たる。(2)〈(他者の慨嘆を誘うような)思慮の浅い人の行動の様態全般に対する非難の気持ちを表わす〉浅はかだなぁ。

-280- 〈B〉うたた【転】《「うた」とは「真意を隠さずストレートに表わす」の意。これを畳語化した「うたうた」の詰まったものが「うたた」。「余りにストレートすぎる事態の展開」の意から、「ますます一層」という状況描写や「余りの直情径行ぶりが不快感を催させる」という心理描写の意が生じた》〔副〕(1)〈(事態・程度が)持続的・発展的に広がって行くさまを表わす〉更に一層。 (2)〈(「うたたあり」の形で)(様態が露骨すぎる、程度が甚だしすぎるなどの理由のため)不愉快な感覚を表わす〉嫌な感じだ。

-281- 〈A〉うたて【うたて】《状態の変化する意の「転」に由来する語で、自分の意志を無視するように周囲の状況がずんずん転回して行くさまに対する不快感が根源にある点で「すさまじ」に似ているが、「うたて」の嫌悪感は主観的・生理的なもの、「すさまじ」のそれは客観的である》〔形動ナリ〕(1)〈(傍目に)不快な感じがする〉嫌な感じだ。 (2)〈(相手の不幸な状況に)心が痛む〉気の毒だ。〔副〕(1)〈(好ましくない事柄の程度が)前にも増して甚だしくなるさま〉ますます。 (2)〈(普通と違っている物事に対して)生理的恐怖感を抱くさま〉不気味に。 (3)〈(多く「うたてあり」の形で)話者が不快感を抱いているさま〉嫌なことに。

-282- 〈A〉うたてし【うたてし】《「うたた」が転じた副詞「うたて」が、平安末期以降に形容詞化したもの。「うたた」にあった「事態・程度の加速度的展開」という状況描写系の色彩を失い、専ら「気に染まぬ事態への不快感」や「悲惨な状況にある他者への同情」を表わす心理語として用いられる》〔形ク〕(1)〈(事態が甚だしすぎる、様態が露骨・劣悪だ、などの理由から)気分がよくない〉気に食わない。 (2)〈(悲惨な状況にある他者を見て)心が痛む〉気の毒だ。

●次は、良いの悪いの残念だのと言ってるだけじゃ生きられぬ、とばかりガッポガッポと「わがものにする」たくましき経済系古語の数々

-283- 〈B〉はたらく【働く】《現代語「働く」は「勤労」の意のみだが、これは鎌倉期以降の語義。元来の語義は「人偏」抜きの「動く」で考えた方がよい古語で、「動き回る」・「正しく作動する」・「心に動揺を来たす」などの意を表わした》〔自カ四〕(1)〈(静止していずに)ばたばたと運動する〉動く。 (2)〈(特定の目的を)きちんと果たす〉役立つ。 (3)〈(精神・感情が)状況に機敏に(または、過敏に)反応する〉思考する。動揺する。 (4)〈(鎌倉期以降)(特定の目的を果たすために)忙しげに立ち回る〉労働する。

-284- 〈C〉なりはひ【生業】《主に植物などが生育することを表わす「生り」に、そのようになる意の接尾語「はひ」を付けた語。その来歴ゆえに「農業」を原義とするが、拡張的に「生計を立てる手段」全般を表わす語としても用いられ、後者の語義は現代にもそのまま残る》〔名〕(1)〈土を耕して植物を生育させること。また、そうして作った植物〉農業。農作物。 (2)〈生計を立てる手段〉仕事。

-285- 〈C〉れう【料】《元来は物事を「計測する」意で、「特定の目的のために用意されたもの」(材料)、「特定の目的を果たすために必要な対価」(料金)、形式名詞として用いて目的・原因を表わす「…のため」など、極めて即物的な(即ち、非平安貴族的で鎌倉庶民的な)古語である》〔名〕(1)〈特定の目的のために用意されたもの〉材料。 (2)〈特定の目的を達成するために必要とされる金銭的な代償〉対価。 (3)〈目的・原因を表わす形式名詞〉ため。

-286- 〈C〉ろく【禄】《労働や功績に対し与えられる「報酬」や、場面ごとに与えられる当座の「御祝儀」の意。後者は特に「被け物」とも言う。古典時代には、双方共に衣類が多かったが、後代の俸禄は知行地・扶持米・御給金など、土地・経済に張り付いた実質豊富なものへと転じて行った》〔名〕(1)〈(勤務・奉仕する相手から)労働や功績に対して下付されるもの。(古くは衣類、後代には知行地・扶持米・給金など)〉報酬。 (2)〈(立場が上の相手から)労をねぎらって特別な折に下付されるもの。(衣類が多い)〉御祝儀。

-287- 〈C〉はむ【食む】《「歯」を噛み合わせて「飲食する」が原義。飲食を含意せずに魚などが「口をぱくぱくさせる」意にも用いる。比喩的に拡大されると「(害毒などが)悪い影響を及ぼす」・「(俸禄などを)自らの取り分として受ける」の意になる》〔他マ四〕(1)〈(口を開けて)食料・飲料を体内に取り込む。(魚などが)口をぱくぱくさせる〉飲食する。口をぱくつかせる。 (2)〈(害毒などが)悪い影響を及ぼす〉害する。 (3)〈(俸禄・知行地などを)自らの取り分として受け取る〉頂戴する。

-288- 〈C〉つと【苞・苴】《「つつ」より転じた語で、「包む」と同根。「持ち運びやすいよう藁などで包んだ物」が原義。冬の贈答品に「荒巻鮭」というのがあるが、あのイメージで理解すればよいだろう。転じて「贈答品」(特に各地の名産品を土産物にしたもの)をも意味する》〔名〕(1)〈持ち運びやすいように藁などで包んだもの〉藁苞。 (2)〈他人への贈り物。特に、各地の名産品〉贈答品。

-289- 〈B〉とく【徳・得】《「「人の歩むべき正道」(道徳)、「来世のために現世で積む善行」(功徳)などの倫理語に思えるが、意外にも、「生得的才能」・「世間からの高評価」・「物質的・経済的に我がものとしたもの」(財産)、「自身の利益になること」(得)などの現世利益の意で多用される古語》〔名〕(1)〈人として行なうべき正しい道。また、そうした正道を歩む人の特性〉**道徳。人徳。** (2)〈来世のために現世で積む善い行ない〉**功徳。** (3)〈(生まれつき備わっている)優れた特質〉**天賦の才。** (4)〈(道徳性・能力・権力などに対する)世間からの高い評価〉**威信。** (5)〈(物質的・経済的に)自身のものとして手に入れること、また、手に入れたもの〉**利益。成功。富。** (6)〈(他者から受ける)自身にとって利益になること〉**恩恵。**

-290- 〈C〉せうとく【所得】《漢字で書けば「所得」と解り易いが、古語ではひらがな表記(読み方は「しょうとく」)が多いので字面からの類推が働き難い。「得をすること」の意で、金銭収入以外でも自分にとってプラスになることは全て「せうとく」。実利重視の鎌倉期以降に多用された古語の一つ》〔名・自サ変〕〈(自分にとって有利に作用する)有形・無形の何かを得ること〉**得すること。**

-291- 〈A〉う【得】《文語動詞中、唯一の「ア行」活用動詞。「(物を、あるいは、意中の女性を)自分のものにする」の原義から、極意を得るの意の「得意とする」や、心得るの意の「理解する」の意味が生じたほか、「・・・可能」の意の動詞／補助動詞としても用いられた》〔他ア下二〕(1)〈(物を)自分のものにする〉**獲得する。** (2)〈(意中の女性を)自分の恋人、または、妻とする〉**女をものにする。娶る。** (3)〈(特定の技芸を)よく身に付ける〉**得意とする。** (4)〈(多く「心を得」・「意を得」の形で)意味を知っている〉**理解する。** (5)〈(動詞の連用形や名詞句「・・・を」・「・・・こと(を)」に続けて)その動作が可能である、または、完遂できる意を表わす〉**・・・できる。**〔補動ア下二〕〈(動詞の連用形に続けて)その動作が可能である、または、完遂できる意を表わす〉**・・・できる。**

-292- 〈B〉こころう【心得】《語義は現代語の「心得」とほぼ同じ。「心」の持つ様々な語義に応じて、「物事の真意を掴む」(理解)、「正常な判断が可能な精神状態を保つ」(用心)、「奥深い内容を我がものとする」(熟達)、「相手の心を認識・受容する」(承知)などの意を表わす》〔自ア下二〕(1)〈(物事の真意を)明瞭に掴む〉**理解する。** (2)〈(過ちをせぬように)精神の緊張を保つ〉**用心する。** (3)〈(特定の技芸に関して)深く習熟している〉**熟達する。** (4)〈(他者からの働きかけに対し)理解を示した上で受け入れる〉**引き受ける。**

-293- 〈B〉ところう【所得】《「所」は身の置き所＝社会的地位ということで、「良い地位に就く」という出世系統の肯定的語義が生じるが、「調子に乗る」という非難を含む語義にもなる。後者からは「所得顔」（＝いかにも得意そうな表情）のような表現も生じている》〔他ア下二〕(1)〈(社会的に)良い地位に就く〉**地位に恵まれる。** (2)〈調子に乗って自らの存在を誇示する〉**得意気に振る舞う。**

-294- 〈C〉えたる【得たる】《名詞に続けて連体詞的に用い、「得意な···」の意を表わす。「得物」と言えば「得意とする物事・道具」、特に、武人が自分の**主武器**（槍・長刀・小太刀・弓・鉄砲・鎖鎌···）に言及する語で、「獲物（＝手に入れたもの）」とは同音異義語だから混同せぬよう要注意》〔連語〕《う〔他ア下二〕＋たる〔助動ラ変型〕完了》〈(技芸について)自分の得意分野であることを表わす〉**得意の。**

-295- 〈B〉えたり【得たり】《思い通りに事が運んだ時に口にする感動詞的な言い回し。「得たり顔」（＝得意満面）や「得たりやおう」（＝うまくいったぞ）などの表現もある。よく似た語に「したり」があるが、あちらの語義は「してやったり」以外にも様々である》〔連語〕《う〔他ア下二〕＋たり〔助動ラ変型〕完了》〈(思い通りに事が運んだ時に)得意気に言う語〉**やった。**

●自分で「稼ぐ」の台頭は鎌倉期以降；平安朝宮人意識では、貴人が「与ふ」、臣下が「受く」

-296- 〈A〉あたふ【能ふ】《語源は「あたあふ」で、任意の事態に対し能力がきちんと適合する意(否定形での使用が多い)。そのマッチング感覚は「仇」・「当」に通じる。連用形「あたひ」は名詞「価・値」につながり、価値ある存在に相応の対価を支払う意の動詞「与ふ」もここから生まれた》〔自ハ四〕(1)〈(能力的に)行なうことが可能である〉···**出来る。** (2)〈(状況・目的・任務などに)うまく適合する〉**相応しい。** (3)〈(事態が)道理に照らして、理解できる〉**納得できる。**

-297- 〈A〉えさす【得さす】《「自分が相手に与える」のではなく「相手が自分から受け取るよう仕向ける」の方向性を持つ／身分の上下に起因する尊敬・謙譲の関係を含意せぬ、の二点で「取らす」と同種の授与動詞。授与者の立場から同じ意を表わす語に(漢文訓読語の)「与ふ」がある》〔連接語〕《う〔他ア下二〕＋さす〔助動サ下二型〕使役・尊敬》〈(相手にものを)与える〉**取らせる。**〔補動サ下二〕〈(接続助詞「て」に付いて)他者のために何かをしてやる意を表わす〉···**してくれる。**

-298- 〈A〉**たまふ**【賜ふ・給ふ】《「魂」+「合ふ」(目下の「欲しい」の思いと目上の「やろう」の思いがうまく合致する)に由来するとされる。本動詞／補助動詞双方の用法を持ち、相手を敬う尊敬語(四段活用)の感覚が極めて強い語だが、下二段活用では逆に自分自身を卑下する謙譲語となる》〔他ハ下二〕〈(上代語)「受く」・「もらふ」・「食ふ」・「飲む」の謙譲語〉**頂戴する。** 〔他ハ四〕(1)〈「与ふ」・「授く」の尊敬語〉**下さる。** (2)〈「遣す」の尊敬語〉**お寄越しになる。** (3)〈(命令形「たまへ」を代用動詞的に用い、「いざたまへ」・「あなかまたまへ」などの形で)軽い敬意を込めた命令の意を表す〉**お・・・なさい。** 〔補動ハ下二〕〈(会話文・手紙文の中で、「見る」・「聞く」・「思ふ」・「知る」の連用形に続けて)謙譲、または丁寧の意を表わす。(地の文の中では用いない)〉**・・・でございます。** 〔補動ハ四〕〈尊敬の意を表す〉**・・・なさる。**

-299- 〈A〉**たぶ**【賜ぶ・給ぶ】《「与ふ」の尊敬語／尊敬補助動詞「お・・・になる」の二義を持ち、意味に於いて「給ふ」と重なるが、「たぶ」の方がよりくだけた語。「たまふ」転じて「たぶ」の説と、「たぶ」から「たまふ」が生じたとの説があるが、中古の用例では「たまふ」が「たぶ」を圧倒している》〔他バ四〕〈「与ふ」の尊敬語〉**下さる。** 〔補動バ四〕〈(動詞の連用形か、連用形+接続助詞「て」に続けて)尊敬の意を表わす〉**お・・・になる。**

-300- 〈B〉**たうぶ**【賜ぶ・給ぶ】《「たぶ」の変形で、「お与えになる」の意の動詞、及び、尊敬の補助動詞となる。中古の男性の会話文に用いられた語》〔他バ四〕〈「与ふ」の尊敬語〉**下さる。** 〔補動バ四〕〈(動詞の連用形に続けて)尊敬の意を表わす。(「率る」に対しては「ゐて+たうぶ」の形をとる)〉**お・・・になる。**

-301- 〈A〉**たまはる**【賜はる・給はる】《「与ふ」・「授く」の尊敬語「賜ふ」に、受身の助動詞「る」を付けて、目上の人から「頂戴する」という謙譲の意を表わした語。中世以降、「る」を尊敬の助動詞と混同したことから「与ふ・授く」の尊敬語の意にも誤用されるようになった》〔他ラ四〕(1)〈「受く」・「もらふ」の謙譲語〉**頂戴する。** (2)〈(中世以降)「与ふ」・「授く」の尊敬語〉**お与えになる。** 〔補動ラ四〕(1)〈謙譲の意を表す〉**・・・ていただく。** (2)〈(中世以降)尊敬の意を表す〉**・・・してくださる。**

-302- 〈B〉うけたまはる【承る】《「うく[受く]」(=目下の者が受け取る)+「賜る」(=目上の人が与える)の授与行為を、目下の側から見た語。「拝聴する」と「承諾申し上げる」は現代語と同じだが、古語では原義「受く」に忠実な「頂戴する」や「手紙を拝読する」の語義がある点が異なる》〔他ラ四〕(1)〈(目上の相手から)何かを戴く〉**頂戴する。** (2)〈承諾する意を表わす謙譲語〉**お引き受けする。** (3)〈「聞く」の謙譲語〉**拝聴する。** (4)〈(手紙などを)「見る」の謙譲語〉**拝見する。**

-303- 〈A〉かづく【被く】【潜く】《「潜水する」/「(衣類を)頭からかぶる」・「(貴人が臣下に褒美として)衣類を与える」と、宛字も語義も違って見えるが、「水や衣類を頭上から我が身にひっかぶる／自分から水面・衣類の下へと突っ込んで行く」と考えると同根語とみなし得るのが「かづく」》〔自カ四〕【潜く】〈(主に、海産物を採集する目的で)水中に潜る〉**潜水する。海藻類を採る。**〔他カ下二〕【被く】(1)〈(頭上を覆うように)衣類をかぶせる〉**すっぽりかぶせる。** (2)〈(貴人が臣下に褒美として)布・衣服を与える〉**褒美をやる。**【潜く】(3)〈(水中に)潜らせる〉**潜水させる。**〔他カ四〕【被く】(1)〈(頭上を覆うように)衣類をかぶる〉**すっぽりかぶる。** (2)〈(貴人から臣下に褒美として与えられた)布・衣服を(左)肩に乗せる〉**褒美を戴く。**

●平安時代の賜わり物の中核を成した「衣裳」の呼称あれこれ

-304- 〈B〉さうぞく【装束】《漢語「装束」を直音表記した語。元来は名詞だが、末尾の「く」をそのまま活用語尾とみなして四段動詞扱いすることもある。「衣装」の語義は現代にもそのまま残るが、古語には「支度」・「装飾」の意もある》〔名・自サ変〕(1)〈身にまとうもの〉**衣装。** (2)〈(多く、正式な)衣装を身にまとうこと〉**正装。** (3)〈(調度品・楽器・乗物などを)きちんと使える状態にすること〉**準備。** (4)〈外観を美しく整えること〉**装飾。**

-305- 〈C〉ひとへ【単・単衣】《「単衣」の略。文字通り「裏地のない一重の衣服」で、束帯姿の時に装束の一番下に着用する肌着に近いものを指す。女官の正装として有名な「十二単」は、「単衣の十二枚重ね」ではなく「一枚の単衣の上に、袿を十二枚重ねた服装」のこと》〔名〕〈(「単衣」の略)束帯姿の時、装束の一番下に着用する裏地のない一重の着物。肌着に近い〉**単衣。**

-306- 〈C〉かさね【重ね・襲】《古語で注意すべきは「衣類の重ね着」としての「襲」。寒いから重ねるというよりも、色々な色の衣類がまるで虹のようなグラデーション(色ずらし)効果で見る者の視覚に訴え、着用者の美的感覚を主張するよう、オシャレ着として重ね着したのである》〔名〕(1)〈同じ物・事を、さらに重ねること〉**重ね。** (2)〈(男性・女性ともに)衣類を重ねて着ること。また、(装飾目的で)重ね着する衣装の名〉**重ね着。襲。** (3)〈男性が袍・半臂の下に着た、背後の裾の長い衣装の名〉**下襲。** (4)〈装飾目的で重ね着した衣装の、色彩の組み合わせ〉**襲の色目。**〔接尾〕〈(重ねてある)衣服・紙などを数える語〉•••**揃。**

-307- 〈C〉あこめ【衵・袙】《衣服と衣服の間に着る「間籠」の略と言われ、男性用としては一種のTシャツ(広げた形は「奴凧」)であり、上着ではない。くつろいだ折りには衵より上を着ないこともあった(「衵姿」)が、女性の「衵」は(少女以外は)完全に肌着なので人前で「衵姿」になることはない》〔名〕(1)〈男性が束帯・直衣姿のとき、下襲の下、単の上に着る衣服〉**衵。** (2)〈婦人・童女が表着の下に着る着物。または、裾の短い肌着〉**衵。**

-308- 〈C〉うちき【袿】《「表着」の内側の「内着」の転とも、「打ち着」=軽く着る服(カジュアル・ウェア)の意とも言われ、現代では花嫁衣装の「打掛」にその名残を留める。平安中期以降は「重ね袿」で色彩美を競う装飾用の色彩が濃くなり、最上層の「袿」は(内着の筈なのに)「上着」と呼ばれた》〔名〕(1)〈男性が直衣・狩衣などの下に着る衣服〉**袿。** (2)〈貴族の女性が、正装の裳・唐衣姿の際に、単の上に重ね着したもの〉**袿。** (3)〈(「御袿」の形で)天皇が装束を整えること。また、それを行なう女官の役目〉**御袿。**

-309- 〈C〉かりぎぬ【狩衣】《元来は動作性を重視した軽装の狩猟用衣装だが、平安時代には貴族の日常着る略服となった。中世以後は公家・武家の礼服となる》〔名〕〈(平安時代の)公卿・殿上人の略服。(中世以降の)公家・武家の礼服〉**狩衣。**

-310- 〈C〉さしぬき【指貫】《「指貫の袴」の略。エアバッグが萎んだ風船のような外観をした男性用衣裳で、一種のズボン。裾の周囲に紐を通し、踝の上や膝下の部分で括る。元来狩猟用だが、平安期には貴族の平服または礼服として、布袴・衣冠・直衣・狩衣の際に着用した》〔名〕〈「指貫の袴」の略。裾の周囲に紐を通し、踝の上や膝下の部分で括る男性用衣服。元来は狩猟用だが、平安期には貴族の平服・礼服となった〉**指貫。**

-311- 〈C〉なほし【直衣】《読みは「のうし」。「直」が示唆する通り（平安時代以降の）天皇・貴族が特別な折（「晴」）以外に着る平服。貴人の衣服には位階ごとに着用可能な色・付属物の厳格な規定があったが、その規定対象外の「直衣」は、各人各様の色彩感覚を活かした着こなしを競う勝負服となった》〖名〗〈平安時代以降の天皇・貴人の平服。位階による色彩・付属物の規定がなかったため、各人が好みの色合いで自己主張できる社交の小道具となった。勅許を得た者は、この平服で天皇にお目見えすることも許された〉**直衣**。

-312- 〈C〉ひたたれ【直垂】《平安時代以前は庶民の作業着（布製）だったものが、平安期には中流以上の貴族の常服（絹製）となった。それだけ着易かったのであろう、武家の台頭以降は鎧の下に着る鎧直垂と称するものも登場し、室町時代以降は武家の礼服となった》〖名〗(1)〈古くは布製の庶民服。平安期には上・中流階級の絹の常服。鎌倉期以降は鎧の下に着用する鎧直垂と呼ばれる武家用のものも登場し、室町時代以降は武家の礼服となる。胸元には二本一組の胸紐、袖下には露と呼ばれる垂れ紐が付いており、長袴と上下で羽織る〉**直垂**。(2)〈（「直垂衾」の略）襟と袖を付け綿を入れた、直垂に似た夜具〉**直垂衾**。

-313- 〈C〉うひかうぶり【初冠】《「かうぶり」は現代語で言う「かんむり」。「頭」（かうべ）や「被る」（かうむる）とも関連する語。男子が大人になった印に（十二〜十六歳頃に）「初めて正装用の冠を頭上に戴く」儀式（元服）を指す。因みに、女子の成人の儀式は「髪上げ」と「裳着」（十二〜十五歳）》〖名〗(1)〈男子が、成人の儀式として、正装の冠を初めて着用すること〉**元服**。(2)〈男子が、元服して初めて任官して位（従五位下）に叙せられること〉**初任官**。

● 授与のやりとりあるところ、意識するのは「実入りの多寡」や「やりがいの有無」

-314- 〈B〉かひがひし【甲斐甲斐し】《「効果」の意の「交・効」の畳語化で、究極的成功を示唆・予想する功利主義的な「やる価値あり」の原義から、実質豊富な頼りがいある様子や、成功者の行動様態に着目した各種擬態語的語義（せっせ・こつこつ・がつがつ・こまめ・健気・誠実・的確…）も生じた》〖形シク〗(1)〈（努力や期待の対象として）十分に値する〉**それだけの甲斐がある**。(2)〈（成功者に特有の）頼もしい様態全般を表わす〉**いかにも頼りになる感じだ**。

-315- 〈A〉かひなし【甲斐無し】《「甲斐甲斐し」の裏返しで、「効果なし」という功利主義的な価値判断系語義と、「頼りにならぬ」という擬態語的側面を表わす擬態語的語義とを併せ持つ。前者はそのままの形で、後者は「甲斐性なし」の形で、いずれも現代日本語に引き継がれている》〔形ク〕(1)〈(努力・期待をかける対象として)値しない〉甲斐がない。 (2)〈(敗残者に特有の)頼りがいがなく軽蔑を誘う様態全般を表わす〉何とも頼りない。

-316- 〈A〉あへなし【果へ無し】《動詞「敢ふ」の連用形＋形容詞「無し」で、取り返しの付かぬ事態を前にして、その状況に対処する手段も意味も気力もない無力感を表わす語。様々な訳し方が考えられるが、その「無力感」を催させる原因を見据えることで、自然と訳語も思い浮かぶであろう》〔形ク〕(1)〈(絶対的事態を前にして)無力感に襲われるさま〉処置なしだ。 (2)〈(予想と違う事態に)脱力感に浸るさま〉がっかりだ。 (3)〈(主として、人の死にまつわる事情に関して)あまりに脆くて心が痛む〉無惨だ。

-317- 〈A〉はかなし【果無し・果敢無し】《「計・量・捗」を根に持ち「計る」・「量る」・「捗る」にも通じる語。一度の農作業での田植え・刈り取り予定面積・収量を表わす「はか」に「無し」を付けた「何の成果もない…空しい」を原義とする。対義語は「はか」の畳語の「果果し・捗捗し」》〔形ク〕(1)〈(いくら頑張ってみても)確かな成果がなく、失望を誘うさま〉甲斐がない。 (2)〈(行動・依存の)目的・対象としては、確実性に欠け、自信を持って向かえないさま〉頼りない。 (3)〈長くは続かず、すぐにも消え去りそうな頼りなさが、哀れを誘うさま〉はかない。 (4)〈(誉めも貶しもせずに)改まった格式も深い意味もなく、軽い気持ちで行なうさま〉ほんのちょっとした。 (5)〈(批判または謙遜して)程度・様態・価値に見るべきものがないさま〉取るに足らない。 (6)〈(人間としての中身が足りないために)非難・侮蔑を招くような行動を取ってしまうさま〉浅はかだ。

-318- 〈A〉はかばかし【果果し・捗捗し】《「計・量・捗」を根に持ち「計る・量る」・「捗る」にも通じる語。一度の農作業での田植え・刈り取り予定面積・収量を表わす「はか」の畳語で、「順調に推移し、大いに成果が上がる」が原義。対義語は「果無し・果敢無し」》〔形シク〕(1)〈(多く、打消の表現を伴って)物事が思い通りに進行するさま〉てきぱきしている。 (2)〈(多く、打消の表現を伴って)(実力があって)安心して仕事を任せたり頼れそうなさま〉頼もしい。 (3)〈(多く、打消の表現を伴って)程度・様態が特筆に値するさま〉際立っている。 (4)〈(多く、「はかばかしき方」の形で)(芸能・心情・個性・私生活などと対照して)実務能力や社会的立場に言及する語〉表向き。まめごと。 (5)〈(中世語)社会的勢力が強いさま〉地位が高い。

-319- 〈B〉そこはかとなし【そこはかとなし】《「はかなし／はかばかし」と同系で「はか＋無し」(仕事・収穫の目安が付かぬ)に由来するとも、「其処＋は＋彼＋と＋無し」(どの場所がどれと明瞭に区別できぬ)が語源とも言われ、「(境界・理由・目的・長所などを)具体的に特定し難く、漠然としている」意を表わす》〔連語〕《そこ〔代名〕＋はか〔名〕＋と〔格助〕＋なし〔形ク〕》〈(境界・所在地・理由・目的・長所など、様々な事柄について)具体的に特定し難い〉はっきりしない。

-320- 〈C〉おびたたし【夥し】《「果す」とも読む「果」(成果)＋「多」なので、末尾は「たたし」と清音で読むのが古典風：現代語のように「おびただし」と濁音化したのは近世中期以後。現代では「程度の甚だしさ」のみだが、古語では「威勢・数量・音・規模・値段」など、度外れた水準全般を表わした》〔形シク〕〈(程度・勢い・数量・音・規模・値段などが)通常の水準を大きく上回る〉尋常一様ではない。

-321- 〈B〉ほいなし【本意無し】《かねて抱いていた宿願が実現しなかったり、期待にそぐわぬ結果にがっかりした場合に用いる「不本意だ」が原義。宿願と現実との落差を含意せず、ただ単に「気に食わない」の意で用いる場合もある》〔形ク〕(1)〈(望んでいた結果が得られなかったことによる)失望の念を表わす〉不本意だ。 (2)〈(特に宿願を抱いていたわけでもない場面で)対象が気に入らない念を表わす〉気に食わない。

-322- 〈C〉ほいあり【本意あり】《「本来の志」というものを胸に抱いている、即ち「何の望みもないわけではない」の意を表わす場合と、その志が「望み通りに叶う」意になる場合とがある。後者の対義語は「本意無し」》〔連語〕《ほい〔名〕＋あり〔自ラ変〕》(1)〈(「ほいある＋名詞」の形で、連体詞的に)(以前から)期待をかけている具体的な対象を表わす〉**意中の。** (2)〈(かねて思い描いていた)期待が現実のものとなる〉**望み通りである。**

-323- 〈A〉ほい【本意】《「ほんい」の撥音無表記形。現代の「本意」は「誤解・曲解」に対する「本当に言わんとする意味」(真意)だが、古語では殆ど「本来遂げたいと思っていた志」(本懐)の意で用いる。志向対象は、聖なる「出家願望」から生臭い「意中の男／女と結ばれたい」まで、様々である》〔名〕(1)〈本来志していた目的や対象〉**本懐。** (2)〈(誤解・曲解された意味と対比して)本当に言わんとする意味〉**真意。**

-324- 〈B〉えうなし【要無し】《「必要無し」の現代語の字面そのものの「不要・役立たず」の語義を表わす。同義語に「益無し」・「無益なり」がある》〔形ク〕〈(目的を満たさない、効用がないなどのため)存在・行動に意味がない〉**不要だ。役立たずだ。**

-325- 〈A〉むなし【空し・虚し】《「実無し・身無し」の"み"が"む"に交替した語で、「外側だけあって中味がない」が原義。何も存在せぬ「空虚」、根拠がない「事実無根」、成果がない「無益」、永続性がない「無常」、魂が籠もらぬ死体になってしまった「死んでいる」など、根底には全て「不在」がある》〔形シク〕 (1)〈(特定のもの・場所の内部に)何も存在しない〉**空っぽだ。** (2)〈(主張や行動の)正当な根拠が存在しない〉**事実無根だ。** (3)〈(行動を取る上での)然るべき目的がない。成果が期待できない〉**無駄だ。** (4)〈永続性がなく、一時的なものに過ぎない〉**儚い。** (5)〈肉体は存在しているが、そこには既に生命が宿っていない〉**死んでいる。**

-326- 〈A〉いたづら【徒ら】《語源には諸説あるが、「いた／いと」(＝きわめて)＋「空」(＝空虚だ)という説が語感的に納得しやすい。期待に反する結果に心が空っぽになる主観的空疎感を表わす語で、最初から対象自体が存在しない「空し・虚し」の本源的空白感とは異なる》〔形動ナリ〕(1)〈(あれこれやっても結局)何の役にも立たない。または、(やる前からすでに)無意味であることがわかりきっている〉**虚しい。** (2)〈(本来取るべき行動が取れずに)時間・労力を持て余している〉**暇だ。** (3)〈(本来あるべき物事や情趣が)何もない空白状態にある〉**がらんとしている。風情のかけらもない。**

-327- 〈C〉ちからおよばず【力及ばず】《自分の意向に沿わぬ事態を前にした時の諦め・苛立ち・弁明など、各種の感情を表わす連語で、「力無し」も同義。現代の「力及ばず」・「力なく」は「色々やったが結局駄目」との敗残感を伴うが、古語では、負け犬の呻き声、強者の舌打ち、いずれにも用いる》〔連語〕《ちから〔名〕＋およぶ〔自バ四〕＋ず〔助動特殊型〕打消》〈(自分の意向に沿わぬ事態を前にして)諦め、苛立ち、弁明など、様々な感情を表わす語。(必ずしも自分の非力を認めて屈服する表現ではない)〉仕方がない。

-328- 〈C〉ひとだのめ【人頼め】《「頼め」の命令形語尾(または下二段連用形)であって、(四段)連用形の「頼み」でない点が味噌。「人頼み」なら「自分が他人の力を当てにすること」だが、「人頼め」は逆に「他人に自分のことを当てにさせること」(多くの場合「期待をかけさせておきながら、実際には当てにならぬ」の含みがある)》〔形動ナリ〕〈他人に、自分のことを当てにさせること。(しばしば、期待をかけさせておきながら実際には頼りにならない意を含む)〉(空しい)期待を抱かせること。

●「かひなし」に絡めて、古文世界で雲霞の如く乱発された「何を言っても結局むなしい」なる表現放棄の言い回しを概観

-329- 〈A〉いふかひなし【言ふ甲斐無し】《「今更どうこう言っても仕方がない」が原義、転じて「話題にする価値がない(＝くだらぬ・見苦しい・身分が低い)」の意にもなる。連用形「いふかひなく」の形で「形容のしようがないほど甚だしく」の意となる場合もある》〔形ク〕(1)〈あれこれ言っても何の効用もない〉仕方がない。(2)〈(関心・評価の対象にならぬほど)価値が低い〉つまらない。(3)〈(話題にするのも憚られるほどに)(外観・出来・経済状態・社会的地位が)劣悪だ〉無様だ。貧しい。卑しい。(4)〈(連用形「いふかひなく」の形で)形容のしようもないほどに甚だしい意を表わす〉言いようもないほど。

-330- 〈B〉いへばさらなり【言へば更なり】《「更なり」とは「既に十分なところに不必要に物事を重ねるさま」なので、論理的には「既に他者に言い尽くされているから、自分は蛇足的コメントは控える」の筈だが、実際には、既存コメント皆無の場面でも用いる単なる「形容放棄・読者想像委託表現」である》〔連語〕《いふ〔他ハ四〕＋ば〔接助〕＋さら〔形動ナリ〕》〈言葉で言い表わしようがない。(良いことにも悪いことにも使う)〉何とも言いようがない。

-331- 〈B〉いふもおろかなり【言ふも疎かなり】《「疎かなり」であって「愚かなり」でない点に注意。即ち「そんなことを言うのは馬鹿だ」ではなくて「どんな言葉で誉めても、まだ疎漏がある＝到底言葉が足りない」の意であり、結局「言葉では形容できないので読者の想像に任せる」という描写放棄表現となる》〔連語〕《いふ〔他ハ四〕＋も〔係助〕＋おろか〔形動ナリ〕》〈言葉で言い表わしようがない。（良いことにも悪いことにも使う）〉何とも言いようがない。

-332- 〈B〉なんどもおろかなり【なんども疎かなり】《「…など言ふも疎かなり」が略されて「なんどもおろかなり」となったもので、「…などという形容では到底言い足りない」の意。撥音文字（ん・ン）を含むこの表現の登場は中世以降で、『平家物語』（1240年成立か？）中では特に頻出する》〔連語〕《など〔副〕＋いふ〔他ハ四〕＋も〔係助〕＋おろか〔形動ナリ〕》〈ある種の形容をした直後に、その程度の形容では追い付かぬほどの程度の甚だしさを強調する〉…などという形容では到底言い足りない。

●文筆者の自殺的表現放棄表現「も疎かなり」乱舞のその後は、やはり「愚か」のオンパレードがよろしいようで

-333- 〈A〉おろか【疎か・愚か】《粗雑で隙間の多い「粗」の母音交替形「おろ」に由来し、「疎か」や「愚る・痴る」と同根語。「精神的に粗雑」の原義から「不注意」・「不完全」・「未熟」・「間抜け」などの否定的な語義を表わす語となった。否定形「疎かならず」で「並々ならぬ」の意を表わす用例も多い》〔形動ナリ〕
(1)〈（物事の処理に）徹底を欠くさま〉いいかげんだ。　(2)〈（「言ふも疎かなり」系慣用句の略形として用いて）そんな形容では到底言葉が足りない〉いくら言っても言葉が足りない。
(3)〈技能・経験が足りない〉未熟だ。　(4)〈思慮が浅い〉愚かだ。

-334- 〈B〉おろかならず【愚かならず】《「疎略」を意味する否定的な形容動詞「疎かなり」を否定形で用いて「並々ならぬ」の褒め言葉に転じたもの。一種の独立語とみなしてよいほどに中古以降多用された表現》〔連語〕《おろか〔形動ナリ〕＋ず〔助動特殊型〕打消》〈いい加減な水準ではないことを誉めて言う語〉並々ならぬ。

-335- 〈A〉おろそか【疎か】《「アラが目立つ」の現代語にもある「粗雑」を意味する「粗」が、「おろ」に転じたものを語根とするのが「疎か」で、「愚か・疎か」や「愚る・痴る」と同様「注意散漫」を原義とするが、「疎か」には特に「造りが緻密でなく欠落箇所がある」の語感が強い》〔形動ナリ〕(1)〈(物事の処理に)徹底を欠くさま〉**いいかげんだ。** (2)〈(物の造りが)十分な手間暇をかけて作られていない〉**簡素な造りだ。** (3)〈(物理的な配置が)緊密でなく、隙間がある〉**まばらだ。** (4)〈(運勢などが)あまりよくない〉**運が悪い。**

-336- 〈C〉おる【愚る・痴る】《「愚か」・「疎か」と同根語で、「心の緊張状態が解け、散漫な精神状態にある」ことを意味する。ハ行に転じると「惚る」となり、「放心状態になる」の他、「年老いてボケる」や「恋に落ちて平静さを失う」の意味にもなる》〔自ラ下二〕〈(心に適度な緊張状態が欠けていて)思考力を集中できない〉**放心状態になる。**

-337- 〈C〉ほる【惚る】《正常な感覚や理性の力を失って「意識朦朧となる」が原義。現代語にも残る「惚れる」の語義は、その意識朦朧状態が対象への強い関心や恋情によって引き起こされたもの。意識レベルの低下が老化に伴い恒常化すると「耄碌する」(ボケる)の意となる》〔自ラ下二〕(1)〈(一時的に)正常な感覚や理性の力を失う〉**ぼうっとする。** (2)〈(対象への強い興味や恋慕のために)我を忘れる〉**心を奪われる。** (3)〈(老化現象の一つとして、恒常的に)正常な理性の力を失う〉**耄碌する。**

-338- 〈C〉ほく【惚く】《現代語「呆ける・ボケる」の元語で、老化や脳障害、または強い精神的衝撃のため、頭が正常に機能しない状態を表わす。意味・語源的に「惚る」と兄弟だが、後者には「何か／誰かを(頭が変になるほどに)好きになる」(ホレる)の意がある点が異なる》〔自カ四〕〔自カ下二〕〈(老化や脳障害、強い精神的衝撃などで)頭がまともに働かなくなる〉**呆ける。**

-339- 〈B〉しる【痴る】《同音異義語に「知る」／「治る・領る」(=支配する)があるが、意味の上では後者とのつながりが深く、「何かに心を支配された」結果として「ぽぉーっとなる」という発想の語である》〔自ラ下二〕(1)〈(加齢、飲酒、睡魔、精神的衝撃などにより)心の働きが鈍り、愚かしいさまに陥る〉**ぼける。** (2)〈(面白味を狙って)作為的に愚かしい真似をする〉**ふざけている。**

-340- 〈C〉しれじれし【痴れ痴れし】《愚かしさを意味する「痴る」の畳語化。当人が企まずして「愚かしい」場合と、意図的に「え？なぁーに、それ？ぜんぜんわかんない…」という馬鹿っぽい素振りを演じているだけの場合があり、後者は現代語の「白々しい／空々しい」の元になっている》〔形シク〕(1)〈(企まずして)いかにも愚かに見えるさま〉馬鹿みたいだ。(2)〈(意図的に)愚かな振りをして相手をはぐらかすさま〉そらとぼけている。

-341- 〈B〉しれごと【痴れ言】【痴れ事】《「痴る」は「頭の働きが鈍り、愚行を犯す」／「面白味を狙ってわざと愚かなことをする」の二つの語義を持つが、「しれごと」にも「企まずして愚か／狙った上で愚か」の二義がある上に、「ごと」にも「言＝口先」／「事＝行動」という二つの次元での「愚挙」があり得る》〔名〕【痴れ言】(1)〈(意図的に、または企まずして)愚かに聞こえる話〉笑い話。愚かな話。【痴れ事】(2)〈(意図的に、または企まずして)愚かに思われる事〉笑える事。愚挙。

-342- 〈C〉しれもの【痴れ者】《「痴る」を単に頭脳の愚鈍さと見れば「愚か者」の意であるが、「治る・領る」(＝支配する)との関連で捉えれば「特定の物事に心身を支配され、知性全般を犠牲にしてその特定の物事への感覚のみを異常に研ぎ澄ました者」(＝熱中人・斯道の達人)の意となる》〔名〕(1)〈(貶して)知性の働きの鈍い者〉愚か者。(2)〈(肯定的に)一心不乱に一つの対象に打ち込んでいる者。また、その対象に熟達した者〉求道者。その道の達人。

●「愚か」と言われぬためにはまず「知る」が一番の特効薬

-343- 〈A〉しる【知る】《「理解する」・「区別する」・「経験する」・「知り合いである」・「男女関係にある」など、意味に広がりがあるが、いずれも英語"know"の守備範囲と重なる。古語特有の語義としては、「言ひ知らず」(何とも言えず)のように不可能の意を添える補助動詞的用法がある》〔自ラ下二〕〈(主に否定形の「人知れず」で)他者の知るところとなる〉知られる。〔自ラ四〕〈(知識・思考・感覚・想像といった)知力を用いて対象を理解する〉わかる。〔他ラ四〕(1)〈(知識・思考・感覚・想像といった)知力を用いて対象を理解する〉理解する。(2)〈(異なる他の物事との)差を明確に認識する〉区別する。(3)〈(伝聞情報としてではなく)直接的に体験して対象の実情を知る〉経験する。(4)〈(非恋愛的関係として)社会的に人と関わる〉付き合いがある。(5)〈(恋愛の対象として)異性と関わる〉男と女の関係にある。(6)〈(人・物に関して)保護・管理の責任をきちんと果たす〉世話をする。(7)〈(下に打消の語を伴って)可能(実質、不可能)の意を表わす〉…することができる。

-344- 〈B〉しるべ【導・知る辺】《組成は「知る」+「方(…な方・対象)」で、現代語「道標(みちしるべ)」の中にそのまま残る「道案内(=方向を知るためのもの)」の意味や、その比喩的発展形としての「人を教え導くもの」は物理的・抽象的な語義、社会的な語義としては「知り合い(=知っている方(かた))」の意も表わす》〔名〕(1)〈道中にあって、場所・方向などを示す案内図〉**道標**。(2)〈(比喩的に)人を教え導くもの〉**手引き(書)**。(3)〈(社会的に)何らかのつながりのある人〉**知り合い**。

-345- 〈A〉しる【治る・領る】《「自らの領土とする・支配する」という政治的語義と、「対象に対する保護・管理責任を果たす」という社会的語義とがある。「知る」と同源語で、支配・保護・管理する者には、その対象に関する十分な知識が必要、という発想である》〔他ラ四〕(1)〈(政治的に)支配者として君臨する。また、自らの領土として持つ〉**統治する。領有する**。(2)〈(人・物に関して)保護・管理の責任をきちんと果たす〉**世話をする**。

-346- 〈B〉しろしめす【知ろし召す・領ろし召す】《同根語である「知る」及び「領る」の尊敬語で、「御理解なさる」・「お治めになる」・「気に懸けて御世話なさる」の語義はいずれも元の「知る」・「領る」に敬意を添えただけのもの》〔他サ四〕(1)〈「知る」(=理解する)の尊敬語〉**御理解なさる**。(2)〈「領る」(=領土として支配する)の尊敬語〉**お治めになる**。(3)〈「領る」(=保護する)の尊敬語〉**御世話なさる**。

-347- 〈C〉なびく【靡く】《(旗など)基部を固定された薄い物が風などの外的圧力を受けてその力の向かう方向に逆らわず横流れするさまを表わす擬態語「なび」に由来。自然に任せてゆらゆら漂うその様は、「波」や「並み」と同根で、接頭語付きの「たなびく」も「なびく」に似た意味を表わす》〔自カ四〕(1)〈外的圧力を受けて、その力の作用方向へと逆らわず傾斜、または横向きに転倒する〉**横に流れる。横転する**。(2)〈相手の意向に逆らわず、素直に従う〉**服従する**。〔他カ下二〕(1)〈圧力を加えて他の物事を横向きに動かす、または転倒させる〉**横に流す。横転させる**。(2)〈(他者を)自らの意向に沿って行動させる〉**従わせる**。

●英語でも申します:To know is one thing, to do is another. 「しる」ばかりでは無益につき、次は「なす」系古語をどうぞ

-348- 〈A〉す【為】《現代語の「する」／英語の"do"に相当し、それ自体には殆ど意味がなく、「…な心地す」(…な気分がする)のように、直前語句(前例では"心地")の意味を借りねば記述が成立せぬ語。逆に言えば、直前の名詞(目的語)に動詞性を添える補助動詞的な語が「為」である》〔自サ変〕(1)〈(自らの意志によらない)何らかの動作・状態が起こる。また、その動作・状態が自然的に認識・感得される〉…する。 (2)〈他の自動詞の代用として用いられる〉…する。 (3)〈(「…むとす」の形で)(意志的、または自然発生的に)何らかの動作を起こそうとする。または、何らかの状態が起ころうとする〉…しようとする。…しそうになる。〔他サ変〕(1)〈(意志的に)何らかの動作・行動を取る〉…する。 (2)〈他の他動詞の代用として用いられる〉…する。 (3)〈(形容詞・形容動詞の連用形、名詞＋格助詞「に」・「と」の下に付いて)そのようなものと判断・形容・処遇する〉…とする。〔補動サ変〕〈(動詞の連用形＋係助詞・副助詞の下に付いて)上の動詞の意味を強調したり、別の意味を添える〉…する。

-349- 〈C〉しいづ【為出づ】《「し」は「為」であり、行為・作為としての意志性や努力を含意する。「(良かれ悪しかれ他者に影響を及ぼすような)行動を取る」が原義。継続的努力を要する事柄の「達成・生産」や、物品の「調達」の(現代語「仕出し弁当」に通じる)語義もある》〔他ダ下二〕(1)〈(何らかの外的影響をもたらすような)行動を取る〉しでかす。 (2)〈(芸事や事業など)継続的努力が必要な事柄を成し遂げる。(無から有を)生じる〉成就する。生み出す。 (3)〈(物品などを)どこかから手に入れて提供する〉調達する。

-350- 〈C〉したり【したり】《動詞「為」＋完了助動詞「たり」で、大成功に気を良くして叫ぶ「したり」(やったぁー！)と、思わぬ事態に当惑した際に叫ぶ「これはしたり」(あーああ、やっちゃった！)という正反対の二つの意を表わす》〔感〕(1)〈理想的な事態の展開に気を良くして叫ぶ快哉の言葉〉やったー。 (2)〈(多く「これはしたり」の形で)思いもよらぬ事態の展開に当惑して漏らす言葉〉やっちゃったー。

-351- 〈B〉したりがほ【したり顔】《理想的な事態の展開に気を良くして叫ぶ「したり」(してやったり！)に由来する表現で、現代日本語にもそのまま残る「得意満面」の意》〔名・形動ナリ〕〈うまくやってのけたことを自負した自慢そうな表情〉得意満面。

-352- 〈C〉われはがほ【我は顔】《我こそは、と言わんばかりの顔＝「得意顔」の意。「我は」だけの略形で同じ意を表わす場合もある・・・逆にいえば、略形でも通じるほどに、古典時代の人々にとってお馴染みの言葉（そして、態度）だったということである》〔名・形動ナリ〕〈（他人を差し置いて）自分こそは格別優れていると自惚れているように見えるさま〉得意顔。

-353- 〈A〉なす【為す・成す】《今まで存在しなかったものが生まれる意の「生る・成る」の他動詞形が「為す・成す」。その語義には全て「変える」の含みがある。補助動詞としては「（本来そうではないものを）殊更／作為的に・・・とする」の意を表わす》〔他サ四〕(1)〈行動を取る〉・・・をする。 (2)〈（何かを材料に）新たなものを生み出す。（既にあるものに）手を加えて別ものに変える。（あるものを見て）・・・と解釈する〉・・・を作り出す。・・・に作り替える。・・・とみなす。 (3)〈（本来とは異なるものへと変える）・・・に変える。 (4)〈（本来とは異なる用途に）あてはめて用いる〉・・・に転用する。 (5)〈（人を）役職につける〉任命する。〔補動サ四〕〈（動詞の連用形に続けて）意識して、あるいは無理矢理そのようにする意を表わす〉殊更・・・する。強引に・・・する。

-354- 〈A〉もてなす【もて成す】《対象を大事にしたり、特に意識して扱う意の「もて」を根底に持つ語で、現代語同様の「（御馳走などして）歓待する」の他、「（大袈裟に）もてはやす」・「（わざと目立つような）素振りをする」・「（大事な存在として）待遇する」・「（しっかりと）取り扱う」の意を表わす》〔他サ四〕(1)〈（対象にしっかり意を注いで）間違いなく事を為す〉処理する。 (2)〈（人を）大事な存在として取り扱う〉待遇する。 (3)〈（他者の目を意識して）わざと目立つような行動を取る〉素振りを見せる。 (4)〈（何か・誰かについて）大袈裟に言ったり、驚いたり感心したりしてみせる〉もてはやす。 (5)〈（御馳走したり趣向を凝らしたりして）人を大事な客人として扱う〉歓待する。

-355- 〈B〉いひなす【言ひ做す】《「わざとらしく・・・する」・「巧みに・・・風を演出する」・「自らの思う通りに・・・する」意を表わす「做す」を含む語なので、実質以上に「大袈裟に言う」、嘘をさも本当らしく「言い繕う」、本来の姿とは異なるものとして「歪曲する」と、いずれも良からぬ語義ばかりである》〔他サ四〕(1)〈実質以上に大きく言う〉誇張する。 (2)〈（虚偽の事柄を）いかにももっともらしく言う〉言い繕う。 (3)〈（本来とは異なる方向へと）自分の思う通りに事をねじ曲げて言う〉歪曲する。

-356- 〈B〉ききなす【聞き做す】《「做す」は「自分なりに・・・と解釈する」及び「堅く・・・してしまう」と、いずれにせよ独り善がりな雰囲気を添える語なので、「聞き做す」だと「自分の聞いた限りでは・・・だと思う」の意になるが、多く「聞き間違い」を含意する。名詞「聞き做し」は「空耳・気のせい」の意》〔他サ四〕〈聞いた限りの情報から、自分なりの判断を組み立てる。(多く、誤解を含意する)〉**聞いて・・・と思う。**

-357- 〈B〉みなす【見做す】《「見る」と「なす」の解釈次第で、「・・・なものと解釈する」(視認の「見る」＋想定の「做す」)／「しっかり・・・であるよう見届ける」(視認の「見る」＋確実に「為す」)／「あれこれ手をかけて・・・状態に育て上げる」(面倒を「見る」＋仕上げの「成す」)へと意味が分化する》〔他サ四〕(1)〈(直前に「・・・と」を伴って)何かを見た上で、それを・・・のようなものと判断・想定する〉**・・・だと考える。**(2)〈(ある事態について)そうであることをしっかりと確認する〉**見届ける。**(3)〈(男・女を問わず、主として幼い人を)ある特定の目標に向かって育て上げる〉**育成する。**

-358- 〈B〉おもひなす【思ひ為す・思ひ做す】《補助動詞「なす」を「強い意志をもって・・・する」の意と見る場合は「(多く、誤って)堅く・・・と思い込む」の語義となり、「独自の判断で・・・と解釈する」即ち「見做す」の意で捉えれば「・・・であるものと推測する」の語義となるが、両者の境界線は曖昧である》〔他サ四〕(1)〈(自分で勝手に)・・・であるものと判断を固めてしまう。(しばしば、独善・見当違いを含意する)〉**・・・と信じ込む。**(2)〈(独自の判断で)・・・であると推定する〉**・・・と見做す。**

-359- 〈C〉とりなす【取り成す・執り成す】《「成す」は本来の姿と異なる姿への変形の意を含むので、「手を加えて別ものに変える」・「まるで・・・の如く扱う」・「曲解する」の意が生じ、「本来X・・・だがY扱い」が社会学的行動様態に転じると「その場をうまく取り繕う」・「相手に調子を合わせる」の語義となる》〔他サ四〕(1)〈手を加えて本来のものとは別のものにする〉**変える。**(2)〈本来のものとは別の何かであるかの如く扱う〉**・・・のように扱う。**(3)〈(難儀な状況を)うまく処理して問題が生じないようにする〉**取り繕う。**(4)〈相手の気に入るように応対し、気分を良くさせる〉**相手に調子を合わせる。**(5)〈ある意味に解釈する。(しばしば、事実誤認を含意する)〉**・・・とみなす。**

●do の後は be、というわけで、次は「あり」系古語

-360- 〈B〉**ありし**【有りし・在りし】《動詞「あり」の連用形＋過去の助動詞「き」の連体形。既に過ぎ去ってもう二度と戻らない事柄や人物を懐旧する「純然たる過去」の言い回しであり、懐旧の念が込められている点で、類義語「ありける」・「ありつる」よりも心情温度がやや高い語と言える》〔連体〕(1)〈(時間的・心理的に)遠く隔たった過去の〉**かつての。** (2)〈(人間に関して)かつて生きていた当時の。または、かつてその立場にあった頃の〉**生前の。往年の。** (3)〈(「ありける」の混用)(登場人物ではなく、筆者の視線で見て)同じ文章内の前の箇所で既に述べてあるところの〉**先述の。**

-361- 〈B〉**ありける**【有りける】《動詞「あり」の連用形＋過去の助動詞「けり」の連体形。文中の既出の言い回しを再度引っ張り出して言及する語であり、「時間の流れの中での(作中人物の視線で見た)純然たる過去」ではなく「文中の記述の順番上の(筆者の視線で見た)過去」である点に要注意》〔連体〕〈(登場人物ではなく、筆者の視線で見て)同じ文章内の前の箇所で既に述べてあるところの〉**先述の。**

-362- 〈B〉**ありつる**【有りつる・在りつる】《「あり」の連用形＋完了の助動詞「つ」の連体形。「ありける」のような「文中の記述順番上の過去」ではなく、「主人公の目から見た純然たる過去」である点では「ありし」に近いが、懐旧の念は含まず、直近の過去を指す「ついさっき登場した例の」の語感を持つ語》〔連体〕〈(筆者ではなく、登場人物の視点から見て)直近に話題になったところの〉**さっきの。**

-363- 〈A〉**あらぬ**【あらぬ】《形式上はラ変動詞「あり」の未然形＋打消の助動詞「ず」の連体形「ぬ」だが、意味上は「然＋有らぬ」(それとは違う)なので、この「あり」は補助動詞である。「異なる」を原義とし、そこから「本来あるべき姿ではない＝異常な・けしからぬ」の語義が生じた》〔連体〕(1)〈(既出のもの、または、予想していたものとは)異なる〉**別の。** (2)〈(世間の基準や自身の予想に反するものに対する)驚嘆の気持ちを表わす〉**思いも寄らぬ。** (3)〈(基準値や理想の姿にそぐわないものに対する)強い非難の気持ちを表わす〉**もってのほかの。**

-364- 〈C〉**あられぬ**【有られぬ】《可能性の次元で存在・実現を否定する「あり得ない」／何らかの価値判断に基づいて「あってはならない」へと意味が二分化する。近世語の「あられもない」(＝公序良俗に反するような破廉恥な状態の)は後者の亜種》〔連接語〕《あり〔自ラ変〕＋る〔助動ラ下二型〕自発・可能・受身・尊敬＋ず〔助動特殊型〕打消》(1)〈存在・実現の可能性がない〉**有り得ない。** (2)〈(価値判断の基準に照らして)その存在を許容できない〉**とんでもない。**

-365- 〈A〉あらまし【あらまし】《動詞「あり」の未然形＋推量助動詞「まし」の「あったらいいな」を原義とする「予定」系の語義（予定・願望・計画・空想・虚構…）と、形容詞「荒まし」・「粗まし」の持つ「大まかに見る」に由来する「概略」系の語義に二分される》〔名〕(1)〈(心に思い描いた)将来の図式、または、望まれる理想の未来像〉予定。願望。(2)〈(大雑把にとらえた)物事の全体像〉概略。(3)〈(理想・想像のままに)現実を無視して思い描いた物事〉絵空事。〔副〕〈(細部の違いや例外は別にして)全体的に見れば〉おおよそ。

-366- 〈C〉あらます【あらます】《予定の意を表わす名詞「あらまし」が中世に入って動詞化されたものとされる》〔他サ四〕〈将来の事柄に思いを巡らす〉思い描く。

-367- 〈A〉あらまほし【有らまほし】《動詞「あり」の未然形＋希望の助動詞「まほし」の連語と見るならば「(自身の願望を表わして)そうあってほしい」、一語の形容詞と解釈すれば「(自身の願望や評価基準に適っていて)理想的だ」と、意味が分かれる》〔連接語〕《あり〔自ラ変〕＋まほし〔助動シク型〕希望》〈(自身の願望を表わして)そうあることが望ましい〉…でありたい。〔形シク〕〈(対象への評価を表わして)望ましい〉理想的だ。

-368- 〈C〉あるかなきか【有るか無きか】《「有り」(＝生存)／「無し」(＝死亡)の区別も付かぬほどに、「存在が目立たない」または「衰亡して今にも息絶えそう」の意。因みに、「ありなし」だと「息をしているか／消え入っているか」＝「消息」の意味となる》〔連語〕《あり〔自ラ変〕＋か〔係助〕＋なし〔形ク〕＋か〔係助〕》(1)〈(存在の有無が確認できないほど)はっきりしない、または、勢いがない〉影が薄い。(2)〈(生死が確認できないほど)身体的に衰えている〉衰弱しきっている。

-369- 〈C〉ありやなしや【有りや無しや】《「有り」を「存在・生存」と取れば、「(物が)存在するのかしないのか」・「(人が)生きているのかいないのか(安否・消息)」の意、「その通りである」の意で捉えれば「(物事が)正しいのか否か(真偽)」の意となる。「ありなし」の名詞形で用いる例も多い》〔連語〕《あり〔自ラ変〕＋や〔終助〕＋なし〔形ク〕＋や〔終助〕》(1)〈(主に、人物について)生きているのか死んでいるのか。また、無事なのか〉安否。(2)〈(事柄が)正しいのか正しくないのか。(物事が)存在するのかしないのか〉真偽。有無。

-370- 〈B〉せうそこ【消息】《漢字で書くと「消息」。かな表記は「せうそく」で、その転が「せうそこ」。末尾に「す」を付けてサ変動詞としても用いる。「息」は「息をする＝生きている」／「消」は「消え入る＝死ぬ」であるから、生きているか／死んでしまったのかの「安否」(の確認)の意となる》〔名・自サ変〕(1)〈(人物・物事の)状態についての情報〉**動静。** (2)〈(文書または口頭による)情報の伝達〉**通信(文)。** (3)〈(自ら出向いて)人と会いに行くこと。また、(使用人などに)人と会うための取り次ぎを求めること〉**訪問。面会要請。**

-371- 〈C〉ありつく【有り付く】《現代語では「メシにありつく」のような「入手する」の語義に限定されるが、古語では「特定の場所に定着する／結婚して安定した暮らしに入る」・「状況に適合・習熟する」の語義もある。やや系統の異なる語義として「…の環境・身分に生まれ付く」がある》〔自カ四〕(1)〈(特定の場所を自らの住居として)定着する。また、(結婚して)安定した生活に入る〉**住み着く。身を固める。** (2)〈(特定の状況に)適合・習熟する〉**慣れる。** (3)〈(多く「世にありつく」の形で)生計の手段を得る〉**生計を立てる。** (4)〈(生得的に)特定の環境・身分にある〉**…に生まれつく。**〔他カ下二〕(1)〈(特定の場所に)定着させる。また、(結婚させて)安定した生活に入らせる〉**落ち着かせる。身を固めさせる。** (2)〈(特定の状況に)適合・習熟させる〉**慣れさせる。**

-372- 〈C〉ありもつかず【在りも付かず】《「安定」の意の表現「ありつく」の否定版「ありつかず」の真ん中に、整調語としての「も」を挟み込んだもの。「つれなし」を「つれ"も"なし」とするようなこの種の冗長表現は古語に少なくないので、その組成上の特性を掴んだら、「も」を外して解釈すればよいだけのこと》〔連語〕《あり〔自ラ変〕＋も〔係助〕＋つく〔自カ四〕＋ず〔助動特殊型〕打消》(1)〈(経過時間の短さ、同居人との緊張関係、その他の理由から)特定の住処に馴染めない〉**落ち着かない。** (2)〈(特定の状況に)適合・習熟できない〉**しっくりこない。**

-373- 〈C〉うちあり【打ち有り】《「打ち」は「ただ何となく」の感覚の接頭語。そこに「有り」(存在する)が付いて、「わざとらしくなく自然に存在している」、あるいは「どこにでもある陳腐な存在である」の意味を表わす》〔自ラ変〕(1)〈(作為的でなく)自然な感じでそこにある〉**たまたまそこにある。** (2)〈(珍しくもなく)どこにでも存在している〉**ありふれた。**

-374- 〈C〉ともある【ともある】《名詞に付けて使って「重大事ではない何かが、何気なさそうに存在している」の意で用いる。「ふと、気付いたら、そこにある」の感覚で、現代語「とある」につながる古語。「(何は)ともあれ」や「友ある」などの間違った類推に向かわぬように》〔連接語〕《と〔副〕＋も〔係助〕＋あり〔自ラ変〕》〈(特段の目的も作為もなく)(大した重要事ではない)何かが存在する意を表わす〉ちょっとした。

-375- 〈C〉ありありて【在り在りて】《存在を表わす動詞「在り」の畳語＋接続助詞「て」。誰かに先立たれて自分だけ生き残った脈絡などで「ずっとこのまま生き続けていて」という生存時間の長さに言及する語義と、現状を放置し続けた結果としてとんでもない結末を招く「挙げ句の果てに」の語義とがある》〔副〕(1)〈(現状のまま)時間を重ねていって〉ずっとこのままで。 (2)〈(現状を放置した結果)好ましくない結末を迎えるさま〉挙げ句の果てに。

-376- 〈C〉ありのすさび【有りの遊び】《「すさみ・すさび」は共に「自然の勢いに任せて進む」ことで、「あり」にこれが付くと「あって当たり前＝有り難いとも思わない」という(物質文明の中で無目的・無感動な日々を送る現代消費者の生存様態にも通ずる)惰性的生活態度を否定的に述べた言い回しとなる》〔連語〕《あり〔自ラ変〕＋の〔格助〕＋すさび〔名〕》〈自身または他者の存在や状況に慣れきって、とりたてて何の感慨・感謝・意欲も感じなくなるさま〉惰性的生活態度。忘恩。

-377- 〈B〉あるは【或は】《動詞「あり」の連体形＋間投助詞「い」＋係助詞「は」＝「或いは」から「い」が取れた略形。中古では「あるは」、中世以降は「あるいは」の形で用いるのが一般的。「あるものは」の意の連接語もある》〔連接語〕《あり〔自ラ変〕＋は〔係助〕》〈(名詞としての性質を持ち、他者と対照する文脈で)一部のものを例示して言う語。(英語の"some… others…"に於ける"some"に相当)〉ある者は。 〔接続〕〈(接続詞として)同類のものを列挙して、そのいずれかを選択する語〉あるいはまた。

●「あり」と似つつも、尊敬・謙譲絡みでややこしい「をり」・「はべり」・「いまそかり」等々の存在系古語の数々

-378- 〈A〉ゐる【居る】《「立居振舞」の表現に見る通り、「立つ」の対義語が「居る」。「座っている」・「動かず一箇所に留まる」・「ある場所に一時的／恒常的に存在する」・「ある地位に就く」・「ある場所に自然物が生じる」など、語義は多様。「腹が／を ゐる」(激情の鎮静)の意にも要注意》〔自ワ上一〕(1)〈(人が)膝や腰を曲げた姿勢で一箇所に留まる〉**座る。** (2)〈(鳥・雲・波などの)自然界の存在が、動かず一箇所に留まる。また、動きを止める〉**じっとしている。** (3)〈(特定の場所に)一時的または恒常的に存在する〉**居る。住む。** (4)〈特定の地位に就く。(天皇・皇后・斎宮などの位についていう)〉**・・・である。** (5)〈(氷柱・水草など)自然界の存在が、特定の場所に生じる〉**発生する。** (6)〈(「腹がゐる」の形で)高ぶった感情がおさまる〉**立腹がおさまる。**〔他ワ上一〕〈(「腹をゐる」の形で)何らかの行動によって、高ぶった感情をおさめる〉**鬱憤を晴らす。**〔補助ワ上一〕〈(動詞の連用形に付けて)動作が継続している意を表わす〉**・・・し続ける。**

-379- 〈A〉ゐる【率る】《事情通の人や目上の者が他者を「引き連れて行く」が原義。「携帯する」意にもなる。単独使用例は上代に集中し、中古以降は連用形「ゐ」+接続助詞「て」で下に他の動詞や補助動詞を伴ったり、連語「引き+て+率る」(率ゐる)・「持ち+て+ゐる」(用ゐる)を形成したりする》〔他ワ上一〕(1)〈(事情に通じた者や目上の者が)先頭に立って、他者を後から一緒に来させる〉**引き連れる。** (2)〈(物品などを)身に付けて行く〉**携行する。**

-380- 〈B〉もちゐる【用ゐる】《「持ち+率る」(取り上げ、引き連れて行く)に由来。「(ある目的のために適宜)使用する」・「(人材を)登用する」は現代語そのもの。古語では「(他者の教えや意見などを)受け入れた上で相応の対応をする」(否定形の用例が多い)、「神経を使う」の語義に要注意》〔他ワ上一〕(1)〈(特定の目的を果たすために)適宜用いる〉**使用する。** (2)〈(何らかの地位・役職に)人を就かせる〉**採用する。** (3)〈(多く否定形で)(他者の意見や教えなどに)見るべきところがあるとして受け入れ、それなりの対応を取る〉**取り上げる。** (4)〈(主に「心を用ゐる」の形で)(注意力を)緩むことなく発揮する〉**留意する。**

-381- 〈C〉ついゐる【突い居る】《「突き居る」の音便形で、文字通り「膝をついて座る」の意。「つい」の部分を"軽み"を添える接頭語的に捉えて「ちょこんと座る」と訳すとよい場合もある》〔自ワ上一〕(1)〈膝をついて座る〉**ひざまづく。** (2)〈軽く寛いだ様子で座る。また、何となくその場に居続ける〉**ちょこんと座る。**

-382- 〈C〉ゐざる【膝行る・居ざる】《「居+去る」で、足裏ではなく「膝や尻を地面に付けたままの状態で進む」という、和室の畳の上ならではの平安貴族的移動法に言及する語。畳ならぬ海や河川の水面上を「船がゆっくりと航行する」の意にも使うが、中古女流文学で重要なのは前者の語義である》〔自ラ四〕(1)〈(人が畳の上などを)膝や尻をついたまま進む〉膝行する。 (2)〈(水面上を)船などがゆっくりと進む〉這うように進む。

-383- 〈A〉をり【居り】《「坐+有り」に由来する語で、座ったまま「じっとしている」が原義だが、この意で用いたのは主に奈良時代で、以後は自身の動作に言及する場合が殆ど。中古以降は"座位"が"低位"を感じさせるため、「をり」の語義には自己卑下や他者への軽蔑の含みが伴った》〔自ラ変〕(1)〈動かない姿勢のままでいる〉じっとしている。 (2)〈(卑下・軽蔑の調子を伴って)(特定の場所に)存在する〉ある。 (3)〈(卑下・軽蔑の調子を伴って)(特定の地位・役職・立場などに)属している〉・・・にある。〔補動ラ変〕(1)〈(動詞の連用形に付いて)動作・状態の継続する意を表わす〉ずっと・・・している。 (2)〈(動詞の連用形に付いて)罵倒の意を添える〉・・・(して)やがる。

-384- 〈A〉はべり【侍り】《貴人の前に平伏して存在する意の「這ひ」+「有り」の転とされ、「謹んでお仕え申し上げる」を原義とする。中古には、貴人への伺候に限定されずに単に「存在」を表わす「あり・をり」の丁寧語／断定口調回避の丁寧語としても拡大使用されるようになった》〔自ラ変〕(1)〈(「あり」・「居り」の謙譲語)貴人のそばに謹んで存在する意を表わす〉お仕え申し上げる。 (2)〈(「あり」・「居り」の丁寧語)自分(側)の存在についてへりくだって言う語〉おります。 (3)〈(「あり」・「居り」の丁寧語)自分(側)以外の存在について丁寧に言う語〉ございます。〔補動ラ変〕(1)〈自分(側)の動作についてへりくだって言う語〉・・・でございます。 (2)〈自分(側)以外の動作について丁寧に言う語〉・・・でございます。 (3)〈断定口調を和らげるために添える語〉・・・でございます。 (4)〈存在・状態について丁寧に言う語〉・・・ております。

-385- 〈A〉さぶらふ【候ふ・侍ふ】《接頭語「さ」+動詞「守る」+反復の接尾語「ふ」=「さもらふ」が「さぶらふ」となったもの。要人を警護する武人の様態(=ただひたすら畏まってその場に居る)が原義で、「侍」の元となり、丁寧・謙譲語としても用いられるようになった》〔自ハ四〕(1)〈「あり」・「居り」・「仕ふ」の謙譲語〉伺候する。お仕えする。 (2)〈「行く」・「来」の謙譲語〉参上する。 (3)〈貴人のおそばに何かが存在する意を表わす謙譲語〉お手元にある。 (4)〈「あり」・「居り」の丁寧語〉ございます。〔補動ハ四〕〈丁寧の意を表わす〉・・・です。

-386- 〈A〉さうらふ【候ふ】《接頭語「さ」+動詞「守る」+反復の接尾語「ふ」=「さもらふ」から「さぶらふ」を経て、中古末期・中世初期に清音化したものが「さぶらふ／さうらふ」》〔自ハ四〕(1)〈「あり」・「居り」・「仕ふ」の謙譲語〉伺候する。お仕えする。(2)〈「あり」・「居り」の丁寧語〉ございます。〔補動ハ四〕〈丁寧の意を表わす〉…です。

-387- 〈C〉かうてさぶらふ【斯うて候】《副詞「斯くて」+動詞「侍ふ」=「私はこのようにして控えております」が、訪問時の取り次ぎを求める挨拶の定型句となったもの。「さぶらふ」は中古末期には「さうらふ」へと変化したが、中世初期成立の『平家物語』では女性は古形の「さぶらふ」を用い、「さうらふ」は男性口語である。後代の武家の手紙には「さうらふ」が頻出するため「候文(そうろうぶん)」と俗称される》〔連語〕《かくて〔副〕+さぶらふ〔自ハ四〕》〈訪問時の挨拶の言葉〉御免下さい。

-388- 〈A〉つかうまつる【仕うまつる】《奉仕の意の動詞「仕ふ」+謙譲の補助動詞「まつる」の「つかへまつる」の音便形。自動詞としては「お仕え申し上げる」、他動詞としては「為す」・「行ふ」の謙譲語、補助動詞としては動詞連用形に接続して「…申し上げる」という謙譲の意を添える》〔自ラ四〕〈「仕ふ」の謙譲語〉お仕え申し上げる。〔他ラ四〕〈「為す」・「行ふ」など、行動を表わす動詞の謙譲語〉…してさしあげる。〔補動ラ四〕〈謙譲の意を表わす〉…申し上げる。

-389- 〈A〉つかまつる【仕まつる】《奉仕の動詞「仕ふ」+謙譲補助動詞「まつる」=「つかへまつる」が音便形の「つかうまつる」を経て中古末期に簡略化された語。自動詞としては「お仕え申し上げる」の意、他動詞としては「為す」・「行ふ」の謙譲語または丁寧語となる》〔自ラ四〕〈「仕ふ」の謙譲語〉お仕え申し上げる。〔他ラ四〕(1)〈「為す」・「行ふ」など、行動を表わす動詞の謙譲語〉…してさしあげる。(2)〈「為す」・「行ふ」など、行動を表わす動詞の丁寧語〉…いたします。

-390- 〈C〉つかふ【仕ふ】《下から上へと持ち上げる形で何かを支える意の「突き」+「合ふ」の音便形に由来し、目上の人の側近でその人のために「奉仕する」が原義だが、「(国・天皇…上司・出世？のために)役人として仕事をする」の意にもなる。四段活用化すると他動詞「使ふ」となる》〔自ハ下二〕(1)〈(目上の人のために)すぐそばで働く〉近仕する。(2)〈中央官庁に勤務する〉役人として働く。

●ここらで、古典時代の貴人独特の行動様式「他者を使って事を為す」体の敬語表現をあれこれと

-391- 〈A〉**つかはす**【遣はす・使はす】《元来は上代語で、動詞「使ふ」に尊敬助動詞「す」が付いて「お使いになる」の連語扱いだったものが、一語化して「派遣なさる」・「お与えになる」の敬意を込めた動詞となり、やがてそこから尊敬の意が消失して単なる「派遣する」・「与える」の意になった》〔連接語〕《つかふ〔他ハ四〕＋す〔助動サ四型〕尊敬・親愛（上代語）》〈（上代語）「使ふ」・「召す」の尊敬語〉**お使いになる。**〔他サ四〕(1)〈「遣る」の尊敬語〉**派遣なさる。** (2)〈「与ふ」・「贈る」の尊敬語〉**お与えになる。** (3)〈（尊敬の意を失って）（誰かのもとに）人を用事に向かわせる〉**派遣する。** (4)〈（尊敬の意を失って）（人に）物品を与える〉**くれてやる。**

-392- 〈A〉**たてまつる**【奉る】《「献上する」意の上代の謙譲動詞「奉る」に、献上品を頭上に恭しくかざす意の「立て」を添えた語。貴人に対し敬意を込めて物品を差し上げる立場で使うと謙譲語／献上品を受け取る立場の貴人がその物品を「飲食・着用・乗車」する意で用いれば尊敬語となる》〔自ラ四〕〈「乗る」の尊敬語〉**お乗りになる。**〔他ラ下二〕(1)〈「与ふ」の謙譲語〉**差し上げる。** (2)〈「遣る」の謙譲語〉**参上させる。**〔他ラ四〕(1)〈「与ふ」の謙譲語〉**差し上げる。** (2)〈「遣る」の謙譲語〉**参上させる。** (3)〈「食ふ」・「飲む」の尊敬語〉**召し上がる。** (4)〈「着る」の尊敬語〉**お召しになる。**〔補動ラ四〕〈謙譲の意を表わす。（上一段動詞「率る」に付く場合は、接続助詞「て」を付けて「率て 奉る」とする）〉**お・・・申し上げる。**

-393- 〈B〉**たてまつりたまふ**【奉り給ふ】《「給ふ」で身分の高い人を敬いつつ、更に身分の高い人に対し恭しく何かを行なう謙譲の意を「奉る」で表わす「与ふ・贈る」・「・・・する」の尊敬＋謙譲語というややこしい連語。「乗る・着る」の意の「奉る」の敬意を「給ふ」で更に高める語法もあるが、使用例はごく僅か》〔連接語〕《たてまつる〔他ラ四〕＋たまふ〔補動ハ四〕》(1)〈身分の高い人が、さらに身分の高い人に「与ふ」・「贈る」の動作をへりくだってする言い回し〉**差し上げなさる。**《たてまつる〔補動ラ四〕＋たまふ〔補動ハ四〕》(2)〈身分の高い人が、さらに身分の高い人に対して何らかの動作をへりくだってする言い回し〉**御・・・申し上げなさる。**《たてまつる〔他ラ四〕＋たまふ〔補動ハ四〕》(3)〈「乗る」・「着る」の尊敬語に、更に高い敬意を加えた言い回し。（使用例は少ない）〉**お乗りになる。お召しになる。**

-394-〈A〉させたまふ【させ給ふ】《「さす」が使役の場合と、尊敬の場合とで意味が分化する。元来「さす」は「使役」の助動詞だが、普通の人が自力（じりき）で行なうことを、他者を使役して行なわせる立場にある高貴な人の営み（いとな）に言及（げんきゅう）するところから「尊敬」の助動詞にも転じて用いられるようになった》〔連接語〕《さす〔助動サ下二型〕使役・尊敬＋たまふ〔補動ハ四〕》(1)〈(「さす」が使役の場合)敬意を含む使役を表わす〉・・・おさせになる。(2)〈(「さす」が尊敬の場合)(天皇またはそれに準じる相手への)極（きわ）めて高い尊敬を表わす。(会話や手紙の中ではさほど高くない地位の人にも用いる)〉お・・・になる。

-395-〈A〉せたまふ【せ給ふ】《「尊敬の意を込めた使役」または「尊敬の意の二重化で、極（きわ）めて高い敬意」を表わす。後者の二重敬語の対象となるのは、天皇やそれに準じる高貴な人物であるが、会話や手紙の中では遙（はる）かに低い地位の相手にも平然と用いられるので、脈絡に要注意》〔連接語〕《す〔助動サ下二型〕使役・尊敬＋たまふ〔補動ハ四〕》(1)〈(「す」が使役の場合)敬意を含む使役を表わす〉・・・おさせになる。(2)〈(「す」が尊敬の場合)(天皇またはそれに準じる相手への)極（きわ）めて高い尊敬を表わす。(会話や手紙の中ではさほど高くない地位の人にも用いる)〉お・・・になる。

-396-〈A〉せさす【為さす】《サ変動詞「為（す）」に、使役または尊敬の助動詞「さす」を付けたもの。「さす」が使役なら「・・・させる」の意、尊敬の「さす」と解釈すれば天皇・皇后などに対する最高敬語「・・・あそばす」の意(必ず「せさせたまふ／せさせおはします／せさせらる」などの複合形で用いる)》〔連接語〕《す〔他サ変〕＋さす〔助動サ下二型〕使役・尊敬》(1)〈(「さす」が使役の助動詞の場合)他者に何かを行なわせる〉・・・させる。(2)〈(「さす」が尊敬の助動詞の場合)(「たまふ」・「おはします」・「らる」などを伴（ともな）って)天皇・皇后に対する最高の敬意を表わす〉・・・あそばす。

-397- 〈A〉せさせたまふ【せさせ給ふ】《「させ給ふ」に「す」を付けた語。冒頭の「す」を本動詞の「為」と見れば「尊敬含みの使役」または「極めて高い敬意」となり、冒頭の「す」を使役の助動詞と見れば「(極めて高い敬意を込めた)使役」となる》〔連接語〕《す〔助動サ下二型〕使役・尊敬＋さす〔助動サ下二型〕使役・尊敬＋たまふ〔補動ハ四〕》(1)〈(「す」は使役の助動詞、「さす」は尊敬の助動詞の場合)極めて高い敬意を含む使役を表わす〉・・・おさせあそばす。《す〔他サ変〕＋さす〔助動サ下二型〕使役・尊敬＋たまふ〔補動ハ四〕》(2)〈(「す」は本動詞「為」、「さす」は使役の場合)敬意を含む使役を表わす〉・・・おさせになる。(3)〈(「す」は本動詞「為」、「さす」は尊敬の場合)(天皇またはそれに準じる相手への)極めて高い尊敬を表わす。(会話や手紙の中ではさほど高くない地位の人にも用いる)〉・・・あそばす。

-398- 〈C〉しめたまふ【しめ給ふ】《使役の「しむ」＋尊敬の「給ふ」で「・・・させなさる」の意になる場合と、「しむ」／「給ふ」双方ともに尊敬で「・・・なさる」という(天皇・皇后などを対象とした)極めて高い敬意を表わす場合がある。前者の使役の用例は、漢文訓読調の文章や軍記物などに多い》〔連接語〕《しむ〔助動マ下二型〕使役・尊敬＋たまふ〔補動ハ四〕》(1)〈(「しむ」が使役の場合)敬意を含む使役の意を表わす〉・・・させなさる。(2)〈(「しむ」が尊敬の場合)(天皇・皇后などを対象とした)極めて高い尊敬を表わす〉・・・あそばす。

-399- 〈A〉います【在す・坐す】《上代の尊敬語「坐す」に、神聖の意の接頭語「斎」を付けて敬意を高めた語とされる。「存在」(あり・をり)または「往来」(行く・来)の尊敬語の他、尊敬の補助動詞としても用いる。平安時代には漢文訓読語として用い、和文脈では主に「御座す・御座します」を用いた》〔自サ変〕(1)〈「あり」・「居り」の尊敬語〉いらっしゃる。おありになる。(2)〈「行く」・「来」の尊敬語〉行かれる。来られる。〔自サ四〕(1)〈「あり」・「居り」の尊敬語〉いらっしゃる。おありになる。(2)〈「行く」・「来」の尊敬語〉行かれる。来られる。〔他サ下二〕〈「あらしむ」・「行かしむ」の謙譲語。(使役の対象を敬いつつ、へりくだって言う)〉居ていただく。行かせ申し上げる。〔補動サ変〕〈(活用語の「連用形」や「連用形＋て」の後に続けて)尊敬の意を表わす〉・・・(て／で)いらっしゃる。〔補動サ四〕〈(活用語の「連用形」や「連用形＋て」の後に続けて)尊敬の意を表わす〉・・・(て／で)いらっしゃる。

-400- 〈B〉**ます**【座す・坐す】《尊敬の動詞「坐す」から「い」が欠落して「ます」となった語。主として上代語であり、中古に入ってからは「おはす」に押されて(補助動詞としてはともかく)独立した動詞としては(和歌以外では)殆ど用いられなくなった》〔自サ四〕(1)〈(「あり」・「居り」の尊敬語)存在の主体に敬意を表する〉(･･･に／･･･で)**いらっしゃる。** (2)〈「行く」・「来」の尊敬語〉**いらっしゃる。**〔補動サ四〕〈(用言の連用形に付いて)尊敬の意を表わす〉**お･･･になる。**

-401- 〈B〉**いますがり**【在すがり・坐すがり】《尊敬の動詞「坐す」＋場所の「処」(または格助詞「が」)＋尊敬の補助動詞「あり」の「いますかり」の転とされ、語義は「います」に準じる。「いますかり／いますがり／いまそかり／いまそがり」など多くの語形を持つ中古の一時的流行語とされ、「います」ほどの汎用性はない》〔自ラ変〕〈「あり」・「居り」の尊敬語〉**いらっしゃる。おありになる。**〔補動ラ変〕〈(活用語の「連用形」や断定助動詞「なり」の連用形「に」の後に続けて)尊敬の意を表わす〉**･･･(て／で)いらっしゃる。**

-402- 〈C〉**おまし**【御座】《上代に於ける「在り・有り」・「居り」・「行く」・「来」の尊敬語「座す」の連用形が名詞化した「座し」に、美称の「大」を付けた「大座」が縮まって出来た語》〔名〕(1)〈天皇・貴人が座ったり、寝たりなさる場所の敬称〉**御座所。** (2)〈天皇・貴人が座臥する時に床に敷く物の敬称〉**御敷物。**

-403- 〈C〉**おもと**【御許】《美称「大」＋「許」(居所)で「貴人の居る場所」が原義。人物への直接的言及を避けてその人物の存在する場所・方向を代用呼称とする古語の特性から、「女性に対する敬意・親愛の気持ちを込めた名詞／代名詞」としても用いられるようになった》〔名〕(1)〈貴人の居場所の敬称〉**御座所。** (2)〈(女房・侍女の名前・職名の直後に付けて)誰某の御付きの人という意味の敬称〉**･･･の方。** (3)〈(女性、特に女房に対して)親しみを込めて言う語〉**御方。**〔代名〕(1)〈(眼前の女性に対し)親しげに呼び掛ける語〉**あなた。** (2)〈(その場にいない女性を)親愛の気持ちを込めて呼ぶ語〉**あの方。**

-404- 〈B〉**まします**【坐します】《上代の尊敬語「ます」の畳語とも、「大増し＋に＋増す」が「大＋まします」を経て「まします」になったともされる。本動詞・補助動詞として様々な意を表わすが、「持つ」の尊敬語としての語義以外に於いては「おはします」と全く同義語》〔自サ四〕(1)〈(「あり」・「居り」の尊敬語)存在の主体に対する敬意を表わす〉(・・・に)**おられる。** (2)〈(「あり」・「持つ」の尊敬語)所有の主体に対する敬意を表わす〉(・・・を)**お持ちでいらっしゃる。**〔補動サ四〕(1)〈(用言の連用形、またはそれに接続助詞「て」の付いた形に接続し)尊敬の意を表わす〉**・・・でいらっしゃる。** (2)〈(尊敬の助動詞「す」・「さす」の連用形に続けた「せまします」・「させまします」の形で)尊敬の意を表わす〉**・・・でいらっしゃる。**

-405- 〈A〉**おはします**【御座します】《尊敬の意の「御座す」の連用形に尊敬の補助動詞「ます」を重ねたものとも、尊敬語「坐します」に尊敬の接頭語「御」を添えたものとも言われる。いずれにせよ意味そのものは「おはす」と同じだが、敬意は当然「おはします」の方が強い》〔自サ四〕(1)〈「あり」・「居り」の尊敬語〉(・・・に)**いらっしゃる。** (2)〈「行く」・「来」の尊敬語〉**行かれる。来られる。**〔補動サ四〕〈(用言の連用形、及びそれに接続助詞「て」を付けたものに続けて)尊敬の意を表わす〉**・・・ていらっしゃる。**

-406- 〈A〉**おはす**【御座す】《上代の尊敬語「坐す」を尊敬の接頭語「御」で強めた「おほます」の変形とも、中古の尊敬語「御座します」からの逆成語とも言われ、「おはします」と意味は同じだが、「おはす」の方が敬意が低い。現代関西弁の「・・・でおます／・・・おまへん」の祖である》〔自サ変〕(1)〈「あり」・「居り」の尊敬語〉(・・・に)**いらっしゃる。** (2)〈「行く」・「来」の尊敬語〉**行かれる。来られる。**〔補動サ変〕〈(用言の連用形、及びそれに接続助詞「て」を付けたものに続けて)尊敬の意を表わす〉**・・・ていらっしゃる。**

●「存在」系に前後して、次は「誕生」・「成長」系古語をひとしきり

-407- 〈B〉**おふ**【生ふ】《規模の大きさを示す「大」を活用させて「(植物・子供などが)大きく生育する」意の動詞としたのが「生ふ」で、「誕生・発生」の意をも表わした(「老ゆ」とは異なるので、語尾に要注意)。単独の使用例よりも、「生ひ出づ」(＝誕生・成長する)のような複合語での用例が多い》〔自ハ上二〕(1)〈(子供などが)大きくなって行く。(植物が)生育する〉**成長する。** (2)〈(動物・植物・歯などが)生じる〉**生まれる。生える。**

-408- 〈C〉おひさきみゆ【生ひ先見ゆ】《音だけ聞くと「老い先見ゆ」(=老後の惨めな様子が目に浮かぶ)という夢も希望もない表現みたいだが、実際には「若人の将来」が「目に浮かぶ」の意で、「素晴らしく成長した将来の姿が、今から目に浮かぶ」という希望と期待の表現である》〔連語〕《おひさき〔名〕+みゆ〔自ヤ下二〕》〈(若い人に関して)将来成長した姿に期待・希望が持てるさま〉**将来性がある。**

-409- 〈B〉こもる【籠る・隠る】《他動詞「籠む」の自動詞形。殻のように囲まれた場所に入り外界との接触を断つのが原義。「囲まれている」・「充満している」・「隠れる」・「引き籠もる」・「参籠する」・「籠城する」の他、「生ひ先籠る」の形で「将来性に満ちている」という意外性のある語義もある》〔自ラ四〕(1)〈(山・殻のような遮蔽物で)周囲を覆われている〉**囲まれている。** (2)〈(物理的に)気体が内部に詰まっている。(精神的に)ある種の気分に満ちている〉**充満している。** (3)〈(人目を避けて)どこかの内部に入る〉**隠れる。** (4)〈(外界との接触を断つために)どこかの内部に入る〉**引き籠もる。** (5)〈(祈願・修行のために)寺院や神社に泊まり込む〉**参籠する。** (6)〈(敵の攻撃を避け、相手の疲弊を待つために)建物の内部に入って防戦体制を取る〉**籠城する。** (7)〈(「生ひ先籠る」の形で)(若者に)成長後が楽しみだと感じさせる何かがある〉**将来性がある。**

-410- 〈B〉ねぶ【ねぶ】《「大人ぶ」と「老い就く」の中間で、「年齢を重ねる」の意。子供に用いれば「成長する／大人びる」、既に成長過程を終えた大人が対象なら「年を取る」の意。「老け込む」という否定的意味をも表わし得るが、「惚く・惚る」や「痴る」のように「耄碌する」の意は含まない》〔自バ上二〕(1)〈(大人に用いて)年齢を重ねる。または、いかにも老人らしい雰囲気になる。(耄碌の含意はない)〉**年を取る。老ける。** (2)〈(子供に用いて)(肉体的・精神的に、あるいは年齢不相応に)大人に近くなって行く〉**成長する。大人びる。ませる。**

-411- 〈C〉ねびまさる【ねび勝る】《「ねぶ」は「成長する、大人びる」の意。「勝る」を「他との相対比較に於いて程度が上」と見れば「年齢以上に大人びて見える」となり、「次第に程度が増してくる」と捉えると「成長するに従ってだんだんと素晴らしくなる」の意となる》〔自ラ四〕(1)〈(年齢に似合わず)大人の雰囲気がある〉**大人びている。** (2)〈(成長するにつれて)だんだん見栄えがする様子になる。(女の子の成長過程について言う場合が多い)〉**次第に立派に成長して行く。**

-412- 〈B〉よはひ【齢】《「世＋延ひ」＝「この世に生き延びてきた時間の長さ」が原義で、その組成は「生り＋延ひ」(生業)にも近い。人間が生まれてから現在までに積み重ねてきた「年齢」、外見の印象から判断したおおよその「年配」、生まれてから死ぬまでの期間としての「寿命」の語義を持つ》〔名〕(1)〈(人が)生まれてから現在までに生きてきた年月の長さ〉年齢。 (2)〈(人の)外見から判断されるおおよその年齢〉年の頃。 (3)〈(人の)生まれてから死ぬまでの時間の長さ〉寿命。

-413- 〈B〉およすく【およすく】《「およすく／およすぐ／およずく」のいずれが正しいか清濁不明の語。老化を意味する「老ゆ」の他動詞形「老よす」に様態を示す「気」を付けた「およすげ」の形容動詞を、動詞の如く用いたもので、その語源的来歴ゆえに「およすけ」の連用形以外での使用例は皆無》〔自カ下二〕(1)〈(子供が)次第に大人になって行く〉成長する。 (2)〈(若年者が)あたかも大人のように見える、または、振る舞う〉大人びる。大人ぶる。 (3)〈(加齢により)老人特有の症状を示す。(実年齢以上に)老人風に思われる〉老ける。地味である。

-414- 〈B〉おいらか【おいらか】《「老い」の持つ「淡泊さ」、または「親」の持つ「大人らしさ」に、そうした状態になる意を示す接尾語「らか」を付けたもの、とされる。前者は「単調すぎて面白みがない」という否定的語義、後者は「感情的にならず、性格がおとなしい」の肯定的語義に結び付く》〔形動ナリ〕(1)〈(性格や態度が)強い感情を表わさない〉穏健だ。 (2)〈(事態の処理に際し)事を荒立てない〉穏便だ。 (3)〈(対象への関心・執着が薄く)こだわりを見せない〉淡泊だ。 (4)〈(否定的に)特色がなくて、つまらない〉単調だ。 〔副〕〈(連用形「おいらかに」を副詞的に用いて)持って回った状況処理を否定し、果断な行動を促す語〉いっそのこと。

-415- 〈C〉いきいづ【生き出づ】《「(死または仮死・昏睡・気絶の状態から)息を吹き返す」の意味。「死に入る」(＝死ぬ／気絶する)を裏返した語。古典に「死ぬ／生く」系表現が登場する場合(実は極めて多いのだが)、実際の「死／蘇生」ではなく「気絶／覚醒／安息」の誇張表現の場合が多い》〔自ダ下二〕〈(仮死・昏睡・気絶など、死んだかと思われた状態から)生きた状態に戻る。また、(誇張して)極度の緊張状態から解放される〉息を吹き返す。生きた心地がする。

●「生」の後、必ず来るのはやっぱり「死」

-416- 〈C〉しにいる【死に入る】《古語の「死」は要注意で、生命の停止を必ずしも意味せず「死んだようになる」だけという場合が殆どなので、「死に入る」も「気絶する」の意が殆どである（が、稀に本当に「死に絶える」意のこともある）。対義語は「生き出づ」(正気付く／息を吹き返す)》〔自ラ四〕(1)〈(実際には死んでいないが)まるで死人のような様子になる〉死んだようになる。(2)〈(医学的に)生命が絶える〉息絶える。

-417- 〈C〉しにかへる【死に返る】《文字通りには「一度死んで再び生き返る」だが、実際にその意になることは稀で、「死ぬほどひどい思いをする」の意を表わす場合が殆ど。連用形「死に返り」に至っては完全に副詞化して「死ぬほど強く…する」の意で用いられる》〔自ラ四〕(1)〈(比喩的に)何度も死んでは生き返る。(医学的な死者の蘇生を意味するわけではない)〉何度も何度も死ぬ。(2)〈死ぬほどの思いをする。(実際の生命に別状はない)〉死ぬほど苦しむ。(3)〈(連用形「死に返り」を副詞的に用いて)程度の激しさを表わす〉死ぬほど強く…。

-418- 〈B〉わうじゃう【往生】《「苦難に満ちた現世を去って、仏のいる極楽浄土に生まれ変わる」という肯定的な仏教語。宗教心の薄れた現代日本では、生物学的に「死ぬ」こと／逃げられぬものと覚悟を決めて「諦める」ことという否定的語義が優勢だが、古典時代には「極楽往生」の肯定的語義が基本》〔名・自サ変〕(1)〈(仏教語)(死を肯定的に捉えて)苦難に満ちた現世を去って、安息に満ちた極楽浄土に生まれ変わること〉極楽往生。(2)〈(生物学的に)この世を去ること〉死ぬこと。(3)〈(自分にとって受け入れ難い事態を)そうなる運命なのだと思って我慢して受け容れること〉諦めること。

-419- 〈A〉いぬ【往ぬ・去ぬ】《古語のナ行変格活用動詞としてはこの「往ぬ・去ぬ」と「死ぬ」の二語しかないことで有名。完了の助動詞「ぬ」は「往ぬ・去ぬ」の最初の母音「い」が脱落したものとされる》〔自ナ変〕(1)〈(物理的に)ある場所から消え去る。(本来の居場所へと)立ち返る〉立ち去る。帰る。(2)〈時間が経過する〉過ぎ去る。(3)〈「死ぬ」の婉曲表現〉亡くなる。

-420- 〈B〉きゆ【消ゆ】《火・霜・露・雪などが、自然に消滅して跡形もなくなるのが原義。「露と消ゆ」の表現がその原義に最も近い。「意識を失う」・「生命を失う」の語義についても、それが突発的なものではなく、徐々に弱まって消えて行く感じを伴う》〔自ヤ下二〕(1)〈(火・霜・露・雪などが)自然に消えてなくなる〉消滅する。(2)〈(今まで存在していた)感情などがなくなる〉失せる。(3)〈(人や物が)もはやこの世に存在しなくなる〉死滅する。(4)〈(覚醒状態・正気を保つだけの)意識を維持できなくなる〉気絶する。

-421- 〈B〉うす【失す】《「薄し」と同根語。「存在が希薄」というその原義から、「消滅する」・「消息不明になる」更には「死滅する」の語義が生じた》〔自サ下二〕(1)〈(物理的に)消えてなくなる〉消滅する。(2)〈(この世から)死んでいなくなる〉死亡する。(3)〈(消息・行方が)わからなくなる〉行方不明になる。

-422- 〈B〉うしなふ【失ふ】《「薄し」と同根で、「希薄な状態になる」が原義。そこから「不注意により喪失する」・「意志的に消去する(人の生命の抹消や罪の赦免まで含む)」・「不本意な形で死別する」・「罪をなかったことにする」・「(敵などを)遠くへ逃がす・追いやる」などへと語義が広がった》〔他ハ四〕(1)〈(気付かぬうちに、また、不注意により)なくす。(方法や道程が)わからなくなる〉喪失する。不明になる。(2)〈(不本意にも)他人に先に死なれてしまう〉死別する。(3)〈(意志的に)他者の生命を奪い取る〉抹殺する。(4)〈(「罪を失ふ」の形で)(犯した罪を)なかったことにする〉帳消しにする。(5)〈(意図的に)自分の遠くへ追いやる。(去ろうとする者を)そのまま行かせる〉捨て去る。見逃す。(6)〈(強制的に)ある場所から去らせる〉追い払う。

-423- 〈B〉たゆ【絶ゆ】《「連続していたものが途中で切れる」・「存在していたものが消えてなくなる」・「人とのつながりが切れる」・「生命が尽きる」など、語義は現代語とほぼ同じだが、最後の語義は「絶命」かと思うと実は「気絶」だけだったりするので、登場人物を勝手に殺してしまわぬように》〔自ヤ下二〕(1)〈(空間的・時間的に)連続していたものが途中で切れる〉途絶する。(2)〈(血筋・組織・習慣・音・煙など)これまで存在していたものが消えてなくなる〉消滅する。(3)〈生命力が尽き果てる。また、死んだようにぐったりとなる〉絶命する。気絶する。(4)〈これまで続いていた人との関係が切れる。訪問がなくなる〉縁が切れる。音沙汰なくなる。

-424- 〈C〉ちる【散る】《物理的離散：「(花・葉が樹木から)散る・(酒が杯から)溢れる」・「(まとまって存在していたものが)断片となって散乱する」・「(一緒にいた人々が)別々の所へ離散する」／抽象的拡散：「(気持ちが定まらず)落ち着かぬ」・「(秘密の事柄が)世間に広まる」に意味が分化する》〔自ラ四〕(1)〈(花や葉が樹木から)離れ落ちる。(酒が杯から)こぼれ落ちる〉散る。こぼれる。 (2)〈(一箇所にまとまって存在していたものが)断片となってあちこちに飛ぶ〉散乱する。 (3)〈(一緒にいた人々が)別々の場所へと別れて行く〉離散する。 (4)〈(気持ちが一点に集中できず)心が乱れ動く〉落ち着かない。 (5)〈(一部の人しか知らなかった事柄が)他の人々の知るところとなる〉世間に知れる。

-425- 〈B〉くつ【朽つ】《上二段活用である点以外は現代語「朽ちる」(上一段活用)と全く同じ。他動詞形は「朽たす・腐す」》〔自タ上二〕(1)〈(物理的に)本来の状態や機能が損なわれる〉朽ち果てる。 (2)〈(名声・運勢などが)最盛期の勢いを失い、下降して行く〉衰える。 (3)〈(理想的とは言えぬ形で)生命を終える〉死滅する。

-426- 〈B〉くたす【腐す・朽たす】《自動詞「朽つ」の他動詞形。物事に宿る物理的な生命を失わせて「朽ち果てさせる」が原義だが、心理的に転用されて「人のやる気をなくさせる」・「悪口を言う・評判を落とす」の意をも表わす。後者の語義に於いては「下す」との関連性も見逃せない》〔他サ四〕(1)〈(物事に宿る)物理的な生命を失わせ、機能しない状態にする〉朽ち果てさせる。 (2)〈(人・物について)否定的な意見を述べる〉悪口を言う。 (3)〈(人の)意欲を喪失させる〉やる気をなくさせる。

-427- 〈C〉かくる【隠る】《現代語とほぼ同じで、「貴人が死ぬことを婉曲に言う語」として以外は注目すべき語義もない古語。文法的には、上代には四段活用だったものが中古以降は下二段活用に変わった例として、「生く」・「頼む」・「慰む」・「忘る」などと共によく(専門家の間では)語られる》〔自ラ下二〕(1)〈(自然に、または意図的に)視界から消え去る〉隠れる。 (2)〈貴人が死ぬことを婉曲に言う語〉お亡くなりになる。〔自ラ四〕〈(上代語)(自然に、または意図的に)視界から消え去る〉隠れる。

-428- 〈B〉くもがくる【雲隠る】《原義は「(雲間に隠れて、または、隠れたかのように)見えなくなる」の物理的現象だが、古語では「(貴人が)死ぬ」の婉曲表現としての用例が多い。「火葬の煙(＝古語ではこれを"雲"と見る)となって空に立ち上り、やがて視界から消え去る(＝隠る)」との発想である》〔自ラ四〕〔自ラ下二〕(1)〈(太陽や月が)雲に隠れて見えなくなる。(人・物が)視界から姿を消す〉姿が見えなくなる。 (2)〈(貴人に関して)「死ぬ」の婉曲表現〉お亡くなりになる。

-429- 〈B〉みまかる【身罷る】《その身がこの世を離れる、即ち「死ぬ」の婉曲語だが、「罷る」は「尊い場所を去る」の謙譲語なので、「大事な人々が今も大勢残っておられる現世を、一足先に去らせて戴く」なる謙譲の含みを持つので、貴人の逝去には(「雲隠る」などを用い)「身罷る」は使わない》〔自ラ四〕〈「死ぬ」の婉曲(または、謙譲)語〉死ぬ。

-430- 〈C〉よみち【黄泉】《「死者の世界」または「死者が辿るあの世への道」を意味するのが「黄泉」。「よみ」は古くは「よも」で、「黄泉平坂」(現世と来世の境界線)にこの読み方は残る。「闇」の母音交替語との説もある。因みに「蘇る」は「黄泉＋帰る」(あの世からこの世に戻って来る)が語源》〔名〕(1)〈人が死んだ後に行く世界〉あの世。(2)〈人が死んだ後に辿る道〉死出の旅立ち。

-431- 〈C〉かぎりあるみち【限りある道】《「際限なく続く訳ではない道」とは「現世での存命期間」であるから、「限りある道」＝「死出の旅路」の意になる。いかにも古語らしい無常観漂う連語。「限りの旅／道」(＝現世の最期に辿る旅路)も(論理的組成は異なるが)同じ意味》〔連語〕《かぎり〔名〕＋あり〔自ラ変〕＋みち〔名〕》〈あの世への旅立ち〉死ぬこと。

-432- 〈C〉いかにもなる【如何にもなる】《「どのような状態にでもなる」が直訳だが、実際の意味は「死ぬ」。不吉なので直接的言及を避け、婉曲表現を用いている。医学未発達による死の恐怖の強さと、不吉を口に出すと実際に不幸を招くという言霊思想の影響が窺える》〔連語〕《いかなり〔形動ナリ〕＋も〔係助〕＋なる〔自ラ四〕》〈「死ぬ」の婉曲表現〉死ぬ。

-433- 〈C〉ともかくもなる【ともかくもなる】《直接口に出して言うのが憚られる「死ぬ」の婉曲表現》〔連語〕《と〔格助〕＋も〔係助〕＋かく〔副〕＋も〔係助〕＋なる〔自ラ四〕》〈「死ぬ」の婉曲表現〉死ぬ。

-434- 〈B〉いふかひなくなる【言ふ甲斐無くなる】《直接の意味は「あれこれ言ってももはや仕方がない状態になる」だが、実際には「死ぬ」の婉曲表現》〔連語〕《いふ〔他ハ四〕＋かひ〔名〕＋なし〔形ク〕＋なる〔自ラ四〕》〈「死ぬ」の婉曲表現〉死ぬ。

-435- 〈C〉あさましくなる【あさましくなる】《数多い「死ぬ」の婉曲表現の一つ。「あさまし」には「見下げ果てた浅薄さ／意外さ」の二義があるが、「死」を「見下げ果てた状態」と呼ぶのは死者への冒涜だから、「生の最中にある者から見て、予想外の(または、予想したくもない)意外な状態」と解釈するのが妥当であろう》〔連語〕《あさまし〔形シク〕＋なる〔自ラ四〕》〈死亡する〉亡くなる。

-436- 〈C〉むなしくなる【空しくなる・虚しくなる】《「空し・虚し」を「手当てしても甲斐がない状態」と捉えるべきか、「魂の籠もらない抜け殻の肉体」を示すと見るべきか、いずれにせよ「死ぬ」の婉曲表現の一つ》〔連語〕《むなし〔形シク〕＋なる〔自ラ四〕》〈「死ぬ」の婉曲な表現〉死ぬ。

-437- 〈C〉はかなくなる【果無くなる・果敢無くなる】《忌み嫌うべき「死ぬ」の意を「はかない(もう手当ての甲斐もない)事態になる」と遠回しに言ったもの。言霊思想(言葉を発すれば、そこに宿る魂を引き寄せてしまう)が支配した古典時代には、忌むべき／畏敬すべき対象の描写にはこうした婉曲表現が多用された》〔連語〕《はかなし〔形ク〕＋なる〔自ラ四〕》〈「死ぬ」の婉曲表現〉死ぬ。

-438- 〈C〉いたづらになる【徒らになる】《「看病・救命活動に尽力したのに、全ては無駄に終わる」の意から、直接的に言うのが憚られる「死ぬ」の代用表現として用いられることが多いが、文字通りに「徒労に終わる」の意を表わす場合もある》〔連語〕《いたづら〔形動ナリ〕＋なる〔自ラ四〕》(1)〈(手当の甲斐もなく)絶命する〉死ぬ。 (2)〈(あれこれ手を尽くした結果が)無益に終わる〉徒労に帰す。

●次は、「死」には至らぬものながら、どこか寂しい「別離」の古語たち

-439- 〈A〉かる【離る】《空間・時間・心理的に「隔たる」の意を表わすのが「離る」。「枯る・涸る・嗄る」・「借る」・「駆る・駈る」・「狩る・猟る」・「刈る」など同音異義語が多く、漢字表記でならばその意味は一目瞭然ながら、平仮名表記だと途端にややこしくなる古語の典型例》〔自ラ下二〕(1)〈(二つのものの間で、空間的に)大きな距離を置く〉離れる。 (2)〈(前回から、時間的に)長い間隔を置く〉途絶える。 (3)〈(心理的に、相手との間に)大きな溝が出来てしまう〉疎遠になる。

-440- 〈A〉あくがる【憧る】《小屋を表わす「廬」から「離る」＝「本来の居場所を離れて外に浮かれ出る」の原義から、空間的に「さまよう」、対人的に「心が離れる」、更には「精神が肉体を離脱する」・「何かに強く心を奪われ、注意散漫になる」(現代語「憧れる」はこれに近い)の意が生じた》〔自ラ下二〕(1)〈(本来の居場所から)離れてふらふら出歩く〉**さまよう。** (2)〈心が肉体を離脱する(ような腑抜けた感じになる)〉**幽体離脱する。魂が抜けたようになる。** (3)〈(何かに心が引かれて)落ち着かない〉**そわそわする。** (4)〈(人との仲が)疎遠になる〉**心変わりする。**

-441- 〈A〉あかる【別る・離る・散る】《漢字表記すれば意味は一目瞭然の古語の一つだが、「離る」の読み方は実に様々で、「あかる」・「さかる」・「かる」・「はなる」はいずれも「離る」である・・・日本語に於ける音と文字と意味との掛け離れ具合がよくわかる一例ではあろう》〔自ラ下二〕〈(一緒だったものが)ばらばらに別れる〉**離別する。**

-442- 〈A〉あからさま【あからさま】《本来の居場所から一時的に離れる「離る」に由来し、上代には「突如として元の状態を離れる→いきなり変化する」の意で用いたが、中古以降は「かりそめに」が中核的語義となる。現代に残る「明白」の意は、「離ら様」と「明から様」の混同により近世以降生じたもの》〔形動ナリ〕(1)〈永続的・恒久的なものでないさま〉**一時的だ。** (2)〈(「あからさまにも」の形で、下に打消の語を伴い)否定の意味を強調する〉**全然・・・ない。**

-443- 〈B〉あからめ【傍目】《本来視線のあるべき対象から「目」が「離る」の意。物理的には「一時的に視線をそらすこと」、心的態度に着目すると「他の異性に対して浮気心を起こすこと」の意：いずれも当人が外界を見る視線だが、外界が当人の視線を離れる現象の「雲隠れ」という語義もある》〔名・自サ変〕(1)〈(一時的に)視線をそらすこと〉**よそ見。** (2)〈(他の異性に)心を移すこと〉**心変わり。** (3)〈(急に)姿が見えなくなること〉**雲隠れ。**

-444- 〈B〉そむく【背く】《「背」+「向く」(=対象に背を向ける)が原義。「後方や側方を向く・向かせる」・「離れる」といった物理的な語義の他、心理的な「反逆する」・「離反する」、宗教的脈絡での(主に「世を背く」の形での)「俗世を捨てて仏門に入る」の語義がある》〔自カ四〕(1)〈(空間的に)後方・側方を向く〉背を向ける。横を向く。(2)〈(心理・行動の上で)相手の立場に同調しない〉逆らう。(3)〈(空間的距離に言及して)それまで一緒にいた人から遠い場所に行く〉離別する。(4)〈(多く「世をそむく」の形で)俗世間を捨てて、仏門に入る〉出家する。〔他カ下二〕(1)〈(空間的に)後方・側方を向かせる〉背ける。(2)〈(心理的に)相手と同じ立場に身を置くことができない〉離反する。

-445- 〈C〉しぞく【退く】《「後+退く」から生じた「退く」(後方へ下がる)から「り」が脱落した語》〔自カ四〕〈後方へ下がる〉しりぞく。

●「行く」も「別れ」も、その先には必ず「方向」・「場所」あり、ということで、次は空間位置(place)系の古語

-446- 〈A〉かた【方】《原義は「(地理的な)方角」。明確な目的地に向けての強い指向性を持つ点で、類義語「様」(=漠然とある方向を示す)とは異なる。が、人物の名指しを避け、その存在する方向を漠然と指すことで人称代名詞の代用とする用法は、「方／様」に共通のものである》〔名〕(1)〈(地理的な)ある一定の向き〉方向。(2)〈(特定の物事が行なわれる)場〉場所。(3)〈(物事を論理的・分析的に切り分ける際の)向き、または、点〉方面。点。(4)〈(目的を果たすために)取るべき手筋〉手段。(5)〈(特定の現象・行動の)発生する時間帯〉頃合。(6)〈(複数の集団のうち)帰属する方の集団〉組。(7)〈(貴人への直接的言及を避けるため)場所に言及することで人を指す語〉・・・のお方。(8)〈(物事の展開について)直接的言及を避けてぼかして言う語〉どんな風。〔接尾〕(1)〈(時を表す名詞に付いて)ある現象・行動が行なわれる時を指す〉・・・の頃。(2)〈(対照的な複数のもののうち)帰属する側を表わす〉・・・側。(3)〈(多く、複数の)(人を表わす名詞に付いて)尊敬の意を表わす〉・・・の方(々)。(4)〈(機能を表わす名詞に付いて)演じる役割を表わす〉・・・役。

-447- 〈A〉さま【様】【方】《組成的には、漠たる方向を示す「さ」＋接尾語「ま」。幾多の語義を持つが、類義語「方」の持つ確たる一点志向とは対照的な「曖昧さ・非特定性」が「様」の持ち味である》[名]【様】(1)〈(外観上の)人・物事の漠然とした様態〉有様。姿形。 (2)〈(具体性はないが)何となくそのように感じられる様子〉趣。 (3)〈(有形の文芸作品や無形の対話などを)正しく成立させるために必要な一連の様式〉形式。 (4)〈(物事の)発生の契機となった状況〉事情。〔接尾〕【様・方】(1)〈(名詞・代名詞に付いて)漠然とした方向を表わす〉・・・の方。 (2)〈(動詞の連用形に付いて)ある物事の発生時点と同時点に於いて他の物事が発生する意を表わす〉・・・するや否や。【様】(3)〈(副詞などに付いて)様態を表わす〉・・・な風に。 (4)〈(中世以降)(人を表す語に付いて)敬意を表わす〉・・・様。

-448- 〈B〉かたへ【片方】《「片」は二つある物事のうちの半分、「方」は方角を指す。「全体の中の片方・一部分」の語義が原義に最も近いが、古語で最も多用されたのは「自分と相手の二方のうち、自分に属さぬ側」即ち「傍ら(にいる人)」の語義》[名](1)〈(二つで一組の物事のうちの)一方の側。また、(複数で構成される全体の中の)一部分〉片方。一部。 (2)〈(物理的に)隣接している部分〉傍ら。 (3)〈(物理的に)近くに存在する人間。(必ずしも心理的親近感を含意しない)〉周りの人。

-449- 〈C〉しりへ【後・後方】《「方」は近辺・方面・方向の意を表わす語で、現代語では「海辺・浜辺」などの中に残る。「前」の対義語で、「後方」の意を表わし、文芸用語としては「左右に分かれて行なう競技の、右の組」の意(左の組が先手＝「前」だったため、右方は後手＝「後方」という訳)》[名](1)〈(物理的に)後ろの方〉後方。 (2)〈左右に分かれて行なう競技に於ける、右方(＝後攻め)の組〉後手。

-450- 〈B〉しりうごと【後う言】《「前」の対義語「後方」に「言」を付けた「後方言」が元来の形で、「当人の背後で語られる発言」の意・・・ともなれば当然それは、本人が聞けば気を悪くするような悪口が殆ど・・・ではあるが、ごく稀に「本人のいない場面で語られる好意的な意見」の例もある》[名]〈本人のいない場所で語られる発言。(多くは悪口。稀に好意的意見の場合もある)〉噂話。

-451- 〈C〉かへさ【帰さ】《動詞「帰る」＋接尾語「さ」(場面)＝「かへるさ」→「かへつさ」→「かへさ」と略された語で、「帰路」の意。古典時代の京都の人は「賀茂の帰さ」(賀茂祭の翌日、齋王が齋院に帰る行列・・・多くの見物人が集まる一大行事)の意でよく用いた。対義語は「行くさ」(往路)》[名]〈どこかへ行った後で戻る行程。(特に、賀茂祭翌日の齋王の齋院に帰る行列を指す場合が多い)〉帰り道。

-452- 〈A〉がり【許】《「…の」の意の格助詞「が」+「方向」の接尾語「り」に由来するとも、「が在り」の略とも言われる。「が」に所有の響きがあるため、対象となるのは必ず(土地の所有者たる)「人」であり、「物」を対象とすることはない》〔名〕〈(平安時代以降、人を表わす名詞に格助詞「の」を付けて)ある人物のもとへ、という方向性を表わす〉…のところへ。〔接尾〕〈(人を表わす名詞・代名詞に付けて)ある人物のもとへ、という方向性を表わす〉…のところへ。

-453- 〈B〉ほとり【辺】《「端」の母音交替形の「ほと」+方向の接尾語「り」で、同じ漢字(辺り)表記の「わたり・あたり」と同義語。地理的には「辺境」・「近辺」の意を表わし、社会的に転じると「身近な人物」の語義になる》〔名〕(1)〈(空間的に)末端に当たる部分〉辺境。(2)〈(空間的に)近い場所〉近辺。(3)〈(社会的に)近しい関係にある人〉近親者。

-454- 〈A〉かど【角】【才】《物体どうしの摩擦から生じる鋭角的な部分を指す「角」が原義で、抜きん出て優れた才覚を表わす「才」はその比喩的な派生物。両者の境界線はしばしば曖昧だが、トンガった部分を責めている(角)のか褒めている(才)のかに着目すれば誤解は少なかろう》〔名〕【角】(1)〈(物体どうしの)摩擦によって生じた鋭角的に突出した部分〉尖端部。(2)〈(立方体の)端の部分〉隅っこ。(3)〈(刀剣の)刃と峰との間の厚く盛り上がった部分〉鎬。(4)〈(人の性格の)攻撃的・非協調的な要素。また、非難されるべき点〉とげとげしさ。難点。【才】(5)〈(特に目立った特徴として)言及・一見に値する箇所〉見所。(6)〈(知的に)抜きん出た能力〉才気。

-455- 〈B〉つま【端】《漢字表記は様々だが、「つま」は、本体や中心となるものの脇や端にある非中核部の意(例:「爪」・「刺身の妻」・「妻戸」)。「端」は「物事のはじっこ」(末"端")、特に「建物の軒先」(軒"端")を意味する他、比喩的に、理解や行動の「きっかけ」(発"端")の意をも持つ》〔名〕(1)〈(物理的に)物事の中心部から遠く隔たった部分〉末端。(2)〈(建物の)外壁から張り出した屋根の下端の日除け・雨除け部分〉軒。(3)〈理解や行動を促す何か〉きっかけ。

-456- 〈C〉よも【四方】《語源は「四+面」で「四つの方角の全て(=東西南北)」が原義。そこから「あちこち」の意味も派生した》〔名〕(1)〈(特定の場所を中心として)周囲の全ての方角〉東西南北。(2)〈(多く、直後に格助詞「の」を付けて)多くの場所〉あちらこちら。

-457- 〈C〉をちこち【彼方此方・遠近】《現代語「あちこち」の祖先。「ち」は「あっち・こっち・そっち・どっち」の「方」(方角・方面)、「を」=「遠」・「こ」=「近」で、元来は空間的な「あちら側とこちら側」または「あちらこちら至る場所」の意、時間的に転用すると「未来と現在」の意にもなる(過去は含まない)》〔名〕(1)〈(空間的に)遠方と近方、または、遠近さまざまな方角全般〉遠くと近く。あちらこちら。 (2)〈(時間的に)遠い先と現時点〉未来と現在。

-458- 〈C〉こち【東風】《春先に東から吹いて来る暖かい風のこと。方角に言及してはいるが、「此方」とは無縁の語らしく、語源は不詳。「こち」以外の風の呼び名には「東風(あゆ)・南風(はえ)・西風(ならい)・北風(あなじ)」などがあるが、これらの間に語源学的共通性は全く見られない》〔名〕〈春先に東から吹いてくる暖かい風〉東風。

●続いては、「場所」を表わす指示代名詞等々

-459- 〈B〉こ【此・是】《自分に近いものを指す「近称」の指示代名詞。現代語の「これ」・「ここ」・「こっち」などの元になった語》〔代名〕〈(空間・時間・心理的に)自分自身に近いものを指す指示代名詞〉これ。

-460- 〈B〉こなた【此方】《平安時代以降の語。「彼方」(遠方)の対義語で、自身に近い方を指す代名詞。空間的近接の「こちら」/時間的近接の「(過去のある時点より)以後」・「(未来のある時点より)以前」/人称代名詞の「自分自身」・「あなた」・「こちらの方」の三系統の語義を持つ》〔代名〕(1)〈(空間的に)自分自身に近い方を指す指示代名詞〉こちら。 (2)〈(時間的に)過去のある時点から現在までの間を指す指示代名詞〉・・・して以来。 (3)〈(時間的に)現在から、未来のある時点までの間を指す指示代名詞〉今から・・・まで。 (4)〈近くにいる人物を指して言う人称代名詞〉この人。 (5)〈自分自身を指して言う人称代名詞〉私。 (6)〈相手のことを指す人称代名詞〉あなた。

-461- 〈B〉かなた【彼方】《末尾の「た」は「方」に等しく「方角」の意、「彼」は「此」の対義語で遠方を指す。対義語は「此方」で、「此方彼方」だと「あちこち」の意。「彼」と「此」の対比表現の類例には、「彼此」(大凡)、「彼岸／此岸」(あの世／現世)、「彼奴／此奴」(あいつ／こいつ)などがある》〔代名〕〈遠くの場所を指し示す指示代名詞〉あちら。

-462- 〈B〉**あなた【彼方】【貴方】**《遠くの「彼」に方向の「方」が付いた語。対義語は「此方」。空間的に「あちら」及び「あちらに居る人」、時間的に「以前」及び「今後」を表わす。現代にも残る人称代名詞「貴方」は、人への直接的言及を避けた「場所」の代名詞化表現で、近世以降に生じた語義》〔代名〕【彼方】(1)〈遠い方角を表わす遠称の指示代名詞〉**遠方**。 (2)〈過去の時間を表わす遠称の指示代名詞〉**以前**。 (3)〈未来の時間を表わす遠称の指示代名詞〉**今後**。 (4)〈名指しを避けて場所で示すことで敬意を添える三人称の人称代名詞。(中古の用法)〉**あの御方**。

-463- 〈B〉**かしこ【彼処】**《直接目に触れぬ遠くの(または、不明な)場所を指す代名詞で、「此処」の対義語。両者は「此処彼処」の熟語で現代語にも残るので、一対にして把握するとよい。同じ「彼処」の字でも、「あしこ」と読めば、現代語「あそこ」の古形となる》〔代名〕〈話し手・聞き手から直接には見えない遠隔地、または、不明な場所を指す指示代名詞〉**彼方**。

-464- 〈C〉**ここもと【此処許】**《近い場所を指す指示代名詞「此処」に、場所を表わす「許」を付けたもの。空間的な「この近く」の他に、自分自身を指す人称代名詞「当方」または自分側に属する場所を表わす指示代名詞「私の所」の意をも表わす。対義語は「其処許」(そこ／あなた)》〔代名〕(1)〈(空間的に)話者に近い場所を表わす指示代名詞〉**この近所**。 (2)〈自分自身を表わす人称代名詞。また、自分自身の側を表わす指示代名詞〉**当方。こちら**。

-465- 〈C〉**そこもと【其処許】**《眼前の場所を指示する「其処」に、指示性を強める接尾語「許」を添えた語で、「其処」よりも指示性が強い「その場所」の意を表わす指示代名詞。近世以降は人称代名詞としても用いたが、「自分自身と同等以下の者」に対して使う、敬意を含まぬ言い回しである》〔代名〕〈場所を具体的に指示する中称の指示代名詞〉**その場所**。

-466- 〈B〉**いづく【何処】**《現代文語「いずこ」の元の語で、場所に言及する指示代名詞。不特定の場所・方向を表わす「何・何処」＋場所を表わす接尾語「く」。末尾が「こ」(場所の意)に転じると「何処」となる。平安時代以前は「いづく」のみ、平安以降は「いづく／いづこ」が併用された》〔代名〕〈不特定の場所を表わす不定称の指示代名詞〉**どこ**。

-467- 〈C〉いづくはあれど【何処はあれど】《「何処」(=「どこが特に良い／悪いという判断」)＋「はあれど」(=は、さて置くとして)で、「他はともかくこの場所だけは」の意となる。この連語「…はあれど」の語感は、現代語にも「…はあれとして」なる曖昧な逃げ口上の中に残っている》〔連語〕《いづく〔代名〕＋は〔係助〕＋あり〔自ラ変〕＋ど〔接助〕》〈ある特定の場所を、他とは別格のものとして取り立てて言う語〉他の場所はともかくとして。

-468- 〈C〉いづち【何方・何処】《「何・何処」は接尾語を伴って初めて意味を成す語根(単独使用例は『万葉集』東歌三五四九のみ)。「ち」は方角の接尾語で、「いづち」だと「どこ」という方向性の代名詞(「何処」・「何方」と同義)、副詞としては方向の格助詞を内包して「どこへ」の意を表わす》〔代名〕〈場所を表わす不定称の指示代名詞〉どの方向。〔副〕〈場所を表わす副詞〉どの方向へ。

-469- 〈C〉いづら【何ら】《不定称の指示代名詞として疑問を表わす場合、場所(どこ？)／対象(どっち側？)の二種があり、現代語「どちら？」と同じく、英語で言う"where?"／"which [one]?"の双方を表わし得る。感動詞としては「予想外」(あら？)／「婉曲な勧誘」(いかが？)の意を表わす》〔代名〕〈場所・対象に関する疑問の意を表わす不定称の指示代名詞〉どこ。どちら。〔感〕(1)〈予想や期待とは異なる事態に接した場合に発する語〉あら？ (2)〈他者に婉曲に誘いかける語〉いかが。

●次は、具体的な「建物」・「調度品」類を表わす古語

-470- 〈C〉いほ【庵・廬】《現代語にも残る「庵」の古形。「家」と同根語で、本源的には「岩」にまで遡ると言われる(原始時代の「家」は「岩の中＝洞窟」だったから)》〔名〕(1)〈(農夫が農作業用に組んだり、出家者・隠者などが住む)草木を葺いて作った粗末な住まい〉草庵。(2)〈(旅行者や軍隊が)一時的に宿る場所〉旅の宿。(3)〈自分の家をへりくだって言う語〉拙宅。

-471- 〈B〉かいばみ【垣間見】《「かきまみ」→「かいまみ」→「かいばみ」と転じたもので、「通りがかりの男性が、他人の家の垣根の隙間から、中にいる女性を覗き見する」意味。現代なら犯罪行為だが、古典時代は社会的に容認された男女の恋愛の契機であった》〔名〕〈垣根・戸などの隙間から、中にあるもの(特に、女性)をこっそり覗き見ること。(現代に於ける「覗き行為・出歯亀」のような犯罪的感覚はない)〉垣間見。

-472- 〈C〉せんざい【前栽】《「前栽物」(肉類に対する青物:現代語では「前菜:ぜんさい」)の語義よりも「庭先に植えた草木」・「庭・植え込み」の方が重要。そこは外界と室内との中間の空間で、わざと垣間見ができるよう作られた「透垣」を通して男が屋敷の中の女の姿を目に留める情景は、古典的恋愛の重要な舞台装置だった》[名] (1)〈庭先の植え込み。また、庭先に植えた草木〉植え込み。(2)〈(「前栽物」の略)(肉・野菜・穀類に対する)食べ物としての植物〉野菜。

-473- 〈C〉やりみづ【遣り水】《水を使わず自然の山水を表現した「枯山水」は現代にも残るが、少量の水を実際に流して雄大な山水の縮図を平安期の貴族の庭園に現出させようとしたのが「遣り水」。流れぬ水を溜めた「池」を"静"とすれば、寝殿造りの情景に"動"の景観を与える工夫が「遣り水」と言える》[名]〈(自然の山水のミニチュア版として)寝殿造りなどで、外から庭園に水を引き入れて流れるようにしたもの〉遣り水。

-474- 〈C〉さうじ【障子】《「障子」の直音表記。「しやうじ」とも書く。部屋の間仕切り用で、四季の別を問わず常用したが、俳諧では「冬」の季語。外の自然界に見るべきものがなく、屋内の温もりが恋しい季節だからこそ、「障子」から漏れ来る人家の気配に心引かれるのが冬、という訳だろう》[名]〈部屋と部屋、室内空間の仕切り用に置く家具〉障子。

-475- 〈C〉みす【御簾】《「す」+「垂れ」に由来する「簾」の美称。葦の葉や細く割った竹を糸でつないで垂らし、日除け・目隠しに使う調度品で、現代でも用いるが、それに美称の「御」を付けた「御簾」は、宮中や貴人邸宅の簾を敬った言い回し》[名]〈葦の葉や細く割った竹を糸でつないで垂らし、日除け・目隠しに使うもの。(宮中や貴人邸宅の部屋にある「簾」に敬意を込めて「御簾」としたもの)〉貴所の簾。

-476- 〈B〉きちやう【几帳】《平安時代の貴族の屋敷(寝殿造り)の中で、外から見えぬよう室内の間仕切り用に置いた(障子・屏風に類する)一種のカーテン。四角い木の台に二本の柱を立て、横木を渡して、帳を懸け垂らし、中から外を覗けるよう、下方は縫い合わせず暖簾状になっていた》[名]〈平安時代の貴族の屋敷(寝殿造り)の中で、外から見えぬよう室内の間仕切り用に置いた(障子・屏風に類する)調度品。四角い木の台に二本の柱を立て、横木を渡して、帳を懸け垂らす〉几帳。

-477- 〈B〉てうど【調度】《「調度品」の形で現代日本語にも残る「室内で用いる日常の道具」が原義。軍記物の中では「武具」、とりわけ「弓矢」を指す場合もある。「でうど」と濁音化する場合もある》〔名〕(1)〈室内で用いる日常の道具〉調度品。(2)〈(武士にとっての)戦闘用の道具。特に、弓矢〉武具。

●「場所」の最後は、大きく出て「国土」系の古語をば

-478- 〈C〉ひとのくに【人の国】《日本人が自国(日本)と対比して用いる「外国」(「中国」を指す場合が多い)の語義が中核。都の住人が自分の居住する場所と対比して用いた場合は「地方・辺鄙な土地」の意になる》〔連語〕《ひと〔名〕+の〔格助〕+くに〔名〕》(1)〈日本以外の国。(中国を指す場合が多い)〉外国。(2)〈(京都の住人から見た)都以外の土地〉田舎。

-479- 〈B〉から【唐・漢・韓】《三~六世紀中頃に朝鮮半島南部~中部に存在した小国家群に対する日本側の呼び名「加羅」(現地名は「加耶」)に由来。ここが日本史上初の海外交渉の地であったことから、「から」=「外国」の総称となり、狭義には「朝鮮半島・中国」を指す語となった》〔名〕(1)〈(地理的に)朝鮮半島及び中国を指す。また、広く外国全般を表わす〉朝鮮半島。中国。外国。(2)〈(人や物を表わす名詞の直前に付けて、接頭語的に)中国・朝鮮半島、または広く外国から渡来した人・物であることを表わす〉外来の。

-480- 〈C〉てんぢく【天竺】《中国に於ける魏・晋以降~唐代以前の「インド」の古称(唐代以降は「印度」の呼称を用いるようになった)。日本ではこれを国としての「インド」の意に用いると同時に、「天」の文字の類推から「天空」の意にも用いた》〔名〕(1)〈(中国・日本から見た)インドの古称〉インド。(2)〈天空〉空。

-481- 〈C〉もろこし【唐土】《昔中国に存在した「越」の国の名称の訓読語(「諸越」)で、「(日本から見た)中国」の名。「中国」の呼称としては「唐」もあるが、これは元来「朝鮮」の意である上に「外国全般」を指す語でもあるので、国家としての「中国」の固有名詞としては「唐土」の方が有力》〔名〕〈(日本から見た)中国の古称〉中国。

●「場所(space)」が一段落したら、次なる主題は当然「時間(time)」;まずは「過去」にまつわる古語の数々

-482- 《A》いにしへ【古へ】《「過ぎ去る」意の動詞「往ぬ」に過去の助動詞「き」を付けて「既に過ぎ去ってしまい、二度と戻らない」の（英語で言うところの）完了」の感覚を添えた「往にし」に、方角を表わす「方」を付けたもの。鎌倉期以降は「昔」が一般化し、「古へ」は文語・雅語の位置付けとなる》〔名〕(1)〈(歴史的に見て)今となっては遠い昔〉**古代**。(2)〈(個人的体験の中での)過ぎ去った時期〉**過去**。

-483- 《B》いまはむかし【今は昔】《英語で言うところの"Once upon a time"と同じく、「むかしむかし」を意味する物語の冒頭部の決まり文句。「今となっては昔のことだが」／「あなたは今、自分は昔の時代に存在している、という前提でこの話の世界に入って来て下さい」という二通りの解釈が可能》〔連語〕《いま〔名〕＋は〔係助〕＋むかし〔名〕》〈物語の冒頭で、これから昔語りが始まることを宣言する決まり文句〉**昔々**。

-484- 《C》きしかた【来し方】《上代には存在せぬ語。当時は「こしかた＝通過して来た場所」の意のみが存在した。平安中期、宛字上の類推から「越し方＝空間的経過」／「来し方＝時間的経過」の区分が一時的に生じるが、この区分は平安末期以降消滅し、両者が混用されるようになる》〔名〕(1)〈(時間的に)これまでに過ぎ去った時間。(平安中期の語。上代には存在せず、平安末期以降は「岸方」との懸詞以外では稀)〉**過去**。(2)〈(平安末期以降)(空間的に)これまでに通り過ぎて来た場所。(平安中期まではこの語義には「こしかた」を用いて「きしかた」と区分した)〉**ここまでの経路**。

-485- 《C》こしかた【来し方】《上代の「こしかた」は「通過して来た場所」の意のみを表わした。平安中期頃、この空間的語義を「越し方」と捉え、これと対照的な「経過して来た時間」の語義として「きしかた」なる読み方が新たに生まれた。平安末期以降は、これら二つの語義は混同して用いられた》〔名〕(1)〈(空間的に)これまでに通り過ぎて来た場所。(上代～平安中期まではこの語義のみ)〉**ここまでの経路**。(2)〈(平安末期以降)(時間的に)これまでに過ぎ去った時間。(この語義は上代には存在せず、平安中期にはこの語義には「きしかた」を用い「こしかた」と区分した)〉**過去**。

-486- 〈C〉あと【跡】【後】《「足+処」(=生物が足跡を付けた場所)が原義。物理的に残る「痕跡」・「筆跡」から、空間的な「後ろ」、更には時間的な「その後」へと語義が広がった。時間的な「後」からは更に「人の死後」・「後継者」・「先例」等の語義が派生した》〔名〕【跡】(1)〈生き物が通ったことを示す地形的特徴。また、その行く先〉足跡。行方。(2)〈かつて何物かが存在したことを示す物理的特徴〉痕跡。(3)〈筆記用具で書いた文字。また、文字に見られる個人的特徴〉筆跡。(4)〈(自らの指針として仰ぐべき)かつて他者が行なった類似の事柄〉先例。(5)〈(家門・奥義などを)先代から引き継ぎ伝承して行く役割を担う人物〉跡継ぎ。【後】(6)〈(空間的に)後の方〉後方。(7)〈時間的に)後の方〉以後。(8)〈人が死んだ後〉死後。

-487- 〈A〉さき【先・前】《空間的には「物事の先端」・「前方」を表し、時間的には「以前」と「未来」の双方を指す。序列に言及すれば「上位」となる。貴人の外出時に道の前方を駆けて人々を追い払う(役の人)を意味する「先追ひ」・「先払ひ」の略称としての「前駆」の語義も重要》〔名〕(1)〈(空間的に)物事の先の方〉先端。(2)〈(空間的に)前の方〉前方。(3)〈(時間的に)過去に遡ること。また、昔はそうであって今はそうでないもの〉過去。先代。(4)〈(時間的に)未来に向けてのこと〉将来。(5)〈(序列的に)他者よりも前または上。また、最重要な事柄〉上位。重大事。(6)〈(「先追ひ」・「先払ひ」の略で、「前駆」とも書く)貴人が外出する際に、道の前方を駆け出して、通行に邪魔な人々を追い払うこと。また、その役回りの人〉露払い。(7)〈(戦闘の際に)味方の誰よりも早く敵中に突撃すること〉先陣。

-488- 〈C〉せんだち【先達】《「せんだつ」とも言う。諸芸・諸道に於いて「他者に先んじてその道の頂点に達し、他者を導いたり他者の目標となったりする人物」の意。転じて「案内人」全般をも表わし、修験道では「同行の修行者の先導役」の意になる》〔名〕(1)〈(その分野に於いて)他者より先にその道の頂点を極め、他者を導いたり他者の目標となったりする人物〉先輩。(2)〈(一般的に)他者を導く存在〉指導者。(3)〈(修験道で)同行の修行者の先に立って山道を案内する熟達の修験者〉先導役の修験者。

-489- 〈A〉そむ【初む】《元来は「染む・浸む」の母音交替形「そむ」で、「色・染みが付く」が原義。外界からの働きかけを受けてそれまでの存在の様態とは異なる姿に変容する様子を捉えて「・・・し始める」の意を持ったのが補助動詞としての「・・・初む」》〔補動マ下二〕〈(動詞の連用形に付いて)初めて行なう意を表わす〉・・・し始める。

-490- 〈B〉もと【元・本・原】【下】【許】【元・故・旧】《「(草木の)根元」が原義。そこから派生する各種語義は現代語と同じものが多く、古文で特に問題になる語義は唯一「和歌の上の句」であろう(五七五+七七の"五七五"の部分が「元」、これに続く"七七"の方は「末(すゑ)」と呼ばれる)》〔名〕【下】(1)〈(縦向きに直立して存在する物事の)地面に近い方の部分〉下方(かほう)。【元・本・原】(2)〈(草木などの)茎のうちで、地面に近く、地下根よりは上の部分〉根もと。(3)〈(抽象的に)物事の最も基本的な部分〉根本(こんぽん)。(4)〈(事態・事象・存在などの)発生に関わる最初期の状況〉原因。由来。(5)〈五七五七七の文字から構成される和歌の、出だしの"五七五"の部分。(対義語は「末」=「七七」の部分)〉和歌の上の句。(6)〈(仕事の遂行に)必要不可欠な財政的基盤〉元手(もとで)。【許】(7)〈(あちこち移動し得る人・物が、一時的または日常的に)留まっている場所、または、それに近い場所〉所在地。近辺。【元・故・旧】(8)〈(時間の流れとともに変化してしまった物事の)今とは異なるかつての時代や様態〉往時(おうじ)。〔副〕【元・故・旧】〈(今はそうではないが)時間を過去に遡(さかのぼ)れば。また、(今もそうであるが)過去から継続してずっと〉以前には。昔から。〔接尾〕【本】〈草木を数える語〉・・・本。

●次なるは、時の流れて行き着く「末」の古語群

-491- 〈B〉すゑ【末】《「本」の対義語で、根本から離れた空間位置の「末端・先端」が原義。樹木の「梢(こずゑ)」の他、「将来」・「終盤」(時間)/「結末」(事態の展開)/「晩年」(人生)/「衰退期」(栄枯盛衰)/「子孫」(家系図)/「下位」(順序・序列)/「下の句」(和歌)と、各種の末端を表わす》〔名〕(1)〈(空間的に)物事の中心あるいは基点から遠く離れた部分〉末端。(2)〈樹木の先端部〉梢(こずゑ)。(3)〈(時間的に)進んで行く先の方〉将来。(4)〈(月・年・季節の)終わりに近い頃〉終盤。(5)〈(人・時代などの)終わりに近い頃〉末期。(6)〈(血縁関係について)(家系図の下方で)世代が上の誰かの血筋に連なる者〉子孫(しそん)。(7)〈(序列について)順位が低い方〉下位。(8)〈(事態の一連の展開について)最終的に行き着くところ〉結末。(9)〈(和歌で)「上の句(かみのく)」(=五・七・五)に対する「下の句」(=七・七)〉下の句(しものく)。

-492- 〈B〉つひ【終】《「費(つひ)ゆ・弊(つひ)ゆ・潰(つひ)ゆ」(疲弊・摩滅・消耗し尽くして、消え去る)と同根語で、一連の物事の「最後」を意味する。現代語の「遂(つひ)に」を想起させ、漢字表記こそ違うが根は同じ。人生の「晩年・死」に言及する例が多く、「終(つひ)の別れ」(死別)など、連語での使用例も多い》〔名〕(1)〈人生の最後の時期。また、人生そのものの終わり〉晩年。臨終(りんじゅう)。(2)〈紆余曲折(うよきょくせつ)を経て、最後に辿(たど)り着く到達点〉結末。

-493- 〈B〉**いまは**【今は】《連語としては現代語の「今となっては」と同じ意味を表わすが、古語で重要なのは「(命が)今はこれまで」から生じた「臨終」の意味の名詞の方。現代語にも「今わの際」の形で残っている》〔名〕〈命が尽きる間際〉**死に際。**〔連接語〕《いま〔名〕＋は〔係助〕》〈(絶望的な状況に立ち至って)諦めの気持ちを表わす〉**もはや。**

-494- 〈A〉**かぎり**【限り】《元来は「日＋限」＝「時間的限界点」を表わし、後に「空間的限界点」にもその意味が拡大された。その意味では現代語とほぼ同じだが、古語で特に要注意なのは「(現世での生存の限界点としての)死・葬式」の語義》〔名〕(1)〈(時間的な)限界点。(形式名詞的に用いて)その時点に至るまでの時間内の全て。(一定期間持続した事柄が)終わること〉**期限。期間。終結。**(2)〈(空間的な)限界点〉**限界。**(3)〈(形式名詞として)特定の状況下にある物事の全てを表わす〉**ありったけ。**(4)〈(形式名詞として)ある特定の物事のみに限定する意を表わす〉**・・・に限り。**(5)〈生命が尽きること。また、死後の措置〉**最期。葬儀。**(6)〈(程度に於いて)到達可能な最大限〉**極致。**(7)〈これ以上してはならない、または、最低これだけはせねばならないという)人為的制限〉**最大限。最低限。**

-495- 〈C〉**ご**【期】《中国から直接伝来した漢字読みを「漢音」または「正音」と呼ぶのに対し、朝鮮半島経由で由来した音を「呉音」と呼ぶ。この「期」は「き」と読めば正音／「ご」と読めば呉音。意味としては「時期」・「限度」そして「死の間際」であり、いずれも「限り」に限りなく近い》〔名〕(1)〈(ある特定の)事が行なわれる時〉**時期。**(2)〈(それ以上はあり得ないという)最上限の程度や範囲〉**限度。**(3)〈(この世からあの世へと旅立つ)人生最後の時間〉**臨終。**

-496- 〈C〉**ごす**【期す】《漢語由来の中世語。予め心に思い描いておくことが原義で、事前に「予期する」、良いことを「期待する」は「期」の字、善し悪しにかかわらず結果を真正面から受け止める「覚悟を決める」の語義は「悟」の字に絡めて覚えておくとよい》〔他サ変〕(1)〈(事に臨む前に)事態のおおよその有様を心に思い描いておく〉**予期する。**(2)〈(未来に於いて)自分にとって好ましい事物の到来を心に思い描く〉**期待する。**(3)〈(事態の善し悪しに拘わらず)正面から受け入れることを心に決めておく〉**覚悟する。**

-497- 〈C〉のちのこと【後の事】《字義通りには「将来の事」だが、古典的文脈では「現世で死んだ後に生まれ変わる来世の事」までも含む将来である点に要注意。また、自分が死んで生まれ変わる先の世ではなく、この世に残された人々によって執り行なわれる「死後の仏事」の語義も重要》〔名〕(1)〈今よりも年齢を重ねた時点で予想される事柄。また、自分が死んだ後に向かう世界の中での境遇〉将来の事。来世の事。(2)〈(人が死んだ後で)遺族が執り行なう死者の霊を慰めるための様々な儀式〉死後の法事。(3)〈妊婦が胎児を出産した後で、胎盤その他が排出されること。また、排出された胎内の内容物〉後産。

-498- 〈C〉のちのよ【後の世】《「将来」の語義は「自分自身が大人になってからの時代」ではなく「今生きている自分達がこの世を去って後の時代」という非個人的な語義なので、現代語とは様相が異なる。現世を去って後に生まれ変わる「来世・死後の世界」も古文頻出語義なので要注意》〔連語〕《のち〔名〕+の〔格助〕+よ〔名〕》(1)〈(現世に於いて)今から比較的長い時間が経過した後の時代、または世界〉後世。(2)〈(仏教語)人が死んだ後に生まれ変わる先の世界〉来世。

-499- 〈C〉つひに【遂に・終に】《「最後に結局」・「最後までずっと」は現代語の「遂に」にもそのまま残る。古語特有の用法としては、否定表現と共に用いて「一度として‥‥ない」の意を表わすものがある》〔副〕(1)〈最後の最後には〉結局。(2)〈(多く下に打消の語を伴って)最後の最後まで〉とうとう。(3)〈(下に打消の語を伴って)これまでに経験がないことを表わす〉いまだかつて‥‥ない。

-500- 〈C〉つひえ【費へ】【弊へ・潰へ】《「終」と同根語で、長期に亘る使用の結果として使い果たして消滅する、が原義。「出費」・「浪費」・「損失」・「悪化」・「疲労」と、見ているだけで疲れて溜息が出てくるような語義揃いで、その語感は現代語の「費やす」・「潰える」に残る》〔名〕【費え】(1)〈金銭や物品を何かの目的のために使うこと。また、無駄な金銭・物品の使い方〉出費。浪費。(2)〈(何の代価も得られず、ただひたすら)失うこと〉損失。(3)〈(状態・資力などが)次第に悪くなって行くこと〉悪化。【弊え・潰え】(4)〈(体力・気力が)次第に衰えて行くこと〉疲労。

●「元」と「末」とに挟まれた「今」に属する古語のほか、「未だ」来たらぬ未然系、「既に」終わった已然系の語についてもここらで

-501- 〈B〉いまさら【今更】《現代には「今頃になって…しても無駄」の語義のみが残るが、語源的には「今」+「新なり」なので、「今になって初めて」の語義や、「以前からあったものを、今、新鮮な話題として持ち出す」の語義にもなる》〔形動ナリ〕(1)〈(打消・反語の表現を伴って)今となっては無益である〉今となってはもう遅い。(2)〈これまで全くなかったことが、初めて行なわれるさま〉今初めての。〔副〕(1)〈(打消・反語の表現を伴って)今となっては無益であることを表わす〉今頃になってから。(2)〈以前からあったものを、今改めて持ち出すことを表わす〉事新たに。(3)〈これまで全くなかったことが、初めて行なわれることを表わす〉今初めて。

-502- 〈B〉いまめかし【今めかし】《名詞「今」+動詞化語尾「めく」の「今めく」を形容詞化した語。中古には主として「華やか／陽気で現代的」という肯定的意味で用いたが、中世以降には「軽佻浮薄」や「取って付けたようでわざとらしい」という否定的意味も加わった》〔形シク〕(1)〈(肯定的に)華やいだ感じが現代風でよろしい〉洒落ている。(2)〈(中世以降)(否定的に)飾り立てた雰囲気が気に入らない〉けばけばしい。(3)〈(中世以降)(否定的に)不自然な作為が感じられる〉わざとらしい。

-503- 〈C〉いまに【今に】《現代語と同じ未来志向の「いずれそのうちに」の意味の他に、「いまだに」の語義もある点に注意》〔連接語〕《いま[名]+に[格助]》(1)〈(既にその頃合いは過ぎているにもかかわらず)今もなお以前のままであることに対する非難の気持ちを表わす〉いまだに。(2)〈近い将来に実現することを予想・決意して言う語〉そのうちに。

-504- 〈A〉まだし【未だし】《形容詞「未だし」から「い」が欠落した語。年齢・時期に言及すると「時期尚早」、技能に言及すれば「未熟」の意を表わす》〔形シク〕(1)〈(年齢や時期について)まだ適当な時に至っていない意を表わす〉若すぎる。早すぎる。(2)〈(技能や完成度について)まだ完全な状態に至っていない意を表わす〉未熟だ。未完成だ。

-505- 〈B〉まだき【夙・未だき】《「未だその時期にもなっていないというのに、早くも」の意を表わす副詞で、多く格助詞「に」・「も」を伴った「まだきに」あるいは「まだきも」の形で用いる。意味上も語形的にも、形容詞「未だし」から生じたものかとされる》〔副〕〈未だその時期に至っていないというのに、何かが始まってしまった意を表わす〉早くも。

-506- 〈C〉すでに【已に・既に】《時間系では、完了・過去の「…たり」などを伴うと「もはや…してしまった」／推量表現「…むとす」などを伴うと「あやうく…しそうになる」の意；空間系では、ある領域全般に及んで「すっかり残らず」の意；断定の「…なり」などと共に用いると「現に…している」の意となる》〔副〕(1)〈(多く、完了・過去の表現を伴って)(時間的に)事態が既に完了しているさまを表わす〉もはや…している。(2)〈(多く、推量の表現を伴って)事態の実現が眼前に迫っているさまを表わす〉今まさに…しようとする。(3)〈(断定などの表現を伴って)事態の成立を確実なものとして強調する〉現に…している。(4)〈(空間的・全体的に)事が全てに及んでいるさまを表わす〉すべて。

-507- 〈C〉すなはち【即ち・乃ち・則ち】《語源に定説はないが、いずれの語義も、ある事態と別の事態との間に時間的間隔がない同時性を原義とする：この意を伝える四字熟語に「不即不離」(＝付かず離れず)／英熟語"on 〜ing(〜するや否や)"がある。"即"／"on"の時間的接触感覚、それ即ち「すなはち」の語感である》〔名〕(1)〈(連体修飾語を受けて)その動作・状態から間髪を入れず事が行なわれる意を表わす〉即時。(2)〈直前の脈絡で話題になった事態から間髪を入れず事が行なわれる意を表わす〉当時。直後。〔副〕〈ある動作・状態から間髪を入れずに別の事が行なわれる意を表わす〉即座に。〔接続〕(1)〈上述の内容の換言や、内容説明を導く〉つまり。(2)〈(直前の脈絡を受けて)ある事態を受けて、その帰結として別の事態が起こる意を表わす〉そこで。(3)〈(順接の仮定条件や、活用語の已然形＋接続助詞「ば」に続けて)上述の条件が満されれば、その帰結として後続の内容が実現する意を表わす〉…ならば、その時には〜。

●「過去／現在／未来」の悠久の時の次は、日々の暮らしの中で意識される時間的区切りの古語あれこれ

-508- 〈B〉けふ【今日】《表記は「けふ」で読み方は「きょう」：古語の字面と音のずれを説明する上でよく紹介される語。その語源は「此(こちら側)＋合ふ」の転かと言われる。因みに「今朝」は「此＋朝」の転とされ、「来し方」(過ぎた時間／やって来た道程)にも「此し方」の語感は宿っている》〔名〕〈現在進行中の日〉本日。

-509- 〈B〉きぞ【昨・昨夜・昨日】《「昨夜」または「昨日」の意。東国では古く「きそ」と清音だったとされ、「こぞ」と表記される場合もある。語源不詳ながら、「そ／ぞ」は「歳月」、「き／こ」はその歳月の(現在に対する)時間的近接性を示す(「き」は「こ」よりも現在に近い)と考えられる》〔名〕〈(時系列的に)現時点に最も近い過去の時間帯、または一日を指す〉昨夜。昨日。

-510- 〈B〉こぞ【去年】【昨夜】《漢字表記が「去年」の場合は字面通りの意(＝必ずしも「1年以内」の過去ではなく「現在に近い過ぎた年」の意)を表わすが、「昨夜」と表記した場合は「ゆうべ」ではなく「今夜」を指すかもしれない、という不思議な語》〔名〕【去年】(1)〈(時系列的に)他の過去よりは現在に近い過去に言及する語。(必ずしも「一年前」には限定されない)〉去年。【昨夜】(2)〈(時系列的に)現時点に最も近い過去の時間帯を指す。(一説には「今夜」の意を表わす)〉昨夜。(一説に)今夜。

-511- 〈B〉かへるとし【返る年】《「返る」の表わす「(物事の上下・表裏・運動の方向性が)逆転する」には「増え続けていた月日が再び起点に立ち返る」＝「年が改まり元日から再スタート」のリセット感覚も含まれるので、現代語の「明くる年・翌年」は「返る年」となる。「前年・先年・その昔」と錯覚せぬよう要注意》〔連語〕《かへる〔自ラ四〕＋とし〔名〕》〈(特定の時点から見た)その次の年〉翌年。

-512- 〈A〉またの【又の・亦の】《「またの日」(翌日)のような形で「次の」の意(現代語「又のお越しをお待ちしています」のように何時とも知れぬ不特定な表現ではなく、連続して存在するもののうちの「次の順番のもの」の感覚)、及び「またの名」(別名)のような形で「もう一つの」の意を表わす》〔連接語〕《また〔副〕＋の〔格助〕》(1)〈(「またの年」などの形で)(特定の日・時間帯について)次に巡って来るものの意を表わす〉翌・・・。(2)〈(「またの名」などの形で)既に言及されたものと同種の、異なる物・人の意を表わす〉別の。

-513- 〈A〉つごもり【晦・晦日】《「月＋籠もり」＝「前の月が消え入る時＝月末」の意。暦の上の「月末最終日」の意にもなる。因みに、「月籠もり」の翌日からは新たに「月が立つ」訳で、これが「月＋立ち」＝「朔日」。「月」＋「逆」の文字は、前月を御破算にして新たに"1"から始まるリセット感覚を含む》〔名〕(1)〈(太陰暦で)その月の二回目の満月が隠れる頃〉月末。(2)〈(暦の上で)月の最終日。(基本的に「三十日」だが、月によっては「二十九日」)〉末日。

-514- 〈A〉あした【朝】《「彼＋時」の転で「未だ彼方の未来の時点」が原義。「しだ」は「帰りしな」(帰途)に於ける「しな」の祖先で、「時」を表わす語。「さだ過ぐ」(適切な時機を過ぎる)に於ける「さだ」も同根語。現在から見た「明日」のみならず、過去からみた「翌日」の意もある》〔名〕(1)〈前夜から続く暗い時間帯の終わり〉朝。(2)〈出来事があった前夜に引き続く朝〉翌朝。(3)〈日付が変わった次の日〉翌日。

-515- 〈A〉つとめて【つとめて】《「夙に」(早くから)・「勤む」(せっせとやるべきことをやる)と同根語で、「早朝」を原義とするが、何か事があった場合の「翌朝」の意にもなる》〔名〕(1)〈夜が明け、太陽が東の空に昇り始めた時間帯〉早朝。(2)〈何か出来事があった翌日の朝〉翌朝。

-516- 〈B〉ゆふべ【夕べ】《上代には、昼を中心とした「朝→昼→夕」／夜中心の「夕→宵→夜中→暁→朝」の時間区分があり、「夕べ」は「夕+辺(元は清音):夕の末端」=「朝を中心とする時間区分の終わり」の意。直前の時間区分の終わりを回想するところから「昨夜」の意も生じた》〔名〕(1)〈昼の時間帯が終わり、夜の時間帯が始まる頃〉夕方。(2)〈一日前の夕刻、または夜〉昨夜。昨夕。

-517- 〈C〉ゆふさる【夕さる】《「夕暮れになる」の意。この「さる」は現代語「去る」のような「行ってしまう」意を表わす語ではなく、当方の意向に無関係に「来たり、去ったりする」の意で、「夕さり」・「夜さり」は、夕方や夜が「去る」のではなく(時間になれば人の思惑など無視して)「来る」のである》〔自ラ四〕〈日が暮れて薄暗い時間帯になる〉夕方が来る。

-518- 〈A〉ひぐらし【日暮らし】《「日」(太陽)+動詞「暗す」連用形(暗く翳る)で、「御天道様が沈むまで、日がな一日ずっと」の意。夏の終わりの風物詩の蝉の名「蜩」や、「その日暮らし」(将来展望もなく一日一日を行き当たりばったりで凌ぐ刹那的生活態度)のような寂しげな連想は古語にはない》〔副〕〈朝明けてから夜暮れるまで〉終日。

-519- 〈A〉ひねもす【終日・尽日】《元来の形は「ひねもすがら」。「すがら」は「…の間じゅう／…の際に」の意で、「日すがら」(一日中)、「夜すがら」(一晩中)、「道すがら」(途上で)などにも含まれる。平仮名表記が中世以降混乱して「ひめもす・ひめもそ・ひめむす・ひねむす」などの異形が生じた》〔副〕〈朝から晩まで〉一日中。

-520- 〈A〉ひごろ【日頃・日比】《現代語と同様の「常日頃」の意もあるが、古語の「日頃・日比」は「このところ数日」の意を表わす場合が多い。これらは殆ど副詞的に用いられるが、「まとまった何日間か」の意で数詞的に用いる場合もある》〔名〕〔副〕(1)〈最近の何日かの間〉数日来。(2)〈(例外的な場合を除く)普通の日常生活〉普段。(3)〈ある程度まとまった日数〉数日間。

-521- 〈A〉つきごろ【月頃】《「数ヶ月来」の意を表わすが、具体的に何ヶ月程度かは筆者の感覚次第で幅があり、二、三ヶ月のこともあれば半年のこともある。「頃」を「比」と書く「日比」・「月比」・「年比」のような表記もあるが、意味は(そして包含し得る時間幅の緩～い広さも)同じ》〔名〕〈ここ数ヶ月ほどの間。(二、三ヶ月、半年前後まで幅がある)〉数ヶ月来。

-522- 〈A〉としごろ【年頃・年比】《おしなべて古語の時間感覚は現代に比較して厳密性を欠くので、「年頃・年比」と言えば「ここ数年来」の意を表わすのが基本だが、「長年に亘り」の意の場合もあるから油断ならない。「おおよその年齢」の意もあるが、現代語「お年頃」(恋愛・結婚適齢期)の意はない》〔名〕(1)〈最近数年間。また、長い期間〉ここ数年。長年。 (2)〈(人の)だいたいの年齢〉年のころ。

-523- 〈B〉さいつころ【先つ頃】《「さきつころ」のイ音便で「さいつごろ」とも言う。「つ」は時間を表わす上代の格助詞で、「時間的に先行する時分」＝「先頃」の意となる。同種の組成の古語に「遠つ日」(今日から見て遠い日＝一昨日・・・関東では「おととい」／関西では「おとつい」)がある》〔名〕〈(特に具体的に日付を限定せず)近い過去の事柄に言及する語〉先頃。

-524- 〈B〉なかごろ【中頃】《現代語では「江戸時代中頃」のような形で「ある特定の時代区分の中間期」を指すが、古語の「中頃」は「先つ頃」(最近)と対比的に用いた「昔と今の中間期」であり、「そう遠くない昔」と訳せばよい。「(特にどの時期と特定せずに)ある一時期」とする曖昧な用法もある》〔名〕(1)〈「昔」と「今」の中ほどの時期〉そう遠くない昔。 (2)〈(時期を特定せずに)ある時分〉かつて。

●次なる時間系語は、事態の展開にまつわる「早い／遅い」系古語あれこれ

-525- 〈B〉とみに【頓に】《現代語「頓挫」(いきなり挫折)に含まれる「頓」の音の表記「とに」が「とみ」に転じてできた語とされる。「いきなり」の意だが、否定語と共に「すぐには・・・ない」とする例が多い》〔副〕〈(多く、打消の表現を伴って)時を移さずただちに〉すぐに(は・・・ない)。

-526- 〈C〉つとに【夙に】《「朝早くに」または「早い時期から」の意で、「朝」(早朝・事のあった翌朝)や「勤む」(せっせと仕事する)と同根語》〔副〕(1)〈一日が始まって間もない時間帯に〉早朝に。 (2)〈一連の時間の流れの中で、早い時期に〉早期に。

-527- 〈B〉つと【つと】《「同じ状態が持続する」・「動作・感情が瞬時にして急激に強まる」・「動作が迅速に行なわれる」という三つの意味を表わす擬態語で、現代語に置き換えれば「ずっと・じっと」・「ぐっと・すぅーっと」・「さっと・すっと」という感じになる》〔副〕(1)〈ある状態を変わらずに維持し続けるさま〉じっと。 (2)〈動作や感情が瞬時にして急激に強まるさま〉ぐっと。 (3)〈動作が迅速に行なわれるさま〉さっと。

-528- 〈C〉きと【きと】《時間的・精神的緊迫性を表わす擬態語とされる「き」に、「と」を付けて副詞化した語。この「きと」が促音化して現代語の「きっと」となった》〔副〕(1)〈(時間的間隔を置かずに)即時に為されるさまを表わす〉さっと。 (2)〈(何の前触れも予測もないままに)意外な形で為されるさまを表わす〉不意に。 (3)〈(時間的余裕がなかったために)全体にまで動作が及ばないさまを表わす〉僅かに。 (4)〈(瞬発力・集中力を発揮して)確実に行なわれるさまを表わす〉きりっと。

-529- 〈A〉とく【疾く】《形容詞「疾し」の連用形「とく」の副詞化。ウ音便形「疾う」で用いる場合も多く、意味を強調したり相手を促す場合は「とくとく」・「とうとう」と畳語化する。「時を移さず即座に行動する」(さっさと)が原義で、「既にもう事が行なわれてしまっている」(とっくに)の意もある》〔副〕(1)〈時を移さず即座に行動するさま〉早速。 (2)〈既にもう事が行なわれてしまっているさま〉もう。

-530- 〈A〉とし【疾し】【敏し・聡し】【利し・鋭し】《漢字表記は異なるが、「磨ぎ」(研ぎ澄まされた鋭さが短時間に勢いよく発揮される)の語感を根に持ち、「疾し」=「速度が速い」・「時期が早い」・「勢いが激しい」/「敏し・聡し」=「行動が機敏だ」・「知性・感性が鋭敏だ」/「利し・鋭し」=「鋭くてよく切れる」の意となる》〔形ク〕【疾し】(1)〈速度が速い〉素早い。 (2)〈時期が早い〉早期だ。 (3)〈(風などの)勢いが強い〉激しい。 【敏し・聡し】(4)〈(人の)行動が素早い〉敏捷だ。 (5)〈(多く、「耳」・「目」などの身体部位に続けて)(人の)感覚が鋭い〉鋭敏だ。 【利し・鋭し】(6)〈(刃物の切っ先が)鋭くてよく切れる〉鋭利だ。

-531- 〈B〉ゆくりなし【ゆくりなし】《「行く」に由来し「行きつ戻りつ不安定に揺れ動くさま」を表わす「ゆくり」に、否定の「無し」を付け、「直線的すぎる」を原義とする語。自分の意向を無視してまっしぐらに進む事態や他者の予測不能な様態への反感から、「突然だ」・「無遠慮だ」の意となる》〔形ク〕(1)〈他者の行動や事態の発生が)予想もしないものだったという意を表わす〉思いがけない。 (2)〈(事後の展開や他者の意向を考慮に入れない行動)あるべき姿から外れていて、非難したくなる意を表わす〉考えが足りない。

-532- 〈C〉ゆくりか【ゆくりか】《語義は「ゆくりなし」と同じで「意外だ」・「軽率だ」。字面からは「ゆっくりだ」の意に見えるが、そうではない。但し、語形のよく似た「ゆくらか」・「ゆくらゆくら」には「ゆったり／ゆらゆら／落ち着かない」の語義がある》〔形動ナリ〕(1)〈(他者の行動や事態の発生が)予想もしないものだったという意を表わす〉思いがけない。 (2)〈(事後の展開や他者の意向を考慮に入れない行動が)あるべき姿から外れていて、非難したくなる意を表わす〉考えが足りない。

-533- 〈A〉やがて【軈て・頓て】《二つの動作・状態に注目して、両者の間に何の質的な隔たりもない／時間的隔たりがない、が原義。時間的隔たりに言及する語義としては「すぐさま」が古典時代の主流で、現代語にも残る「しばらく経ってから」の語義は中世以降に生じたもの》〔副〕(1)〈ある事態と同時に、異なる事態が進行するさまを表わす〉その状態でずっと。 (2)〈ある物事が、他の物事と連続していたり、共通性がある意を表わす〉さながら。 (3)〈異なる物事どうしが、論理的・実質的に見て同一のものである意を表わす〉即ち。 (4)〈ある事態の発生から、時間的に間を置かずに異なる事態が発生する意を表わす〉すぐさま。 (5)〈(中世以降の語義)ある事態の発生から、ある程度の時間が経過してから、異なる事態が発生する意を表わす〉間もなく。

-534- 〈A〉やうやう【漸う】《「漸く」のウ音便形で、元は「稍く」であり、その元は「稍」であり、それは元来「彌」を重ねて成立した語であり、その原義は次第に増して行く意である。原義に忠実な「ゆっくりと」と、事態が一足飛びに進展しない意を表わす「どうにかこうにか」の語義がある》〔副〕(1)〈事態がゆっくりと進展して行くさまを表わす〉次第に。 (2)〈事態が一足飛びに進展しないさまを表わす。(進展の遅さへの苛立ちや不安、最終的に実現した場合の安堵などの感情を含む)〉どうにかこうにか。

-535- 〈C〉ややあって【稍有って】《「稍有りて」の促音便。「やや」はあまり長くない時間、「ありて」はそれだけの時間が経過したことを表わし、「その後しばらくして」の意となる。物語の中でこの記述があれば、そこから先は直前の場面とは異なる時点に飛ぶことになるので、そのつもりで読む必要がある》〔連接語〕《やや〔副〕＋あり〔自ラ変〕＋て〔接助〕》〈(直前の場面と後続の場面との間に)ある程度の時間の経過がある意を表わす〉少し経ってから。

-536- 〈C〉とばかりありて【とばかりありて】《直前の場面から少し時間が経過したことを表わし、次の場面に移るまでの間に、描かれていない何があったのか？（・・・生々し過ぎて書けない恋愛場面とか・・・）を読者の想像に委ねる含蓄系表現》〔連接語〕《とばかり〔副〕＋あり〔自ラ変〕＋て〔接助〕》〈物語の流れの中で、前後の記述の間に時間的余白を加える言い回し。（その間の記述を意図的に回避するための技法として、男女の情交場面の割愛などに用いられることが多い）〉しばらくしてから。

-537- 〈C〉かかるほどに【斯かる程に】《「斯かる」はラ変動詞「斯かり」連体形で「このような」の意、「程」は「時間」を表わし、合わせて「そうこうしているうちに」の意になる。物語中で時間や場面の転換を伴うシーンで用いられる語で、類義語に「さるほどに」・「とかくするほどに」などがある》〔連接語〕《かかり〔自ラ変〕＋ほどに〔接続〕》〈場面・状況が新たに移り変わることを示す語〉そうこうしているうちに。

-538- 〈C〉さるほどに【然る程に】《「そうこうしているうちに」・「ところで」・「なんとまあ」と、いずれの語義も、直前までの脈絡を一旦打ち切って新たな話題に転換する色彩が強い語》〔接続〕(1)〈（前に述べた内容を受けて）その事情が、時間の経過と共に、別の事情へと発展して行くさまを表わす〉そうこうしているうちに。(2)〈話題を転じる時に用いる語〉さて。(3)〈軽い感動を表わす語〉それにしても。

-539- 〈B〉まにまに【随に】《形式名詞「随」（上代語で、単独の使用例なし）に格助詞「に」を付けた語。後には「ままに」形に転じて現代語「・・・のまま／まんま」などに引き継がれた。事の成り行きに任せる「・・・の通りに」／ある事態の経過につれ別の事態が進展する「・・・につれて」の二義を持つ》〔連接語〕《まにま〔名〕＋に〔格助〕》(1)〈事態の成り行きに任せる意を表わす〉・・・通りに。(2)〈ある事態の経過につれて、別の事態が進展する意を表わす〉・・・につれて。

-540- 〈A〉ままに【儘に・随に】《形式名詞「随」に格助詞「に」を付けた「まにまに」の転。成り行き任せの「・・・の通りに」／ある事態の経過につれ別の事態が進展する「・・・につれて」（以上「まにまに」に同じ）／原因・理由「・・・なので」／二つの事態の同時発生「・・・するや否や」の意を表わす》〔連接語〕《まま〔名〕＋に〔格助〕》(1)〈ある事態の経過につれて、別の事態が進展する意を表わす〉・・・につれて。(2)〈事態の成り行きに任せる意を表わす〉・・・通りに。(3)〈原因・理由を表す〉・・・なので。(4)〈ある事態の発生とほぼ時を同じくして、別の事態が起こる意を表わす〉・・・と殆ど同時に。

-541- 〈B〉すがら【すがら】《「過ぐ」に由来する語で、「道すがら」に見るような「…の途中で」の意と、「夜すがら」のような「…の間中ずっと」の意とがある。「通りすがり」に於ける「すがり」も「すがら」の兄弟分》〔接尾〕(1)〈(名詞などに付いて)一定の時間幅に亘り継続的に行なわれる意を表わす〉…の間中ずっと。(2)〈(名詞などに付いて)ある行動の最中に、副次的に他の行動を加える意を表わす〉…のついでに。

-542- 〈C〉やにはに【矢庭に】《「庭」は「何らかの作業用に平らに均された場」から転じて「何らかの行為が行なわれる場」のこと。「矢庭」＝「矢が飛び交う実戦場」の意から、面倒な手続きを踏んでいては負傷・絶命・敗戦に直結する場面で、あれこれ考えず「その場ですぐに」の即応性を意味する》〔副〕〈あれこれ考えることなく、状況に即応してその場で事を運ぶさま〉すぐさま。

-543- 〈B〉やをら【やをら】《語源的には「柔ら・和ら」に通じ、動作に突発性がなく、動きを感じさせぬ円滑な流れの中で遂行される一連の動作を言う副詞。擬態語「すーっと」に近い。「や」の字つながりの「矢庭に」（突然）・「矢鱈」（無節操に）と混同して「いきなり」の類推を抱かぬよう要注意》〔副〕〈(ある状態から異なる状態への移行が)突発的でなく、円滑で、違和感なく自然に行なわれるさま〉おもむろに。

-544- 〈C〉やおそき【や遅き】《疑問の係助詞「や」＋形容詞「遅し」の連体形。「(当人の心境としては)…するのが遅い、とでも言うのだろうか？」の意を表し、現代語「今や遅し」の定型句へと連なる表現（…係り結びがきちんと機能していた当時の古文では結びは「遅き」と連体形になる)》〔連接語〕《や〔格助〕＋おそし〔形ク〕》〈(活用語の連体形に続け、直後に接続助詞「と」を伴った「…や遅きと」の形で)…するのがいかにも遅い、と言わんばかりの様子〉…するのが待ち遠しい。

-545- 〈B〉はやう【早う】《形容詞「早し」連用形の副詞化した「早く」はウ音便「早う」での用例が多い。速度でなく時期を問題にし、過去の助動詞を伴えば「以前に」／完了・過去の助動詞を伴えば「既にもう」／断定・推量表現を伴えば「元来は」の意。「何とまぁ…だよ」の感動詞としての用例も多い》〔副〕(1)〈(下に過去の助動詞を伴って)(現在はもうそうではないが)過去に遡ればそうであった意を表わす〉かつて。(2)〈(下に過去・完了の助動詞を伴って)ある動作・状態が既に完結してしまい、それ以前とは異なってしまった意を表わす〉既に。(3)〈(下に断定・推量の表現を伴って)(現在はそうではないが)過去に遡れば今とは別の何かであった意を表わす〉元来は。(4)〈(下に「けり」・「なりけり」を伴って)感嘆の意を表わす〉いやはや…だったよ。(5)〈(動作が)きびきびと素早いさま〉急いで。

-546- 〈B〉はつか【僅か】《「初」と同根語とされ、「物事の一端がほんの一瞬だけ現われる」及び「時間的に一瞬」の意を表わす。漢字表記が同じで音も近似の「わづか」が数・分量・程度の少なさを表わす「貧弱系」なのに対し、「はつか」は一瞬見えるが十分には見えぬもどかしさを含意する》〔形動ナリ〕(1)〈(視覚的または聴覚的に)物事の全体ではなく一部のみが現われるさま〉僅かだ。 (2)〈時間的に短いさま〉一瞬。

●次なる古語は「経年」系;過ぎた時間が長ければ、いろんな事が起こるもの

-547- 〈A〉ふ【経・歴】《「旧る・古る」・「古し」、接尾語「ふ」(反復・継続)、格助詞「へ」(方向・目的地)と関連する語で、一定の時点・地点を抜かすことなく順次辿る動作が原義。上代には専ら「時・季節が過ぎて行く」意。後に「場所を経由する」・「ある段階を経験する」の語義が加わった》〔自ハ下二〕(1)〈(季節や年月など)時間的な区切りを順次経て行く〉経過する。 (2)〈(目的地に行く過程で)ある場所を通って行く〉通過する。 (3)〈(一連の流れの中で)ある段階を通ってから先へ進む〉経験する。

-548- 〈B〉つもる【積もる】《他動詞「積む」の自動詞形。多くのものが散逸せず重なって一纏めになる意で、雪・塵・年齢・努力などの「蓄積」、年月の「経過」、執着性の感情や望ましくない物事の「累積とその報い」が根源的な語義。近世には「見積もる」・「顱導する」の他動詞としても用いた》〔自ラ四〕(1)〈(雪・塵・年齢・努力などが)散逸・消滅することなく積み重なる〉積もる。 (2)〈(年月について)長い時間が経過する〉経つ。 (3)〈(怨恨・慨嘆・恋情など)強い執着性の感情や(不信心・不品行など)好ましくないものが重なり、深刻な事態を招く〉積もり積もる。

-549- 〈A〉しげし【繁し・茂し】《時間的・空間的に、物事や出来事が次々発生・存在する様子を表わす。時間系では「(出来事の発生の)頻度が高い」の意、空間系では「(草木・人数・色調などの)分量・密度が高い」という物理的な語義/「余りに多すぎて煩わしい」という心理的な語義がある》〔形ク〕(1)〈(出来事の発生の)頻度が高い〉絶え間ない。 (2)〈(草木、人数、色調などの)分量・密度が高い〉大量だ。高密度だ。 (3)〈(頻度・分量・密度があまりに高すぎて)心理的に不愉快である〉うるさい。

-550- 〈B〉ひさし【久し】《長時間に亘って同じ状態が続くという時間的「連続性」に言及する「延々と長い」(悠久・永久・久遠)が原義。逆に、かつて存在した状態が長らく途絶えた後に復活する「断続性」に言及する「長の御無沙汰・随分と懐かしい」(久しぶり)の語義もある》〔形シク〕(1)〈(時間的継続性)同じ状態が長い時間に亘って続くさま〉時間が長い。 (2)〈(時間的断続性)長い時間の空白を経て、再び同じ何かを経験すること〉久しぶりだ。

-551- 〈A〉ふる【古る・旧る】《「経・歴」・「古し」とも関連する語。年月が経過して「古ぼける」、人間について「年老いる」、感覚について「感銘が薄れる」など、あまり嬉しくない語義だらけだが、友に関しては「昔馴染み」という心温まる意にもなり得る》〔自ラ上二〕(1)〈(年月の経過とともに)あまり顧みられなくなり、往時の盛んだった様子が感じられなくなる〉古ぼける。 (2)〈(人間について)年齢を重ねる〉年老いる。 (3)〈(感覚的に)新鮮さが失われ、強い感銘を受けなくなる〉感銘が薄らぐ。

-552- 〈B〉ふるさと【古里・故郷】《現代では「自分の生まれ育った土地」の意だが、古語では必ずしも出生や幼年期に無関係に「長く慣れ親しんだ土地」を意味する場合もある。宮仕えに出た女官の古い里＝「実家」や、現在の首都に対する「旧都」、歴史上名高い「旧跡」を意味する場合もある》〔名〕(1)〈(奈良、吉野など)かつて首都であったが、京都遷都以降は廃れてしまった土地。また、歴史的にいわれのある場所〉旧都。歴史的名所。 (2)〈かつて慣れ親しんだ場所。(必ずしも出生地とは限らない)〉馴染みの場所。 (3)〈(宮廷出仕者の)出仕する前に暮らしていた自分の家〉実家。

-553- 〈A〉すぐす【過ぐす】《「過ぐ」の他動詞形。「年月を過ごす」・「やり過ごす」は現代語の類推で判る語義。「最後までやり終える」は「過ごす」というより「済ます」の感じ。「通常の範囲を越える」は「出過ぎる」の感覚で、動詞連用形に続けて補助動詞的に「・・・し過ぎる」の意でも用いる》〔他サ四〕(1)〈(時間的に)過ごす。(ある状態で)生活する〉年月を過ごす。暮らす。 (2)〈(物事の移動や、事態の展開について)何の対応もせずそのまま過ぎるに任せる〉やり過ごす。 (3)〈(行事や仕事などを)最後までやり通す〉済ます。 (4)〈(年齢が)望ましい段階を既に越えている〉かなりの年齢である。 (5)〈(妥当と思われる水準を)超越している。また、(技能などが)普通以上の水準である〉度を超している。並外れて優れている。 〔補動サ四〕〈(動詞の連用形に付いて、補助動詞的に)妥当な限度を超えている意を表わす〉・・・し過ぎる。

-554- 〈B〉さだすぐ【さだ過ぐ】《「さだ」は時を表わす「しだ」の母音交替形で、「さだ過ぐ」だと「然るべき時機を過ぎてしまった」の意を表わす。事態に言及して「遅すぎる」となる場合もあるが、人の年齢に言及して「最盛期を過ぎた／適齢期を過ぎた／老けた」の意を表わす場合が多い》〔自ガ上二〕〈事態の発生時期や、人の年齢に言及して）然るべき時機を過ぎてしまった意を表わす〉**遅れる。盛りを過ぎる。**

-555- 〈A〉おくる【後る・遅る】《「時間的な遅れ」の語義から発展して、「人に死に後れる」・「他者との比較対照上、劣る」・「気後れする」などの語義を持つに至った。他動詞形は「後らかす」》〔自ラ下二〕(1)〈(時間的に)後になる〉**遅れる。** (2)〈(他の人が死んだ後に)自分だけ生き残る〉**死に後れる。** (3)〈(才能・容姿・性質などが)他者と比較して、下である〉**劣る。** (4)〈(自分の劣勢を感じて)消極的な気持ちになる〉**気後れする。**

-556- 〈C〉みすつ【見捨つ】《現代では相手に望みなしと見て冷酷に切り捨てる意だが、古語では（多く未練を残しつつ）「後に残して立ち去る」の意。「人を後に残してこの世を去る」の意にもなるが、いずれにせよ自分本位で冷徹な現代の「見捨て」とは趣が異なる。同義語に「見置く」がある》〔他タ下二〕〈(人や物を)（多く、未練を残しつつ）後に残して自分だけが去る。(人との死別についても言う)〉**置き去りにする。**

●次なる時間系古語は、特定行為と結び付いた「場合・場面・状況・展開」系

-557- 〈B〉しだい【次第】《「成り行き任せ」／「即時性」の接尾語用法と、「経緯」や、近世語「役者の舞台登場の際に述べられる登場理由」の名詞用法は現代語にも残る。古語として要注意なのは「(何らかの基準に照らしての正しい)順序」：しきたり重視の平安人の意識の中では重要な語義である》〔名〕(1)〈(年齢、長幼、勤続年数、家柄、格式など)何らかの基準に照らしての正しい順番〉**順序。** (2)〈(ある事態に至るまでの)物事の展開〉**経緯。** 〔接尾〕(1)〈(名詞または動詞の連用形に付いて)成り行きに任せて行動や結果が左右される意を表わす〉**…のままに。** (2)〈(動詞の連用形に付いて)ある事態が終了すると同時に、の意を表わす〉**…するや否や。**

-558- 〈B〉ついで【序】《「継ぎ＋つ」が語源の動詞「序づ」(順序立てて並べる)の名詞化とも、「継ぎ」＋「手」の音便形ともされる語。ある物事の次に来るべきものの順番を定めること、即ち「順序」が原義。「きっかけ」（＝物事を行なったり次の事柄に移るのに適当な何か）の語義もある》〔名〕(1)〈物事の発生や処理の適正な並び方〉**順序。** (2)〈物事を行なったり、次の事柄に移行するのに好適な何か〉**きっかけ。**

-559- 〈B〉ひま【隙・暇】《物の割れ目の意の「ひ」(「ひび割れ」の「ひ」)に「間」を付けた「物と物の間に出来た物理的空間」が原義。これが時間的空白に転じ、活動と活動の「合間」、有意な活動をせずにいる「余暇」、余剰時間の中から生まれる「余裕」を初めとする様々な語義が生まれた》〔名〕(1)〈物と物の間の空間〉隙間。(2)〈(一連の仕事・行動の間に)一時的に活動が停止する時間〉合間。(3)〈(仕事や、意味のある行為をせずに)休んでいる時間〉余暇。(4)〈(時間・活力が十分にあることからくる)精神的に余裕のある感覚〉ゆとり。(5)〈(他者との心理的距離感や、緊張感の欠如など)人の心に生じる隙間〉不和。油断。(6)〈(事を為す上で)ちょうどよい時〉好機。

-560- 〈C〉いとま【暇】《複数のものの「間」を含む点でも、漢字表記が同じである点を見ても、「ひま」と「いとま」は極めて近いが、「ひま」の原義は「物理的な割れ目・隙間」/「いとま[暇]」は「時間的な余白」(合間)、という相違がある》〔名〕(1)〈(一連の仕事・行動の間に)一時的に活動が停止する時間〉合間。(2)〈(仕事や、意味のある行為をせずに)休んでいる時間〉余暇。(3)〈(時間・活力が十分にあることからくる)精神的に余裕のある感覚〉ゆとり。(4)〈死んだ人の喪に服すること、また、そのための休暇(の期間)〉服喪(期間)。忌引。(5)〈職を辞すること。また、それを届け出る、または許可すること〉辞職(願)。(6)〈(離婚や死別を含めて)人と別れること。また、そのための挨拶をすること〉離別。暇乞い。(7)〈(「暇」との混用)物と物の間の空間〉隙間。

-561- 〈B〉をり【折】《直線状のものを折り曲げる意から、「折詰」や、俳諧・連歌で用いる「(作品を書き付ける)折り曲げた紙」などの物理的形状に言及する語義が生じた。が、「折り」の中核語義は、時間的な区切りとして意識される「時候」や「機会」である》〔名〕(1)〈(他の季節とは異なるものとしての)特定の季節〉季節。(2)〈(何かを行なうための)特定の時機〉場面。(3)〈(連歌・俳諧で)作品を書き付けるための紙を折ったもの。また、それを数えるための語(「一の折」など)〉懐紙。(4)〈(薄い板を組み合わせて作った)料理などを入れる薄容器〉折り詰め。

-562- 〈B〉ふし【節】《「植物の茎と茎/動物の骨と骨のつなぎ目」が原義。それと物理的に類似の「瘤のような隆起部」(糸・縄・手足の節くれだつ部分)をも言う。周囲から際立つ「箇所」/事を為すに適した「折」/音楽の「節(回し)」の意もあり、和歌では「節/世」の懸詞が多用される》〔名〕(1)〈(植物の)茎と茎のつなぎ目。(動物の)骨と骨のつなぎ目。(糸・縄・手足などで)盛り上がった部分〉節。(2)〈(何かをするのに)好適な時〉機会。(3)〈(他とは異なり)傍目にいかにも目立つところ〉事柄。(4)〈(音楽に於ける)調子の高低〉節(回し)。

-563- 〈B〉をりふし【折節】《直線状のものを折り曲げる「折」と、竹などの植物の生長過程で刻まれる「節」という、他のものとは区分された特別な場面を意味する語どうしを重ねた語。名詞としては「各場面場面」・「時節」、副詞としては「時折」(＝をりをり)／「まさにその時」(＝をりしも[あれ])の意となる》〔名〕(1)〈(様々な出来事を総合的に眺めた上で)一つ一つの場面に焦点を当てる語〉その時々。 (2)〈(他の季節とは異なるものとしての)特定の季節。また、(何かを行なうための)特定の時機〉季節。場面。〔副〕(1)〈恒常的でなく、散発的に事が起こるさま〉時折。 (2)〈ある行為や事態の発生に好適な条件が整っている意を表わす〉その折も折り。

-564- 〈B〉をりから【折柄】《副詞用法の「まさにその時に」は現代語と同じだが、「折＋柄」＝「ちょうどよい機会」という名詞用法があること、副詞用法でもその「柄」の特性に由来する「好適な場面であるから」という原因・理由の含みがあることを理解しておく必要がある》〔名〕〈ある行為や事態の発生に好適な場面〉よい折り。〔副〕〈ある行為や事態の発生に好適な条件が整っている意を表わす〉その折も折り。

-565- 〈C〉をりしりがほ【折り知り顔】《何かを行なうに適当な場面の「折」が今まさにやって来た、と意気込んでいる人の「自慢げな表情」を嘲笑気味に形容する場合もあれば、(時として、感情を持たぬ筈の自然の景物・生物が)「その場の情趣・時節にぴったりな感じ」であることに感嘆する用法もある》〔形動ナリ〕(1)〈(軽蔑の含みを込めて)(自分の出番がやって来たと言わんばかりの)得意気な顔をしている〉待ってましたと言わんばかりだ。 (2)〈(肯定的に)その時節に相応しい様子である。(無生物についても用いる)〉場面相応だ。

-566- 〈B〉をりしもあれ【折しもあれ】《ある特定の場面を意味する「折」に、「よりにもよって」の意の連語「しもあれ」(副助詞"し"＋係助詞"も"＋あれ)を添えて「他でもないまさにその時に」の意を表わす。「をりこそあれ／をりしもこそあれ」形の連語もあり、現代語にも残る「折しも」の略形でも用いた》〔連接語〕《をりしも〔副〕＋あり〔補動ラ変〕》〈他ならぬまさにちょうどその場面で〉その折も折り。

-567- 〈B〉ほどこそあれ【程こそ有れ】《ここでの「程」は「時・場面」の意味。「確かに・・・する場面、ではあるものの」(譲歩)の語義もあるが、重要なのは「・・・したかと思うと、その直後にはたちまち〜」の相関表現(英語に於ける"no sooner had A…ed than 〜"と全く同じ発想による時間差表現)である》〔連接語〕《ほど〔名〕＋こそ〔係助〕＋あり〔自ラ変〕》(1)〈(譲歩)そのような場面が存在したことは認めつつも、それは本質的に重要ではない、として打ち消す意を表わす〉確かに・・・することはあったが、しかし〜。 (2)〈(即時性)ある事態に引き続き、間髪入れずに次の事態が発生する意を表わす〉・・・するや否や〜。

-568- 〈B〉ほどに【ほどに】《現代語同様の「時間的経過」(・・・するうちに段々と)の他、「原因・理由」(・・・なので)と「逆接」(・・・なのだが)という相反する意をも表わす》〔連接語〕《ほど〔名〕＋に〔格助〕》〈(時間的経過)ある事態が一定時間進行するのに合わせて、別の事態が発生する意を表わす〉・・・するうちに。〔接助〕(1)〈(原因・理由)直前の記述が原因となって、直後の事態が発生する意を表わす〉・・・なので。(2)〈(逆接)直前の記述とは相反する事態が発生する意を表わす〉・・・だが。

-569- 〈B〉ほどなし【程無し】《時間的程度に言及して「あまり間もない」の意となる場合が特に多い語だが、空間的程度の意に用いると「近距離」・「手狭」となる。社会学的程度に言及して「身分が低い」とする語義もあるし、「年端も行かない(若年)」の意となる場合もある》〔形ク〕(1)〈(時間的に)あまり長くは経過していない〉間もなくだ。 (2)〈(空間的に)あまり隔たっていない〉近所だ。 (3)〈(寸法的に)広くなく、余裕がない〉狭苦しい。 (4)〈(社会的に)取るに足らない人物である〉身分が卑しい。 (5)〈(年齢的に)十分に大人になっていない〉年端も行かない。

-570- 〈B〉とばかり【とばかり】《「と」の受ける内容を限定的に述べる「・・・とだけ」(言って／思って)の用法が原義だが、「しばらくの間」の意で一語の副詞化しており、こちらの語義の方が古文では重要。場面展開に伴う時間の経過を表わす「とばかりありて」(それからしばらくして)の形で頻出する》〔連接語〕《と〔格助〕＋ばかり〔副助〕》〈(引用内容の限定)「と」の受ける内容を、ただそれだけであるとして限定的に述べる〉・・・とだけ。〔副〕〈(多く「とばかりありて」の形で)短い時間の経過を表わす〉しばらく。

-571- 〈C〉ころしも【頃しも・比しも】《名詞「頃」に強調の副助詞「しも」を付けた語で、「まさにその時」の意。現代語で言えば「折しも」となる》〔連接語〕《ころ〔名〕＋しも〔副助〕》〈ある事態が発生するのとまさに同時に別の事態が発生することを表わす〉・・・の丁度その時〜。

-572- 〈C〉いつしか【何時しか】《不特定の時の代名詞「何時」＋強調の副助詞「し」＋疑問の係助詞「か」に由来し、「いつになったら・・・か？」(疑問)が原義。「はやく・・・しないものか」(願望)は中古に、「早くも・・・とは！」の形容動詞は鎌倉時代に生じたもの》〔形動ナリ〕〈事態の発生・展開があまりに早すぎるのを危ぶんで言う〉時期尚早だ。〔副〕(1)〈事態の発生時期を単純に予測する〉いつ・・・だろうか。(2)〈事態の発生を待望する気持ちを表わす〉早く・・・ないものか。(3)〈(既に発生した事態について)ずいぶん早かった、または、気付かなかった、の気持ちを表わす〉早速。いつの間にか。

-573- 〈C〉ことにふれて【事に触れて】《この「事」は「何らかの出来事・事態」：英語の"on occasion[s]"と同様の組成(on＝接触)を持つ表現で、「折りに触れて」の意となる。この意を表わす連語には他に「時にとりて」がある》〔連語〕《こと〔名〕＋に〔格助〕＋ふる〔自ラ下二〕＋て〔接助〕》〈(常時ではないが)何かに触発されてある特定の事態が生起することを表わす〉折に触れて。

-574- 〈B〉ひにけに【日に異に】《「一日たつごとにいよいよ・・・になる」という漸増傾向を表わす連語で、現代語なら「日に日に」と畳語表現になるが、古語では「他の物事とは明らかに違う様子で」の意の「異に」を伴う》〔連語〕《ひ〔名〕＋に〔格助〕＋けに〔副〕》〈日が経つごとにますます度合いが甚だしくなるさま〉日増しに。

-575- 〈B〉け【褻】《「日」と同根語とされ、主として衣装に関し「晴れ」と対にして用いて、「日常的な・格式張らない」の意を表わす。「晴れ着」に対する「普段着」の感覚で捉えればよい》〔名〕〈(「晴れ」と対にして、主として衣装に関して)正式なものでない日常性を表わす〉日常。

-576- 〈B〉はれ【晴れ】《「原」(広々とした空間)と同根で、閉塞状況が消失し眼前に視界が広々と展開する意。語源に忠実な「広い場所」は今は死語。気象面の「(雨・雪などが止んで)晴れ渡ること」、心情面の「晴れがましい正式の場面(＝日常的な「褻」の対義語)」の意のみ現代には残る》〔名〕(1)〈(空間的に)遮るものが何もなく広々としている場所〉開けた場所。(2)〈(雨・雪などが止んで)空がきれいに澄み渡ること〉晴朗。(3)〈(日常とは異なる)改まった公式な場面〉晴れの場。

●次なるは、時の束縛(そくばく)を飛び越えて「現在」・「未来」・「過去」にまたがる超時系概念を表わす不思議な古語たち

-577- 〈B〉かぬ【兼ぬ・予ぬ】《「現在」または「現状」という時間的・空間的・現象的な座標に発し、一定の領域幅にまたがる作用を持つこと、という概念的定義が可能な語が「かぬ」。宛字としては、「時間」系が「予ぬ」、「空間・現象」系の場合は「兼ぬ」となる》〔他ナ下二〕(1)〈(複数の特性・役職などを)同時に備える〉**兼備**(か)する。**兼務**(けんむ)する。 (2)〈(時間的・空間的に)作用が一定の範囲にまたがる〉**・・・に及ぶ**。 (3)〈(将来の事柄について)心に思い描く。また、思い悩む〉**予想する。心配する**。 (4)〈(自身以外の事柄について)あれこれと思慮を巡らす〉**配慮**(めぐ)**する**。

-578- 〈C〉かねごと【予言】《動詞「予ぬ」の「未来を見越して言う」の語義に由来し、呪術的(じゅじゅつ)な「予言」及び社会的な「約束」の意を表わす》〔名〕〈(未来に関して)予想する言葉。または、約束する言葉〉**予言。約束**。

-579- 〈C〉がね【がね】《動詞「予ぬ」の持つ「予測」の語義から生じた接尾語(せつび)で、「将来の・・・候補」、英語で言う"...-to-be"(例:a bride-to-be＝未来の花嫁(はなよめ))の意を表わす。「兼任」の意ではない》〔接尾〕〈(名詞に続けて)(「婿がね」などの形で)将来そうなるであろう立場を表わす〉**・・・候補**。

-580- 〈C〉かねて【予て】《(「兼ぬ」同様)複数のものにまたがる「予ぬ」を時間的広がりに用いた語で、現代には「かねてより」(前々から)・「かねて」(前もって)の形のみ残るが、古語では「かねては」(今はともかく、以前は)の形や、「・・・(日数)＋かねて」(・・・日前に)として用いる例もある》〔連接語〕《かぬ〔他ナ下二〕＋て〔接助〕》〈(日数を表す語を受けて)その分だけ時間的に先行する意を表わす〉**・・・前に**。〔副〕(1)〈ある事態に先行して事を為(な)す意を表わす〉**前もって**。 (2)〈(名詞的に用い、直後に格助詞「より」・「は」などを伴って)過去に遡(さかのぼ)った時点を表わす〉**以前**。

-581- 〈C〉かけて【掛けて・懸けて】《「懸く・掛く」の持つ「一点集中」の語感から「…(場所)を目指して」、「異なるものどうしの接触・接続」の語感から「…を兼務して」・「…の期間に亘って」の語義が生じた。否定語の強調表現として「決して…ない」の意をも表わす》〔連接語〕《かく[他カ四]＋て[接助]》(1)〈(官職名に続けて)複数の役職を兼務することを表わす〉…を兼ねて。 (2)〈(季節・時間を表わす語に続けて)一定の時間幅に亘って継続的に行なわれることを表わす〉…に亘って。 (3)〈(場所・地名を表わす語に続いて)特定の目的地を目指すことを表わす〉…に向かって。 〔副〕(1)〈(打消・反語・禁止の表現を伴って)否定の意味を強調する〉絶対に…ない。 (2)〈(仮定の表現を伴って)わずかな条件を満たせば、ある帰結が生じることを表わす〉少しでも…すれば。 (3)〈(衣類を表わす語に続けて)「身に掛く」と「心に懸く」の懸詞として用いる〉心にかけて。

-582- 〈C〉かつ【且つ】《現代語「XがてらY」(＝一方でXしつつ他方ではYもする)と同根語かとされ、「同時進行で(またはほんの僅か時を前後して)異なる事柄が展開する」を原義とする。「既に」の語義は漢語「曾て・嘗て」との混用であり、「且つ」の本義ではない》〔副〕(1)〈(「かつ…かつ〜」の形で)同時進行で複数の事態が展開することを表わす〉一方では…、他方では〜。 (2)〈(殆ど時差を置かずに)異なる事態が連続的に展開することを表わす〉次から次へと。 (3)〈(単独の「かつ…」の形で)先に述べた事態とは別の事態について新たに述べる〉一方。 (4)〈(時間的に)ほんのわずかしか接触していないことを表わす〉一瞬。 (5)〈(「曾て・嘗て」との混用)(「見る」・「聞く」・「知る」などの直前に用いて)それが既知の情報であることを表わす〉既に。 〔接続〕〈事前に述べた事柄に関連して、更に別の事柄を述べる〉さらにまた。

-583- 〈C〉かつがつ【かつがつ】《語源的には、副詞「且つ」あるいは動詞「克つ」(＝耐える)の畳語と言われる。「どうにかこうにか」・「ようやく」・「とりあえず」の語義は「不本意だが(我慢！)」(＝克つ)系／「更に又」・「後から後から」の語義は「同時進行」(＝且つ)系のものと考えられる》〔副〕(1)〈(不十分ではあるが)妥協して受け入れるさま〉どうにか。 (2)〈(不本意な状況を脱して)正常な状況に立ち戻るさま〉ようやく。 (3)〈(十分ではないが)応急の処置として事が行なわれるさま〉とりあえず。 (4)〈(人や物事が)途切れることなく続くさま〉続々と。 (5)〈(異なる物事や状況が)重層的に成立しているさま〉更にまた。 (6)〈(中世以降)機が熟していないにもかかわらず事が行なわれるさま〉早くも。

-584- 〈B〉かつて【都て・曾て・嘗て】《漢文由来の語で、上代には「全然…ない」の意でのみ用いた。中古以降(漢文訓読語として)「曾・嘗」の字が持つ「昔」の語感から「未だかつて一度も…ない」／「以前に…だった」の意が加わり、現代に至る。後者の語義には「且つ」との混用も目立つ》〔副〕(1)〈(打消の表現とともに用いて)否定の意味を強調する〉決して…ない。 (2)〈(打消の表現とともに用いて)過去に遡っても一例もないことを表わす〉いまだかつて…ない。 (3)〈(肯定文で用いて)過去に類例が存在することを表わす〉以前に。

●時間系古語の最後は、「期間」系、字面に似合わぬ語義多し

-585- 〈C〉たまゆら【玉響】《音を思わせる「響」の字に似ず視覚・時間的儚さ(「仄かに」・「僅かの間だけ」)を表わす。「たま」が「ゆらゆら」…「亡き人の霊が火の玉になって儚げに虚空を漂う？」と想像したくもなるが、この「玉」は「美しい宝石」の意で、宝玉に光が反射して仄かに輝く形容が「玉響」》〔副〕(1)〈(時間的に)短いこと〉しばしの間。 (2)〈(視覚的に)はっきりとは見えないこと〉ほのかに。

-586- 〈C〉たまさか【偶・邂逅】《現代語「たまたま」及び「たまに」の元となった古語。偶然の遭遇を意味する「たまたまだ」、希有な例であることを示す「たまにしか見られない」、仮定表現を伴っての「万が一」の意を表わす。前の二つは現代でも「たまさか(に)」の形で用いる場合がある》〔形動ナリ〕(1)〈計画・予定・予想とは全く無縁であることを表わす〉たまたまだ。 (2)〈滅多に発生・遭遇しないことを表わす〉たまにしかない。 (3)〈(連用形「たまさかに」の形で副詞的に)可能性の低い仮定の意を表わす〉万が一。

-587- 〈C〉うたかた【泡沫】《上代には「純然たる真実」の意を表わす語「うたがた」があり、副詞的に「必ずや…／決して…ない」の意を表わした。これが平安時代以降「うたかた」(＝水の泡)と混同され、「水泡(のように儚いもの)」・「全く…ない／少しの間も…ない」へと語義が分化した》〔名〕〈(物理的に)水面上に立つあぶく。(比喩的に)すぐに消え去る一時的な存在〉水の泡。 〔副〕〈(上代語「うたがた」との混用)(下に打消や反語の表現を伴って)否定の意を強調する〉決して…ない。束の間も…ない。

●「時」系古語の長旅を終えたところで、軽い「健康」チェックしときましょうか

-588- 〈B〉すくよか【健よか】《「竦む」と同根で、「すくすくし」と一部語義が共通。「堅く強張っている」が原義で、物理的には「(紙や衣類が)ごわごわしている」・「(山が)剣呑だ」・「(肉体的に)丈夫だ」、精神的には「気を確かに持っている」・「浮ついたところがなく真面目だ」の意を表わす》〔形動ナリ〕(1)〈(紙や衣類などが)固い〉ごわごわしている。 (2)〈(山などが)険しい。(道などが)平坦でない〉剣呑だ。 (3)〈(肉体的に)しっかりしている〉健康だ。 (4)〈(精神的に)しっかりしている〉気丈だ。 (5)〈(性質や行動に)浮ついたところがない〉堅実だ。 (6)〈(性質や行動が)あまりにも真面目過ぎて、対人関係に支障を来たす〉融通が利かない。 (7)〈(他者に対して)まるで何も気に掛けていない様子だ〉無愛想だ。

-589- 〈A〉ただ【直】【唯・只】【徒・常・只】《「直」の字が象徴するように、対象に向かって、直線的に、回り道せず、へだてもなく、飾りも施さず、自然体で突き進む感覚の語。同じ「直」でも「すく」と読めば「剛直で融通が利かぬ」否定的語感が伴うが、「ただ」はそのストレート性を客観的・中立的に述べる感じ》〔形動ナリ〕【直】(1)〈直線的で回りくどさのないさま〉まっすぐだ。 (2)〈対象との間に何も介在せず直接的に関わるさま〉じかだ。 (3)〈何の加工も施していないさま〉生のままだ。【徒・常・只】(4)〈(しばしば否定語とともに用いて)(良かれ悪しかれ)通常の状態と特に変わらないさま〉普段通りだ。 (5)〈特定の対価を必要としないさま〉無料だ。 〔副〕【直】(1)〈中間介在物の不在を表わす〉じかに。 (2)〈空間的近接性を表わす〉すぐ。 (3)〈時間的近接性を表わす〉すぐ。 (4)〈作為の跡が感じられないことを表わす〉素直に。 (5)〈(多く、比喩の表現として)外形的近接性を表わす〉ちょうど…のようなものだ。【唯・只】(6)〈数量・程度の低さを表わす〉わずかに。 (7)〈ある動作が度を超して行なわれるさまを表わす〉ただもう。 (8)〈命令・勧誘の意を強める〉とにかく。

●「すくすく」の次は「なよなよ」:「病気・心痛・不健康」系古語の多さは、医療未発達の時代背景の為せる業

-590- 〈A〉なやむ【悩む】《「萎ゆ」(シャキッとせずダランとなる)と同根語で、「(疲労・病気・出産などで)体調が良好でない」が原義。「精神的に辛い」は現代語と同意だが、古語では更に他者の精神的苦悩の種をまく「あれこれうるさく言う」の語義がある。補助動詞としては「停滞」の意を表わす》〔自マ四〕(1)〈(疲労・病気・出産などで)肉体的に苦しむ〉病苦に悩む。(2)〈精神的に苦しむ〉苦悩する。 (3)〈(人について)良くない点をあれこれとうるさく言う〉とやかく言う。〔補動マ四〕〈(動詞の連用形に付いて)その動作が円滑に行なわれず滞る意を表わす〉うまく…しない。

-591- 〈A〉なやまし【悩まし】《「萎ゆ」(シャキッとせずダランとなる)と同根語の「悩む」(体調が良くない)の形容詞化。語源に忠実な語義は「身体疲労に起因する心理的不調」(だるい)だが、「病理学的または心理学的原因による慢性的倦怠感」(病気・悩みを抱えている)の意をも表わす》〔形シク〕(1)〈(病気・慢性ではない一過性の)身体の疲労に起因する心理的不調を表わす〉だるい。(2)〈(病理学的または心理学的原因による)慢性的な身体の不調や精神的苦悩を表わす〉病気だ。心苦しい。

-592- 〈B〉やつす【窶す・俏す】《服装・容姿が通常より地味で目立たぬ様子になる(する)／以前に比して衰えを感じさせる、が原義。お忍びで出かける貴人が「人目に付かぬようわざとみすぼらしい姿形にする」・「仏門に入るため、俗界の姿を捨てる」は現代語と語感が異なる語義として要注意》〔自サ四〕〈(精神的に)緊張せず、気楽な気分でいる〉くつろぐ。〔他サ四〕(1)〈(他者に目立たないように)服装や外観を意図的に変える〉目立たぬ身なりをする。(2)〈(髪を切り落とし)俗界の姿を捨てて仏門に相応しい姿に変える〉僧形になる。(3)〈(多く「身をやつす」の形で)身もやつれるほどに何かに打ち込む〉熱中する。(4)〈(本来の姿を変えて)他の何かと同じような姿にする〉似せる。

-593- 〈B〉こうず【困ず】《清音・濁音双方の表記が存在するため、語源的には、漢語「困」の動詞形「こんず」の撥音"ん"を"う"と表記した「困ず」の転とも、「極」の動詞形「極ず」の清音化とも言われる。語義は「困る」／「疲労の極に達する」に分化、前者は「困ず」／後者は「極ず」の語感である》〔自サ変〕(1)〈(精神的に)苦しむ〉困る。(2)〈(肉体的に)極度に疲労する〉疲れ果てる。

-594- 〈A〉あつし【篤し】《病気で体温が上がった状態を指す「熱し」に由来するとされるが、必ずしも熱病を意味するものではなく、病気全般・虚弱体質・衰弱を意味する語》〔形シク〕〈病気が重いさま。また、体質的に虚弱なさま〉衰弱している。弱々しい。

-595- 〈A〉わづらふ【煩ふ】《「吾」+「辛」+「ふ」(持続性の接尾語)とも、「曲」+「連」+「ふ」ですっきりせぬねじれ状況が続く苦境を表わした語とも言われる。元来は「精神的に辛い」だが、「病む」と同様「病気で苦しむ」の意もあり、派生的に「困難な状況に陥って苦しむ」の語義もある》〔自ハ四〕(1)〈(精神的に)苦しい思いをする〉心が辛い。(2)〈(病気にかかって)肉体的に苦しむ〉病気になる。(3)〈(困難な状況から)なかなか抜け出せずに苦しむ〉苦労する。〔補動ハ四〕〈(動詞の連用形に付いて)思うように事が運ばずに苦しみ悩む意を表わす〉なかなか・・・できない。

-596- 〈B〉わづらはし【煩はし】《精神的苦悩を表わす「患ふ」の形容詞化。「行動を起こす気がせぬ」(面倒だ)、「特別な気遣いを要する対象を避けたい」(煙ったい)は負の主観的心情を、「不愉快なことが多い」(鬱陶しい)、「事情が複雑・面倒」(ややこしい)は負の感情を招く様態を言う語義》〔形シク〕(1)〈行動を起こそうという気持ちがなかなか生じないさま〉面倒臭い。(2)〈特別な気遣いを要求してくる対象を敬遠するさま〉煙ったい。(3)〈(自分にとって)不愉快な行動や発言が目立つさま〉鬱陶しい。(4)〈(客観的に)事情が複雑だったり、特別な処理を要したりして、対処が容易でないさま。また、苦労して作り上げてあるさま〉複雑だ。念入りだ。(5)〈(中世以降)病気の症状が重い〉重病だ。

-597- 〈A〉さはる【障る】《「邪魔になる」・「支障がある」の語義では現代語と変わらないが、古語には「病気になる」の語義もある。と言っても「労はる・煩ふ・悩む・病む」のように罹患・発病そのものに言及するのではなく、「不健全な状態のため、誰かか・何かの前に出るのに支障がある」の意》〔自ラ四〕(1)〈他者の行動に対する)阻害要因となる〉邪魔になる。(2)〈(何かを行なう上で)思わしくない事情がある〉支障がある。(3)〈(身体の状態が健康でないので)人前に出るには問題がある。特に、女性が月経周期に当たっている〉病気を抱えている。生理中である。

-598- 〈B〉おこる【起こる】《「おこ」は「息」の母音交替形。「息」は生命活動の源泉なので、「おこす」は「停滞状態に活力を吹き込む」の意を、「おこる」だとの同じ状態が自然発生的に生起する意を表わす》〔自ラ四〕(1)〈(もの・こと・気分などが)自然発生的に生じる〉生まれる。(2)〈(病気・病気特有の症状が)個人の身体に生じる、または、世間に広まる〉発病する。(3)〈(軍勢や、病気に関して)勢いが盛んになる〉盛り上がる。(4)〈(主に、軍事・政治目的で)組織を構成し団結して行動を開始する〉決起する。

-599- 〈C〉なよよか【なよよか】《「萎ゆ」(シャキッとせずダラリと緩む)と同根語で、衣類などの「こわばらず、柔軟」な様態が原義。人の性格や物腰に言及すると「強硬でも堅苦しくもなく、柔和」の意だが、現代語「なよなよ」が表わす「非難したくなるような軟弱さ」の含みはない》〔形動ナリ〕(1)〈(衣服などの)こわばらずに柔軟な様態を表わす〉柔軟だ。(2)〈(人の性格や物腰について)強硬さや堅苦しさがなく、優しげで好感が持てるさま〉柔和だ。

-600- 〈C〉たゆし【弛し・懈し】《根底に「ゆた」(緩慢な動きを続けて一定の位置に定まらない)を持ち、動詞形「弛む・緩む」(だらける)や「揺蕩ふ」(揺れ動く)と並べて捉えるとよい語:語義は「動きが少ない」(ゆったり)、「心・頭の働きが悪い」(のろのろ)、「肉体や環境の条件が悪い」(かったるい)となる》〔形ク〕(1)〈(自分自身が)(肉体や環境の条件が悪いために)肉体的・感覚的に良好な状態から程遠い〉かったるい。(2)〈(他者の様子が)(心や頭の働きが悪くて)失望や嘲笑を誘うほどに無様だ〉のろくさい。(3)〈(動き・音・香りなどが)長い時間をかけてじっくりと波及して行く〉ゆったりしている。

-601- 〈C〉たゆたふ【揺蕩ふ】《「ゆた」は現代語「ゆったり」に通じるもので、持続的な動きの中で、なかなか一定の形へと定着しない意を表わす。「た」は接頭語、「ふ」は反復性を表わし、物理的に「揺れ動く」、心理的に「迷って心を決めかねる」の語義となる》〔自ハ四〕(1)〈(物理的に)一定の位置に落ち着くことなく、持続的に微動を続ける〉揺れ動く。(2)〈(心理的に)決心が付かず、行動へと踏み出せずにいる〉ためらう。

-602- 〈C〉わななく【戦慄く】《震えの擬態語「わなわな」＋動詞化語尾「く」で、身体の震え／音声の揺らぎ／曲がりくねり／心理的動揺の意を表わした。母音交替形で「戦慄く」に転じたり、「わななくわななく」(震えながら)と畳語化したりと、異形の様々な語と結び付けて考えるとよい古語である》〔自カ四〕(1)〈(寒さ・緊張・恐れ・怒りなどで)体表面を小刻みな振動が走る〉ぶるぶる震える。(2)〈(人の声や楽器の音が)一定の音調を保たず、部分的に変調する〉声・音が震える。(3)〈(毛髪や筆跡が)まっすぐに流れず、部分的におかしな方を向いている〉縮れる。曲がりくねる。(4)〈(その場に居合わせた人々の状況について)口々に何か言い合い、平穏が崩れる〉動揺が走る。

-603- 〈C〉ゑふ【酔ふ】《酒類に「酔っぱらう」、悪い食べ物で「食中毒を起こす」、乗り物に乗って「気分が悪くなる」等の生理学的語義と、「物事に心を奪われる」という精神的語義とがある。現代語に近い「よふ」の表記が生まれたのは室町時代頃からで、それ以前は「ゑふ」と書いた》〔自ハ四〕(1)〈酒の成分が身体に回って、正常な感覚を失う〉酔っぱらう。(2)〈悪い食べ物の毒が身体に回って、臓器の正常な機能を麻痺させる〉食中毒になる。(3)〈(乗り物に揺さぶられるうちに)気分が悪くなる〉乗り物酔いする。(4)〈(特定の対象に)過度に熱中して正常な感覚を失う〉心を奪われる。

●ただ辛いばかりの「苦痛」系の次は、痛いほど・身も痩せるほど何かに強く感じる思いを表わす乙な古語で心をお癒しあれ

-604- 〈A〉いたし【痛し・甚し】《「痛む」や「致す」と同源で、良くも悪くも「極限状態にある何かに触れて、肉体的・精神的に強い刺激を受ける」意味から、「痛痒を感じる」・「感動する」の語義が生まれ、やがて連用形「いたく」が「極端な程度」を表わす副詞化するに至った》〔形ク〕(1)〈(主に連用形「いたく」またはウ音便「いたう」の形で)程度の甚だしいことを表わす〉甚だしく。 (2)〈(対象の素晴らしさに)感嘆の念を禁じ得ない〉見事だ。 (3)〈(肉体的に)苦痛を感じる〉痛い。 (4)〈(精神的に)苦痛を感じる〉心苦しい。

-605- 〈A〉いたく【甚く】《形容詞「甚し・痛し」の連用形の副詞化。ウ音便の「いたう」も多用され、この形は同根語の「いと」に極めて近い;が、両者は修飾対象が異なり、「いと」が主として形容詞・形容動詞・副詞の強調に使われるのに対し、「いたく・いたう」は主に動詞を修飾する》〔副〕(1)〈(主に動詞を修飾して)ある動作が極端に行なわれるさまを表わす〉極端に。 (2)〈(下に打消・禁止の語を伴って)程度がはなはだしくないことを表わす〉それほど・・・ない(するな)。

-606- 〈A〉いと【いと】《程度の甚だしさを表わす形容詞「甚し・痛し」の語幹「甚」の母音交替形で、「甚く・痛く」と同根語。「いたく(いとう)」が主に動詞を修飾するのに対し、「いと」は主に形容詞・形容動詞・副詞を強調する。「いといと」・「いとしも」・「いとも」などの強調形もある》〔副〕(1)〈(主に形容詞・形容動詞・副詞を修飾して)程度が甚だしいさまを表わす〉とても。 (2)〈(下に打消の語を伴って)程度がはなはだしくないことを表わす〉それほど・・・ない。

-607- 〈A〉いたはし【労し】《「痛」=「(自分が)苦しい状況にある」系の「(病気や怪我で)苦しい」・「(心労・尽力で)骨が折れる」の語義と、苦境にある誰かに対し同情し手を差し伸べたい系統の「気の毒だ」・「いたわってやりたい」の語義に大別される》〔形シク〕(1)〈(自分自身が、病気や怪我で)苦痛を感じる〉苦しい。 (2)〈(自分自身が、心遣い・尽力して)苦労する〉骨が折れる。 (3)〈(病気の者や弱小な者に対して)大事にしたい気持ちになる〉大切にしたい。 (4)〈(苦境にあえぐ他人に同情して)心が痛む〉気の毒だ。

-608- 〈A〉いたはる【労る】《語源は「痛」。自動詞は「(自分が)苦境に陥る」・「気苦労しながら立ち回る」、他動詞は「苦境にある他者をあれこれ気遣う」・「病気に苦しむ者を治す」の意味。現代語では他動詞(他者へのいたわり)のみ残り、自動詞(自身の病苦・苦労)の語義は死語となった》〔自ラ四〕(1)〈(自分自身が)あれこれと気を回したり手を尽くしたりする〉**骨を折る。** (2)〈(自分自身が)病気にかかって苦しむ〉**病気になる。** 〔他ラ四〕(1)〈(弱い立場にいる者に同情して)あれこれ気遣い、世話をする〉**面倒を見る。** (2)〈(他人、および自分自身の)病気を摂生して治す〉**療養する。**

-609- 〈C〉いたがる【甚がる・痛がる】《形容詞「苦し・痛し」の語幹「いた」が副詞化して「はなはだ」の意を持ち(その転じたものが「いと」)、これに接尾語「がる」を付けて動詞化し「たいそう感心してみせる」の意としたもの。単に「感動する」のではなく、「感動した、と他人に示す」点に力点がある》〔自ラ四〕〈(他者に示すための行動として)素晴らしい、という気持ちを表に出す〉**感心してみせる。**

-610- 〈B〉いたつく【労く・病く】《語源的には「痛」+「付く」とされ、現代語の「痛み」・「いたわり」に通じる語。自動詞では「身体に痛みが加わる」(=苦痛・疲労)・「あれこれ骨を折る」(=苦労・尽力)の意、他動詞だと「苦しむ相手に付き添う」(=思慮・いたわり)の意になる》〔自カ四〕(1)〈(肉体的に)疲労や苦痛を感じる〉**病気になる。疲弊する。** (2)〈(精神的に)苦労・尽力する〉**骨を折る。** 〔他カ四〕〈(人に対して)あれこれ気を遣って大切に扱う〉**いたわる。**

-611- 〈A〉いとふ【厭ふ】《「極限」の意の「痛・甚」に由来し、極端にひどいものを見た時の反応が、「嫌悪・忌避」というのが「厭ふ」。「いとはし」更には「いとほし」の元になった語。これらの語には「同情・愛護」の意もある(特に「いとはし」・「いとほし」)が、原義は「あららら・・・こりゃひどい・・・」である》〔他ハ四〕(1)〈嫌なものとして避ける〉**忌避する。** (2)〈(多く「世を厭ふ」の形で)俗世を罪深いものとして捨て去る〉**出家する。**

-612- 〈A〉やさし【恥し・優し】《動詞「痩す」の形容詞化。現代では他者評の語だが、原義は「人目を気にして我が身が細る思いがする」。視点の違い・時代の変遷によって様々な語義が生じた語。中世以降は「易しい」の意も表わすが、この語義は中世以前は「安し」の領分(対義語は「難し」)》[形シク](1)〈(他者との対応に悩み)精神的に苦しくて、身が痩せる思いがする〉辛い。(2)〈(他者が自分をどう思うかと考えると)恥ずかしさに身が縮む思いがする〉恥ずかしい。(3)〈(行動・言動に)他者の立場をよく考えていることが感じられる〉慎ましい。(4)〈(一所懸命にやっているのが感じられて)ほめてやりたい気分である〉感心なことだ。(5)〈(知性・感性・風雅・嗜み・品格などが感じられて)上品な振る舞いである〉優雅だ。(6)〈(中世以降の語義)(行動や性格に)他者をいたわる気遣いが感じられて、好感が持てる〉心優しい。(7)〈(中世以降の語義)対応や解決に大して苦労せずともよい〉容易い。

-613- 〈A〉いとほし【いとほし】《小さく可愛い相手に対する「いとおしい」の語義のみ現代語には残るが、語源的には「痛・甚」であり、弱小なものや苦境にあるものを見て心が痛む感覚に由来する語なので、「可哀想」の意もあり、逆に、ひどい状態の何かを「嫌がる」という敬遠の意にもなる》[形シク](1)〈(嫌なものとして)避けたい気持ちを表わす〉嫌だ。(2)〈(苦境にある他者を見て)同情する気持ちを表わす。(自分自身の現状を客観的に見て、みじめだ、の意を表わすこともある)〉不憫だ。我ながら惨めだ。(3)〈(弱小な存在に対して)思わず手を差し伸べたくなる気持ちを表わす〉いじらしい。

-614- 〈A〉ねたし【妬し・嫉し】《語源は「名」+「痛し」とされ、名高き相手を前にして自分が感じる劣等感(「妬ましい」)や、失態により失われる自身の名声を惜しむ気持ち(「痛恨の思いだ」)を表わす;が、至らぬ自分への反省・落胆より、相手への羨望の念が強い攻撃的な語である》[形ク](1)〈(相手があまりに優れているので)自分の相対的劣等性を思い知らされて、心理的に不愉快に思うさま〉妬ましい。(2)〈(自分自身の)失態や力量不足に腹を立てるさま。(反省・落胆の色彩は薄い)〉痛恨だ。(3)〈(相手が)他者を悔しがらせるほどに優れているさま〉羨望を覚えるほど見事だ。

-615- 〈C〉こころやまし【心疾し・心疼し】《「心＋病む」の形容詞化。現代語では「自分の非を自覚し、心の中で悪いと感じる」だが、古語は「（自分の思い通りにならぬ状況に対する）外向的不快感」と「内心の劣等感・敗北感・欲求不満」を表わす八つ当たり（自分は悪くないっ！）感覚の強いボヤキ語である》〔形シク〕(1)〈(思い通りにならぬ状況に対し、対外的に)不快感を抱くさま〉**不愉快だ。** (2)〈(思い通りにならぬ状況に対し、自分の内面に)劣等感・敗北感・欲求不満を抱くさま〉**もどかしい。**

-616- 〈C〉こころのおに【心の鬼】《現代語の「疑心暗鬼」（＝何を見ても、鬼か何かのように怪しく感じられてしまう心理状態）と、「良心の呵責」（＝悪い事をした自分自身を、自らの心の中にいる鬼が自主的に責め立てる感覚）に相当する表現》〔連語〕《こころ〔名〕＋の〔格助〕＋おに〔名〕》(1)〈(多く、浮気の発覚を恐れて)何に対しても疑い深くなること〉**疑心暗鬼。** (2)〈(自分の非を自覚して)心の中で申し訳なく思う気持ち〉**良心の呵責。**

-617- 〈B〉こころのやみ【心の闇】《「思慮分別を欠く精神状態」を暗黒の「闇」に例えた表現だが、単なる「正常な判断力の喪失」でなく「子を思うゆえに、親が・・・」となるのが通例・・・「人の親の心は闇にあらねども子を思ふ道にまどひぬるかな」（藤原兼輔）の和歌が多くの親心の琴線に触れたため、である》〔連語〕《こころ〔名〕＋の〔格助〕＋やみ〔名〕》(1)〈我が子のことを思うがゆえに、親が正常な判断を欠くこと〉**子ゆえに惑う親心。** (2)〈正常な判断力を失った精神状態を、闇に例えて言う語〉**惑乱。**

●今度は、程度が過ぎればこれまた「痛し」という発想の、エスカレート系古語あれこれ

-618- 〈A〉いとど【いとど】《程度の甚だしさを強調する副詞「いと」を畳語化した「いといと」の転。元々甚だしかった程度が更にその度合いを増すのが原義。平安時代には、和文には「いとど」、漢文訓読には「ますます」が好んで用いられた。形容詞は「いとどし」》〔副〕(1)〈程度がますます甚だしくなるさま〉**いよいよ。** (2)〈(「いとど＋形容詞・形容動詞」の形で)最初から存在していた状況が、ある事態が加わることで更にその度を増して行くさま〉**そうでなくても・・・だというのに。** (3)〈箇条書き的に陳述を加えて駄目押しする語〉**その上。**

-619- 〈C〉いとどし【いとどし】《程度の甚だしさを意味する「いと」を畳語化した副詞「いとど」が形容詞化したもの》〔形シク〕(1)〈程度がますます甚だしくなるさまを表わす〉いよいよ・・・だ。(2)〈(「いとどしき＋名詞」の形で)最初から存在していた状況が、ある事態が加わることで更にその度を増して行くさまを表わす〉そうでもなくても・・・な～だというのに。

-620- 〈A〉こちたし【言痛し・事痛し】《「言／事痛し」の表記からすると「言葉や出来事のせいで心が痛い」の意味に思えるが、実はこの表記も発想も全くの出鱈目；語義に忠実に書けば「言／事甚し」が正しく、「(言葉・物事・数量が)煩わしいまでに甚だしい」がその原義である》〔形ク〕(1)〈(世間の人々が)あまりにも甚だしく話題にしすぎることにうんざりする感じを表わす〉世間が大騒ぎしている。(2)〈(数量・分量が)あまりにも甚だしくてうんざりする感じを表わす〉多すぎる。(3)〈(規模や状態が)あまりにも甚だしすぎて、不自然な感じを与える〉仰々しい。

-621- 〈C〉うもれいたし【埋もれ甚し】《「埋る」に極端の意の「甚し」を付けたものと解すると「ひどく内向的」という消極的性格を表わす。もう一つの語義「気分が晴れない」は、漢字表記を変えて「埋れ」＋「痛し」(＝堂々と表に出られぬ我が身・表出できぬ感情が、心痛の種になる)と解すればよい》〔形ク〕(1)〈極端に内向的な性格である〉実に内気だ。(2)〈(好ましくない状況を、堂々と変えることができぬために)心が晴れ晴れしない〉気分がくすぶる。

-622- 〈C〉いやまさる【弥増さる】《「弥」は、「ますます一層」／「極めて」／「最高に」の意を表わす接頭語だが、ここでは最初の意味。「増さる」と結び付いて「漸増傾向にある」の意味となる。この加速度的な「弥」の語感は、「いよ」に転じた形で副詞「愈」にも含まれる》〔自ラ四〕〈段階的に、数量が増して行く。また、度合いがさらに加わって行く〉さらに増す。いよいよ募る。

-623- 〈B〉まいて【況いて】《「増して」のイ音便で、現代語同様「言うまでもなく」の意を表わす(和文脈でのみ用いる語で、漢文訓読調の文章では「況や」を使う)。また、「より一層」の意をも表わす》〔副〕(1)〈より程度の軽い(重い)ものを最初に示した上で、それより程度の重い(軽い)ものについて当然の事として述べる言い回し〉ましてや。(2)〈今までよりも程度が増す意を表わす〉ますます。

-624- 〈B〉さらに【更に】《「更に」の語形で現代語に残るのは「追加する形で」の語義のみであるが、「趣を変えて新たに」の語義は「真っ新」の形で残り、「否定の意を強調する」語義は「さらさら・・・ない」の表現に引き継がれているので、いずれも「さら」に絡めて覚えておけばよい》〔副〕(1)〈(既にある状態に)何かを追加する形で、の意を表わす〉更にまた。 (2)〈(既に行なわれた物事を)趣を変えて新たに、の意を表わす〉再び。 (3)〈(下に打消の語を伴って)否定の意を強調する〉全然・・・ない。

●「相手の痛みを感じること=相手をいたわる気持ち」の図式の最も自然な対象となるのは「子供」、その様態を表わす古語あれこれ

-625- 〈A〉らうたし【らうたし】《いたわり・ねぎらいの「労」に、程度の甚だしさの「甚し」が付いた「労甚し」の転。保護の必要を感じさせる、か弱く小さな存在(女性や子供)が対象になる場合が多いが、「かわいそう」・「守ってあげたい」・「何て可憐な」の気持ちを呼ぶ対象なら年齢・性別・人／動物を問わない》〔形ク〕(1)〈(自分の心情に関して)弱い立場にある対象を見て、思わず守ってあげたいと感じるさま〉いたわしい。 (2)〈(小さいもの、か弱いものなどに関して)思わず守ってあげたいと感じさせるさま〉かわいい。

-626- 〈B〉いたいけ【幼気】《「痛き」+「気」=「いたきけ」のイ音便で、「見ていて心がキュンと締め付けられるようだ」が原義。但し、胸が締め付けられる理由は「相手があまりにちっちゃい・かわいい・弱っちいから」であって、「悲惨な状況にあって気の毒」の意には用いない》〔形動ナリ〕〈(対象の小ささ・弱さが)見ていて胸を締め付けられるほどだ〉何とも可愛い。

-627- 〈A〉いとけなし【幼けなし・稚けなし】《年端も行かぬ若年であることや、年齢不相応に思考・行動が拙劣であることに言及する語。「いと」は「幼少」を表わし(例:「従兄弟」)、「け」=「気」で「気配・感じ」を表わす。最後に付く「なし」は程度の甚だしさを意味する「甚し」であって、「無し」ではない》〔形ク〕〈(年齢的に、または、実年齢に比して行動・精神が)幼い〉幼少だ。子供っぽい。

-628- 〈A〉いはけなし【稚けなし】《実年齢の低さ、あるいは思慮・行動の子供っぽさに言及して「幼い」の意を表わす。「い"は"けなし」／「い"わ"けなし」いずれが正表記か不明とされる語だが、「いとけなし」と同様、「いはけなし」の末尾は程度の甚だしさの「甚し」で、否定の「無し」ではないらしい》〔形ク〕〈(年齢的に、または、実年齢に比して行動・精神が)幼い〉幼少だ。子供っぽい。

-629- 〈B〉あどなし【あどなし】《子供っぽい様態を表わす古語。現代語「あどけない」は、同義語の「いとけなし」・「いはけなし」からの類推で「あど＋"け"＋なし」となったもの》〔形ク〕〈(外観や行動が)いかにも子供らしいさま〉あどけない。

-630- 〈A〉をさなし【幼し】《「長」(集団の頭目)を務め得るような大人としての特性がない「長＋無し」が語源で、「長長し」の対義語。現代語と同じく、単純な年齢に言及する「幼少だ」／精神年齢の低さを言う「子供っぽい」の二義を持つ》〔形ク〕(1)〈(年齢について)まだ若い〉幼少だ。 (2)〈(精神年齢や行動について)大人としての、または、年齢相応の水準に達していない〉子供っぽい。

●いたいけな「子供」の次は、「大人」の様態・行動にまつわる古語あれこれ

-631- 〈A〉をさをさし【長長し】《「長」とは人間集団の頭目の意。そうした人の上に立つ者としての特性を備えているのが「長長し」／全然無いのが「幼し」(幼少だ／子供っぽい)。連用形を副詞的に用いる「をさをさしくは…ず」形で「十分…というわけではない」の部分否定となる語法もある》〔形シク〕(1)〈(人の上に立つ者としての)社会的に堅実な特性をしっかり備えている〉しっかりしている。 (2)〈(部分否定)(連用形「をさをさしく」を副詞的に用い、否定の表現を伴って)十分にはできない意を表わす〉しっかりとは…ない。

-632- 〈B〉をさをさ【をさをさ】《「長」(集団の頭目)たる特性を有する意の「長長し」の連用形「長長しく」は、否定語を伴うと部分否定「十分には…ない」となるが、それを独立した副詞としたもの。全否定の強調(全然…ない)／肯定の強調(十分に…)の意をも表わすので要注意》〔副〕(1)〈(部分否定、または、全面否定の強調)(打消の表現を伴って)否定の意味を強調する〉殆ど…ない。全然…ない。 (2)〈(肯定の表現で)十分にそうするさま〉しっかりと。

-633- 〈A〉おとなし【大人し】《名詞「大人」の持つ「一人前」・「中心的」・「老練」の意を形容詞化したもの。「おとなおとなし」の畳語形もある。現代語の「おとなしい＝事を荒立てない」は、中世以降生じた「温和」の語義が発展したもの》〔形シク〕(1)〈(成人が)成熟した大人の特性を具備している。(子供が)年齢よりも妙に大人びている〉大人らしい。ませている。 (2)〈(年齢・経験から)集団内で中心的な立場にある〉中心人物である。 (3)〈(年かさの者に特有の)年齢・経験に裏打ちされた気配りが行き届いている〉思慮深い。 (4)〈(性格・行動が)他人に素直に受け入れられやすい〉温和だ。

-634- 〈B〉なまめく【生めく・艶めく】《「生」の自然的魅力に力点を置く「瑞々しい」・「意外に魅力的」・「自然でさりげない」は古語ならではの語義。「めく」の人為的演出性が色濃い「(若くないのに)若者のように振る舞う」・「(生の肉体の持つ性的魅力へと)異性の気を引こうとする」の意のみ現代語には残る》〔自力四〕(1)〈(人が)若さから来る新鮮な美を湛えている〉若々しい。 (2)〈(人や物が)(ちょっと見ではわからないが)よく見るとなかなかどうして魅力的だ〉意外に魅力的だ。 (3)〈(人・道具・人為的景観などが)自然に溶け込んだ調和的な美を感じさせる〉自然でさりげない魅力がある。 (4)〈(若くはない者が)若者のような振る舞いをする。(異性に)自らの肉感的魅力をさりげなく主張する〉若ぶる。好色めく。

-635- 〈A〉なまめかし【生めかし・艶めかし】《動詞「生めく」の形容詞化。現代には「艶めかしい」の表記で残るので「艶っぽい・艶やか」の性的魅力に引きずられがちだが、"生"に由来する「新鮮:fresh／自然:natural な魅力」の語義も忘れてはならない》〔形シク〕(1)〈(人が)若さから来る新鮮な美を湛えている〉若々しい。 (2)〈(人や物が)(ちょっと見ではわからないが)よく見るとなかなかどうして魅力的だ〉意外に魅力的だ。 (3)〈(人・道具・人為的景観などが)自然に溶け込んだ調和的な美を感じさせる〉自然でさりげない魅力がある。 (4)〈(人目を引くような)主張の強い美しさがある。(異性の目から見て)肉感的な魅力が強く感じられる〉艶やかだ。色っぽい。

-636- 〈A〉しどけなし【しどけなし】《その組成は「しど」+「気」+「苦し」。「しど」は乱雑・無秩序を意味し、現代語「しどろもどろ」(何が何だかわからぬ)にも残る。「乱れきっていてだらしない」が原義だが、非難一色の語ではなく、「堅苦しさがなく、寛いで気楽な様子」を肯定的に表わす場合もある》〔形ク〕(1)〈(貶して)秩序というものが感じられない〉乱れている。 (2)〈(服装・態度・性格などについて)堅苦しい気取りがなく、自然にくつろいだ感じである〉無造作だ。

-637- 〈C〉みだりがはし【濫りがはし・猥りがはし】《「みだれがはし」とも言う。文字通り「乱れている」訳だが、「乱」の質に応じて「乱雑だ」(秩序が崩壊している)、「乱暴だ」(然るべき作法を無視して強引だ)、「淫乱だ」(性的色彩が強い・・・但し、病的・犯罪的・反社会的な含みはない)の三つの語義に分かれる》〔形シク〕(1)〈秩序が崩壊し、整然としていない〉乱雑だ。 (2)〈然るべき作法を無視し、力ずくで事を運ぼうとしすぎる〉乱暴だ。 (3)〈性的色彩が強い〉淫乱だ。

-638- 〈B〉らうがはし【乱がはし】《「らう」は「乱」の転。物事が収まるべきところに収まっておらず「乱雑だ」、礼儀作法に外れて「無礼だ」、騒音が大きくて「やかましい」、いずれも無秩序で調和のない状態への不快感を含む語で、「乱りがはし」と類義語》〔形シク〕(1)〈(物事が、きちんと収まるべき場所に収まっておらず)雑多で落ち着かない印象を受ける〉乱雑だ。 (2)〈(正しい礼儀作法に外れていて)非難したくなる心情にかられる〉無礼だ。 (3)〈(静穏さを掻き消す周囲の状況に)神経が苛立って不愉快である〉耳障りだ。

●これよりしばし、「子供」に「大人」に「男」に「女」、人間の各種の属性に応じて用意された呼び名の数々を御紹介

-639- 〈B〉おとな【大人】《「おと」は「巨大なこと」、「な」は「人」を指すものとされる。男子の「元服(初冠／烏帽子着)」、女子の「裳着＋髪上げ」の儀式を済ませて「成人扱いを受ける者」が原義。古語では「中心的人物」・「古株」の語義で用いる場合が多い》〔名〕(1)〈男子の「元服(貴人＝初冠／武人＝烏帽子着)」、女子の「裳着＋髪上げ」の儀式を済ませて、社会的に成人扱いされる人物〉成人。 (2)〈(精神的・肉体的に)成熟した一人前の人〉立派な大人の男／女。 (3)〈(集団内に於ける)中心的人物〉頭目。 (4)〈(職能に関して)経験を積んだ老練な人材〉古株。

-640- 〈B〉ちご【児・稚児】《「乳児」(＝母親のお乳で育っている最中の小さな子)、即ち「乳幼児」が原義だが、乳離れした後の「子供」についてもいう。古典的文脈では「寺院で召し使われる、俗体の少年…しばしば、女人禁制環境下での男色の対象(＝仮想女性)とされた」の意もある》〔名〕(1)〈(離乳期以前の)生まれたての子。(乳離れした後の)年少の子〉乳飲み子。子供。 (2)〈(聖界に入る前の俗体で)寺院で修行したり召し使われたりしている少年〉お寺の小僧。

-641- 〈B〉わらはべ【童部】《「わらんべ」とも言い、その撥音無表記形「わらべ」の形でも用いる。「元服前の子供」・「召使いの少年」の語義では「童」とほぼ同義語だが、「わらべ・わらはべ」は(末尾の"部"により)複数の子供達にも言及し得る点で「童」と異なる》〔名〕(1)〈元服前の子供。(性別を問わず、単数・複数両方に用いる)〉子供(達)。 (2)〈(貴人の邸宅や寺社などに仕える)男の子〉召使いの少年。 (3)〈(第三者に対して)自分の妻を卑下していう語〉愚妻。

-642- 〈B〉わらは【童】【妾】《元来は「束ねずに垂らして肩のあたりで切り揃えた子供の髪型」の意が、そうした髪型をしている「元服前の子供」(男女の区別なし)の語義に拡大された語。"女の子"と明示するには末尾に"め"を付けた「童女」とし、複数にする際には「童ら」・「童ども」の形で用いる》〔名〕【童】(1)〈(性別を問わず、単数の)元服前の幼少の人間〉子供。 (2)〈(貴人の邸宅や寺社などに仕える)男の子〉召使いの少年。 (3)〈(特に「五節の舞姫」に仕える)女の子〉(召使いの)少女。 (4)〈束ねずに垂らして肩のあたりで切り揃えた子供の髪型。(男女ともに言う)〉ざんばら髪。【妾】(5)〈(中古末期以降)女性が自分自身についてへりくだって言う自称の代名詞〉わたくし。

-643- 〈B〉め【妻】【女】【牝・雌】《動植物の「雄(♂)」に対する「雌(♀)」、「夫」に対する「妻」、「男」に対する「女」の意を表わす。多くは複合語(「童女」など)で用いられる。軽蔑や卑下の含意があるので、高貴な奥方の「妻」は「つま」と読み、これを「め」と読むのは受領以下の身分の妻女の場合のみである》〔名〕【妻】(1)〈(「夫に対する)妻。(「受領」以下の身分の低い者の妻のみに用い、高い身分の妻は「つま」と呼ぶ)〉妻女。 (2)〈(動植物の「牝・雄・オス」に対する)メス〉雌。【女】(3)〈(「男」に対する)女〉女性。

-644- 〈B〉つま【夫・妻】《新婚夫婦が母屋の端(つま)に新たな居住区画(=妻屋)を建てて住んだことから、夫・妻は「つま」と呼ばれた。「男から見た結婚相手の女」(妻)のみならず、「女から見た結婚相手の男」(夫)にも、結婚相手以外の恋人・愛人(更には、動物の雌雄の一方)にも用いる》〔名〕(1)〈女性から見た結婚相手(または、恋人)の男性〉夫。あなた。 (2)〈男性から見た結婚相手(または、恋人)の女性〉妻。おまえ。 (3)〈(人間以外の)動物の一対の雌雄のどちらか一方〉オス。メス。

-645- 〈C〉やもめ【寡・寡婦】【鰥】《現代では主に「妻のいない独身男」を指すが、語源的には「八面女・八方女」(一人だけでなく複数の男に顔を見せ、関係を持つ女)に由来するので、元来「独身女性」を指す語であり、独身男は「鰥夫」(八面男・八方男=あちこちの女性と関係する男)として区分した》〔名〕【寡・寡婦】(1)〈(未婚・死別を問わず)夫を持たずに一人でいる女〉独身女。【鰥】(2)〈(未婚・死別を問わず)妻を持たずに一人でいる男〉独身男。

-646- 〈C〉とじ【刀自】《「戸主」(家の戸口を支配する者)の転とされ、一家の長のような感覚も与えるが、「家長」(主人)の対義語としての「女主人」の意。「とうじ」・「いへとじ」とも言う。広義には「女性全般」、狭義には「家政婦」・「宮中の雑用女官」の意も表わす》〔名〕(1)〈家計を司る一家の女主人〉主婦。(2)〈女性に対する敬称〉女性。(3)〈貴人に仕えて家事を司る女性〉家政婦。(4)〈宮中の御厨子所・台盤所・内侍所などで雑役に従事する女官〉宮中の女雑用係。

-647- 〈A〉めのと【乳母】【傅】《「乳母」=「実母に代わり子に授乳・養育する女性」/「傅」=「幼君の養育・後見役の男性家臣」。いずれも育て親として成長後の子に強い影響力を持った。「妻の"弟・乙"」の縮との説もあるが、妹が姉の子に授乳するのは年齢的に逆・不自然で、首肯し難い》〔名〕【乳母】(1)〈(貴人や武人の)子に、実の母に代わって授乳をし、養育にあたる女性〉乳母。【傅】(2)〈(院政期以降)(男性で)幼少の主君を保護・養育する役を務める家臣〉御守役。

-648- 〈A〉をとこ【男】《上代の日本には「若返る」の意の「復つ・変若つ」という語があり、これが「をつ→をと」となり、更に「子」が付いた語が「男」/「女」が付いた語が「乙女・少女・処女」。若くて元気な男性でも、女の結婚相手として意識されない/身分が低い場合は「をのこ」と呼ばれた》〔名〕(1)〈(結婚適齢期にあり、女性から見て結婚相手たり得る)若くて活力に満ちた男子〉成人男子。(2)〈(性別に言及し)(女性と対照した)一般的な意味での男性〉男。(3)〈(恋愛の相手として)(妻と対照した)愛する男性〉夫。恋人の男。(4)〈(親から見た)男の子供〉息子。(5)〈(僧侶から見た)出家せず俗界に留まっている男性〉世俗の男性。(6)〈(主人・貴人から見た)下働きの男性〉下男。(7)〈(髪型・服装・文字などの)男性風の様子〉男性風。男文字。

-649- 〈A〉をのこ【男子・男】《「をのこ」は「めのこ」と対になる語。「め」が「女」と同時に動物の「雌・♀」をも想定させるように、「を」にも「男」のみならず人間以下の生き物の「雄・牡・♂」の響きがある。「をのこ」の語義全般に、「をとこ」よりも一段低い存在としての含みがあるのはそのためである》〔名〕(1)〈(結婚適齢期以前/身分が低い、などの条件から、女性から見て結婚相手とはみなされない)若い男子〉男の子。(2)〈(性別に言及し)(女性に対する)一般的な意味での男性〉男。(3)〈(主人・貴人から見た)下働きの男性〉下男。(4)〈(宮中の清涼殿の殿上の間に伺候する)雑用係の男性〉蔵人。

-650- 〈C〉ますらを【益荒男・丈夫・大夫】《「増・勝」と同根で、勢いがあり優れているさまを表わす「ます」＋状態の「ら」＋男性を表わす「を」。未熟な子供と対比しての「立派に成長した男子」と「屈強な戦士」の意を表わす。上代に「朝廷に仕える官僚」の意も表わしたのは、当時の政治の武断的性格の反映か？》〔名〕(1)〈(未熟な子供と対比して)立派に成長した男子〉一人前の男性。 (2)〈屈強な戦士〉兵士。 (3)〈(上代語)朝廷に仕える官僚〉上代の官僚。

-651- 〈C〉をとめ【少女・乙女】《若さを取り戻す意の上代語「復つ・変若つ」が「をと」になったものを、女性を意味する「女」に付けて、「若い未婚女性」の意を表わした語。星座「乙女座」が英語で"Virgo(処女宮)"であるように「性交渉未体験の女性」の意や、「五節の舞姫」という特殊語義もある》〔名〕(1)〈若くて未婚の、または、性交渉未体験の女性〉少女。処女。 (2)〈(文物の中で)五節の舞姫〉五節の舞姫。

-652- 〈B〉いも【妹】《男から女へ、または女どうしの間で、相手に呼び掛ける語。後者なら「あなた」と訳せばよく、男が女を「妹」と呼ぶ時は「姉妹」よりむしろ「恋人・妻」を意味するのが普通、と覚えておくとよい》〔名〕(1)〈男性が女性を親しげに呼ぶ語。(主として妻・恋人を指す)〉妻。恋人。姉妹。 (2)〈女性どうしで相手を親しげに呼ぶ語〉貴女。

-653- 〈B〉せ【兄・夫・背】《女性から男性への親しみを込めた言い方が「せ」。兄弟や夫・恋人に対して用い、「兄」・「夫」・「背」の宛字が使われる。対義語(＝男から女への、または女どうしの親しみを込めた呼びかけ語)は「妹」。両者合わせた「妹背」(兄妹・姉弟・夫婦)なる連語もある》〔名〕〈(女性から、兄弟や夫、恋人に対しての)親しみを込めた言い方〉あなた。

-654- 〈C〉いもせ【妹背】《男から女を親しげに呼ぶ「妹」と、女から男を親しげに呼ぶ「兄・背」を合わせた語。「夫婦・恋人どうし」を指すのが普通だが、「兄妹・姉弟」の意味にもなる。川を挟んで仲良く横たわる二つの山を「妹背山」と呼ぶのは、それらを夫婦・兄妹になぞらえたもの》〔名〕(1)〈特別に親しい間柄にある男と女〉恋人どうし。夫婦。 (2)〈兄・弟・姉・妹のうち、性別が異なる二人の組合せ〉兄妹。姉弟。

-655- 〈A〉いもうと【妹】《「妹」+「人」の「いもひと」の転。主に男性語で、男から見た「姉・妹」またはそれに類する「親しい女性」に言及する語。現代同様「姉妹のうちの年少者」の意になったのは中世以降。中古までは性別に無関係に年少者は「弟(おとうと)」／年長者は「兄(え)」と呼んだ》〔名〕(1)〈男性が自分の姉妹を呼ぶ語。(男性は、姉でも「いもうと」と呼んだ)〉**妹。姉。** (2)〈(中世以降)姉妹のうち、年少の者。(一般に、年少者には男女を問わず「弟(おとうと)」を用いた)〉**妹。** (3)〈男性が親しい女性を(たわむれに兄妹の関係になぞらえて)呼ぶ語〉**妹みたいな君。**

-656- 〈C〉せうと【兄人】《女性から見た兄弟・夫・恋人など、親密な男性を指す「兄・背」に「人」を付けた「兄人・背人」のウ音便形。平安期には、女性から見た「兄・弟」または、それに擬すべき「親密な男性」を指した。後に「男の兄弟」の意が加わり、やがて「兄」のみに限定されるようになる》〔名〕(1)〈(女性から見た)男の兄弟〉**兄。弟。** (2)〈(女性からの視点ではなく、一般的に)男の兄弟。後代には、兄〉**男兄弟。兄。** (3)〈(女性から見た)親しい関係の男性〉**特別親しい男性。**

-657- 〈A〉おとうと【弟・妹】《「年少」を表わす接頭語「乙」+「人」=「乙人」のウ音便形。「おとと」とも言う。「男・女を問わず、同性の兄弟・姉妹のうちの年少者」を指すので、現代語の「妹」をも包含する点に要注意。「弟」のみに用いるようになったのは近世以降》〔名〕〈(男・女にかかわらず)兄弟・姉妹のうち年少の存在〉**弟。妹。**

-658- 〈B〉おきな【翁】《老人を表わす語としては、「媼(おみな・おむな・おうな)」(老女)と対になる。「お」は「老ゆ」に、「な」は「人」に連なる語で、男女の区別は「き」(=男)／「み」(=女)で示す》〔名〕(1)〈年齢の高い男性〉**老人。** (2)〈(主に和文脈で)老人が自分をへりくだっていう語〉**年寄り。** (3)〈(主に漢文脈で)老人を敬って呼ぶ語〉**古老。**

-659- 〈B〉おうな【媼・老女】《「老人男性」を意味する「翁」の「き」を「み」にすることで性別を転換(例:男神「イザナギ(伊邪那岐)」／女神「イザナミ(伊邪那美)」)した「おみな」のウ音便形が「おうな」(「おむな」とも)。"をうな"と混同し易いが、「老ゆ」由来の"お"と、「復つ・変若つ(=若返り)」由来の"を"では、方向性が全く逆》〔名〕〈年齢の高い女性〉**老女。**

-660- 〈C〉をうな【女】《「をみな→をむな→をうな→をんな」と転じた語。若い未婚女性を表わす「をとめ」と対照的に「女性一般」を表わす語。表記がややこしい語に「を／お」違いの「おうな」(老女)があるが、"wo(w!)=若いの"/"o(ld...)=年寄り"として区別して覚えておくとよい》[名]〈(既婚・未婚を問わず)女性全般を指す語〉女。

-661- 〈B〉をみな【女】《若い未婚女性の「をとめ」と対照的な「女性全般」を表わす語は「をみな→をむな→をうな→をんな」の転変を経たが、その中でも特に「をみな」は「若い女性」及び「美人」限定という輝かしい用いられ方をした(こともある)語(…一時期の表記は何と「美女」！)である》[名]〈女性。(元は、若い女性・美しい女性に限定されたが、後には女性全般に意味が拡大した)〉女性全般。少女。美女。

-662- 〈A〉をんな【女】《「をみな→をむな→をうな→をんな」と転じた語。「をむな」は平安時代以後の語で、従来の「女」が女性蔑視的語義に偏ったため、「女性一般」を表わす中立的語として使われるようになった。やがて「をんな」が「をとこ」の対義語として定着し、現代に至った》[名](1)〈(既婚・未婚を問わず)女性全般を指す語〉女。(2)〈(男から見て)(結婚しているいないにかかわらず)恋愛関係にある女性〉妻。恋人の女性。(3)〈(親から見た)女の子供〉娘。(4)〈(髪型・服装・文字などの)女性風の様式〉女性風。女文字。

-663- 〈C〉たわやめ【手弱女】《「撓む」や「たわわ」などと同根で、剛直な自己主張をせず、相手や状況に合わせて柔軟かつ優美に立ち回る女性を賛美した語。対極に位置する「益荒男・丈夫」(体格・体力に優れた強い男)と並んで、古い時代の日本女性の一つの理想像を表わす語。「たをやめ」とも言う》[名]〈闇雲な自己主張を慎み、周囲に合わせて柔軟・優美に振る舞う優しい女性〉手弱女。

●「女」、とくればその性質は「柔和」・「美麗」、そしてその特性がもたらす他者からの「愛顧」系の古語あれこれ

-664- 〈B〉たをやか【嫋やか】《「たを」は「撓」の母音交替形。現代語「撓む」に通じ、外力に剛直に反発せずに、力を受け止め、自らの身をしなやかに曲げながらその力を受け流しつつ、反発力を内に秘める柔軟性を意味する。物理的様態の「しなやか」と、性格面の「しとやか」を意味する》[形動ナリ](1)〈(木の枝などの物理的実体が)外力に逆らわず、自らの身を曲げながらこれを受け、その作用を自らの内に溜め込んだり別方向に流したりするような特性を表わす〉しなやかだ。(2)〈(性格・行動・態度が)強引な自己主張や相手への反発をせず、周囲に自然に和していて好感が持てるさま〉しとやかだ。

-665- 〈B〉こまやか【細やか・濃やか】《「細かなり」に「やか」を付加した語が「細やかなり」。両語には語義が重複する部分も多いが、「細かなり」が対象の物理的形状を客観的に観察して述べる感覚の語であるのに対し、「細やかなり」はある種の価値判断をそこに加えることで、語義に奥行きを与えている》〔形動ナリ〕(1)〈(物理的に)細かな構成要素で出来ている〉微細だ。(2)〈(人工物の形状や、文芸的技巧が)細部まで整って作られている〉精巧だ。(3)〈(注意・観察が)細部まで一切の見落としがない〉詳細だ。(4)〈(心情的に)配慮が行き届いている〉心遣いが細やかだ。(5)〈(人と人とが)極めて近い関係にある〉懇ろだ。(6)〈(人の表情が)親しさ・楽しさに溢れている〉にこやかだ。(7)〈(人の皮膚や毛髪について)けばがさした感じがなく、滑らかに整っている〉きめ細かだ。(8)〈(衣服などの色合いが)むらがなくきめ細やかで深く澄んでいる〉濃密だ。

-666- 〈C〉あえか【あえか】《「落ゆ」の連用形＋接尾語「か」で、「触れなば落ちん」(ちょっと手を触れただけで落ちそう)が原義。現象としての「危なっかしさ」より、その頼りなげな対象を「そっとしておきたい・落ちないよう優しく守ってあげたい」という心情に傾斜した語である》〔形動ナリ〕〈(触れれば崩れ落ちそうな)頼りなさそうな感じ〉はかなげだ。

-667- 〈C〉きびは【きびは】《「ひよわ」を意味する「繊弱・柎弱」の語幹「ひは」に、「世慣れず初々しい」意の「生」を添えた「きひは」の転か、と言われる。「幼年者のか弱いさま」の形容に限定される語で、病弱・疲労・精神的衝撃などで大人が弱っている状態の形容には用いない》〔形動ナリ〕〈(若年者が)見るからに弱々しく、健気なさま〉幼くてか弱い。

-668- 〈A〉うるはし【麗し・美し・愛し】《艶々とした美しさを表わす動詞「潤ふ」の形容詞化。奈良時代には「相手の立派さへの讃辞」だったが、平安時代には「美し」(＝感情移入して可愛がりたくなる)と対照的に用いられたため、「非難の余地のないきっちりとした美」という堅苦しい雰囲気があった》〔形シク〕(1)〈(外観について)よく整った美を持っている〉端麗だ。(2)〈(容姿や態度を誉めて)乱れることなくきちんとしている〉端正だ。(3)〈(対人関係について)ふまじめなところがない〉誠実だ。(4)〈(多く、貶して)(行動が)一定の様式に沿っていて、逸脱しない〉生真面目だ。(5)〈(友人どうしの)間柄がうまく行っている〉親密だ。(6)〈(真贋・作法について)間違いがない〉本物だ。正式だ。

-669- 〈A〉うつくし【愛し・美し】《「親から子／夫から妻」のような近親者の間での「目上から目下への愛情」が原義。平安期には「年下・小型・無力な存在」への「守ってあげたい可憐な感覚」の語義が加わり、中世には「外観上の美麗さ」、中世末から近世にかけて「行動上の深さ」の語義も加わった》〔形シク〕(1)〈(親子・夫婦間での)愛し、いたわりたい感覚〉いとおしい。(2)〈(相手の小ささ・弱さ・けなげさに対して)自身の心のとげとげしさが失せ、とろけるような気持ちで、相手を守ってあげたくなる感覚〉可愛らしい。(3)〈(外観に関して)美意識に心地よく訴えてくる感覚〉美麗だ。(4)〈(行動・出来映えが)何らかの尺度に照らして、賞賛に値する感覚〉見事だ。

-670- 〈B〉うつくしむ【慈しむ・愛しむ】《形容詞「うつくし」の動詞化で、「うつくしぶ」とも言う。心理的に慈愛の念を起こさせる対象に向けられる「守ってあげたい」感覚を表わし、現代語の「慈しむ」に相当する。「美しくする」の意味ではない》〔他マ四〕〈(小さいもの・弱いもの・けなげなものを)大事に思い、守ってやる〉大事にする。

-671- 〈A〉かなし【愛し】【悲し・哀し】《「耐えおおせる」の意の補助動詞「かぬ」と同根語とされ、「耐えかねるほど痛切な思い」が原義。現代では「個人的悲嘆」のみを表わすが、古語では「胸キュンの愛しさ」・「魅入られる趣深さ」・「感に堪えぬ見事さ」・「胸が痛む気の毒さ」など、表現範囲が遙かに広い》〔形シク〕【愛し】(1)〈(どうしていいのかわからないほどに)可愛くて愛おしくて仕方がない〉身にしみて愛しい。(2)〈(思わず見入ってしまうほど)強く心引かれる何かがある〉しみじみと趣深い。(3)〈(多く、連用形「かなしく」・「かなしう」の形で)思わず感心してしまう〉お見事。【悲し・哀し】(4)〈(傍で見ていて)自分のことのように辛く感じる〉気の毒で仕方がない。(5)〈(理想と現実との食い違いを前にして)心が満たされず、やりきれない〉悲しい。(6)〈(受身表現の連用形「かなしう…る／らる」の形で)他者の仕打ちに対し憤るさまを表わす〉何ともひどいことに。

-672- 〈B〉かなしぶ【愛しぶ】【悲しぶ・哀しぶ】《「かなし」の持つ「いとしさ／趣深さ」(→愛でる)、「悲しさ」(→嘆く)、「悲惨さ」(→同情する)、「見事さ」(→感激する)の語義を動詞化したもの。鎌倉期以降は「悲しむ」の形が一般化した》〔他バ四〕【愛しぶ】(1)〈(人を)たまらなくいとしく感じる。(物事を)素晴らしいと思う〉深く愛する。賞美する。【悲しぶ・哀しぶ】(2)〈(理想と食い違う現実を前にして)心に満たされぬ思いを抱く〉悲しく思う。(3)〈(悲惨な状況にある他者に対し)心が痛む思いをする〉哀れむ。(4)〈(嬉しさのあまり)感情が高ぶってどうしようもなくなる〉感激する。

-673- 〈B〉**かなしくす**【愛しくす】《形容詞「かなし」の動詞化。類義語「かなしがる・かなしぶ・かなしむ」は「自分が相手を"かなし"と感じる」という主観的表現だが、「かなしくす」は「相手を、自分にとって"かなし"と感じられる存在にする」という客体の主体化／主観的感情の客体化表現となっている》〔他サ変〕〈(人のことを)たまらなくいとしく感じ、大事にする〉**大いにかわいがる。**

●次なる語群は、「美」・「愛顧」と紙一重のところで成立する聖なるものへの「畏敬」・「慎み」の念を表わす古語あれこれ

-674- 〈B〉**いつくし**【厳し・美し】《神威の盛んな意の「厳・稜威」に、人知を越えた不思議を表わす「奇し」が付いたもの。神・天皇(やそれに相当する並外れた人物)の「荘厳」さを恐れ畏まりつつ崇敬する気持ちを表わす。「美し」との混用から、単なる外観の「美麗」の語義も中世以降に生じた》〔形シク〕(1)〈(神・仏・天皇に関して)神威が厳然たる形で発揮されている。(神・仏・天皇以外の高貴な人物や、行事に関して)威厳に満ちている〉**厳かだ。** (2)〈一切の緩みなくきっちりと事を運ぶさま〉**厳格だ。** (3)〈(中世以降)(見た目が)美しい〉**美麗である。**

-675- 〈A〉**いつく**【斎く】【傅く】《「厳・稜威」=「神(または現人神たる天皇)の恐ろしいまでの威光」を畏敬し慎んで守り奉る、が原義。これが転義した「子供を大事に養育する」の語義にも、「敬い畏まりつつ育てる」の語感が含まれるため、実子でない他人様の子を預かって育てる場合が多い》〔自カ四〕【斎く】〈(心身の穢れを取り除き)慎んで神に奉仕する〉**精進潔斎して神に仕える。**〔他カ四〕【傅く】〈(大事・神聖なものとして)(子供や宝物を)大切に育てる。守る〉**大事に養育する。秘蔵する。**

-676- 〈B〉**いはふ**【斎ふ】【祝ふ】《「斎ふ」の語源は、「斎垣」などの複合語の中に残る「神聖・禁忌(タブー)」を表わす「斎」に「はふ」を付けて動詞化したもので、「幸ふ」や「賑はふ」と組成的に同種の語。この「斎ふ」が変化して、現代語にも残る「祝ふ」(=幸せを祈る・祝福する)となった》〔他ハ四〕【斎ふ】(1)〈(神聖なものを)祀る。祭礼を行なう〉**祭祀を執り行なう。** (2)〈(神以外のものを、神聖なものとして)大切に守る〉**守護する。** (3)〈(神聖なものへの奉仕・祈願に相応しいように)心身の汚れを清める〉**精進潔斎する。**【祝ふ】(4)〈(将来の)幸福を願って神に祈る。(現在の)幸福をともに喜ぶ〉**祈願する。祝福する。**

-677- 〈A〉ゆゆし【由由し・忌忌し】《神聖なものを畏れたり、不浄なものに触れるのを慎む気持ちを表わす「斎」を畳語化して形容詞化した語。語義は「敬遠」系と「忌避」系に別れ、前者は「畏れ多い」・「素晴らしい」・「甚だしい」／後者は「忌まわしい」・「ひどい」と、脈絡次第で正反対の意味になる厄介な語》〔形シク〕(1)〈(神聖なものとして)近付いたり関わったりするのがはばかられる〉畏れ多い。(2)〈(宗教的感覚を含まず、一般的に)賞賛すべきさま〉素晴らしい。(3)〈(不浄なものとして)触れたり関わったりするのがはばかられる〉忌まわしい。(4)〈(宗教的感覚を含まず、一般的に)好ましくない状態について慨嘆するさま〉ひどい。(5)〈(多く、連用形「ゆゆしく／ゆゆしう」を副詞的に用いて)程度が普通でないさま〉甚だしい。

-678- 〈A〉いむ【忌む】【斎む】《「ゆゆし」の「ゆ」の母音交替した「い」に「む」を付けて動詞化したもの。神仏の前に出ても恥ずかしくないように「精進潔斎する」、宗教上穢れた存在を「忌避する」、生理的・感情的に「嫌い遠ざける」の意味を表わす》〔自マ四〕【斎む】〈(神聖なるものに触れるため)身を清める。不浄なるもの・行為を避ける〉精進潔斎する。物忌みをする。〔他マ四〕【忌む】(1)〈(宗教上の理由から)不浄なものとして避ける〉忌避する。(2)〈(生理的・感情的に)嫌い遠ざける〉厭う。

-679- 〈C〉ものいみ【物忌み・斎戒】《正体不明の超自然的存在の「もの」＋「忌み・戒み」で、精進潔斎や不吉回避のために一定期間行ないを慎む宗教的禁忌を意味する。神事に関わる場合に限らず、陰陽道に基づくタブー意識が力を持った平安期には広く日常生活に根を下ろした習慣であった》〔名・自サ変〕(1)〈(神事などのために)一定期間飲食・言行を慎み、沐浴して身を清め、外出せずに居ること〉精進潔斎。(2)〈(陰陽道に基づいて)天一神・太白神の遊行方向への外出を避けたり、凶兆や悪夢があった時に行動を慎んで、外出せずに居ること〉物忌。(3)〈陰陽道に基づいて家に閉じこもっていることを示すために、柳の木の札や白い紙に「物忌」と書いて冠や簾に下げたもの〉物忌の札。

-680- 〈C〉いましむ【戒む・警む】《「忌む」に発する語で、禁忌に触れるからやめておけ、と「警告する」が原義》〔他マ下二〕(1)〈(禁忌に触れたり良識に反する行動を)しないようにと教え諭す〉訓戒する。(2)〈(他人がある種の行動を取ることを)禁ずる〉禁止する。(3)〈(自分が、何らかの事態・行動に対して)注意を怠らない〉警戒する。(4)〈(物理的制約を課して)他人の行動の自由を奪う〉緊縛する。監禁する。(5)〈(決まりを破った者に対して)懲罰を加える〉懲らしめる。

-681- 〈A〉**いまいまし【忌ま忌まし】**《「忌む」から生じた語で、(女性が生理中とか、宗教上問題があるとかの理由で)「禁忌に触れるから、行動を慎む必要がある」が原義。やがて宗教的禁忌を離れた一般的な「縁起が悪い」へ、更には現代語にも残る心理的な「しゃくにさわる」の語義へと転じた》〔形シク〕(1) 〈(自分が穢れた身だから)慎むべきだ。(相手が穢れている・不吉だから)触れずにおきたい〉**はばかられる。** (2) 〈(それに触れれば)こちらまで不吉・穢れに毒されそうな気がして嫌だ〉**不吉だ。汚らわしい。** (3) 〈(自分自身の境遇が)思うようにならずに不快だ〉**歯痒い。** (4) 〈(不愉快な状況や他人の態度を)自分ではどうにもできずに不快だ〉**しゃくにさわる。**

-682- 〈A〉**いみじ【いみじ】**《名詞「忌み」の形容詞化だが、原義たる「聖なるもの・不浄のものを忌避する」感覚は薄く、「極端に悪い」または「極端に良い」という両極端の程度の甚だしさを力説する語なので、脈絡を読んで肯定的／否定的の方向性に応じて訳語を考える必要がある》〔形シク〕(1) 〈(しばしば連用形「いみじく」またはウ音便「いみじう」を副詞的に用いて)程度が甚だしいことを示す〉**並々ならず。** (2) 〈(肯定的に強調する形で)賞賛や喜びの気持ちを表わす〉**素晴らしい。嬉しい。** (3) 〈(否定的に強調する形で)困惑・非難・悲嘆・恐怖などの気持ちを表わす〉**大変だ。ひどい。悲しい。恐ろしい。**

-683- 〈C〉**たへ【妙】**《「人知を越えた神秘を感じるほどに素晴らしい」が原義。そこから「技芸が極めて巧妙だ」の語義が派生し、現代にも残る「妙なる」(絶妙・精妙・玄妙な)の言い回しにつながっている》〔形動ナリ〕(1) 〈(人為に拠らぬ物事の様態が)人知を越えた神秘を感じさせる〉**霊妙だ。** (2) 〈(人が企んでする技芸に於いて)他者を圧するほどの力量がある〉**抜群に上手だ。**

-684- 〈B〉**くすし【奇し・霊し】**《同じ表記の「奇し」、あるいは「薬」と同根語で、「人智を越えた不思議さを持つ」が原義。この超自然的現象への畏敬の念が次第に薄れ、中古以降は「理解不能」の語感が強くなり、「普通と違っていて、親しみが持てない」という否定的語義も加わった》〔形シク〕(1) 〈(畏敬の念を込めて)人智を越えた神秘的なさまを表わす〉**神秘的だ。** (2) 〈(否定的に)自分にとって理解不能なものへの違和感を表わす〉**へんてこな感じだ。**

-685- 〈C〉**くし【奇し】**《同じ表記で「くすし」とも読み、意味も同じく「人智を越えた神秘的なさま」を表わす。現代語には「奇しくも」(=奇妙な偶然だが)の形で残る》〔形シク〕〈(畏敬の念を込めて)人智を越えた神秘的なさまを表わす〉**神秘的だ。**

-686- 〈A〉けし【異し・怪し】《「普通と異なる」が原義だが、同源語「異なり」が「良い意味で、並々でない」の意も表わすのに対し、「異し・怪し」は「(普通と違っていて)何となく怪しい」という否定的感覚への偏向が見られる。ウ音便形「けしう」は程度の甚だしさを表わす副詞として多用された》〔形シク〕(1)〈(物事の状態、病状、恋愛相手の態度などが)通常と違っていて、違和感や非難を招くさま〉いつもと違う。(2)〈(通常考えられる状態と異なるために)不審の念を招くさま〉異様だ。(3)〈(連用形のウ音便「けしう」の形で副詞的に用いて)程度が甚だしいさま。(多く、打消の表現を伴って部分否定的に用いる)〉ひどく。(4)〈程度の甚だしさや水準の低さを表わす。(通例、打消の表現を伴って「けしく・けしうは…ず」の形で用いる)〉悪くはない。

-687- 〈B〉けしからず【異しからず・怪しからず】《「異し・怪し」(＝良くない)の否定＝「良くないわけではない」＝「認めて／褒めて良い」の意になりそうだが、中古の(そして現代語の)「けしからず」の語義は「よくない」で、否定の「ず」が機能せず「異し・怪し」と同意語となる。中世以降「けしうはあらず」との混用で「悪くはない」の意をも表わした》〔連語〕《けし〔形シク〕＋ず〔助動特殊型〕打消》(1)〈(「異し・怪し」の代用表現として用いて)(物事の様子が)通常と異なり、違和感や非難を招くさま〉異様だ。(2)〈(「異し・怪し」の代用表現として用いて)(道義的に見て)許容し難い〉感心しない。(3)〈(中世以降、「けしうはあらず」の同義語として用いて)消極的な賞賛を表わす〉なかなかのものだ。

-688- 〈B〉けしうはあらず【異しうはあらず・怪しうはあらず】《「けしからず」とは似て非なる語。「異し・怪し」＝「通常と異なり、よくない」を否定した「けしくはあらず」のウ音便形で、「よくないから退けるべきだ…とは言えぬ」(消極的承認)の意も表わすが、「さほど低水準でない…のだから褒めるべきだ」(消極的賞賛)の語義が優勢》〔連語〕《けし〔形シク〕＋は〔係助〕＋あり〔補動ラ変〕＋ず〔助動特殊型〕打消》(1)〈消極的な賞賛を表わす〉なかなかのものだ。(2)〈消極的な承認を表わす〉むきになって否定するほどのこともない。

-689- 〈C〉けしかる【異しかる・怪しかる】《中古の「異しからず・怪しからず」は「よくない」の意で「異し・怪し」と全く同じで、末尾の助動詞「ず」が否定の機能を果たしていなかったため、中世以降この「ず」を不要と見て除去したのが「異しかる・怪しかる」。後に「けしうはあらず(＝悪くない)」と混用されたのも「けしからず」と同じ》〔形シク連体形〕(1)〈(「けしからず」から「ず」を取り去り、「異し・怪し」の代用表現として用いたもの)通常と異なり、違和感や非難を招く〉異様だ。(2)〈(中世以降、「けしうはあらず」の同義語として用いられるようになった「けしからず」の類推から)通常と異なる点が、魅力的に感じられる〉奇抜で面白い。

-690- 〈B〉けやけし【けやけし】《「普通と異なるさま」を表わす形容動詞「異なり」の語幹に、「そうした雰囲気を持つ」意を表わす「やか」を付けた「けやか」の形容詞化。その原義からはやや外れる「はっきり」系の語義は、語形・音調の似た「清けし・分明し」からの類推語とも考えられる》〔形ク〕(1)〈(特に価値判断を含まずに)普通とは異なるさま〉風変わりだ。(2)〈(誉めて)普通とは明らかに異なるさま〉格別だ。(3)〈(貶して)普通と違っていて、違和感や非難を招くさま〉異様だ。(4)〈(自分の思うことを)明瞭に表現するさま〉はっきり。

-691- 〈B〉けに【異に】《形容動詞「異なり」の連用形を、独立した副詞として用いた語。「普通と違っている」が基本義だが、「・・・より(も／は)異に」の形で「・・・にも増して」という比較の意を表わす用例が多い。平安時代までは盛んに使われたが、中世以降は衰退した語》〔副〕(1)〈(多く「・・・より(も／は)異に」の形で)その比較の対象よりも程度が上回ることを表わす〉・・・以上に。(2)〈通常の様子とは異なるさまを表わす〉異様に。

●境界線は微妙ながら、ここから先は、聖なるものへの「畏敬」より、あまりの凄さへの「恐怖」・「嫌悪」が勝った感のある古語群

-692- 〈A〉いかめし【厳めし】《「厳し」や「雷」と同根語で、「内部に充満した力が外部に(角張った形で)出現する」のが「いか」。見た目や風評から感じる力強さの原義から、後には雰囲気としての厳かさに転じ、単に「程度が強烈」の語義も加わるに至った。中世にはク活用でも用いた》〔形シク〕(1)〈(見た感じ、聞いた感じが)他者を圧倒するほどの力を感じさせる〉威風堂々たるものだ。(2)〈(姿・形が)圧倒的な力強さを感じさせる〉見るからにたくましい。(3)〈程度の甚だしさを表わす〉激烈な。

-693- 〈B〉**いちはやし**【逸早し】《「いち」は本来「厳・稜威」で「神が地上に降臨した際の雷光のような恐ろしい威力」を、「速し・早し」は「巨大な活力で前進すること」を意味する。超越的な力に対する畏敬の念が原義であり、行動の性急さの語義は後々に生じたもの。枕詞「千早振る」にも通じる語である》〔形ク〕(1)〈(神仏の霊威が)強大である、または、たちまちにして現れる〉**霊験あらたかだ。**(2)〈(人間の気性や行動が)恐怖や嫌悪を呼ぶほどに激しい〉**激越だ。**(3)〈(行動や事態の展開が)あまりに迅速・急激すぎて、不安になる〉**性急だ。**

-694- 〈A〉**むくつけし**【むくつけし】《形・性質が通常の理解を超えていて無気味な意の擬態語「むく」に、そうした性質を表わす「気」を付けた語。「むくむくし」と同じ「得体が知れず無気味」の意を持つ他、行動が通常とずれているため「無気味・驚愕・当惑・軽蔑」などの否定的感情を招く、の意もある》〔形ク〕(1)〈(妖怪・物の怪などの超自然的現象が)(正体不明で通常の理解を越えているために)恐怖を感じさせる〉**無気味だ。**(2)〈(人が)(普通の、または、当然期待される行動様態からずれているために)無気味・驚愕・当惑・軽侮などの否定的感情を引き起こす〉**呆れた。風情も何もあったものじゃない。**

-695- 〈C〉**むくつけなし**【むくつけなし】《形・性質が通常の理解を超えていて無気味な意の擬態語「むく」に、そうした性質を表わす「気」と、程度の甚だしさを示す「甚し」(「無し」ではない)を付けて「むくつけし」の語義を強調した語なので、語義は「むくつけし」をそのまま踏襲する》〔形ク〕(1)〈(妖怪・物の怪などの超自然的現象が)(正体不明で通常の理解を越えているために)恐怖を感じさせる〉**無気味だ。**(2)〈(人が)(普通の、または、当然期待される行動様態からずれているために)無気味・驚愕・当惑・軽侮などの否定的感情を引き起こす〉**呆れた。風情も何もあったものじゃない。**

-696- 〈B〉**こはし**【強し・剛し】【恐し】《「硬質で弾力性に乏しい」という物理的特性が原義(cf:「御強」(=硬い飯・赤飯)。「柔軟性なし」(ギクシャク)・「意志を曲げぬ」(イシアタマ)(石頭)・「攻撃によく耐える」(手強さ)・「傾斜がきつい」(急峻)の語義には「強し・剛し」の字を宛てる。現代同様の「恐し」は近世以降の語義》〔形ク〕【強し・剛し】(1)〈(物理的特性に着目して)硬質で弾力性に乏しい〉**堅い。**(2)〈(貶して)生硬感が強く、柔軟さに欠ける〉**ぎこちない。**(3)〈(周囲の思惑を無視して)自分の意志をあくまで押し通そうとする〉**頑固だ。**(4)〈(人・軍隊・城塞などが)敵の攻撃にも頑として屈しないような強さを持っている〉**手強い。**(5)〈(山道などが)傾斜がきつく、歩き辛い〉**険しい。**

-697- 〈B〉たけし【猛し】《「高し」や「丈」と同根。「高い背丈から相手を見下ろすような威圧的雰囲気」の原義に忠実な「勢いが盛んだ」・「気が強い」や、「実に立派」は積極的肯定の語義だが、気弱になりそうな状況下で精一杯強がっている「気丈だ」の意の使用例も『源氏物語』にはある》〔形ク〕(1)〈(物理的・社会的に)強い〉勢いが盛んだ。 (2)〈(気力が)強い〉勇猛だ。 (3)〈賞賛する意を表わす。(物理的・社会的・気力的特性に限定されない)〉素晴らしい。 (4)〈(気弱になりそうな状況下で)精一杯強がっている。(『源氏物語』の中で「猛き事」の形で)強がりにも限界がある〉気丈だ。

-698- 〈C〉よだけし【弥猛し】《「よ」は累進を意味する「愈」の意を含み、「猛し」(勢いが盛んだ)の程度をより一層甚だしくする意を添える。「大袈裟だ」の語義はそこから生じる。通常でない程度の甚だしさを嫌悪する感覚から「面倒臭い」の語義も生じた》〔形ク〕(1)〈(他者の目を驚かすほどに)程度が甚だしいさま〉大袈裟だ。 (2)〈(対応・行動しようという)やる気が出ない〉面倒臭い。

-699- 〈C〉たく【長く・闌く】《形容詞「高し」の動詞化で、「(日が)高く昇る」が原義。人の技能・水準に転用して「熟達する」、年齢・日数に言及して「盛りを過ぎる」の意をも表わす》〔自カ下二〕(1)〈(太陽が)高く昇る〉日が高くなる。 (2)〈(能力・程度が)高い水準に達する〉熟達する。 (3)〈(人の年齢が)最盛期を過ぎる。(暦が進んで)末になる〉年老いる。押し詰まる。

-700- 〈C〉まう【猛】《火勢や軍勢、社会的勢力など、増減の幅が大きい物事の勢いについて、「猛烈だ」の意を表わす語。同じ隆盛の意の語でも「栄ゆ」や「時めく」に比すれば、「短期間に一気に盛り上がったが、いつまで続くことか」・「調子に乗りやがって」という否定的語感が伴う》〔形動ナリ〕〈(火・軍勢・社会的勢力などについて)(現時点で)勢いがついているさま〉勢いがある。

-701- 〈C〉ふつつか【不束】《「太」+「束」の転で「太くて丈夫」という褒め言葉だった語が、やがて「外観がみっともない」・「風流に欠ける」・「思慮が足りない」などの貶し言葉となり、近世以降は現代にも残る「(他者との対応が満足に行なえなず)不調法だ」の意が生じた。多く謙遜語として用いる》〔形動ナリ〕(1)〈(誉めて)体格的に立派である〉太くて丈夫だ。 (2)〈(顔立ち・体付き・服装が)見るからに格好が悪い〉不格好だ。 (3)〈(嗜み・情趣に欠けていて)社交の観点から見て、洗練されていない〉無風流だ。 (4)〈十分に考えないままに行動を取るさま〉短慮だ。

-702- 〈A〉こちなし【骨無し】《「骨骨し」と同義語で、「ゴツゴツと角が立ち、優美・洗練と無縁の状態」を意味する「骨」に、程度の甚だしさを示す「甚し」を付けた「骨甚し」を「骨無し」と誤記した語(現代語「無骨」もやはり誤記)で、「雅」と対極を成す「武骨」な武人的特性を(軽蔑的に)表わす》〔形ク〕〈優美・洗練を欠くさま〉**武骨だ。**

-703- 〈B〉こちごちし【骨骨し】《「ゴツゴツと角が立ち、優美・洗練と無縁の状態」を意味する「骨」を畳語化してその様態を強調した語。「骨無し」(本来は「骨甚し」)と同義語で、なよなよと柔弱な「雅」を最良とした平安人的感覚から、現実第一主義的な「武骨さ」を見下して形容したもの》〔形シク〕〈優美・洗練を欠くさま〉**武骨だ。**

-704- 〈C〉いらなし【いらなし】《草木の棘を意味する「苛」に、程度の甚だしさを示す「甚し」が付いた語で、「痛いほどに」が原義。心理的に不快に感じるとげとげしさを語義の根底に持つ語。「苛無し」(トゲがない)や「要ら無し」(不要)ではないので錯覚に注意》〔形ク〕(1)〈(連用形「いらなく」の形で、副詞的に)程度が突出しているさまを表わす〉**極端に・・・。** (2)〈(暴力的・刺激的な感じが)際立っている〉**強烈だ。** (3)〈(あまりに強調されすぎていて)自然さに欠ける〉**大袈裟だ。** (4)〈(他者・自分自身の悲惨な状況を思って)心理的に辛い〉**心が痛い。**

-705- 〈C〉ある【荒る】《名詞「荒」の動詞化で、「神の加護から見放された結果、どんどん悪くなって行く」が原義。その対極には「和・柔」がある:笑顔の「にこにこ」はここに由来し、その裏返しと考えれば、「荒る」の語義としては意外に感じられる「しらけてしかめ面をする」も納得できよう》〔自ラ下二〕(1)〈(海・山・天気などの自然が)荒れ模様になる〉**荒天になる。** (2)〈(土地・建物・都市などの人工的環境が)荒れ果てる〉**荒廃する。** (3)〈(人が)心の優しさを失う〉**人心がすさむ。** (4)〈人心が離れ、心をつなぎ止めることができなくなる〉**しらける。**

-706- 〈A〉**おどろおどろし**【おどろおどろし】《刺激的な物音を表わす擬音語「おどろ」に発する「驚く」の同根語。語源的には音声の騒々しさを表わすが、発展的に「感覚的にギョッとするような状態」全般を指し、更には「通常と異なるものものしさ」・「程度の甚だしさ」へも語義が拡大された》〔形シク〕(1)〈(通常の様子とあまりにかけ離れているために)思わず目を見張るようなさまを表わす〉**ものものしい。**(2)〈(聴覚、その他の感覚全般にとって)生理的にぎょっとするような感覚を表わす〉**騒々しい。ぎょっとする。**(3)〈(病気など、望ましくないものについて)程度が甚だしいさまを表わす〉**物凄い。**

-707- 〈A〉**おどろく**【驚く】《「音声的刺激に不意に反応する」意を表わす擬音語「おどろ」の動詞化(同音で「草木の茂み／乱れ髪」を意味する「藪・棘」もあるが、「驚く」とは無関係である)。古語では「目を覚ます」・「ふと気付く」の語義が多く、現代語と同じ「びっくりする」の例は少ない》〔自力四〕(1)〈(不意に)眠りの世界から現実の世界に立ち戻る〉**目を覚ます。**(2)〈(今まで気付かなかったものを)突如として意識する〉**不意に気付く。**(3)〈(予想していなかった事柄に触れて)感情的に動揺する〉**びっくりする。**

-708- 〈A〉**おどろかす**【驚かす】《「驚く」の他動詞形。現代語と違って「意図的に相手の驚嘆を誘う」の語義は(あるものの)その中核ではなく、「相手の意識を、それまで注目していなかった方へ向ける」の語感から、「目覚めさせる」・「気付かせる」・「久々に音信・訪問する」の語義が中核となる》〔他サ四〕(1)〈(眠っている人を)覚醒させる〉**起こす。**(2)〈人の驚嘆を誘う〉**びっくりさせる。**(3)〈(人が意識を向けていない対象に向けて)注意を促す〉**気付かせる。**(4)〈(音信が途絶えていた相手に)久しぶりに通信・訪問をする〉**忘れた頃にやって来る。久々に手紙を書く。**

●強烈なるものどもの様態の後は、「驚き」の声に由来する感動詞の類

-709- 〈A〉**あな**【あな】《喜怒哀楽の感情の高ぶりを表わす感動詞。単独ではあまり用いず、直後に形容詞や形容動詞の語幹(または形容詞的意味を持つ体言・準体言)を伴う。中世以後は「あら」が「あな」に取って代わり、現代に至る》〔感〕〈喜怒哀楽の感情の高ぶりを表わす〉**ああ。**

-710- 〈C〉**あなう**【あな憂】《感動詞「あな」＋形容詞・形容動詞語幹の連語の場合、この「あなう」(あぁ嫌だ)や「あなと」(おぉ、何と速いのだ)等、そのままの形では意味を判別し難くとも、末尾に「し」を付けて解釈すれば意味の判別は容易である》〔連語〕《あな〔感〕＋うし〔形ク〕》〈悲嘆・憂鬱・嫌悪などの感情を表わす〉**ああ嫌だ。**

-711- 〈B〉**あなかしこ**【あな畏】《感動詞「あな」に、恐れを意味する形容詞「畏し」の語幹を付けたもの。生理的恐怖を表わす「恐ろしい」から、「勿体ない」(恐縮)、「恐れ入りますが」(呼びかけ)、「絶対···するな」(脅しを込めた禁止)、「恐惶謹言」(手紙の結句:かしこ)などの意味が派生した》〔連語〕《あな〔感〕＋かしこし〔形ク〕》(1)〈不安・恐怖の感情を表わす〉**おお怖い。** (2)〈畏敬・恐縮の感情を表わす〉**勿体ない。** (3)〈相手に対して呼びかける語〉**恐れ入りますが。** (4)〈(禁止の表現と呼応して、副詞的に)相手をたしなめたり、強く禁ずる気持ちを表わす〉**決して。** (5)〈手紙の結語として、敬意を添える。(男女ともに用いた)〉**かしこ。**

-712- 〈B〉**あなかま**【あな囂】《形の上からは、感動詞「あな」＋形容詞「かまし」の語幹であるが、単独の形容詞「かまし」の使用例が確認されていないため、この「かま」は「かまびすし」の語幹か、とも言われる》〔連語〕《あな〔感〕＋かまし〔形ク〕》〈人の話や騒々しさを制する語〉**やかましい。静かに。**

-713- 〈A〉**あはれ**【あはれ】《対象に深く感情移入する時に自然と口から漏れ出す「あぁ、あれ···」に由来する語。現代では悲哀の感情のみを指すが、古文では喜楽・感動表現語としても用いる。鎌倉期以降には促音挿入した「あっぱれ(天晴れ)」も生まれた》〔名〕(1)〈思わず見入ってしまうような深い味わい〉**しみじみとした情趣。** (2)〈人間なら当然持っている筈の他者への慈愛の気持ち〉**情愛。** (3)〈異性に恋い焦がれる思い〉**恋情。** (4)〈好ましくない状況にある何かを見て、心が痛む思い〉**悲しみ。** 〔形動ナリ〕(1)〈対象の素晴らしさに、自然と心が引き付けられる〉**しみじみと心惹かれる。** (2)〈対象の素晴らしさに、第三者的立場から、賛嘆の念を禁じ得ない〉**見事だ。** (3)〈対象の持つ魅力に、思わず引き付けられ、可愛がりたくなる〉**いとおしい。** (4)〈他者に対する思いやりが深い〉**情愛が豊かだ。** (5)〈(何かを見て、ではなく)ただ何となく自身の気持ちがしみじみと沈んでゆく〉**心底寂しい。** (6)〈好ましくない状況にある何かを見て、心が痛む〉**可哀想だ。** (7)〈(主に宗教関係で)寛大な御加護や強大な霊威に、心から感謝・賛嘆の念が沸いてくる〉**尊い。** 〔感〕〈対象に深く感情移入した結果、自然に沸き上がる悲哀・喜楽・賛嘆の念を表わす語〉**ああ。**

●今度は、様態（英語で言うところのhow）にまつわる古語の大海原へ；最初の獲物は「いか」

-714- 〈A〉いかに【如何に】《形容動詞「如何なり」の連用形が単一の副詞・感動詞と化したもの》〔副〕(1)〈(内容・状態についての)疑問の意を表わす〉どんな風に・・・か。 (2)〈(原因・理由についての)疑問の意を表わす〉どうして・・・か。 (3)〈(疑問表現の形で)程度の甚だしさを強調する〉どんなにか・・・(なことか)。 (4)〈(間投表現的に用いて)驚き呆れる意を表わす〉何とまあ。 (5)〈(逆接の仮定条件を伴って)譲歩構文を形成する〉たとえどんなに・・・でも。〔感〕(1)〈相手に呼びかける語〉おい。 (2)〈(述語として用いて)内容・状態を相手に問い掛ける〉どのようなものか。

-715- 〈A〉いかが【如何】《形容動詞「如何なり」の連用形「いかに」が副詞化したものに疑問・反語の係助詞「か」が付いた「いかにか」が「いかんが」と音便化したものを撥音無表記化したものが「いかが」。「が」の正体は係助詞「か」なので、係り結びの法則から文末は連体形になる》〔副〕(1)〈(疑問)(様態に関し)疑問の意を表わす〉どのように・・・か。 (2)〈(反語)(様態に関し)疑問の形を取りつつ実質的に否定の意味を表わす〉どうして・・・か(いや・・・ない)。 (3)〈(事態の展開に関し)心配の念を表わす〉どうなってしまうだろう。 (4)〈(「いかがある」・「いかがあらむ」の略形として文末を「いかが」で締めて)相手への問い掛け・自信のなさ・非難の気持ちを表わす〉どうであろうか。 (5)〈断定の程度を強調する〉どんなにか。

-716- 〈A〉いかで【如何で】《形容動詞「如何なり」の連用形「いかに」に手段・方法の格助詞「して」が付いた「いかにして」が「いかにて」に転じたものが音便化した「いかんで」から「ん」が消失したものが「いかで」。脈絡に応じて「疑問」・「反語」・「願望・意志」へと意味が分かれる》〔副〕(1)〈(疑問)(様態に関し)疑う意を表わす〉どのようにして・・・か。 (2)〈(反語)(様態に関し)疑問の形を取りつつ、実質的に否定の意を表わす〉どうして・・・なものか。 (3)〈(願望・意志)(「じ」・「てしがな」・「にしがな」・「ばや」・「まほし」などの語句を伴い)(いかなる手段を用いてでも)そうしたいと強く望む意を表わす〉是非とも。

-717- 〈B〉いかでか【如何でか】《副詞「如何で」に強調の係助詞「か」を添えたもの。強意の係助詞は意味に何の影響も及ぼさないので、「如何でか」は「如何で」と全く同様に「疑問」/「反語」/「強い願望・意志」の意を表わす》〔連接語〕《いかで〔副〕＋か〔係助〕》(1)〈疑問の意を表わす〉どのようにして・・・か。 (2)〈反語の意を表わす〉どうして・・・なものか。 (3)〈強い願望・意志を表わす〉是非とも。

-718-〈B〉**いかがは**【如何は】《副詞「如何」に係助詞「は」を付けて強調したもので、疑問・反語・断定の意味を強調する語。現代にも残る「いかがわしい」(=強い疑念や非難を招くような)の元になったのは「如何し」(=一体いかがなものか？問題ありではないのか？)という近世語である》〔連接語〕《いかが〔副〕＋は〔係助〕》(1)〈疑問の意を強調的に表わす〉**一体どんな風に・・・か。** (2)〈反語の意を強調的に表わす〉**一体どうして・・・なものか。** (3)〈(疑問文の形で)断定の意味を強調する〉**どんなにか・・・なことか。**

-719-〈B〉**いかがはせむ**【如何はせむ】《末尾の読み方は「せむ」ではなく「せん」。詰まる音を表わす撥音文字「ん・ン」が存在しなかった平安期は、「む」は「ん」の代用表記の一つだった。「m」の「n」化現象は、現代日本人が英単語"comfort"を"confort"と発音してしまう例などにいまだに引き継がれている》〔連語〕《いかが〔副〕＋は〔係助〕＋す〔自サ変〕＋む〔助動マ四型〕推量》(1)〈事態への対処の仕方を、自身または他者に問い掛ける〉**どうしたらよいだろうか。** (2)〈(反語の形で)処置なしである意を表わす〉**どうなるというのか(どうしようもないではないか)。**

-720-〈B〉**いかならむ**【如何ならむ】《「いかにあらむ」の変化したもので、不明の事態に関する疑問「どんな風であろうか？」、将来に対する不安「どうなってしまうだろうか」の意味の他、仮定・婉曲の「たとえいかなる・・・だとしても」の用法もある》〔連接語〕《いかなり〔形動ナリ〕＋む〔助動マ四型〕推量》(1)〈(不明の有様についての)疑問の意を表わす〉**どんな風であろうか。** (2)〈(これから先のことに対する)不安の念を表わす〉**どうなってしまうのだろうか。** (3)〈(連体修飾語として用いて)仮定・婉曲の意を表わす〉**(たとえ)どのような・・・(でも)。**

-721-〈C〉**いかなれや**【如何なれや】《原因・理由についての疑問「どうしたわけで・・・か」と、内容・状態についての強い疑念「いったいどうしたものなのか」の二つの語義を持つが、後者はしばしば否定・懐疑の含みを込めて用いられる》〔連接語〕《いかなり〔形動ナリ〕＋や〔係助〕》(1)〈原因・理由についての疑問の意を表す〉**どうしたわけで・・・なのか。** (2)〈内容・状態について、強く疑う気持ちを表す。(多く、非難・皮肉・不賛同の気持ちを含む))**一体どういうものか。**

-722- 〈B〉いかにも【如何にも】《副詞「如何に」に係助詞「も」を添えたもの。この「も」は物事を総括する意味を持ち、「あれもこれも、一切合切」の含みを持つ。英語で言えば"however／no matter how"に於ける"ever／no matter"に相当する成文である》〔連接語〕《いかに〔副〕＋も〔係助〕》(1)〈ありとあらゆる選択の可能性を示す〉**いかようにも。** (2)〈(下に打消の表現を伴って)強い否定の意を表わす〉**決して・・・ない。** (3)〈(下に願望の表現を伴って)強い願望・意志を表わす〉**何が何でも。** (4)〈程度の甚だしさを強調する〉**はなはだ。** (5)〈(感動詞的に用いて)相手の言葉を肯定する〉**おっしゃる通りです。**

-723- 〈C〉いかさま【如何様】《状況を表わす形容動詞「如何なり」の語幹に、様態を表わす名詞「様」が付いたもの。現代の「いかさま」(＝偽物)の意が生じたのは近世以降(「いかさまもの(＝本物も、大体こんな風なものだろう、という模造品)」の略形)であり、近世以前の「如何様」に「インチキ」の意味はない》〔形動ナリ〕〈(しばしば不審・困惑を伴いつつ)状態・行為についての疑問の意を表わす〉**どのように・・・か。** 〔副〕(1)〈(多く下に推量の表現を伴って)確実な予想を表わす〉**きっと。** (2)〈(下に意志・希望の表現を伴って)強い決意・願望を表わす〉**何としても。** 〔感〕〈相手の言葉に同意する意を表わす〉**いかにも。**

●とにかく膨大な様態系古語の海産物は、細切れで料理しましょ:「いか」の次は「とかく」系

-724- 〈A〉かく【斯く】《指示代名詞「彼・此」に副詞語尾「く」を付けたク語法(類例:「言はく・曰く」・「思はく」・「申さく」)。そのウ音便形「斯う」は現代語「こう」の祖先。指示副詞の「と」と対を成す「とやかくや／とやかうや」・「ともあれかくもあれ／とまれかうまれ」などの連語での使用例が多い》〔副〕〈前・後の話の内容や眼前の対象を指し示す語〉**こう。**

-725- 〈B〉とかく【とかく】《「と」(あのように)と「斯く」(このように)という対を成して用いられる指示副詞をまとめた語。ウ音便形「とかう」で用いる場合も多く、また「とかくの＋体言」／「とかく＋して」の形でもよく用いる。中世以前は、様々な物事の総称的表現(あれこれ)としての用例が殆ど》〔名〕〈良いか悪いかの判断〉**是非。** 〔副〕(1)〈様々な物事を総称的に言いまとめる語〉**あれやこれや。** (2)〈方法の如何を問わず、結果だけを問題にする語〉**とにもかくにも。**

-726- 〈B〉とまれかくまれ【とまれかくまれ】《「ともあれかくもあれ」の音便形;ウ音便形「とまれかうまれ」や究極の略形「とまれ」でも通用する。「と・かく」は並置的に用いて「あれ・これ」の意、「まれ」＝「も＋あれ」で、「あれ」は命令形だから、「ああにでもこうにでもなるがいい」(何にせよ)の意の譲歩表現となる》〔連語〕《と〔格助〕＋も〔係助〕＋あり〔補動ラ変〕＋かく〔副〕＋も〔係助〕＋あり〔補動ラ変〕》〈(譲歩)途中経過はさておいて、結果のみを問題にする言い回し〉**ともかくも。**

-727- 〈C〉とざまかうざま【とざまかうざま】《対にして用いるのが通例の「と」/「かく[斯く]」を中核とし、様態を表わす「様」を付けた「と様斯く様」のウ音便形で、種々雑多な様態を総称的に表わす「あれやこれや」の意》〔連接語〕《と〔副〕＋さま〔名〕＋かう〔副〕＋さま〔名〕》〈種々雑多な様態を総称的に表わす〉**あれこれ。**

-728- 〈B〉かばかり【斯ばかり】《「斯くばかり」の略で、「ここまで(甚だしく)」及び「(最低限)ここまで」の意を表わす》〔副〕(1)〈既に言及した通りの程度を表わす。(多く、程度の甚だしさを含意する)〉**これほどまでの。** (2)〈最低限の事柄を表わす〉**これだけ。**

-729- 〈A〉かやう【斯様】《「斯く様」の略。主に「かやうなる・・・」の形で名詞に続けて連体詞的に用い、状況から明らかな事柄に言及して「このような・・・」の意を表わす》〔形動ナリ〕〈(状況から自明の事柄に言及して)具体的な内容・程度を表わす〉**このような。**

-730- 〈A〉かかり【斯かり】《動詞「斯く」＋「在り」(＝かくあり)の略で、「このような状態である」の意。現代の文語にも残る連体形「斯かる」での使用例が圧倒的に多いが、これは「懸かる・掛かる」と同形なので要注意》〔自ラ変〕〈(既述の状況を受けて)そのような状態である意を表わす〉**こんなである。**

-731- 〈B〉**かかる**【懸かる・掛かる】《他動詞「懸く」の自動詞形。元になった「懸く」の意味は、「先端部を対象の一点に固定して、物理的重圧をそこに集中する」。「懸かる・掛かる」の「気にかかる」・「寄りかかる」・「依存する」・「熱中する」・「目にとまる」などの語義は、この「一点集中」に由来するもの》〔自ラ四〕(1)〈他の物体と一点で接触し、そこに自らの重量を預けてぶら下がる。または、傾斜する〉**引っ掛かる。寄り掛かる。** (2)〈(心理的、社会的に)我が身を他者に支えてもらう〉**頼る。** (3)〈(他者からの情愛・恩顧などの)有り難い恵みが身の上に及ぶ〉**恩恵に浴する。** (4)〈(病気・災害・穢れ・刑罰・泥水などの)好ましくない影響が身の上に及ぶ〉**身に降りかかる。** (5)〈(雲・霞・雨・露・雪などの気象現象が)上から下へと降りてくる。(人の目から)涙がこぼれ落ちる。(太陽・月が)空の特定の位置に浮かぶ〉**降下する。滴下する。(日・月が)空に懸かる。** (6)〈(人・物事に)関わりを持つ。また、同類としての扱いを受ける〉**関係する。連座する。** (7)〈(多く「目／心にかかる」の形で) (特定の対象に)視線や意識を奪われる〉**目に付く。** (8)〈(特定の対象に)意識・精力を集中する〉**かかりきりになる。** (9)〈(多く「手に懸かる」の形で)敵の攻撃によって命を落とす〉**殺される。** (10)〈(敵対する相手に)攻撃を仕掛ける〉**襲い掛かる。** (11)〈(特定の場所や時期に)立ち至る〉**差し掛かる。** (12)〈(紐状のものが)周囲にからまって、自由を束縛される〉**巻き付く。** (13)〈(船が)航行せずに同じ場所に留まる〉**停泊する。**〔補動ラ四〕(1)〈(動詞の連用形に付いて)特定の状態・動作が始まることを表わす〉**・・・し始める。** (2)〈(動詞の連用形に付いて)特定の状態・動作がある程度まで達成されることを表わす〉**ほとんど・・・しかかる。**

●様態系の大海原で、「いか」と並ぶ二大勢力は「しか」・「さ」; 読み方変われど筆記は同じ「然」にまつわる古語の小宇宙へ、いざ

-732- 〈A〉**さ**【然】《「其」や「此」など、サ行には指示代名詞として用いられる語が多いが、副詞「然」もやはりその流れを汲むもの。話の流れの中で既出の物事を指し示す語だが、同じ「然」でも「しか」と読めば男性的な指示副詞になり、女流文学では「さ」と読むことが多い》〔副〕〈脈絡上、既に話題に上っていた語句や内容に言及する指示副詞〉**そう。**

-733- 〈A〉しか【然】《男性語（女流読みは「さ」）。眼前の何かや既述の内容を具体的に指す指示語で、「そのように」の意を表わす。具体的な指示内容を持たずに程度を強調する「こんなにも・そんなにも」の意にもなり、感動詞的に「いかにもその通りです」の意を表わす用法もある》〔副〕(1)〈眼前の何かや既述の内容を具体的に指す指示語〉**そう**。 (2)〈（具体的な指示内容を持たずに）程度を強調する語〉**そんなにも**。 (3)〈（感動詞的に）相手の言葉に同意して相槌を打つ語〉**その通りです**。

-734- 〈C〉しかすがに【然すがに】《「さすがに」の元になった、上代の副詞。「然」＝「そのように」（様態）、「す」＝上代に於ける「あり」（存在）、「が」＝所在地（現代語「数箇所」・「霧ヶ峰」に於ける"か・が"）、「に」＝逆接の接続助詞で、「そんな場に存在してはいるが／そうして在るけれども」が原義》〔副〕〈（相反する内容を持つ前後の脈絡をつないで）逆接的陳述を導く〉**・・・ではあるが、そうは言ってもやはり～である。いくら・・・だとしても、～はあるまい**。

-735- 〈A〉さすが【流石・遉】《上代の副詞「然すがに」の別読み語で、前述の内容を受けつつ「そうは言っても・・・」という逆接に加えて、現代語同様の「流石！」として後述の讃辞を導く用法もある。形容動詞としても用い、副詞同様の逆接を表わす他、事態を否定的に受け止める「やはり何となく気が咎める」の意も表わす》〔形動ナリ〕(1)〈（相反する内容を持つ前後の脈絡をつないで）逆接的陳述を導く〉**・・・ではあるが、そうは言ってもやはり～である。いくら・・・だとしても、～はあるまい**。 (2)〈（特に照応する直前の脈絡を持たずに）事態に対する否定的な心情を表わす〉**気が咎める**。 〔副〕(1)〈（相反する内容を持つ前後の脈絡をつないで）逆接的陳述を導く〉**・・・ではあるが、そうは言ってもやはり～である。いくら・・・だとしても、～はあるまい**。 (2)〈（特に照応する直前の脈絡を持たずに）予想・期待・評判通りの事態であることを強調的に表わす〉**さすがは**。

-736- 〈B〉さり【然り】《和文脈語で、漢文脈では同じ「然り」と書いても「しかり」と読む。様態の副詞「然」に動詞「在り」が付いた「然在り」の略形で、「そのようになっている」の意。終止形「然り」の形で「その通り」として相手の言い分に和する承認の感動詞としても用いる》〔自ラ変〕(1)〈終止形「然り」の形で、感動詞的に用いて）相手の発言に対する肯定の返事として用いる〉**そうだ**。 (2)〈（既に述べた内容を受けて）そのような状態である、の意を表わす〉**そのようである**。

-737- 〈A〉さる【然る】《様態の副詞「然」＋存在の動詞「在る」＝「さある」の略で、既述の具体的物事を指す「そうである」が原義。具体性もなく漠然と「かくかくしかじかの・・・」の意を表わす「さる・・・」は現代語にも残る。「(話題に上っている物事に)相応しい・立派な」の語義もある》[連体](1)〈(直前の内容を受けて)具体的な物事の様態を指し示す〉そのような。 (2)〈(具体的な指示内容を持たずに)(身分や能力の高さから)話題になっている物事に相応しいことを表わす〉それ相応の。 (3)〈(具体的に特定することを避けて)漠然とぼかして言う〉とある。

-738- 〈A〉さる【避る】《(嫌なものだから／分不相応だと感じて)対象から自ら身を引く「避ける」が原義。方向性としては逆の「(受け容れたくない相手からの働きかけに対し)拒絶する」語義もある。いずれにせよ「去る」に近い語感であり、「避る・去る」を同一語として扱う辞書もある》[他ラ四](1)〈(嫌だから、あるいはまた、分不相応だと感じて)回避する〉避ける。遠慮する。 (2)〈(他者からの申し出や働きかけに対し)応じずに突っぱねる〉断わる。

-739- 〈C〉さらず【然らず】《動詞「然り」(そうである)を助動詞「ず」で打ち消した「さあらず」(そうではない)の略形。「去らず・避らず」と誤解せぬよう要注意》[連接語]《さり[自ラ変]＋ず[助動特殊型]打消》〈直前の内容に対する打消の陳述〉そうではない。

-740- 〈A〉さらぬ【然らぬ】《古語の「さらぬ」は要注意で、「然らぬ」(＝「それ以外の」・「大したこともない」)と「避らぬ」(＝「避けようがない・宿命の」)の二つの語義がある。漢字表記されていない場合が多いので、いずれの語義であるかは脈絡から割り出す必要がある》[連接語]《さり[自ラ変]＋ず[助動特殊型]打消》(1)〈(直前に述べた内容を打ち消して)それ以外の〉その他の。 (2)〈(特に指示内容を持たずに)程度が甚だしくはないことを表わす〉それほどでもない。

-741- 〈A〉さらぬ【避らぬ】《「然らぬ」との混同に要注意の語で、「宿命的で、回避不可能」の意。字面だけ見ると「避ら＋ぬ」＝「回避"しない"」の筈なのに「回避"できない"」の意になるのは、「え＋避らぬ」から不可能の副詞「え」が消えた表現だから。この観点からは、類義語「避り＋敢へ＋ず」にこそ文法的整合性がある》[連接語]《さる[他ラ四]＋ず[助動特殊型]打消》〈回避不可能な宿命的事情について言う。(「避らぬ別れ」の形で「死別」について婉曲に言う例が多い)〉避けようがない。

-742- 〈B〉さらぬわかれ【避らぬ別れ】《「回避不能な別れ」が原義だが、直接的言及が憚られる「死別」の婉曲語として使う。母親への在原業平の返歌「世の中にさらぬ別れのなくもがな千代もと祈る人の子のため」をはじめとして、和歌で用いられる例が殆ど。仮名表記でも「去らぬ別れ」to depart without going などと誤読せぬように》〔連語〕《さる〔他ラ四〕＋ず〔助動特殊型〕打消＋わかれ〔名〕》〈(主に和歌の中で)「人と死に別れる」ことについて婉曲に言う語〉避けようのない運命の死別。

-743- 〈C〉さりあへず【避り敢へず】《漢字表記「避り敢へず」とすれば一目瞭然で「不可避的に」の意であるが、かな表記「さりあへず」だと「然り」・「去り」や「会へず」との混同の危険性が高まる連語》〔連接語〕《さる〔他ラ四〕＋あふ〔補動ハ下二〕＋ず〔助動特殊型〕打消》〈不可避的にそうなる意を表わす〉どうにも避けることができずに。

-744- 〈A〉さながら【然ながら・宛ら】《様態の副詞「然」＋「…のまま／…全部」の「ながら」で、「そのままの姿で」／「みんな」が原義。打消表現と共に用いると「全然…ない」(否定の強調)、接続詞としては「しかしながら」の意となる。下に「如し」を付けて「まるで…のよう」とする語義は中世以降のもの》〔副〕(1)〈(事態が)何も変わらず元のままであることを表わす〉そのまま。 (2)〈(数量が)一つも減らずに元のままであることを表わす〉すべて。 (3)〈(下に打消表現を伴い)否定の意味を強調する〉全く…ない。 (4)〈(中世以降)(下に「如し」などの比況の表現を伴って)よく似た様態を表わす〉まるで…のよう。 〔接続〕〈(直前に述べた内容に対し)逆接の陳述を続ける〉しかしながら。

-745- 〈C〉しかしながら【然しながら】《略せば「しかし」で、現代同様逆接の接続詞になるが、これは中世末期以降の語義。原義は「そっくりそのまま」の副詞で「然ながら」に同じ。「結局のところ」(一見逆に思える結末が、因果の理に照らせば、元々の行為がそのまま影響を及ぼした結果だ)の意も表す》〔副〕(1)〈一つ残らず全て〉そっくりそのまま。 (2)〈一見無関係あるいは正反対に思える結末が、因果の理屈に照らして見れば、元々の行為の影響でそうなっていると解釈できるような、逆説的な逆接関係を成していることを表わす〉要するに。 〔接続〕〈(中世末期以降)直前の記述に対する逆接の陳述を導く〉しかし。

-746- 〈A〉さて【然て・扨】《様態の副詞「然」＋接続助詞「て」を一語の副詞／接続詞／感動詞とした語。現代では「話題転換」の意のみだが、古語では「既存状態の放置」・「既出の事物以外の指示」・「既述の内容に起因する事態への言及」・「感動的慨嘆」・「直前内容の確認」と語義が多様》〔副〕(1)〈(既に述べた状況を)その状態のままに放置する意を表わす〉**そのままで。** (2)〈(「さての＋名詞」の形で)既に述べたもの以外のものを指す〉**それ以外の。** 〔接続〕(1)〈(直前に述べた内容を受けて)その結果として生じた事態に言及する語〉**そうして。** (2)〈既出の内容に反する内容を述べたり、話題を転換したりする際に用いる語〉**ところで。** 〔感〕(1)〈一息入れ、改めて事態を振り返って、感動的感慨を述べる語〉**それにしても。** (2)〈(多く、文末に用いて)直前に述べた内容について、確認する語〉**どうかね。**

-747- 〈C〉さては【然ては】《現代語同様なのは「気付き」の感動詞用法のみ。副詞としては「そんな状態で・・・でよいのか？」、接続詞なら「既述の内容に起因する事態への言及」・「既出の事物以外の列挙」・「既述の内容を根拠としての見解」など、古語ならではの用法が多数ある》〔副〕〈(多く、否定の脈絡で用いて)既出の事態のままでよいのか、という疑問・否定の意を表わす〉**そんな状態で・・・か。** 〔接続〕(1)〈(直前に述べた内容を受けて)その結果として生じた事態に言及する〉**そうして。** (2)〈(既に述べたもの以外に)別のものを列挙する〉**それ以外にも。** (3)〈(直前に述べた内容を受けて)その事態を根拠としての見解を述べる〉**それならば。** 〔感〕〈(事態の背後にある事情に思い当たる節があった時に)合点して発する語〉**あっ、そうか。**

-748- 〈C〉さても【然ても】《様態の副詞「然て」に「も」を付けて一語化した語で、「も」が接続助詞の場合は逆接の意を含み「そうではあっても」・「それにつけても」となるが、係助詞としての「も」の場合は単に強調の意を添えて「そのままで」・「それにしてもまぁ」となる》〔副〕(1)〈(既に述べた脈絡に対し)逆接的な陳述を導く〉**そうではあっても。** (2)〈(既に述べた状況を)その状態のままに放置する意を表わす〉**そのままで。** 〔接続〕〈(文頭に用いて)話を切り出したり、話題を転換する際に用いる語〉**それにつけても。** 〔感〕〈(文頭に用い、多く文末に「かな」・「やな」・「や」・「よ」などの終助詞を伴って)驚き・喜び・悲しみなどの感情を表わす〉**何とまぁ。**

-749- 〈B〉さこそ【然こそ】《既出の事態に言及して「あんなにも」と強調する例もあるが、何も承けずに「然こそ」とする例もある。推量表現を伴えば「実にまあ」(現代語「さぞ／さぞや／さぞかし」に相当)、逆接の条件句に用いると「たとえ・・・とはいえ」(「然こそ言へ」の略形)の意を表わす》〔連接語〕《さ〔副〕＋こそ〔係助〕》(1)〈(既出の事態を指して)程度の甚だしさを強調する〉あんなにも。 (2)〈(下に推量表現を伴って)確定的推量を表わす〉さぞ。 (3)〈(逆接の条件句に用いて)ある事態をまず述べておき、直後にそれを打ち消す記述を続ける〉たとえ・・・とはいえ。

-750- 〈C〉さてこそ【然てこそ】《文字通り「そのようなこととして」の語義もあるが、現代語「それでこそ・・・だ！」に相当する強調的な用法や、感動詞的に「やっぱりね！」の意を表わすもの、「そうしたわけで」として理由に言及する用法など、暗記していないと解釈不能な語義が多い》〔連接語〕《さて〔副〕＋こそ〔係助〕》(1)〈(直前に述べた内容)直後に述べる内容の条件としてまさしく好適である意を表わす〉それでこそ・・・だ。 (2)〈(直後に述べる内容が)直前に述べた内容を理由として生じる意を表わす〉そうしたわけで。 (3)〈(直前の内容に反することなく)そうしたものとしてすんなり受容する意を表わす〉そのようなものとして。 (4)〈(感動詞的に用いて)事態が自らの予想にぴったり合致する意を表わす〉やっぱり。

-751- 〈C〉さてしもあるべきことならず【然てしも有るべき事ならず】《「そのまま放置しておくわけには行かない」の意で多用される連語。「さてしもあらず／さてもあるべきならず」など略形の亜種も多く、短絡的反語形「さてしもやは」なら「そのままでよい筈もあるまい」、「さてしもありぬべし」なら「そのままでよさそうである」の意になる》〔連語〕《さて〔副〕＋しも〔副助〕＋あり〔自ラ変〕＋べし〔助動ク型〕推量＋こと〔名〕＋なり〔助動ナリ型〕断定＋ず〔助動特殊型〕打消》〈(直前に述べた事態について)そのまま放置しておいては不都合がある〉そのままにはしておけない。

-752- 〈B〉さしも【さしも】《指示副詞「然」に強調の副助詞「しも」を付けた語。否定語や反語と結び付いて「さほど・・・ない」という部分否定表現で用いる例が多い。程度を強調して「あんなにも」とする用法は、現代語「さしもの・・・も～だ」にその名残を留めている》〔副〕(1)〈(下に打消・反語表現を伴って)否定の程度を部分的に否定する〉さほど・・・ない。 (2)〈(既述の状況を指して)程度の甚だしさを強調する〉あんなにも。

-753- 〈B〉さぞ【然ぞ】《様態(=そのように)の副詞「然」に、強調の終助詞「ぞ」を付けた語。単に「然」を強調する用法の他に、「いかにもその通り」として相槌を打ったり、推量表現を伴って「それはもうきっと…だろう」とする現代語「さぞ・さぞや・さぞかし」に通じる用法もある》〔連接語〕《さ〔副〕+ぞ〔係助〕》(1)〈(「然」の強調形)(既出の文脈を指し示して)そのような様態である意を表わす〉そうした状態で。 (2)〈(相手側の発言に対し)同意して相槌を打つ〉そうだ。〔副〕〈(下に推量の表現を伴って)何らかの感慨を込めて状況を推測する意を表わす〉さぞかし…だろう。

-754- 〈B〉さも【然も】《打消・推量の表現を伴い「そのようにも…ない/…か?」や「さほど…ない」として使うのが基本で、これだけなら単なる「さ+も」の連語扱いであるが、肯定的な「実に…だ」や「そんなにも…だ」の語義もあるために、一語の副詞として認定されるに至った語》〔連接語〕《さ〔副〕+も〔係助〕》〈(多く、打消・推量の語を伴って)既に述べたような形で物事が展開する意を表わす〉そのようにも…。〔副〕(1)〈(既に述べた様態に言及して)そこまで甚だしく物事が展開する意を表わす〉それほどまでに…。 (2)〈(肯定的に)物事の様態を強調する〉それはもう…。 (3)〈(下に打消表現を伴って)否定の意を強調する〉さほど…ない。

-755- 〈C〉さもあれ【然も有れ】《「然+も+有れ(+ども)」と捉えれば「そうではあるが」(譲歩)の接続詞、「然+(も)+在れ」(命令文)と解すれば「そうなるというのなら、そうなるがよろしい…えぇい、もうどうにでもなれ、自分の知ったことか!」という投げやりな感動詞となる。同義語は「さはれ」》〔連接語〕《さ〔副〕+も〔係助〕+あり〔補動ラ変〕》(1)〈(好ましくない事態を前にして)真面目な主体的対処を放棄し、事態の展開を成り行きに任せてしまおうという投げやりな気持ちを表わす〉もうどうにでもなれ。 (2)〈(接続詞的に用いて)直前に述べた内容に対する逆接的陳述を導く〉それはそうかもしれないが。

-756- 〈B〉さもや【然もや】《間に入る係助詞「も」に大した意味はないが、末尾の「や」は疑問・推量を表わし、「そのように…だろうか?/ではなかろうか?」の意を表わすのが基本。「さもやあらむ」の略形として「そうかもしれない」の意を表わす使用例も多く、入試でも好んで出題される》〔連接語〕《さ〔副〕+も〔係助〕+や〔係助〕》(1)〈(物事の様態について)疑問・推量の意を表わす〉そのように…であろうか?/ではないのか? (2)〈(「然もや有らむ」の略)確たる根拠のない漠然とした推量を表わす〉そうではなかろうか。

-757-〈C〉さのみやは【然のみやは】《様態の副詞「然」に強調の副助詞「のみ」を付けたものを、反語の係助詞「やは」で打ち消して、「そんなにも…であろうか？いや、そんなことはない」の意を表わす》〔連接語〕《さ〔副〕＋のみ〔副助〕＋やは〔係助〕》〈（直前に述べた脈絡を受けて）実際はそこまでの事態ではあるまい、という否定的見解を述べる〉**そんなにも…ではあるまい。**

-758-〈B〉さりとも【然りとも】《現代語にも「さりとても／さりとて」の形で残る「そうは言っても」の逆接の意味を表わす。副詞として用いると、眼前にある状況や相手の否定的陳述に反して「いくら何でも…だろう」として自らの意見を主張する言い回しになる》〔副〕〈（眼前の状況や、相手の陳述に反して）あくまでも自らの意見を主張する言い回し〉**いくら何でも…だろう。**〔接続〕〈（直前に述べた内容を受けて）逆接の陳述を導く〉**そうは言っても。**

-759-〈C〉さるに【然るに】《漢字表記「然るに」の現代語読み「しかるに」（逆接の陳述）がそのまま古語としての語義となる》〔接続〕〈直前の内容に対する逆接の陳述を導く〉**それなのに。**

-760-〈C〉さるは【然るは】《「然」＋「在る」＋「は」（そのようになっているのは）の略形としては、直前の記述に対する「事情説明・補足的陳述」（それというのも）、「さるに」＋係助詞「は」（にもかかわらず）の略形と見れば、直前内容に反する補足的説明・話題転換（そうは言っても）の意になる》〔接続〕(1)〈直前の内容に対する順接的な事情説明や補足的な陳述を導く〉**それというのも。その上また。** (2)〈直前の内容に反する逆接的な補足的陳述を導いたり、話題を転換する〉**そうは言っても。**

-761-〈C〉さはれ【然はれ】《「然＋は＋有れ（＋ども）」と捉えれば「そうではあるが」（譲歩）の接続詞、「然＋(は)＋在れ」（命令文）と解すれば「そうなるというのなら、そうなるがよろしい…ええい、もうどうにでもなれ、自分の知ったことか！」という投げやりな感動詞となる。同義語は「さもあれ」》〔接続〕〈直前に述べた内容に対する逆接的陳述を導く〉**それはそうかもしれないが。**〔感〕〈（好ましくない事態を前にして）真面目な主体的対処を放棄し、事態の展開を成り行きに任せてしまおうという投げやりな気持ちを表わす〉**もうどうにでもなれ。**

-762- 〈B〉さらば【然らば】《現代では文語的な「さようなら」の語義だが、原義は順接の「それならば」(これは同じ表記の「然らば」と全く同義)。一方、直後に打消の表現を伴って逆接の「それなのに」の意を表わす場合もある(こちらは「然れど」と同義)》〔接続〕(1)〈(既に述べられた事情を受けて)納得する意を表わす順接の言い回し〉それならば。 (2)〈(下に打消の語を伴って)直前の記述に反する逆接の言い回し〉それなのに。〔感〕〈人と別れる時に用いる挨拶の言い回し〉さようなら。

-763- 〈B〉されば【然れば】《直前の状況に起因する新事態の陳述の「それゆえに」、直前までの脈絡を断ち切り新話題に転じたり、単なる整調語として働く「さて」、相手の発言に呼応しつつ話の主導権を握る「いや、その事なのですが」、単なる感嘆符代用表現「いやはや」など、訳し方は多様》〔接続〕(1)〈直前に述べられた事態に起因する新たな事態の陳述を導く〉それゆえに。 (2)〈直前までの内容と異なる話題に転じたり、文章の調子を整えたりする〉話は変わって。さて。〔感〕(1)〈意外な事態に対する驚嘆の念を表わす〉いやはや。 (2)〈相手の発言に呼応する形で、話を自分の方に引き継ぐ時のつなぎの言葉〉いや、その事なんですがね。

-764- 〈B〉さらで【然らで】《様態の動詞「然り」を打消の接続助詞「で」で否定し、「そうではなくて」の意を表わす。単独でも用いるが、「然らでだに／然らでも」(たとえそうでなくてさえ)、「然らでは」(もしそうでなかったら)といった連語で用いる例も重要》〔連接語〕《さり〔自ラ変〕+で〔接助〕》〈(既に述べた内容に対し)逆接の陳述を導く〉そうではなくて。

-765- 〈C〉さらでも【然らでも】《様態の動詞「然り」を否定の接続助詞「で」で打ち消した上で「たとえそうであっても」という条件の副助詞「も」を添えて、「そうした状況がない場合でさえも」の意を表わす。「去らでも」ではない。対義語は「然だに」(ただそれだけの状況でさえも)》〔連接語〕《さり〔自ラ変〕+で〔接助〕+も〔接助〕》〈たとえその状況がなかったとしても最初から想定される事態が、その状況が加わることで更にその度を増す意を表わす〉ただでさえ…なのに。

-766- 〈C〉さらぬだに【然らぬだに】《様態の動詞「然り」を「ぬ」で否定した上に「たとえそうでも」という条件の副助詞「だに」を添えて、「そうした状況がない場合でさえも」の意を表わす。「去らぬだに」ではないので要注意。対義語は「然だに」(=ただそれだけの状況でさえも)》〔連接語〕《さり〔自ラ変〕+ず〔助動特殊型〕打消+だに〔副助〕》〈たとえその状況がなかったとしても最初から想定される事態が、その状況が加わることで更にその度を増す意を表わす〉ただでさえ…なのに。

-767- 〈B〉さるもの【然る者】【然る物】《「然る物」は「そのような物」として直前に述べた物事を具体的に指すが、「然る者」となると、話者の主観や世間的常識に照らして「そういう人物」としているだけで、具体的指示内容が文中に存在せず、「大人物」の意になることさえあるなど、意外な用法が多い厄介な語》〔連語〕《さる〔連体〕＋もの〔名〕》【然る者】(1)〈(直前に具体的な指示内容がある／なしにかかわらず)ある人物が(読み手・聞き手にもわかるような)何らかの特性を有していることを表わす〉**ああいう人。**(2)〈(話者の主観的な判断基準に照らして)それなり以上と評価される者〉**なかなかの人物。**【然る物】(3)〈(「‥‥は／をばさるものにて」の形で)直前に述べた事柄に加えて、更に別の何かが加わることを表わす〉**‥‥は当然として。**(4)〈(「‥‥は／をばさるものにて」の形で)直前に述べた事情に納得しつつ、その上で更に別の事情があることを表わす〉**‥‥なのはもっともだが、その一方で。**(5)〈直前に述べた物事を具体的に指す〉**そのような物事。**

-768- 〈B〉さること【然る事】《直前の内容を示す「そんなこと」は文字通りの語義なので問題はないが、論理的・状況的に見て「納得できること」、あれこれ言うまでもなく「当たり前のこと」の語義には要注意。否定語を伴うと「さほどのことはない」として軽視する言い回しになる》〔連語〕《さる〔連体〕＋こと〔名〕》(1)〈(直前に述べられた内容を指して)それ、またはそれに類する内容を表わす〉**そのようなこと。**(2)〈(論理・倫理や各種の事情に照らして)そうであると納得できること〉**然るべきこと。**(3)〈(「さることなり」の形で)明白すぎて敢えて言う必要もないこと〉**言うまでもないこと。**(4)〈(多く、否定語を伴って)重要視すべき事柄〉**たいしたこと。**

-769- 〈B〉さりぬべし【然りぬべし】《「そうなるのが当然だろう」という価値判断(この意味では「然も在りぬべし」と考えると解り易い)の語義と、「相当に身分が高い」という階層意識に裏打ちされた評価の意味を持つ(こちらの語義は現代にも残る「然るべき」の言い回しと同義語)》〔連接語〕《さり〔自ラ変〕＋ぬ〔助動ナ変型〕完了＋べし〔助動ク型〕推量》(1)〈(話者や作中人物の主観的判断に従って)妥当性がある〉**当然そうあるべきだ。**(2)〈(身分などが)それなり以上に高い〉**相当なものだ。**

-770- 〈B〉さるべき【然るべき】《「それ相応の」及び「立派な」は、漢字表記「然るべき」から容易に想定可能な語義だが、「そうなるのが前世からの宿命として定まっている」の語義は古典時代特有の宗教観が色濃く漂うものなので注意を要する》〔連接語〕《さり〔自ラ変〕＋べし〔助動ク型〕推量》(1)〈(そこで話題となっている事柄に)相応の条件を満たしていることを表わす〉然るべき。(2)〈(何らかの価値判断の基準に照らして)高く評価できることを表わす〉立派な。(3)〈(「契り」・「縁」を伴うか、またはその省略された形で)前世からの宿命としてそうなることが決まっていることを表わす〉宿命的な。

-771- 〈C〉さるべきにや【然るべきにや】《「然るべきにや有らむ」の略形として「そうするのが当然だろうか？」という疑念(を含む感想)を表わす他に、「然るべきにや有りけむ」の略形として「そうなる運命だったのだろうか？」の意をも表わす。後者は暗記せねば理解不能の上に、古文に頻出するので要注意》〔連接語〕《さり〔自ラ変〕＋べし〔助動ク型〕推量＋なり〔助動ナリ型〕断定＋や〔係助〕》(1)〈(「然るべきにや有らむ」の略)その行為・行動が、妥当なものだろうかという疑問、または、疑念を含む感想を表わす〉それも当然の事なのだろうか？(2)〈(「然るべきにや有りけむ」の略)その状況が、前世からの宿命として不可避のものだったのだろうかという疑問、または、疑念を含む感想を表わす〉こうなる運命だったのだろうか。

●「さ」・「しか」の次は「そ」・「こ」に関わる指示代名詞系と「分量」にまつわる古語を少々

-772- 〈B〉そ【夫・其】《語源的には「此」と「夫・其」は同根だが、前者は話者に近い所を指す「こちら」、後者は話者・聞き手双方が確認できる物事を指す「それ」。俗に言う「こそあど言葉」を古語と現代語対照形で示すと：此＝これ／夫・其＝それ／彼＝あれ／[何・・・"あど"の頭音消失形]＝どれ》〔代名〕(1)〈話し手・聞き手双方に認識されている物・事を指す指示代名詞〉それ。(2)〈直前に話題に上った人物を指す人称代名詞〉その人。

-773- 〈C〉そこな【其処な】《眼前の場所を指す「其処」＋存在を表わす動詞「なり」の連体形「なる」の「そこなる」が略されたものが「そこな」。直後には人を表わす語が続く。字義通り「そこにいる者」の意であるが、軽侮の念を込めて使われる語句である点に注意》〔連体〕〈(多く、人を表す語へと続いて)その場に存在する相手に対する軽侮を込めた語〉そこの・・・。

-774- 〈B〉そこら【そこら】《代名詞「そこ」＋接尾語「ら」(これは数量・程度を表わすもので、「そこば」の「ば」や「ここだ」の「だ」などと同種)。数量が「沢山」／程度が「大変」の意で、前者は「そこらの＋名詞」の形が多く、これは現代語「そんじょそこらの」(＝どこにでもある平凡な)に通じる表現》〔副〕(1)〈多く「そこらの＋名詞」の形で)(数量的に)数が多いさま〉たくさん。 (2)〈(程度について)甚だしいさま〉たいそう。

-775- 〈B〉ここら【幾許】《極めて多くの語形を持つ「幾許」の読み方の一つ。「こきし」・「こきだ」・「こきだく」・「ここだ」・「ここだく」・「ここば」・「ここばく」・「ここら」・「そきだく」・「そこそばく」・「そこばく」・「そこら」・「そこらく」等々、読み方・表記は異なれど、いずれも「量・程度の甚だしさ」を表わす》〔副〕(1)〈(数量・分量に関して)極めて多いことを表わす〉こんなに沢山。 (2)〈(程度に関して)極めて甚だしいことを表わす〉こんなにも甚だしく。

-776- 〈C〉ここだ【幾許】《「幾許」の数ある読み方の一つで、上代語。「ここだ／そこだ」は現代語＋英語風に読めば「此処だ！(Here!)／其処だ！(There!)」の感じだが、この語感は原義に近く、「ここまで(this much)／そこまで(that much)」の強調的語感が「ここだ／そこだ」の根幹にある》〔副〕(1)〈(数量・分量に関して)極めて多いことを表わす〉こんなに沢山。 (2)〈(程度に関して)極めて甚だしいことを表わす〉こんなにも甚だしく。

-777- 〈C〉そこばく【若干・幾許】《読み方の多い古語のチャンピオンたる「幾許」の1バリエーション。現代日本の東北方言に「こっただごと／そっただごと」(＝ここまで／そこまで馬鹿げた事)という"程度の甚だしさへの呆れ感覚"を含む表現があるが、これも古語「ここだ／そこだ」の語感を継ぐもの》〔副〕(1)〈(数量・分量に関して)極めて多いことを表わす〉こんなに沢山。 (2)〈(程度に関して)極めて甚だしいことを表わす〉こんなにも甚だしく。

-778- 〈B〉いくばく【幾許】《数量的疑念を表わす「幾」に、量・程度について見積もる接尾語「ば」＋副詞語尾「く」が付いた語で、疑問の意の「どのくらい」／否定の脈絡での「いくらも・・・ない」の二義を持つ。肯定文では使わず、疑問・否定・反語のいずれかで用いる》〔副〕(1)〈数量・程度に関する疑問の意を表わす〉どのくらい。 (2)〈(下に打消・反語の表現を伴って)数量・程度がそれほどでもないことを表わす〉いくらも・・・ない。

●次は、計数的な「多数」を表わす古語を少々

-779- 〈A〉あまた【数多】《「余り」の語幹に、形状を表わす接尾語「た」の付いた語。上代には、程度の甚だしさ(非常に・・・)や、部分否定(さほど・・・ない)の意を表わす場合もあったが、中古以降は専ら数量(三～四個から大量まで、範囲は広い)について「沢山／若干」の意のみを表わす》〔副〕(1)〈複数、または、数量が多いことを表わす〉たくさん。いくつか。 (2)〈(上代語)(打消の語を伴って)極端な程度ではないことを表わす〉たいして・・・ではない。

-780- 〈C〉あまり【余り】《大方の語義は現代語と同様。古語特有の用法としては、数値に絡めて使う接尾語(例:「みそじあまりひともじ[三十一文字]」)があり、この意味では頭音消失で「まり」となる場合もある》〔名〕(1)〈ある場所に収まりきらない、または、用いられずに残ったもの〉残り。 (2)〈極端な何事かの結果として、ある事態が生じることを表わす〉・・・のあまり。〔形動ナリ〕〈適正な限度を越えていることに対する非難の気持ちを表わす〉あんまりだ。〔副〕(1)〈適正な限度を越えていることを(非難を込めて)表わす〉あまりにも。 (2)〈(下に打消の語を伴って)程度がはなはだしくないことを表わす〉さほど・・・ない。〔接尾〕(1)〈(数詞に付いて)その数よりも余分のあることを表わす。(英語表現の"ten odd years＝十年余り"などに於ける"odd"に相当)〉・・・あまり。 (2)〈二桁以上の数値の、十の位と一の位の間の数に付ける。(英語表現の"forty-five＝四五"などに於ける"-(hyphen:ハイフン)"に相当)〉・・・と～。

-781- 〈C〉あまつさへ【剰へ】《「余りさへ」の促音便で、「ただ単に・・・であるばかりか、更にまた～」の添加の意を表わす》〔副〕〈事態が、既に述べた内容のみにとどまらないことを表わす〉それぱかりか。

-782- 〈C〉よろづ【万】《数詞としての「万」より、「八百万」や「千万」などの表現にあるような「膨大な数」の感覚が強い語。「ありとあらゆる物事」の意は「万屋」(何でも引き受ける人)の表現にもある通り。副詞としては「万事に於いて」という総括的な意味を表わす》〔名〕(1)〈数字の「万(10,000)」。また、数が極めて多いこと〉一万。膨大な数。 (2)〈(対象を限定せず)全ての物事〉万事。〔副〕〈対象を限定せず全てに対しあてはまる意を表わす〉およそ何事に於いても。

●「数量(how much?how many?)」の次は「人物(who?)」系古語の数々

-783- 〈B〉た【誰】《現代では濁音の「だれ」が、古語では清音の「たれ」となる。更に末尾の「れ」が欠落した形が「た」：というより、日本語の代名詞は元来このように末尾なし単音型であった。類例に、「これ→こ」(此)、「それ→そ」(其・夫)、「あれ→あ」(吾・彼)、「かれ→か」(彼)などがある》〔代名〕〈不特定の人間を指し示す人称代名詞〉誰。

-784- 〈B〉たそ【誰そ】《代名詞「誰」＋係助詞「そ」で、「誰？」の疑問、または反語の意。「そ」は指示代名詞に由来する係助詞で、「ぞ」の原型。上代には既に濁音形「ぞ」への変化が見られるが、「誰そ」だけは「誰ぞ」にならずに清音読みの慣用が(平安期までも)残った(例：○「たそかれ」　×「たぞかれ」)》〔連接語〕《た〔代名〕＋そ〔係助〕》〈人物に関する疑問または反語の意を表わす〉誰が・・・か？

-785- 〈B〉かれ【彼】《現代語としては「三人称・男性」(英語に於ける"he")として残るが、古語では「話者に属さない／遠い／不明の／明示が憚られる事物・場所・人物」を指す代名詞として用いられた。ゆえに、対象は男性に限定されず、女性(英語に於ける"she")にも用いられた》〔代名〕(1)〈(男・女の区別なく)三人称の人物を指す〉あの人。彼。彼女。　(2)〈(物・場所などについて)離れたところにあるものを指す〉あれ。あちら。

-786- 〈B〉なにがし【何某・某】《不定代名詞「何」に、漠然と方向性を示す接尾語「がし」を付けた語。名称不詳のものに言及したり、わかっていても敢えてその名を省略する時に使う「某・・・」が原義で、平安期以降は(『源氏物語』の影響で)男性の自称代名詞としても用いられるようになった》〔名〕(1)〈名称不詳のものに言及したり、名を知っていても何らかの事情で敢えて省略する場合に言う語〉某・・・。　(2)〈咄嗟に思い出せない名を誤魔化したり、自分は知っている名をわざと伏せて相手がそれを知っているか否か意地悪く試したり、お互いそれを言わずとも知っているという知識を再確認して同胞意識を強めたりするような、多分に心理学的理由で具体的名称をぼかす時に用いる語〉何とか。〔代名〕〈(平安期以降)(男性が)自分自身の名を言う代わりに用いる自称の人称代名詞。『源氏物語』中で作者が固有名称を用意していない作中人物に自分自身のことを「なにがし」と自称させたことに由来する)》このわたくし。

-787- 〈B〉それがし【某】《現代語の「なにがし。誰それ。誰々。誰かさん。とある人物。某・・・」にあたる不特定の第三者を名指しせずに示す人称代名詞。時代劇の侍が用いる「私」の自称語としての語義は中世以降のものなので、自分自身／他者のいずれを指しているのか脈絡に要注意》〔代名〕(1)〈(具体名不詳、または、わざと匿名にしたい人物について)名を明示せずにぼかして言う語〉某・・・。 (2)〈(中世以降)(主に男性の)自分自身を指す人称代名詞〉拙者。

-788- 〈C〉くれがし【某】《特に誰と明示せずに不定の人を指す代名詞だが、「くれ」は常に「何」と並列して「なにくれとなく」(=あれこれと)のような形で用いるのが決まりで、単独では用いず、「なにがしくれがし」(誰それ)のような連語の中にのみ見られる。「それがしたれがし」も同様である》〔代名〕〈(人について)特定せずに言及する不定人称の代名詞。(常に「なにがし」と対置して用いる)〉だれそれ。

-789- 〈B〉み【身】《古形は「む」(例：「身胴」)と言われる名詞。語義の大部分は現代語と同じ(「肉体」・「生命」・「身分」・「身内」・「中身」・「刀身」)で、古文で重要なのは〈(自身に言及して)我が身〉の語義と、男性が自身のことを指す代名詞「この私」》〔名〕(1)〈(物理的な)肉体〉身体。 (2)〈(生物学的な)生命〉命。 (3)〈(社会的な)立場〉身分。 (4)〈(話者が)自分自身に言及する語〉この身。 (5)〈(他人と対比して)血縁関係のある人。(相手方や敵と対比して)自分の側の人〉身内。味方。 (6)〈(外面・形式などと対比して)中に含まれる実質的なもの〉中身。 (7)〈(刀の)鞘に収まっている部分〉刀身。 〔代名〕〈(男性が)自分自身を指して言う語〉私。

-790- 〈C〉みながら【身ながら】《接続助詞「ながら」が逆接の意を表わすのは同じだが、「身」が特定の境遇を指す場合は「・・・の身分のまま」／「人」と対比した「我が身」の場合は「他ならぬ自分自身のことではあるが」と、意味が二分する。同音異義語「皆がら」(残らず全て)との混同に要注意》〔連接語〕《み〔名〕＋ながら〔接助〕》(1)〈(他人に起こっている事柄ではなく)自分自身の身に起こっている事なのではあるが〉我ながら。 (2)〈(直前に述べられているような)ある特定の境遇にありながらも、として逆接の陳述を導く〉・・・の身のまま。

-791- 〈C〉われかひとか【我か人か】《此処に存在するのは「我か人か」(自分で自分がわからない)という「茫然自失の心地」を表わす表現。「我か／吾か(の心地)」の略形で用いられることも多い(それだけ古典時代に多用された)表現である》〔連語〕《われ〔代名〕＋か〔係助〕＋ひと〔名〕＋か〔係助〕》〈自分自身が誰であるかさえもわからなくなるほどに、精神的に不安定なさま〉茫然自失。

-792- 〈C〉われかのここち【我かの心地】《「我/吾か人かの心地」に由来する表現で、「此処にいるのは本当に自分？まるで自分が自分でないようだ・・・という気分」だから「茫然自失の精神状態」の意となる》〔連語〕《われ〔代名〕＋か〔係助〕＋の〔格助〕＋ここち〔名〕》〈自分自身が誰であるかさえもわからなくなるほどに、精神的に不安定なさま〉茫然自失。

-793- 〈C〉あれかにもあらず【吾かにもあらず】《文法的に割り切れば、本来ならば「か」は不要の筈。何故この形かと言えば、「吾か人か」（此処に居るのは自分か？他人か？）と、「吾にもあらず」（まるで自分が自分でないようだ）という、共に茫然自失状態を表わす連語が混用された結果。日本語にはこういうのが多い》〔連語〕《あれ〔代名〕＋か〔終助〕＋なり〔助動ナリ型〕断定＋も〔係助〕＋あり〔補動ラ変〕＋ず〔助動特殊型〕打消》〈（自分が誰なのかさえわからぬほど）平静を失っている〉茫然自失だ。

●次なるは「なんで？(why?)」系古語のラインナップ

-794- 〈A〉など【など】《「何と」の転で、「疑問」（どうして・・・か？）/「反語」（どうして・・・なものか。・・・ないではないか）の意を表わす。文末は連体形で係り結びを形成するが、対応する語句を省略して「など」の中にその意を込める用例も多い。類例を列挙する「等」との混同に要注意》〔副〕(1)〈（疑問）原因・理由に関する疑問を表わす。（多く、非難の調子を含む）〉何故・・・か？　(2)〈（反語）形は疑問文ながら、否定の意味を表わす〉どうして・・・なものか。

-795- 〈C〉なぞ【何ぞ】《連語としては、文末に用いて強い疑問（何故？）/非難（何で！）を表わす。副詞としては疑問/非難の他に反語（どうして・・・なものか）の意を表わす。連語としては更に「何ぞの＋名詞」（一体どういう・・・だ？）の形に要注意（意味は近いが、「謎の・・・」ではない）》〔連接語〕《なに〔代名〕＋ぞ〔係助〕》(1)〈（強い疑問）（文末で）驚きの感情を含む疑念を表わす〉一体全体・・・？！　(2)〈（強い非難）（文末で）心外な事態を前にして、憤る感情を表わす〉何で・・・！？　〔副〕(1)〈（疑問）疑う気持ちを表わす。（脈絡によっては非難の気持ちを含む）〉何故・・・？　(2)〈（反語）疑問文の形で述べながら、その内容を否定する気持ちを表わす〉どうして・・・なものか。

-796- 〈B〉などか【などか】《疑問・反語の副詞「など」に、意味を強める係助詞「か」を付けた語で、現代風に言えば「何だって・・・か？」の疑問／反語を表わす》〔副〕(1)〈(疑問)原因・理由に関する疑問を表わす。(多く、非難の調子を含む)〉何故(なぜ)・・・か？ (2)〈(反語)形は疑問文ながら、否定の意味を表わす〉どうして・・・なものか。

-797- 〈C〉などて【などて】《副詞としては、疑問「どうして・・・か？」／反語「どうして・・・なものか」の意。連語としては、「など(副助詞)＋言ひ＋て」などの表現から中間の動詞を略したもので、脈絡に応じてその被省略動詞を補いつつ「・・・などと言って／思って／書いて」のように解釈する》〔連接語〕《など〔副〕＋て〔係助〕》〈(引用)直前に述べられたような事柄を、言ったり、思ったり、書いたりして、などの意を表わす。(脈絡から適当な動詞を「など」と「て」の間に補って解釈する)〉・・・などと言って(思って・書いて)。〔副〕〈(疑問・反語)疑わしく思う意を表わす。または、否定的な意味を疑問文の形で表わす〉どうして・・・か？どうして・・・であるものか。

-798- 〈C〉なんでふ【何でふ】《「何と言ふ」→「何てふ」→「何てふ」→「何でふ」と変化した語で、「何でう」や「なでふ」の語形もある。読み方は「ナンジュー」で、現代関西語「なんちゅー」の元となった語である(そのため「何条」の宛字もある)。疑問・否定の脈絡での使用例が多い》〔副〕〈(反語)疑問文の形を取りながら、意味の上では否定を表わす〉どうして・・・するものか。〔感〕〈(相手の発言を非難する語)何ということを言うのだ。〔連体〕〈(多く、疑問・否定の表現を伴って、反語的に)程度を表わす〉一体どういう・・・だというのか？

-799- 〈C〉なでふ【なでふ】《「何と言ふ」→「何てふ」→「何でふ」→「なでふ」と変化した語で、読み方は「なじょう」であり、現代語の「なんちゅー・・・」(何という・・・)の祖先。連体詞または副詞として用いられ、「なでふ事か有らむ」(何ということもあるまい)のように反語での使用例が多い》〔副〕(1)〈(疑問)理由についての疑問を表わす〉どうして・・・か？ (2)〈(反語)疑問の形を取りつつ、否定の意味を表わす〉どうして・・・なものか(否、・・・ない)。〔連体〕(1)〈(疑問)対象についての疑問を表わす〉どんな・・・か？ (2)〈(程度の否定)(否定・反語表現を伴って)程度が高くないという判断を表わす〉大(たい)した・・・ではない。(3)〈(曖昧)物事の名を具体的に明示することなく例として引く〉何々とかいう・・・。

-800- 〈C〉なにかは【何かは】《意味上は「疑問」または「反語」に分かれるが、末尾の係助詞「は」の特性上、殆どの場合その意味は「反語」。組成的には「何=代名詞」の場合と「何=副詞」の場合とに分かれ、後者からの派生用法として「いやいや、なかなかどうして」という感動詞的用法もある》〔連接語〕《なに〔代名〕+か〔係助〕+は〔係助〕》(1)〈(疑問・反語)不特定の物事を対象とする疑問、または、否定的見解を述べる〉何が・・・か？ 《なに〔副〕+か〔係助〕+は〔係助〕》(2)〈(疑問)原因・理由に関する疑問を述べる〉どうして・・・か。 (3)〈(反語)疑問文の形を取りながら、否定的見解を述べる〉どうして・・・なものか。 (4)〈(感動詞的に用いて)自分を誉める相手の発言を、形の上では否定しながらも、肯定的に是認して満更でもないという快感を表わす語〉いえいえ。

-801- 〈C〉なにすとか【何為とか】《理由に関して「何をするということで・・・か？」という(英語の"What do you …for?"／仏語の"Pourquoi…?"に相当する)意を表わす疑問(または反語)の表現で、実質的には「何故・・・か？」("Why?")と同じ》〔連接語〕《なに〔代名〕+す〔他サ変〕+と〔格助〕+か〔係助〕》(1)〈(疑問)理由に関する疑問を表わす〉どうして・・・か？ (2)〈(反語)疑問文の形で否定の見解を述べる〉どうして・・・なものか。

●「なんで？」ときたら、次は当然「質問・探求」系の動詞・形容詞あれこれ

-802- 〈A〉たづぬ【尋ぬ・訪ぬ】《表わす語義(「探訪」・「訪問」・「探求」・「質問」)は現代語と同じ。「辿る」や「たどたどし・たづたづし」と同根語とされ、いずれも「手」に関係があって、「闇の中を手探りで目的地目指して進む」感覚を根底に持つ》〔他ナ下二〕(1)〈(人・物・場所を)模索しながら進んで行く〉探訪する。 (2)〈(原因・理由・根源的事情などを)解明するための努力をする〉探求する。 (3)〈(答を求めて)人に問い掛ける〉質問する。 (4)〈(そこに存在することがわかっている相手に)会うために特定の場所に行く〉訪問する。

-803- 〈A〉とふ【問ふ・訪ふ】《不明な点を明らかにしようとして対象に向かう意を表わす語。「質問する」・「訪問する」・「見舞う・消息を尋ねる」は現代語からの類推も効き易い。いかにも古語らしい語義には、宗教絡みの「弔問する」と、呪術的な「占う」がある》〔他ハ四〕(1)〈答えを知ろうとして相手に聞く〉質問する。(2)〈(何か特定の目的をもって)人のいる場所へと向かう〉訪問する。(3)〈(病気の人やしばらく会っていなかった相手を)気遣って様子を知ろうとする。(直接の訪問以外の、手紙・贈答品による消息の確認をも含む)〉見舞う。消息を尋ねる。(4)〈(人の死に際して)故人を偲び、遺族を気遣うために、お悔やみを言いに行く〉弔問する。(5)〈呪術的手法によって将来を言い当てようとする〉占う。

-804- 〈A〉とぶらふ【訪ふ】【弔ふ】《「問ふ」と同源語で、答を相手から得ようとして「質問する」・「訪問する」・「見舞う・消息を尋ねる」の語義では(「訪ふ・弔ふ」の方が主体的探求性がやや強いが)ほぼ同義語。「お悔やみ」の語義は、中世以前は、死者の霊より死者の遺族へのお見舞いの感が強い》〔他ハ四〕【訪ふ】(1)〈答えを知ろうとして相手に聞く〉質問する。(2)〈(何か特定の目的をもって)人のいる場所へと向かう〉訪問する。(3)〈答えを知ろうとして自ら調べ回る〉調査する。(4)〈(病気の人やしばらく会っていなかった相手を)気遣って様子を知ろうとする。(直接の訪問以外の、手紙・贈答品による消息の確認をも含む)〉見舞う。消息を尋ねる。【弔ふ】(5)〈(中世以前)(人の死に際して)遺族を見舞ったり死者に哀悼の意を表したりする。(中世以後)死者の魂を慰めるための宗教的儀式を執り行なう〉弔問する。哀悼する。追善供養する。

-805- 〈C〉こととふ【言問ふ】《「誰かに言葉で話しかける」が原義。その発展形として「質問する」・「訪問する／手紙を出す」の語義が生まれた。古語では「親しげに語り合う」更には「求愛する」の意で用いられる場合が多い》〔自ハ四〕(1)〈(言葉を媒介として)他者と意思の疎通をする。(否定形「言問はぬ」で用いる場合が多い)〉口をきく。(2)〈(親しい者どうしが)語り合う。(男と女が)求愛の言葉や歌を交わす〉親しげに話す。愛の言葉を交わす。(3)〈(回答を求めて)相手に言葉をかける〉質問する。(4)〈(相手の立場を案じて)家を訪ねる。または、手紙で消息を尋ねる〉訪問する。お便りする。

-806- 〈A〉ゆかし【ゆかし】《動詞「行く」の形容詞化。「すぐ近くに行きたい」と思わせるほどに「強く心引かれる魅力がある」という対象の特性に言及する語義と、「見たい・聞きたい・知りたい・読みたい・手に入れたい」など、対象に向けた自分自身の願望に力点を置く語義がある》〔形シク〕(1)〈(自身の気持ちについて)魅力的な対象に対し、是非とも深い関係を結びたいと願う意を表わす〉・・・したい。(2)〈(対象について)自然に心を引き付ける魅力がある意を表わす〉心引かれる。

-807- 〈A〉おくゆかし【奥ゆかし】《一部のみ見た何かを魅力的と感じて「もっと奥底まで探究したい」が原義。現代では「上品で慎み深い」という遠慮がちな語だが、古語では「遠慮がち」というより「表立たぬところに相手への深い心遣いが感じられる」からこそ「心引かれ、好感が持てる」意を表わす》〔形シク〕(1)〈(人・ものを魅力的だと感じて)もっとよく知りたいと思う〉心引かれる感じだ。(2)〈(行動の背後にその人の心遣いの深さが感じられて)その人柄に心引かれる〉好感が持てる。

-808- 〈A〉いぶかし【訝し】《組成も語義も「ゆかし」に似て、末尾の「し」は「思わず・・・したい」の自発性を表わす。「事情不明で不安だから、情報が欲しい」・「警戒心が湧く」が本義。「ゆかし・おくゆかし」の類推で「興味津々」/「いぶせし」との混用で「憂鬱」という語義も加わった。動詞形は「訝る」》〔形シク〕(1)〈(事情がわからないために)不安を感じる〉気がかりだ。(2)〈(よくわからない事態・相手に対して)警戒感を抱く〉疑わしい。(3)〈(「いぶせし」との混用)晴れ晴れとした気分になれない〉憂鬱だ。(4)〈(自分が知らない事柄について)なるべく詳しい情報を知りたい。(未知の相手・経験などに興味を示して)会ってみたい、やってみたい〉よく知りたい。・・・したい

-809- 〈C〉いぶかる【訝る】《形容詞「いぶかし」の動詞形で、元は清音の「いぶかる」。事情不明のため「知りたく思う」・「疑念を抱く」の二義を持つが、この「知りたい」は、「ゆかし・おくゆかし」の底にある「魅力的対象への自然な興味」ではなく、「不安払拭のための手がかりへの希求」である》〔自ラ四〕〈(事情がわからないために)不安を抱く。また、事情を知りたいと思う〉気がかりだ。もっとよく知りたい。〔他ラ四〕〈(よくわからぬものに対して)疑わしく思う〉不審に思う。

-810- 〈A〉いぶせし【いぶせし】《形容詞「いぶかし」と同根で、「いぶ」に「所狭し」語尾の「狭し」を付けた語。「事情が不明」の状況下で、謎を解明したがる「いぶかし」に対し、不安・不快がるだけなのが「いぶせし」。事情が不明のため「気分が晴れぬ」、理由はともかく「何となく不快」の意を表わす》〔形ク〕
(1)〈(事情がよくわからないために)気分がふさぐ〉憂鬱だ。(2)〈(はっきりした理由はわからないが、本能的・生理的に)不快な感じがする〉気持ち悪い。(3)〈(「いぶかし」の混用)(事情がわからずに)不安だ。警戒感を抱く。詳しい情報を知りたい〉気がかりだ。不審に思う。事情が知りたい。

●今度は、「言ふ」にまつわる古語の数々

-811- 〈A〉いふ【言ふ】《現代語同様の「口に出して言う」のみならず、「求愛行動としての言い寄り」・「詩歌の吟詠」・「噂の流布」・「動物の鳴き声」など多様な語義を持つ古語》〔自ハ四〕〔他ハ四〕(1)〈思うことを口に出して表現する〉言う。(2)〈(多く「…と言ふ」の形で)名称が…である〉…という名の。(3)〈広く世間でそのように言われている〉噂する。(4)〈(恋愛目的で)異性に優しい言葉をかける。(結婚を)異性に申し込む、または、約束する〉言い寄る。求婚(婚約)する。(5)〈詩歌を高らかに声に出して読み上げる〉吟詠する。(6)〈動物が鳴き声を出す〉鳴く。

-812- 〈A〉おほす【仰す】《「負ふ」の他動詞「負ほす」(現代語で言う「負わす」)に発し、「他者に何事かを役割として背負わせる」の原義から転じて「目上の者が目下の者に命じる／言葉をかける」の意となった。単独で用いるのは中世以降で、中古までの用法では必ず「らる」・「給ふ」を伴う》〔他サ下二〕(1)〈(鎌倉時代以前の用法)「言ふ」の尊敬語。(直後に必ず尊敬の助動詞「らる」・補助動詞「給ふ」を伴った「おほせらる」・「おほせたまふ」の形でのみ用いる)〉おっしゃる。(2)〈(鎌倉時代以降の用法)「言ふ」の尊敬語。(尊敬の助動詞を伴わずに単独で用いる)〉おっしゃる。(3)〈((目上の者が目下の者に)何事かを為すように命令する〉命じる。

-813- 〈A〉いだす【出だす】《自動詞「出づ」の他動詞形。古文では「出す」と表記してあっても「いだす」と読む場合が殆どなので要注意》〔他サ四〕
(1)〈(建物・入れ物などの)内から外に出す〉出す。(2)〈(内面の思いを)言葉や態度で表わす〉口に出して言う。素振りに出す。(3)〈(詩歌・文章を)声に出して読み上げる〉吟詠する。(4)〈(動詞の連用形に付いて、補助動詞的に)動作を内から外に向けて行なう〉…出す。(5)〈(使者を)派遣する。(人を)出発させる〉遣わす。(6)〈(災害や不祥事を)発生させる〉引き起こす。

-814- 〈A〉**かたらふ【語らふ】**《動詞「語る」に「反復・継続」の意の上代の助動詞「ふ」が付いて「常習・相互」の語感が生じ、現代語にも残る「あれこれ親しく語り合う」の意味の他に、「相談する」・「説得する」・「懇意にする」、更には「男女が情を交わし合う」の語義を持つに至った》〔他ハ四〕(1)〈(継続的・反復的・双方向的に)じっくりと話をする〉**語り合う。** (2)〈(継続的に)友好的な関係を維持する〉**懇意にする。** (3)〈(男女が、お互いその気になって)身体を許し合う。(必ずしも継続的恋愛関係を含意しない)〉**睦び合う。** (4)〈(口で説明して)相手を仲間にしようとする〉**説得する。** (5)〈(内情を話して)相手の意見・助言・助力を仰ぐ〉**相談する。**

-815- 〈B〉**うちいづ【打ち出づ】**《「打ち」に「打撃」の意味が加わる語義と、単なる強意の接頭語としての「打ち」を添えただけの実質「出づ」に相当する語義の二つに分かれる》〔自ダ下二〕(1)〈(内から外へ、又は、見えない所から見える所へ)現われ出る〉**出る。** (2)〈(特定の目的、特に、軍事行動のために)行動を開始する〉**出で立つ。**〔他ダ下二〕(1)〈(心に思うことを)言葉ではっきりと言い伝える〉**口に出す。** (2)〈(物どうしを打ち合わせて)音・火花などを出す〉**打ち鳴らす。発火させる。** (3)〈(貴人が、衣の裾・袖などを)牛車・簾の下から少し出す「出だし衣」をする〉**隙間から衣の端を少し出す。**

-816- 〈C〉**さしいづ【差し出づ】**《「差し」に意味がある語義(「日が射す」・「物を差し出す」)と、単なる整調語としての「差し」であるもの(「出現する」・「口に出す」・「出しゃばる」)とに分かれる》〔自ダ下二〕(1)〈(暗かった場所に)光が入って来る〉**光が差す。** (2)〈外や人前に出る〉**現われる。** (3)〈わざと目立った態度を取る〉**しゃしゃり出る。**〔他ダ下二〕(1)〈物事を外や相手の方へ出す〉**差し出す。** (2)〈内心を言葉にして他人に伝える〉**口に出す。**

●次は、何ともややこしい「言ふ」にまつわる尊敬・謙譲表現あれこれ

-817- 〈A〉**まうす【申す】**《上代の謙譲動詞「まをす」から奈良時代末期に転じた語。漢文訓読調での使用例が多く、和文脈では堅苦しく男性的な響きがあるので「聞こゆ」・「聞こえさす」(中古以降は「奉る」・「参らす」)で代用する場合が多い》〔他サ四〕(1)〈「言ふ」の謙譲語。(官位や人名に「と」を付けて)・・・という名の〉**申し上げる。・・・という名でいらっしゃる。** (2)〈「願ふ」の謙譲語〉**お願いする。** (3)〈「行ふ」・「為」・「為す」の謙譲語〉**・・・し申し上げる。** (4)〈(主に、飲食物を)「遣る」の謙譲語〉**差し上げる。** (5)〈(会話・手紙の中で)「言ふ」の丁寧語。(人の発言や官位・人名に「と」を付けて)・・・という(名の)〉**・・・と言います。**〔補動サ四〕〈(動詞の連用形に付いて)謙譲の意を表わす〉**お・・・申し上げる。**

-818- 〈A〉きこゆ【聞こゆ】《古典的貴族社会では、意志性・主体性は「下賤の者の特性」であり、他者を介して事を為さしむるのが「尊い」ので、「自然に耳に入る」意の「聞こゆ」は、「意図的に尋ねずとも、自然にその耳に入る」＝「（目下から目上に）申し上げる」の意を表わす謙譲語としても用いた》〔自ヤ下二〕(1)〈（物音や人の声が）自然に耳に届く〉聞こえる。 (2)〈（人・物に関し）その話題が世間に広く伝わる〉噂に聞く。 (3)〈（見聞きした情報から）特定の様子であろうと判断される〉・・・と感じられる。 (4)〈（否定形の「聞こえぬ」、あるいは完了助動詞を伴う「聞こえたる」の形で）（他者の行動・発言が、論理や慣習に照らして）理解可能である〉納得できる。 (5)〈（ある特定の）臭いを漂わせる〉・・・の臭いがする。 〔他ヤ下二〕(1)〈「言ふ」の謙譲語〉申し上げる。 (2)〈（人や役職の名を表わす語＋格助詞「と」＋「聞こゆ」の形で）名称を表わす〉・・・という名である。 (3)〈（手紙などの）通信文を差し上げる〉お便り申し上げる。 (4)〈「願ふ」の謙譲語〉お願い申し上げる。 〔補動ヤ下二〕〈（動詞の連用形に付けて）謙譲の意を表わす〉・・・申し上げる。

-819- 〈A〉きこえさす【聞こえさす】《自ら積極的に「聞こう」とするのは下賤の者の行為／高貴な者は、聞くべき事柄は意志的に聞こうと思わずとも自然に耳に入ってくる、というのが古典時代の貴族の感覚・・・なので「聞こえさす」は「貴人のお耳に自然に入るようにする」＝「申し上げる」の意の謙譲語》〔連接語〕《きこゆ〔他ヤ下二〕＋さす〔助動サ下二型〕使役・尊敬》〈（自分が直接言うのではなく）第三者を介して自分の言いたいことを相手に伝えさせる〉人づてに申し上げる。〔他サ下二〕(1)〈「言ふ」の謙譲語〉申し上げる。 (2)〈（手紙・伝言を通して）相手の耳に入れる〉お手紙差し上げる。 〔他サ四〕〈「言ひさす」の謙譲語〉(発言の途中で)申し上げるのをやめる。 〔補動サ下二〕〈（動詞の連用形に付けて）謙譲の意を表わす〉お・・・申し上げる。

-820- 〈A〉きこしめす【聞こし召す】《自ら意志的にそうせずとも「相手に話させることで、自然と自分の耳に入る」意の「聞こす」と、「対象の方から自分の眼前に出現することで、自然と自分の目に入る」意の「召す」を合体させた語。天皇・皇后などへの最高の敬意を込めた敬語として用いられる例が多い》〔他サ四〕(1)〈「聞く」の尊敬語。（物理的な聴取の他、状況によっては承諾を意味する）〉お聞きになる。 (2)〈「食ふ」・「飲む」の尊敬語〉召し上がる。 (3)〈「治む」の尊敬語〉御統治なさる。

-821- 〈B〉そうす【奏す】《「進呈する・捧げる」の意の漢語「奏」から生まれた「言ふ」の謙譲語で、「天皇(及び、上皇・法皇)」を対象とし、それ以外の皇室関係者(太皇太后・皇太后・皇后・中宮・皇太子など)に対しては「啓す」を用いる。現代語「演奏する」と同じ意を表わす場合もある》〔他サ変〕(1)〈(天皇及び上皇・法皇に対して用いる)「言ふ」の謙譲語〉申し上げる。 (2)〈(楽器で)楽曲を弾く〉演奏する。

-822- 〈B〉けいす【啓す】《「言ふ」の謙譲語で、その対象は「天皇・上皇・法皇以外の皇室関係者」(太皇太后・皇太后・皇后・中宮・皇太子など)。天皇・上皇・法皇に対しては「奏す」を用いる。これら二語は、しばしば「絶対敬語」と呼ばれる》〔他サ変〕〈(天皇・上皇・法皇以外の皇室関係者=太皇太后・皇太后・皇后・中宮・皇太子などに対して用いる)「言ふ」の謙譲語〉申し上げる。

-823- 〈A〉のたまふ【宣ふ】《「告る」+「給ふ」=「告り給ふ」の転。「宣たまふ」・「の給ふ」・「の玉ふ」などの誤表記もあるので要注意。「言ふ」の尊敬語「仰せになる」が中核語義。目上の者の発言・意向を、その目上の者に代わって自分が目下に向けて代弁する「言い聞かせる」の語義もある》〔他ハ四〕(1)〈「言ふ」の尊敬語〉仰せになる。 (2)〈目上の者の発言・意向を、その目上の者に代わって自分が目下の者に向かって代弁する際に、「申す」でこれを卑下することが出来ぬため、敢えて「宣ふ」と尊敬語をそのまま使う〉上位者の言葉を言い聞かせる。

-824- 〈B〉のたまはす【宣はす】《「言ふ」の尊敬語「宣ふ」に、更に尊敬の助動詞「す」を添えて敬意を上乗せした語。天皇・上皇・皇后・中宮などに対してのみ用いる「最高敬語」と呼ばれる表現である》〔他サ下二〕〈(最高敬語)(天皇・上皇・皇后・中宮などに用いる)「言ふ」の尊敬語〉仰せになる。

●「発言」あれば当然「返答」あり

-825- 〈B〉かへりごと【返り事・返り言】《「かへりこと」とも言う。「こと／ごと」を「言」と見れば「(手紙・和歌に対する)返事・返歌」や「(伝言に対し、使者が持ち帰ってきた)返答の報告」の意、「事」と見れば「(贈答品に対する)お返し」となる》〔名〕(1)〈(こちらから相手側への伝言に対し)使者が持ち帰って伝える相手側からの返事〉使者の報告。 (2)〈(相手からもらった手紙や和歌に対し)手紙や和歌で応じること〉返事。返歌。 (3)〈(贈答品に対し)感謝の意を込めて贈答で応じること〉お返し。

-826- 〈A〉かへし【返し】《現代語「お返し」と基本的に同意だが、古語では特に「(相手の手紙に対する)返答」・「(相手の和歌に対する)返歌」の語義が重要》〔名〕(1)〈(もらった和歌に対し)お返しに詠む和歌〉返歌。 (2)〈(相手の発言内容に)応じて行なう発言〉返答。 (3)〈(相手の行動に対し)相応の行動で対応すること。(良いことにも悪いことにも用いる)〉返礼。報復。 (4)〈(一度収まりかけた風・波・地震などが)再び発生すること〉再発。

-827- 〈B〉かへす【帰す・返す・反す】《多義語だが、現代語からの類推で片が付くものばかりで、古語として現代語との相違が問題になるものは「返答・返歌」の語義ぐらい(これとても、動詞「返す」より名詞「返し」として把握しておればよいとも言える)》〔他サ四〕(1)〈(物理的に)元の位置に再び置く〉元に戻す。 (2)〈(物理的に)物事の表・裏を逆転させる〉引っ繰り返す。 (3)〈(人を)もと居た場所へと戻す〉帰す。 (4)〈(一旦体内に摂取した飲食物を)再び口から出す〉吐く。 (5)〈(農作物を植えるために)土をほじくる〉耕す。 (6)〈(同じ行為を)反復的に行なう〉繰り返す。 (7)〈(一度染色したものを)再び染色する〉染め直す。 (8)〈(卵を温めて)雛としてこの世に誕生させる〉孵化させる。 (9)〈(手紙に対して)応える。(和歌に対して)自分も和歌を詠んで応じる〉返事をする。返歌を送る。 (10)〈(元来、朝廷からのお預かりもの、という意識から)官位をお返しする〉官位を辞する。

-828- 〈C〉かへさふ【返さふ】《「返す」に「反復・継続」の意の「ふ」を付けたもの。物理的反復としては「表裏を幾度も引っ繰り返す」、精神的次元での反復としては「(脳裏で)反省する」・「(相手の発言・行動に)反問・糾弾・説得する」・「(相手の申し出を)辞退する」の語義がある》〔他ハ四〕(1)〈(相手の発言・行動に対し)繰り返し質問したり、反省を求めたりする〉反問する。糾弾する。説得する。 (2)〈(自分の頭の中で)何度も繰り返し同じことを考える〉じっくり思い返す。 (3)〈(「返さひ申す」・「申し返さふ」などの形で)(他者、多くは目上の人物からの申し出・贈答品を)丁重にお断わりする〉謹んでご辞退申し上げる。 (4)〈(物理的に)同じものの裏表を何度も逆にする〉何度も引っ繰り返す。

-829- 〈A〉いらふ【答ふ・応ふ】《相手の呼び掛けに対し、適当に(または社交辞礼的に)言葉で「応答する」のが「答ふ・応ふ」で、中古の和文脈で好まれた。一方、質問に律儀に返答するのが「答ふ」で、漢文訓読文で好まれた。中世以降は両者の区別が薄れ、現代には「答ふ」のみが残った》〔自ハ下二〕〈(適当に、または、社交辞礼として)相手の問いに対して言葉を返す〉応答する。

-830- 〈B〉さしいらへ【差し答へ】《相手の呼びかけに対し「(社交辞礼的に)言葉で応答すること」が原義。優雅な芸能が貴族の社交手段であった平安時代には、このような応答を音楽の上で行なう「合奏・合唱」の意味もあった。他者の会話に「口を差し挟む」という図々しい語義もある》〔名〕(1)〈(社交辞礼として)相手の問いに対し言葉を返すこと〉応答。 (2)〈(器楽・歌唱などで)相手に合わせて自分も楽器を弾いたり歌ったりすること〉合奏。合唱。 (3)〈(他者の会話に)横合いから割り込むこと〉差し出口。

●次は、「発言」の行為ではなくその内容に言及する古語のあれこれ

-831- 〈B〉いはく【言はく・曰く】《動詞「言ふ」の未然形に、名詞化語尾の「く」を付けたもの。現代語にも副詞「曰く」(・・・の言うことには)及び名詞「いわく付き」(ややこしい事情・訳あり)の形で生き残っている。こうした動詞未然形＋「く(一部、らく)」による名詞化表現を「ク語法」と言う》〔動詞連体形〕〈他者の発言の引用であることを示す語〉・・・の言うことには。

-832- 〈B〉いふやう【言ふ様】《動詞「言ふ」に名詞「様」を付けて、「・・・が言うことには」の意を表わす語。主に和文脈で用い、漢文訓読調では「曰く」が好まれる》〔連接語〕《いふ〔自ハ四〕〔他ハ四〕＋やう〔名〕》〈他者の発言の引用であることを示す語〉・・・の言うことには。

-833- 〈C〉いふぢゃう【言ふ定】《「定」は様態を表わす接尾語で、現代語の「案の定」(思った通りに)にも残るもの。格助詞「と」を付けて「・・・と言ふ定」の形で用いる逆接の表現で、「とは言うものの」の意。「・・・と友情」などと青臭い連想をせぬように》〔連接語〕《いふ〔自ハ四〕〔他ハ四〕＋ぢゃう〔名〕》〈(「・・・と言ふ定」の形で)前言を受け、それとは逆の陳述を導出して、譲歩構文を構成する語〉・・・とは言うものの。

-834- 〈B〉とぞ【とぞ】《文中で用いれば、「と」の受ける内容を「強調」するだけの語法、文末にあれば、直後の「言ふ」・「聞く」などの語が消失した「伝聞」の用法となる》〔連接語〕《と〔格助〕＋ぞ〔係助〕》(1)〈強調〉(文中で)「と」の受ける内容を強調する。(末尾は連体形で係り結びを形成する)〉・・・と。 (2)〈(伝聞)(末尾で)そこまでに述べた内容が第三者から伝え聞いた情報であることを表わす。(下に「言ふ」・「聞く」などの動詞が省略されている)〉・・・ということだ。

-835-〈A〉てふ【てふ】《「と+言ふ」の転。上代には「ちふ」・「とふ」の形もあった。現代にも残る江戸っ子言葉「するってぇと」の「てぇと」は「と言うと」の略であるし、その転じた場繋ぎ語が「えーと」であるから、この種の音便形は現代人にも比較的馴染みの深いものと言える》〔連接語〕《と〔格助〕+いふ〔自ハ四〕》〈(名称を引用したり、伝聞情報として伝えたりする語)…という。

-836-〈A〉ては【ては】《前後をつなぐ役割の接続助詞「て」と強調及び順接仮定条件の係助詞「は」の組合せ。語義は、「て」に力点のある用法(動作・作用の反復、順接の整調、付帯状況)／「は」に力点のある用法(順接の仮定条件、恒常条件、順接の確定条件)に分化する》〔連接語〕《て〔接助〕+は〔係助〕》(1)〈(動作・作用の反復)「ては」の前後の動作や作用が、相互補完的に繰り返されることを表わす〉…したかと思うとまた～。(2)〈(順接の整調)前後を順接の関係でつなぐ「て」に、「は」を添えて語調を整える。(意味そのものは「て」に同じ)〉…て、そして。(3)〈(付帯状況)「て」以前の状況の中に於いて、「は」以降の状況が成立していることを表わす。(打消・譲歩の表現とともに用いる)〉…しつつ。(4)〈(順接の仮定条件)「て」以前の条件が満たされた場合を想定し、予想される帰結を「は」以降で述べる〉…なら～。(5)〈(恒常条件)「て」以前の条件が満たされれば、「は」以降の結果が常に生じることを表わす〉…すると必ず～。(6)〈(順接の確定条件)「て」以前の条件が満たされた以上は、「は」以降の帰結が予想されることを表わす〉…であるからには～。

-837-〈C〉とては【とては】《引用内容を強調する「…と言っては」、内容の限定を表わす「…としては」、打消表現を伴いつつ最低限の事例を示す「…でさえも」の三つの意を表わす》〔連接語〕《とて〔格助〕+は〔係助〕》(1)〈(引用内容の強調)「とて」で引用された内容を強調的に受けて、後続の記述へとつなげる〉…と言っては。(2)〈(内容の限定)「とて」以前の条件が満たされた場合に、想定される帰結を「は」以降で述べる〉…としては～。(3)〈(否定の強調)(打消の表現を伴い)最低限の事柄すらもないことを述べて、否定的な陳述を強める〉…さえも～ない。

-838- 〈C〉とか【とか】《文中で(末尾は連体形の係り結びで)「不確実な推量」(直前の記述内容が原因で直後の事態が生じたのか？と怪しむ)／文末で(末尾に「言ふ」などを省略して)「伝聞」(直前の記述内容が他者から聞いた情報であることを示す)、という二つの用法を持つ》〔連接語〕《と〔格助〕＋か〔係助〕》(1)〈(不確実な推量)(文中で)直前に述べられた事柄が、直後の事態の原因・理由なのだろうか、と怪しむ気持ちを表わす。(末尾は連体形で係り結びを形成する)〉・・・が原因で〜なのか。 (2)〈(伝聞)(文末で)直前に述べられた事柄が、他者から聞いた情報であることを示す〉・・・とかいうことだ。

-839- 〈C〉てへれば【者】《「と言へれば」の転。通常の古文では用いず、書簡文・記録文で、理由を示しつつ後続の事態の正当性を主張する脈絡で用いる。同じ「者」の字でも、脈絡上何の後続部も伴わない言い切りの伝聞情報として記してある場合は、「てへり」(＝と言へり)と読む》〔接続〕〈(書簡や記録文の中で)理由を述べた上で、後続の事態の正当性を主張する語〉・・・という次第で。

●次は、「発言・表現」という行為そのものを云々する特殊な古語あれこれ

-840- 〈B〉かけまく【掛けまく・懸けまく】《「口に乗せる／心に思い浮かべる」意味の動詞「懸く・掛く」に、意志を表わす助動詞「む」を付けたものに、「く」を添えて「口に出すこと／心に思うこと」という名詞的意味を持たせた「ク語法」と呼ばれる組成を持ち、畏敬の念を込めつつ神・天皇に言及する語》〔連接語〕《かく〔他カ四〕＋む〔助動マ四型〕推量》〈(「かけまくも」＋「かしこし／ゆゆし」などの形で)神及び現人神としての天皇に言及する時に、惧れ畏まって言う定型句〉口に出して言うのも畏れ多い。

-841- 〈B〉いふべきにもあらず【言ふべきにもあらず】《「(良かれ悪しかれ)表現のしようもない→形容放棄→読者の想像力に委ねる」という、表現者として恥ずべき卑怯な逃避表現・・・のくせに、類似表現の案出にだけは古典時代の筆者連中は血道を上げたので、狂気の如き類例の多さを誇る古典常套句と相成った》〔連語〕《いふ〔他ハ四〕＋べし〔助動ク型〕推量＋なり〔助動ナリ型〕断定＋も〔係助〕＋あり〔補動ラ変〕＋ず〔助動特殊型〕打消》〈言葉で言い表わしようがない。(良いことにも悪いことにも使う)〉何とも言いようがない。

-842- 〈C〉いふかぎりにあらず【言ふ限りにあらず】《良かれ悪しかれ「筆舌に尽くし難い」の意になる例の「描写放棄・読者想像力委託表現」になる場合と、難点がないわけではないものの「敢えてつべこべ言うほど大きな問題でもない」の意を表わす場合とがある》〔連語〕《いふ〔自ハ四〕〔他ハ四〕＋かぎり〔名〕＋に〔格助〕＋あり〔補動ラ変〕＋ず〔助動特殊型〕打消》(1)〈敢えて問題にするまでもない〉さしたる問題とは言えない。 (2)〈言葉で言い表わしようがない。(良いことにも悪いことにも使う)〉何とも言いようがない。

-843- 〈C〉いはむかたなし【言はむ方無し】《「言葉で言い表わしようがない」という例の「表現放棄・読者想像委託」の無責任表現の数ある類例のうちの一つ》〔連語〕《いふ〔自ハ四〕〔他ハ四〕＋む〔助動マ四型〕推量＋かた〔名〕＋なし〔形ク〕》〈言葉で言い表わしようがない。(良いことにも悪いことにも使う)〉何とも言いようがない。

-844- 〈B〉いふばかりなし【言ふ計り無し】《元来は「言ふ」に「計り＋無し」が付いた清音の「いふはかりなし」の形だった。「分量・程度がどの程度か、口ではとても言えないほどだ」ということで、(良かれ悪しかれ)形容しようのないほどに甚だしい意を表わす》〔連語〕《いふ〔他ハ四〕＋ばかり〔副助〕＋なし〔形ク〕》〈言葉で言い表わしようがない。(良いことにも悪いことにも使う)〉何とも言いようがない。

-845- 〈C〉よのつね【世の常】《字義通りの「世間によくある普通のこと」の意味の他、「言ふも世の常なり」の略形として「言葉でどう言っても所詮はありふれた言い方にしかならない＝何とも言いようがない」という例の「表現放棄・読者想像全面委託」の言い回しにもなる》〔連語〕《よ〔名〕＋の〔格助〕＋つね〔名・形動ナリ〕》(1)〈世間にありふれていて、特筆に値しないこと〉ありきたり。 (2)〈(「言ふも世の常なり」の略形として)言葉で言い表わしようがない。(良いことにも悪いことにも使う)〉何とも言いようがない。

-846- 〈B〉さらにもあらず【更にもあらず】《主に自分自身に関する事柄に関し、謙遜する形で「今更改めて言うほどの価値もない」として言及する表現》〔連語〕《さら〔形動ナリ〕＋も〔係助〕＋あり〔補動ラ変〕＋ず〔助動特殊型〕打消》〈(主に、自身に関する事柄について)情報として大した価値はない、として謙遜する言い回し〉別にどうということもない。

-847- 〈B〉**えもいはず【えも言はず】**《不可能の表現「え」+「言はず」に、強調の係助詞「も」を添えたもので、「言語表現不能＝何とも言いようがない」の意味を表わす。現代にも残る言い回しだが、賞賛一辺倒の現代語と異なり、古語では良かれ悪しかれ程度が甚だしい意で用いる》〔連語〕《え〔副〕＋も〔係助〕＋いふ〔自ハ四〕〔他ハ四〕＋ず〔助動特殊型〕打消》〈言葉で言い表わしようがない。(良いことにも悪いことにも使う)〉**何とも言いようがない。**

-848- 〈C〉**いはれぬ【言はれぬ】**《表面的には「言うことができない」の意味に思えるが、実際の語義は「妥当性を欠き、容認し難い」。「言はれ」＝「それなりの理由」という語感が根底にあり、現代語の「言われなき」につながる語である》〔連接語〕《いふ〔自ハ四〕〔他ハ四〕＋る〔助動ラ下二型〕自発・可能・受身・尊敬＋ず〔助動特殊型〕打消》〈(論理や社会通念に反しているため)受け入れ難い〉**無茶な。**

●お次は、「発言」や「行動」を促す古語を少々

-849- 〈C〉**いで【いで】**《「出づ」の古い命令形「出で」または勧誘の感動詞「いざ」が元になって「さぁ、始めようか」系の語義が生まれ、否定・禁止の意味を表わす「否・不知」が転じて「こらこら」・「いいえ」・「なんとまぁ」などの語義が生じたと考えられる》〔接続〕〈文章や談話の途中で、改めて話を始める際に用いる語〉**さて。**〔感〕(1) 〈(自分自身、あるいは他者を)行動へと駆り立てる時に発する語〉**さぁ。**(2)〈相手の発言・行動に対する軽い否定・反発の気持ちを表わす語〉**こらこら。いや。**(3)〈意外・感動・不満などの感情を表わす語〉**いやはや。**

-850- 〈B〉**いざなふ【誘ふ】**《勧誘の感動詞「いざ」に、「行なう」意味を表わす「なふ」を付けたもの。この「なふ」は動詞を作る接尾語で、「商ふ」(＝商売する)や「賞ふ」(＝賠償する)などにも共通する》〔他ハ四〕〈相手に誘いかけ、ある場所、または行動へと導く〉**勧誘する。**

-851- 〈B〉**いざたまへ【いざ給へ】**《勧誘の感動詞「いざ」＋敬意の補助動詞「給ふ」の命令形だが、両者の間に存在した筈の動詞が省略されていて、その動詞の意味を文脈から割り出して補足解釈する必要があり、「おいでなさい／おやりなさい／お言いなさい／…」などと適宜訳し分ける》〔連語〕《いざ〔感〕＋たまふ〔補動ハ四〕》〈敬意をもって、相手に何らかの行動を促す呼びかけの語。(「行こう」・「おいで」・「やろう」などの動詞の意味を文脈から補って解釈する)〉**さぁさぁ。**

-852- 〈C〉いざかし【いざかし】《勧誘の感動詞「いざ」に、同じくもちかけの終助詞「かし」を付けて意味を強調した形（さぁさぁ、ほれ、そら・・・）だが、両者の間に存在した筈の動詞が省略されており、その動詞の意味を文脈から割り出して補足解釈する必要がある》〔連語〕《いざ〔感〕＋かし〔終助〕》〈相手に何らかの行動を促す呼びかけの語。（「行こう」・「おいで」・「やろう」などの動詞の意味を文脈から補って解釈する）〉さぁさぁ。

●今度は、相手からの働きかけに素直に応じる「応諾」系古語群

-853- 〈A〉うべ【宜・諾】《承諾の意を表わす感動詞「う」に、動詞「合ふ」の連用形「あへ」が付いたものの転か、と言われる。中古以降は「むべ」・「んべ」とも表記される。形容詞「うべうべし（むべむべし）」、動詞「うべなふ（むべなふ）」、更には助動詞「べし」の元になった語》〔形動ナリ〕〈（道理に照らして）納得できるさま〉もっともだ。〔副〕〈（事態に対して）納得する気持ちを表わす〉なるほど。

-854- 〈A〉むべ【宜】《元来の形は「うべ」。承諾の意を表わす感動詞「う」に、動詞「合ふ」の連用形「あへ」が付いたものの転か、と言われる。「むべ」・「んべ」の表記は中古以降のもの。同様の「う→む」の表記転換は、「うま→むま：馬」・「うまる→むまる：生まる」などにも見られる》〔副〕〈（事態に対して）納得する気持ちを表わす〉なるほど。

-855- 〈C〉うべなふ【諾ふ】《副詞・形容動詞の「宜」に動詞化語尾「なふ」を付けたもの（類例：「あきなふ」・「うらなふ」・「ともなふ」）。「むべなふ」とも言う。「相手の言うことに同意する」が原義だが、「相手の意向に服従する」、更には「自分の非を認めて謝罪する」の意になることもある》〔他ハ四〕(1)〈（相手の言うことに）賛成の意を示す〉同意する。 (2)〈（相手の意向に）逆らわない意を示す〉承諾する。 (3)〈（迷惑をかけた相手に対して）自分の非を認める〉謝罪する。

-856- 〈C〉むべむべし【宜宜し】《道理に適っているとして納得する意を表わす「うべ」を畳語化した「うべうべし」の異音。「きちんと格式通りだ」・「確実で信頼性が高い」という理由から「納得」できるさまを表わす》〔形シク〕(1)〈正当な格式に則ったさま〉正式な。 (2)〈信頼・依存するに足るさま〉しっかりしている。

●お次は、他者の「発言・行動」に対して「さあどうでしょ」・「おいおい」と返したり「（無言）」だったりの否定的反応の古語たち

-857- 〈B〉いさ【いさ】《相手に対する否定・抑制(さぁ…ないですね)や、返答を躊躇する気持ち(さぁ、どうでしょうかねぇ)を表わす。「さぁ…」は「いさ」の頭音消失語であるし、「いさ知らず」が濁音化して「いざ知らず」となったと知れば、「いさ」の疑念・否定の含意は感じ取れるだろう》〔副〕(1)〈(「いさ…知らず」の形で)否定語に添えることで婉曲な感じを出す語〉さあ、…ないですね。 (2)〈否定語に添えることで婉曲な感じを出す語。(「いさ知らず」の略形。「知らず」を補って解釈する)〉さあ、どうだかわかりませんね。〔感〕(1)〈相手の言葉に素直に返答しにくい場合に、曖昧にぼかす語〉さあ…。 (2)〈相手の言葉に対し、否定したり、はぐらかしたりする語〉いえ。

-858- 〈C〉いさや【いさや】《「知らない」の意味を表わす「不知」から生じた感動詞「いさ」を、間投助詞「や」を付けて強調したもの》〔副〕〈確信がないこと、または、相手への不賛同の気持ちを表わす〉さあ、どうでしょうか。〔感〕〈よくわからない時、あるいは、相手をはぐらかしたい時の応答語〉いえ、まあ。

-859- 〈A〉いさむ【諫む】【禁む】《「人はいさ心も知らず」(=人の心は、さあて、どんなものかわかりません)の句(紀貫之)や、「いさかひ(諍ひ)」(=口論・喧嘩)に含まれる拒否・抑止系の語「いさ」に「む」を付けて動詞化し、相手の行動に対し否定的に作用する「禁止・忠告」の語義を持たせたもの》〔他マ下二〕【禁む】(1)〈(権威・強制力を伴って)相手の行動を差し止める〉禁止する。【諫む】(2)〈(道理に照らして)相手に、その行動の不当性を訴える〉忠告する。

-860- 〈A〉いさよふ【いさよふ】《「諍ひ」・「諫む」にも共通する「相手の行動や事態の進行を抑える」の意の「否」に、「漂ふ」の語尾と同じ「よふ」を付けて「揺れ動く」感じを出して「すんなり進まず、ぐずぐずする」の意とした語。中世以降は「いざよふ」と濁音化した》〔自ハ四〕〈(月・波・雲などの自然現象や、人間の心理が)ぐずぐずと停滞して、すんなりとは進まない〉ためらう。

-861- 〈C〉いさよひのつき【十六夜の月】《月の出を心待ちにしても、「いさよふ」(ためらう)かのようになかなか出てこないことから、陰暦十六夜の月に「いさよひ」と当て字したもので、「十六夜」と略すも可。鎌倉期以降は「いざよひのつき」と濁音化した》〔名〕〈(月の出が、まるでためらっているかのように遅いことから)陰暦十六日の夜の月〉十六晩目の月。

-862- 〈A〉ためらふ【躊躇ふ】《人為的作用で曲げ・伸ばしする意の「矯む」に反復・継続の意の「ふ」を付けて、他動詞としては「高ぶる感情を抑制する」の意を表わし、自動詞としては、現代語同様の「行動の前段階で立ち止まり、迷う」の他に「病状を落ち着かせる／静養する」の語義をも持つ》〔自ハ四〕(1)〈病気の勢いを落ち着かせる(ことを目的に活動を控えて休む)〉病状を落ち着かせる。養生する。(2)〈行動に移る前の段階で、決断できずに立ち止まり、迷う〉躊躇する。〔他ハ四〕〈高まった感情を抑制する〉気を落ち着かせる。

-863- 〈C〉もだす【黙す・黙止す】《「黙って何もしない」意の万葉時代の名詞「黙」＋動詞語尾「す」で、「沈黙する」及び「黙認する」の意。この「もだす」の転倒形「だもす」から他動詞「騙す」や自動詞「黙る」が生じ、清音形「もたす」が「気をもたす」や「気をもたせつつ最後は騙す・・・つつもたせ(美人局)」を生んだ・・・のかもしれない》〔自サ変〕(1)〈((音声学的に)口を閉ざし、何も言わずにいる〉沈黙する。(2)〈((他者の行動について)干渉せずに放置しておく〉黙認する。

-864- 〈B〉いなぶ【否ぶ・辞ぶ】《否定の感動詞「否」に接尾語「ぶ／む」を付けて動詞化した語。現代でも使う語だが、平安期まではバ行上二段活用のみで用いた》〔他バ上二〕〔他バ四〕〈相手の申し出・希望に対し、駄目だと言う〉断わる。

-865- 〈B〉すまふ【争ふ・辞ふ】《相手から自分に対し及ぼされる物理的・心理的作用を、力にかけて拒否する意。その敵対性の強弱に応じて、積極的に「抵抗する」、消極的に「辞退する」と訳し分ければよい。この「すまふ」の名詞化が「相撲・角力」(二人の男の力と力を張り合わせる格闘技)》〔自ハ四〕(1)〈(相手の働きかけに対し、積極的に)身をもって強く拒む〉抵抗する。(2)〈(相手の働きかけに対し、消極的に)受け容れ難い意を表明する〉辞退する。

-866- 〈B〉きほふ【競ふ】《「他者に負けまいとして、勢い込んで事に向かって行く」が原義とされ、「気」＋「負ふ」に発するものか、あるいは「勢ふ」(＝息＋履ふ・・・その活力が周囲を威圧する)の略形かとも言われる。現代にも「気負う」の当て字で生き残っている》〔自ハ四〕(1)〈(他者に負けまいとして)先を争って事を行なう〉張り合う。(2)〈(多く、落ち葉の散るさまに言及して)(無意志の存在が)まるで先を争うかのように何かをする〉一斉に・・・する。

-867- 〈B〉あらがふ【諍ふ・争ふ】《他者との対立を表わす点で「争ふ」の類義語だが、「諍ふ・争ふ」は相手方の立場を否定・拒絶する受動的色彩(…抵抗)、「争ふ」は自分の立場を貫くために相手を押しのけようとする積極的色彩(…抗争)の語という相違がある》〔自ハ四〕(1)〈(真偽・成否に関して)反対意見を述べる〉反論する。 (2)〈(相手の行為・意向に)反対する〉拒絶する。 (3)〈(他者と、ある事象の成否を巡って)賭けをする〉賭け事をする。

-868- 〈C〉もどく【擬く・抵悟く・牴悟く】《「抵悟く」・「戻す・戻る」・「捩る」・「悖る」などの元になった「もど」は、「食い違い・ねじれ」を意味する。そこから、本来あるべき場所・素直な様態からズレている／意図的に異ならせる意の語になる。「もどく」の場合は、素直に従わず「逆らう(または、非難する)」の意。本来違う何かを「真似る」の語義もあり、こちらは「…もどき」の形で現代にも残る》〔他カ四〕(1)〈(自らの様態を)他者の様態に意図的に近付ける〉真似る。 (2)〈(他者の意向・意見・行動などを)素直に受け入れず、それは違うだろうという態度を示す〉逆らう。非難する。

-869- 〈B〉もどかし【もどかし】《本来の様態からずれている意の「もど」に由来する「もどく」の「素直に従わない・非難する」の語義が形容詞化した語。現代語では「(自分の思うようにならず)じれったい」の意のみ表わすが、古語には「(本来あるべき姿と異なるので)非難したくなる」の語義もある》〔形シク〕(1)〈(本来あるべき姿と異なるので)素直に従い難く、批判・抵抗せずにはいられない〉非難されるべき。(2)〈(自分の思い描く姿と異なるので)心にわだかまりが残り、快く受け容れ難い〉じれったい。

-870- 〈C〉なんず【難ず】《語義は、漢字で書けば「難があるとする＝非難する」で一目瞭然。問題はひらがな表記時で、古語では連語「なむず」(きっと…するだろう)を「なんず」と書く場合があるし、「難ず」連用形のかな表記「なんじ」を「汝:なむち／なんち」(あなた)と錯覚する危険もある》〔他サ変〕〈難点があるとして咎め立てする〉非難する。

-871- 〈B〉けつ【消つ】《平安時代は和文脈で「消つ」／漢文脈では「消す」と使い分けたが、鎌倉期以降は「消す」が一般的となる。現代語と同じ「消去する」・「存在を抹消する」の意の他に、「(他者の価値・発言・行動に対し)敵対的・否定的な言動をする」の語義に要注意》〔他タ四〕(1)〈(火・煙・雪・霜などの自然現象を)消し去る〉消す。 (2)〈(存在しているものを)なきものにする〉抹消する。 (3)〈(他人の価値・発言・行動に対し)敵対的・否定的な行動・発言をする〉滅ずる。貶す。押さえ付ける。 (4)〈(動詞の連用形に付いて、補助動詞的に)その動詞の表わす動作を否定する意を表わす〉・・・ない。

-872- 〈C〉おとしむ【貶む】《程度が低いことを表わす「劣る」や、一段低い扱いをする「落す」、順番的に下であることを表わす「乙」などと同根語。同種の他のものとの比較対照上、「より劣っているものと判断し、見下す」意を表わす》〔他マ下二〕〈(同じ種類に属する他のものとの比較対照上)劣っていると判断する。また、見下す〉下等扱いする。軽蔑する。

-873- 〈B〉いひけつ【言ひ消つ】《「消つ」の働きに応じて、「発言を途中で"やめる"」／「相手の言葉・行動を、自らの発言で"否定・非難する"」の二系統に分かれる。前者は「言ひさす」と同義語。後者は単なる「消つ」でも表わせるが、「言ひ」の付加で、言葉による否定・非難である点を強調している》〔他タ四〕(1)〈言いかけたことを途中でやめる〉言いよどむ。 (2)〈他者の発言を打ち消す〉否定する。 (3)〈他者の行動の不当性を言い立てる〉非難する。

-874- 〈B〉おもひけつ【思ひ消つ】《「消つ」を「意識から消去する」の意で捉えれば「(忘れられぬことを)無理にも忘れようと努める」となり、「価値を否定する」の意と解すれば「(内心で、相手を)軽視・無視する」の意となる》〔他タ四〕(1)〈(忘れられない人・物・事を)意志的に忘れようとする〉無理にも忘れようとする。 (2)〈(心の中で、人・物・事を)取るに足らない存在として軽くあしらう〉軽視する。無視する。

-875- 〈C〉はらだつ【腹立つ】《現代では「心中で怒りを覚える」(英語で言う"take offense at something")の心理語だが、古語では「他者と喧嘩をする」("take offensive action against someone")という実力行使の意まで含む点に要注意》〔自タ四〕(1)〈(行動に訴えず)心の中で怒りを覚える〉立腹する。 (2)〈(不愉快な相手との間で)自らの不快感を晴らすために実力行使に訴える〉喧嘩する。

-876- 〈B〉**はらあし【腹悪し】**《古典時代には、「腹」は、外界からの刺激に反応して自らの振舞いを決める臓器とみなされていた。それが「悪し」なのだから、個人の感情的特性に言及すると「怒りっぽい」、他者の感心せぬ態度を形容する場合は「意地悪だ」の意となる》〔形シク〕(1)〈(他者への振る舞いに於いて)いかにも悪意に満ちた態度である〉**意地悪だ。**(2)〈(性格面で)ちょっとしたことに過激に反応して怒りを露わにしがちである〉**怒りっぽい。**

●次は、まっすぐ肯定的に受け入れられぬものに対する「斜に構えてねじ曲がり」系や「回避」系の意味を持つ古語

-877- 〈C〉**よく【避く】**《「横」と同根とされ、真正面に立たず横に退くことから「回避する」の意が生じたとされる。上代は上二段活用、中古には四段活用が加わり、中古末期には下二段活用で落ち着いた語。中世以降は「よぐ」という濁音さえ加わったので、その語形は極めて複雑》〔他カ上二〕〔他カ四〕〔他カ下二〕〈(対象に対し)正面に立ったり真っ直ぐ向かったりの直接的関与をしない〉**回避する。**

-878- 〈B〉**そばむ【側む】**《「稜」または「岨」＝「斜面／鋭角を構成する角／斜め方向」に由来し、真正面の相手なら視線は一直線だが、横に存在する対象には斜め視線を走らせることから、「稜」転じて「側」となる。物理的・心理的双方に於ける横向き・逸脱感覚を表わす多くの語義を持つ》〔自マ四〕(1)〈(人が)(無関心や羞恥心といった感情の表出として)視線を横に向ける〉**視線を外す。**(2)〈(空間的に)端の方向に移動する〉**脇に寄る。**(3)〈(価値判断を加えて)正しい筋道から外れる〉**正道を踏み外す。**(4)〈(自分にないものを持つ他者に対し)劣等感の裏返しとして相手を嫌い、傷付けたい気持ちになる〉**嫉妬する。**〔他マ下二〕(1)〈(物事を)横の方向に移動させる〉**一方に寄せる。**(2)〈(「目をそばむ」の形で)(関心のなさや嫌悪感の表われとして)視線をそらす〉**目を逸らす。**(3)〈(人を)(嫌悪感から)横へと押しやる〉**疎んじる。**

-879- 〈B〉**そばそばし【側側し】【稜稜し】**《「斜面／鋭角を構成する角／斜め方向」の意の「稜」に由来し、その原義は「角張っている・急峻だ」。素直で捉え易い「水平／垂直」に対し、ひねくれて嫌味な「斜線」感覚からは、「よそよそしく、親しみ辛い」という心理的語義も生じた》〔形シク〕【側側し】(1)〈(人に対し、心理的に)親近感が持てず、好きになれないさま〉**親しみ辛い。**【稜稜し】(2)〈(物理的に)角が立っていて、滑らかでない。また(地形的悪条件ゆえに)人を寄せ付けない〉**ごつごつしている。近寄り難い。**

-880- 〈C〉けどほし【気遠し】《漠たる気配の接頭語「気」(何となく…な感じ)を付けて、「遠し」に物理／心理双方の遠方感を持たせた語。「親近感が持てぬ」・「世間離れしている」は純粋に心理的、「(場・時が)遠く感じる」・「人里離れて寂れた感じだ」は物理・心理の境界線が曖昧な語義》〔形ク〕(1)〈(ある場所・時代が)遠く感じられる〉遙か彼方に思われる。遠い昔のようだ。(2)〈(人の気配がしないために)遠い場所にいるような心細さを感じる〉物寂しい。(3)〈(心理的に)親近感を持てない〉親しみにくい。(4)〈(考え方や行動様式が)世間の通常の水準から掛け離れている〉世間離れしている。

-881- 〈C〉すがむ【眇む】《「片方の目がつぶれているか、もう一方に比して細い」意の名詞「眇」の動詞化。意図的に物事を注視したり、相手への軽蔑を表わしたりするために「片方の目を細める」の意もあれば、巧まずして片眼が小さい「斜視・やぶにらみ」の場合もある》〔自マ四〕〈(意図的に)片方の目を細くする。(医学的に)両目のうちの一方が正しく対象に向かわない状態である〉片目を細める。斜視である。〔他マ下二〕〈(意図的に)片方の目を細くして対象を見る〉斜に構えて眺める。

-882- 〈C〉ひがむ【僻む】《間違っていることを意味する「僻」に動詞化語尾「む」を付けた語。現代語では「根性がひねくれていて、事実を素直に正しく認識できない」という性格面の欠陥を表わすのみだが、古語では「事実を歪める」という知的・社会的問題行動に言及する語義も持つ》〔自マ四〕〈(性格的に)物事を素直に、あるいは正しく認識できない〉ひねくれる。〔他マ下二〕〈事実と異なる形へと物事をねじ曲げる〉歪曲する。

-883- 〈B〉ひがめ【僻目】《間違ったこと・ねじくれたことを意味する「僻」に「目」を付けた語。物事を正しく見ることができぬ状態に言及する「見間違い」の意の他に、対象を真正面から見ない斜め目線の「横目・流し目・脇目」を意味する場合もある》〔名〕(1)〈物事を真正面から見ず、斜めの視線で見ること〉横目。(2)〈物事を正しく見ることができず、異なるものとみなすこと〉見間違い。

-884- 〈B〉ひがひがし【僻僻し】《正しくない意の「僻」の畳語で、原義は「普通でない」。どんな観点から「普通でない」かは「情趣を解さぬ／外見が見苦しい」など様々。現代語「僻む」に通じる語義として「性格が素直でない(ため事実を歪めて見る)」がある(その種のひねくれ根性は「僻心」)》〔形シク〕(1)〈道理や正常な基準から外れていて、見ている者に違和感を与えるさま〉普通じゃない。(2)〈性格面に問題があって、物事を正しくあるいは素直に受け止めることができないさま〉素直じゃない。

-885- 〈C〉ひがごころ【僻心】《「間違った」の意を表わす「僻」に「心」を付けたもの。事実誤認に基づく「思い違い」を意味する場合と、恒常的な性格面の欠陥に言及する「ひねくれ心」の意になる場合とがある》〖名〗(1)〈(恒常的に)物事を正しく素直に受け止めることができない性格〉**ひねくれ心**。(2)〈(一時的に)(事実を誤認して)物事を正しく受け止めることができていない状態〉**誤解**。

-886- 〈C〉ひがぎき【僻聞き】《「僻」は「間違った」意を表わし、「僻む」(ねじくれた考え方をする)に通じる語。これに「聞き」を付ければ「聞き間違い」となる。「僻目」なら「見誤り」、「僻覚え」なら「思い違い」、「僻心」なら「ねじくれ根性／誤解」、「僻者」ならば「ひねくれた人」の意である》〖名〗〈(本来とは異なるものとして)間違って聞くこと〉**聞き違い**。

-887- 〈A〉ひがこと【僻事】《「間違った状態」を意味する「僻」に「事」を付けた語。単純な正解・不正解に言及するだけの「間違い」の他、道義的尺度に照らしての「悪事」の意をも表わす》〖名〗(1)〈(倫理・道理に照らして)間違っていて、道義的に許すことができない事柄〉**悪事**。(2)〈事実とは異なること〉**間違い**。

-888- 〈C〉まがこと【禍言】【禍事】《360度どこから見ても理想的形態の「玉」に対し、曲がりくねった形状ゆえに霊力が宿るとされた「勾玉」の例に見るように、「禍」には「不吉」の語感があり、「禍事」と書けば身に降りかかる「災難」／「禍言」なら悪い出来事を誘発するような「縁起の悪い言葉」の意となる》〖名〗【禍言】(1)〈それを口にすれば災いを呼ぶような言葉。また、将来起こるであろう災いを言い当てる言葉〉**不吉な言葉。不吉な予言**。【禍事】(2)〈(身に降りかかる)良くない事〉**凶事**。

-889- 〈B〉まがまがし【禍禍し】《真っ直ぐでなく曲がったもの＝「不正・邪悪」の感覚を持つ「禍」の畳語で、「不吉だ」が原義。後にその霊的畏怖の念が失われて「忌々しい」の意に転じて行くのは「忌む」と同じで、古代の霊異が時代を下るとともに現世的な対人関係へと俗化して行った一例》〖形シク〗(1)〈(それを口にしたり行なったりすると)悪い事が起きそうな気がする〉**不吉だ**。(2)〈(人や事柄に対し)個人的に不愉快な感じがする〉**忌々しい**。

●「発言・行動」を巡るYES・NOの綱引き古語群が一段落ついたところで、お次は「発声(または、騒音)」系古語群の御紹介

-890- 〈A〉**まねぶ**【学ぶ・真似ぶ】《見本(「真」)を定めて自らの様態を近似させる(「似」)意の「まに」の転じた「真似」の動詞化で、原義は「(他の誰かや書いてある何かと)同じことを口に出して言う／他者に語り伝える」。学習の基本は師の物真似、ということで「習う」の意に転じ、現代の「学ぶ」へとつながった》〔他バ四〕(1)〈(他者が言ったことや、本に書いてある内容などを)そっくりそのまま同じように口に出して言う〉**口真似する。**(2)〈(自分が見聞した事柄を)覚えておいて、人に口述で伝える〉**見た(聞いた)ままを人に語る。**(3)〈(学問や技芸などを)然るべき師の下で体系的に教わる〉**学習する。**

-891- 〈B〉**ずす**【誦す】《詩文や仏教の経文など、読み方に一定の作法がある文章を、その作法に忠実に「声に出して唱える」こと。「ずす」・「ずず」・「じゅす」・「ずうず」・「ずんず」など様々な語形がある》〔他サ変〕〈(詩文や仏教の経文など)読み方に一定の作法がある文章を、その作法に忠実に声に出して唱える〉**口ずさむ。**

-892- 〈B〉**ずんず**【誦ず】《詩文・経文など、読み方に一定の作法がある文章を、その作法に忠実に「声に出して唱える」意。散文の『源氏物語』を音読するのは「誦ず」ではないが、作中の和歌を朗詠すれば「誦ず」である。「ん」文字が登場する平安末期以前は、「ずず」と書いて「ずんず」と読んだ》〔他サ変〕〈(詩文や仏教の経文など)読み方に一定の作法がある文章を、その作法に忠実に声に出して唱える〉**口ずさむ。**

-893- 〈C〉**ずきゃう**【誦経】《「誦す」とは、経文や詩文など、読み方に一定の作法がある文章を声に出して読み上げることで、「誦経」は「経文を読み上げる／暗誦する」の意。法要のためにお坊さんを呼んでお経を読んでもらったお礼に渡す「御布施」の意味に用いる場合もある》〔名〕(1)〈仏教の経文の文句を声に出して読み上げること。また、暗記して唱えること〉**読経。**(2)〈読経へのお礼として僧に渡す謝礼〉**御布施。**

-894- 〈A〉ながむ【眺む】【詠む】《「詠む」と「眺む」の混用は中世以降に始まるとされるが、両者は元来同根で、「長」を根底に含み、「"長く"声を引きずる」が「詠む」/「"長い"視線を向ける(眺望)・"長く"視線を漂わせる(物思い)」が「眺む」。和歌の中では「眺め」と「長雨」の懸詞が多用される》〔他マ下二〕【眺む】(1)〈(景色を)特に何を見つめるわけでもなく、漫然と見ている〉ぼんやり見やる。(2)〈(心理的に)集中せず、漫然と、何かを思っている〉物思いに耽る。(3)〈(遠くの景色に限定されず、対象を)何らかの感情を込めてじっくり見る〉・・・と思いながらじっと見る。(4)〈(空間的に)遠くまで、または、広い範囲に、視線を広げる〉遠くを見やる。【詠む】(5)〈(詩歌を)長く声を引きずって詠む。また、作る〉吟詠する。詩作する。

-895- 〈B〉うそぶく【嘯く】《「嘯」＝「口をすぼめて息を出すこと」に由来し、物理的には「(疲弊の)喘ぎ声」・「(動物の)鳴き声」・「(賛嘆の)口笛」、文芸的には「詩歌の文言を声に出して読む」の意となり、原稿の棒読みの如く本心からでない何かを口にする様態を非難する社会学的色彩が加わると「嘘付き＝素知らぬふりしてすっとぼけ」となる》〔自カ四〕(1)〈(生理学的に)口をすぼめて息を強くふうっと吹く〉喘ぐ。(2)〈(動物が)口から漏れる音声を遠くへ響かせる〉遠吠えをする。(3)〈(美しい景色を前にして)賛嘆の息を漏らす。または、口笛を吹く〉嘆息する。口笛を吹く。(4)〈(本当は知っているくせに)知らないふりをする〉素知らぬ顔をする。〔他カ四〕〈(詩歌などを)声に出して言う〉吟詠する。

-896- 〈A〉ののしる【罵る】《「のの」は「大声を上げる」・「大きな物音を立てる」の意、「しる」は自らの意志でそうする意だから、「物理的大音響・騒音」が原義。現代語「罵る」の持つ「大声で悪く言う」の語感は中世以降のもので、それ以前は「大評判」・「絶好調」という肯定的語感があった語》〔自ラ四〕(1)〈(人が)大きな声を上げて騒ぐ〉大声を出す。(2)〈(人以外の物・生き物などが)大きな音や鳴き声を立てる〉やかましく鳴る。うるさく鳴く。(3)〈(世間で)大袈裟に言い立てられる〉評判になる。(4)〈時の流れに乗って栄える〉勢いに乗る。(5)〈(中世以降)(他者について)大きな声で悪く言う〉罵倒する。

http://fusau.com 古文単語千五百マスタリング・ウェポン http://fusaugatari.com

-897- 〈A〉かしかまし【囂し】《「かしまし」・「かまし」という、共に「騒々しい」の意を表わす語が混合されて「かしかまし」となったとされる表現で、近世以降は「かしがまし」の濁音形も生じた。現代語「やかましい」は「弥＋囂し」(＝甚だしくうるさい)に由来するものとされる》〔形シク〕(1)〈(物理的な音や声が)人の神経に障るほどに大きい〉やかましい。 (2)〈(取るに足らない小さな事柄について)口出ししてくるさまが不愉快である〉口やかましい。

-898- 〈B〉かまびすし【喧し・囂し】《「騒々しい」を意味する「かま」に由来する語で、「かまし」・「かしかまし・かしがまし」・「かしまし」と同根語。「かまみすし」となる場合もある。古語にはこのように、共通の語幹(あるいは語感)から幾多の異字類音表現が増殖する例が少なくない》〔形ク〕〔形シク〕〈(物理的に)騒音が大きい〉騒がしい。

-899- 〈B〉とよむ【響む・動む】《自然の物音や人・動物の声などが空気を震わせ伝わる様子の擬音「とよ」に動詞語尾を付けた語。自動詞で「音が鳴り響く」・「人・動物が大声を上げて騒ぐ」、他動詞だと「鳴り響かせる」の意。平安末期頃から「どよむ」と濁音化し、これが現代の「どよめく」となった》〔自マ四〕(1)〈(自然的・人工的な音が)空気を震わせて辺りに伝わる〉鳴り響く。 (2)〈(人・動物が)大声を上げて騒ぐ〉大騒ぎする。〔他マ下二〕〈(音を)空気を震わせて辺りに伝える〉鳴り響かせる。

-900- 〈C〉ささめく【ささめく】《「囁く」と同根の擬音語で、意味も同じ。「ざざめく」(がやがやざわつく)よりも静かな喧噪を表わす(が、混用されることもある)。「ささめごと」(主に男女間のひそひそ話)などの派生語をも生じた。「細雪」などに見られる「細やか」(細密)系古語とは別系統の語》〔自カ四〕(1)〈(第三者に聞こえぬように)当人どうしの間で小声で話す〉ひそひそ話す。 (2)〈(第三者に聞こえぬように)人聞きの悪い話題について小声で話す〉ひそひそ噂する。 (3)〈(「ざざめく」・「さざめく」との混用)(多くの人間が口々に何かを言って)その場が喧噪に包まれる〉ざわつく。

-901- 〈C〉ざざめく【ざざめく】《清音の「ささめく」の「囁く」に対し、濁音の「ざざめく」は「ざわつく」とやや騒がしい意を表わす(が、両者の混用も多い)。「陽気に浮かれ騒ぐ」の意を表わすこともある。近世には「ささめく／ざざめく」の中間の「さざめく」という語が生まれたが、これは「ざわつく」系である》〔自カ四〕(1)〈(多くの人間が口々に何かを言って)その場が喧噪に包まれる〉ざわつく。 (2)〈(楽しい事をして)その場が和やかな賑やかさに包まれる〉陽気に浮かれ騒ぐ。

●次なるは、「雑音」系の中でも特に人の心に訴える「泣き」の表現あれこれ

-902- 《C》さくりもよよ【噦りもよよ】《「よよ」は鳴き声を表わす擬音語で、直後に格助詞「と」を伴う。「上体を小刻みに震わせて呼気と同時に奇妙な音を出す動作」を表わす「噦る」は、現代語「しゃっくり」の元になった語だが、古語では主に「喉の奥でうっ、うっと呻き声を上げながら泣く」ことを示す》〔連語〕《さくる〔自ラ四〕＋も〔格助〕＋よよ〔副〕》〈(「さくりもよよと」の形で)喉の奥から不規則に呻くような声を上げながら、しゃくり上げて泣くさまを表わす〉**泣きじゃくる。**

-903- 《C》ねをなく【音を泣く】《「泣く」の意の連語で、「音に泣く」とも言う。字義通りには「音を立てて泣く」だから、「音を立てずに泣く」の対義語かと言えばそうではなく、主に和歌の中で韻律を整えるため敢えて七文字にしているだけ。「寝を寝」と同様、一種の同族目的語表現と言ってもよい》〔連語〕《ね〔名〕＋を〔格助〕＋なく〔他カ四〕》〈(和歌用語)声に出して泣く〉**泣く。**

-904- 《C》しほたる【潮垂る】《「海水や雨に袖が濡れて、水滴が滴り落ちる」が原義だが、古文で「袖を濡らす」と言えば「涙」と関連付けられる場合が殆どなので、「嘆きの涙を流す」の語義になる例が多く、「潮垂れがち」(涙に沈みがち)という形容動詞もある》〔自ラ下二〕(1)〈(物理的に)海水や雨に袖が濡れて、水滴が滴り落ちる〉**びしょ濡れだ。** (2)〈(比喩的に)涙で袖が濡れる〉**落涙する。**

-905- 《C》そほつ【濡つ】《現代語「そぼ降る雨」(しとしと静かに降る雨)に残る古語で、「水分が浸み通って衣服などの内側まで濡れる」意。濡れる元となった雨そのものの形容に使われる場合は「降りそほつ」の形で用いて「しとしと雨が降る」の意となる》〔自タ四〕〔自タ上二〕(1)〈(雨などに濡れて)衣服などの内側まで水分が浸み通る〉**すっかり濡れる。** (2)〈(「降りそほつ」の形で)(雨・涙が)細々と絶え間なく落ちる〉**絶えず降り注ぐ。**

-906- 《B》ひつ【漬つ・沾つ】《現代語「お浸し」の元語。近世以降は「ひづ」と濁音化。水に「濡れる」・「濡らす」意で、対義語は「干る・乾る」(乾く)。古語では「袖ひつ」(袖を濡らす)の形でよく用いる。「水を掬って飲んで濡れる」場合もあるが、多くは「涙を拭いて濡れる」という感傷的脈絡で用いる》〔他タ下二〕〈水に接触させて湿らせる〉**浸す。**〔自タ四〕〔自タ上二〕〈水に接触して湿る〉**浸る。**

-907- 〈B〉ひる【干る・乾る】《「火」・「日」と同根で、火や日光に当たることで水分が消失する、を原義とし、語義も「川の水かさが減る」・「海が干潮になる」・「湿っていたものが乾燥する」と"自然派"。「乾く」の語義では「(涙などに濡れた)袖」が対象の場合が多い(対義語は「漬つ・沾つ」)》〔自ハ上一〕(1)〈濡れていたものが乾燥する〉乾く。(2)〈(海の)潮が引く。(川の)水量が減る〉干潮になる。水かさが減る。

-908- 〈B〉そでをしぼる【袖を絞る】《涙の川に水浸しの袖を絞る=「思い切り泣く」という大袈裟な修辞。同様の強調的表現に「枕浮く」があり、そのココロは、流す涙が河川の氾濫の如く寝床に溢れ、枕が浮木の如く浮き上がる(…泳げない人が大失恋したら、寝ている間に溺死してしまったことだろう)》〔連語〕《そで〔名〕+を〔格助〕+しぼる〔他ラ四〕》〈(涙に泣き濡れた袖を絞る意から)激しく泣くさま〉号泣する。

-909- 〈C〉まくらうく【枕浮く】《寝床に流れた涙の川に「枕が浮く」という、古語にありがちな大袈裟な心情描写表現。ものが「枕」だけに、寝室での(愛する人のいない独り寝の)寂しさが強調される点で、(涙で泣き濡れた)「袖を絞る」の表現よりも、個人的で艶っぽい脈絡向きの連語》〔連語〕《まくら〔名〕+うく〔自カ四〕》〈(多く、愛する人のいない独り寝の寂しさに)涙で寝床がぐっしょり濡れる〉枕を泣き濡らす。

-910- 〈C〉きりふたがる【霧り塞がる】《物理的には「霧が立ち込めたせいで、視界が効かない」だが、古文の中では「涙で霞んで、ものが見えない」の意で多用される。類似の表現に「暗れ塞がる」(=一面に暗くなる／気分が塞ぐ)がある》〔自ラ四〕(1)〈(物理的に)霧が立ちこめて、視界が効かない〉濃霧で先が見えない。(2)〈(涙で霞んで、または、気が動転して)ものがまともに見えない〉目の前が暗くなる。

-911- 〈C〉そでかたしく【袖片敷く】《愛する人と一緒の場面であれば、お互いの着物の袖を床に敷いて共寝するところを、一人きりの寝室で寂しく寝るのが「袖片敷く」。古語には「袖」に纏わる連語が実に多く、その多くは「涙」や「悲恋」の連想を伴う》〔連語〕《そで〔名〕+かた〔接頭〕+しく〔他カ四〕》〈恋人と二人の時にはお互いの衣服の袖を敷いて寝るが、一人きりなので)片方の袖だけを敷いて寂しく寝る〉独り寝をする。

-912- 〈A〉つゆ【露】《自然界に生じる「小さな水滴」が原義。比喩的に「儚いもの・少量」、外形上の類似性から「涙」、物事を潤す存在としての「恩顧・寵愛」を意味する名詞用法と、副詞として否定語を伴っての「全く…ない」、仮定表現に於ける「ちょっとでも…ならば」の語法が重要》〔名〕(1)〈大気中の水蒸気が小さな水の粒となって草木や板の表面などに生じたもの〉露。(2)〈(外形上の類似から)「涙」を「露」に例えたもの〉涙。(3)〈すぐに消え去るもの〉儚いもの。(4)〈分量的に少ないもの〉わずかばかり。(5)〈(「潤す」ことから)他者から受ける好意や愛情を「露」に例えたもの〉恩愛。〔副〕(1)〈(下に打消・否定の表現を伴って)否定の意味を強調する〉全然…ない。(2)〈(下に仮定表現を伴って)その条件に少しでも抵触したら、という仮定を表わす〉少しでも…なら。

-913- 〈C〉しぐれ【時雨】《自然現象としての「(晩秋から初冬にかけて断続的に降る冷たい)通り雨」が原義。比喩的に転用して「涙がこぼれること」の意にも用いる。「時雨心地」となるとこれまたやはり「(1)一雨来そうな空模様、(2)泣きたくなるような心境」と、自然／心情双方の意を表わす》〔名〕(1)〈(晩秋から初冬にかけて)断続的に降る冷たい通り雨〉驟雨。(2)〈涙。または、涙を流すこと〉涙。落涙。

-914- 〈C〉さみだる【五月雨る】《「五月雨」はその名が示す通り「旧暦五月に降り続く長雨」で、現代で言うところの「梅雨」であるが、これを動詞で(特に和歌の中で)「さみだる」として用いる場合は「(心が)乱る」との掛詞で用いる場合が多い》〔自ラ下二〕〈(陰暦五月頃に)長々と雨が降り続く。(和歌の中で「乱る」との掛詞で用いる例が多い)〉五月雨が降る。

●聞こえくる「音」の中でも人の社会的感性に最も敏感に訴える「世評」系の古語をば

-915- 〈A〉きこえ【聞こえ】《動詞「聞こゆ」の名詞形で、「世間から耳に入ってくる情報」、即ち「世評・噂」の意。世間全般でなく特定人物の個人的評価や意見は「覚え」であるが、これも「世の覚え」とすれば「聞こえ」同様に「世間の評判」の意となる》〔名〕〈(特定の人・物に関し)世間で流れている情報〉評判。

-916- 〈B〉おとにきこゆ【音に聞こゆ】《ここでの「音」は「物理的音声」ではなく「世間に流れる噂」。直接に見聞したものではない風聞としての評判が世間に鳴り響いている、という意味である》〔連語〕《おと〔名〕＋に〔格助〕＋きこゆ〔自ヤ下二〕》〈(直接個人的には知らないが)その風評が世間に鳴り響いているさまを表わす〉その名も高い。

-917- 〈C〉**きこゆる**【聞こゆる】《動詞「聞こゆ」の連体形が、「世間の噂として自然に耳に入ってくる」＝「かの有名な」の意の連体詞となったもので、「音に聞こゆる」の略形とも考えられる。因みに「聞こえたる」は「(論理や慣習に照らして)納得できる」／「聞こえぬ」は「訳がわからぬ」の意である》〔連体〕〈(世間に広く伝わっているので)自然に耳にその評判が飛び込んで来る意を表わす〉**評判の。**

-918- 〈B〉**きこえぬ**【聞こえぬ】《物理的な「聴覚的に認識不能」の意ではなく、「理解不能」として相手を非難する語。「聞いてもわからぬ」と説明されることが多いが、「聞こえぬ」である以上「聞いたことがない」＝「前例がない・・・からには、誰も正当と認めたことがない事例であろう」が正しい解釈》〔連接語〕《きこゆ〔自ヤ下二〕＋ず〔助動特殊型〕打消》〈(中世以降)相手の発言や行動を非難する言い回し〉**納得できない。**

-919- 〈C〉**みゃうもん**【名聞】《「名声」の意だが、同系統の「名」・「面」・「面目」・「名誉」・「誉れ」などに比して、「世間でその名が聞かれること」の響きが強く、必ずしも良い評判ばかりが立つとは限らぬ臭みがあり、「意識的売名行為」という不名誉な語義まで背負わされている》〔名〕〈(善し・悪しのいずれにつけても)世間にその名を知られること〉**世間での評判。**〔形動ナリ〕〈他人の評判を気にして意識的に行動するさま〉**売名行為だ。**

-920- 〈B〉**なにしおふ**【名にし負ふ】《「名に負ふ」の形に副助詞「し」を入れて強調した表現で、文字通りには「自らの名として持つ」となるが、その名の由来として何らかの事情を感じさせるような脈絡で用い、多くの場合「広く世間にその名を知られる」の意を表わす》〔連語〕《な〔名〕＋に〔格助〕＋し〔副助〕＋おふ〔他ハ四〕》(1)〈(何らかの背景事情を感じさせるような)名前を自らのものとして持つ〉**名として持つ。**(2)〈世間にその名前が広く知れ渡っている〉**その名も高い。**

-921- 〈B〉**ひとわろし**【人悪し】《この「人」は「世間の人々」で、世間に知れたならばいかにも「外聞が悪い」の意。その意味では「人＋悪し」というよりむしろ「人聞き＋悪し」である。現代語からの類推で「人が悪い」(性格が悪い)の意に誤解せぬように(この意味には「腹悪し」を用いる)》〔形ク〕〈(世間の人々の耳に入った時のことを思うと)何とも恥ずかしい〉**人聞きが悪い。**

-922- 〈C〉ひとのくち【人の口】《「世間の人々の話題」の意で、「人の口にあり」…現代文語で言うところの「人口に膾炙する」(＝多くの人々が口々に噂する)の連語で用いる場合が多い》[連語]《ひと[名]＋の[格助]＋くち[名]》〈世間の人々が言いふらす事柄〉世間の話題。

-923- 〈C〉くちのは【口の端】《「嘴」の語源でもある「口の端」だが、ここでの「口」の機能は「飲食」ではなく「噂を乗せる媒体」の意。音感的にも意味的にも「言の葉」を連想させる語。略形「口端」で用いれば、「朽葉」・「腐れ落ち葉」・「腐れ言の葉」＝薄汚い世間の噂、という軽蔑調の語感となる》[名]〈(噂の流れる経路としての)人の口〉人の噂。

-924- 〈C〉よのためし【世の例】《文字通りには「世間での例」となるが、脈絡次第で「誰もがお手本にすべき立派な規範」という褒め言葉／「誰もがそうしている世間の慣習的作法」／「後の世の人々が参照することになる前例」／「多くの人々に噂されるであろう不名誉な醜聞」の意に分れる》[連語]《よ[名]＋の[格助]＋ためし[名]》(1)〈後の世の人々が参照することになるであろう最初の例〉先例。(2)〈誰もが従っている世間一般のやり方〉世の習い。(3)〈誰もが見習うべき立派な行動上の基準〉立派なお手本。(4)〈多くの人々に嘲笑的に語られるであろう不名誉な事柄〉世間の語り種。

-925- 〈A〉ためし【例し・試し】《語源は「手」＋「見し」で、「示す」と類似性があり、他者に示すための「手本」が原義。(良くも悪くも)「前例」・「証拠」の意にもなる。中世には四段活用動詞化して「試す」(実演させたり使用したりして、実際の内容が、評判や能書き通りかどうか確かめる)となった》[名](1)〈(目指したり、避けたり、見せしめにしたりの形で)他者に示すためのもの。(良い意味でも悪い意味でも用いる)〉見本。(2)〈以前にもあった同種の事柄〉前例。(3)〈確かにそうであることを示す何か〉証拠。(4)〈(「試し斬り」の略)刀剣の切れ味を確かめるために物や生き物を斬ること〉試し切り。

●「音」の次は、人間のみが用いる意味ある音としての「言葉」にまつわる古語をいくつか

-926- 〈B〉ことのは【言の葉】《中古以降「事」と分化した「言」を、「事」との区分を明確にする意も込めて「言葉」なる語が生まれ、これは漢文脈で用いられた。和文脈では、一つ一つの言葉を植物の葉に見立て、草木との懸詞として用いる例の多い「言の葉」が好んで用いられた》[名](1)〈(特に、優雅な文章の中で用いられた)言葉〉言葉。(2)〈(散文と対比しての)和歌。又は、和歌の中の語句〉和歌(の言葉)。

-927- 〈C〉やまとことば【大和言葉・大和詞】《「大和」とあるからにはその対極に意識されているのは「唐」即ち外国または中国。「唐文」(漢文)に対する「日本固有の言語」を意味するとともに、「唐詩・漢詩」(漢詩)に対する「日本固有の詩歌」(和歌)をも意味する語》〔名〕(1)〈(外国、特に中国と対比しての)日本固有の言葉〉日本語。(2)〈(漢詩と対比しての)日本固有の歌。(主に、五七五七七の短歌形式を指す)〉和歌。

-928- 〈C〉しきしまのみち【敷島の道】《「和歌(の道)」を指す文芸用語で、「敷島」は「大和」・「扶桑」と並ぶ日本国の異称。古語に於ける「和歌」の別称には他に「八雲の道」(最初の和歌とされる「八雲立つ出雲八重垣妻ごみに八重垣作るその八重垣を」に由来)や、駄洒落に由来する「和歌の浦(波)」がある。和歌と対を成す連歌(の道)を指す表現は「筑波の道」》〔連語〕《しきしま〔名〕+の〔格助〕+みち〔名〕》〈(「敷島」が「日本」そのものを指すことから)日本古来の伝統文芸としての和歌の道〉和歌(の道)。

-929- 〈C〉つくばのみち【筑波の道】《「にひばりつくばをすぎて…」という『古事記・中・歌謡二五／二六』の倭建命と御火焼の翁の掛け合い歌が「連歌」の起源とされることから、「筑波の道」は「連歌」の別称となった。和歌の別称としての「八雲の道・敷島の道」と対を成す言い回し》〔連語〕《つくば〔地名〕+の〔格助〕+みち〔名〕》〈連歌の別称〉連歌。

-930- 〈C〉うたあはせ【歌合はせ】《平安から鎌倉期の「和歌競技会」のこと。左方・右方に分かれた歌人が一首ずつ題目(兼題=事前予告済み／当座=即興)に合わせて作歌し、各組の応援者(方人)が批判し合い、「勝・負・持(引き分け)」の判定を、審判員(判者)、または参加者の合議(衆議判)が決した》〔名〕〈(平安から鎌倉時代の)歌人が左右に分かれて和歌の出来映えを競う文学的遊戯〉歌合せ。

●古典時代初期には不可分の存在とみなされていた「言」と「事」、更にややこしい「異」を含めた「こと」にまつわる古語のあれこれ

-931- 〈A〉こと【言】《「言」と「事」が共に「こと」であるのは、奈良時代までの日本では「言うこと」と「行なうこと」の境界線が曖昧であったことの名残り。「口に出す"言"」と「現実に起こる"事"」は、平安期に分化し、「事」との区分のために「言の葉・言葉」なる表現も生まれた》〔名〕(1)〈(概念伝達記号としての)言語。また、声に出して言うこと〉言葉。発語。(2)〈(手紙などで)言語を通じて他人に状況を伝えること〉通信(文)。(3)〈(世間に伝わる)話〉伝聞情報。噂話。故事。(4)〈(言葉だけで)当てにならないこと〉口約束。嘘。(5)〈和歌。または、和歌の中の言葉〉和歌。歌語。

-932- 〈A〉こと【事】《中古に「言」と分化して以降の「事」の対義語は「物」。存在する事物の実体に言及して具体的な「物」に対し、「事」は事物の状態・性質に言及して抽象的である。いずれも「‥‥な物／事」という形式名詞的にも用いられ、この用法での両者の境界線は曖昧》〔名〕(1)〈(活用語の連体形の直後に置き、形式名詞的に用いて)名詞句を作る〉‥‥という事。(2)〈(事柄の発生に着目して)(人の行為や、人・物との関わりの結果として)生起する事柄〉出来事。(3)〈(事柄の内容に着目して)(時間の経過と共に変化する)事態の様相や展開〉経緯。(4)〈(その発生・展開・結末が)人や世の中に何らかの影響を及ぼすような重大な事柄。特に、人の死〉事件。不幸。(5)〈(一定の様式に従って執り行なわれる)職務的・事務的・典礼的な事柄〉仕事。(6)〈(文末に置き、断定・命令・禁止・感嘆・疑問などの意を)体言止めの形で強調的に表わす〉‥‥ということ。‥‥すること。‥‥せぬこと。‥‥なものよ。‥‥なのか。(7)〈(「事にす」、「事にて」などの形で)その事柄に意を用いる意を表わす〉没頭する。

-933- 〈A〉まこと【真・実・誠】《純粋・正確の意の接頭語「ま」に「事」を付けた語。ありのままを忠実に伝える「事実・真実」と、何の邪心もない「誠実」の意味に二分されるのは現代語も古語も同じ。副詞としては「実に」、感動詞としては(何かを思い出して)「そうそう、そういえば」の意を表わす》〔名・形動ナリ〕(1)〈物事をありのまま忠実に伝え、虚偽がないこと〉真実。(2)〈悪い思惑も何もなく、心底から相手を思いやる気持ち〉誠実。〔副〕〈程度の甚だしさを強調する語〉本当に。〔感〕〈(多く「まことや」の形で)何かを思い出したり、咄嗟に思い付いたりした時に言う語〉そうそう。

-934- 〈A〉こと【異・別・殊】《現代語「異なる」の元となった「他と違う」の意では「異・別」の宛字を、「他に抜きん出て素晴らしい」の意では「殊」を用いることが多い。後者の意をより強調すると「殊勝なり」(=殊に勝る)となる。「こと+名詞」の形で「別の‥‥」の意を表わす接頭語的用法もある》〔名〕〈(名詞の直前に置いて)別のものである意を表わす〉他の‥‥。〔形動ナリ〕(1)〈(多く「に」・「と」で比較の対象を表わして)(価値判断を含まずに)他とは異なっている〉異なる。(2)〈(多く「より」で比較の対象を表わして)他のものよりも優れている〉格別だ。

-935- 〈C〉しゅしょう【殊勝】《字面通りに「殊に勝れている」ものへの賞賛を表わすが、その賞賛の対象は元来「神仏の霊験」であった。その後「神々しいまでに立派だ」や、現代にも残る「力及ばぬながらも精一杯やっているのが心を打つ」の語義が加わった》〔形動ナリ〕(1)〈(神仏の霊験が)他のものに比べて特にすぐれている〉霊験あらたかだ。 (2)〈(神仏以外のものが)見る者を神聖な気持ちにさせる雰囲気を放っている〉神々しい。 (3)〈(多く、望みの少ない状況下で)(精一杯頑張っている人の姿が)心を打つ〉けなげだ。

-936- 〈C〉ことさら【殊更】《宛字こそ「殊更」と書くが、「こと」は元来「異・別」であり、これに「更なり」を付けることで「別に改めて」の意を表わしたのが原義。後に「意図的」の意が加わった》〔形動ナリ〕(1)〈(他のこととは別物扱いして)改めて事に当たるさま〉格別な感じだ。 (2)〈(他者の目を意識しての)作為が感じられるさま〉意図的だ。〔副〕(1)〈(自然にではなく)作為的にそうする意を表わす〉意図的に。 (2)〈(他の人・物との対比上)特に目立ってそうする意を表わす〉特に。

-937- 〈A〉ことわり【理・断り】《「事割り」=「物事を、論理的筋道を通して割り切る」が原義で、「道理」・「判断／説明」・「理由」の語義が中核。「あれこれ理由を付けて自己の行動を正当化すること」として「言い訳／辞退／謝罪」の語義も派生的に生じた》〔名〕(1)〈(思考・行動の根拠となるべき)当然の筋道〉道理。 (2)〈(妥当な筋道に従って)事態を論理的に考えること。また、その考えを論理的に述べること〉判断。説明。 (3)〈(何かを行なうこと、行なわぬことを)妥当と判断すべき根拠〉理由。 (4)〈(あれこれと理由を付けて)自分の行動を正当化すること。相手の申し出を断ること。過失を詫びること〉言い訳。辞退。謝罪。〔形動ナリ〕〈道理に照らして納得できるさま〉当然だ。

-938- 〈A〉ことわる【理る・断る・判る】《名詞「理」の動詞版。「事＋割る」=「論理の筋道を通して物事を割り切る」の意の「判断する」・「説明する」が中核語義。現代語に通じる「予め知らせて相手の了解を取り付けておく」の語義は派生義。現代的な「拒絶する」の語義はない(これは「否ぶ・否む」の役割)》〔他ラ四〕(1)〈(妥当な筋道に従って)事態を論理的に考え、処理する〉判断する。 (2)〈(自らの判断について)論理的に述べる〉説明する。 (3)〈(相手の了承を得るために)事前に事情を説明しておく〉予告する。

-939- 〈C〉ことづく【言付く・託く】《現代の「言付け」は「伝言」の意だが、上代には「言／事」は言語学的に未分化、その後も発言と行動が密接に連動するのが古典時代の感覚なので、「事」系に属する「物品の預託」・「行動の委託」、更には「託つ」と同様の「事態の原因を他者に帰する」意をも表わす》〔自力下二〕〈(事態を)他者に原因があるとする〉・・・にかこつける。〔他力下二〕〈(第三者に対して)自分に代わって発言・行動・保管するよう頼む〉伝言する。委託する。預託する。

-940- 〈C〉ことうけ【言承け・事請け】《厳密には、「事承け」＝「他者の依頼を引き受ける」＝責任ある行動で相手の信頼に応える義務がある／「言請け」＝「他者の発言・行動に言葉で応じる」だけで、口先で「わかった」と言っても何の行動もせぬかも、の相違がある；が、かな表記では両者の区分も曖昧である》〔名〕(1)〈(他者からの)依頼を引き受けること。(責任ある行動を含意する)〉承諾。(2)〈(他者の発言・行動に対する)言葉による反応。(必ずしも実質的な行動を伴うものではない)〉受け答え。

-941- 〈C〉ことごと【事事】【悉・尽】《副詞としての語義は、名詞「事事」(＝あれこれと色々な事)に由来。副詞化に伴い漢語系の別の字「悉・尽」を宛てられ、現代語には「ことごとく」の形で残る。打消の語と共に用いて「全く・・・ない」という強調的否定を表わす用法もある》〔名〕【事事】〈特に限定せず、雑多であることを示す語〉あれこれ。〔副〕【悉・尽】(1)〈一つ残らず全てに対して事が及ぶ意を表わす〉全部。(2)〈(下に打消の表現を伴って)否定の意味を強調する〉全く・・・ない。

-942- 〈C〉ことこと【異事】《「ことごと」とも言う。既述の内容を踏まえての「それ以外の事」の意だが、実際には否定の脈絡で「他の事は一切考えない」として用いる例が多い。「異異」・「事事」・「悉・尽」など、同音異義語が多いので、ひらがな表記時には漢字に読み替えて意味を区分する必要がある》〔名〕〈(多く、「異事も覚えず」など、打消の語を伴う表現で用いて)当面の関心事以外の事柄(に関心・関係を持たない意を表わす)〉他事(には目もくれない)。

-943- 〈C〉ことざま【事様】《漢字で書くと一目瞭然だが、「ことざま」には「事様」と「異様」とがあり、混同し易い。「事様」は読んで字の如き「事態・様子」と、事態の背後に窺い知ることの出来る「人の心の様子」の意を表わす。(混同回避の意も込めて)「事の様」と連語風に言う場合も多い》〔名〕(1)〈(物事の)存在の様態〉様子。(2)〈(物事の背後に窺い知れる)人の心の様子〉気構え。

-944- 〈C〉ことざま【異様】《現代語「異様」(常とは異なる様子)の他に、その脈絡で問題になっている人や事柄とは「別の誰か・何か」をも意味する。同音異義語「事様」(事態の様相)との区別に要注意の語で、混同を嫌ってのことであろう、「ことざま」ではなく「ことやう」と読む場合も多い》[名](1)〈普通とは異なる状態〉**異様さ。**(2)〈(その場で問題になっている人・物とは)別の誰か・何かを指す語〉**別人。別の話。**

-945- 〈C〉ことごころ【異心・他心】《基本的には、既述の内容を踏まえた上で「それとは別の考え」の意だが、多く「異心無し」と否定形で用いて「それ以外の事柄は何も考えない」=「一心不乱」を意味し、「一人の異性に惚れ込み、浮気しない(恋愛物)／謀反の心はない(軍記物)」の用例が多い》[名](1)〈(多く、「ことごころなし」の形で用いて)(既述の内容を踏まえて)それとは異なる考え〉**その他の想念。**(2)〈(恋愛の脈絡で)当面の恋愛相手以外のことを考えること。(政治的脈絡で)心の中で味方を裏切ろうと考えること〉**浮気心。二心。**

-946- 〈B〉ことごとし【事事し】《「事」の持つ「重大事」としての特性を畳語化して強調した語。「いかにも重大事の如く構えている」との否定的語感を持つ。類義語は「こちたし(事+苦し)」。「物物し」もまた、平安期には「威厳がある」と好意的だが、後に「大袈裟」の意で「ことごとし」の類義語となった》[形]シク〈(いかにも重大事であるかの如く構えていて)異様で威圧感があるさま〉**大袈裟だ。**

-947- 〈C〉こともなし【事も無し】《「事」の解釈次第で、「一大事なし」(無事)／「難点なし」(無難)／「傑出点なし」(平凡)／「苦労なし」(容易)と語義が分化する。最後の意は副助詞「ぞ」+格助詞「と」を添えた「ことぞともなし」の形で表わすこともあり、現代語「事も無げ」に引き継がれている》[連語]《こと[名]+も[格助]+なし[形ク]》(1)〈(重大な出来事の発生もなく)常と変わらないさま〉**平穏無事だ。**(2)〈(非難すべき点がなく)立派なさま。(強い讃辞としては用いない)〉**難点がない。**(3)〈(賞賛すべき点が見当たらず)ありふれているさま〉**可もなく不可もない。**(4)〈(実行に伴う苦労もなく)すんなりと片付くさま〉**容易だ。**

-948- 〈C〉ことなし【事無し】《「事も無し」の形でも用いる。この「事」は「特に取り立てて問題とすべき事柄」:それがないのだから「平穏無事」・「至極容易」・「完全無欠」の意となる。前者二つは、現代語「事無きを得る」(=どうにか無事に済む)・「事も無げに」(=何の困難もなさそうに)の中に残る》[形ク](1)〈特に取り立てて言うべき事が何もない〉**平穏無事だ。**(2)〈(事を為す上で)特に面倒な障害が何もない〉**至極容易だ。**(3)〈非難すべき事が何もない〉**完全無欠だ。**

-949- 〈C〉ことなしび【事無しび】《「事無し」の持つ「特に取り立てて言うべきことは何もない」・「何の障害もなく、容易に事を成し遂げることが出来そうだ」の語義から生まれた語で、本当はそうでもないくせに、あたかもそうした状態であるかの如く振る舞うこと(何気ない素振り)を意味する。動詞形は「事無しぶ」》〔名〕〈(本当は問題があるのに)何も問題はないかのように振る舞うこと〉何気ない素振り。

-950- 〈C〉ことそぐ【言削ぐ】【事削ぐ】《「削ぐ」は少なく切り詰める意なので、「言」を宛てれば「言葉少なに」、「事」の宛字ならば「簡略に」の意となる》〔自ガ四〕【言削ぐ】〈(多くの言葉を用いずに)簡単に用件を言う〉言葉少なに言う。〔他ガ四〕【事削ぐ】〈(あまり手をかけずに)簡単に行なう〉簡略に行なう。

-951- 〈C〉ことにす【事にす】《「事」は「特に取り立てて言うべき事柄」の意なので、「事にす」=「問題視する」になる筈だが、実際には「それでよしとする」の意。逆算するに、恐らく元は「よろしき事にす」(=まぁ悪くはない事態とみなす)だったものの略形が慣用化した表現と思われる》〔連接語〕《こと〔名〕＋に〔格助〕＋す〔他サ変〕》〈(本来は望ましくない事態について)気を取り直して事態を受け入れる意を表わす〉それでよしとする。

-952- 〈C〉ことのたより【事の便り】《「たより」の捉え方により意味は二分化する：「お便り／消息文」と見れば「物事のついで」の意、「取り計らうこと」と解すれば「折々の便宜」の意になる》〔連語〕《こと〔名〕＋の〔格助〕＋たより〔名〕》(1)〈(それ自体を目的とせず)何か他の事柄に付随して偶発的にそうなる意を表わす〉事のついで。 (2)〈(恒常的ではないが)必要な場面で相手のために何かをすること〉折々の便宜。

●次は、古典時代の感性では「事」と類似しつつ微妙に異なる「物」にまつわる古語あれこれ

-953- 〈A〉もの【物・者】《現代語同様「物」と「者」の二つの表記を持ち、物体／人物系に語義が分化する。「事」が人間と他の人・物との関係の中で生じる(時間と共に変化する)出来事・事件のある特定場面の様相を指すのに対し、「物」には人の営みの影響を受けぬ何かを指す感が強い》[名](1)〈(形のない)もの〉無形物。(2)〈(形がある)物〉有形物。(3)〈(状況から特定可能、記述が面倒、対象の正体を明らかにしたくない、などの理由から)具体的に明示せずに何かを指示する語。(飲食物・調度品・衣類・場所などを指す例が多い)〉ある物。ある場所。(4)〈(相対比較の脈絡で、その場で問題となっているものと比べての)他のものの一般的な様態〉その他の(普通の)もの。(5)〈(多く打消の語句を伴って)具体的に言及するに値するようなもの〉特筆に値するもの。(6)〈(後に「言ふ」・「思ふ」などの動詞を続けて、形式名詞的に)動詞の目的語を表わす〉何か言う(思う)こと。(7)〈一人前・重要な存在として社会的に認められる人間以下の、人間や動物などの生き物を軽蔑的に指す語。(平安時代中期以降の用法)〉人。生き物。(8)〈(人間の通常の論理・知覚的認識や自然の原理を越えた)有形・無形の超自然的な存在〉物の怪。(9)〈特定の場所〉場。[接頭]〈(形容詞・形容動詞に添えて)漠然とした感覚を表わす〉何となく。

-954- 〈A〉ものす【物す】《具体的な対象を意図的にぼかした婉曲表現で、脈絡次第で様々な意を表わす。『蜻蛉日記』や『源氏物語』では多用され、『枕草子』や『大鏡』には数例あるのみ、という事実からも知れる通り、省略的記述による含蓄効果を狙った文物にこそ似つかわしい表現》[自サ変](1)〈「存在」の意を表わす〉居る。(2)〈「往来」の意を表わす〉行く。来る。(3)〈「生死」のいずれかの意味を表わす〉生まれる。死ぬ。[他サ変]〈その動作をする意を表わす〉・・・(を)する。[補助サ変]〈(活用語の連用形に付いて)その動作をする意を表す。(尊敬の補助動詞「給ふ」を伴う「ものし給ふ」は、補助動詞「あり」の尊敬表現として用いられる)〉・・・(して)いる。

-955- 〈A〉ものし【物し】《この「物」は「物の怪」(妖怪変化)に含まれるのと同種の「得体の知れぬ何か」の意で、そんな対象の持つ「不気味」な特性を指すのが原義。対象に霊異を感じることなく「(具体的に難点を指摘できないが)何となく気に食わない」の嫌悪感を表わす語義もある》[形シク](1)〈(通常の論理や感覚を越えた何かに対して)正体不明の不安感を抱くさま〉無気味だ。(2)〈(対象に霊異を感じるわけでもなく、具体的な理由があるわけでもないが)ただ何となく嫌悪感を抱くさま〉気に食わない。

-956- 〈B〉ものものし【物物し】《「ひとかどの存在」の意の「もの」を畳語化して「厳めしいまでに立派」の意とした語。一人前であることを肯定的に捉える語というよりも、他者を萎縮させるほどの威厳の甚だしさを強調する語で、更に批判的な「大袈裟だ」の語義は現代語にもそのまま残っている》〔形シク〕(1)〈(誉めて)他者を圧するまでに立派な様子である〉**堂々たるものだ。** (2)〈(貶して)妥当な水準を超えていて、思わず尻込みしたくなる感じだ〉**大袈裟だ。**

-957- 〈B〉ものめかし【物めかし】《「一人前に見える」意を表わし、「取るに足らぬ」意の「物げなし」の対義語。類義語には「人人し」や「人めかし」がある。よく似た語に「ものものし」があるが、あちらは立派なのを通り越して「いかめしい・大袈裟だ」の意に膨れ上がる場合がある》〔形シク〕〈(外見上の印象が、社会的に)一応の合格水準に達しているさま〉**ひとかどのものらしい。**

-958- 〈B〉ものげなし【物げ無し】《この「物」は「それなり以上の存在として認めるべきもの」。その種の「気」が「無し」なので「大したことはない」の意になる。対義語は「物めかし・人人し」(一人前の存在だ)。字面上は「物物し」も対義語に思われるが、あちらは「大袈裟すぎる」の感覚なので微妙に違う》〔形ク〕〈(人・物について)それなり以上の存在として認めるに値しない〉**取るに足らない。**

-959- 〈B〉ものぐるほし【物狂ほし】《漠然性の接頭語「もの」+「狂ほし」なら「何となくまともじゃない」の意で、本格的狂気を意味しないが、実体を持たぬ超自然的存在の「物」+「狂ほし」と見れば、何物かに乗り移られ心身を動かされている人間の「神懸かり・憑き物的な異常様態」を意味する語となる》〔形シク〕(1)〈(「もの」が漠然性を表わす場合)(明確な理由もなく、どこがどうということもないが)何となくまともじゃない感じである。(本格的な狂気を意味しない)〉**どことなく変だ。** (2)〈(「物」が超自然的な何かを表わす場合)(狐などの動物や、神、悪鬼、強烈な思慕の念などに、心と身体を完全に支配されているようで)見るからに異常な感じである〉**狂ったようだ。**

●現代のように目に見えて即物的なばかりではない古典時代の「物」の雰囲気を伝える摩訶不思議な古語を少々

-960- 〈B〉もののけ【物の怪・物の気】《実体は不明瞭だが視覚的・感覚的に捕捉可能な「得体の知れぬ」存在に畏怖しつつ言及する「物」に、「気」(気配)を付けて「人に取り憑き心身の病や不幸、時には死の原因となる死霊・生き霊」を表わした語。「物の"怪"」はその不吉さゆえに生じた宛字》〔名〕〈人に取り憑き、心身の病や不幸、時には死の原因となるような、得体の知れない霊的存在〉**物の怪。**

-961- 〈B〉**もののふ**【物部・武士】《「もののべ」と読めば、大和朝廷の「軍事・刑罰担当」部民の名称。敵対者の殺害や悪者の懲罰は、凶事・災厄に直接関わり不吉なので、間接的に「もの」と呼んだ。そんな「もの(武具・処刑具)」の扱いの専門家が「もののふ」。上代には「官僚全般」をも指す語だった》〔名〕(1)〈(上代語)朝廷に仕えた官人。(武官のみならず、文官をも含み、性別は男女を問わない)〉**文武の百官。**(2)〈(中古以降)戦闘を生業とする人物〉**武士。**

-962- 〈C〉**つはもの**【兵】《「武器・兵器」という道具そのものが原義であり、それを扱う「武士・兵士」や「武勇に優れた者」は派生的語義。この錯覚語感は、「得物・獲物」が「狩猟や仕事で獲得した成果」以前にまず「最も得意とする武器や技芸」を指す語だった、というのに似ている》〔名〕(1)〈戦争に使う攻撃及び防御用の道具〉**武装。**(2)〈戦場で敵と戦う者〉**兵士。**(3)〈武勇に秀でた者〉**猛者。**

●「化け物」まで出てきちゃったついでに、科学的を自称する現代人には縁の薄い古語への注意を促しておきましょうか

-963- 〈C〉**へんげ**【変化】《「変」は既にある形を他の形に変えること、「化」は今まで存在しなかったところに突然何かが生じることで、いずれも超自然的変質・出現の様態を表わす。否定的には「妖怪変化」、賛嘆・畏敬の対象は「神仏の化身」などと訳す。有名なかぐや姫も「変化の人」である》〔名・自サ変〕(1)〈神仏が、仮に人の姿となってこの世に現れること。また、その姿〉**化身。**(2)〈動物や霊的な存在が姿を変えて現われること。また、その姿〉**化け物。**(3)〈異なる姿へと変わること〉**変化。**

-964- 〈C〉**げん**【験】《元来は「修行やまじないの効果」の意の仏教語。後に非宗教的脈絡全般に於ける「効果」に語義が拡大した》〔名〕(1)〈(仏教語)仏道修行・加持祈祷などの効果〉**霊験。**(2)〈(非宗教的脈絡での)効果〉**効き目。**

-965- 〈C〉**げんず**【現ず・験ず】《「出現する」の意では現代語「現」にも通ずるが、古典的脈絡では「神仏・霊魂」などの超自然的な存在が「目に見える形で出現する」というオカルト的場面が多い。また、「修行やまじないの効果」を意味する「験」に由来する「霊験が現れる」の語義もある》〔自サ変〕〈(神仏・霊魂が)目に見える何かとして出現する。また、神仏の霊験が現われる〉**姿を現わす。霊験あらたかである。**〔他サ変〕〈(目に見えなかったものを)視覚的に認識できる状態にする。(何らかの出来事を)発生させる〉**現出する。しでかす。**

-966- 〈C〉けにや【故にや】《漢語「験」の撥音無表記語「け」の宛字として、その語義「原因・理由」を表わす(ものの、「験」とは根源的に無縁の)「故」を引用し、必ず「・・・の故にやあらむ」か、その略形「・・・の故にや」の形でのみ使用、という制約下で用いる(暗記せねば理解不能の)慣用表現》〔連接語〕《け〔名〕+なり〔助動ナリ型〕断定+や〔係助〕》〈(「・・・けにや(あらむ)」の形で)(前・後の記述の内容について)直前の・・・がその事態の原因・理由となっているのか、と疑う気持ちを表わす〉・・・の故であろうか。

-967- 〈A〉しるし【印・璽】【徴】【験】【標・印・証】《「著し」と同根で、「知る」を活用させた語とも「白し」の関連語とも言われ、「はっきりと感じ取れるような形で表われた何か」の意。「目印」・「証拠」・「紋所」・「合図」・「兆候」は現代語にも通ずるが、「神仏の霊験」・「やり甲斐」・「首級」・「神璽」は古語特有の語義》〔名〕【標・印・証】(1)〈物事や場所を識別するための目立つ何か〉目印。 (2)〈(人・物事の正体を)確実にそうであると証明するもの〉証拠。 (3)〈(一門・軍団・仲間などの集団を識別するための)一目見てすぐにそれとわかる象徴的な絵柄〉紋章。 (4)〈(他者に対し)自らの意図を伝えたり、何らかの行動を促したりするもの〉合図。【徴】(5)〈何らかの事態の発生を予感させるような何か〉兆候。【験】(6)〈(神仏に帰依した結果として)人の身の上にもたらされる超自然的な効用〉霊験。 (7)〈行動の末に期待される効用〉甲斐。【標・印・証】(8)〈合戦で武勲を上げたことを証明するために胴体から切り離した敵の首〉首級。【印・璽】(9)〈(皇位継承のしるしの)三種の神器の一つ、八尺瓊の曲玉〉神璽。

-968- 〈C〉かぢ【加持】《仏が衆生の頼みに応えて力を貸す「加」と、その仏の力を衆生が保持する「持」を一つにした仏教語で、病気治癒や満願成就など、現世利益のために仏の力を借りようとする真言密教の祈祷。病気の貴人のために「加持参る」場面は古文に頻出する》〔名〕〈(仏教語)病気の治癒や満願成就などの現世利益のために仏の力を借りようとする真言密教の祈祷〉加持祈祷。

-969- 〈C〉かたたがへ【方違へ】《目的地に行く際に、災厄を招くとされる「天一神」の巡行方向を避けるため、縁起の良い方角の家に前夜に宿泊して饗応を受け、その家から目的地に向かうもの。陰陽道に基づく宗教的禁忌であると同時に、平安時代には一種の互恵的社交の機会でもあった》〔名〕〈「陰陽道」に基づく平安時代以降の風習で、目的地に行く際に、災厄を招くとされる「天一神」の巡行方向を避けるため、縁起の良い方角に当たる家に前もって宿泊(通例は一泊)し、その家から目的地に向かうこと〉方違へ。

-970- 〈C〉かたふたがる【方塞がる】《陰陽道で、自分が行こうとする方角が「天一神」の巡行方向に一致している時には、そのまま行けば災厄に遭うとされたため、行き先が「塞がる」と称した。こうした場合は、災いを避けるために縁起の良い方角の家に宿泊、その家から目的地に向かう「方違へ」をした》〔自ラ四〕〈(「陰陽道」で) 目的の方角に「天一神」がいるため、行けない〉方塞りになっている。

-971- 〈C〉さんまい【三昧】《元来は梵語で「心を対象に集中して一心不乱に打ち込むこと」の意で、その精神集中の対象は古典時代には専ら「仏道修行」だが、近世になると俗世の様々な営みへと拡大され、「好き勝手・やりたい放題」なる野放図な語義に転じて現代に至る》〔名〕(1)〈(仏教語)仏道修行に打ち込むこと。また、他事に気を散らすことなく、一心に対象に集中すること〉仏道精進。一心不乱。 (2)〈(「三昧場」の略)現世と別れを告げて来世に旅立つ場所〉墓所。火葬場。

-972- 〈C〉さうにん【相人】《「相者」とも言う。現代で言う「人相見」(=人の顔を見てその運勢を占う人)に近いが、古典時代の「相」の権威の高さは、現代に於ける観相学・精神分析学 psychoanalysis の比ではなく、私的・公的な重大事に指針を仰ぐ対象として尊重されていたので、たかが、占い、などと侮ってかかってはならない》〔名〕〈(顔などを判断材料として) 人の運勢を占う専門家〉人相見。

-973- 〈C〉しゃうにん【聖人・上人】《「日蓮聖人／上人」のような呼び名に於ける「(主に日蓮宗・浄土宗の)僧の敬称」としては現代日本語にも残っている語だが、元来は「智徳兼備の立派な僧」の意》〔名〕(1)〈知識が豊富で徳が深い立派な僧〉聖人。 (2)〈(主に日蓮宗・浄土宗の)僧の敬称〉和尚様。

-974- 〈C〉にふだう【入道】《今では蛸入道・禿親父のイメージが強いが、元来性別に関係なく「仏道に入り、僧・尼として修行する人物」の意。俗世との境界線が曖昧な日本の特殊な宗教状況下では、「剃髪し僧衣を着ているが、寺に入らず俗世に留まっている人物」(平清盛入道など)をも指す》〔名・自サ変〕(1)〈髪を剃り、僧・尼になり、寺に入って仏道修行に励む人物〉出家。 (2)〈髪を剃り僧衣を着ているが、寺には入らず俗世にとどまっている人物〉在家。

-975- 〈C〉そうづ【僧都】《僧侶の高い位の呼び名で、「高僧」の意として把握しておけばよい。僧正に次ぐ位で、当初は大僧都・少僧都の二つの階級があってそれぞれ一名ずつであったが、後に大僧都・権大僧都・少僧都・権少僧都の四階級に分かれ、その人数も膨れ上がった》〔名〕〈「僧綱」の一つ。僧正に次ぐ位。大僧都・権大僧都・少僧都・権少僧都の四階級がある。始めは大僧都・少僧都各一人ずつだったが、階級が増すにつれて人数も数十人に増大した〉僧都。

-976- 〈B〉ひじり【聖】《「日」+「知り」に由来する「(太陽の運行に代表される)この世の摂理をよく知る賢者」が原義。「徳の高い僧」・「修行僧」・「(聖俗にかかわらず)道徳的に立派な人」など、仏教関連語義が多い。「その道の達人」の意もある。上代には「天皇」の敬称としても用いられた》〔名〕(1)〈徳の高い僧〉高僧。 (2)〈諸国を巡って修行する僧〉修行僧。 (3)〈(聖・俗にかかわらず)道徳的に立派な人物〉聖人君子。 (4)〈(芸事など)特定の分野に於いて著しく優れた人物〉名人。 (5)〈(上代語)天皇の敬称〉天皇。

●摩訶不思議な「もの」の世界はここで終わり；「行く」・「来る」・「走る」と現実世界を躍動する古語の世界に目を転じましょう

-977- 〈A〉く【来】《近称の指示代名詞「此」や過去の助動詞「き」とも関係する語で、「空間的・時間的・心理的接近」を意味する。「く」の命令形は、中古までは「此」(こっち)と同音・同感覚の「こ」。他の動詞同様の「こよ」の形は、語源的来歴が忘れ去られた中世以降に生じたもの》〔自カ変〕(1)〈(自分側の視点から見て、人・物が、自分の方へと)やって来る。(英語の"come"に相当)〉来る。 (2)〈(相手側の視点から見て、人・物の方へと、自分が)行く。(英語の"go"に相当)〉行く。 〔補動カ変〕(1)〈(動詞の連用形に付けて)現在までの継続性を表わす。(英語の現在完了進行形"have been 〜ing"に相当)〉ずっと・・・続けている。 (2)〈(動詞の連用形に付けて)漸進性を表わす。(英語の"come to 〜"に相当)〉次第に・・・してくる。

-978- 〈A〉まゐる【参る】《上代の「行く」・「来」の謙譲語「参る」の連用形「まゐ」に「入る」が付いた「参入る」が転じた語。原義は「貴人の許・貴所に行く」の謙譲語。他動詞としては「差し上げる」の謙譲語／「・・・(名詞)＋参る」形で「・・・してさしあげる」／「飲食・着用・行為全般」の尊敬語となる》〔自ラ四〕(1)〈(貴人の近くや貴所へ)「行く」の謙譲語〉**参上する**。(2)〈(宮中や貴人の下で)仕事をさせていただく〉**お仕えする**。(3)〈(皇后・中宮・女御などの立場で)天皇の妻として宮中に入らせていただく〉**入内する**。(4)〈(寺社・陵墓など)神聖な場所に出向く〉**参詣する**。(5)〈「行く」・「来」の丁重語〉**参ります**。〔他ラ四〕(1)〈(貴人に対して)「与ふ」・「遣る」の謙譲語〉**差し上げる**。(2)〈(行為の対象に敬意を表して)(「名詞＋参る」の形で)「為」・「行ふ」の謙譲語〉**・・・して差し上げる**。(3)〈(行為主に敬意を表して)「為」・「行ふ」その他の動詞の尊敬語〉**・・・なさる**。(4)〈「食ふ」・「飲む」・「着る」その他の動詞の尊敬語〉**お召しになる**。

-979- 〈C〉みかうしまゐる【御格子参る】《「貴人の家の格子戸の上げ下ろしをする」意の連語。「参る」を名詞に続けて用いると、その名詞の用途(〜)に言及して「誰かのために〜してあげる」の意となる。が、「参る」は脈絡次第で貴人自身の動作の尊敬語にもなるのでややこしい。この種の貴人にまつわる自主／代理行為の類例には、「御髪参る」(櫛でとかされる／してあげる)、「御湯参る」(御洗髪なさる／してあげる)等がある》〔連語〕《み〔接頭〕＋かうし〔名〕＋まゐる〔他ラ四〕》〈(貴人に代わって)格子の上げ下ろしをする〉**格子戸を上げて(下げて)差し上げる**。

-980- 〈B〉まゐらす【参らす】《「献上する」の意の「参る」に使役の助動詞「す」を付けた語なので、「貴人に対し(直接でなく人を介して)間接的に何かを差し上げる」が原義だが、やがて助動詞「す」の使役の感覚は薄れ、直接・間接を問わず「献上する」の意の謙譲の動詞及び補助動詞として用いられるようになった》〔他サ下二〕〈(貴人に対し)(直接・間接を問わず)「与ふ」・「遣る」の謙譲語。(対象に対する敬意は「参る」よりも強い)〉**差し上げる**。〔補動サ下二〕〈(動詞の連用形に付いて)謙譲の意を表わす〉**・・・して差し上げる**。

-981- 〈A〉もていく【もて行く】《「もていく」とも「もてゆく」とも読む。単独では用いず、動詞連用形に付けて補助動詞的に「次第に・・・になって行く」の意を表わす(英語"come to／get to／learn to 〜"に相当)。文字通り「持って行く」の意を表わす場合には「名詞＋(を)＋もて行く」形を取る》〔自カ四〕〈(動詞の連用形に付いて、補助動詞的に)段階的にそのような状態になって行くさまを表わす〉**だんだん・・・ていく**。

-982- 〈A〉**まうづ**【参づ・詣づ】《「参り」+「出づ」が「まゐづ」を経て「まうづ」となった語で、現代語「詣でる」の祖先。神社や寺社など、大人数が集まる神聖な場への「お参り」が基本義。俗世の対象に対しても「行く」・「至る」の謙譲語として用いた(後者の語義は中古以降「参る」に駆逐されて行く)》〔自ダ下二〕 (1)〈(神社や寺社など)大人数が集まる神聖な場所に出向く〉**参詣する。** (2)〈(中古までの用法)「行く」・「到る」の謙譲語〉**参上する。**

-983- 〈A〉**まかる**【罷る】《「任す」・「任く」と同根語で、自らの意志に依らず、自分を支配する上位者の命ずるままに行ったり来たりするのが原義なので、官命を帯びて「都から地方へ下る」など、「移動の出発点たる場・人に対する敬意」(移動先の場・人への敬意ではない)を根底に含む》〔自ラ四〕 (1)〈(「行く」・「出づ」の謙譲語)(朝廷の命を受けて)都から地方へと下る〉**地方に任官する。** (2)〈(「出づ」・「去る」の謙譲語)敬うべき場・人のもとから離れて、別の場所へ行く〉**退出申し上げる。** (3)〈(行き先にではなく、聞き手に敬意を表して)「行く」の丁寧語〉**行きます。** (4)〈(行き先の場・人に敬意を表して)「行く」の謙譲語〉**参上する。** (5)〈「死ぬ」の婉曲(または謙譲)語〉**この世を去る。** (6)〈(動詞に上接して)謙譲・丁寧・仮想の意を表わす〉**・・・致します。万一・・・なら。**

-984- 〈A〉**まかづ**【罷づ】《「罷り」+「出づ」の転で、貴人の許から立ち去る、が原義。自動詞としては「出づ」・「行く」の謙譲/丁寧語、「来」の謙譲語、他動詞としては「(貴人のもとから物品を)下ぐ」の謙譲語。「退出する」の謙譲語としては、平安中期を境に「罷る」よりも「罷づ」が優勢になる》〔自ダ下二〕 (1)〈(貴人の眼前や敬うべき場所から)「出づ」の謙譲語〉**退出申し上げる。** (2)〈(貴人の眼前や敬うべき場所から退出して)「行く」・「来」の謙譲語〉**おいとま申し上げて行く(来る)。** (3)〈「行く」・「出づ」の丁寧語〉**行きます。** 〔他ダ下二〕〈(敬うべき人のもとから、物品などを)「下ぐ」の謙譲語〉**お下げする。**

-985- 〈A〉**ありく**【歩く】《中古の和文で好まれた語で、上代語や漢文訓読文では同じ「歩く」と書いても「あるく」と読み、中世以降この読みが優勢となって現代に至る》〔自カ四〕 (1)〈人間が(足・乗り物を使って)移動する。動物が動き回る〉**出歩く。移動する。** (2)〈(人間が)特定の目的地を目指して移動する〉**訪ね回る。** (3)〈(動詞の連用形に付いて、補助動詞的に)様々な場所を移動して回る〉**・・・して回る。** (4)〈(動詞の連用形に付いて、補助動詞的に)長い期間、同じことをし続けて過ごす〉**・・・して過ごす。**

-986-〈B〉かちより【徒歩より・徒より】《「徒歩」に、手段を表わす格助詞「より」を付けたもの。平安時代には「徒歩より」が一般的だが、「徒歩から」でも同じ意を表わせる。東京上野アメ横最寄駅「御徒町」は、将軍外出の際に沿道警備のため徒歩で先駆け役を勤めた「徒組・徒士組」の居住区に由来》〔連語〕《かち〔名〕＋より〔格助〕》〈（乗り物を使わずに）自分の足により移動する意を表わす〉徒歩で。

-987-〈C〉あじろ【網代】《「網＋しろ（＝代用）」が原義。「竹や葦を編んで冬の川の浅瀬に組む、鮎の稚魚捕獲用の追い込み漁業用装置」という生活感のある語義の他、貴人関係では、その「網代」を「垣根・屏風・天井・牛車の屋形」などに組んだものや、屋形に「網代」を張った牛車の意になる》〔名〕(1)〈冬に川の浅瀬に組む漁獲用の仕掛け〉網代。(2)〈垣根・屏風・天井・牛車の屋形などに用いるため、檜・竹・葦などを薄く削って編んだもの〉網代。(3)〈屋形に網代を張った牛車。（上流貴族は略式用、四位・五位の貴族は常用とした）〉網代車。

-988-〈C〉こし【輿】《二本の長い担ぎ棒（＝長柄・轅）の上に屋敷形をした囲い（＝屋形）を付け、その中に人を乗せて、人力で運搬する乗り物。二人または四人で、肩に乗せて担いだり、腰のあたりでぶら下げたりして運んだ。貴人はこれに様々な装飾を施して用いた》〔名〕(1)〈二本の長い担ぎ棒（＝長柄・轅）の上に屋敷の形をした囲い（＝屋形）を付け、その中に人を乗せて、肩に乗せて担いだり腰のあたりでぶら下げたりして運搬する乗り物〉輿。(2)〈死者を入れた棺、または、神社の御神体を載せて担ぐ台〉上げ輿。神輿。

-989-〈C〉わしる【走る】《漢文訓読調の文体でよく用いられる語。意味は「走る」と同じで、「駆け足する」・「忙しそうに立ち回る」だが、読み方が違う。「ハ」行音の子音消失による「ワ」行音化で、現代語では語頭以外の「は」が「わ」に転じるが、「わしる」は語頭転呼で、まるで"H"音が消えるフランス語（"Henry"が"ヘンリー"でなく"アンリ"に化ける現象）のよう》〔自ラ四〕(1)〈素早く動き回る〉走る。(2)〈忙しそうに立ち回る〉あくせくする。

-990-〈A〉いそぐ【急ぐ】《「勇み立つ」意の「いそ」に発し、「いそいそ」（＝甲斐甲斐しい）、「勤し」（＝勤勉だ）、更には「忙し」などとも同根語で、止まることなくせっせと立ち働くリスのような動的緊張感を伴う語。「せっせと急ぐ」の語義は現代語と同じだが、「支度する」は古語ならではの語義》〔自ガ四〕〈事を早く運ぼうと、せっせと努める〉急ぐ。〔他ガ四〕〈（間近の行事に備えて）手筈を整える〉準備する。

-991- 〈A〉いそぎ【急ぎ】《動詞「急ぐ」の連用形の名詞化。現代語同様の「大慌て」の意もあるが、古語で大事な語義は「準備」である》[名] (1)〈事を早く運ぼうと、せっせと努めること。また、急を要する事態〉**大急ぎ。急用。** (2)〈(間近の行事に備えて)手筈を整えること。また、(その場で行なうのではなく)前もって用意しておくこと〉**準備。用意。**

-992- 〈A〉わたる【渡る】《海洋を古語では「海」・「わたつうみ・わたつみ・わだつみ＝海つ霊」と呼ぶが、これと同根語で、広い空間をこちら側からあちら側へ直線的に移動する意を表わす語が「渡る」。空間移動を原義としつつ、派生的に、時間の広がりにも言及する様々な語義を持つ》[自ラ四] (1)〈(川・海・湖など)水面上を、こちら側からあちら側へと直線的に移動する〉**渡航する。** (2)〈(太陽・月などの天体や鳥が)空を移動する〉**空を横切る。** (3)〈(部屋や家、他者のいる場所へと)地上を、特定の目的地へ向けて移動する〉**行く。来る。** (4)〈(部屋や家、他者のいる前を)立ち止まることなくそのまま移動を続ける〉**通過する。** (5)〈(影響や効力が)特定の範囲に広がる〉**広く通じる。** (6)〈(中世以降、多く「わたらせたまふ」の形で)「あり」・「をり」の尊敬語〉**いらっしゃる。** (7)〈(時間的に)一定の期間を送る〉**過ごす。**〔補動ラ四〕〈(動詞の連用形に付いて)広い空間的・時間的範囲にまたがる意を表わす〉**広く・・・する。長い間・・・する。**

-993- 〈A〉わたり【辺り】《水面や空間など、広い場所を横切って向う側へ移動する意を表わす「渡る」に根を持つ語。広域を漠然と指す「・・・のあたり」、時間・様態を漠然と指す「・・・頃／・・・の感じ」、人を特定せず婉曲に言う「・・・なお方」(例：かしこきわたり＝帝)の語義を持つ》[名] (1)〈(空間的に)特定せずだいたいの場所を指す語〉**付近。** (2)〈(時間・様態について)ある特定の場合や、その場面に於ける様態を、漠然と指す語〉**・・・頃。・・・の様子。** (3)〈(人物を特定することを避けて)婉曲に言及する語〉**お方。**

-994- 〈A〉かよふ【通ふ】《異なるものどうしの接触の意の「交ふ」と、不安定な流動性を表わす「よふ」(類例:「いさよふ」・「ただよふ」)の合体した語。古語として最重要・最頻出の語義は、妻問婚時代に於ける「男が女のもとに(恋人・夫として)通う」。意外性のある「相互理解」・「精通」・「似通う」の語義は「…と/に通じる」と読み替えて解釈すればよい》〔自ハ四〕(1)〈(特定の場所を)行き来する。(複数の場所の間を)一つの道筋としてつなぐ〉**往来する。通じる。** (2)〈(通い婚の風習として、妻・恋人である女の家に男が)習慣的に出向いて行く〉**女のもとへ通う。** (3)〈(他者との間で)意思の疎通が成立する〉**分かり合う。** (4)〈(特定の分野について)詳細な知識を持つ〉**精通する。** (5)〈(他の人・物と)共通の特性を有する〉**似通う。** (6)〈(複数の物どうしが)接点を持って交わる〉**交差する。**

-995- 〈B〉おとづる【訪る】《語源的には「音」+「連る」で「相手への音信・訪問を、連続的に行なう」が原義。「音」を巡る同義語として「音なふ・訪なふ」もあり、「馴染みの相手とのよしみを御無沙汰なしに継続するための訪問・音信」の含みは両語に共通する》〔自ラ下二〕(1)〈(馴染みの相手との交際のために)自ら出向いて会いに行く〉**訪問する。** (2)〈(交際のある相手に)手紙を通じて近況を尋ねる〉**お便りを出す。** (3)〈(自分の存在を相手に知らせるために)音や声を立てる〉**物音を立てる。**

-996- 〈A〉おとなふ【音なふ・訪ふ】《「音」に由来し、「訪る」と同じく「(交際のある者との間での)訪問・音信」及び「(自己存在を主張するための)音出し」の意を表わす》〔自ハ四〕(1)〈(馴染みの相手との交際のために)自ら出向いて会いに行く〉**訪問する。** (2)〈(交際のある相手に)手紙を通じて近況を尋ねる〉**お便りを出す。** (3)〈(自分の存在を相手に知らせるために)音や声を立てる。(玄関先で)自分が訪問したことを伝え、奥に通してもらう〉**物音を立てる。取り次ぎを求める。**

-997- 〈A〉おと【音】《「人・動物・物・自然の発する物理的音響」としての「音」を表わす他に、「耳に入ってくる噂」の語義をも表わした。類義語「音」は聴く者の心理状態を色濃く投影した「響き」の語感が強く、「声」は聞く者との対話を目的として意志的に発せられる「意見」の感覚が強い》〔名〕(1)〈(物理的な現象としての)自然の音〉**物音。** (2)〈(人間・動物・楽器などが発する)非自然的な音〉**音声。** (3)〈(多く「音に聞く」の形で用いて)世間で流れている噂話〉**世評。** (4)〈(多く「音もせず」など、打消の語を伴って)他者から消息を伝えて来ること。または、他者が自分を訪問すること〉**音信。来訪。**

-998- 〈B〉ね【音】《「音声」を表わす古典語には微妙な区分があり、「おと」は物理的音響(かつ、比較的大きな声や物音)／「ね」は耳に心地良い心理的音響／「こゑ」は物理的音声・楽器の音にも用いるが、「人の心に訴えかける刺激・メッセージとしての音」が基調、という風であった》〔名〕〈(物理的に生じる)音。(生き物が発する)声。(楽器が奏でる)音響。(純粋に物理的な「おと」に対し、「ね」は心理的に心地良く感じる音を指す場合が多い)〉**音声。**

-999- 〈B〉おともせず【音もせず】《現代語の類推で「物音一つしない」と解しがちだが、古語では「音沙汰なし＝来訪も手紙もない」の意で用いる》〔連語〕《おと〔名〕＋も〔係助〕＋す〔自サ変〕＋ず〔助動特殊型〕打消》〈(かつて交際があった人からの)訪問・通信が途絶える〉**音信不通だ。**

●「行」ったり「来」たりのその後は、誰もすることはただ「寝る」だけ；但し、古文の中では「ただの眠り」か男女の「共寝」かに要注意

-1000- 〈A〉ぬ【寝・寐】《「寝ることを目的として寝具を調えて横たわる」語。単に身体を横たえるだけの「伏す・臥す」や、本来の寝所・睡眠時間以外で時・所・寝姿を選ばずまどろむ「眠る」とは微妙に異なる。状況次第では「男と女が愛の営みを交わす」意味にもなる》〔自ナ下二〕〈(寝支度を整えて)就寝する。また、男女が寝床で愛の営みを交わす〉**寝る。共寝する。**

-1001- 〈B〉いをぬ【寝を寝】《動詞「寝」が、同じ意味の名詞「寝」を随える同族目的語の構造。「寝」だけだと状況次第で「異性と性的交渉を持つ」の意味になるが、「寝を寝」が表わすのは物理的就寝の意味のみ》〔連接語〕《い〔名〕＋を〔係助〕＋ぬ〔自ナ下二〕》〈(自然な生理活動として)就寝する。(男女の共寝のような性的意味はない)〉**寝る。**

-1002- 〈B〉いもねず【寝も寝ず】《「寝」だけでも動詞になるところを、意味が同じ名詞「寝」を同族目的語とした「寝を寝」の構文の否定形「寝を寝ず」の格助詞「を」を「も」に変えたもの》〔連接語〕《い〔名〕＋も〔係助〕＋ぬ〔自ナ下二〕＋ず〔助動特殊型〕打消》〈(多く、夜に行なうべき何事かがあるために、意志的に)寝ずに起きている〉**眠らない。**

-1003- 〈B〉いぬ【寝ぬ】《名詞の「寝」に、同じ意の動詞「寝」が付く変わった組成だが、これは元来「寝を寝」という同族目的語表現だったものから格助詞「を」が脱落して一語の動詞化したもの。類義語「寝」と異なり、男女が寝床で愛の営みを交わす意味は含まない》〔自ナ下二〕〈(夜に)寝る。(男女の共寝の含意はない)〉就寝する。

-1004- 〈C〉ふす【伏す・臥す】《物理的には「俯きの状態で地面に接する」・「横になる」(多く、就寝・病臥を意味する)、比喩的には「他者に見えないように姿を隠す」の意となる。「死ぬ」の婉曲語として用いる場合もある》〔自サ四〕(1)〈うつむいた状態で地面に接する〉俯す。(2)〈身体を横たえて地面に接する。(多く、就寝・病臥を意味する)〉横になる。(3)〈他者に見えぬように姿を隠す〉潜伏する。(4)〈(病気・戦闘などで)命尽きて横たわる〉死ぬ。〔他サ下二〕(1)〈(物を)通常の接地面とは異なる面が地面に接するように置く〉倒す。(2)〈(人を、就寝のために)横向きにする〉寝かす。(3)〈(人を)他者から見えぬような場所に置く〉潜伏させる。

-1005- 〈B〉いざとし【寝聡し】《名詞「寝」に「頭の回転が速い」の意の「聡し」が付いて、「目が覚めやすい」の意味になる。朝の寝起きのよさにも、夜の眠りの浅さにも用いる。対義語は「寝汚し」》〔形ク〕〈(朝に)さっと目覚める体質である。(夜に)わずかな刺激をも敏感に察知して即座に眠りから覚める体質である〉寝起きがよい。目が覚めやすい。

-1006- 〈B〉いぎたなし【寝汚し】《名詞「寝」+形容詞「汚し・穢し」で、熟睡している人の様子を「見苦しい」と感じて非難する語。対義語は「寝聡し」》〔形ク〕(1)〈(夜に)ぐっすり寝込んでいる。(夜通しの行事の最中や、月夜の訪問客があった場面など、起きている他人を尻目に眠っていることを非難する気持ちを含む)〉熟睡している。寝入ってしまった。(2)〈(朝・日中に)いつまでも眠りをむさぼっていて、なかなか起床しない〉朝寝坊だ。

●艶っぽい「寝」が出たところで、今度は「色」にまつわる古語あれこれ

-1007- 〈A〉いろ【色】《原義の「色彩」から、「顔色」へ、更には、美しいものの持つ「華美」・「風情」、そうしたものに対して感じる「情感」、果ては「女性の容色」から「色情」関係へと、極めて幅広い意味にまたがる語》〔名〕(1)〈(視覚的に認識される)色〉**色彩**。 (2)〈(人の)顔面・外観に表われた体調・感情の変化〉**顔色**。**素振り**。 (3)〈(色彩・見た目の)華やかさ〉**華美**。 (4)〈(人の心に何らかの感慨をもたらすような)自然の景色・雰囲気〉**風情**。 (5)〈(自然・人事に触発されて)しみじみとした情感を催すこと〉**風流心**。**情感**。 (6)〈女性の美しい顔、または、髪の光沢〉**美貌**。**色艶**。 (7)〈(色情の対象としての)異性〉**恋人**。**遊女**。**美女**。 (8)〈(美しい異性との)恋愛に夢中になること〉**色恋**。 (9)〈(位階により定まった、または着用を禁じられた、または喪服として用いる)服飾の色〉**当色**。**禁色**。**鈍色**。〔形動ナリ〕(1)〈(場面に応じて)適正に感応する心・行動がある〉**風流だ**。 (2)〈恋愛に夢中になりやすい体質である〉**好色だ**。 (3)〈(女性の外見、特に髪の毛が)美しく魅力的だ〉**色艶がよい**。

-1008- 〈C〉いろふ【色ふ・彩ふ・艶ふ】《名詞「色」の動詞化。自然の色調について言う他に、文芸的細工を凝らす意にも用い、自動詞としては「美しい色合いになる」、他動詞としては「美しく彩る」、文章や演技を「ドラマチックに盛り立てる」の語義となる》〔自ハ四〕〈(変色する、他の色と入り交じるなどして)色彩的に美しい〉**美しい色合いになる**。〔他ハ下二〕(1)〈色合いを調整する〉**彩色する**。 (2)〈文章や演技などに工夫を凝らす〉**脚色する**。

-1009- 〈B〉いろごのみ【色好み】《現代では恋愛で失敗するだらしない性状を表わす否定的な語だが、平安時代には(男・女双方について)「異性にモテ(囃される)る魅力があり、自分が"好む色(=意中の男・女)"を選り取り見取りだ)」・「恋愛の情趣や風流の美を熟知している」という好意的な語感が強かった》〔名〕(1)〈(平安時代に)恋の機微をわきまえ、洗練された恋愛をたしなみ、異性に好まれ、また異性を好むこと。または、そういう人物〉**恋愛の情趣を知ること**。**異性に好かれる人物**。**恋の達人**。 (2)〈(中世以降に)風流の道をよくわきまえること。または、そういう人物〉**風流心**。**風雅の達人**。

-1010- 〈B〉きしよく【気色】《「大気の動き」の原義から、「内心の表出」・「(特別な表情・態度による)相手への無言の意思表示」・「(表出する／しないに無関係に)意向」・「(特定の人への)好意的感情」・「(良し悪しを問わず)気分」へと語義が広がった》[名](1)〈(内面の感情が)表面に出ること。また、表情・態度に表われた内心〉気色ばむこと。面持ち。(2)〈(「御気色」の形で、貴人の)密かに考えている事柄〉御内意。(3)〈(「御気色」の形で、貴人の)人に対して抱く好意的な感情〉御寵愛。(4)〈(表情に出る、出ないにかかわらず)生理学的・心理学的な感触〉気分。〔自サ変〕〈(特別な感情を)わざとらしく態度に表わす〉改まった態度を取る。

-1011- 〈A〉けしき【気色】《漢語「気色」から生じたもので、これを「きしょく・きそく」と読めばその適用対象は専ら「人」となるが、「けしき」は「人・自然界」双方を対象とする点に相違がある;とはいえ、両語は根源的には同種であって、視覚的に認識される各種の気配を広範に表わす》[名](1)〈(内面の感情が)表面に出ること。また、表情・態度に表われた内心〉気色ばむこと。面持ち。(2)〈(表情や態度から察せられる)人が密かに考えている事柄〉内意。(3)〈人に対して抱く好意的な感情〉御機嫌。(4)〈(表情に出る、出ないにかかわらず)生理学的・心理的な感触〉気分。(5)〈(視覚的に捉えた)人・物事のありさま。(景物の)心引かれる雰囲気〉様子。情趣。(6)〈(物・人・表情・態度などに見られる)変化を予感させるちょっとした動き〉兆候。(7)〈(副詞的に用いて)全体の中のごく一部であること、また、見逃しやすいほど目立たぬことを表わす〉ほんの少しだけ。

-1012- 〈A〉けはひ【気はひ・気配・気色・化粧・仮粧】《原義は「気延ひ」＝「ある種の雰囲気が辺り一面に広がる」で、読みは(江戸時代迄は)「けわい」で、これは現代語「ケバい」に通じる。類義語「気色」は視覚的雰囲気、「けはひ」は聴覚・嗅覚・体表感覚で察知する雰囲気の意。「気色」は「見る／見す」もの、「気配」は「聞く」と、伴う動詞もまた異なる》[名](1)〈(聴覚・嗅覚・体表感覚で)感じ取れるその場の雰囲気。また、感覚を触発する物理的刺激〉気配。音。声。匂い。温度。(2)〈(人の)振る舞う様子。また、振る舞いから感じられるその人物の特性〉物腰。人品。(3)〈(存在しなくなった人・物が)いまだにそこに存在しているかの如く感じさせる何か〉名残。(4)〈(当人の背後に他者の存在を意識させる)血のつながり〉ゆかり。(5)〈(室町時代以降)特別な雰囲気を盛り立てるために施す飾り。(古くは、顔以外についても言う)〉化粧。

-1013- 〈A〉にほふ【匂ふ】《現代には「嗅覚」の語義のみが残るが、語源は「丹」(赤)＋「秀」(際立つ)＋動詞化語尾「ふ」で、視覚的に際立つ意の「照り映える」・「(紅葉などが)美しく染まる／染める」の他、社会的に際立つ意の「他者の恩恵を得て栄える」の語義も持つ》〔自ハ四〕(1)〈(紅葉などが)目に鮮やかな色に変わる〉綺麗に色付く。 (2)〈(周囲に抜きん出るように)視覚的に際立つ〉照り映える。 (3)〈嗅覚的に快適な臭いを発する〉佳い香りがする。 (4)〈(有力者の支援を得て)社会的に際立つ〉引き立てられる。〔他ハ下二〕〈特定の色へと変える〉色付ける。〔他ハ四〕〈臭いを発散させる〉香らせる。

-1014- 〈B〉かをる【薫る】《原義は「火炎・霧などがたなびく」。転じて「香りが漂う」の語義が生まれ、「煙りたなびくように漂うほんのりとした色彩美」をも表わす。現代語では「嗅覚」の感が強いが、「香り立つような美女」のような表現に、そこはかとなく漂う「視覚的な美」の感覚が辛うじて残っている》〔自ラ四〕(1)〈(嗅覚的に、心地良い)香りが漂う〉いい臭いがする。 (2)〈(顔、特に目元や髪に)美しい雰囲気が漂う〉ほんのり美しい。 (3)〈(煙・霧・霞などが)空気中に層をなして存在・流動する〉霞みたなびく。

●「色」は何も恋愛にばかり絡む語に非ず、ということで、次は「場の空気を読む」系古語あれこれ

-1015- 〈A〉けしきばむ【気色ばむ】《人が対象だと「(内心が意図的・自然的に)外面に出る」・「(他者の気を引く)仕草をする」・「(他者の目を意識して)格好付ける」、自然現象が対象だと「(変化の様態が)明らかに見える」の意となる。「(女性が)妊娠の兆候を示す」の語義もその延長線上にあるもの》〔自マ四〕(1)〈(人の内面の感情が、意図的または自然発露的に)外面に現われる〉思いが現われる。思いを表わす。 (2)〈(内面の思いを)相手にわかるような形で外面に表わす〉素振りをする。 (3)〈(他者の目を意識して)普通と違う特別な振る舞いをする〉気取る。 (4)〈(自然界の変化の様子が)見た目にはっきりわかる。(女性が)妊娠・出産の兆候を示す〉兆しが現われる。身籠もっているのがわかる。

-1016- 〈B〉けしきだつ【気色立つ】《「内奥に秘められたものが外に現れる」を原義とする「気色」の動詞化。類義語「気色ばむ」はじんわりと気配が表に現われてくるという自然発露性の強い語だが、「気色立つ」は従来の様子と異なって「目立つ・際立つ」という視覚的訴求力の高さを強調する語》〔自タ四〕(1)〈(自然界の)変化の様子が目に見える〉兆しが現われる。 (2)〈(人の内面の感情が)外に現われる〉態度に出る。 (3)〈(他者の目を意識して)わざとらしい態度を取る〉気取る。

-1017- 〈C〉けしきづく【気色付く】《「(自然界の)変化の様子が目に見える」・「(他者／普通のものとは)変わった様子が感じられる」の二つの意。前者は秋の野山に紅葉が「色付く」、後者は寄席演芸に於ける「色物」(＝正統派の落語とは異なる際物的な客寄せ芸)と絡めて理解すればよかろう》〔自カ四〕(1)〈(自然界の)変化の様子が目に見える〉兆しが現われる。 (2)〈(他のものとは)どこか少し変わった感じに見える〉一風変わっている。

-1018- 〈C〉けしきおぼゆ【気色覚ゆ】《「気色」の持つ「情趣」の感覚に言及した「趣深く感じる」という肯定的な意味と、「予兆」の語義に絡めて「何やら不吉な気配を感じる」とする否定的な意味の二つがある。後者は現代語「気色悪い・気味悪い」に通じるもの》〔連語〕《けしき［名］＋おぼゆ［他ヤ下二］》(1)〈(有形・無形の何事かに触発されて)心に沁みる深い感慨を催す〉趣深く感じる。 (2)〈(普通でない気配に)理由のない不安感を催す〉空恐ろしく感じる。

-1019- 〈B〉けしきばかり【気色ばかり】《「気色」の持つ「表面に現われ、視覚的に窺い知れる」の語感を裏返して、「表面的にはそう見えるが、実質的にはさほどのことはない」＝「ほんのお体裁だけで、本腰入れているわけではない」の語義としたもの》〔副〕〈(本心からではなく)外面だけを繕って、何かをしている振りをしているに過ぎないことを表わす〉形ばかり。

-1020- 〈C〉けしきとる【気色取る】《「気色」の「(内面の様子が)外面に現われる」に由来する「様子を探る」、「(他者への)好意的感情」に由来する「機嫌を取る」、「(内面に秘めた)思惑」に由来する「相手の意向を確かめる」と、いずれも対人関係に於ける探査的行動の意を表わす》〔自ラ四〕(1)〈(表面的には見え辛い)様子を探る〉様子を窺う。 (2)〈(他者からの)自分に対する好意的感情を取り付けようとする〉御機嫌取りをする。 (3)〈(他者の)内心の思いを確認する〉相手の意向を窺う。

-1021- 〈C〉きげん【機嫌・譏嫌】《元来は「譏嫌(きげん)」で、「譏(そし)り嫌(きら)う事」が原義。「今ここで…をしたら、他人(ひと)は非難し、顔(かお)をしかめるだろう」と判断するところから「(他者の)思惑(おもわく)」、更には「(他者の意向を測(はか)りつつ事を為すべき)時機」・「(その場の)状況」・「(状況ごとの他者の)気分」の語義が生じた》〔名〕(1) 〈(自分の行為に対し)他者がこれを非難・嫌悪(けんお)すること〉他人の非難。(2) 〈(自分の行為に対し)他者がこれをどう思うかということ〉他人の思惑(おもわく)。(3) 〈(他者の意向を十分考慮した上で)事を為(な)すべき時〉時機。(4) 〈(他者の意向など、事を為す上で考慮すべき)その場の様子〉状況。(5) 〈(特定の状況に於(お)ける)他者の感情〉気分。

●「気配(けはい)を見る」系古語の次は、より一般的な「見る」のあれこれ

-1022- 〈A〉みる【見る】《古語「目見(まみ)」からも知(し)れる通り、「目」と「見」は同根語で、「見る」は「目」による知覚作用で対象を認識する意(大方(おおかた)は現代語と同じ)を表わす。古語独自の語義としては「対面する」・「保護者として面倒(めんどう)を見る」・「男女が恋愛関係になる」・「占(うら)ってみる」がある》〔他マ上一〕(1) 〈目による知覚作用で対象を捉(とら)える。目にしたものについて思考・感覚を働かす〉見る。見て何かを思う。(2) 〈(格助詞「と」を伴(とも)って)そのように判断する意を表わす〉…と思う。(3) 〈(人と)顔を合わせる〉対面する。(4) 〈(男と女が)心と身体を許しあう関係になる〉男女の契(ちぎ)りを結ぶ。(5) 〈(恋愛関係以外で、人を)保護・育成する〉養(やしな)う。(6) 〈(神仏の加護(かご)や災難などが)自らの身の上に及ぶ〉…を蒙(こうむ)る。(7) 〈占術によって事態の吉凶(きっきょう)や展開を判断する〉占(うらな)う。(8) 〈(動詞の連用形、または、それに接続助詞「て」を付けた形に付けて)何らかの目的を持って試験的に事を行なう意を表わす〉…してみる。

-1023- 〈A〉みゆ【見ゆ】《主体的(しゅたいてき)な「見る」に、自発・可能・受身の上代の助動詞「ゆ」を付けた語なので、自然発露的・受動的な語感がある(「結婚する」の語義が「女性限定」で、男の場合「見る」を使う点も象徴的だ)が、意図的に「出現(しゅつげん)する」/「(他者の目に)…であるように見せる」は例外》〔自ヤ下二〕(1) 〈こちらの意思とは無関係に、何らかの光景が〉視界に飛び込んでくる〉見える。(2) 〈(形容詞・形容動詞の連用形に付いて、または「…と見ゆ」の形で)そのようなものとして目に映る意を表わす〉…に感じられる。(3) 〈(常識的なものとして)世の中に存在し、容易に確認できる。(多くは「世に見えぬ」などの否定形で用いる)〉世にある。(4) 〈(人・物が)その姿を現わす〉出現する。(5) 〈「来」の尊敬語〉お越(こ)しになる。(6) 〈(他者の目を意識して)作為的に振る舞って、相手に何らかの印象を与えようとする〉…に見せかける。(7) 〈(人と)顔を合わせる〉対面する。(8) 〈(女性が、男性と)夫婦として結ばれる〉妻となる。

-1024- 〈B〉うしろみ【後ろ見】《「人の背後にいてその面倒を見る人」=「後見人」または「補佐役」。「うしろみる」の形で動詞にも用いた》〔名〕(1)〈(人のために)あれこれと心を配り面倒を見てやること。また、そうした立場の人物〉後見(人)。(2)〈(幼少の権力者の背後で)助力を与えること。また、そうした立場の人物〉補佐(役)。

-1025- 〈C〉あひみる【相見る・逢ひ見る】《「相互に」見るという至極一般的な「対面」の語義の他に、愛し合う関係の男女が「逢って」見る、即ち「逢い引きする」、更には「性交渉を持つ」の語義もある(しかも、これが古文にはよく出てくる)点に要注意》〔他マ上一〕(1)〈お互いに相手を見る〉対面する。(2)〈男女が恋愛目的で会合する。また、性的交渉を持つ〉逢い引きする。契りを結ぶ。

-1026- 〈B〉みす【見す】《「見る」に使役助動詞「す」を付けた語で、原義は「見せる」、尊敬の意に転じると「御覧になる」。更に、(「見る」の語義の解釈次第で)「結婚させる」(男と女の関係)／「経験させる」(事態への遭遇)／「見届けさせる・占わせる」(確認・占い)などに意味が分化する》〔他サ下二〕〈(他者が、視覚的あるいは理知的に)認識できる状態にする〉示す。〔他サ四〕(1)〈「見る」の尊敬語〉御覧になる。(2)〈何らかの状態や境遇の中に身を置かせる〉経験させる。(3)〈(親などの第三者が、男女を)夫婦として結び付ける〉結婚させる。(4)〈事態を確認させる。また、占術により事態を解釈させる〉見届けさせる。占わせる。

-1027- 〈A〉めす【看す・見す】【召す】《「自分から見るのでなく、相手から出て来て自然と自分の目に入る」の原義から尊敬語に転じた語。(貴人が)「見る」・「統治する」・「呼び寄せる／(愛する者を)御側近くに置き寵愛する」・「取り寄せる」・「飲食する」・「乗る」・「名を呼ぶ」・「任命する」の語義を持つ》〔自サ四〕【召す】〈「乗る」の尊敬語〉お乗りになる。〔他サ四〕【見す・看す】(1)〈「見る」の尊敬語〉御覧になる。(2)〈「治む」の尊敬語〉統治なさる。【召す】(3)〈「呼ぶ」・「呼び寄す」の尊敬語。また、御側近くに置いて可愛がる〉お呼びになる。御寵愛になる。(4)〈「取り寄す」の尊敬語〉お取り寄せになる。(5)〈「飲む」・「食ふ」・「着る」・「為」の尊敬語〉お召しになる。・・・なさる。(6)〈任命する意の尊敬語〉任命なさる。(7)〈特定の名前で呼ぶ意の尊敬語〉・・・とお呼びになる。〔補動サ四〕【召す】〈(「おぼしめす」・「きこしめす」・「しろしめす」など)他の尊敬の動詞の連用形に付いて、尊敬の意を強調する〉お・・・になる。

http://fusau.com 古文単語千五百マスタリング・ウェポン http://fusaugatari.com

-1028- 〈A〉ごらんず【御覧ず】《「見る」の尊敬語だが、「見給ふ」よりもやや敬意が強い語。単独でも用いられるが、「御覧じ知る」(元は"見知る")、「御覧じ果つ」(元は"見果つ"＝最後まで見届ける)などの複合動詞の尊敬形として用いる場合も多い》〔他サ変〕〈「見る」の尊敬語〉御覧になる。

-1029- 〈A〉みめ【見目・眉目】《字面通りの「見た目」の意では「様」・「有様」と同義語。これらはその時々で随時様相を変える外観だが、生得的で変わることなき「容貌」の語義は、現代にも「みめかたち」としてそのまま残る。近世には、見た目の良さから転じた「名誉」の意で使う例もある》〔名〕(1)〈(人や物の)外観的印象〉見た目。 (2)〈(人の)顔の造り〉容貌。

-1030- 〈C〉まみ【目見】《人がものを見る時の「まなざし」の意と、人の顔の中の「目元」の意を表わす》〔名〕(1)〈(人がものを見る時の)目、またはその目から窺える心の様子〉目つき。 (2)〈(美的観点から見た、顔の造作としての)目の周辺部〉目元。

-1031- 〈C〉みえぬ【見えぬ】《単純に「姿が見えぬ」意を表わすだけなら何ということもないが、「見慣れぬ」の意が「前代未聞」とか「殊更に物珍しさを売り物にしている」とかの珍奇さを非難する言い回しとして用いられる場合に要注意。後者と同発想の表現に「聞こえぬ」がある》〔連接語〕《みゆ〔自ヤ下二〕＋ず〔助動特殊型打消〕》(1)〈(今までに見たことがないことから)珍しい意を表わす。また、(前例がないことから)異常性を表わす〉珍しい。前代未聞で感心しない。 (2)〈(物理的に)視界に入らない意を表わす〉姿が見えない。

-1032- 〈C〉まぼる【守る・護る】《「目」＋「守る」＝「まもる」の子音交替形。大事なものに害が及ばぬようにこれや敵の動向に対し「じっと目を凝らす」(見守る)／いざ事が起これば大事なものを「保護する」(守る・護る)の意。これらの語義から派生する形で、法令などを「遵守する」の語義も生じた》〔他ラ四〕(1)〈(大事な対象や、警戒すべき敵などに)じっと目を凝らし、視線を外さない。また、対象をよく観察して行動の時を窺う〉見つめる。様子を窺う。 (2)〈(外敵の攻撃その他の好ましくない事態から)他者をかばって害が及ばないようにする〉保護する。 (3)〈(法令や約束事、自分自身の決意など)予め定められた事柄に反することなく振る舞う〉遵守する。

●面倒を「見る」が出たところで、心理的に傾斜してその相手を見る「味方」及びその逆の「敵方」に関する古語をちらほら

-1033- 〈B〉かたうど【方人】《「与する側」を意味する「方」に「人」を付けた「方人」のウ音便形。対立する複数の人物(集団)のうちで、「自分に味方してくれる者」を表わす。古文では「歌合はせ」(=和歌の優劣競べ)で一方の側を勝たせようとして論陣を張る人(々)を指す場合が多い》〔名〕(1)〈主に「歌合はせ」で)対立集団に分かれて行なわれる競技の、一方の組に属する人〉・・・側の人。 (2)〈(一般に)特定の人物に肩入れする人物〉味方。

-1034- 〈C〉かたひく【方引く・片引く】《「方・片」は「複数の組に分かれて争う場合の、一方の組」。その一方を「引く」(=ひいきにする)ことから、「方人(=味方)をする」の意になる》〔他カ四〕〈(複数の対立者の中で)一方の側を引き立てる〉肩入れする。

-1035- 〈B〉かたき【敵・仇】《二つで一組の物事のうちの一方の側を表わす「片」に、「人」の意の「き」を付けた「対立する競技者」が原義。「遊び相手」のような友好的存在や、二人で行なう人生最大のギャンブルたる結婚の相手「夫／妻」をも含む古語。「敵」や「恨む相手」のみを意味する語ではない》〔名〕(1)〈(複数の組に分かれてする)競技の相手側〉対戦相手。 (2)〈結婚相手。(男・女のいずれをも指す)〉配偶者。 (3)〈(戦争などの闘争に於ける)敵側の人物〉敵。 (4)〈(怨恨の対象となる)憎むべき存在〉仇敵。

-1036- 〈B〉かたみに【互に】《「片身に」(=二人が別々に一つの事柄を行なう)に由来するとされる語。和文脈で用い、漢文脈では「互ひに」を用いる》〔副〕〈(複数の人間が)別々に何かを行なう意を表わす〉各々。

-1037- 〈C〉かたがた【方方】《「方」は「方角」を指す語。現代語にも残る人称代名詞「方々」(=「(敬意を込めて)様々な人々」)は、人物への直接的言及を避けてその存在方向を代用呼称としたもの。原義に忠実な「別々の方角」・「各種の事柄」や、副詞としての用法もある》〔名〕(1)〈(地理的に)複数の異なる方角〉あちこち。 (2)〈(物事の)様々に異なる分野〉あれこれ。 (3)〈(人の代用人称として、方角に言及する形で)人々を敬って指す語〉方達。 (4)〈(貴人にあてがう)部屋の数々〉あちこちの部屋。 〔代名〕〈(中世以降)(敬意を含まずに)眼前にいる相手を指す人称代名詞〉あなた方。 〔副〕(1)〈(方向性が)一様ではないことを表わす〉あれこれと。 (2)〈(あらゆる観点について考察した後の)必然的帰結を述べる際に言う語〉いずれにせよ。

-1038- 〈B〉おほかた【大方】《名詞・副詞としての語義は現代語とほぼ同じだが、形容動詞「大方なり」の持つ「平均的だ／凡庸だ」の語義は古語特有のもの》〔名〕(1)〈(社会的に見ての)平均的水準。または、平均的と考えられる人々の集団〉世間並み。世人。 (2)〈(一部の例外を除く)だいたいの部分。(詳細は別にして)だいたいの事情〉大部分。概略。 (3)〈(地理的に見て)周囲の地域全般〉そこらじゅう。〔形動ナリ〕〈一般的な水準である。平凡で特徴がない〉平均的だ。変わり映えがしない。〔副〕(1)〈一般的観点から物事を概括的に述べる語〉一般に。 (2)〈(下に打消の語を伴って)強調的な全面否定、または、概括的な否定を表わす〉全然・・・ない。殆ど・・・ない。〔接続〕〈話題を転じる時に用いる語〉そもそも。

-1039- 〈C〉ひとかたならず【一方ならず】《現代にもそのまま残る語で、意味は「並々ならず」。否定形のみで用い、肯定形はあり得ない(古語にはこうした疑問・否定専用表現が数多く存在する)》〔連語〕《ひと〔接頭〕＋かた〔名〕＋なり〔助動ナリ型〕断定＋ず〔助動特殊型〕打消》〈通常の水準ではない意を表わす〉並み一通りではない。

●「敵・味方」入り乱れて争った後は、他者との相対的な「優劣・比較」にまつわる古語あれこれ

-1040- 〈B〉かなふ【叶ふ・適ふ】《「併せ持つ」の意の「兼ぬ」に「合ふ」を付けた「兼ね合ふ」に由来し、「意図した目的と、現実の姿が、うまく合致する」を原義とする語》〔自ハ四〕(1)〈(特定の条件に)見事に合致する〉適合する。 (2)〈(予め心に思い描いていた)望み通りに現実が展開する〉望み通りになる。 (3)〈(多く、打消の表現を伴って)特定の状況にうまく適応することが可能なことを表わす〉・・・できる。 (4)〈(多く、打消の表現を伴って)特定の敵と十分に戦うことが可能なことを表わす〉匹敵する。 (5)〈(多く、打消の表現を伴って)ある種の条件なしでも妥当とされることを表わす〉・・・で済まされる。〔他ハ下二〕〈願いを現実のものとさせる〉成就させる。

-1041- 〈B〉**むかふ**【向かふ・対ふ】《「向き合ふ」の転じた語。「(誰か・何かと)向かい合う」・「(目的地に向けて)出かける」・「(敵どうしとして)対立する」・「(同等のものとして)肩を並べる」・「(特定の時刻や状態に)近付く」などの自動詞用法の他、「対面・敵対させる」や「行かせる」として他動詞でも用いる》〔自ハ四〕(1)〈(物理的に)異なる人・物どうしが正面を向き合って存在する〉**向き合う。** (2)〈特定の目的地へと移動して行く〉**赴く。** (3)〈(同等のものとして)異なるものどうしが釣り合う〉**比肩する。** (4)〈相手に服従せず、敵として振る舞う〉**敵対する。** (5)〈(特定の)時刻、または状態に向かって進んで行く〉**間もなく…になる。**〔他ハ下二〕(1)〈(物理的に、または対抗勢力として、異なる者どうしを)向かい合わせる〉**対面させる。敵対させる。** (2)〈(人を)特定の目的地へと向かわせる〉**行かせる。**

-1042- 〈B〉**なずらふ**【準ふ・准ふ・擬ふ】《大元は、奈良時代の語「名添へ」。あるもの(X)と実質的には異なるもの(Y)に対し、あたかも同一であるかの如き「名を添える」(Yを、Xの名で呼ぶ)意のこの語が、「準へ・擬へ・比へ」に、更には「なずらひ・なずらへ・なぞらひ・なぞらへ」の語形に変化した》〔自ハ四〕〈(異なるものと)同等のものとして存在する〉**匹敵する。**〔他ハ下二〕〈(異なるものと)同等のものとして扱う〉**同等のものとみなす。**

-1043- 〈C〉**なぞふ**【準ふ・准ふ・擬ふ】《異質なものに、同一であるかのように「名のみ添える」の「名添へ」に由来する語で、平安以前には「なそふ」と清音。この語の末裔は、現代には「なぞらえる」や「なぞる」の形で残るが、その元となった「なずらふ・なぞらふ」は「なそふ・なぞふ」よりも後発語》〔他ハ下二〕〈(異なるものと)同等のものとして扱う〉**同等のものとみなす。**

-1044- 〈C〉**そふ**【添ふ・副ふ】《空間上に位置(または移動)する線状のものに近距離を保って存在すること(「不即不離」)が原義。「寄り添う」・「(男女が)夫婦として共生する」・「随行する」・「増す／付け加える」の他、比喩的に「…になぞらえる」、時間経過に「つれて…になる」の意がある》〔自ハ下二〕〈(月日などの)時間的経過に合わせて変化する〉**…につれて。**〔自ハ四〕(1)〈(空間的に)近距離を保ちつつ存在する〉**寄り添う。** (2)〈(男女が)夫婦として一緒に暮らす〉**夫婦になる。** (3)〈(既に存在したものに)さらに同種のものが加わる〉**付け加わる。**〔他ハ下二〕(1)〈(人に、人を)従者として一緒に行かせる〉**随行させる。** (2)〈(既に存在したものに)さらに同種のものを加える〉**付加する。** (3)〈(ある物事を形容するのに)同種の何かを例として挙げる〉**例える。**

-1045- 〈B〉**たぐふ**【類ふ・比ふ・副ふ】《「異なる複数の物事の質・水準が釣り合い、一緒に存在するのが似付かわしい」が原義。本来異質のものどうしの近似性を表わす語で、「連ふ」との同源説もある。物理的な並置を表わすだけ／対等・似合いの存在としての類似性を表わす、の二系統の語義を持つ》〔自ハ四〕(1)〈(物理的に)同じ場所に存在する〉**一緒にいる。** (2)〈(価値判断を含んで)対等・似合いの存在である〉**似合う。**〔他ハ下二〕(1)〈(物理的に)同じ場所に存在させる〉**並ばせる。** (2)〈(他の物事に)近い存在として引き合いに出す〉**なぞらえる。** (3)〈(他の物事に)類似の様態を取る〉**似せる。**

-1046- 〈B〉**たぐひ**【比・類】《動詞「たぐふ」連用形の名詞化。「連れ立つ存在(友人・兄弟姉妹)」の語義は古語特有だが、「同種のもの」・「同様の特性を共有する人々」の語義は現代語にそのまま残る》〔名〕(1)〈(種類・程度に於いて)近似の存在〉**同種のもの。** (2)〈(同じ場所に)連れ添って存在する生き物の集団〉**仲間。** (3)〈(何らかの特性を共有する)人間の集まり〉**・・・な連中。**

-1047- 〈A〉**まさる**【勝る・優る】【増さる】《語源的には「増す」に同じ。現代語では「(多く、・・・よりも)優れる」の語義が支配的だが、古語では「(動詞連用形か名詞に続けて)数量・程度が増す」の意を補助動詞的に表わす場合も多い》〔自ラ四〕【勝る・優る】(1)〈他者との相対比較上〉(能力や地位などが)上である〉**優れる。**【増さる】(2)〈(多く、動詞連用形や名詞に続けて)(数量・程度・回数などが)増す〉**盛んになる。**

-1048- 〈C〉**こころまさり**【心勝り】《「心が勝っている」のではなく「現実の姿が、事前の予想を上回る」の意で、「心劣り」(幻滅・期待外れ)の対義語。近世語としては「心の強さが他人に勝ること」の語義もあるが、これは字面に依拠していい加減に成立した派生義で、「心勝り」の本義とは言い難い》〔名・自サ変〕〈(他者に関して)前もって考えていた以上に優れていること〉**予想以上。**

-1049- 〈C〉**こころおとり**【心劣り】《「心が劣っている」という意ではなく、「現実の姿が、事前の予想を下回る」の意味で、「幻滅」を表わす。「心勝り」(=予想外に良い)の対義語》〔名・自サ変〕〈(他者に関して)(予想よりも劣った事態に)がっかりすること〉**幻滅。**

-1050- 〈C〉すぐれて【勝れて】《字面が誤解を招き易い古語の典型例で、「素晴らしく…だ」とでもなりそうだが、実際には「(他のものと比較して)とりわけ…だ」であり、程度の甚だしさを表わすのみであって、讃辞として用いられる表現ではない点に要注意》〔副〕〈(他の物事と比較して)相対的に程度が甚だしい意を表わす。(賞賛を表わす語ではない)〉際立って。

-1051- 〈C〉さう【左右】《文字通りには「左と右」の意。派生的に、「(あれをしろ、これをしろ、という)指図／決定」→「(ああだ、こうだと)一々うるさく言うこと」、「(複雑に展開する事態の)様相」→「(状況や結果の)報告」といった語義も生じた》〔名〕(1)〈(空間的位置関係に言及して)左と右〉左右。(2)〈(ああしろ、こうしろと)他者に命じること。また、物事に決着を付けること〉指図。裁決。(3)〈(多く、「左右に及ばず」のような否定表現で用いて)(ああだ、こうだと)一々細かく述べること〉つべこべ言うこと。(4)〈(複雑に移り変わる事態の)有様〉状況。(5)〈(事態の一連の推移について)他者に知らせること〉報告。

-1052- 〈C〉さうにおよばず【左右に及ばず】《「左右」(ああである、こうである、と細かく言う)を打ち消して、「あれこれと今更言う必要もない」という「言ふべきにもあらず」系の語義と、「(全体的に立派なのだから)細かい難点を一々指摘するまでのこともない」という意とを表わす》〔連語〕《さう〔名〕＋に〔格助〕＋および〔自バ四〕＋ず〔助動特殊型〕打消》(1)〈(自明のことなので)今更あれこれと言う必要はない〉言うまでもない。(2)〈(全体としては高く評価できるのだから)些細な難点を指摘する必要はない〉細かいことはどうでもいい。

-1053- 〈A〉さうなし【左右無し】【双無し】《語源も宛字も意味も違う古語の一揃い。「左右無し」なら「(あれこれ迷うこともなく)すんなり事が運ぶさま」及び「(深く物事を考えもせず)慌ててするさま」の意、「双無し」だと「並ぶものがないほど凄い」の意。ひらがな表記の場合は脈絡に応じて解釈し分ける必要がある》〔形ク〕【左右無し】(1)〈(あれこれ迷ったりすることもなく)すんなりと事が運ぶさま〉たやすい。(2)〈(深く物事を考えることもなく)慌ててするさま〉後先も考えない。【双無し】(3)〈(比較の対象が存在しないほどに)超絶的に優れている〉この上なく素晴らしい。

-1054- 〈B〉またなし【又無し】《「古今無双」(麻雀好きには「国士無双」)でお馴染みの熟語の古語版。「他に二つと無い」としてその「比類なき素晴らしさ」を強調する表現だが、同義語は「比無し・類無し／並び無し・双び無し／二つ無し／二無し／世に無し」など、二つどころか大量に存在する》〔形ク〕〈同じものが他に存在しないほど優れている〉比類なき素晴らしさだ。

-1055- 〈B〉になし【二無し】《「他に二つと無い」としてその「比類なき素晴らしさ」を強調する表現だが、同義語は「比無し・類無し／並び無し・双び無し／二つ無し／双無し／世に無し」など、二つどころか大量に存在する。何ものにも似ていないの類推から「似無し」と宛字する場合もある》〔形ク〕〈同じものが他に存在しないほど優れている〉比類なき素晴らしさだ。

-1056- 〈A〉こよなし【こよなし】《語源は「越ゆるもの無し」とも「此より勝るもの無し」とも言われ、他者との相対比較上の優越性を意味する…筈だが、日本は古来、比較対象を明確に見据えることをせぬ「絶対文化圏」につき、「こよなし」も比較級というより絶対最上級的ツキヌケ独善讃辞の色彩が濃い。貶して「最悪」の意に用いる場合もある》〔形ク〕(1)〈(最上級的賛辞として)とにかくひたすらに素晴らしい〉この上ない。 (2)〈(良きにつけ悪しきにつけ)他に比較して格段の相違がある〉段違いだ。

-1057- 〈B〉かぎりなし【限り無し】《良かれ悪しかれ「無限にスゴイ！」という感嘆符付き絶対最上級的表現。対象を客観的に見据えて冷静に描写する論理的態度を放棄した力攻め語で、英語世界でなら冷ややかに見下される代物だが、日本語世界では古来この種のツキヌケ言辞が引きも切らさない》〔形ク〕(1)〈いつまでも、どこまでも、限界を知らぬかの如きさまを表わす〉果てしない。 (2)〈(多く「…ことかぎりなし」の形で)通常の水準を遙かに超えることを表わす。(良いことにも悪いことにも用いる)〉この上もない。 (3)〈(これ以上はないというぐらいに)とにかく素晴らしい〉最高だ。

-1058- 〈C〉よにしらず【世に知らず】《「世の中に他に類例を知らぬ」に由来するものか、強調的副詞「世に」の絡んだ「本当にこんなもの他に知らぬ」の略か、語源は微妙だが、「無類の素晴らしさ」を表わす語。受身形の「世に知られず」だと、「世間に知られぬ＝無名の」の意になるので混同に要注意》〔連語〕〔よ〔名〕＋に〔格助〕＋しる〔他ラ四〕＋ず〔助動特殊型〕打消〕〈他に同様の例が思い浮かばないほどのものである意を表わす〉類稀な素晴らしさだ。

-1059- 〈C〉よににず【世に似ず】《世間に似た存在がないということから「無類の素晴らしさ」を意味する表現》〔連語〕《よ〔名〕＋に〔格助〕＋にる〔自ナ上一〕＋ず〔助動特殊型〕打消》〈世間に似た存在がないほどに素晴らしい〉無類のものだ。

-1060- 〈B〉れいならず【例ならず】《「いつもと違っている」という文字通りの意味の他に、「体調がいつもと同じ状態ではない」の意でも多用されたあたり、医学未発達で各種の霊異が人の健康に大きな影響を及ぼすものと信じられ（恐れられ）た古典時代の人々のhypochondria的神経過敏を感じさせる》〔連接語〕《れい〔名〕＋なり〔助動ナリ型〕断定＋ず〔助動特殊型〕打消》(1)〈一般的・平均的状態とは異なる〉普通でない。(2)〈身体が通常の健康状態とは異なる〉体調不良だ。

-1061- 〈A〉れいの【例の】《先述の内容を具体的に指示する「あの」の意は現代語に同じ。古語特有の用法には、体言を修飾して世間一般の平均的なものである意を表わす「ありきたりの」／用言を修飾して副詞的に用いる「いつものように」の用法がある。特に後者の用例は極めて多い》〔連接語〕《れい〔名〕＋の〔格助〕》(1)〈先述の内容を具体的に指示する〉あの。(2)〈体言を修飾し、それが平均的なものである意を表わす〉普通の。(3)〈用言を修飾し、（副詞的に）それが恒常的に繰り返される事態である意を表わす〉例によって。

-1062- 〈C〉れいは【例は】《大したこともない語だが、「例の」（いつものように）という古語との対比に於いて、「いつもは・・・；なのに、今回に限って・・・ではない」の含意を持つ点を押さえておく必要がある》〔連接語〕《れい〔名〕＋は〔係助〕》〈ある特定の場合の例外性を述べるために)通常の状態について述べる〉いつもは。

-1063- 〈C〉たとしへなし【譬へ無し】《「譬へ＋無し」（比較の対象がないほど特殊）が語源と見れば「例えようがない」／「辿る＋方＋無し」（祖形を追跡調査する手段がない）の転と解すれば「（同一人・物が、ある時点と別の時点とで)とても同じものとは思えぬほど変わり果ててしまった」の意となる》〔形ク〕(1)〈(他に比較の対象が存在せぬほどに)極めて特殊である〉比べようがない。(2)〈(同一人・物の異なる時点の状態を比較して)全く異なってしまっている〉まるで別人・別物のようだ。(3)〈(おもに、連用形「たとしへなく」を副詞的に用いて)程度が極端であるさまを表わす〉甚だしく。

-1064- 〈C〉べち【別】《現代語読み「べつ」とほぼ同じ意味を表わす古語。末尾は「ち」・「つ」で違っても語義は同じ、という点では「実」(現代語では「じつ」)と同様の語。単に「他と同じでない」の意を表わす場合と、他を圧倒して「格別だ」の賛辞となる場合とがある》[名・形動ナリ] (1) 〈(価値判断を伴わずに)他と同じでない意を表わす〉異なる。 (2) 〈(誉めて)他のものとはまるで違う特別な存在である意を表わす〉格別だ。

-1065- 〈B〉しく【及く・若く・如く】《「(先行する何かを)追い、追い付く」が原義で、転じて「(他の何かに)程度・能力が及ぶ」の意になる。漢文訓読調の文章に(現代日本語でも文語調ではしばしば)見られる語で、「如かず」・「如くはなし」などの否定表現での使用例が殆ど》[自カ四] (1) 〈(先行する何かの)後を追い、同じ位置に並ぶ〉追い付く。 (2) 〈(多く打消の表現を伴い、「しかず」・「しくはなし」などの形で)程度・能力が及ぶ〉匹敵する。

●次は、相対的な価値判断と現に身を置く状況・待遇との隔たりから生じる不調和感を表わす古語を少々

-1066- 〈A〉かたじけなし【辱し・忝し】《「貌+及く+無し」(姿形が及第点に達しない)／「貌+気+無し」(外観に人目を引く気配がない)／「貌+挫け+甚し」(見た目への劣等感がひどく強い)など、語源に諸説ある語。恐縮よりも感謝の語感が強い点で、恐縮一辺倒の類義語「おほけなし」とはやや異なる》[形ク] (1) 〈(高貴な相手を前にして)我が身の至らなさに恥じ入るさま〉恥ずかしい。 (2) 〈(貴人や目上の人に対し)十分に敬意を尽くした対応ができずに、申し訳なく思うさま〉心苦しい。 (3) 〈(過分な恩恵を)恐縮しつつ感謝して受け入れるさま〉感謝の極みだ。

-1067- 〈A〉おほけなし【おほけなし】《語源には「負ふ気甚し」(=身に被る恩恵が分不相応に大きい)／「大き甚し」(=とにかく多大過ぎる)の二説がある(が共に文献的の裏付けがない)。分不相応な行動・待遇に恐縮する「辱し・忝し」の類義語だが、恐縮度は「おほけなし」の方が強い。現代関西人御用達謝辞「おおきに！」との関連性も見逃せない》[形ク] (1) 〈(非難の気持ちを込めて)身の程を弁えぬ振る舞いである〉分不相応だ。 (2) 〈(過分な行動・恩恵などに関して)あまりのことに恐れ入る〉恐れ多い。

-1068- 〈A〉かたはらいたし【傍ら痛し】《「傍で見ていても苦痛を感じる」という対象への「同情の念」が原義。後に「嫌悪」の語義が加わり、主客転倒して「傍観者が自分の有様をさぞ見苦しく思っているだろう」という「恥」の意も生じた。宛字違いから生じた「片腹痛し」(笑い過ぎて腹が痛い)は中世以降の語義》〔形ク〕(1)〈(傍観していて)同情せずにはいられない〉心苦しい。(2)〈(傍観していて)不快感を招くほどだ〉見苦しい。(3)〈(他者が)自分のことをどう思うかと思うと精神的に辛い〉ばつが悪い。(4)〈(中世以降、「片腹痛し」の錯覚から)あまりに滑稽すぎて笑ってしまう〉お笑いぐさだ。

●他者との「相対比較」の次は、想定される「100％完璧」に照らしての「優劣・美醜」に関する古語を少々

-1069- 〈A〉まほ【真秀】【真面】《稲穂・山の峰など、物理的突出部の意の「穂」を抽象的優秀性に転じた「秀」に、「真」を付けて「完璧」の意とした語。「真帆」(帆船が真正面から風を受け止めること)の類推によると思われる「真正面から受け止め、直接的」・「いい加減でなく本格的」の語義もある》〔名・形動ナリ〕【真秀】(1)〈(「片秀」の対義語)完全に整っていて、欠点を見出せないさま〉完璧だ。【真秀・真面】(2)〈(「真帆」の類推か？)いい加減なものではなく、本式であるさま〉本格的だ。【真面】(3)〈(「真帆」の類推から)真正面から物事を受け止めるさま〉直接的だ。

-1070- 〈A〉かたほ【片秀・偏】《「真秀」の表わす外面的美しさの対義語としての「(主に女性の器量が)不細工だ」、類音語「片端」の類推と思われる「不完全だ」の語義を持つ》〔形動ナリ〕(1)〈(「片端」の誤読か？)どこかに欠けた部分があって、完全状態とは思われないさまを表わす〉不完全だ。(2)〈(「真秀」の対義語として、主に女性の)顔立ちが見た目に美しくないことを表わす〉不器量だ。

-1071- 〈C〉かたは【片端】《「片」(全て揃っていない)＋「端」(半端な切れ端)＝「不完全」が原義。転じて「見苦しい」、更に「(身体・精神に)欠落がある」の語義も生じた。最後の語義のみ現代語「片輪・不具」として残るが、この「は→わ」の転は「片輪車」(＝片輪が外れて正常に動かぬ車)の混用による》〔名・形動ナリ〕(1)〈(有形・無形の)至らぬ点があるさま〉不完全。(2)〈(一般に正常と考えられる水準から外れて)見るからに醜悪、または異常なさま〉見苦しさ。異様。(3)〈(身体や精神が)欠けていたり正常に働かないさま〉不具。異常。

-1072- 〈C〉またし【全し】《副詞「全く」や動詞「全うする」、形容詞「まっとうな・まともな」の元語で、揃うべきものが100％揃った状態を意味する「完全無欠だ」、生命や健康に障害のない「無事息災だ」、人間の精神的特性に言及する「真っ正直だ／馬鹿正直だ」の語義を持つ》〔形ク〕(1) 〈揃うべきものが、一切の欠落なく揃っているさま〉完全無欠だ。 (2) 〈生命や健康状態に何の障害もないさま〉無事息災だ。 (3) 〈(ほめて)心の中にやましい点がまるでないこと。(貶して)自分に不利な真実までも隠そうとしないこと〉誠実だ。馬鹿正直だ。

●「美・醜」が出たら、お次はやはり「外形」の様態に関する古語のあれこれ

-1073- 〈A〉すがた【姿】《「かたち」と対照的に用いられることが多い：「かたち」は「顔立ち」、「姿」は「体つき・身なり」について言う語。人以外のものについて言う場合は「様子」となり、「さま」・「やう」などと同義語となる。特殊な語義として「和歌が全体として醸し出す雰囲気」の意もある》〔名〕(1) 〈(人の)衣服を着けた全身の様子〉体付き。 (2) 〈(物事の)視覚的印象〉外見。 (3) 〈(和歌の)全体として醸し出す雰囲気〉歌体。

-1074- 〈A〉かたち【形・容・貌】《「物の外形」が原義だが、「人の容貌＝顔かたち」としての使用例が多く、(身なりを含む)全身的印象を表わす「姿」と対照的に用いる。「形有り」(＝美形だ)、「形人」(＝美女・美男)など、「かたち」を含む連語は「顔立ち」に関するものと覚えておくとよい》〔名〕(1) 〈(物事の物理的な)形象〉姿形。 (2) 〈(人の)顔の造り〉容貌。 (3) 〈顔かたちの美しさ。(「形人」の略、主に女性について)顔立ちの美しい人〉美しい顔立ち(の人物)。 (4) 〈(「形有様」の略)(無形の)物事の状態〉有様。

-1075- 〈C〉かたちあり【形有り】《ここでの「形」は「形象」ではなく「美しい顔立ち」の意なので、単に「有形の」ではなく「美しい容貌を持った」の意になる。対象は男・女を問わない。「形人」なら「美女・美男」となる》〔連語〕《かたち〔名〕＋あり〔自ラ変〕》〈(男・女を問わず)見た目に美しい顔をしている〉美貌だ。

-1076- 〈C〉かたちをかふ【形を変ふ】《ここでの「形」は、単なる「顔立ち」以上の人の様子全般の変化、即ち「毛髪ふさふさ→剃髪してテカテカ」及び「色彩豊かな装飾的衣装→薄墨色の法衣」といった「俗界→仏界」への転身を意味する》〔連語〕《かたち〔名〕＋を〔格助〕＋かふ〔他ハ下二〕》〈(仏門に入るため)髪の毛を下ろす〉出家する。

-1077- 〈C〉さまかふ【様変ふ】《字面通りには「いつもとは趣向を変える」の意。髪型や服装を変えることで「見た目を変える」のは主に女性の芸当であるが、古語で特に要注意なのは(男性・女性を問わず)「髪の毛を切り落とし、黒を基調とする僧衣に身を包む生活に入る」という「出家」の語義》〔連語〕《さま〔名〕＋かふ〔他ハ下二〕》(1)〈(普段と)様子を変える〉趣向を変える。(2)〈(服装や髪型をいじることで)見た目を変える〉装いを変える。(3)〈(剃髪し、僧衣に身を包んで)聖職者としての生活に入る〉出家する。

●「外形」の次は、やや抽象的なものをも含む様態の「様」にまつわる古語あれこれ

-1078- 〈A〉やう【様】《「様」の字義は「似た形」で、一定の「型」として認識可能なもの、の原義に基づく様々な語義を持つ一方で、対照的に、直接的には確認不可能な「背景事情」の語義(「あるやう」の形が多い)もある。動詞連体形に続けて「・・・なことには」の意を表わす用法もある》〔名〕(1)〈(人や物事の)外面的な特徴〉様子。(2)〈(有形・無形のものを)作り上げるための一定のやり方〉様式。(3)〈(何らかの目的を達成するために)取り得るやり方〉手段。(4)〈(多く「あるやう」の形で)(直接には確認できない)事態の背後にある何らかの事柄〉事情。(5)〈(「やうのこと」・「やうのもの」などの形で)それと同様の物事を表わす〉同類。(6)〈(「言ふやう」・「思ふやう」・「あるやう」などの形で)動詞連体形に続けて形式名詞的に用いる〉・・・なことには。〔接尾〕(1)〈(類似性)(名詞に付いて)ある物事と同じか、似ている意を表わす〉・・・風。(2)〈(様態・方法)(「言ひやう」・「思ひやう」・「ありやう」などの形で)動詞の連用形などに付いて、ある特定の様子をしていたり、方式に基づいている意を表わす〉・・・の仕方。

-1079- 〈B〉あるやう【有る様】《動詞「有り」連体形＋名詞「様」で、「有様」の語義は現代語に直結するが、古語では「そうあるべき事情」の語義が特に重要。「あるやうあめり」(何かそれなりの事情があるようだ)や、係り結び消失形「あるやうこそ〔はあめれ〕」での用例が多く、定型句として要暗記》〔連語〕《あり〔自ラ変〕＋やう〔名〕》(1)〈存在の様態〉有様。(2)〈いかにしてそのような事態に至ったか〉事情。

-1080- 〈C〉さるやう【然る様】《「様」は当該事情を妥当なものとすべき「理由・事情」の意、「然る」は「然るべき」なので、「何かそれなりの訳」の意になる。その場で問題になっている状況に関し、直接的には確認できないものの何かいわれがありそうだ、という場面で用いる》〔連語〕《さる〔連体〕＋やう〔名〕》〈(話題になっている事情に関し)それを妥当なものとすべき(直接的には確認できない)背景事情〉それなりの訳。

-1081- 〈C〉おほやう【大様】《現代の「鷹揚」に通ずる古語で、些事に動じぬ落ち着いた大人物の風格・人の上に立つ器量の大きさを表わす。副詞としては「だいたいにおいて」の意で「大方」と同義語。よく似た「おほどかなり」は「育ちの良いお坊ちゃま・御嬢様のおおらかさ」を表わす》〔形動ナリ〕(1)〈物事に動じない大人物の器量を表わす〉堂々たる風格がある。(2)〈(気分的な余裕から来る)細かな事にこだわらず受け流す態度を表わす〉おおらかだ。〔副〕〈一般的観点から物事を概括的に述べる語〉一般に。

-1082- 〈C〉おほどか【大どか】《現代語の「おおらか」にほぼ等しく、のんびり・おっとりしたお姫さま・お坊ちゃま育ちの人特有の性格を肯定的に表わす。動詞化して「おほどく」としても用いる(活用は四段・下二段)》〔形動ナリ〕〈(細かい物事にこだわらない、あくせくしないなど)育ちの良い人物特有のおっとり・のんびりとした性格を表わす〉大らかだ。

●次は、人の外面的様態の中で最も注目を引く部位たる「面」にまつわる古語あれこれ

-1083- 〈A〉おもて【面】《「表」と同源語。「表面」を意味する「面」に「方向」を意味する「手」を加えたもので、「物事の正面・表面・社会に対する体面」の意となる。古語では社会的な「面目」の意で使う場合が多い》〔名〕(1)〈(身体部位・造形としての)顔、または、顔の造作。(表情を含意しない)〉顔。顔立ち。(2)〈(裏面・内面に対し)物事の表面。(内情に対し)表向きの態度〉表面。表向き。(3)〈世間に対して堂々と胸を張っていられる感覚。また、そうした感覚を与える物事〉面目。(4)〈向き。方向。方角〉(〜の)方。

-1084- 〈A〉おもむく【趣く・赴く】《元来は「面向く」。「自分自身の顔をある方向に向ける」の他に「相手の顔の正面をこちらの望む方向に向けさせる」の意もあり、現代語「赴く」の語感からは意外に感じる「同意・服従する／させる」・「向かわせる」の語義は後者に由来する。「おもぶく」とも言う》〔自カ四〕(1)〈(物理的に、特定の方向へと)足が向かう〉出向く。(2)〈(心理的に、特定の方面へと)気持ちが向かう〉・・・を志す。(3)〈(説得者の意見を)反対せずに受け入れる〉素直に従う。〔他カ下二〕(1)〈(命令または説得により、他者を)ある方向・方面へと向かわせる〉向かわせる。(2)〈(説得により)他者に自分の意見を受け入れさせる〉従わせる。(3)〈(間接的な手段で、他者に)それとなく何事かを感じさせる。また、ある種の行動へと誘い出す〉示唆する。誘導する。

-1085- 〈C〉いひおもむく【言ひ赴く】《この「赴く」は他動詞で「面+向く」=「他者の顔の正面を(こちらの望む方へ)向かせる」の意であり、「言い含めて、自分の意に従わせる」の語義となる。「赴く」単独でも同じ意を表わせるところに、他語義との区分用に「言ひ」を加えている(古語によくある)例である》〔他カ下二〕〈言葉による説明で相手を納得させ、自分の思う通りの行動を取らせる〉説得する。

-1086- 〈A〉おもしろし【面白し】《「面」=「顔・正面・前面」が「ぱっと明るく感じる」ような晴れ晴れとした感覚を呼ぶ事柄について言う擬態語。現代語同様の「滑稽で笑える」は近世以降の語義で、それ以前は「快活な気持ちにさせる風景・遊興・美術・文芸全般」への知的感興を表わす語であった》〔形ク〕(1)〈(自然の情景が、視覚的に)人目を引く鮮やかな美しさを持っている〉見た目に心地よい。
(2)〈(何らかの対象・行動に触発されて、自分自身が)明るく開放的な気分になる〉愉快だ。

-1087- 〈B〉おもなし【面無し】《「面」を「面目」と捉えての「面目ない」が原義。「他者に遠慮する顔」としての「面」が「無し」=「臆面もなく、図々しい」の語義もある》〔形ク〕(1)〈(恥ずかしくて)人に合わせる顔がない〉面目ない。 (2)〈(他人がどう思うかをまるで考えずに)恥というものを知らぬかのようだ〉厚顔無恥だ。

-1088- 〈B〉おもだたし【面立たし】《「面」(=面目)+「立つ」は、組成的には現代語「面目が立つ」(=どうにかこうにか恥をかかずに済む)に等しいが、古語の「おもだたし」は遙かに積極的な「面目躍如」(=大いに名を上げる)の意で用いる》〔形シク〕〈(特別な栄誉に恵まれて)誇らしい気分になる〉面目躍如たるものがある。

-1089- 〈C〉おもておこし【面起こし】《「面」(=面目)+「起こす」(=勢いを盛り立てる)で、「失墜した名誉の回復」にも「初出世」の意にも用いる。対義語は「面伏せ」(=面目を失うこと)》〔名〕〈(一旦失墜した)名誉を回復すること。または、(初めて)世に自らの名を知らしめること〉汚名挽回。面目躍如。

-1090- 〈C〉おもてぶせ【面伏せ】《「面」(=面目)+「伏す」(=地に落とす)で「名誉を失う」こと。「おもぶせ」とも言う。対義語は「面起こし」(=面目躍如/名誉挽回)》〔名〕〈名誉を失うこと〉不名誉。

-1091- 〈C〉おもてうた【面歌】《「詠み手の面目を施した出世歌」や「歌人/歌集中の代表的秀歌」(この意味では「詮」と同義)の意。和歌が社交の華だった平安時代には、貴人にも、主人の代理で作歌する従者にも、歌の出来・不出来は社会的名誉・不名誉に直結する重大事なのであった》〔名〕〈詠み手の名誉を高めた秀歌。または、歌人・歌集の中で一番良い出来映えの作品〉出世作。代表歌。

-1092- 〈C〉かうみゃう【高名】《「天下に名高いこと」または「自分の名声を高めること」の意。特に「武士が戦功を立てて名を上げること」によく用いられた。こうした自己顕示欲や現世的物欲と堂々と結び付いた古語が幅を利かせるのは、武家の世となった鎌倉期以降で、平安女流文学とは縁が薄い》〔名・自サ変〕(1)〈(日常生活の中で)優れたことをして名を上げること〉手柄。(2)〈(武士が、戦場で)戦果を上げること。特に、敵将の首を取ること〉武勲。〔名・形動ナリ〕〈(良かれ悪しかれ)世間に広くその評判が轟いていること〉評判。

-1093- 〈C〉なだたし【名立たし】《表面的には「評判が立ちそうだ」の意だが、ここでの評判は醜聞や恋愛関係の浮いた噂であり、そうした好ましくない話が「世間に知れて恥ずかしい思いをしそうだ」との危惧を表わす語であって、「有名になれそう！」という売名志望の期待に満ちた表現ではない》〔形シク〕〈(恥ずかしいことや、恋愛に関する)噂が世間で流れることを(恥ずかしさ、あるいは微妙な期待をこめて)予想する語〉人の噂になりそうだ。

●外形的様態の最後は、「手」・「指」、ついでに「肉」まで含めた大売り出し
-1094- 〈A〉て【手】《肉体的な部位としては「掌」のみならず肩から指まで(「腕・肱」)及び「指」を指す場合もある点に注意。他にも「手」を用いての行為に言及する極めて多くの抽象的語義を持つが、中でも「文字・筆跡」は(手紙による交流が盛んだった時代だけに)極めて重要》〔名〕(1)〈肩から指までの部分。(「手の平」のみならず「腕」・「二の腕」・「手首」・「指」など、胴体・脚部・頭部以外の部位全般について言及し得る語〉手。腕。手首。掌。指。(2)〈(人間が扱う道具や器の)手に似た部分。手・指で掴む部分〉取っ手。(3)〈手で書いた字、または、その人特有の書き方〉文字。筆跡。(4)〈(器楽・舞踏・詩歌など)その芸事に特有の型式・技法・芸風。また、音曲や出し物〉芸風。曲目。出し物。(5)〈事を処理する技能〉手腕。(6)〈物事を行なう上での一定のやり方〉手口。(7)〈(事を為したり、人を助けたりする際に)あれこれと骨を折ること〉手数。(8)〈(目的を達成するために)一定の指揮系統の下に集合して働く一群の人材〉人手。(9)〈(肉体に負った)外科的傷害〉負傷。(10)〈(地理的な)向き〉方向。(11)〈(人と人との)つながり。(男女の恋愛関係について言うことが多い)〉交際。(12)〈(相撲・囲碁・将棋・舞踏などの)番数を数える語〉•••手。

-1095- 〈C〉および【指】《「指」のこと。後には、音の類似性（およ／おや）から特に「親指」の意にも用いたが、元来「おや」と「および」とは全く無関係。本源的には「呼び」につながる（人を指差して呼び寄せる意に由来）か、ともされる語》〔名〕(1)〈（手・足の）先端部にあって左右それぞれ五本に枝分かれした部分〉指。(2)〈（手・足の）一番内側にある太い指〉親指。

-1096- 〈A〉てづから【手づから】《「自分の手を使って」という物理的語義が原義。「他者に任せず自分から積極的に」の意も表わす。自身では殆ど何一つやらずに手下を使ってやらせる貴族の非主体的行動様式に反する主体的行動だからこそ、古典時代には情報価値があった表現である》〔副〕(1)〈（物理的に）自分自身の手を用いて。（本来召使いを使うべきところを、例外的に自力で、の感覚が強い）〉自分の手で。(2)〈（他人任せにせず）自分自身から積極的に〉自分から進んで。

-1097- 〈B〉てならひ【手習ひ】《現代語では「六十の手習い」（老いて後になお初心者として技芸修得に挑戦すること）の形で残るが、古語の場合、習う物事は「習字」だけに限定されず、学問や稽古事全般の「修練」の意や、（主として和歌を）気の向くままに書き散らす「落書き」の意もある》〔名〕(1)〈文字を書く練習〉習字。(2)〈（学問・稽古事全般に）打ち込むこと〉修練。(3)〈（主として和歌などを）気の向くままに紙に書き散らすこと。また、そうして書いた物〉走り書き。

-1098- 〈B〉をとこで【男手】《「男手／女手」は文字通りには「男性／女性の筆跡」だが、中古の文物では「男手＝漢字」／「女手＝平仮名」を指す。中国に範を取る政治体制下で、朝廷の公文書は漢文であり、漢詩文の嗜みこそ上流男性の必須教養、という時代ならではの発想である》〔名〕(1)〈（女性と対比しての）男性が書いた文字〉男性の筆跡。(2)〈（女性が多用した「平仮名」と対照して）男性が多用した文字としての漢字〉漢字。

-1099- 〈B〉をんなで【女手】《現代では「引越するので男手が必要」とか「女手一つで子育てに奮戦」などと使うが、古語としての「男手／女手」は「男／女が書く文字」のこと。特に"男文字＝漢字／女文字＝仮名文字"として、文字種の相違に言及する場合が多い》〔名〕(1)〈（男性と対比しての）女性が書いた文字〉女性の筆跡。(2)〈（男性が多用した「漢字」と対照して）女性が主に用いた平仮名〉ひらがな。

-1100- 〈B〉まな【真名・真字】《「真」の「名」とは、中国から伝来したそのままの形の文字の意で、「仮名」＝漢字の崩し字たる「ひらがな」に対する語。広義には「漢字」、狭義には「(草書体と対比した)漢字の楷書体」のこと。「男手／男文字」とも言う(平仮名だと「女手／女文字」である)》〔名〕(1)〈(中国伝来の漢字を崩した日本独自の文字「ひらがな」に対する)中国伝来の表意文字〉**漢字**。(2)〈(漢字の字画を崩して書く「草書体」に対する)漢字の字画を崩すことなく正確に書く書体〉**楷書体**。

-1101- 〈B〉みづくきのあと【水茎の跡】《「筆」または筆から生まれる「筆跡」・「文字」・「手紙」の意。語源的には『万葉集』にある「みづくきの」に由来し、本来は「水＋漬＋城」で「水城」・「岡」にかかる枕詞だが、平安時代にその原義が見失われ、「水＋茎」＝「墨汁に浸して文字を綴る筆」の連想が生まれた》〔連語〕《みづくき〔名〕＋の〔格助〕＋あと〔名〕》〈毛筆。または、文字。筆跡。手紙〉**筆(跡)**。**文字**。**手紙**。

-1102- 〈C〉しし【肉・宍】【獣】《平安時代までは「食用の獣肉」・「食用獣」更には「狩猟(「獣狩り」の略)」の意で用いた語で、「獅子(ライオン)」ではない。当時の日本で食肉用とされた動物は鹿・猪で、「しし」と言えば大体これらの動物を指し、特に区分する場合には「鹿の肉」・「猪の肉」とした》〔名〕【肉・宍】(1)〈(主として食用になる)動物の肉〉**獣肉**。【獣】(2)〈食用となる動物。(主として「鹿＝かのしし」・「猪＝ゐのしし」)〉**食用獣**。(3)〈(「獣狩り」の略)山野で獣を狩ること〉**狩猟**。

-1103- 〈B〉うつせみ【現身】【空蝉】《「現し臣」即ち「現実世界に存在する人間」の意の「うつそみ」の転が「うつせみ」で、この意味での漢字表記は「現身」。平安期以降には、「うつせみ」を「現身」ではなく「空蝉」と解して「蝉の抜け殻(＝中身なき存在)」(及び「蝉」そのもの)の語義も加わった》〔名〕【現身】(1)〈(神仏の世界ならぬ現実世界に生きているものとしての)人間。また、人としての存在〉**人(の身)**。(2)〈(神仏の世界と対比した)人間の生きているこの世〉**この世**。【空蝉】(3)〈(虚しいものの例えとしての)蝉の抜け殻〉**もぬけの殻**。**空疎な事柄**。(4)〈(昆虫の)セミ。カメムシ目セミ科の昆虫で、幼虫は地中で三年〜十七年を過ごし、昆虫としては長寿だが、成虫の樹上生活は数日〜一ヶ月で終わる。日本では、短い寿命を必死に鳴き過ごす儚い生き物としての印象が強いが、西欧では復活・不死の象徴〉**蝉**。

●生々しい肉体の部位あれこれの後は、実体そのものではなく、その実体が「現実に存在すること」に重きを置く古語あれこれ

-1104- 〈A〉うつつ【現】《「現実に存在する」意の形容詞「現し」の語幹を畳語化した「うつうつ」の詰まったもので、「現実」・「正気」が本来の語義。『古今和歌集』以降、「夢うつつ」の対義語表現を誤解・混同した結果として、「現実」とは逆の「夢見心地」の語義も生じた》〔名〕(1)〈(夢・幻・物語・死などと対比した)人間の暮らす現実の世界〉**現実世界。** (2)〈(夢の中にいる状態と対比した)意識の明瞭な状態〉**正気。** (3)〈(夢の中にいるかのように)意識が朦朧とした状態。『古今和歌集』以降に「夢うつつ」の混同により生じた語義〉**夢見心地。**

-1105- 〈B〉うつし【現し・顕し】《「映す・写す・移す」と同根で、「物事の形象や内容をそっくりそのまま別の場所に移す」が原義。本源的に不可視な存在としての世の姿を実相として目に見える形に「うつす」ところから、「現実に存在する」・「現実の様相を見据える理性がある」の語義が生じる》〔形シク〕(1)〈(幻や理想の姿としてではなく)現実にこの世に存在している〉**実在する。** (2)〈現実を認識する理性を有している〉**正気である。**

-1106- 〈B〉うつる【移る・遷る】《「現」・「現し・顕し」と同根語。「人・物の形象・内容がそっくりそのまま別の場所に現われる」意を表わす。元来は物理的・空間的な「移動」を表わしたが、やがて「時の移ろい」や「人の心変わり」の語義をも持つに至った》〔自ラ四〕(1)〈(物理空間的に)位置・場所が変わる〉**移動する。** (2)〈(官職や地位が)別のものに変わる〉**異動する。** (3)〈(あるものの色や香りが)別のものへと伝わる。また、(疫病・影響などが)人から人へと伝わる〉**移る。伝染する。** (4)〈(花や女性の容色が)最盛期を過ぎる〉**色褪せる。** (5)〈(怨霊が)他の人間に乗り移ってその精神を支配する〉**取り憑く。** (6)〈(時間が)経過する。(時勢が)変わる〉**過ぎ去る。移り変わる。** (7)〈(人の気持ちが)それまでのようではなくなる〉**心変わりする。**

-1107- 〈C〉うつしざま【現し様】《現代的には「移し様」(移動手段?)や「写し様」(写真映り?)を思い浮かべそうな古語だが、実際は「現し」(=現実)に由来する語で、非日常的な虚飾を伴わない「普段通りの日常の生活様式」／現実逃避や狂気と対照しての「正常な精神状態」の意を表わす》〔名・形動ナリ〕(1)〈(日常と変わらない)特に飾らない生活の様態〉**日常生活。** (2)〈(現実逃避や狂気と対比しての)正常な感覚・判断力を持った精神状態〉**正気。**

-1108- 〈C〉うつしごころ【現し心】【移し心】《「確かな現実認識能力がある」の「現し」由来の「現し心」は「正気」及び「本心」／「移し心」なら「浮気心」の意。殆ど仮名書きの古文では漢字表記による識別は期待薄なので、脈絡が頼りだが、現代人には意外性のある「現し心」の用例が多い（特に大学入試では）》〔名〕【現し心】(1)〈（現実を）客観的に認識する確かな精神作用〉正気。 (2)〈（対外的に表明されているのとは異なる）心の中で本当に思っている事柄〉本心。【移し心】(3)〈（一定の対象、特に、恋仲にある異性以外に）意識が流動し易い不安定な精神的特性〉浮気心。

●次は、「事実・実際」系の古語をば

-1109- 〈C〉じち【実】《読み方を少し変えただけで現代語に通じる古語は多いが、この「実」はその典型例で、「じつ」と読めばその語義「真実」にすぐ手が届く。表面的な美しさと対比されたものとしての「実質的内容」の語義もある》〔名〕(1)〈うそでないこと。実際にあること〉真実。 (2)〈（表面的装飾と対比して）しっかりとした中身があること〉実質。

-1110- 〈C〉ざね【さね】《「実・核」（果実の中心をなす部分）に由来し、「根本・根源」（例：「物ざね」＝中核）、及び「多くのものの内の中心となる存在」（例：「客人ざね」＝主賓）の意を表わす》〔接尾〕(1)〈根本・根源の意を表す。（「物ざね」など）〉…の本源。 (2)〈多くのものの内の中心となるものの意を表わす。（「客人ざね」など）〉主たる…。

-1111- 〈A〉げに【実に】《「現に」の転かとされ、自身の知識や前もって抱いていた印象、他者の意見などの既存の情報が、現実の中で事実として再確認されたという感触を得た時に発する言葉。転じて、既存の情報との照合を含意せず、単に程度の甚だしさを表わす語義もある》〔副〕(1)〈（知識・先入観・風聞・他者の意見などの）既存の情報を、現実の中で事実と確認した時に発する納得の言葉〉実際。 (2)〈（相手の発言や直前の記述に対する）自身の賛同の念を強調する感動詞的言葉〉本当にそうです。 (3)〈（既存情報との照合を含意せずに）程度を強調する語〉全く。

-1112- 〈B〉げにには【実には】《副詞「実に」は、知識や風聞・他者の意見などが現実の中で事実として確認されたことに対する納得・賛同の感動詞的な意思表示だが、「実には」は逆で、既存の情報と現実の姿とが一致せぬことを示す語（両語の関係は現代語の「本当に」／「本当は」に相当）》〔副〕〈既存の情報と現実の姿とが一致しないことを表わす〉実際には。

-1113- 〈B〉げにげにし【実に実にし】《「現実にその通り」の意の副詞「実に」を畳語化した副詞「実に実に」(=なるほどその通りだ)が形容詞化した語で、「なるほどと納得できる」が原義だが、「堅実・実直・着実」や、「いかにも現実っぽい(が、実は嘘)」へと、「実」の字つながりでその語義が拡大した》〔形シク〕(1)〈(懸案の事態に関して)納得が行くさま〉もっともだと思う。 (2)〈(性格・行動に)いいかげんなところがなくて頼りになるさま〉堅実だ。 (3)〈(本質的には嘘なのに)表面的には本物のように見えるさま〉まことしやかだ。

●連綿と続く「現実」に疲れた時、人が逃げ込む先は「夢」・「魂」そして「心」

-1114- 〈C〉ゆめあはせ【夢合はせ】《「夢の吉凶を占うこと」及び「夢判断をする人」で、これらは、現代では軽い娯楽だが、古典時代には強い権威を持って人々の行動に大きな影響を及ぼした。動詞「合はす」の古典的語義「夢に含まれる意味を読み解く」も、古文読み解き作業の中では馬鹿に出来ぬ重みを持っている》〔名〕〈見た夢の内容から、現実生活の吉凶を解釈すること。また、そうした夢判断をする人〉夢占い(をする人)。

-1115- 〈A〉ゆめ【勤・努・謹】《「忌+目(=清めた目で対象を見据える」に由来する語で、寝ぼけて見る「夢」とは関係ない。禁止の表現で「決して・・・するな」、打消の表現で「全然・・・ない」、単独で「用心せよ」など、語義がみな強調的なのは、心を澄まして事に当たる含意が根底にあるため》〔副〕(1)〈(禁止の表現を伴って)何かを行なわないよう強く促す〉決して・・・するな。 (2)〈(打消の表現を伴って)否定の意味を強調する〉全然・・・ない。 (3)〈(単独で用いて)相手に用心するよう促す語〉気を付けろ。

-1116- 〈C〉ゆめゆめ【努努】《「努」を畳語化してその意味を強めた語。禁止の表現を伴って「決して・・・するな」、打消の表現を伴って「全然・・・ない」の意を表わす二用法は現代にも残る。古典時代は命令・勧誘の脈絡で用いて「是非・・・せよ」の意も表わした》〔副〕(1)〈(禁止の表現を伴って)何かを行なわないよう強く促す〉決して・・・するな。 (2)〈(打消の表現を伴って)否定の意味を強調する〉全然・・・ない。 (3)〈(命令・勧誘の脈絡で)何かをするよう強く促す〉是非とも・・・せよ。

-1117- 〈B〉たま【魂・霊】《「玉」と同根で、三六〇度どこから見ても真円の「完璧で揺るぎなきもの」の象徴が「魂・霊」。精霊的存在で、肉体から遊離したり、他者に影響を及ぼすこともあると信じられた。「壊れ易く儚きもの」たる人間の肉体・生命をバラバラにならぬよう繋ぎ止める糸は「玉の緒」》〔名〕〈（肉体に宿り、あるいは遊離して、自己や他者に様々な影響を与える）精霊〉霊魂。

-1118- 〈C〉たま【玉・珠】《「玉」＝「球体」、360度どこから見ても円満なその形は完璧性の象徴で、「魂・霊」と同根語。真珠を初めとする装飾用の「宝玉」、涙・露など「丸くて美しいもの」を意味する。「玉の」の形で「理想的なもの」を表わしたり、美称の接頭語として賛辞に用いたりもする》〔名〕(1)〈（自然が育み、人が磨き、賛美する）美しい石。（多く、真珠を指す）〉宝玉。(2)〈（比喩的に）丸いものを形容する語〉涙。露。滴。(3)〈（多く「玉の」の形で）美しいものを賛美する語〉玉のような。〔接頭〕〈（多く名詞に付けて）賛美する意を添える〉美しい。

-1119- 〈C〉たまのを【玉の緒】《「美しい玉を貫いてつないだ紐」が原義。そうした玉飾りのひもは脆くてすぐに切れるから、「時間・愛情などが儚くも過ぎ去ること」をも意味する。また、「玉」を「魂・霊」に見立て、繋ぎ止められているものを「生命」と見ると、「命の糸・生命力・息吹」の語義になる》〔名〕(1)〈（宝飾用に）美しい自然石に穴を開け、繋ぐ紐。また、そうしてつないだ飾り〉玉飾り（の紐）。(2)〈（特に、情愛を交わすための）時間の短さ〉束の間の時。(3)〈（肉体の中に繋ぎ止められたものとしての）生命〉生命力。

-1120- 〈C〉ことだま【言霊】《平安時代以前の日本では、「魂・霊」は人のみならず万物に宿り、言葉にさえも各語固有の「言霊」があって、それを口にし耳にする人に影響を及ぼすと信じられた。「言／事」未分化という上代の言語学的状況も、「発言」は「出来事」を呼ぶという想念を裏付けるもの》〔名〕〈上代の日本で、言葉に宿り、人の運命さえ左右するとされた神秘的な霊力〉言霊。

-1121- 〈C〉こころだましひ【心魂】《知・情・意の中核（英語では"mind・heart・soul"）の「心」＋「魂」("spirit")＝「精神」の意と、生得的理解能力「心」＋才気「才」＋修練技能「徳・能」＋精神的適性「器」＋これらを活用した実務処理能力「大和魂」を包含する包括的な「心と頭の働き」の意を表わす欲張りな語》〔名〕(1)〈（知・情・意の中枢としての）心の働き。また、心が正常に働く精神状態〉精神。正気。(2)〈（生得的な）思考能力。（実用的な）対処能力〉心と頭の働き。

-1122- 〈A〉こころ【心】《臓器としての「心臓」が原義。生命活動・精神活動全般の根源としての感覚は英語の「ハート」に近いが、"heart"＝「情」／「理」＝"mind"／「魂」＝"soul・spirit"と英語では役割が分化するのに対し、古語の「心」は「情」・「理」(一部「魂」をも)を総括的に包含する語》〔名〕(1)〈(形ある肉体的なものに対する)精神的なもの〉心。(2)〈(外界との関係に於いて)特定の指向性を持って働く感情の動き。また、(その人物に特徴的な)精神傾向〉気持ち。気質。(3)〈(特に恋愛感情を含まず)感情移入し、相手のことを思って振る舞う優しい気持ち。また、(恋愛の対象として)相手のことを特別に思う気持ち〉いたわり。愛情。(4)〈(一定の基準に従って)物事を正常に判断することの出来る知性の働き。また、そうした知的判断が可能な精神状態〉理性。正気。(5)〈(文芸的に価値あるものとされるような)物事をよく理解する心〉風流心。(6)〈(知的に捉えた)物事の最も重要な部分〉本質。(7)〈(物理的な)物事の中心、または、最も深い部分〉ど真ん中。最深部。(8)〈(和歌の中に込められた、一見しただけではわからない)読み取るべき深い味わい。(技巧・題材・着想・主題などの客観的に論評可能な内容と、感動・趣といった主観的な内容の双方を含む)〉趣意。(9)〈(何らかの行動をしようと)思い立つこと。特に、仏道への帰依を決意すること〉やる気。発心。

-1123- 〈A〉こころばへ【心延へ】《「延へ」は草木が「生える」にも通じ、生まれながらの特性として外の世界に延びて行きたがる性質を表わすので、「心延へ」には「生得的特質」の感覚が強い。一方、「心馳せ」は人為的な「心の用い方」だが、「心延へ」もこの語義で用いられる場合もある》〔名〕(1)〈(人やそれ以外の生き物の)本源的な特質〉性質。(2)〈(人物・出来事への対応に於ける)心の用い方〉心遣い。(3)〈(事物が、自然に、または、人為的に)発する雰囲気〉風情。趣向。(4)〈(発言などの)意味〉主旨。

-1124- 〈B〉こころばせ【心ばせ】《「心馳せ」と「心延へ」は酷似しているが、前者(馳せ)は意志的・活動的、後者(延へ)は自然発露的・雰囲気的。「心」(本源的特性)は人以外にもあるから「心延へ」は人以外にも言及し得るが、「意志」を持つ存在は人だけなので「心馳せ」は人にのみ言及する》〔名〕(1)〈(人の)精神的特質〉気質。(2)〈(人物・出来事への対応に於ける)心の用い方〉心遣い。(3)〈文化的素養〉嗜み。

-1125- 〈C〉こころひとつ【心一つ】《内に秘めた心情を「誰にも知らせず一人抱え込む」という内省的・自意識的な表現。他者に黙って独断で事を決する意になる場合もあるが、大方は決断・行動レベルに行き着かぬ内心のもやもやを一人胸中に秘めつつ持て余す、の意味どまりである》〔連接語〕《こころ〔名〕＋ひとつ〔名〕》〈思いを他者に明かさず秘めておく意を表わす。(他者に公開するつもりのない文章に個人的感情を書き表わす／他者に相談せず独断で事を決する、などの場合も含む)〉**人知れず。**

-1126- 〈A〉ここち【心地】《その場の状況から漠然と受ける気分や感じを表わす語。類義語「心」が持つ「対象への指向性・強い意志性」は「心地」には薄く、「なよなよ・へにゃへにゃ」とした受動的情弱性が(しばしば「病気」の気配さえ)伴う》〔名〕(1)〈(その場の状況に触発されての)一時的な精神状態〉**気分。** (2)〈(人・物・状態を)別の何かに例えて言う語〉**・・・のような感じ。** (3)〈(事態に正常に対処する上で必要な)精神状態や思考〉**きちんとした考え。魂。** (4)〈(病気などで)肉体的・精神的に弱った状態〉**病弱。気分がすぐれぬこと。**

-1127- 〈A〉こころなし【心無し】《「人としての情」・「思慮分別」・「文芸的に高く評価される物事への理解力」がない意の形容詞で、対義語は「心有り」。因みに、現代語「こころなしか」(＝気のせいか)は「心做しか」(＝自分の心が勝手にそう決め込んでいるせいか？)であって、「心無しか」ではない》〔形ク〕(1)〈(人間的な)感情がない。(人にも、人以外の生物・無生物にも用いる)〉**人情味がない。感情を持たない。** (2)〈(物事を適正に処理するのに必要な)知的働きが鈍い〉**間抜けだ。** (3)〈(文芸的に高く評価される物事に関する)恥ずかしくない程度の理解がない〉**無教養だ。**

-1128- 〈A〉こころあり【心有り】《「思いやり」・「思慮分別」・「情趣」など、人として有することが望ましい「心」を持っている意。対義語は「心無し」》〔自ラ変〕(1)〈他者の立場や心情をきちんと理解している〉**思いやりがある。** (2)〈(思考・行動上の)正しい判断基準を持っている〉**思慮分別がある。** (3)〈(自然の景物や人の心の機微などに関する)感受性が優れている〉**情趣を解する。**

-1129- 〈C〉ここちなし【心地無し】《現代語の類推から「生きた心地がしない」のような特定の心持ちを否定する語と考えがちだが、実際には、「心地」の持つ「事態に正常に対処する上で必要な精神状態や思考」の意に「無し」を付けて否定した、「思慮が足りない」という知的欠落について述べた語》〔連語〕《ここち〔名〕＋なし〔形ク〕》〈(事態に正常に対処する上で必要な)精神・考えを持ち合わせていない〉**思慮がない。**

-1130- 〈C〉こころと【心と】《「と」は起原・由来を示す副詞化語尾なので、「自分自身の心に発して」即ち「自発的に」の意となる。同様の組成・意味を持つ語には「己と」・「自づと」などがあり、現代語「自然と」・「不思議と」も同種の語》〔副〕〈(外からの働きかけによるのではなく)自分自身から進んでそうする意を表わす〉自発的に。

-1131- 〈A〉さが【性・相・祥】《自分の力ではどうにもならぬ「自然のままの性質・運命」を指す語。良くない「宿命」に言及する例が多いのは英語の"fate"と同じ。個人的な「生来の性分」、社会的な「世の習い」の意もある。近世以降の「欠点」の意は、「さがなし」(性格が悪い)の逆成+「さが」と「とが(咎)」の混同によるものであろう》〔名〕(1)〈(多く、悪いものに用いて)生まれる前から決まっている巡り合わせ〉宿命。不運。(2)〈(多く、悪いものに用いて)(生得的で、自分ではどうにもならない)性質〉生まれつきの性分。(3)〈(統計的に見て)世間によく見られる現象〉世の習い。

-1132- 〈A〉さがなし【さがなし】《どう頑張っても変えられぬ生来の性質や運命の「性」(良くないものに言及する例が多い)+「甚し」で、「意地悪」・「口が悪い」・「どうにも手に負えぬ」の意だが、古来「性+無し」の誤った類推が優勢だったことは、「無性に」(どうしようもなく)の表現からも想像できる》〔形ク〕(1)〈(主に、他者に対する態度や物の見方が)ひどくねじくれていて好感が持てない〉意地悪だ。(2)〈(他者の批判、汚い言葉、小言、隠しておきたい秘密の事柄などを平然と言うので)その口ぶりに好感が持てない〉口が悪い。(3)〈(子供、愛玩動物など、論理の通用せぬ相手について)何ともしようのないことだ〉困ったものだ。

-1133- 〈B〉さがし【険し・嶮し】《「生まれついての困った性質」の意の「さが」と同根語とされ、「(山・道などの)傾斜が急だ」・「危険だ」を意味する語》〔形シク〕(1)〈(山・道などの)傾斜が急である〉険しい。(2)〈(そこに近付くと)身の安全が脅かされそうな感じである〉危険だ。

-1134- 〈C〉おだし【穏し】《「人心や世情に乱れがなく安定しているさま」を表わす和文脈語が「穏し」。漢文訓読語としては形容動詞「穏ひかなり」が用いられ、これが鎌倉以降「穏やか」に転じて現代に至っている》〔形シク〕(1)〈(人心が)乱れがなく安定している〉心安らかだ。(2)〈(世情や物事の状態が)目立った動きもなく安定している〉平穏無事だ。(3)〈(人やものについて、見た感じが)目立って異質な感じがない〉穏健だ。

●「心」は、他者に見せる「面(おもて)」とは裏腹な思いを宿すが故に「うら」とも読む;そんな「うら」の世界の古語あれこれ

-1135- 〈B〉うらなし【うらなし】《「うら」=「表」の逆=「表立っては見えぬ心の内」。それに「無し」が付いて、「何の隠し事もない」という公明正大な開放感を意味する場合と、「状況に対するしっかりした心構えが出来ていない」という薄ぼんやりした間抜けな様態を非難する場合とがある》〔形ク〕(1)〈(表面に現われた発言や行動と、心の中の考えとに、何のずれもなく)素直で好感が持てる〉何の隠し事もない。(2)〈(状況に漫然と身を任せているばかりで)思慮・警戒感に欠ける〉薄ぼんやりしている。

-1136- 〈A〉うれふ【憂ふ・愁ふ】《「心」を意味する「うら」に発し、「心中の苦悩・不満を他人の前に晒す=愚痴る」という外向性の原義を持つが、「心中に苦悩を抱え込む」という内向性の語義や、鎌倉期以降は「病気になる」の意も表わす。名詞形は平安期までは「憂へ・愁へ」／鎌倉期以降は「愁ひ」》〔他ハ下二〕〔他ハ上二〕(1)〈(心の中の苦悩・不満を)他者に向かって訴える〉愚痴る。(2)〈(自らの内面に)苦悩を抱え込む〉思い悩む。(3)〈(中世以降の語義)健康を害する。(「患ふ」とも書く)〉病気になる。

-1137- 〈C〉うれたし【概たし】《「心」を意味する「うら」に「痛し」が付いた「心痛し」の転じた語。但し、「うれたし」の表わす心痛は「気に食わぬ事態に対する個人的不満」であって、それ以外の心の痛み(義憤とか憐憫とか)は対象外。一人で腹を立てているばかりの不機嫌な語である》〔形ク〕〈(自分にとって不愉快な状況に)腹が立つ〉腹立たしい。

-1138- 〈A〉うるさし【煩し】《元は「うら(心)＋せし(狭し)」で「心が締め付けられるような窮屈な感覚」が原義。「執拗に繰り返される騒音や行動への、対応放棄・消滅祈願の感情」がその根源的語義だが、「非の打ち所のない相手の見事さへの賛嘆」という全く異質な語義もあるので要注意》〔形ク〕(1)〈(同じ状況や騒音が執拗に繰り返されることに対し)対応を放棄したい、または、その対象が消えてなくなってしまえばいい、と感じる〉煩わしい。(2)〈(行為の背後にある下心が見え隠れして)嫌悪感が募る〉わざとらしい。(3)〈(相手の思慮深さを誉めて)細々とよく気が回る〉実に抜かりがない。(4)〈(「うるせし」との混用)技能が優れている〉優秀だ。

-1139- 〈C〉うるせし【うるせし】《字面からは否定的な意を持つ語と錯覚し易いが、「心憎いまでによく気が回る」・「技能が優れている」という肯定的な意を表わす。これらの語義は「うるさし」にもあり、両者はよく混用された》〔形ク〕(1)〈(心憎く感じられるほどに、相手が)思慮深い〉よく気が利く。(2)〈(技能的に)優れている〉優秀だ。

●「心(うら)」に展開する思いとしてはやはりこれが主役、ということで、次なる主題は「怨・恨・嘆・憎」

-1140- 〈B〉うらむ【恨む・怨む】《「心」を意味する「うら」を語根とし、不本意な事態や他者の行動に対し、不満を持ちつつもそれをすぐには表出せず内面にいつまでもくすぶらせる執念深い語感を持つ。類義語「怨ず」は、怨恨の感情を即座に言動・行動で表わす感覚が強い》〔他マ上二〕〔他マ四〕(1)〈(事態や他者の行動に対し)心の中で不満に思う〉憎む。 (2)〈(他者に向かって)不平不満を口に出して言う〉愚痴をこぼす。 (3)〈(以前に受けた不本意な仕打ちを)他者にやり返す〉仕返しする。 (4)〈(怨恨の感情を伴わず)残念だと思う〉遺憾に思う。 (5)〈(虫の音や風の音が)悲しみを誘うように響く〉むせび泣く。

-1141- 〈C〉あんず【怨ず】《平安期には「ん」文字がなかったので「ゑず」とも書いた(が、読みは「えんず」)。「(相手に対して)不満を抱く」の意のみならず、その不満を言語・行動次元で外界に表出する「恨みがましく振る舞う」の語義もある点に要注意》〔他サ変〕〈(相手に対し)不満を抱く。また、不満な気持ちを言葉や行動で表わす〉不満に思う。恨みがましくする。

-1142- 〈B〉なげく【嘆く・歎く】《「長+息(=長く息を引く)」に由来するとされる語。原義に忠実な物理現象に心理学的色彩を加えた「溜息をつく」から、純粋に心理的な語義の「嘆き悲しむ」が生まれ、悲痛な気持ちで「嘆願する」という社会学的語義もまた生じた》〔自カ四〕(1)〈(生理現象として、また心理的表現として)長く引きずる形で、息をつく〉溜息をつく。 (2)〈(心理的に)悲しみを表に出す。また、涙や泣き声で悲しみを露わにする〉悲嘆に暮れる。悲泣する。 (3)〈(得難い何かを)悲痛な思いで求める。(多く、その願望の叶わぬことを示唆する)〉哀願する。

-1143- 〈C〉かこちがほ【託ち顔】《「不平を言う」(=託つ)ような顔付きをすることであるが、この場合の不平不満は、自分自身や状況に対するものではなく、他者に対するものであり、その意味で、他者に何かを訴え、どうにかしてもらおうとするメッセージ性を持つ語と言える》〔名・形動ナリ〕〈(他者に対する)不満を表わした表情〉恨めしそうな顔付き。

-1144- 〈C〉にくむ【憎む】《「気に食わない」という心情面に限定された意味の他、その否定的感情を積極的に行動面で示す「非難する」系の語義も持つ》〔他マ四〕(1)〈(心情的に)気に入らない〉不快に思う。 (2)〈(行動面で)気に入らないという意思表示をする〉責める。

-1145- 〈A〉にくし【憎し】《現代では「気に入らぬ」の語感が強いが、動詞連用形に続けて「…しにくい」意を表わす補助動詞用法も重要で、「見た目が悪い」(見+憎し=醜し)などはその系統の語。否定語を伴わぬ「憎し」を「憎からず」(素晴らしい)の代用表現として用いる例もある》〔形ク〕(1)〈(個人的に)好感が持てないさま。(現代語的な怨念を含むものではない)〉気に入らない。(2)〈見た目がいかにもよろしくない〉醜悪だ。(3)〈(動詞の連用形に付いて補助動詞的に用いたり、直前にあるべき動詞を省略したりして)(心理的・技術的に)そうするのが困難である意を表わす〉…しにくい。(4)〈(否定語を伴わずに「憎からず」と同じ意味を表わして)高く評価してよい〉なかなかのものだ。

-1146- 〈C〉にくからず【憎からず】《形容詞「憎し」を打ち消したもので、客観的に見て「好感が持てる」(=「憎さげ」の対義語)の意を表わすほか、遙かに主観的な「愛情を注ぎたくなる感じだ」の語義もある(現代にも残る)。肯定形「憎し」で「憎からず」(悪くない)の意を表わす特殊な例もある》〔連語〕《にくし〔形ク〕+ず〔助動特殊型〕打消》(1)〈客観的に見て、好感が持てる〉感じがよい。(2)〈(多く、男女間の感情の機微について)愛情を注ぎたくなる感じだ〉好意を抱いている。

-1147- 〈A〉こころにくし【心憎し】《この「憎し」は「憎悪」ではなく「邪魔があってすんなり行かない」の意を表わし、「対象に向けて心が引き付けられ、よく知りたいのに、生憎と途中に邪魔があって、十分に知ることができない」の原義から、「心引かれる」・「不審な点がある」・「要警戒だ」の語義が生じた》〔形ク〕(1)〈(褒めて)(もっとよく知りたくなるような)心を自然と引き付ける魅力を持っている〉心魅かれる。(2)〈(物理的・心理的に、不明な部分があるために)判断が付けられずに戸惑う感じを表わす〉不審な点がある。(3)〈(対象の正体・本心などが不明のため)心を許すことができないさまを表わす〉警戒を要する。

-1148- 〈A〉あやにく【生憎】《驚嘆の感動詞「あや」に、形容詞「憎し」の語幹が付いた語とされ、自身が妥当と考える程度や時機から外れる事態に対する不満感を表わす語。自然現象や出来事に関し「予想外に状況が悪い」、人の行動に関し「予想外に酷すぎる／甚だしすぎる」の意を表わす》〔形動ナリ〕(1)〈(自然現象・出来事などについて)予想・期待に反して、時機・状況が悪い〉あいにくだ。(2)〈(人為的行動について)予想・期待に反して、あまりにひどい、または、程度がはなはだしい〉意地悪だ。やり過ぎだ。〔副〕〈時機・場合がよくないことを表わす〉残念ながら、ちょっと。

●「心（うら）」の世界の否定的古語オンパレード、次なる役者群は「しんどい」系

-1149- 〈A〉つらし【辛し】《現代語「辛い」は「精神的（または肉体的）に苦しい・耐え難い」という否定的な感情を自らの内に溜め込む自己完結的な語だが、古語の「辛し」の語感は「自分に冷たく当たる他者に対し、それはないだろう、と感じる」であり、現代語の「恨めしい」に相当する》〔形ク〕(1)〈他者から自分への行動を、不当なものとして恨めしく感じる〉薄情だ。(2)〈精神的に（あるいは肉体的・状況的に）追い詰められて、どうしようもない感じだ〉苦しい。

-1150- 〈B〉からし【辛し】《舌にズキズキくるような刺激的味覚（主に塩気だが、古くは酸味をも含んだ）が原義。それが心情語に転じて、「残酷」・「悲哀」・「不愉快」・「危険」など、心にチクチクする否定的な意を広く表わす語となった》〔形ク〕(1)〈舌にズキズキくるような〉塩分の強さを表わす。（古くは、酸味の強さをも表わす）〉塩辛い。(2)〈（心・身にズキズキこたえるような）仕打ちの厳しさを表わす〉ひどい。(3)〈（心にしんみりこたえるような）痛切な悲しみの感情を表わす〉切ない。(4)〈（すんなり受け入れ難いような）気に入らない感情を表わす〉不愉快だ。(5)〈（もう少しでとんでもないことになるような）ひどく危険なさまを表わす〉危うい。

-1151- 〈C〉からくして【辛くして】《形容詞「辛し」の持つ「危うい」の語義に由来し、「危ないところだったが、どうにかこうにか」の意を表わす。ウ音便形「からうして」が更に濁音化した「からうじて」が現代語「辛うじて」の原型である他、「命からがら」の表現にも「辛し」の語感は引き継がれている》〔副〕〈あと僅かのところで実現しなかったかもしれない意を表わす〉辛うじて。

-1152- 〈C〉けうにして【希有にして】《「普通でない」意の中古男性語「希有」に由来すると考えれば「滅多にない事ながら」となる筈だが、実際には「（危機の中から）辛うじて（脱出する）」の意なので「希有」との関連性は薄い。漢語「岌岌たり」（＝危うい）(cf:『孟子』「萬章章句上・四」)からの横滑り語か？》〔連語〕《けう〔名・形動ナリ〕＋して〔接続〕》〈（中世語）（危機的状況の中から）危ういところで難を逃れることを表わす〉辛うじて。

-1153- 〈A〉**かたし**【難し】《「堅・固」と同じく「型」に由来する語で、「一定の形が崩れず、隙間がなく、付け込む余地がない」という物理的語感が転じて「…するのが困難」の語義が生じ、現代にまで引き継がれた。古語ではまた希少性を表わす「有り難し」を「難し」一語で表わす場合がある》〔形ク〕(1)〈そう簡単には為し得ない意を表わす〉**容易ではない。** (2)〈類例が世の中にそう多くはない意を表わす〉**滅多にない。**

-1154- 〈B〉**がてに**【がてに】《元来は清音。「克つ(=克服する)」の未然形(かて)を打消助動詞「ず」連用形(に)で否定した「…しおおせずに」の意。「克て」が「難し」の語幹と混同されて、奈良時代に「がてに」の濁音形が生じた。「待ちがてに」(=待ちきれず)など、動詞連用形に続けて用いる》〔連接語〕《かつ〔補動タ下二〕+ず〔助動特殊型〕打消》〈(動詞の連用形に続けて)その行為を最後までやり遂げることが不可能なことを表わす〉**…し難くて。**

-1155- 〈A〉**むつかし**【難し】《擬音語「む」(口を堅く結び、行き場のない溜息を喉の奥に押し込んだ挙げ句、鼻・胸・腹を共鳴させて響かせる低音)を含み、「むつかる」と同根で、容易ならざる事態を前に不快・煩悶・無気味・迷惑などの否定的感情を表わす語が「難し」である》〔形シク〕(1)〈(個人的・感情的に)気分がよくない。(赤ちゃんの不機嫌さにも通じる根源的な不快感)〉**不快だ。** (2)〈(対象に着目して)扱いに困り、こちらとしては迷惑だ〉**煩わしい。** (3)〈自分を低調な気分にさせる対象を、一方的に貶して言う語。(訳語は、その個人的不快感の口実として脈絡から拾える事情に適宜にじつけてでっち上げればよい)〉**しょーもない。** (4)〈(正体不明で通常の理解を越えているために)恐怖を感じさせる〉**無気味だ。**

-1156- 〈B〉**むつかる**【憤る】《「難し」の動詞化で、自分にとって不愉快な事態を前にして不機嫌・嫌悪・不平などの否定的感情を表わす語が「憤る」。現代では「赤ちゃんがグズる」の意でしか用いないが、「ムカっ腹が立つ」・「ムカムカする」・「ムカつく」などの表現の中に「ムつかる」の名残が感じられる》〔自ラ四〕(1)〈(赤ちゃんや子供が)機嫌が悪くなり、自分で自分を制御できない滅茶苦茶な状態になる〉**ぐずる。** (2)〈(大人が)不愉快な感情を抱く。また、気が進まないという素振りを示す〉**むっとする。嫌がる。** (3)〈(公然と)自分の気に入らない点を口に出して言う〉**文句を言う。**

-1157- 〈A〉くるし【苦し】《痛みや悩みで眼前が真っ暗になったり、正常な精神状態でいられなくなったりすることから、「暗し」や「狂ふ」と同根語かとされる。「心身が痛い」・「傍目に見苦しい」は現代語同様だが、「気懸かりだ」・「差し障りがあって・・・できぬ」の語義は古語ならではのもの》〔形シク〕(1)〈〈肉体的・精神的に〉苦しい〉痛い。辛い。 (2)〈〈客観的に見て〉不愉快である〉不快だ。 (3)〈〈何事かに神経を使って〉気持ちが落ち着かない〉気懸かりだ。 (4)〈〈多く打消・反語の表現を伴って〉そうするのに適当な状況ではないことを表わす〉よろしくない。〔接尾シク型〕(1)〈〈動詞の運用形などに続けて〉そうすることが不愉快である意を表わす〉・・・するのも不快だ。 (2)〈〈動詞の連用形などに続けて〉そうするのが困難である意を表わす〉・・・しにくい。

●「しんどい」ことばかり続けば、いつまでも「心(うら)」に秘めてはおけません；ということで次なる語群は「あんたが悪いっ！」系

-1158- 〈A〉かこつ【託つ】《名詞形「託言(かごと)」の動詞化したものとも、動詞の「託つ」が逆に「かこと・かごと」へと名詞化したのだとも言われる。事態を他者のせいにしたり、相手に関係付けて自身の行動を正当化したり依存したりするのが原義》〔他夕四〕(1)〈〈事態を〉他者に原因があるとする〉・・・にかこつける。 (2)〈〈相手が悪いのだと言うように〉不満な態度を示す〉愚痴る。 (3)〈〈関係があるとみなして〉他者に依拠する〉つてとして頼る。

-1159- 〈A〉かごと【託言】《「かこと」とも言う。動詞「託つ」の名詞化とも、逆にこの「託言」が動詞化したのが「託つ」だとも言われる。いずれにせよ「こと(言／事)を、自分以外の何か／誰かに結び付ける」のが原義で、そこから「言い訳」・「恨み言」の意となる》〔名〕(1)〈事態の原因を他者に結び付ける言葉〉口実。 (2)〈〈事態の原因は他者にあるとして〉不満に思って言う言葉〉愚痴。言い掛かり。

-1160- 〈C〉かごとばかり【託言ばかり】《「託言」の持つ「言い訳」の意から生じた連語で、現代語の「申し訳程度に」(＝本気でやっているのではなく、ただやっているという素振りを相手に示すためにそうしているだけ)に相当する表現》〔連語〕《かごと〔名〕＋ばかり〔副助〕》〈本式でなく、うわべだけのいい加減なものであることを表わす〉形だけ。

-1161- 〈C〉せむ【責む】《「狭し」と同根語で、相手との間隔を詰めたり、逃げ場のない狭所に追いやる急迫感から、「肉体的・精神的に苦しめる」・「責任を詰問する」・「しきりに催促する」の語義が生じた。「目的追求」の語義は「(学問の)専攻」に通じ、「責む」よりむしろ「攻む」の語感である》〔他マ下二〕(1)〈(人を)肉体的・精神的に苦しい立場へと追い詰める〉**苦しめる**。 (2)〈(人に対して)お前が悪い、と迫る〉**咎める**。 (3)〈(人から、物品・行動・発言などを)引き出そうと迫る〉**しきりにせがむ**。 (4)〈(特定の目的を)ひたすらに努力して追い求める〉**真剣に追求する**。 (5)〈馬を厳しくしつけて乗り慣らす〉**調教する**。

-1162- 〈B〉せめて【せめて】《急迫の動詞「迫む」の連用形＋接続助詞「て」。物品・行動・発言などを求めて相手に強引に迫るのが原義だが、切迫した心情に基づくものであれば、相手に対しての行動(「無理矢理に」)／自分自身の行動(「非常に‥‥」・「是非‥‥ぐらいは」)のいずれにも用いた》〔副〕(1)〈(他者に対する、あるいは自分自身の行動に関して)切迫した心情に基づいて熱心に事を行なう意を表わす〉**無理に**。 (2)〈(多く、心情を表わす形容詞を修飾して)その心情が極めて強い意を表わす〉**ひどく**。 (3)〈(願望・命令・意志などの表現を伴って)十分とは言えないが、最低限それだけは、と望む意を表わす〉**せめて‥‥ぐらいは**。

-1163- 〈B〉とが【咎・科】《他者から指摘され恥辱となる「生来の欠点」や、悪意はなくても結果的に他者の非難を招く「問題行為」を意味する。類義語「罪」は、本源的に「聖なるものを犯すこと」である点で出自が異なるが、「他者に非難される問題行動」という点では共通性がある》〔名〕(1)〈他者から指摘され恥辱となるような生来の至らぬ点〉**欠点**。 (2)〈他者の非難・断罪を招くような問題のある行為〉**過失**。

-1164- 〈C〉ゆるす【許す・緩す】《「緩し」と同根語で、緊張状態から弛緩状態への移行の意から「緩める」・「(囚われの身の者を)解放する」・「(罪や義務を)免除する」・「(禁止状態を解いて)許可する・受け入れる」・「(才能などを)評価する」の意となる。「我慢・堪忍する」の意で用いる例もある》〔他サ四〕(1)〈(緊張状態を解いて)緩やかな状態にする〉**緩める**。 (2)〈(捕縛状態を解いて)自由にしてやる〉**解放する**。 (3)〈(罪や義務を)負わずに済むことにしてやる〉**免除する**。 (4)〈(禁止を解いて)何かをすることを認めてやる〉**許可する**。 (5)〈(人物や才能を)立派なものとして認めてやる〉**評価する**。

●「心(うら)」に溜まった嫌なもの、積もり積もって次なる古語は「やめて！かんべんして！もういや！」系

-1165- 〈A〉うとし【疎し】《「身+外し」の転とも、「うつろ」・「うつほ」の語根の「うつ」(=空疎)と同根語とも言われるが、いずれにせよ「対象に対する自身の関係の薄さ」が原義》〔形ク〕(1)〈(人に対して用いて)親密な関係ではない〉**疎遠だ**。(2)〈(人の行動・心理の様態について)遠巻きに振る舞っている感じだ〉**よそよそしい**。(3)〈(物に対して用いて)深い関わりや知識がない〉**詳しくない**。 (4)〈対象に対し興味・関心を示さない。また、そのために、対象に敬意を払わない〉**無関心だ。冷淡だ**。 (5)〈(肉体的機能・精神作用が)きちんと働かない〉**愚鈍だ。うまく利かない**。

-1166- 〈B〉うとむ【疎む】《形容詞「疎し」に動詞化語尾の「む」を付けた語で、「うとぶ」とも言う。「対象に対して親近感を持てず、遠ざけたい」の気持ちや、「嫌いな対象を遠ざけるよう仕向ける」の意味を持つ。形容詞形は「疎まし」・「疎む」で、こちらは現代語「鬱陶しい」に通じる》〔他マ下二〕〈(第三者が、あるものを)嫌って遠ざけるように仕向ける〉**忌避させる**。〔他マ四〕〈(自分自身が、対象に)親近感を持てず、遠ざけたい気持ちになる〉**忌避する**。

-1167- 〈A〉うとまし【疎まし】《形容詞「疎し」の動詞形「疎む」が形容詞形した語。「好ましくないものを、自分から遠ざけたい」・「正体不明のものを、気味悪く感じる」という心理的・生理的嫌悪感を表わす語》〔形シク〕(1)〈(自分にとって好ましくない存在に対する)関わりを避けたい気持ちを表わす〉**遠ざけたい**。 (2)〈(正体不明のものに対する)薄気味悪い感じを表わす〉**不気味だ**。

-1168- 〈B〉けうとし【気疎し】《「対象に対する自身の関係の薄さ」を意味する「疎し」に、「何となく・・・の感じ」の意の「気」を付けて婉曲化した語。やがてその原義の「疎ましさ」の語感が失われ、連用形「けうとく」の形で「(良かれ悪しかれ)程度が甚だしい」を表わす用法も生じた》〔形ク〕(1)〈(何となく)親近感が持てない〉**親しみにくい**。 (2)〈(家屋やその一帯に)人間の存在する気配がない。また、そのため精神的に不安を感じる〉**物寂しい。薄気味悪い**。 (3)〈(何となく)すんなりと受け入れ難い〉**しっくりこない**。 (4)〈(多く、連用形「けうとく」の形で他の形容詞を修飾して)(良かれ悪しかれ)程度が甚だしいことを表わす〉**物凄い**。

-1169- 〈C〉けけし【けけし】《「気」(雰囲気)+「異し」(普通と違う)の組合せで、本来想定される雰囲気とは異なることから「不自然な感覚」(=素っ気ない・無愛想だ・改まって変だ)の意になる》〔形シク〕〈(本来想定される雰囲気とは異なり)不自然な感じがする〉**変によそよそしい**。

-1170- 〈C〉すげなし【すげなし】《語源は定かではないが、「すげ＋なし」ではなく「す（接頭語）＋け（気）＋無し」であろう、とされる（「素っ気ない」と捉えれば解り易い）。相手に対し何の「気」をも示さないのが原義で、「冷淡」を意味する表現として現代語にもそのまま残っている》〔形ク〕〈（他者に対し）同調的な態度を全く示さない〉**冷淡だ。**

-1171- 〈B〉たいだいし【怠怠し】《曲折や凸凹で道が歩み辛い「たぎたぎし」の音便形に由来するとの説があり、「歩行困難」・「何かと厄介」の語義はそれで理解可能だが、「倫理的に非難すべき」の語義は「懈怠」（＝「精進」の対義語で、勤行を怠けること）からの類推と考えるのが妥当であろう》〔形シク〕(1)〈(仏教の誡める「懈怠＝修行を怠ること」の類推から)本来のありようから逸脱しており、倫理的に非難を誘うさま〉**もってのほかだ。** (2)〈（物理的に）歩むのが困難だ〉**足下が怪しい。** (3)〈（先行き難航が予想されて）暗い気持ちになる〉**先が思いやられる。**

-1172- 〈C〉けだい【懈怠】《「仏道修行怠慢」の仏教語から一般的「怠惰」へと語義が拡大した古語。清音「けたい」は「卦体」（＝占い結果）と重なり、「卦体の悪い」（＝縁起でもない）→「卦体糞悪い＝ケッタクソ悪い」（むかつく）→「ケッタイな！」→「ケッ！」の一連の罵倒語の系譜に影響しているかもしれない》〔名・自サ変〕(1)〈(仏教語)仏道修行を怠ること〉**修行怠慢。** (2)〈(一般に)熱心に励まず、いい加減であること〉**怠惰。**

-1173- 〈A〉おこたる【怠る】《「行なふ」に「垂る」を付けたもので、「一定の調子で推移していたものが、途中で低落する」のが原義。現代語にも通じる「為すべき事柄を怠ける」という否定的語義の他に、古語では「病状が快復する」という好ましい意味でよく用いられるので要注意》〔自ラ四〕〔他ラ四〕(1)〈（行なうべきことを）しっかりと行なわない〉**怠ける。** (2)〈（精神的に）警戒心をなくす。また、（怠慢ゆえに）過ちをしでかす〉**油断する。過失を犯す。** (3)〈（特に、交際・文通などについて）今まで続いていたものが中途で切れる〉**途絶える。** (4)〈（病気や苦しみが）よくなる〉**快復する。**

●嫌だ、嫌いだ、と敬遠する古語ばかり続いた後は、「積極的行動」系の古語で巻き直し

-1174- 〈A〉おこなふ【行ふ】《「一定の様式・調子で推移する一連の行為」が「おこ」。これに動詞化語尾「なふ」（類例：「商ふ」・「誘ふ」）を付けたものが「行ふ」。「一定の様式性」がその根幹にあるため、「仏事」・「儀式」・「政務執行」・「指示命令」など、現代語の類推からは外れる語義が生じる》〔自ハ四〕〈仏教の修行をする〉勤行する。〔他ハ四〕(1)〈(一定の様式をもった事柄を)滞りなく進める〉実行する。(2)〈(法的規定に基づいて)政務を行なう〉治める。(3)〈(格助詞「に」に続けて)(法的規定に基づいて)刑罰を受けさせる〉処置する。(4)〈(作業手順を)他者に指示する〉命じる。

-1175- 〈C〉つとむ【勤む・努む・勉む・務む】《「朝」・「夙に」と同源で、「早朝から」の意を含む（早朝からせっせと励むのはそれだけ「気を引き締めて事を行なう＝つとめる」ことだ、という理屈）。現代同様「勤務する」の意もあるが、「体調管理などに気を付ける」・「仏道修行に励む」の語義は古語特有のものなので要注意》〔自マ下二〕(1)〈気持ちを引き締めて事を行なう〉努力する。(2)〈仏教の修行に心から打ち込む〉勤行する。(3)〈体調や現状を維持するために細心の注意を払う〉気を付ける。(4)〈決められた仕事に従事する〉勤務する。

-1176- 〈C〉おしたつ【押し立つ】《「立つ」を「押す」で強調したその剛直な語感から、「自分の意向を前面に押し出して行動する／させる」の意味を持つ。特に「押し立ちて」の形で副詞的に「無理に」の意を表わす使用例が多い》〔自タ四〕(1)〈(多く、「押し立ちて」の形で)(他者の意向を無視して)自分の意向を貫き通す〉強引に振る舞う。(2)〈(敵対的な状況を前にして)屈することなく立ち続ける〉立ちはだかる。〔他タ下二〕(1)〈(本人の意向を無視して)無理矢理行なわせる〉無理強いする。(2)〈(目的語に「戸」を伴って)厳重に戸締まりする〉堅く閉ざす。

-1177- 〈C〉うけばる【受け張る】《「憚る」（幅＋離る＝遠慮する）の対義語で、「受く＋張る」＝「自分はこれでよいのだと納得し、思うままに振る舞う」の意。この「張る」は現代語の「気張る・張り切る・頑張る」と同じ。自信に満ちたさまを客観的に言う場合と、傍若無人な振舞いを非難する場合がある》〔他ラ四〕(1)〈自分の行動に自信を持って、堂々と振る舞う〉自信満々に振る舞う。(2)〈他人の意向・思惑を気にすることなく、好きなように振る舞う〉傍若無人だ。

-1178- 〈A〉**せち**【切】《訳語は様々考えられるが、心情面に着目すれば「痛切に・切実に・心底・しみじみと」／行動面に焦点を当てれば「しきりに・是非に・強引に・無理矢理に」あたり。「重要だ・切羽詰まっている」(価値判断系)は、主観的感情の切迫性が、迅速なる行動を強く求める感じの語義》〔形動ナリ〕(1)〈(心情面に着目して)強い感情が胸に込み上げてくるさま〉**痛切だ。**(2)〈(行動面に着目して)自らの内なる感情に動かされて積極的に事を行なうさま〉**切実だ。**(3)〈極めて重要であると判断するさま〉**大切だ。**

-1179- 〈B〉**ぜひなし**【是非無し】《「是非」=「善悪／正義と不正義／筋の通ることと通らぬこと」で、そうした「善悪の判断が伴わない／価値判断が出来ない」が原義。類似の表現「是非に及ばず」の類推から、「良いの悪いのとあれこれ言っても今更どうにも仕方がない」の意を表わす場合もある》〔形ク〕(1)〈善悪の判断が全く伴っていない。また、価値判断そのものが出来ていない〉**良いも悪いもない。**(2)〈(良いの悪いのと)とやかく言っても今更どうにもならない〉**やむを得ない。**

-1180- 〈A〉**あながち**【強ち】《「あな」を「己」に読み替えて解釈すると理解できる古語。「あな=自己」+「がち=勝ち」で、自分の内なる思いを抑制しつつ他者との正常な相対的対応を保つだけの余裕がない、というのが原義》〔形動ナリ〕(1)〈(他者の意向を顧慮する余裕もなく、自分の思惑だけで事を運ぼうとして)他者の不興を買うさま〉**強引だ。**(2)〈(自分がいかに必死かを主張するかのごとく)一つのことに執心するさま〉**一途だ。**(3)〈(非難に値するほどに)適正水準を逸脱しているさま〉**あんまりだ。**(4)〈(下に打消・反語の表現を伴い「あながちに」の連用形で)全面的に否定すべきでないことを表わす〉**一概に…ない。**〔副〕(1)〈(下に打消の表現を伴い「あながち」の副詞形で)全面的に否定すべきでないことを表わす〉**一概に…ない。**(2)〈(下に打消・禁止の表現を伴い「あながち」の副詞形で)強い禁止を表わす〉**決して…するな。**

-1181- 〈B〉**しふ**【強ふ】《「状況や相手の意志に逆らって無理矢理事を運ぶ」意を表わす。現代語でも「無理強い」・「強いて言えば」などの表現の中に残る》〔他ハ上二〕〈(状況や相手の気持ちに逆らって)無理矢理に事を運ぶ〉**強行する。**

-1182- 〈A〉**ひたぶる**【一向・頓】《「一」の転の「ひた」に様態を表わす接尾語「ぶ」の連体形「ぶる」を付けた語で、「ひたすら」・「ひたむき」などと同根語。基本的には「対象にひたすら執着する」意だが、他者の意向も何もかも無視して好き勝手に邁進する様態を非難する「強引だ」の語義もある》〔形動ナリ〕 **(1)**〈(他者の思惑も他の対象も一切見えぬかのように)一つの対象のみに強く執着するさま。(非難の気持ちを含意しない)〉**一途だ。 (2)**〈自分の気持ちを押し通すことしか考えない行動様態が、他者の非難を誘うさま〉**強引だ。 (3)**〈(連用形「ひたぶるに」の形で)(通常の度合を越して、または、他の可能性もあるのを一切無視して)甚だしい様態を表わす〉**ひたすら。 (4)**〈(連用形「ひたぶるに」と打消の表現を伴って)強い意志で何かを拒む意を表わす〉**一向に‥‥ない。**

-1183- 〈C〉**ひとへに**【偏に】《「ひと」は「一」に由来し、他事に構わず単一の対象に集中するさまを表わす。「ひたぶる」・「ひたすら」・「ひたむき」・「ひとむき」などと同根語で、一心不乱なさまに言及する「ただひたすらに」と、他の何かと一切変わらぬ同様の様態に言及する「全く」の語義を持つ》〔副〕**(1)**〈他事に構わず単一の対象にのみ集中するさま〉**ひたすらに。 (2)**〈(他の何かと比較した場合に)何一つ変わるところがないさま〉**まるで。**

-1184- 〈A〉**かたくな**【頑な】《不完全の意の「片」に、曲がりくねった意の「くな」(cf:くねくね)を付けて、「判断が偏り、不完全なさま」を原義とする語。現代では「堅+くな／硬く+な」の語感の「偏屈」の意のみを表わすが、古語には「不完全」に重きを置いた「無教養・不義理・情趣音痴」・「不格好」の語義もある》〔形動ナリ〕**(1)**〈(愚かしいまでに)一つの思い込みにとらわれているさま〉**頑固だ。 (2)**〈(判断力・教養・常識・感性などの)知的・文化的尺度に照らして、欠点が目立つさま〉**無教養だ。 (3)**〈(見た目が)洗練されておらず、軽蔑や不快感を招くさま〉**見苦しい。**

-1185- 〈C〉**わざと**【態と】《「わざ」には元来「神仏の意志」の含みがある。「わざと」は、その作為性に言及して「意図的に」の意を表わしたり、普通とは異なる感じの「格別に」の意になったりする他、しばしば「わざとの」の形の連体修飾語として「本格的な」の意味を表わす》〔副〕**(1)**〈(自然にではなく)意図や目的をもって事を為す意を表わす〉**意図的に。 (2)**〈他の物事とは異なるものであるとして特筆する意を表わす〉**格別に。 (3)**〈(「わざとの」の形で連体修飾語として用いて)かりそめなく本式に従事する意を表わす〉**本格的な。**

-1186- 〈B〉わざ【業・態・事・技】《行動の背景に意思(元来は神意)あり、が原義。この語感は「わざと」(作為的に)や「災」(神意により世界に下された罰)に通じる。「行為」・「仕事」・「仏事」・「技芸」など、いずれも意志性の語義を持つ。「災」の略形／「…な事」の意の形式名詞としても用いた》〔名〕(1)〈(人が)何らかの意志や目的をもって行なう事柄〉**行為**。 (2)〈死者の魂を慰めたり神仏を敬うために行なう宗教的行為〉**仏事**。 (3)〈生計の手段として日常的に行なう事柄〉**仕事**。 (4)〈特定の目的を果たす上で役立つ物事やその仕方〉**方法。技芸**。 (5)〈(神仏が人間を懲らしめるために下したと感じられる)天から降って涌いたようなひどい出来事〉**災厄**。 (6)〈(形式名詞的に)各種の物事・出来事に言及する語〉**…なこと**。

-1187- 〈C〉わざわざし【態態し】《行動の背景に潜む意思に言及する「わざ」を畳語化した形容詞。現代語「わざわざ」(面倒臭いことを無理してやるさま)の祖形で、「不自然だ・わざとらしい」という非難の含みを持つ。「わざとがまし」も同義》〔形シク〕〈自然でなく、作為の痕がはっきり感じられて、好感が持てない〉**わざとらしい**。

-1188- 〈C〉ふりはへ【振り延へ】《「袖振る」(異性の気を引く仕草をする)にも見られる通り、「振る」は人目を引く動作、「延へ」は遠くへ伸ばす意なので、袖をパーッと大向こうへはためかすように大袈裟な仕草をイメージすればよい副詞で、特定の意図をもって「わざわざ…する」の意を表わす》〔副〕〈特定の目的や作為をもって何かを為す意を表わす〉**殊更に**。

-1189- 〈C〉はふはふ【這ふ這ふ】《芋虫の動きや敵弾を避けつつ進む兵士の匍匐前進を思わせる「這ふ」の畳語で、文字通りには「這うようにして」の意だが、動作自体より、その動作をもたらす「状況の困難さ・心理的動揺」に焦点を当てる例が多く、現代語にも「這々の体で＝あっぷあっぷしながら」の形で引き継がれている》〔副〕〈(とんでもない状況から、あるいは心理的に動揺しきって)必死の思いで逃れ出るさま〉**やっとの思いで。慌てふためいて**。

-1190- 〈A〉**おのづから【自ら】**《「自己」の意の「己」+「位置」を示す上代の格助詞「つ」+「源泉」の意の「柄」=「自分自身を源泉として」が原義。同種の組成の語には「同胞」(=同じ母親の腹から生じた人間=兄弟)／「遠つ日」(=現在から見て隔たった時点に位置する日=一昨日)がある》〔副〕(1)〈(意志・意識の作用を伴わずに)事態が自然に発生するさまを表わす〉**自然発露的に。**(2)〈(意志性・計画性を伴わずに)事態が無意識のうちに発生するさまを表わす〉**いつの間にか。**(3)〈(必然性を伴わずに)事態が偶発的に発生するさまを表わす〉**たまたま。**(4)〈(仮定表現を伴って)婉曲に物事を想定する〉**もし仮に。**

-1191- 〈C〉**おのれと【己と】**《自分自身を意味する「己」に、「資格」を示す格助詞「と」を付けた「自分自身に発して」が原義で、「おのづから」と同じく「自然発生的に」の意となる。こうした「と」の類例としては「宗と」(=主として)などがある》〔副〕〈(意志・意識の作用を伴わずに)事態が自然に発生するさまを表わす〉**自然発露的に。**

-1192- 〈C〉**ひとやりならず【人遣りならず】**《「他人任せでなく、自力で事を為す」(英語で言う"for oneself")の意に思われるが、実際は「他人に強制されてするのではなく、自分の意志でそうする」("of one's will/accord")の意。悪い結果が出た時に「他の誰のせいでもなく、自分が悪いのだ」の意を表わす場合もある》〔連語〕《ひと〔名〕+やる〔他ラ四〕+なり〔助動ナリ型〕断定+ず〔助動特殊型〕打消》〈(他人からさせられるのではなく)自分の意志でそうする、または自分の行為の結果としてそうなる意を表わす〉**自分からしたことだ。**

-1193- 〈C〉**おのがじし【己がじし】**《「じし」は「為」の連用形「し」を重ねたものとされ、これに「各自」を意味する代名詞「己」+主格の格助詞「が」を付けて「各人がそれぞれに行なうこと」の意から「各々・めいめい」の副詞となったもの。人以外の対象に対しても用いる》〔副〕〈(人・物が)独自の様態で行動・存在しているさまを表わす〉**それぞれに。**

-1194- 〈B〉むげに【無下に・無碍に】《形容動詞「むげなり」の連用形を一語の副詞として扱った語。「無下」=「これよりひどいものはないといえるほど極端に」系の語義(「無闇矢鱈と」・「ひどく」・「全然…ない」)/「無碍」=「障害物なし」転じて「疑問の余地なし」系の語義(「紛れもなく」)とに二分される》〔副〕(1)〈(動詞を修飾して)他事を無視して特定の対象にひたすらに向かうさまを表わす〉無闇に。(2)〈(形容詞を修飾して)程度が極端である意を表わす〉非常に。(3)〈(下に打消の表現を伴って)否定の意を強調する〉全く…ない。(4)〈(「むげに＋名詞＋なり」の形で)そうであることに関し何の疑問の余地もない意を表わす〉正真正銘…に間違いない。

-1195- 〈A〉むげ【無下・無碍】《「無下」(これより下はないほどに最低)の字面の類推から、「身分が極端に低い／教養がまるでない」・「最悪」・「極端」の意となる。「疑う余地がないさま」の語義は、四字熟語「融通無碍」(何の障害もなく自由自在)の「無碍」を「疑念の余地なし」の意に見立てたもの》〔名・形動ナリ〕(1)〈(これ以下はないというほど)最悪にひどいさま〉最低だ。(2)〈(身分や教養が)話にならないほどに低いさま〉身分が卑しい。無学だ。(3)〈程度が極端なさま〉甚だしい。(4)〈見ていて辛くなるほどに慈悲を欠いてむごたらしいさま〉無惨だ。(5)〈疑問の余地もなく、はっきりとそうであるさま〉正真正銘の。

●積極的な行動様態を表わす副詞はしばしば「否定の強調語」として用いられる、という例をしばし

-1196- 〈B〉つやつや【つやつや】《否定を強める副詞「露」の畳語「つゆつゆ」の転として、打消の表現と共に用いて「全然…ない」の意を表わすのが基本義だが、肯定表現の強調「すっかり…する」の用法もある。「つらつら」の誤用から「じっくり丹念に」の横滑り語義も生じた》〔副〕(1)〈(打消の表現を伴って)否定の意味を強調する〉全く…ない。(2)〈(肯定の表現と共に用いて)程度を強調する〉全く。(3)〈(「つらつら」の誤用)思考や行動の綿密さや持続性を強調する〉じっくり。

-1197- 〈A〉たえて【絶えて】《「断絶」の意の「絶ゆ」連用形＋接続助詞「て」。字義通り「今まで続いていたものが途切れ、…なくなる」の意もあるが、否定表現を強めて「全然…ない」の意で用いる使用例が多い。その強調的語感のみ借用して肯定文を「実に…だ」として強める例もある》〔副〕(1)〈(打消の語を伴って)否定の意味を強調する〉全然…ない。(2)〈(肯定文で)形容詞の意味を強調する〉実に…。(3)〈今まで連綿として続いていたものが途切れる意を表わす〉ぱったりと…なくなる。

-1198- 〈C〉うったへに【うったへに】《否定の強調「全然…ない」の他、中古以降は「ひたすら…」の強調表現にも用いる。上代からある語だが、語源・漢字表記不明。形は似ているが「訴ふ」とは無関係で、「全然…ない」の類推から「絶えて」と結び付けて「打ち絶えて＝うったへに」と説くのも「ハ行／ア行」の相違からして無理がある…何にせよ謎の語である》〔副〕(1)〈(下に打消、または反語の表現を伴って)否定の意味を強調する語〉決して…ない。 (2)〈(中古以降、肯定文で用いて)(他の観点を一切無視して)ある一つの方面にのみ意識の焦点を当てる語〉ただひたすらに。

-1199- 〈C〉はた【将】《異なる二つの事柄について、一方ではこうだがまた一方ではこうかもしれぬという判断を表わすのが「将」の原義で、その用例は必ず二項対立(または並立)を含意する。並立する可能性の両端を揺れ動くという点で、語源的には「端」に由来する語かもしれない》〔副〕(1)〈(可能性)(下に推量の表現を伴い)ふと思い付いた可能性について述べる〉ひょっとして。 (2)〈(必然)様々な可能性を想定した上で、そうなることが確実に予想される意を表わす〉必ずや。 (3)〈(想定内)ある事態が、事前に予測された通りのものである意を表わす〉案の定。 (4)〈(強調的否定)(下に打消の表現を伴い)その種の可能性がまるでない意を表わす〉まるで…ない。 (5)〈(譲歩)直前の陳述とは正反対の内容を後に続けて、前者を打ち消し後者を強調する〉とは言うものの。 (6)〈(並列)直前の陳述と同種の内容である意を表わす〉これまた。 (7)〈(累加)直前の陳述に対し、直後の陳述が、同様ながら更に程度の著しい意を表わす〉ましてや。 (8)〈(感動・疑問の強調)強い感動や疑問の念を表わす〉これはまた。〔接続〕〈(二者択一)(漢文訓読調の文章で)二つの事柄のうちから一つを選択する意を表わす〉AはたまたB。

-1200- 〈B〉もはら【専ら】《現代語「もっぱら」の元語。肯定の場合は「ただもうひたすら…だけ」の意で、現代語と全く同一。打消の語句を伴うと「全然…ない」という否定の強調表現となる》〔副〕(1)〈ただひたすらにそれだけである意を表わす〉専ら。 (2)〈(打消の表現を伴って)否定の意味を強調する〉全然…ない。

-1201- 〈B〉よに【世に】《世界全般を表わす名詞「世」に格助詞「に」を付けて副詞化した語。肯定文で用いると「非常に」と程度を強調し、打消の語を伴うと「全然…ない」という否定の強調表現となる。現代語には格助詞「も」を付けた「世にも(美しい／珍しい／不思議だ, etc)」の形で残る》〔副〕(1)〈(肯定形で)程度の甚だしさを強調する〉非常に。 (2)〈(打消の語を伴って)否定の意味を強調する〉全然…ない。

-1202- 〈B〉よも【よも】《同音異義語に「四方」があるが、意味につながりはなく、語源的には「世にも」の短縮形と考えられる。多く打消推量助動詞「じ」を伴って、その事態の実現可能性が極めて低いと想定する言い回し。現代語には「よもや・・・まい／・・・ないだろう」の形で残る》〔副〕〈〈多く、打消推量の助動詞「じ」を伴って）事態の実現可能性は極めて低いという判断を表わす〉まさか。

-1203- 〈B〉かならず【必ず】《「仮＋ならず」＝「かりそめのことではない」に由来。現代語と同じ「必ずや」の語義は問題ないが、古語では、打消・反語の表現を伴って「必ずしも・・・ない」、禁止の表現を伴って「絶対に・・・するな」の意で用いる用法がある点に要注意》〔副〕(1)〈（肯定形で）必然の帰結としてそうなる意を表わす〉必ずや。(2)〈（打消や反語の表現を伴って）そうなるとは限らない意を表わす〉必ずしも・・・ない。(3)〈（禁止の表現を伴って）強く戒める意を表わす〉決して・・・するな。

-1204- 〈B〉すべて【総て】《統括・支配の意の「統ぶ」の連用形＋接続助詞「て」。具象的な「全てまとめて」及び抽象的な「概して」の語義は現代語にも残る。打消表現を伴う場合の「全く・・・ない」という否定の強調は古語ならでは。打消を伴わずに「全くもって・・・だ」の意となる場合もある》〔副〕(1)〈（具象的に）多くの物事を一つにまとめて扱う語〉合わせて。(2)〈（抽象的に）物事について概括的に述べる語〉概して。(3)〈（下に打消の語を伴って）否定の意を強調する語〉全く・・・ない。(4)〈（打消の語を伴わず）形容詞・形容動詞を強調する語〉まったくもって・・・だ。

-1205- 〈C〉ほとほと【殆・幾】《現代語「殆ど」の祖先で、「辺り」の語幹「ほと」の畳語。事態が極限近くまで至っているものの、100％にまでは達していない意を表わし、「すんでのところで・・・しそうだった（が、・・・ならずに済んだ）」及び「殆ど・・・だ（もう少しで完全に・・・になる）」の意となる》〔副〕(1)〈好ましからざる事態に至る寸前のところまで行く意を表わす〉危うく・・・しかかる。(2)〈完全ではないが、ほぼそれに近い意を表わす〉殆ど・・・に近い。

-1206- 〈B〉かまへて【構へて】《動詞「構ふ」の持つ「心構え」の意が副詞に転じたもの。原義に忠実な「よく気をつけて」の語義の他、否定・禁止の意味を強める「絶対に・・・ない」、肯定文で強い意志を表わす「何としても・・・しよう」の表現にも用いられる》〔副〕(1)〈心構えを保つことが大事であることを述べる〉よく注意して。(2)〈（願望・意志の表現を伴って）その実現を強く望む意を表わす〉必ずや。(3)〈（禁止・打消の表現を伴って）強い否定の意を表わす〉絶対に。

●「積極的行動」古語群、次なるは、経済・経営学部の学生サンが喜びそうな「企画・運営」系をあれこれ

-1207- 〈A〉**かまふ**【構ふ】《「嚙み合ふ」に由来し、異なるものどうしを巧みに組み合わせて一つの構築物を生み出すことを意味する。物理的な「組立て」の原義から、「事前準備／身構え」・「計略」・「関与」へと語義が拡大した》〔自ハ下二〕〈(特別な事態に備えて)正式な準備を整えておく。特に、きちんとした服装をして待つ〉**身構える。正装する。**〔自ハ四〕〈(中世以降)(多く否定文で)(事態や相手に)関係を持つ〉**関与する。**〔他ハ下二〕(1)〈(物理的に)組み合わせて作る。また、(現実ではない話を)作り上げる〉**組み立てる。話をでっち上げる。**(2)〈(物理的に)前もってきちんと整えておく。(心理的に)心構えをしておく〉**準備する。身構える。**(3)〈(事業・行動の)計画を策定する〉**企てる。**(4)〈(特定の状況を)乗り切るための方法を苦心して見つけ出す〉**やりくりする。**

-1208- 〈C〉**もよほす**【催す】《他者が潜在的に持つ何かを引き出すよう働きかけるのが原義。現代語と趣の異なる語義としては、「(何らかの目的のために)人を呼び集める」・「(他者に何らかの行動を取るよう)意図的・直接的に働きかける」・「(何らかの感情や行動の)原因・契機となる」などがある》〔他サ四〕(1)〈(他者に対し)何らかの行動を取らせようと意図的・直接的に働きかける〉**促す。**(2)〈(他者が)何らかの感情を抱いたり行動を取ったりする原因・契機となる〉**引き起こす。**(3)〈(何らかの目的のために)人を呼び集める〉**召集する。**(4)〈(式典などを)人々を招いて行なう〉**挙行する。**(5)〈(何かを行なうために)事前にきちんと手配をしておく〉**準備する。**

-1209- 〈A〉**まうく**【設く・儲く】《語源には二説あり、「間＋受く」と見れば「一定の間を置き、準備万端整えて、事を待つ」系の語義／「真＋受く」と解すれば「モロに自分のモノとして、何かを受け取る」系の語義を理解するのに役立つだろう》〔他カ下二〕(1)〈(予め)事態に備えて物理的・心理的な構えを作っておく〉**準備する。**(2)〈(建物や設備など、恒常的な構築物を)使えるような状態に作り上げる〉**設営する。**(3)〈(配偶者や子供を)自分のものとする〉**(妻・子を)得る。**(4)〈(多く、意外な形で)(物品・利益などを)自分のものとする〉**手に入れる。**(5)〈(病気・怪我などを)その身に受ける〉**蒙る。**

-1210- 《C》つくろふ【繕ふ】《動詞「作る」の未然形「つくら」に、反復の「ふ」を添えた「つくらふ」の転じた語。最初に作ったものが壊れたり、最初からある素地の見栄えが悪かったりする場合に「修繕する」・「治療する」・「うわべを誤魔化す」・「化粧・装飾を施す」意を表わす》〔他ハ四〕(1)〈(物について)悪いところ、壊れた箇所などに手を加えて整える〉**修繕する**。 (2)〈(身体について)外傷や不調のある部分を手当て・静養して元に戻す〉**治療する**。**養生する**。 (3)〈(顔や姿形について)人前に出して見栄えがするように美麗に整える〉**化粧する**。**身だしなみを整える**。 (4)〈(本質とは異なる形で)表面を飾って人目を欺く〉**取り繕う**。

-1211- 《C》たくむ【工む・巧む】《名詞形は「たくみ」。「巧妙に工夫する」の語義は、現代にも残るこの名詞形に絡めて覚えればよい。いま一つの語義「計略を巡らす」は、現代語には「企む」の形で引き継がれている》〔他マ四〕(1)〈(目的を達成するために)あれこれと工夫する〉**計画する**。 (2)〈(外見を美麗に整えるために)あれこれと工夫する〉**技巧を凝らす**。

-1212- 《C》あんず【案ず】《現代語の「案じる」同様「心配する」の意もあるが、古語では「思考する」の語義が中核。現代語「案の定」(＝思った通り)に絡めて覚えておくとよい。脳内での思考のみに留まらず「考えて何かをする・作る」の意にもなり、こちらは「一計を案ずる(＝計画案を作る)」の現代語に通じる》〔他サ変〕(1)〈思考・推量・工夫を巡らす〉**考案する**。**熟慮する**。 (2)〈(心配して)あれこれと気を回す〉**気遣う**。

-1213- 《C》あない【案内】《「案内」の撥音無表記語。「案」(＝公文書の控え)の「内」を意味する「記録」が原義かとされる。「案内申」となると取り次ぎを求める定型句になり、現代語で言えば「御免下さい」、時代劇の侍言葉だと「頼もう」に当たる》〔名〕(1)〈物事の詳しい内容〉**内情**。 (2)〈公文書に記載されている内容やその原案〉**記録**。〔名・他サ変〕(1)〈物事の詳しい内容を尋ねること、または、知らせること〉**事情聴取**。**状況説明**。 (2)〈相手を訪ねて面会を求めること、または、訪問客を呼び入れること〉**訪問**。**取り次ぎ**。 (3)〈客人を招くこと、または、先に立って導くこと〉**招待**。**先導**。

-1214- 〈A〉あつかふ【扱ふ】《「預く」+反復の接尾語「ふ」で「継続性の受け持ち」の語感を持つ語。「事態・対人関係の適正処理」から「持て余し」・「噂話(うわさばなし)」まで、その語義は現代の「扱う」より遙(はる)かに幅広く、かつ意外なものが多い。整調の接頭語「もて」を付けた「もてあつかふ」の形でもよく用いられる》〔他ハ四〕 (1)〈(人について)丁寧に日常の世話をする〉面倒を見る。 (2)〈(本人のいない場面で)噂話(うわさばなし)をする。また、(頼まれもせぬのに)やかましく口を出す〉噂(うわさ)する。口出しする。 (3)〈適正な処理が出来ずに困る〉持て余す。 (4)〈病人の世話をする〉看病する。 (5)〈(物・事態・人について)(適正なやり方を考えた上で)取り扱う〉処理する。 (6)〈(第三者の立場で)対人関係の調整を行なう〉仲裁する。

-1215- 〈B〉あつかひぐさ【扱ひ種】《「種・草」は現代語の「お笑いぐさ」や「言いぐさ」にも残る「何かのネタ・タネ」の意。「扱ふ」の意味に応じて、「噂(うわさ)の的(まと)」/「保護対象・扱いに困る物事」の二系統に分かれる》〔名〕 (1)〈人との会話・噂のたね〉話題。 (2)〈世話をすべき相手。また、面倒(めんどう)な手間がかかる対象〉被庇護者(ひひごしゃ)。厄介な案件。

-1216- 〈A〉あづかる【与る・預かる】《他動詞「預(あづ)く」に受身の「る」を付けて「他者から預けられる=その対象を自分の分担として受け持つ」の意を表わす他動詞としたもの。自動詞用法は漢文訓読法に由来するもので、必ず格助詞「に」を伴(とも)うのが特徴》〔自ラ四〕 (1)〈関係を持ったり、責任を分担する〉関わる。 (2)〈(本来自分の物ではない恩恵(おんけい)を)分与(ぶんよ)される〉・・・にありつく。 (3)〈(立場が上の相手から)何らかの扱いを受ける〉・・・していただく。 〔他ラ四〕 (1)〈(他人に属するものを)引き受けて保守する〉預かる。 (2)〈(自身の仕事として)役割を分担する〉受け持つ。

-1217- 〈B〉かかづらふ【拘ふ】《「懸(かか)かる」と「釣(つ)る」の合体した「かかづる」の末尾(まつび)に「ふ」を付けて、「まとわる」・「こだわる」・「関係する」の意を表わす。末尾の「ふ」の付加で「漸次(ぜんじ)・往復・相互・継続(ぞくつ)」の語感を出す例には、「移(うつ)ろふ」(変色/心変り)、「語(かた)らふ」(相談/説得/親好/契(ちぎ)り)などがある》〔自ハ四〕 (1)〈(人と、継続的(けいぞくてき)に)お互い関わり合う〉関係する。 (2)〈(専門の仕事として)一つの事を日常的に行なう〉従事する。 (3)〈(物理的、心理的に)ずっと離れずに、または、離れたがらずにいる〉まとわりつく。 (4)〈(精神的に)一つの事柄にずっと心を留め続ける〉こだわる。 (5)〈俗世(ぞくせ)を捨てて出家(しゅっけ)する、という決断ができずにいる。また、来世(らいせ)への旅立ちができずにいる〉俗世に執着する。死にきれない。 (6)〈(山や門など、正規の通路以外を)物にからまるようにして辿(たど)って行く〉道を探りつつ行く。

-1218- 〈B〉こしらふ【慰ふ・誘ふ】【拵ふ】《「領り合ふ」(自らの領土拡張を目指し張り合う)に由来し「相互に意見を主張し合う」意を表わす「しらふ」に、「此」(自分の方)を付けた語。対人関係では「なだめすかす」・「丸め込む」、対物的には「一定の枠組みを整えておく」・「状況に応じてうまくやりくりする」の意》〔他ハ下二〕【慰ふ・誘ふ】(1)〈(自分に有利に事を運ぶために)相手を良い気分にさせてやる〉宥め賺す。(2)〈(言葉による説明で)相手を自分の思うような方向へと誘導する〉丸め込む。【拵ふ】(3)〈(事前に)一定の枠組みを整えておく〉用意する。(4)〈(状況に応じて)適正な対処法をその場で考え実行する〉うまくやりくりする。

-1219- 〈B〉あへしらふ【あへしらふ】《「互いに…し合う」意の「合ひ」と「しらふ」を重ねた語で、「相手に合わせた上手な対応」が原義。「応対する」(他者への適正な対処)・「うまくやり過ごす」(非難や怒りの回避)・「取り合わせる」(食材の盛り合わせ)など、現代語「あしらう」に連なる語義を持つ》〔他ハ四〕(1)〈相手の行動に対し、適正に反応する〉応対する。(2)〈怒りや非難を招くことのないよう、適正に取り扱う〉もてなす。(3)〈複数の食材どうしの組合せを行なう〉取り合わせる。

-1220- 〈C〉いひしろふ【言ひしろふ】《友好的に「語り合う」／自身の立場を押し通そうと「感情的に言い争う」の二義があるが、前者は「語らふ」で表現される場合が多く、「言ひしろふ」は言い争いの語義で用いられるほうが多いのは、その根に「しろふ＝領り合ふ」(領土拡張を目指し張り合う)を含むため》〔他ハ四〕(1)〈(友好的な態度で)お互いに言葉を交わす〉語り合う。(2)〈(自分の立場を通そうとして)(多く、感情的に)お互いに意見を主張し合う〉議論する。

-1221- 〈B〉いとなむ【営む】《「暇」＋「無し」＝「暇無し」の語幹「いとな」に、動詞化語尾「む／ぶ」を付けて「いとなむ／ぶ」としたもので、「暇が無いほど忙しく立ち回る」の原義は、現代にも残る「勤しむ(…"忙しむ"の意)」や、英語の"business(…busy＝忙しい状態にすること＝仕事)"と同じ発想である。古語では仏教の勤行の意でよく用いる》〔他マ四〕(1)〈たゆまず何かをし続ける〉忙しく立ち働く。(2)〈行事(特に、仏事)を手順通りにしっかりと行なう〉取り仕切る。勤行を行なう。(3)〈(食事・家事の)準備をする〉支度をする。(4)〈(複数の部品から構成される構造物を)構築する〉作る。

-1222- 〈C〉けいえい【経営】《漢語由来の語で「けいめい」とも言う。「建築・造営」・「執行・運営」・「準備・奔走」・「馳走・接待」・「詩文創作」と語義が幅広いのは外来語特有の現象。準備に奔走する意の連語「取り経営す」は、「鳥＋鶏鳴す」(=ニワトリがコケコッコーと鳴く)に絡めた駄洒落》〔名・他サ変〕(1)〈物事を執り行なうこと〉執行。(2)〈物事の支度を整えるために忙しく立ち働くこと。(「とり経営す」の形で駄洒落的に用いる例も多い)〉準備。(3)〈あれこれと手を尽くして他者をもてなすこと〉接待。(4)〈建物を作り上げること〉建築。(5)〈詩文をあれこれと工夫して作り上げること〉詩作。

-1223- 〈C〉いろふ【綺ふ・弄ふ】《「入り追ふ」(=事態に深入りし、追求する)の転じたものかとも言われる語。当事者として「関与する」、本来当事者でないのに「干渉する」、馴染みのない事柄を恐る恐る「いじってみる」、他者からの働きかけに対し「抵抗する」など、その語義は多岐に亘る》〔自ハ四〕(1)〈(事態に)当事者として関わる〉関与する。(2)〈(他人事に)余計な存在として関わる〉干渉する。〔他ハ四〕(1)〈(馴染みのない物事に)恐る恐る手を出してみる〉いじる。(2)〈(相手からの働きかけに対して)抵抗する〉逆らふ。

-1224- 〈A〉おきつ【掟つ】《「置く」を根底に持ち、「行動の方向性を予め定めておく」の原義から、「(心中密かに)計画する」・「(他者に)指示する」・「(状況に)対処する」などに分化する多義語である。現代語には名詞形「掟」のみが残り、動詞「おきつ」の意は「‥‥しておく」の形で代替する》〔他夕下二〕(1)〈(多く、「思ひ掟つ」・「思し掟つ」の形で用いて)(心の中で)今後の行動予定を思い描く〉意図する。(2)〈(他者に対して)行動するよう言い付ける〉指図する。(3)〈(かねての取り決めに従って)事を処理する〉取り計らう。

-1225- 〈B〉おもひおきつ【思ひ掟つ】《「他者に指図する」や「事態を処理する」の意をも持つ「掟つ」を、「先々の行動指針を心に予め決めておく」の意として用いていることを明示するために「思ひ」を付けた語(この種の限定修飾語付きの古語はかなり多い)。貴人に用いる時は「思し掟つ」となる》〔他ダ下二〕〈(心の中で)今後の行動予定を思い描く。(貴人の場合は「思し掟つ」の形を取る)〉意図する。

-1226- 〈B〉おく【置く】《現代語同様の語義が多い中、「(霜・雪・露などが)地上に降る・結ぶ」、動詞連用形／接続助詞"て"に続けての補助動詞用法「予め…しておく／確実に…しておく／…のままにしておく」、連語形「所を置く／所置く」(=遠慮する)などに要注意》〔自力四〕〈(霜・露・雪などが)自然現象として生じる〉降りる。〔他力四〕(1)〈(意識的に)(人・物を)特定の場所や位置に定着させる〉置く。(2)〈(関わり合うことなく)そのままの場所・状態に残しておく〉放置する。(3)〈(時間的・空間的に)間隔を開ける〉間を置く。(4)〈(対象外として)別物扱いする〉差し置く。〔補助力四〕(1)〈(動詞の連用形に付いて)用意の周到さ、または、処置の確実さを表わす〉予め…しておく。確実に…する。(2)〈(接続助詞「て」に付いて)放置する意を表わす〉…のままにしておく。

-1227- 〈C〉しおく【為置く・仕置く】《「処罰」の意の「仕置き」は現代にも残るが、元来の「為置く・仕置く」は「置く」の影響から「予め…しておく」を意味し、事前に準備万端整えておくことから、「作法」・「国土・領地の統治」・「法規」など、既定の約束事の枠組みの上に成立する事柄が古語の「仕置き」》〔他力四〕〈(事前に準備する形で)事態をうまく整えておく〉…しておく。

-1228- 〈C〉みおく【見置く】《「置く」の意味次第で、"人・場所を後に残す"=「見届ける(その上で、どこか〜行く)」／"事態を目で見てなお何もせずそのままにしておく"=「放置する」／"特定の場所(心)に据え付ける"=「銘記する」／"予め処置を施す"=「見計らう」と語義が分化する》〔他力四〕(1)〈(人や場所の様子を)しっかりと確認してから立ち去る〉見届ける。(2)〈(事態を確認した上で)特に何の処置も干渉もせずにおく〉放置する。(3)〈(見たり聞いたりした内容を)しっかりと心に留めておく〉銘記する。(4)〈予め適切な方法を考えておく〉見計らう。

-1229- 〈C〉おもひおく【思ひ置く】《「予め心の中で決めておく」という予定系の語義と、「未練な思いを後に残す」という悔恨系の語義とに分かれる》〔他力四〕(1)〈(事前に)どうすべきかを心の中で定めておく〉心に決めておく。(2)〈(事が終わって後も)心がその事にかかずりあって離れない〉未練を残す。

-1230- 〈A〉したたむ【認む】《「下(した)」+「溜(た)む」/「固(かた)む」に由来する語。同根語「したたか」に通じる「底堅い事前準備」感覚から、「管理・運営・支配」・「確実に…する」そして「しっかり食事」の語義が生じる。現代にも残る「書き残す」の語義は、心に生じた想念(のねんき)を後々まで残るようにする「事後処理」の感覚》〔他マ下二〕(1)〈(事態に先立って)予(あらかじ)めきちんと備えておく〉準備する。 (2)〈(様々に手を回して)全体としての秩序を保つよう取り仕切る〉管理する。 (3)〈(ある事態についての)事後処理をする〉片付ける。 (4)〈書面に書き残す〉書き記す。 (5)〈(きちんと炊事をして)食事を摂(と)る〉食事する。〔補動マ下二〕〈(動詞の連用形に付いて)最後までしっかりと…する、の意を表わす〉確かに…する。すっかり…し通す。

-1231- 〈C〉したたか【したたか】《「下準備をする」意を表わす「認(したた)む」と同根語で、「下」即ち「底(そこ)」がしっかり固まっている(=底堅い)を原義とする。「能力・仕事ぶりの堅実さ」・「程度の甚(はなは)だしさ」を表わす他、物理的には「身体・性格面での強さ」・「帯の結び方などの堅さ」の語義がある》〔形動ナリ〕(1)〈(帯の結び方などが)しっかりしていて緩(ゆる)みがない〉堅牢(けんろう)だ。 (2)〈(人が)身体的、または、性格的に極めて強い〉屈強(くっきょう)だ。気丈(きじょう)だ。 (3)〈(人の能力・仕事ぶりが)確実で頼れる感じである〉確かだ。 (4)〈(確実な手応えが残るほど)十分だ。また、(有り余るほど、呆(あき)れるほど)十二分だ〉たっぷり…だ。…し過ぎだ。〔副〕〈程度が甚(はなは)だしいさま〉ひどく。

●次は、実務的な事態運営に必要不可欠な「選別・裁断」のキッパリ系古語
-1232- 〈C〉える【選る・択る】《現代語では「よる」と読むが、古語では「える」。類義語「選(えら)ぶ・選(えら)む」は「基準に合うものだけを選び出す」という「採用」に重きを置くが、「選る・択る」は「基準に合うものは取り、合わぬものは捨てる」という「取捨選択」に意味の重点を置く語》〔他ラ四〕〈ある基準に合致(がっち)するもののみを取り上げ、合致(がっち)せぬものを捨て去る〉選別する。

-1233- 〈C〉わきまふ【弁ふ】《「分(わ)く」と同根語で、「物事の区別や道理を正しくつける」(判断する)という認識系の語義と、「他者から借りた分と自分が返す分との区分を正しくつけ、適正に処理する」(返済する・納入する)という財務処理系の語義を持つが、現代語には前者のみが残る》〔他ハ下二〕(1)〈物事の区別や道理を正しくつける〉正しく認識する。 (2)〈他者から借りた分と自分が返すべき分を明確に把握し、適正に処理する〉きちんと借りを返す。

-1234- 〈C〉わかつ【分かつ・別つ】《「分かる・別る」の他動詞形で、「分る・離る・散る」や「開く・空く」とも関連する語。一つになっているものどうしを物理的に「切り離す」、一つのものを複数の相手へと「分配する」、認識次元での混同回避に言及する「見分ける」の語義を持つ》〔他夕四〕(1)〈(一つにまとまっているものどうしを)複数のものへと分ける〉別々にする。(2)〈(一つのものを)複数の人物が共有できるようにする〉分配する。(3)〈(紛らわしいものどうしを)正しく認識して混同せぬようにする〉見分ける。

-1235- 〈C〉わく【別く・分く】《「分かる・別る」の他動詞形で、殆どの語義は「分かつ・別つ」に同じ。「分く・別く」独自の語義としては、進路上の障害を「押し退けて進む」がある:「台風」を意味する「野分」(野原の草木を左右に薙ぎ倒しながら突き進んで行く風)のイメージで捉えるとよい》〔他カ下二〕(1)〈(一つにまとまっているものどうしを)複数のものへと分ける〉別々にする。(2)〈(一つのものを)複数の人物が共有できるようにする〉分配する。(3)〈(進路上に立ちふさがる障害物を)押し退け、脇にどかしながら進む〉分け進む。〔他カ四〕(1)〈(一つにまとまっているものどうしを)複数のものへと分ける〉別々にする。(2)〈(紛らわしいものどうしを)正しく認識して混同せぬようにする〉見分ける。

-1236- 〈C〉わきて【分きて・別きて】《他の物事とは別物として特筆する意を表わす副詞で、現代語の「とりわけ」や「わけても」にあたる古語》〔副〕〈際立つ事例として特筆する意を表わす〉とりわけ。

-1237- 〈C〉わくらばに【わくらばに】《語源には、下二段活用動詞「分く」+接尾語「ら」+「ま」に由来／「分くる」+「間」の転、の二説があり、語義もまた「偶然にも」とする説と「とりわけて」とする説があって、謎の残る上代語。歌語としては中世以降まで残り、「わくらワに」への音化けまで加わっている》〔副〕〈(上代語)偶然性、または、希少性について言及する語。(中世以降は歌語として残り、「わくらワに」とも発音された)〉たまたま。とりわけ。

●「選別・裁断」の果てに待つは、「完遂」か、はたまた「放棄」か

-1238- 〈B〉**きる【切る】**《自動詞／他動詞双方で用い、大方は現代語からの類推で切れる語義揃いだが、「事切る」の形で「事態に最終決着を付ける」の意になる用例に要注意(「事態を途中で取りやめにする」の意ではない)》〔自ラ下二〕 **(1)**〈(空間的・時間的な)物事の連続性が、そこで終わる〉**途切れる。 (2)**〈(それまで進行中・未決着だった事柄が)最終的に、ある形に辿り着く〉**決着が付く。 (3)**〈(運動する物体が)それまでとは別の方向へ向かう〉**逸脱する。**〔他ラ四〕**(1)**〈(空間的・時間的な)物事の連続性を、そこで終わらせる〉**切る。 (2)**〈(時間的に)ある一定の時点を終点と定める〉**期限を設定する。 (3)**〈(それまで進行中・未決着だった事柄を)最終的に、ある形に行き着かせる。(多く、「事切る」の形で用いる)〉**決着を付ける。 (4)**〈(動詞の連用形に付いて、補助動詞的に)最後まで完全にやりきってしまう意を表わす〉**・・・し尽くす。**

-1239- 〈B〉**おほす【果す】**《現代語でも「やりおおせる」のような表現に残る「最後までやり遂げる」の意を表わす下二段活用の補助動詞。「言ふ」の尊敬語「仰す」と同形なので注意が必要》〔補動サ下二〕〈(動詞の連用形に付いて)最後までやり遂げる意を表わす〉**・・・し通す。**

-1240- 〈B〉**かく**【掛く・懸く】《物体の一端を他の物体の一点に固定してそこに全荷重を集中させる「引っ掛ける」が原義。二桁にも及ぶ多義語だが、何らかの接点を通して複数の事柄の間で展開する相互作用を表わす語義が多い。「・・・しかける／途中でやめる」の補助動詞としても多用される》〔他カ下二〕(1)〈(物理的に)上方にぶら下がる形で、または、下の物を上方から覆う形で、または、上から下へ放物線を描くような作用の末に、一点または数点の接点で、異なる物へと接触するような様々な動作を表わす〉**懸ける。** (2)〈(火・水などを)(対象物の存在の様態を変える作用を及ぼす形で)特定の物体に接触させる〉**火をかける。水を浴びせる。** (3)〈(一人の人間が)複数の役職を同時にこなす。また、(一つの物事が)複数の用途を同時に果たす〉**兼務する。兼用だ。** (4)〈(一つの言葉が)複数の意味を同時に表わす。また、(特定の何かを)異なる何かに関連付ける〉**掛け詞にする。かこつける。** (5)〈(他者と)(高さ・大きさなど)物理的形状や寸法を計測して比較する〉**測り比べる。** (6)〈(特定の事柄について)心の中で考えたり、(多く、「かけまく」の形で)言葉に乗せたりする〉**思い浮かべる。口に出して言う。** (7)〈(他者の反応を期待して)言葉で呼び掛ける〉**話しかける。** (8)〈(他者に対し)特定の何かをする、と言葉で言う。また、(特定の何かをするために)大事なものを差し出す〉**約束する。代償にする。** (9)〈(特定の事態・人の約束などを)確実性の高いものと判断し、その実現を待つ〉**当てにする。** (10)〈(言葉や行動によって)他者に期待させておいた事態・行動を、実現せぬまま終わらせる〉**騙す。** (11)〈(空間・時間的に)特定の何かに至ることを目的とする動作を取る〉**目指す。**〔補動カ下二〕(1)〈(動詞の連用形に付いて)ある動作を通じて他者に働きかける意を表わす〉**・・・かける。** (2)〈(動詞の連用形に付いて)ある動作を途中までする、または、最後までやらずに終える意を表わす〉**・・・しかける。・・・かけてやめる。**

-1241- 〈B〉**さす**【さす】《「鎖す」(=棒状のものを挟んで動きを止める)に由来するので、「やりかけた動作を途中で止める」の"未完成段階での続行放棄"が正語義だが、"未完成ながら、続行中"という「一連の動作・状態が始まったばかりで本調子・完結には遠い」の語義に"誤用"された例もある》〔接尾サ四型〕(1)〈(動詞の連用形に付いて)動作を途中でやめる意を表す〉**・・・しかけてやめる。** (2)〈(動詞の連用形に付いて)(動作・状態が)一連の流れの中で初期段階にあり、まだ本調子・完結には至っていない意を表わす〉**・・・し始めたばかりだ。**

●次なるは、「0」か「1」かの二進法で万事片付ける電算処理ならぬ人の世の営みにはこれまた付き物の「迷い」系古語あれこれ

-1242- 〈A〉**まどふ**【惑ふ・迷ふ】《古くは「まとひ」と清音で「纏ふ」(まとわりつく)に通じ、「織物が絡まる＝混乱」の語感から、「道に迷う」・「見間違える」・「心が乱れる」などの語義が生じた。動詞連用形に続けた「・・・まどふ」は「ひたすら・・・する」の意(例：めでまどふ＝やたらと誉める)の補助動詞となる》〔自ハ四〕(1)〈(地理的に)進むべき道がわからなくなる〉**道に迷う。** (2)〈(異なる何ものかと)間違って同じものであると判断する〉**見誤る。** (3)〈(状況の急変や強い心配事などで)精神的に不安定になる〉**心が乱れる。** (4)〈(動詞の連用形に続けて、補助動詞的に)その行為を徹底的に行なう意を表わす〉**・・・しまくる。**

-1243- 〈A〉**まがふ**【紛ふ】《視線の「目」＋交差の「交ふ」＝「物どうしが入り交じり、識別不能になる」という組成。自動詞は、異質なものどうしが「入り交じる」、視覚・特質上「見分けが付かぬ」の意、他動詞は(意図的または偶発的に)「区別が付かぬ状態で存在させる／見間違える」の意となる》〔自ハ四〕(1)〈(異質なものどうしが)同じ場所に存在する〉**入り交じる。** (2)〈(異質なものどうしが、視覚または特性の上で)識別不能な状態で存在する〉**見分けが付かない。**〔他ハ下二〕(1)〈(異質なものどうしを、偶発的あるいは意図的に)識別不能な状態で同時に存在させる〉**入り交じらせる。** (2)〈(異質なものどうしを)識別能力の不備により、同じものとみなす〉**混同する。**

-1244- 〈A〉**たがふ**【違ふ】《語源的には「手」＋「換ふ」で、相手の思惑に対し「食い違う」・「逆らう」が原義。食い違う対象が「自分自身の思惑」だと「間違う」の意に、「正常状態」との食い違いだと「調子がおかしい」の語義になる》〔自ハ四〕(1)〈(本来想定されたものと)一致しない〉**食い違う。** (2)〈(人の意向や約束事に)従わない〉**背く。** (3)〈(正常状態から)逸脱する〉**変調を来たす。**〔他ハ下二〕(1)〈(本来想定されたものと)一致せぬようにする〉**変える。** (2)〈(人の意向や約束事に)従わない〉**背く。** (3)〈正しくない選択・行動を取る〉**間違える。** (4)〈「陰陽道」に基づく平安時代以降の風習で、目的地に行く際に、災厄を招くとされる「天一神」の巡行方向を避けるため、縁起の良い方角に当たる家に前もって宿泊(通例は一泊)し、その家から目的地に向かう〉**「方違へ」をする。**

-1245- 〈B〉まぎる【紛る】《「目」+「霧る」(=眼前が霧に覆われたようになる)に由来するとされ、意味上は「紛ふ」・「紛らはし」などと同系統の語で、視覚上の錯覚により物事の区別が付かなくなるのが原義》〔自ラ下二〕(1)〈(異なるものどうしが一箇所に存在し)区別が付かなくなる〉入り交じって見分けが付かない。 (2)〈(意図的に他のものに交じることで)人目を避ける〉隠れる。 (3)〈(他の対象に注意を奪われ、元々の対象への)注意が疎かになる〉気を取られる。 (4)〈(用事が重なった結果、本来やるべき事柄を)やらぬまま過ごしてしまう〉忙殺される。

●お次は、「迷い」あれども付けねばならぬ事の決着、そこに至るための人の必死の営みたる「詮議」系古語をあれこれと

-1246- 〈C〉さた【沙汰】《「淘汰」の「汰」と同じ字を含むことから解る通り、米や砂金に混入した砂を除去して純化する(=汰)ために水で漱ぐ(=沙)ことに由来する語。そこから、「議論によって理非曲直を裁定する」・「物事を適正に処理する」といった意味が生じた》〔名・他サ変〕(1)〈(議論を通して)物事の理非曲直を定めること。また、事態の決着を公権力に委ねること〉審議。訴訟。 (2)〈物事を適正に取り扱うこと〉処理。 (3)〈(他者に、権威をもって)物事をいかにして取り扱うべきかを詳しく知らせること〉指図。 (4)〈(他者に、手紙や使者を通じて)詳しい状況を知らせること〉音信。 (5)〈(特定の事柄について、詳細な情報もなく、論ずるべき正当な立場にもないくせに)世間の人々が、ああでもないこうでもないと好き勝手な話を並べ立てること〉噂話。 (6)〈(宗教・学問の)理論的・体系的に整理された知識〉教義。

-1247- 〈B〉はかる【量る・計る・測る・図る・企る・謀る】《一回の農作業で植え付けたり刈り取ったりするべき仕事量を意味する「はか」の動詞化。頭の中での知的推測の語義としては「計測」・「想像」・「推量」、他者を巻き込んでの社会学的計画の意だと「相談」・「画策・待機」・「謀略」などとなる》〔他ラ四〕(1)〈(重さ・長さ・範囲・数・量などについて)具体的に計数化する〉測定する。 (2)〈(未だ出現していない未来や、証拠がない過去の事態について)どんなものになりそうか頭の中で思い描く〉想像する。 (3)〈(直接には表現されない他者の心理や、詳しくは知らない状況について)どんな感じかを頭の中で思い描く〉推量する。 (4)〈事を為すための方法を考えたり、機会を窺ったりする〉画策する。機を待つ。 (5)〈他者を欺くことを目的として各種の手段を講じる〉謀略を巡らす。 (6)〈(事を為すためや事態の収拾のために)他者と会って話をする〉相談する。

-1248- 〈A〉**たばかる**【謀る】《強意の接頭語「た」+「はかる」で、その意味は「計る・測る・量る・謀る」と重なる。「隠し」の色彩の濃い「謀略を巡らす」の語義は有名だが、悪意を含まず「他者に相談を持ちかける」・「じっくり計画を立てる」の意もあるので、否定的語感のみで捉えると失敗する》〔他ラ四〕(1)〈(他者との対応に於いて)自分にとって有利な状況を不当な手段を用いて作り出す〉**謀略を巡らす。** (2)〈(目的を達成するための)方法をじっくりと考える〉**計画する。** (3)〈(他者に)問題点を具体的に提示して意見を求める〉**相談する。**

-1249- 〈B〉**あげつらふ**【論ふ】《「言挙げ(言葉に出して言うこと)」の「あげ」と「釣り合ふ」の略形「つらふ」が合体した語かとされ、互いの言葉を出し合い、意見が一致するまで話し合うことから「議論する」の意となる。現代日本語の如く「欠陥・短所ばかり取り上げて攻撃する」の語感は古語にはない》〔他ハ四〕〈事の是非を巡って他人と話し合う〉**論争する。**

-1250- 〈C〉**あきらむ**【明らむ】《現代語「諦める」と錯覚し易いが、古語の「あきらむ」は「(真相を)明らかにする」・「(心の曇りを)明るくする」の意》〔他マ下二〕(1)〈(それまで曇っていた)心を晴らす〉**晴れ晴れする。** (2)〈(物事の事情・原因などを)明確にする〉**明らかにする。**

-1251- 〈B〉**ろなう**【論無う】《「論+無く」のウ音便形「ろんなう」が、更に撥音無表記形「ろなう」となったもので、読んで字の如く「無論、言うまでもなく」の意を表わす。形容詞形は「論無し」》〔副〕〈敢えて論ずるまでもなくそうである意を表わす〉**無論。**

-1252- 〈A〉**しるし**【著し】《現代語「著す」の元になった語。「知る」を活用させた語とも「白し」の関連語とも言われ、原義は「はっきり感じ取れるような形で何かが表出している」。物理的に「際立つ」の語義の他、「…もしるく」の形で「…が原因でそうなっているのを明瞭に感じる」の意も表わす》〔形ク〕(1)〈(視覚的に)一目見てはっきりそれとわかるさま〉**際立つ。** (2)〈(多く上に「も」を伴った「…もしるく」の形で)ある現象の背後に、その原因がはっきりと感じ取れるさま〉**さすがに…だと思わせるような感じで。**

-1253- 〈B〉いちぢやう【一定】《平安期には主に「先例・法則に従って一定している」の中立的語感で用いた。これが「絶対に間違いない」という主観的断定語として多用されるようになるのは鎌倉期以降（『平家物語』には特に頻出する）というのも、武断的な社会状況を反映したものであろう》〔名・形動ナリ〕(1)〈(先例や法則に照らして)常に一定の様式に従っており、例外がない〉一定している。(2)〈(主観的確信を表わして)絶対に確実で、間違いはない〉間違いない。〔副〕〈断定的な(時に、独善的な)確信を表わす語〉必ずや。

-1254- 〈B〉さだめて【定めて】《動詞「定む」の連用形に接続助詞「て」を付けて副詞化した語。「・・・は必定である」という断定の意を表わす語義は古語特有のものだが、「さぞや・さぞかし・きっと」という感慨含みの推量の用法は、現代語にも「さだめし」の形で(「て」と「し」の誤読＋「さぞかし」との混用の結果として)残っている》〔副〕(1)〈必ずやそうなるという断定の意を表わす〉・・・するのは必定だ。(2)〈(下に推量の語を伴って)何らかの感慨を込めて推測する意を表わす〉さだめし。

-1255- 〈B〉くさ【種・類】《同音だが、植物を意味する「草」とは別系語だという。「種」の字が示す通り、「物事を生ずる大元となるもの」が原義。生じた後の物事を示す発展的語義として、「子孫」や「種類」の意をも表わし、「語り種」のように動詞連用形に付けると「～のタネ・ネタ」の意になる》〔名〕(1)〈(有形・無形の)物事を生ずる大元となるもの〉種。(2)〈(他の物事と区分された)共通の特性を持つ一群の物事〉種類。〔接尾〕(1)〈種類を数える語〉・・・種。(2)〈(動詞の連用形に付けて)原因・素材・対象を表わす語〉・・・の題材。

-1256- 〈A〉すぢ【筋】《原義は「筋繊維」。それが「細長い一続きの線状のもの(特に、女性の毛筋)」に転じ、抽象化して「分野・方面」・「芸風・流儀」・「性分・気質」・「理由・筋道」・「家柄・血筋」・「粗筋・筋書」など、直線・曲線・伏線が縦横に行き交う線分感覚の各種語義につながった》〔名〕(1)〈筋肉の繊維〉筋。(2)〈細長く一続きの線状のもの。特に毛髪〉一筋。(3)〈血縁関係、または、それにより決する社会的地位〉血筋。身分。(4)〈(生得的な)精神傾向〉気性。(5)〈論理的正当性〉理由。(6)〈(地理的に)向かう先〉方向。(7)〈(芸能などの)その分野、また、その分野に関連する事柄〉・・・方面。(8)〈(芸能などの)特定のやり方〉手法。(9)〈(物語の)大まかな話の流れ〉粗筋。〔接尾〕〈細長い物を数える語〉・・・本。

-1257- 〈B〉むね【宗】【旨】《建物の「棟(むね)」や身体の「胸(むね)」と同根語で、一連の物事や論理の流れの中で「中心」(宗)・「趣意」(旨)の意を持つ。前者は「宗(むね)と」の形で用い、「…を宗(むね)とす」(第一とする)・「宗(むね)とあり」(主だっている)などの連語を成し、やがて「むねと」は一語の名詞と錯覚(さっかく)されるようになった》〔名〕【宗】(1)〈(「宗とす」・「宗と有り」・「宗徒」・「宗徒の＋名詞」の形で)同類の中でも中心的な存在〉主立(おもだ)ったもの。【旨】(2)〈物事の中心的な意味〉趣意。

-1258- 〈C〉むねむねし【宗宗し】《建物の「棟(むね)」や身体の「胸(からだ)」と同根で、一連の物事や論理の流れの中で「中心的存在として目立つもの」の意の「宗(むね)」の畳語(じょうご)。意味は「中心をなす」及び「しっかりとしている」。後者の語義では「おとなし・おとなおとなし・をさをさし」などと同義語、「をさなし」が対義語となる》〔形シク〕(1)〈(同類のものの中で)中核を成す存在である〉主立(おもだ)っている。(2)〈確実性があり、安心して任(まか)せられる感じだ〉しっかりしている。

-1259- 〈C〉ぎ【儀】【義】《「法・理に適(かな)うこと」が原義。漢語由来語の常として語義は大幅に横滑(よこすべ)りしたが、「儀式」・「理由」・「状況展開」・「道理」・「教義」・「語義」など、いずれも論理的に筋が通る事柄の意。接尾語(せつびご)的用法として、「(人物を表わす名詞に付けて)…に関する事柄」の語義もある》〔名〕【儀】(1)〈(一定の様式に忠実に行なわれる)一連の儀式。また、その進行手順〉儀式。式次第(しきしだい)。(2)〈(特定の結末を導く)必然的な事情〉理由。(3)〈(一連の因果(いんが)関係の中での)必然的な事態の流れ〉成り行き。【義】(4)〈(論理・倫理に照らして)当然そうあるべきと考えられる筋道〉道理。(5)〈(学問・宗教などの)体系付けられた教え〉教義。(6)〈(特定の脈絡に於ける)言葉・行動の持つ意味〉意味。【儀】(7)〈(人を示す名詞に付けて、接尾語的に用いて)その人物が主題(せつ)であることを示す〉…につきまして、ですが。

-1260- 〈B〉せん【詮】《平安末期以降頻出(ひんしゅつ)する語で、「(事態・論理・手段・効用の)究極の到達点」が原義。現代語に残る「煎(せん)じ詰めれば」(結局のところ)の表現の「煎」を「詮」に変えて考えればその語感は解ろう。「詮無し」(無益)や「所詮(しょせん)」(論理的帰結(きけつ))など、複合語も数多く生じている》〔名〕(1)〈(物事を論理的に突き詰めた結果)最終的に到達する考え方〉結局。(2)〈(目的達成のために)考え得る事柄〉手立て。(3)〈(行動の結果として)得られる(と期待される)事柄〉効能。(4)〈(意味の上で)最も大事な部分〉主眼点(しゅがん)。

-1261- 〈C〉しょせん【所詮】《漢文風だと「所ヲ詮ズル」＝詮ずる所／語感的には「為むずる所：せんとするところ」＝形式はともかく実質上は／英語で言えば"to all intents [and purposes]"。ある行動や論理が究極的に目指す到達点の意で、名詞は「要点・結論・帰結」、副詞は「（あれこれの果てに）結局」（現代語のような諦めの含意はない）となる》〔名〕〈（物事を突き詰めた結果）最終的に到達する最も本質的で大事な部分〉**要点**。〔副〕〈（物事を論理的に突き詰めた結果）最終的な結論を言う時の言葉。（諦め・失望の含意はない）〉**結局**。

●次は、詮議を尽くして裁断して実務処理に奔走した挙げ句の果てに、「どうしようもない」という無力感に辿り着く古語のあれこれ

-1262- 〈B〉せんなし【詮無し】《「詮」（行動の結果得られる効用）＋「無し」＝「やっても仕方がない」（無駄）の意。「詮無きこと」の形で今も残るが、古典時代は「為ん方無し」の略形感覚もあったかもしれない。「詮」には「手段」の意もあるが、「為す術なし」（＝「術無し」）の意は「詮無し」にはない》〔形ク〕〈（せっかく行動しても）何の成果も期待できない〉**無益だ**。

-1263- 〈B〉ずちなし【術無し】《「術」（方法）が「無し」＝「処置なし」の意。平安期の随筆『枕草子』当時から見られる語だが、漢語的な響きがあり、発言主体は男性が多い。より一般的な語は「為る方」に由来する万葉以来の古語「術」を用いた「術無し」で、これが現代語「為す術無し」へと引き継がれている》〔形ク〕〈妥当な解決の方法が存在しない〉**処置なしだ**。

-1264- 〈B〉せむかたなし【為む方無し】《「為」＝「…する」／「方」＝「方法」がない、で「どうしてよいかわからない」の意。間に入る助動詞「む」は実際には撥音便で「ん」となり、「せむ」と書いてあっても「せん」と読む。この芸当は"hamburger"を「ハ"ム"バーガー」でなく「ハ"ン"バーガー」と発音する現代日本人にもお手の物であろう》〔形ク〕〈事を為すべき妥当な方法が見つからない〉**どうしようもない**。

-1265- 〈C〉やるかたなし【遣る方無し】《内に溜まった感情を外に向ける意の「遣る」に「方」(=手段)+「無し」を付けて、「思いを晴らす方法がない」の意となる：この語義は現代語「憤懣やるかたない＝怒りの持って行き場がない」にそのまま残る。一方、「遣る方」を「やり方」と見、文字も「遣」が「途」に化けると、「甚だしすぎて対処のしようがない」の意と化して、現代語「途方もない」につながる》〔形ク〕 (1)〈(胸中にわだかまる感情を外に吐き出したくてもできないという)鬱屈した感情を表わす〉思いを晴らす方法がない。 (2)〈(対処に困るほどに)分量・程度が甚だしい意を表わす〉途方もない。

-1266- 〈A〉わりなし【わりなし】《論理的に事態を割り切る「割り」に「無し」を付けた「事＋割り(=道理)なし」＝「訳がわからん」が原義。連用形「わりなく・わりなう」は「甚だしく」の意で頻用され、そこから、主観的妥当水準を(良かれ悪しかれ)逸脱する様態の「度外れて凄い／ひどい」の語義も生じた》〔形ク〕 (1)〈(論理的・倫理的に)きちんと割り切れない事柄について、非難を込めて言う語〉理解に苦しむ。 (2)〈(納得できる状況ではないが)いくら考えても、何とかしようとしても、どうにもならない〉どうしようもない。 (3)〈(説明も形容も不可能なくらい)ただひたすらに素晴らしい、または、ひどい〉並々でない。 (4)〈(連用形「わりなく」やウ音便形「わりなう」を副詞的に用いて)程度の甚だしいさま〉ひどく。

-1267- 〈A〉あぢきなし【あぢきなし】《論理の意の「文付き」に「無し」を付けた上代語「あづきなし」が中古に「あぢきなし」に転じたもの。「あやなし」と同様「論理的不当性」を原義としつつ、そうした論理や理想像から逸脱した現実に対して為す術のない自らの無力感を嘆く語義も派生した》〔形ク〕(1)〈(論理・倫理の基準に照らして)法外である〉無茶苦茶だ。 (2)〈(論理・秩序・理想に外れたひどい状況を)自分の力ではどうにもできない無力感を表わす〉情けない。 (3)〈(行動の結果に期待が持てず)張り合いがないさま〉虚しい。 (4)〈(対人・恋愛関係の不調に)心を乱すさま〉切ない。 (5)〈(「あぢきなく」・「あぢきなう」の形で、副詞的に)確たる理由も予測もないままに事が起こるさま〉無性に。思いがけず。

-1268- 〈A〉あやなし【文無し】《自然現象の中に見られる一定の様式・秩序や物事の文様を示す「あや」＋「なし」で、パターン認識不能な不可解さ、が原義。同根語「あいなし」が主観的嫌悪感に重きを置くのに対し、「あやなし」は非論理性に対する非難の色彩が濃い》〔形ク〕(1)〈(対象に規則性や秩序がないため)論理的に納得できない〉**わけがわからない。** (2)〈(物事の存在や行動に関して)正当な理由・根拠・意味・目的が見出せない〉**無意味だ。**

-1269- 〈A〉あいなし【あいなし】《「文無し」＝論理的正当性がない／「愛・合ひ無し」＝(主観的に)興味・関心を引かれない、の二つの語源説があり、語義もまた「不合理」と「不愉快」の二系統に大別できる》〔形ク〕(1)〈(主観的に)興味・関心を引かれない〉**気に入らない。** (2)〈(理に照らして)間違っている〉**不当だ。** (3)〈(連用形「あいなく」やウ音便「あいなう」の形で、副詞的に)程度がはなはだしいさまを表わす〉**無闇に。**

-1270- 〈C〉あいなだのみ【あいな頼み】《論理的妥当性の低さを表わす形容詞「あいなし」の語幹に動詞「頼む」の連用形が名詞化して付いた語で、「実現すると期待すべき根拠がない／妥当な期待水準を越えている」などの理由から「抱くだけ無駄な期待」の意を表わす》〔名〕〈(あてがない・度を超しているなど)抱くだけ無駄な期待〉**空頼み。高望み。**

-1271- 〈C〉あやめもしらず【文目も知らず】《「文目」の原義は「紋様」。一定のパターンを持つことから「論理的道筋」の意にもなる。そうした理の通った筋道が見えぬほどに「正常な判断力を失っている心理状態(主として、恋情)」を表わす語。「文目も分かず」とも言い、和歌では「菖蒲」との懸詞が多用される》〔連語〕《あやめ〔名〕＋も〔係助〕＋しる〔他ラ四〕＋ず〔助動特殊型〕打消》〈(多く、恋に溺れて)物事を論理的に理解・認識する能力を失っている〉**わけも解らない。**

-1272- 〈C〉めもあや【目も奇】《「あや」は「あやし」に通じ、見ている者の驚嘆を誘うのが原義だが、「目も眩むほど見事だ」という肯定的語義と、「見るに堪えぬほどひどい」という否定的語義の双方が考えられるので、脈絡に注意して見分ける必要がある》〔形動ナリ〕(1)〈(誉めて)驚嘆の念を誘うほどに素晴らしいさま〉**目も眩むほど素晴らしい。** (2)〈(貶して)妥当・正常だと考えられる水準を逸脱していて、目を逸らしたくなるさま〉**見るに堪えない。**

●事態運営に積極的に関わったり、挫折して訳が分からなくなったりしたその後に来るのは当然「じっと動かない」系古語

-1273- 〈A〉つつむ【慎む】【包む・裹む】《「包む」と「慎む」は根が同じで、表に出さず、内に包み隠す意を表わす。「慎む」は心情面に言及して「遠慮する」・「感情を抑える」の意を表わし、「包む」は行動面について「中に入れて包み込む」・「包み隠して秘密にする」の意を表わす》〔自マ四〕【慎む】(1)〈(行動や発言へと踏み出すのが)はばかられる〉遠慮される。 (2)〈(行動や発言へと踏み出したくなるのを)意志的に抑制する〉抑える。 〔他マ四〕【包む・裹む】(1)〈中に入れて、外側を覆い囲む〉囲い込む。 (2)〈(大事なものや内面の感情などを)人目につかぬようにしておく〉包み隠す。

-1274- 〈A〉つつまし【慎まし】《「慎む」を根に持ち、「人前に出さず隠しておきたい気持ち」を原義とする。現代には「遠慮がち」という人の性格を表わす語義のみ残るが、古語では「自分が行動や発言へと踏み出すのが憚られる」・「既に現出した状況を前にして、内心で恐縮する」の語義もある》〔形シク〕(1)〈(既に現出した状況を前にして)内心で縮こまる思いがする〉気が咎める。 (2)〈(行動や発言へと踏み出すのが)はばかられる〉遠慮される。 (3)〈(人の性格について)目立つことや自己主張をせず、静かである〉遠慮深い。

-1275- 〈B〉ひかふ【控ふ】《「引き」+「合ふ」の略で、外界からの作用に応じる形で自らの力を調整するのが原義。自発的行動を抑止する意の「待つ」・「横に控える」・「差し控える」・「秘密にする」は現代にも通じるが、相手の行動を抑止する「引き留める」の意(目的語は「手／袖」が多い)は古語ならではなので要注意》〔自ハ下二〕(1)〈(自分からは動かずに)対象の様子を観察しながらじっとしている〉待つ。 (2)〈(誰か・何かに)近い場所に動かずにじっとしている〉側にいる。 〔他ハ下二〕(1)〈(相手の動きを)手で掴んで止める。また、(対象を)手に持って操る〉引き止める。まさぐる。 (2)〈行動に出るのをやめて、何もせずにおく〉差し控える。 (3)〈(他者に)真相を知らせずにおく〉内密にする。

-1276- 〈C〉のどむ【和む】《「のどか」(ゆったり・のびのび)・「なだらか」(緩慢・円満)・「宥める」(和らげる)などと同根のリラックス系の語。精神的には「気持ちを落ち着かせる」、動作や程度に言及すると「緩める・ほどほどにやる」、時間的には「先延ばしする」の意を表わす》〔他マ下二〕(1)〈(精神的に)動揺した状態を平静に戻す〉落ち着かせる。 (2)〈(動作や程度について)急激・過激を慎み、余裕をもって行なう〉ゆったりとやる。ほどほどにする。 (3)〈(本来の期限を)先々に延長する〉先延ばしする。

-1277- 〈A〉おづ【怖づ・懼づ】《本来は「自分にとって潜在的に有害なもの」への本能的恐怖を表わしたが、「(神仏・貴人など)恐れ多いもの」に対する畏敬の念にも用いた語。他動詞形は「脅す」、畳語化すると副詞「怖づ怖づ」(=おどおど)、名詞形には「怖気」など、同根語も数多い》〔自ダ上二〕(1)〈(自分にとって有害なもの、正体不明なものに対する)恐怖の感情を表わす〉怖がる。 (2)〈(神聖なもの、高貴な人物などに対する)畏敬の念を表わす〉憚る。

-1278- 〈C〉をぢなし【をぢなし】《精神的脆弱さを表わす「臆病だ」/技能・知識の水準の低さを表わす「拙劣だ・愚劣だ」の二系統の語義がある。前者は「脅す」の自動詞形「怖づ」の連用形「怖ぢ」の母音交替形「をぢ」+程度の甚だしい意の「甚し」/後者は「落ち→をぢ+甚し」に由来する別系語》〔形ク〕(1)〈(精神的に)弱い〉臆病だ。 (2)〈(技能・知識の)水準が低い〉下手くそだ。浅はかだ。

-1279- 〈B〉はばかる【憚る】《「阻む」と同根で「幅」(対象との距離感)を根に持ち、意図的に相手と自分の間に距離を置く語で、伸び伸びと行動できぬ事情や障害があって「遠慮する」・「行き悩む」の意となる。逆に、空間・勢力的に「周囲一面に幅を利かす」=現代語で言う「はびこる」の意もある》〔自ラ四〕(1)〈(障害があって)自由に行動することができない〉邪魔で進めない。 (2)〈(中世以降)(空間的または勢力的に)周囲を圧する勢いで自らの存在を主張する〉広がる。幅を利かす。〔他ラ四〕〈(心理的に障害があって)行動を意図的に抑制する〉遠慮する。

-1280- 〈B〉ところおく【所置く】《「所を置く」のように係助詞「を」を挟む場合も多い。相手と自分の間に一定の空間を置く=自分の思うような発言・行動を直接示すことをしない=「遠慮する」の意となる。そうした遠慮を自分に求めるほどに重要な相手として「注目する」の語義もある》〔自カ四〕(1)〈(相手の意向をおもんばかって)自分の思うがままの発言・行動を明確に示さない〉遠慮する。 (2)〈(対象の重要性を認めて)他のものとは違う扱いをする〉一目置く。

-1281- 〈A〉かしこまる【畏まる】《形容詞「畏し」を四段動詞化した動詞「畏む」から派生した語。「畏敬の念」・「お詫び・謹慎」・「受諾」・「端座」などの語義は現代語にも通ずるが、古語では特に「お礼を述べる」の語義に注意。連用形「畏まり」を名詞として用いる場合も多い》〔自ラ四〕(1)〈(高貴な人や過分な恩恵を前にして)恐縮する〉**畏れ多く思う。** (2)〈(立場が上の人の)怒りを畏れて身を慎む。また、(許してもらおうとして)詫びを入れる〉**謹慎する。謝罪する。** (3)〈(立場が上の人からの)申し出を謹んでお受けする〉**受諾する。** (4)〈(相手からの恩恵に対し)感謝の意思表示をする〉**お礼を言う。** (5)〈正しい姿勢で座る〉**端座する。**

-1282- 〈A〉かしこし【畏し・恐し】【賢し】《自然の霊威に対して抱く身のすくむような畏怖の念(祝詞に出てくる「かしこみ、かしこみ」の感覚)の原義から、「高貴な人物への畏敬」(かしこまり感覚)や「卓越した能力への尊敬」(かしこいなぁ感覚)にも転じた》〔形ク〕【畏し・恐し】(1)〈(自然・超自然の現象を前にしての)身もすくむような本能的恐怖を表わす〉**恐ろしい。** (2)〈(高貴な相手や過分な栄誉を前にして)恐縮するさまを表わす〉**畏れ多い。** (3)〈(畏敬の念を誘うほどに)社会的に高い地位にある〉**極めて高貴だ。**【賢し】(4)〈(人の)知的能力が優れている〉**賢明だ。** (5)〈(人の技芸・物の出来・生き物の見た目などが)優れている〉**抜群だ。** (6)〈(巡り合わせなどが)ちょうどうまい具合だ〉**好都合だ。** (7)〈(連用形「かしこく」やウ音便「かしこう」を副詞的に用いて)程度が甚だしいさまを表わす〉**物凄く。** (8)〈(連用形「かしこく」やウ音便「かしこう」を文頭に置いて)話者・筆者の主観を述べる〉**よくもまぁ。**

-1283- 〈A〉かしづく【傅く】《「畏む」(=恐れる)に「付く」を付けた語とも、「頭」+「着く」=「地面に頭をこすりつける」の転とも言われる。「…"を"かしづく」とする場合は前者(=…を畏敬の念を込めて御世話する)/「…"に"かしづく」ならば後者(=…に対し平伏しながら奉仕・後見する)の感覚である》〔他カ四〕(1)〈(養育者として)子供を大切に養い育てる〉**愛育する。** (2)〈(世話役・後見人として)他者を大事にする〉**お世話申し上げる。**

-1284- 〈A〉ほだし【絆】《人や動物の手足にはめて行動の自由を奪うための「手枷・足枷」が原義。心理学的に転じると「事を為す上で邪魔になる存在」(肉親・愛人・世間的な付き合いなど、現代では「しがらみ」と称されるもの)の意になる。動詞形「ほだす」は「肉親の情にほだされる」などの形で現代語にも残る》〔名〕(1)〈人や動物の手足にはめてその行動の自由を奪う道具〉**手枷足枷。** (2)〈(心理学的に)振り捨て難く、自由な行動を思い留まらせる存在〉**しがらみ。**

-1285- 〈C〉しがらみ【柵】《元来は動詞「しがらむ」で「絡み付く」の意。これを人為的に転用して「(川に杭を打ち、木・竹・柴などを結びつけて)水流をせき止める仕掛け」に用いたものが、やがて比喩的に「物事の円滑な流れを妨げるもの」の意に用いられるようになった》〔名〕(1)〈(川に杭を打ち、木・竹・柴などを結びつけて)水の流れを弱めるための仕掛け〉柵。 (2)〈物事の円滑な流れを妨げるもの〉阻害要因。

●「じっと動かない」系の次は、その種の非行動状態の維持に必要な「忍耐」に関する古語あれこれ

-1286- 〈A〉ねんず【念ず】《強い思いを意味する漢語「念」に「ず」を付けて動詞化したもの。願望の実現を望んで「心に強く祈る」の意。強い思念が、願望の実現ではなく、厳しい現実への対処に向かうと「ぐっとこらえる」の意になる》〔他サ変〕(1)〈(願望の実現を望んで)心に強く祈る〉祈願する。 (2)〈(厳しい現実に)何とか対処しようと必死に努める。(受動的忍耐のみならず、積極的頑張りをも意味する)〉こらえる。頑張る。

-1287- 〈A〉あふ【敢ふ】《「合ふ」と同根語で、「事態・相手に合わせて動く」ことから「負けずに対処する」の語感が生じる。類義語の「耐ふ」とは異なり、「敢ふ」は否定的文脈での(打消・疑問・反語表現を伴う)使用例が多い》〔自ハ下二〕(1)〈(不利な状況に)屈せずにいる〉耐える。 (2)〈(満足とは言えないが)咎めるほどではない。(多く「あへなむ」の形を取る)〉大目に見る。 〔補動ハ下二〕〈(動詞の連用形に付いて)完全にやり通す。(多く打消・疑問・反語表現を伴い「不可能」の意となる)〉・・・しおおせる。

-1288- 〈C〉あへて【敢へて】《動詞「敢ふ」の連用形＋接続助詞「て」。肯定形で用いれば「無理を承知で・・・する」となり、打消語を伴えば「むげに・・・はしない」の部分否定か、「全然・・・ない」の強調的否定となる》〔副〕(1)〈無理な状況にもかかわらず、または、強引に〉無理を承知で。思い切って。 (2)〈(下に打消の語を伴って)事を適度な段階で打ち切り、強行はしない意を表わす〉無理に・・・はしない。 (3)〈(下に打消の語を伴って)否定の意味を強調する〉全然・・・ない。

-1289- 〈B〉せきあふ【塞き敢ふ】《「塞く」はせき止める、「敢ふ」は我慢する意で、合わせて「(溢れそうな感情や涙を)我慢する」の意味。通例否定文の「塞き敢へず」で用いる》〔他ハ下二〕〈(通例、否定形で)(溢れそうな涙や感情などを)無理に抑制する〉我慢する。

-1290- 〈B〉**たふ**【堪ふ・耐ふ】《語源的には「手」+「合ふ」で、自分に対し及ぼされる様々な力にきちんと対応する力・手段を持つ意を表わす。類義語「敢ふ」が疑問・否定・反語とともに用いるのを基本とするのに対し、「堪ふ・耐ふ」には(「‥‥せずにいる」の語義を除けば)そうした制約がない》〔自ハ下二〕(1)〈ある動作・状態に陥らずにいられる耐性を表わす〉‥‥**せずにいられる。** (2)〈ある課題をきちんとやり遂げる力量を表わす〉‥‥**できる。** (3)〈一定の動作・状態を保ち続ける持続力を表わす〉‥‥**し続ける。**

●ひたすら動かず耐えているだけ、というんじゃやってられんのが人の心、ということで、次に来るのは「発散」系古語群

-1291- 〈A〉**なぐさむ**【慰む】《元は名詞形「なぐさ」。「和やか」・「凪」と同根で、波風がおさまり平静な「さ」(方向)の意。これが四段活用他動詞に転じ、平安期に自動詞用法が生じるとともに、その受動態「なぐさめ+らる」から逆成する形で下二段活用自動詞用法が生じた》〔自マ四〕〈心の中に溜まっていた重苦しい気持ちが、軽くなったり、晴れたりする〉**気が晴れる。**〔他マ下二〕(1)〈心の中に溜まっていた重苦しい気持ちを、軽くしたり、晴らしたりする〉**気晴らしをする。** (2)〈(怒り・悲しみ・不安などの負の感情を抱えた相手の)気を楽にさせたり、落ち着かせたりする。また、(負傷を負った相手を)肉体的に楽な状態にしてやる〉**なだめすかす。介抱する。**〔他マ四〕(1)〈心の中に溜まっていた重苦しい気持ちを、軽くしたり、晴らしたりする〉**気晴らしをする。** (2)〈(笑って気分が良くなるように)意図的に相手を無様な状態に追いやった上で、相手の反応を見て楽しむ。(陰湿ないじめや肉体的陵辱の含みはない)〉**もてあそぶ。**

-1292- 〈B〉**おもひやる**【思ひ遣る】《「遣る」(こちら→遠方)の方向性を内包する語で、現代語にも残る「(相手を)気遣う」の語義もあるが、古語では、「(自身の)気晴らしをする」・「(遠く離れた人・物に)思いを馳せる」・「(眼前にない状況を)想像する」の語義の方が重要》〔他ラ四〕(1)〈(心の中に溜まった)思いや憂いを、何らかの行動によって解消する〉**気を晴らす。** (2)〈(眼前にいない人・物について)心の中であれこれ思う〉**思いを馳せる。** (3)〈(よくわからない状況について)自分の知り得る限りの情報から、何らかの判断を組み立てる〉**推量する。** (4)〈(相手のためになるようにと)あれこれと気を配る〉**気遣う。**

-1293- 〈B〉こころやる【心遣る】《「遣る」の意に応じて、「内心の思いを、外向性の行動を通して、晴れ晴れさせる」(気を晴らす)／「自分は優秀だという内心の思いを、外界の思惑も考慮せず強引に表出する」(得意がる)の語義に分化する。前者は「心遣り」(気晴らし)の名詞形でもよく出てくる》〔自ラ四〕〈(他者の思惑も顧みず)自分は優れている、という感覚を周囲に撒き散らす〉**得意になる。**〔他ラ四〕〈(内心のもやもやとした思いを)外向性の行動を通して晴れ晴れとさせる〉**気晴らしをする。**

-1294- 〈B〉いひやる【言ひ遣る】《「やる」の意に応じて、「自分の気持ちを、(1)誰かに伝える／(2)最後まで表現し切る」という全く異なる語義に分化する。前後の脈絡に注意して見分ける必要があるが、後者(最後まで「言い切る」)は否定表現の中で「えもいひやらず」などの形で用いる場合が殆ど》〔他ヤ四〕(1)〈(手紙を通して、あるいは人を遣わして)自分の意向を伝達する〉**手紙をやる。伝言する。**(2)〈(多く打消の語を伴って)自分の思いを言葉にして最後まで言い尽くす〉**言いたいことを全部言う。**

-1295- 〈B〉みやる【見遣る】《「こちら側からあちら側に視線を向ける」意。「遣る」は現代語にも残るが、その方向性は「自→他」の外向性で、正反対の「他→自」の自分本位の方向性を持つ「遣す」を付けた「見遣す」(あちら側からこちら側に視線を向ける)と対を成す言い回しが「見遣る」》〔他ラ四〕〈こちら側からあちら側に視線を向ける〉**あちらを見る。**

-1296- 〈A〉やる【遣る】《「こちらからあちらへ」が「遣る」の方向性(逆に「あちらからこちらへ」が「遣す」)。「(人・物を)行かせる・送る」・「遠くへ動作を及ぼす」・「心中の思いをぶちまける」・「最後まで全てやり通す」など、語義には全て外向性のベクトルがある》〔他ラ四〕(1)〈(人・水・車など、移動性の対象を)こちらからあちらへと移動させる。また、流れが滞らないようにする〉**行かせる。流す。**(2)〈(物品などを)こちらからあちらへと送り出す〉**送る。**(3)〈(自分自身の)胸の内に溜まった感情を外に吐き出して楽な気分になる〉**気分を晴らす。**〔補動ラ四〕(1)〈(動詞の連用形に付いて)こちらからあちらへと向かう外向性の動作を表わす〉**遠く・・・する。**(2)〈(動詞の連用形に付いて)動作が最初から最後まで行なわれて完結する意を表わす。(多く打消の語を伴う)〉**すっかり・・・し終える。**(3)〈(動詞の連用形＋接続助詞「て」を伴う形で)他者に対して動作を及ぼす意を表わす〉**・・・してやる。**

●こちらからあちらへの外向的方向性を持つ「やる」の次は、逆にあちらからこちらへの引き寄せ系の「おこす」

-1297- 〈A〉**おこす**【遣す】《現代語「寄越す」に相当する古語で、「(相手方から当方へと人・物を)送る」という、自分を視点・動作の中心に据える語。これとは対照的に他者本意の方向性を持つ語が「〜遣る」で、「あちらの方向に向けて〜する」(例:「見遣る」=あちらを眺める)の意を表わす》〔補動サ下二〕〈動作の方向性が、あちら側からこちら側へと向かうことを示す〉**こちらへ・・・する。**〔他サ下二〕〔他サ四〕〈(もの・人を)(他者が、自分へと)送って来る〉(こっちへ)**寄越す。**

-1298- 〈B〉**みおこす**【見遣す】《自分中心の視点に立って「あちら側からこちら側に視線を向ける」意を表わす。「遣す」の方向性は「他→自」の引き込み型(introvert)。正反対の「自→他」の送り出し型の方向性を持つ「遣る」を付けた「見遣る」(extrovert)(=当方から先方に視線を向ける)と対を成す言い回しである》〔他サ下二〕〈(他者が)こちら側へと視線を向ける〉**こちらを見る。**

●思いを他者に寄せたり他者から寄せてもらおうとしたりの営みの次は、それが徒労に帰した人が往々にして陥る「破壊」系古語たち

-1299- 〈B〉**やる**【破る】《自動詞で「破れる・壊れる」、他動詞で「破る・壊す」の意を表わす。基本的には「紙や布」といった繊維質のまとまりに解れ目・裂け目が出来て破損する意を表わすが、壁などの物体の破損にも用いる。同音異義語「遣る」との混同に要注意》〔自ラ下二〕〈(紙や布、あるいは壁などの)一箇所が破綻し、全体としての完全性が損なわれる〉**破損する。**〔他ラ四〕〈(紙や布、あるいは壁などの)一箇所を破綻させ、全体としての完全性を損なわせる〉**破壊する。**

-1300- 〈B〉**こほつ**【毀つ】《語源は定かではないが、「つ」は「打つ」の略か、とも言われる。鎌倉時代以降は「こぼつ」の濁音形も用いられた。ただひたすらに破壊的な「壊す」の意味の他、「余計なものを取り去る」という整頓系の語義もある》〔他タ四〕(1)〈(音を立てて跡形もなく)打ち壊す〉**破壊する。**(2)〈(髭など、余分なものを)取り払う〉**除去する。**

-1301- 〈B〉**てうず**【調ず】《語義は二系統に分かれる。「調達する」及び「調理する」という"下準備系"は現代語「調」の類推で片付くが、もう一方の「悪者を懲らしめる」や「悪霊を祈祷で退散させる」は、「調」よりむしろ同音の「懲ず」・「打ず」の文字に絡めて把握するとよい》〔他サ変〕(1)〈必要な物事を事前に取り寄せる。また、適正な状態に整える〉**調達する。調整する。**(2)〈(食材を)食べられる状態にする〉**調理する。**(3)〈(悪者に対し)肉体的苦痛や社会的制裁を加える〉**懲らしめる。**(4)〈(祟りや悪霊を)祈りの力で追い払う〉**調伏する。**

-1302- 〈C〉ちゃうず【打ず】《「殴打する」の意だが、単なる暴力ではなく、罰を与える「お仕置き」系の語である。「ちゃう」は「打」の呉音で、現代語では「打擲する」の中に残る。「懲罰を加える」の「懲ず」及び「調ず」と同音・同根語》〔他サ変〕〈(罰として)(手や棒などで)打撃を加える〉殴打する。

●外界との対応が不調の時、最悪の「破壊」の前段階で人がまず陥る「屈託・沈鬱」系古語の世界に、ひとまず戻っておきましょう

-1303- 〈A〉くんず【屈ず】《「苦し」と同源語とされ、「外界と自己との関係が思い通りにならぬために、息苦しい感覚を抱く」を原義とする語が「くっす〔屈す〕」。だが、促音文字「っ」の登場は平安末(十二世紀頃)で、それ以前は促音無表記「くす」か、「い・う・ふ・ん」などを「っ」の代用文字としていた。その一表記「くんす」を、「くっす」と読まずに連濁して「くんず」と読んだ語が「屈ず」》〔自サ変〕(1)〈(思うに任せぬ状況の中で)精神的に参ってしまう〉気が滅入る。(2)〈(自分の思い通りにならぬ現実を毛嫌いして)性格がねじ曲がる〉卑屈になる。

-1304- 〈B〉くす【屈す】《「くっす」の促音無表記語で、「くす」表記でも「くっす」と読んだ。促音表記が確定する平安末期(十二世紀)以降生じた「くっす」とは異なり、「くす」には「屈服する」・「折り曲げる」のような対人的・物理的語義はなく、専ら精神的不充足感を表わす感情語である》〔自サ変〕(1)〈(思うに任せぬ状況の中で)精神的に参ってしまう〉気が滅入る。(2)〈(自分の思い通りにならぬ現実を毛嫌いして)性格がねじ曲がる〉卑屈になる。

-1305- 〈B〉おもひくんず【思ひ屈ず】《「おもひくす・おもひくっす・おもひくんず」の語義はいずれも単なる「くす・くっす・くんず」でも表わせるが、「屈す／屈ず」には「(態度が)卑屈になる」の語義もあるため、「(気持ちが)憂鬱になる」の意であることを強調するために「思ひ」を付けたわけである》〔自サ変〕〈(思うに任せぬ状況の中で)精神的に参ってしまう〉気が滅入る。

-1306- 〈B〉おもひいる【思ひ入る】《自動詞で「(深刻に)思い詰める」・「(何処かに)自ら望んで入る」、他動詞で「深く心に刻みつける」等々、状況次第で多様な語義を表わす厄介な語。現代語「思い入れ」に通じる「惚れ込む」の語義が生じたのは近世以降》〔自ラ四〕(1)〈(深刻なこととして)心に重く受け止める〉思い詰める。(2)〈(山奥・寺など、特定の場所に)あれこれと考えた末に自らの意志で分け入る〉望んで入る。〔他ラ下二〕〈(対象の持つ意味の大きさについて)軽視せずきちんと認識する〉心に刻む。

-1307- 〈A〉わぶ【侘ぶ・陀ぶ】《物事が思い通りにならず「気落ちする」が原義。この心情が一定期間に亘ると「期待が持てず心細い」、自身の心情でなく外界との対応で「(対処し難い状況に)困惑する」・「(どうしようもないことを認め)許しを請う」・「(悲惨な状況へと)落ちぶれる」などとなる》〔自バ上二〕(1)〈(物事が思うように運ばず)精神的に挫けて、その心理状態を外見に表わす〉がっかりする。(2)〈(確かな期待が持てず)不安定な心理状態にある〉心細く思う。(3)〈(対処し難い状況に直面して)どう対応してよいかわからない〉困惑する。(4)〈(自分では対処不可能な事態であることを認めて)どうにかしてくれるよう他者にすがる〉許しを請う。(5)〈(社会的・経済的に)生活を自力でどうにもできない惨めな状況に陥る〉落ちぶれる。(6)〈(中世以降)(自らの意志で)俗世間を離れ、質素で閑寂な生活をする〉侘び住まいをする。〔補動バ上二〕〈(動詞の連用形に付いて)思うようにできなかったり、気力が失われたりする意を表わす〉・・・しかねる。・・・し続けられそうにない。

-1308- 〈A〉わびし【侘びし】《動詞「侘ぶ」の形容詞化。「寂し・淋し」と同様、「本来あるべきものがそこにない欠落感」が根底にあるが、より主観的色彩が強い。「状況が思うに任せず、心痛を感じる」・「経済的に困窮している」・「対象が自分の興味・関心を引かない」といった語義を持つ》〔形シク〕(1)〈思うに任せぬ状況に、耐え難い思いを抱く〉やりきれない。(2)〈経済的に困窮している〉みすぼらしい。(3)〈(対象が)自分の興味・関心を引かない〉面白味がない。(4)〈(本来あるべきものがそこにない欠落感から)不満、あるいは不安な感じがする〉物足りない。心細い。

-1309- 〈B〉しわぶ【為侘ぶ】《末尾の「わぶ[侘ぶ]」は補助動詞で、当惑を込めて「どうにも・・・できない」の意を表わす。「為」にこれが付くと「どのようにしてよいかわからず、困惑する」の意になる。「ろくでもない何かをしでかしてから詫びを入れる」の意ではない》〔他バ上二〕〈適正な処理の方法を思い付かずに困る〉持て余す。

-1310- 〈A〉**さぶ**【荒ぶ・寂ぶ】【錆ぶ】《「さびし」の元となった自動詞。時間の経過とともに「(家屋や物事が)荒れ果てる、衰亡する」(さびれる)・「(色彩や金属の表面が)変色する」(錆びる)という現代に通じる語義の他、「寂しく思う」という感情や、「古びて趣が出る」という肯定的な語義もある》〔自バ上二〕【荒ぶ・寂ぶ】(1)〈(時間の経過とともに)(物事や家屋などが)かつての勢いや整然たる美を失う〉**衰亡する。荒れ果てる。** (2)〈(主観的に)荒涼とした感覚を抱く〉**寂しく思う。** (3)〈(時を経て)古い感じになる。また、古いもの特有の趣が出る〉**古びる。時の重みが感じられる。**【錆ぶ】(4)〈(時間の経過とともに)色合いが薄くなる。また、金属の表面が変質する〉**色褪せる。錆びる。**

-1311- 〈A〉**さびし**【寂し・淋し】《「錆びる」に通じる動詞「寂ぶ」が、平安時代以降形容詞に転じた語。類義語「わびし」は「貧窮や失意に起因するやりきれなさ」を表わす主観性が強いが、「さびし」には「あるべきものが足りない」・「静まりかえっている」など客観観察的語感が強い(が、一部混用も見られる)》〔形シク〕(1)〈(本来あるべき物事や、元来そこにあった活気・生気が)欠落していて、物足りない感じがする。(その欠落を、必ずしも否定的に嘆いているとは限らない)〉**寂しい。** (2)〈(本来あるべきものがそこにない欠落感から)不満、あるいは不安な感じがする〉**物足りない。心細い。** (3)〈(「わびし」の混用)思うに任せぬ状況に、耐え難い思いを抱く〉**やりきれない。** (4)〈(「わびし」の混用)経済的に困窮している〉**みすぼらしい。**

-1312- 〈A〉**さうざうし**【さうざうし】《「寂」の畳語「さくさくし」が「さうさうし」→「さうざうし」に転じたものとされ、「寂し」の類義語であって、「騒々しい」の意ではない。「嘆息(ハァ…)」の擬態語「索」の畳語との説もあるが、それだと「寂し」の寂寥感が掻き消され、欲求不満の自己完結性表現に成り下がってしまい、少々興醒め》〔形シク〕〈(本来あるべきものがそこにない欠落感から)不満、あるいは不安な感じがする〉**物足りない。心細い。**

-1313- 〈A〉つれなし【つれなし】《語源的には「連れ」+「無し」だが、「一人ぼっちで寂しい」ではなく、物事相互、あるいは対人関係で「関連性なし=無縁=どうでもいい」に発し、「知らんぷりだ」・「薄情だ」・「何も起こらない」・「思うに任せない」など、自分の思惑に反する外界の反応を嘆く語義を持つ》〔形ク〕(1)〈(他者が)当方の思惑に気付かない、または、気付いていながら無視している感じだ〉素知らぬ顔だ。(2)〈(他者が)当方の思惑を確実に知っていながらそれを無視しているので、憎らしく感じる〉冷淡だ。(3)〈(自然現象に関し)期待している当方の思惑を無視するように、何も変化がない〉何も起こらない。(4)〈(生命・年齢・世の中といった不可抗力的な現象に関し)自分の力ではどうにもならない〉思うに任せない。

-1314- 〈C〉つれもなし【つれもなし】《一語の形容詞「つれなし」を、格助詞「も」の挿入によりあたかも連語の如く表現したもの。この「も」には語調を整える以外に何の意味もなく、表わす語義は単なる「つれなし」の場合と全く同じ。こうした整調用助詞挿入表現は古語には少なくない》〔形ク〕(1)〈(他者が)当方の思惑に気付かない、または、気付いていながら無視している感じだ〉素知らぬ顔だ。(2)〈(他者が)当方の思惑を確実に知っていながらそれを無視しているので、憎らしく感じる〉冷淡だ。(3)〈(自然現象に関し)期待している当方の思惑を無視するように、何も変化がない〉何も起こらない。(4)〈(生命・年齢・世の中といった不可抗力的な現象に関し)自分の力ではどうにもならない〉思うに任せない。

-1315- 〈C〉つれなしづくる【つれなし作る】《ここでの「作る」は「(本心を隠して)表面的な体裁を整える」ことで、「素知らぬ振りをする」の意。因みに、「声作る」だと「本来の声と違う声を出す」他に「他者の注意を引くため咳払いする」や「魔除け・警戒のため、敵・味方を驚かす不気味な声を出す」の意になる》〔自ラ四〕〈(本当は気になるのに)気にしていないかのような外観を装う〉素知らぬ振りをする。

-1316- 〈A〉つれづれ【徒然】《「連れ」の畳語で、「長々と同じ状態が続く」が原義。心理的色彩が加わると「特にやることもなくて退屈」となり、その倦怠感が、共に楽しむ友もない孤独感に変わると「何となく寂しい」の意となる。近世以降(恐らく「つらつら」の類推から)「じっくり」の意も加わった》[名・形動ナリ] (1)〈ある状態が変わることなく延々と続くさま〉単調だ。 (2)〈特に何もすることがなく、体力・気力・時間を持て余しているさま〉退屈だ。 (3)〈(することもなく、話し相手もいないために)気持ちが内向的に沈んで行くさま〉やるせない。〔副〕(1)〈(長雨などが)変わることも終わることもなく、連続的に〉長々と。 (2)〈特に何もすることがないので、暇に任せて〉退屈しのぎに。 (3)〈(することもなく、話し相手もいないために)気持ちが内向的に沈んで〉しんみりと。

●「破壊」・「沈鬱」で気が滅入った後は、それら負の波状攻撃への特効薬、「珍奇なるものへの興味・関心」の古語をどうぞ

-1317- 〈A〉めづらし【珍し】《「目+連らし」(何度でも重ねて見たい)に由来する語。常に目にする対象は「何度も重ね見」したくもないのだから、そう何度も拝めぬものについて「目新しい」・「例を見ぬ」の意を表わす語であり、希少性転じて讃辞の「素晴らしい」の語義も生じた》〔形シク〕(1)〈賞賛を禁じ得ぬほどにすぐれている〉褒め讃えるべきだ。 (2)〈今までに見たことがないので、心引かれる〉目新しい。 (3)〈(出現・発生の)頻度が低い。また、(過去に)同様の事例がない〉滅多にない。例のない。

-1318- 〈C〉めづらか【珍か】《「珍し」の末尾に、様態の「か」を付けた語。「珍し」が、対象の「希少性」を専ら肯定的に捉える語であるのに対し、「珍か」では普通と異なる「特異性」に主眼があり、良い意味で「他と異なり、素晴らしい」／悪い意味で「異様・珍妙・奇抜・風変わり」双方の意を表わす》〔形動ナリ〕(1)〈(良い意味で)他と異なる点が目を引き、魅力となっている〉もの珍しい。 (2)〈(悪い意味で)常識や自分の知識・経験の枠組みから外れていて、当惑や嘲笑を誘うような違和感を与える〉変だ。

-1319- 〈A〉めづ【愛づ】《自然の美しい景観や美女など、見た目に美しいものを「賞美する」が原義。それが持続的・常習的な行動になると「愛好する・可愛がる」になる。これら二つの語義の中間に位置する評価系のものとして「褒め讃える」の語義もある》〔自ダ下二〕〈(自然の美観や美しい女性など)見た目に美しいものに心が引き付けられる〉賞美する。〔他ダ下二〕(1)〈(対象について)素晴らしいという思いを言葉や態度にはっきりと表わす〉賞賛する。 (2)〈(人や物を)魅力的なもの、大事なものとして扱う〉愛する。

-1320-〈A〉めでたし【愛でたし】《動詞「愛づ」連用形「めで」に程度の甚だしさの「甚し」を付けた「めでいたし」の転。現代同様「祝うべきことだ」の意もあるし、近世以降は皮肉を込めて「人が好いにもほどがある」(はっきり言って間抜けだ)の語義も生じたが、古語では「褒め讃えるべきだ」の意が中核》〔形ク〕(1)〈賞賛を禁じ得ぬほどにすぐれている〉褒め讃えるべきだ。(2)〈(慶事などの場面で)ひたすらによいこととして受け入れ喜ぶべきことだ〉祝うべきことだ。

-1321-〈C〉めでまどふ【愛で惑ふ】《「誉める・愛好する」の意の「愛づ」に「しきりに…する」の意の補助動詞「惑ふ」を付けた語。「惑ふ」には「混乱した振舞いをする」の意もあるので、理知的賞美の態度でなく、自分が個人的に好ましく思う何かに対して感情が高ぶって狂喜乱舞する語感がある語》〔自ハ四〕〈(個人的に好ましく思える何かに対し)大いに賞賛したり、喜び騒ぐ〉大絶賛する。狂喜乱舞する。

-1322-〈A〉ありがたし【有り難し】《「有る」(=存在する)ことが「難し」(=困難)という希少性を表わす原義「珍しい」が、鎌倉期以降、滅多にないことを尊ぶ「感謝すべき」の語義に結び付いて現代に至る。様々な悪条件のため「生存・実現困難」／神仏の霊験や功徳が「勿体ない」の意もある》〔形ク〕(1)〈滅多に発生・存在しない〉稀に見る。(2)〈類を見ないほどに優れている〉無類の見事さだ。(3)〈神仏の霊験や功徳に対し)感謝・尊崇・畏敬の念が沸き上がる〉恐れ多い。かたじけない。(4)〈実現・生存が困難である〉難しい。生き辛い。

-1323-〈A〉めざまし【目覚まし】《動詞「目覚む」の形容詞化。現代語「めざましい」は「目を見張るほど素晴らしい」という絶賛だが、古語の場合は、肯定的に用いたとしても「低い予想に反して、意外に素晴らしい」止まりで、「妥当な水準を下回り、感心せぬ」という非難の方が本源的な語義となる》〔形シク〕(1)〈(当然期待される妥当な水準を下回っていたり、身分相応の振る舞いを逸脱したりしていて)思いも寄らぬ有り様に、驚きと不快感を禁じ得ない〉唖然とさせられる。(2)〈(過小評価していた対象が)期待していた以上の水準であるのを発見して、賛嘆の念を禁じ得ない〉意外に素晴らしい。

-1324-〈C〉むねはしる【胸走る】《「走る」が「胸」と結び付くと「(期待や不安で)胸がどきどきする」の意になる。現代語では「胸が騒ぐ／胸騒ぎがする」だが、古典時代の人の胸は騒がずに走るのだ。「つぶつぶと」(どきどきと)なる副詞が随走することも多く、「走る走る」(胸がバクバク)という表現もある》〔連語〕《むね〔名〕+はしる〔自ラ四〕》〈(期待や不安で)心臓の鼓動が速くなる〉胸がどきどきする。

-1325- 〈C〉むねつぶる【胸潰る】《不安・悲嘆・驚嘆・恐怖などの強い感情を催して「胸がどきどきする」の意。形容詞形は「胸潰らはし」。「胸拉ぐ」でも同意となる。現代語「胸が潰れる思いがする」は、誰かの悲惨な状況に強く同情する言い回しだが、古語の場合その感情は「胸痛し」・「痛まし」で表わす》〔連語〕《むね〔名〕＋つぶる〔自ラ下二〕》〈（不安・悲嘆・驚嘆・恐怖などの）強い感情を催して心臓の鼓動が激しくなる〉胸がどきどきする。

-1326- 〈B〉きょうず【興ず】《「興」とは、瞬間的な感情としての「楽しがる気持ち」。それを動詞化したのが「興ず」で、「面白がる」の他に「関心を示す・珍しいと思う・不思議だと感じる」の意をも表わすが、いずれも永続性の興味を含意しない》〔自サ変〕〈（一時的に）何事かに触発されて、愉悦・興味・奇異の感情を催す〉面白がる。不思議がる。

-1327- 〈C〉きょうがる【興がる】《語源的にも文字通り「興味ある」語。「興が有り」の転とする説がある・・・するとラ変活用の筈だが、終止形「きょうがり」の使用例はない・・・ので、室町時代頃からは「希有＋がる」（珍しいものとして扱う）と意識されるようになり、そこから「奇妙・ふざけた・風変わりな」の語義が生じた》〔自ラ四〕(1)〈興味を引かれる。また、奇異の感を抱く〉面白がる。不思議がる。 (2)〈(室町時代以降の語)(「きょうがる」・「きょうがった」の形で)(外見や行動が)奇異の感を与える〉奇妙だ。ふざけている。

-1328- 〈C〉きょうにいる【興に入る】《「興がる」と同様、「興に入る」も「面白がる」の意だが、前者は「何か普通と違うぞ、不思議だな？」という観察的興味を含むのに対し、後者は「ただひたすら興奮してノリノリ」の感じ。この語感の相違は「入る」がもたらすもので、これは現代語の「（ツボに）ハマる」に近い》〔連語〕《きょう〔名〕＋に〔格助〕＋いる〔自ラ四〕》〈(愉悦に)度を超して興奮する〉ひたすらに面白がる。

-1329- 〈C〉ことさむ【事醒む】《「興味が冷める」意を表わす。現代語なら「興醒めする」だから、「興」と「事」が入れ替わっていることになる。厳密に言うと、「興醒め」は「対象に対する自分の興味が醒める」と主観的だが、「事醒め」は「対象自体が色褪せて、自分の興味を引かなくなる」と客観的である》〔自マ下二〕〈(対象が、自分にとって)今まで持っていた魅力を失う〉興醒めする。

●「興味・関心」の次に来るのは、「価値判断」系古語の数々を、ほめ／けなし、織り交ぜてどうぞ御覧あれ

-1330- 〈A〉つたなし【拙し】《「伝ふ」+「無し」の語源から、「人品・身分が卑しい」(他者に伝えるべきものが何もない)、「技能が低い」(他者に十分その意を伝えられない)、「不運だ」(天運がその人物に十分伝わっていない)の意が生じ、横滑りして「ひたすら否定的な形容全般」にも用いられた》〔形ク〕(1)〈身分・人品・人徳が低く、言及してやるに値しない〉卑しい。(2)〈技能が低く、他者に自らの意を十分に伝えきれない〉未熟だ。(3)〈天運からの恵みを十分に授かっていない〉運が悪い。(4)〈外面・行動から受ける他者の印象について、ひたすら否定的に言う語〉みっともない。

-1331- 〈A〉うちつけ【打ち付け】《動詞「打ち付く」(急ごしらえで取って付ける)の意を形容動詞化した語とされ、そこから「突然」・「露骨」・「軽率」などの語義が生じたとされる。意味・音調双方で、現代語「やっつけ仕事(方法論も出来映えも無視してとにかく片付けただけの仕事)」を連想させる古語》〔形動ナリ〕(1)〈前触れもなくいきなり事が起こるさま〉出し抜けだ。(2)〈深い考えもなしにいい加減に事を運ぶさま〉軽率だ。(3)〈他者の思惑や社会的体裁をまるで考慮していないさま〉ぶしつけだ。

-1332- 〈A〉びんなし【便無し】《「便」+「無し」=「条件が整わず、事を行なうには不都合」が原義。この意味では「便悪し」と同義語。不都合な状況の原因となった事態を非難する「不届きだ」の派生義もある。近世以降は、厄介な状況に身を置く他者への憐憫の情「可哀想だ」(=不便なり)も表わした》〔形ク〕(1)〈(何かを為す上で)条件がうまく整わない〉不都合だ。(2)〈(不都合な事態の原因となった物・人を非難して)許し難いことだ〉けしからぬ。

-1333- 〈B〉びんあし【便悪し】《「便良し」(好都合)の対義語で、「便無し」と同義語(但し、「便無し」が持つ「不届きだ」及び近世語としての「不憫だ」の語義は「便悪し」にはなく、「不都合だ」の語義があるのみ)。実際の読み方は「便悪し・便無し」ともに音便で「びんなし」となり、「びなし」の表記もある》〔形シク〕〈(何かを為す上で)条件がうまく整わない〉不都合だ。

-1334- 〈B〉ふびん【不便・不憫】《「便」(好都合な事)を「不」で打ち消す組成は「便悪し」や「便無し」と同じで、「不都合だ」が原義。そんな不都合な状況に身を置く人への同情心から「可哀想だ」の語義が生じ、同情が愛情に変わると「大事にいたわってやりたい」の意となる》〔名〕〈(自分よりも弱い立場にある者を)大事にいたわること〉世話。〔形動ナリ〕(1)〈(何かを為す上で)条件がうまく整わない〉不都合だ。(2)〈(困った状況にある人物に対し)心理的に同情したくなる〉気の毒だ。(3)〈(主に「ふびんにす」の形で)愛情を注ぎ、大事にする〉かわいがる。

-1335- 〈A〉まさなし【正無し】《正しい意の「正」を「無し」で打ち消したものとも、「勝り無し」の転とも言われる語。客観的な倫理基準から外れていることを非難する「(正義に反していて)良くない」・「(正当な水準を逸脱して)予想外」は前者系、「(外見上)見劣り」は後者系に由来する語義》〔形ク〕(1)〈(客観的な倫理基準に照らして)正しいこととは言い難い〉良くない。(2)〈(予想される妥当な水準を著しく超えて)意外な感じがする〉予想外だ。(3)〈(他者の目から見て)非難したくなる感じだ〉見苦しい。

-1336- 〈C〉まさなごと【真無事・正無事】《「正無し」は倫理的に正しくないことを非難する語だが、「まさなごと」となると「正無事(正義の無い事)」よりむしろ「真無事(真実の無い事)」の語感が強く、「たわいもない冗談」の意を表わす語であって、「道義に反する行為」の意にはならない点に要注意》〔名〕〈(真面目に意図されたわけではない軽い行為や言葉)戯れ事。冗談。

-1337- 〈A〉そぞろ【漫ろ】《「すずろ」と同源。中古後期には「すぞろ」形も生じた。「ただ何となく」・「こんな筈ではないのだが」・「関係ない」・「感心しない」・「やたらと…だ」の語義は「すずろ」と同じ。現代語「気もそぞろ」に通じる「そわそわと落ち着かない」の語義は「そぞろ」特有のもの》〔形動ナリ〕(1)〈確たる理由・事情・目的もなしに事が運んだり、気持ちが動いたりする際の、掴み所のない感覚〉ただ何となく。(2)〈自分自身の意識や予想とは無関係に事が運ぶ際の、不本意な感覚〉こんな筈ではないのだけれど。(3)〈(ある事態・人物に対し)当事者意識がない。また、当事者たるべき正当な事由がない〉気にも留めない。関係ない。(4)〈(正当な根拠や、当然必要な思慮に欠けていて)軽蔑や非難を招くさま〉よくない。(5)〈程度の甚だしさを表わす。(語幹「そぞろ」のみで副詞としても用いる)〉無闇矢鱈と…だ。(6)〈(何か他の事に心を奪われて)心が落ち着かないさま〉そわそわしている。

-1338- 〈A〉すずろ【漫ろ】《現代にも残る「そぞろ」や、「すぞろ」の形でも用いた。確たる理由・事情・目的もなしに事が進んだり気持ちが動いたりする際の「ただ何となく」が原義。「不本意」・「無関係」・「遺憾」の意も表わす。連用形「そぞろに」による「やたらと‥‥する」の副詞用法も多用された》〔形動ナリ〕(1)〈確たる理由・事情・目的もなしに事が運んだり、気持ちが動いたりする際の、掴み所のない感覚〉ただ何となく。 (2)〈自分自身の意識や予想とは無関係に事が運ぶ際の、不本意な感覚〉こんな筈ではないのだけれど。 (3)〈(ある事態・人物に対し)当事者意識がない。また、当事者たるべき正当な事由がない〉気にも留めない。関係ない。 (4)〈正当な根拠や、当然必要な思慮に欠けていて)軽蔑や非難を招くさま〉よくない。 (5)〈(連用形「すずろに」の形で、副詞的に)程度の甚だしさを表わす〉無闇矢鱈と‥‥だ。

-1339- 〈B〉すずろはし【漫ろはし】《「すずろ」・「そぞろ」の派生語なので、中古以降は「すぞろはし」形もある。「確たる根拠もなしに、何となく‥‥」を原義としつつ、「何となく心が落ち着かぬ」という期待系に流れることの多い肯定的な語義と、「何となく気に食わぬ」という否定的な語義とに分かれる》〔形シク〕(1)〈(期待などで)何となく心が落ち着かない〉不思議と心が浮き立つ。 (2)〈(理由はわからないが)何となく気に食わない〉訳もなく不快だ。

-1340- 〈C〉すずろごと【漫ろ言】【漫ろ事】《「すずろ」・「そぞろ」の根源的語義「確たる根拠の不在」を否定的に拡大して、「どうでもいいようなつまらぬ話」(漫ろ"言")及び「どうでもいいようなつまらぬこと」(漫ろ"事")の意を表わす》〔名〕【漫ろ言】(1)〈(確たる根拠や、それを口にすべき必然性がなくて)いいかげんな話〉どうでもいいようなつまらぬ話。【漫ろ事】(2)〈(確たる根拠や、それを行なうべき必然性がなくて)いいかげんな事柄〉どうでもいいようなつまらぬ事。

-1341- 〈A〉なかなか【なかなか】《中古迄は「なかなかに」の副詞形のみ、以後は形容動詞にも用いた。名詞「中」の畳語で、両極端の半分に位置することから「中途半端」・「こんな程度なら最初からないほうがまし」・「いっそ‥‥の方がいい」と否定的な語義ばかり。肯定的な語義は中世以降のもの》〔形動ナリ〕(1)〈徹底を欠き、感心しないさま〉中途半端だ。 (2)〈良い結果が期待できなかったり、逆効果になりそうな行動に気乗りがしないさま〉むしろしない方がまし。〔副〕(1)〈不徹底な形でなされるさま〉中途半端に。 (2)〈本来予想されたのとは逆の結果がもたらされるさま〉かえって。 (3)〈(中世以降)(打消の語を伴って)否定の意を強調する〉到底。 (4)〈(中世以降)それなりに程度が高いさま〉相当。〔感〕〈(狂言で)相手のことばを肯定するときに用いる〉いかにも。

-1342- 〈C〉**なまじひ**【生強ひ・憖】《中途半端の「生」に、自身の気持ちや状況・道理などに逆らって無理に事を進める「強ひ」を付けた語。連用形「なまじひに」で副詞的に用いる用法もある。その略形「なまじひ」は近世以降生じ、これが現代語「なまじ」・「なまじっか」につながった》〔形動ナリ〕(1)〈(自分自身)本心では嫌なことを、敢えて無理をしてやろうとするさま〉**本心に逆らって。** (2)〈(自分自身)本当はやりたくないことを、仕方なしにするさま〉**しぶしぶ。** (3)〈必然性もなく、他者の同意も得られぬ状況下で、逆効果になりそうな行動へと強引に突っ込んで行くさま〉**よせばいいのに。** (4)〈徹底を欠くさま〉**中途半端だ。**

-1343- 〈C〉**なまなま**【生生】《「生強ひ」と同じ意を、前半部「生」だけを取り出して畳語化して表わした語。「本心に逆らい仕方なく事を為すさま」・「中途半端に事を為すさま」の意を表わす。半端の意に於いて「生」と同義の「半」に後半を換えると「生半」となり、現代語「生半可」や「生半」につながる》〔形動ナリ〕(1)〈自分の本心ではしたくないことを、仕方なく行なうさま〉**しぶしぶ。** (2)〈徹底を欠くさま。また、完成度・成熟度が低いさま〉**中途半端だ。未熟だ。**

-1344- 〈C〉**なかんづく**【就中】《多くの物事の中でも特に注目すべきものとして取り上げる意を表わす漢文訓読調の語。「なかにつく」の転で、「なかんづくに」の形でも用いる。「中に／中にも」と同義語で、英語の"among others"と同じ発想の表現である》〔副〕〈多くのものの中から、特に注目すべきものとして取り立てる〉**とりわけ。**

-1345- 〈C〉**なかにも**【中にも】《「中に」とも言う。多くのものがある中でも「とりわけ」の意を表わす。現代日本語なら「中でも」となり、その組成・意味は英語の"among others"とそっくり同じで、古語では「なかんづくに」がその同義語となる》〔連接語〕《なか〔名〕＋に〔格助〕＋も〔係助〕》〈数多くのものの中でも、特に注目すべきものとして取り立てる語〉**とりわけ。**

-1346- 〈B〉**なほざり**【等閑】《直線的で何の変化もない意の「直」を根に持ち、「なほあり」の転とも言われる。本義は「特別気にも留めずに事を為す」。そんな様態への非難が加わると「きちんと手をかけず、いい加減」となり、中世以降これを「強く執着せず、よい加減」と褒める語義も加わった》〔形動ナリ〕(1)〈特別気にも留めずに事を為すさま。(非難の気持ちは含まない)〉**何ということもない。** (2)〈十分に手を掛けず、感心しないさま〉**いい加減だ。** (3)〈(中世、隠者文学の中などで)強い執着心を持たぬ点で、好感が持てる〉**ほどほどでよい感じだ。**

-1347- 〈C〉なほあらじ【猶有らじ】《手を付けずそのままの状態を意味する「猶」に、状態を表わす動詞「あり」＋打消推量の助動詞「じ」を加えて「そのまま放置しておくわけにも行くまい」の意を表わす連語。対義語は「猶有り」(何か手を打つべき状況なのに、無為無策で、困ったものだ)》〔連語〕《なほ〔副〕＋あり〔自ラ変〕＋じ〔助動特殊型〕打消推量》〈思わしくない状況について、そのまま放置しておくのは良くないという判断を表わす〉捨て置くわけには行かない。

-1348- 〈C〉なほあり【猶有り】《この連語は、対義語「猶有らじ」(そのまま放置するわけにも行くまい)あればこそ存在する語で、単に「今までと同様の状態だ」という客観的様態描写ではなく、「本来何か手を打つべきなのに、何もせずに手をこまねいている」という非難含みの判断を表わす表現》〔連語〕《なほ〔副〕＋あり〔自ラ変〕》〈思わしくない状況に対し、本来ならば何か手を打つべきところ、何もせず放置していることを、非難の調子を込めて表わす〉ただ手をこまねいている。

-1349- 〈A〉なほ【猶・尚】《「直」(何一つ変わったことのない状態)や「等閑」(特に何も手を施さず放っぽらかし)、「直る」(あれこれややこしい状態から、すっと真っ直ぐで平坦な状態に戻る)などと同根語。意味は、直前からの流れに忠実(順接)／反転(逆接)の二種類に分化する》〔副〕(1)〈(逆接)本来なら転調が予想される場面でなお旧来の調子で事が継続する意を表わす〉依然として。(2)〈(譲歩)他の可能性を示唆しつつなおある種の結論に帰着する意を表わす〉とは言うもののやはり。(3)〈(累加)旧来の事態が、止まることなく進展を続ける意を表わす〉更にまた。(4)〈(類似)旧来の調子や他の何かと変わらぬ意を表わす〉同様に。(5)〈(比況)(漢文訓読調の文章で、「なほ…のごとし」の形で)ある物事を、別の物事に例えて形容する〉あたかも…のごとし。

-1350- 〈C〉なほし【直し】《物理的に「真っ直ぐ」、空間的に「平坦」、道義的に「公明正大」、価値判断含みだと「目立った難点がなく、ごく普通」となる。同じ直線系でも「すくすくし」(剛直すぎて親しみが持てぬ)に比すれば客観中立性が高い表現だが、畳語形「直直し」だと「平凡過ぎてつまらん」の意になる》〔形〕(1)〈(形状的に)曲がったところがない〉真っ直ぐだ。(2)〈(空間的に)起伏がない〉平坦だ。(3)〈(他と異なるような)目立った難点がない〉平均的だ。(4)〈(道義的に見て)不正な点がない〉公明正大だ。

-1351- 〈B〉すくすくし【すくすくし】《「すっくと立つ」・「健やか」の語根「すく」、または「まっすぐ」の語根「すぐ」の畳語。その直線性が現代では好感を呼ぶが、古語では「剛直で柔軟性に欠け、融通が利かぬ」・「無愛想」と否定的。好意的でも「実直」止まり。関西人は古来生真面目な底堅さを嫌う、という証拠のような古語》〔形シク〕(1)〈(肯定的に)浮ついたところがない〉真面目だ。(2)〈(貶して)あまりにも真面目過ぎて他者との交渉に支障を来たす〉融通が利かない。(3)〈(自分の思惑だけで動いていて)他者の反応を何も気に掛けていない様子〉不愛想だ。

-1352- 〈C〉なみなみ【並み並み】《横一線に並ぶ「並み」の畳語で、「同程度」の意を表わす名詞として用いる他、「至極平均的な水準だ」の形容動詞にもなる。後者は多く「並々ならず」の否定形で程度の高さを表わす例が多い》〔名〕〈同じ程度であること〉同程度。〔形動ナリ〕〈(多く「なみなみならず」の形で)平均的水準である〉ありきたりだ。

-1353- 〈A〉なべて【並べて】《横一線に並べる、が原義。空間的には「あたり一面に」、抽象的には「凡そ」という概括語となる。横並び一線ということで「並一通り」との評価語にもなるが、この意では「並べての」という連体修飾語として用いるか、否定形の「並べてならず」形で用いるのが普通》〔副〕(1)〈(概括論として)例外を無視して一般的な場合として論じる語〉概して。(2)〈(物事が)空間全般に散在しているさまを表わす〉あたり一面。(3)〈(「なべての」の形で連体修飾語的に用いるか、否定形「なべてならず」の連語として用いて)(強い非難も賞賛も含まずに)目立って高い水準にない。また、(消極的に認めて)目立って悪い点はない〉平凡だ。目立った難点はない。

-1354- 〈B〉なべてならず【並べてならず】《横並び一線で取り立てて特筆すべきこともない「並べて」を否定した語なので、「並一通りでなく、際立っている」という賛辞になる。この組成・意味は「斜めならず」と同じ(但し、あちらは「ならず」の否定を省いた「斜めに」でも「並外れて」の意になる点が異なる)》〔連語〕《なべて〔副〕＋なり〔助動ナリ型〕断定＋ず〔助動特殊型〕打消》〈水準・程度が極めて高い意を表わす〉並々ならず。

-1355- 〈A〉なのめ【斜め】《「斜め」に由来する語とされ、十分に手をかけていないことへの非難「いいかげん」、特筆すべき点が何もない凡庸さ「ありきたり」という否定的語義が中核。連用形「斜めに」を副詞として用いて「斜めならず」の意を表わす（否定／肯定逆転する）用例には特に要注意》〔形動ナリ〕(1)〈（強い非難も賞賛も含まずに）目立って高い水準にない。また、（消極的に認めて）目立って悪い点はない〉平凡だ。目立った難点はない。(2)〈十分に手をかけていないことを非難する気持ちを表わす〉不十分だ。(3)〈（「なのめならず」の代用表現として、「なのめに」の形で副詞的に用いて）水準・程度が極めて高い意を表わす〉並々ならず。

-1356- 〈B〉なのめならず【斜めならず】《可もなく不可もない凡庸さを表わす「斜めなり」の否定形だから当然「並一通りでなく」の意になる。それ自体は何ら特筆するに値せぬが、この「斜めならず」の意を、否定辞を含まぬ肯定形「斜めに」の語形で代用する特殊な例が多い、という点にはくれぐれも要注意》〔連語〕《なのめ〔形動ナリ〕＋ず〔助動特殊型〕打消》〈水準・程度が極めて高い意を表わす。（「斜めならず」の代用表現として、肯定形の「斜めに」の形で用いられる場合も多い）〉並々ならず。

-1357- 〈A〉みぐるし【見苦し】《「苦し」が動詞連用形に付けば「…するのが"苦痛"／"困難"」の意。前者からは、現代にも残る「醜悪で、見るのも嫌」（＝みにくし）の他に「悲惨で、見るのも辛い」（＝かたはらいたし）の意も生じ、後者からは「似すぎていて、識別困難」（＝まぎらはし）の意が生じる》〔形シク〕(1)〈（外見や行動について）見た目が不快で、まともに見ていられない〉醜悪だ。(2)〈（他者の状況が）悲惨すぎて、まともに見ていられない〉見るに忍びない。(3)〈（別のものと）似ているために、識別が困難だ〉見分けが付かない。

-1358- 〈B〉はえばえし【映え映えし】《動詞「映ゆ」連用形の畳語を形容詞化したもの。「生ゆ」と同根語で、大地の底から生命力を得て草木が生い茂るのが「生ゆ」なら、外からの光や力を得てその姿がくっきりと際立って見えるのが「映ゆ」。「華やかに輝いて見える」及び「晴れがましい」の意を表わす》〔形シク〕(1)〈（見た目に）際立って見事な印象を与える〉見栄えがする。(2)〈（他者からの賞賛や恩恵を受けて）誇らしい気分である〉晴れがましい。

-1359- 〈B〉はえなし【映え無し】《「映ゆ」(光り輝いて眩しく見える)＋「無し」で、何一つ光るものがなく冴えない見た目を表わす外観上の印象語で、現代語風に言えば「見映えがしない」。対義語は「映え映えし」(現代語で言えば「栄えある」)》〔形ク〕〈(見た目の印象に)際立ったところがない〉見映えがしない。

-1360- 〈B〉はゆ【映ゆ・栄ゆ】《「生ゆ」(毛髪・草木などが表皮や地表に顔を出す)と同根語で、他からの光や作用を受けて「(本来の美や特性がより一層)際立って見える」の意。社会学的に転じると「(他の存在・事情によってより一層)度合いが増す」の意となる》〔自ヤ下二〕(1)〈(他からの光や作用を受けて)本来の美や特性がより一層はっきり見える〉際立つ。 (2)〈(他の存在・事情によって)より一層度合いが増す〉ますます進む。

-1361- 〈C〉もてはやす【もて映す・もて栄す】《相手を特に意識して取り立てる「映す・栄す」を「もて」で強調した語。「(素晴らしい存在として)大袈裟に取り上げる」の語義は、字面的には「もて囃す(ヒューヒューっ！)」と解して現代語「モテる」のイメージで捉えればよい。もう少し真面目な「(御馳走などの準備をして)賓客として扱う」、「(諸々の条件が加わり)より際立つようにする」の語義もある》〔他サ四〕(1)〈(何か・誰かについて)大袈裟に言ったり、驚いたり感心したりしてみせる〉囃し立てる。 (2)〈(御馳走したり趣向を凝らしたりして)人を大事な客人として扱う〉歓待する。 (3)〈(様々な条件が加わって)特に引き立って見えるようにする。(人が意識して装いを凝らす場合のみならず、自然発生的な状況についても用いる)〉際立たせる。

-1362- 〈C〉おもはゆし【面映し】《「面」(顔)に「映ゆ」(光を浴びて照り輝く)を付けて「(恥ずかしさで)顔が火照るような感じ」の意を表わす組成は、「目映し」(対象の見事さに目が眩むほどまぶしい感じ)と同じ。「おもはゆい(＝照れ臭い)」の形で現代にも引き継がれている語》〔形ク〕〈(恥ずかしくて)人とまともに顔を合わせられない感じがする〉照れ臭い。

-1363- 〈A〉**まばゆし**【目映ゆし・眩し】《「目」＋「映ゆし」で、強い光が目に当たって直視できず「まぶしい」が原義で、転じると讃辞「光り輝く」となる。古語特有の語義としては、視覚的眩惑を「正常状態からの逸脱」と見た貶し言葉としての「(自身が)恥ずかしい」・「(他者が)見るに堪えない」がある》〔形ク〕
(1) 〈(物理的に)強い光が目に当たって、直視できぬ感覚を表わす〉**まぶしい。** **(2)** 〈(比喩的に)まるで光り輝く太陽のように立派なさま〉**目映いばかりに見事だ。** **(3)** 〈(自分自身について)人とまともに顔を合わせられないほどに引け目を感じる心理を表わす〉**恥ずかしい。**
(4) 〈(他者の様子について)あまりにも度を超していて目をそむけたくなるさまを表わす〉**見るに堪えない。**

-1364- 〈B〉**かはゆし**【かはゆし】《中世以降の比較的新しい語で、「顔＋映し」(顔が熱く火照る感じがする)に由来し、顔がアツくなる理由に応じて、「(自身が)たまらぬほど恥ずかしい」・「(他人が)黙って見ていられぬほど気の毒」・「(小さくてか弱い何かが)顔の筋肉が緩むほど愛らしい」の意になる》〔形ク〕**(1)** 〈(恥ずかしくて)顔が赤らむ思いがする〉**ひどく恥ずかしい。** **(2)** 〈(悲惨な状況にある他者に関して)黙って見ていられない気になる〉**何とも哀れだ。** **(3)** 〈(小さくかよわい存在を見て)あまりのかわいさに思わず顔がほころぶ〉**愛くるしい。**

-1365- 〈A〉**はづかし**【恥づかし】《現代語と同様、他者と比較した場合の自身の劣位性を自覚する「恥」の感情が基本であるが、古語の場合、自分を恥じ入らせるほどに立派な相手への「賞賛」の念に転じる場合が多い点に要注意》〔形シク〕**(1)** 〈(誰かが)周囲を圧倒するほどに卓越している。また、(自分が)他人の凄さに劣等感を≒)**素晴らしい。気後れがする。** **(2)** 〈(自身の欠点や失態を思って)恥ずかしい。また、(他人の欠点や失態が)直視に堪えぬ〉**恥ずかしい。無様だ。** **(3)** 〈とりたてて理由もないのに恥ずかしい〉**照れ臭い。**

-1366- 〈B〉**あなづらはし**【侮らはし】《「侮る」の形容詞化だが、「軽蔑すべき」という非難の意はない。相手の凄さに圧倒される「恥かし」の裏返し語が「あなづらはし」で、悪くても「大したことはない」止まりであって、好意的に「気を遣わずに済み、親しみ易い」の意になる場合さえあるので要注意》〔形シク〕**(1)** 〈他者の尊崇を要するほどのことはない〉**大したことはない。** **(2)** 〈過度の緊張・尊敬を要さず、接し易い〉**気楽な。**

-1367- 〈A〉ところせし【所狭し】《「物が溢れて窮屈」の物理的語義もあるが、この語の重要性は「心理的狭苦しさ」にこそある。偉すぎる相手と同席した場合などの「気詰まり」感から、「その対象を前にすると、自分としては気分が良くない」という主観的心理抵抗感全般まで、語義の幅はかなり広い》〔形ク〕(1)〈物が一杯ありすぎて、窮屈だ〉狭苦しい。 (2)〈(精神的に)自由に寛いだ気分になれない〉気詰まりだ。 (3)〈(第三者の目で見て)これでもかと言わんばかりにやり過ぎていて、すんなり受け容れ難い〉仰々しい。 (4)〈(第三者の目で見て)周囲を圧するばかりに見事に際立っている〉威風堂々たるものだ。 (5)〈(さまざまな理由から)心理的に抵抗があり、出来ることなら敬遠したい気分だ〉厄介だ。

-1368- 〈B〉せに【狭に】《「せ」は「狭し」の語幹。「…も狭に」の形で定型句的に用いる。一箇所に余りにも多くの物事を詰め込み過ぎて「…が狭く感じるほどに」の意を表わし、現代語で言う「…狭しと」の表現に相当する》〔連接語〕《せし〔形ク〕＋に〔格助〕》〈一つの場所に余りにも多くのものが集まり過ぎて、狭く感じるほどだ〉…狭しと。

-1369- 〈C〉こころやすし【心安し】《単なる「やすし」でも表わせる語義を、「心」の添加により「心理系」の限定性を加えた語。「心配がない」(安心だ)／「遠慮する必要がない」(気安い)の語義は共に「安」系だが、「造作もない」(容易い)だけは「易」の字で把握すべき語義》〔形ク〕(1)〈心に懸念がない、または、懸念を抱く必要がないさま〉安心だ。 (2)〈(人に対して)遠慮せず親しげに付き合う、または、付き合えるさま〉気安い。 (3)〈(対処する上で)特別な苦労が必要ないさま〉たやすい。

-1370- 〈B〉めやすし【目安し・目易し】《「目＋安し」で、文字通り「見た目に好感が持てる」の意を表わす。「見苦し」の対義語で、他人の目や外聞を意識した「人から悪く言われない状態」を指す日本人好みの形容詞だが、積極的な讃辞ではない》〔形ク〕〈(外観・行動・性格などが)他人の反感や嘲笑を招かぬ程度の水準であるさま〉見苦しくない。

-1371- 〈B〉やすからず【安からず】《落ち着いた心持ちを表わす形容詞「安し」未然形＋打消助動詞「ず」と見ると、「(表立って騒ぎ立ててはいないが)心中穏やかでない」、やや積極的には「不安だ」の意となる。「安し」を「特に問題なし」と解すれば、「黙って見過ごす訳に行かぬ・とんでもない」の意となる》〔連語〕《やすし〔形ク〕＋ず〔助動特殊型〕打消》(1)〈(表立って騒ぎ立てないものの)心の中は穏やかではない〉**心穏やかでない。** (2)〈(積極的に)よくない状況を想像して、心が騒ぐ〉**不安だ。** (3)〈問題なし、として平然と見過ごすわけには行かない〉**とんでもない。**

-1372- 〈A〉やすし【安し・易し】《「休む」と同根語で、物事の成り行きを、懸念や責任感を伴わずに気楽に受け止め、特別な対応をせずにいるさまが原義。「心安らか」・「気軽」・「容易」・「無造作」・「安価」、動詞連用形に付けて「・・・し易い」など、語義は現代の「安い／易い」にそのまま通じる》〔形ク〕(1)〈(精神状態について)特に心配することもなく、落ち着いている。(多く、否定の「安からず」で用い、肯定には「心安し」を用いる)〉**心安らかだ。** (2)〈(行動の際の)注意や責任感が希薄だ〉**気軽だ。軽薄だ。** (3)〈(物事・事態が)特に苦労せずとも簡単に対応・解決できる〉**容易だ。** (4)〈(行動・構造物などに)特別な意図や努力が込められていない〉**無造作。** (5)〈(物品などの)値段が高くない〉**安価だ。** (6)〈(動詞の連用形に付いて、補助動詞的に)そうするのが容易であったり、すぐにそうなる傾向があったりする意を表わす〉**・・・しやすい。**

-1373- 〈A〉うしろめたし【後ろめたし】《「後ろ目痛し」＝「後ろで見ていて、この先どうなることか心配だ」が原義とも、「後ろ方痛し」＝「自分の視線が直接届かない未知の場・時に於ける状況が心配だ」に由来する語とも言われる》〔形ク〕(1)〈(今後の状況の展開が)どうなってしまうことかと思うと、心安らかでいられない〉**気懸かりだ。** (2)〈(相手・状況の今後の動向に対して)警戒を怠るわけには行かない〉**要注意だ。** (3)〈(自分に落ち度があるために)他人が自分をどう思っていることかと思うと、心安らかでいられない〉**後ろ暗い。**

-1374- 〈C〉うしろめたなし【後ろめたなし】《「後ろめたし」に、程度を強調する「甚し」を付けたもので、語義は同じ。否定の「無し」と勘違いすると、正反対の語義(＝「後ろ安し」)へと誤導されてしまうので要注意》〔形ク〕(1)〈(今後の状況の展開が)どうなってしまうことかと思うと、心安らかでいられない〉**気懸かりだ。** (2)〈(相手・状況の今後の動向に対して)警戒を怠るわけには行かない〉**要注意だ。** (3)〈(自分に落ち度があるために)他人が自分をどう思っていることかと思うと、心安らかでいられない〉**後ろ暗い。**

-1375- 〈A〉うしろやすし【後ろ安し】《「うしろめたし」の逆成語。「後ろで見ていて、先々の見通しが明るく、何の心配もない」の意を表わす》〔形ク〕〈(今後の状況展開に関して)何の心配もいらない〉**安心だ。**

-1376- 〈B〉やすらふ【休らふ】《特に思うところも企むところもなく行動を一時停止する意を表わす「安し」の語幹に、状態を表わす接尾語「ら」＋継続・反復の「ふ」を付けた語。「休息する」・「立ち止まる」・「滞在する」の語義は"安息"への安住／「ためらう」の語義は"安息"と"行動"の間での右往左往"の語感である》〔自ハ四〕(1)〈(行動と停止との間で)どちらとも決めかねてぐずぐずと迷う〉**ためらう。** (2)〈(行動していたものが)一時停止する〉**立ち止まる。** (3)〈(一連の行動の中で)ある場所に一時的に身を置く〉**滞在する。** (4)〈(一時的に)行動を打ち切って、心身を楽な状態にする〉**休息する。** 〔他ハ下二〕〈(一時的に)行動を打ち切らせ、心身を楽な状態にさせる〉**休ませる。**

-1377- 〈C〉おちゐる【落ち居る】《現代語の「陥る」(＝陥落する)に相当する「落ち入る・陥る」とは「い／ゐ」の表記が異なる別語なので混同に要注意。空間的語義としては「腰を下ろす」・「定住する」、心理的には「(事態の収束を見届けて)安心する」の意を表わす》〔自ワ上一〕(1)〈(動作について)膝を広げて腰を下ろす〉**くつろいで座る。** (2)〈(ある場所・立場に)しっくりと馴染む〉**定着する。** (3)〈(心理について)(事態が解決に向かうことで)それまでの不安感が消えてなくなる〉**安心する。**

-1378- 〈C〉しづごころ【静心】《形容動詞「静かなり」の語幹の「静」＋「心」で、「平穏な気分」の意。「静か」が「落ち着いている」意になるのは、物質粒子が水中を漂う際、上方をふわふわ浮つく間は安定しないが、下方(＝しづ)に沈殿すれば動きもなくなり落ち着く、という物理現象を心理的に転用したもの》〔名〕〈(不安や動揺がなく)気持ちが安定していること〉**心穏やかなこと。**

-1379- 〈A〉つきづきし【付き付きし】《ぴったり符合する意を表わす「付く」の連用形を畳語化して形容詞とし、「相応しい」の意を表わした語。「いかにももっともらしい(けど、実はそっぱち)」という作為的な様態を表わす語義もある。これとは逆に「似付かわしくない」の意になるのが「付き無し」》〔形シク〕(1)〈(異なるものどうしの取り合わせが)いかにも見事に調和している〉**相応しい。** (2)〈(本当は違うのに)まるで本当のことであるように感じられる〉**もっともらしい。**

-1380- 〈A〉つきなし【付き無し】《語源は「付き」+「無し」(対象にぴたり符合しない)で、「不似合い」の意では「付き付きし」の対義語。「心付き無し」の略形としては「気に食わぬ」、「方便(＝手＋付)無し」の略形としては「手だてがない」の意になり、後者からは「(事情が)不明／不安」の派生義も生じた》[形ク] (1)〈対象との間で調和が取れず、ぎこちないさま〉不似合いだ。 (2)〈(「心付き無し」の略形)対象に心が素直に靡かず、気に染まないさま〉好感が持てない。 (3)〈(「方便無し」の略形)事を為すのに適当な手掛かりが何もないさま〉手だてがない。 (4)〈(方法・事情・地理などに詳しくないため)確実性がなく不安なさま〉頼りない。

-1381- 〈B〉にげなし【似気無し】《「気」は「そのような様子」だから、「似付かわしい様子が全くない」＝「似合わない・相応しくない」の意となる。対義語は「似付かはし」・「付き付きし」。同義語は「付き無し」》[形ク]〈対象との間で調和が取れず、ぎこちないさま〉不似合いだ。

-1382- 〈C〉ゐやなし【礼無し】《「敬ふ」の語幹「うや」の母音交替形「ゐや」に「無し」を付けた語なので、「無礼だ」の意となる。因みに「うやまふ＝ゐやまふ」／「ゐやなし＝うやなし」であり、"う"と"ゐ"の交替例としては、他に「恭し(うやうやし／ゐやゐやし)」(礼儀正しい)がある》[形ク]〈(相手やその場の状況に対し)当然払うべき敬意に欠けている〉無礼だ。

-1383- 〈C〉ゐやゐやし【礼礼し】《「敬ふ」の語幹「うや」の母音交替形「ゐや」を畳語化して強調した語で、「礼儀正しい」の意。「うや」の畳語の「恭し」は現代語にそのまま残っている》[形シク]〈礼儀をきちんと弁えて振る舞うさま〉礼儀正しい。

-1384- 〈A〉なめし【なめし】《「滑」(深い考えもなくスラスラ不穏当な発言をしたりヒョイヒョイ軽挙妄動をしでかしたりする)に由来するとも、「生」(成熟を欠く幼稚な振る舞いで大人の世界に似付かわしくない)の母音交替語とも言われる。「無礼・不作法」の意で、現代語「ナメる」につながる語》[形ク]〈(人に対し)当然の礼儀を欠いていて、非難を誘うさま〉無礼だ。

-1385- 〈C〉すいさん【推参】《字面は「"推して" 参る」だが、「"ごり押しして"参上する」と解すべき漢語的表現で、「呼ばれもせぬのに押しかける」が原義。多く謙譲語として用い、形容動詞だと「立場も弁えずに生意気だ」の意。平安貴族的ではなく、鎌倉期以降の武家にこそ相応しい武骨な語》[名・自サ変]〈相手に呼ばれもせぬのに自分から一方的に訪問すること。また、突然の訪問についての謙譲表現〉押しかけること。[名・形動ナリ]〈自らの分際を弁えずに無礼に目立つ振る舞いをすること〉出しゃばり。

●「価値判断」系古語オンパレードの次は、それらの判断を可能にする「思ふ」にまつわる古語たち

-1386- 〈A〉**おもふ【思ふ・想ふ】**《頭と心が宿し得る各種の思考・感情を広く表わすのが「思ひ」。類義語の「心」は「内面の思いが外向性の行動として働く」ことに重点を置くのに対し、「思ひ・想ひ」は「人間の内面に於ける様々な心の働き」に重点がある》〔他ハ四〕(1)〈(頭脳の働きにより)論理的に物事を処理する〉思考する。 (2)〈(感情の作用により)他のものよりも殊更に大事に思い、心引かれる〉愛慕する。 (3)〈(自分にとって好ましくない事態について)心の中で重く受け止める〉苦悩する。 (4)〈(過去の事柄を)記憶の中から呼び出す〉懐かしむ。 (5)〈(未来に於いて)何事かが実現することを期待する〉希望する。 (6)〈(事態が実現する前に)ある種の事態の発生を予め思い描く〉予想する。 (7)〈(心の中の思いを)表情に表わす〉気持ちを顔に出す。

-1387- 〈A〉**おぼゆ【覚ゆ】**《動詞「思ふ」に上代の助動詞「ゆ」が付いて「おもはゆ」となり、これが「おもほゆ」→「おぼほゆ」→「おぼゆ」と転じたもの。感覚・想念が自然発露的に浮かぶ意を表わし、現代語「思い出す」に通じる記憶・想起系の語だが、「他の何か・誰かに似ている」の語義には要注意》〔自ヤ下二〕(1)〈(意志・作為を伴わず)自然発生的に何らかの感覚が浮かぶ〉・・・と感じられる。 (2)〈(意識せずに)自然発生的に何らかの記憶が浮かぶ〉思い出される。 (3)〈(他の何かに)似ていると感じられる〉似通う。 (4)〈(他者から)何らかの評価を受ける〉・・・とみなされる。〔他ヤ下二〕(1)〈(記憶の中から)自然に思い出す〉思い浮かべる。 (2)〈(記憶の中から)思い出して他者に語る〉思い出話をする。 (3)〈(記憶の中に)意識して刻み込む〉覚え込む。

-1388- 〈A〉**おぼえ【覚え】**《「頭の中で考える」意を表わす「思ほゆ」の連用形「おもほえ」が名詞に転じたもの。「評判」・「寵愛」・「自信」・「感触」・「記憶」など、現代語にもほぼそのまま残る語義ばかりである》〔名〕(1)〈(多く「世の覚え」の形で)他者からの評価〉評判。 (2)〈(多く「御覚え」の形で)(貴人・上位者から)特別な待遇や愛情を受けること〉御恩顧。寵愛。 (3)〈(多く「覚えあり」の形で)自らの為し得る事に自信を持っていること〉腕自慢。 (4)〈(過去の経験や、現在の感覚で)きちんと認識していること〉心当たり。感触。

-1389- 〈A〉**おぼす【思す】**《動詞「思ふ」に上代の尊敬助動詞「はす」を付けた「おもはす」が、母音転化現象で「おもほす」に変わり、更に「おぼほす」を経て「おぼす」に縮まった、「思う」意を表わす尊敬語。連用形「思し+・・・」の形で他の動詞と結合して数多くの複合語を形成する》〔他サ四〕〈「思ふ」の尊敬語〉お思いになる。

-1390- 〈A〉**おぼしめす**【思し召す】《「思ふ」の尊敬語「思ほす」または「思す」に、尊敬の補助動詞「召す」を付けて敬意を倍加したもの》〔他サ四〕〈「思ふ」の尊敬語〉**お思いになる。**

-1391- 〈B〉**おもほす**【思ほす】《「思ふ」の未然形＋上代の尊敬助動詞「す」＝「おもはす」が、母音同化現象で「思ほす」となったもので、「お思いになる」の意を表わす。後に「おぼほす」→「おぼす」と転じて行く「思ふ」の尊敬語の原型で、『万葉集』の時代に源流がある語》〔他サ四〕〈「思ふ」の尊敬語〉**お思いになる。**

-1392- 〈C〉**ものもおぼえず**【物も覚えず】《当人の精神の内面に着目して「冷静な判断ができない」(無我夢中)の意を表わす場合と、観察者の立場から対象人物の行動の無茶なことに焦点を当てた「道理を弁えない」(支離滅裂)の意になる場合とがあるが、両者の境界線はしばしば曖昧である》〔連語〕《もの〔名〕＋も〔係助〕＋おぼゆ〔他ヤ下二〕＋ず〔助動特殊型〕打消》(1)〈(人の内心について)冷静な判断ができない状態にある〉**無我夢中だ。** (2)〈(人の行動について)まともに考えた上での行動とは思えない〉**無茶苦茶だ。**

-1393- 〈B〉**おもほえず**【思ほえず】《「思ふ」の自発形「思ほゆ」(＝自然に・・・と感じられる)の否定形なので、「事前の感覚も伴わずに」が原義だが、自分自身の心理・行動に言及する現代語「思わず」とは異なり、主に他者の行動が「自分の予測を超える意外なものだ」という客観的観測を表わす》〔連接語〕《おもほゆ〔自ヤ下二〕＋ず〔助動特殊型〕打消》〈事態が、予想もしなかった意外な形で展開したことを表わす語。(主に、他者の行動に対する自身の感覚を表わす)〉**意外にも。**

●次は、人が「思ふ」助けになる「書物」・「学問」そして「学識」にまつわるアカデミックな古語のあれこれ

-1394- 〈A〉**ふみ**【文・書】《漢語「文」の読み「ふん」が変化した語。元来は「文書」全般を指した。やがて、漢字中心の文書ということから「漢文・漢詩」、更には「中国を手本とした学問＝漢学」(この語義では「大和魂」の対義語)の意が生じた。「手紙」の語義は現代でも文語の中に残っている》〔名〕(1)〈紙面上に文字の書かれたもの〉**文書。** (2)〈紙面を通じての他者への通信〉**手紙。** (3)〈(日本独自の和歌や仮名文学と対比して)中国伝来の韻文、及び、散文〉**漢詩。漢文。** (4)〈(実務的な能力「やまとだましひ」と対比して)(主として、中国に範を取った)文物とその体系的学習〉**学問。漢学。**

-1395- 〈A〉ざえ【才】《字面からは「才能」全般を想起させる語だが、平安時代には朝廷での任務に欠かせぬ「漢学」を第一義とし、次いで「芸能の嗜み」をも意味した。これら学習・修練により身に付くアカデミックな才能と対比しての「臨機応変の実務的処理能力」は「大和魂」と呼ばれた》[名](1)〈(特に、漢詩・漢学についての)学問上の知識〉**漢学の才**。 (2)〈(音楽・書画・和歌などの)芸能上の才能や技能〉**才芸**。 (3)〈(「才の男」の略)内侍所の神楽などで歌を謡う男性〉**男の謡い手**。

-1396- 〈C〉やまとだましひ【大和魂】《「外来文化を消化・吸収した上で、その借り物知識を活用して現実世界を渡って行く実践的能力」の意で、「才」(漢学・文芸上の嗜み)の対義語。「日本古来の精神」だの「日本人ならではの優れた精神力」だのは近世以降の錯覚語義であり、古典的文脈とは無縁》[名](1)〈(漢学を意味する「才」に対し)学術的でない、日常的な現実に上手に対処する能力〉**実務能力**。 (2)〈(近世の国学者が、漢学を敵視して作った語)(外来文化を"偏重"する「唐心」に対し)日本人固有の精神〉**大和魂**。

-1397- 〈C〉かんのう【堪能】《現代では「たんのう」と読むが、古語では「かんのう」。対義語は「不堪」(=未熟・無能)。「辛抱強く一つの道に打ち込むこと」が原義だが、そうした一意専心の結果としての「その道に精通していること・人」の語義の方が重要で、現代語に残るのもこちらの語義》[名・形動ナリ](1)〈(学問・技芸などの)特定の分野に優れた才能を持つこと。または、その人物〉**一芸に秀でること**。**達人**。 (2)〈(一つの道に)辛抱強く打ち込むこと〉**刻苦勉励**。

-1398- 〈C〉いうそく【有識・有職】《「知識を有すること(人)」が原義だが、貴族文化の時代には「官職関連事項に精通すること・人」へと転義した。『大鏡』中には「美女」の意と解するしかない用例があるが、「有」に同音の「優」を宛てて「優美」の方向へと発想が逸脱した横滑り語義であろうか》[名](1)〈(学問・音楽・書道など)学識・芸能・教養にすぐれていること、あるいは、人物〉**学識(者)**。**至芸(の人)**。**教養(人)**。 (2)〈(官職・故実・典礼・作法など)宮中の儀式・先例に精通していること、あるいは、人物〉**儀式通**。 [形動ナリ]〈(学問・音楽・書道・宮中での儀式や先例などについて)よく通じているさま〉**博識だ**。

-1399- 〈C〉きゃうざく【警策】《馬に「策[むち]」打ち「警[いま]しめる」意から転じて、際立って優れた詩文の意を表わしたのが原義。やがて文芸のみに限定されなくなり、人格・容姿・物事の卓越したさま全般へと意味が拡大、というあたりは、外来系和語に(今も昔も)典型的に見られる緩〜い展開である》[名・形動ナリ] (1)〈(詩歌・文物に)優れた趣があること〉**卓越**。 (2)〈(人物の人格・容姿や物事の品質などが)他に抜きん出て見事なこと〉**優秀**。

-1400- 〈C〉さとし【聡し】《「悟る」と同根語で、「神の啓示や警告に接した際に、それを明敏に認識する能力」を原義とするが、実際の使われ方は必ずしも宗教的脈絡のみに限定されず「頭の回転の速さ」を表わす。状況感応型の機敏さとは異なる「思慮分別がある」の意にも用いる》[形ク] (1)〈(何らかの事態に接しての)頭の回転が速い意を表わす〉**聡明だ**。 (2)〈(精神傾向に言及して)考え方・判断がしっかりしている意を表わす〉**分別がある**。

●数多の古語学習の最後は、身に付けた「学識」を誇りたがる愚かなる人間の行状を表わす古語で締めましょう;御自戒めされたし

-1401- 〈A〉**さかし【賢し】**《「栄ゆ」や「盛る」と同根語。「素晴らしく繁栄している」を原義とし、繁栄の原因として「頭が良い」・「気が利いている」・「酔っ払っていない」の語義が生じた。同音異義の連語「然かし」(そう、その通りだ)との混同に要注意》[形シク] (1)〈頭脳の働きが優れている〉**賢明だ**。 (2)〈(意識・判断力が)混乱をきたすことなく、正常に機能している〉**気は確かだ**。 (3)〈(行為・歌の出来などが)人を感心させる見事さだ〉**気が利いている**。 (4)〈(いかにも賢そうな態度に)不快な感じがする〉**小賢しい**。 (5)〈(素晴らしいことに)繁栄している〉**めでたく栄えている**。

-1402- 〈B〉**さかしら【賢しら】**《「利口そうに振る舞うこと」の原義から、「差し出がましい行為」、更には「告げ口」へと語義が発展した語》[名・自サ変]〈(誰かに関する悪い話を)他の人に密かに告げること〉**告げ口**。 [名・形動ナリ] (1)〈(他者の反感を買うほどに)いかにも賢そうに振る舞うこと〉**利口ぶること**。 (2)〈(望ましくない結果をもたらすような)やらなくてもよいことをわざわざしでかすこと〉**出しゃばり**。

-1403- 〈C〉さかしだつ【賢し立つ】《知的卓越を意味する「賢し」が、好意的な「賢い」ではなく、「いかにも偉そうに振る舞っている」と否定的に受け取られた場合の表現》[自ラ四]〈(他者の反感を買うような形で)自分の知識をひけらかす〉**利口ぶる**。

-1404- 〈C〉ざえがる【才がる】《いかにも自分は「才」(＝漢学や文芸的嗜み)があるぞ、と他人の前でひけらかすこと・・・いつの時代にもどんな人間集団にも必ずいる「頭がヨイつもりで自らの知識・行動に酔っている馬鹿で迷惑な嫌われ者の様態」を軽蔑的に表わす語》〔自ラ四〕〈自分がいかにも学識豊富であるかの如く振る舞う〉学識をひけらかす。

-1405- 〈A〉かどかどし【才才し】【角角し】《鋭角的な意の「角」及び、他から抜きん出て優れた面を表わす「才」を畳語化した形容詞。ひらがな表記の場合は、脈絡から漢字を宛がって「角(＝とんがる・性格がきつい)／才(＝才覚がある)」のどちら系統の語義かを判断する必要がある》〔形シク〕【才才し】(1)〈(他者に抜きん出て)才能がある〉見るからに有能だ。【角角し】(2)〈(物体の形状が)鋭角的である〉尖っている。(3)〈(人の性格について、非難を込めて)攻撃的である〉気性が荒い。

●これより先は、文法上の要注目語句、及び、単に語と語が連らなる「連語」というより、「連接語」と呼ぶべき有機的連携語群の数々

-1406- 〈A〉あめり【あめり】《ラ変動詞「あり」の終止形(連体形に非ず)＋推量の助動詞「めり」の「ありめり」が、音便形「あんめり」となったものの、中世以前は撥音を表わす「ん・ン」文字は存在しなかったので、撥音無表記語としたもの。平安期の文物ではこの種の語は「あめり」と書いて「あんめり」と読んだ》〔連接語〕《あり〔自ラ変〕＋めり〔助動ラ変型〕推量》〈(視覚情報、または、伝聞・推定に基づいて)何らかの存在について非断定的・婉曲に述べる〉あるようだ。

-1407- 〈B〉あなり【有なり】《動詞「あり」の終止形(連体形に非ず)＋推定の助動詞「なり」で、本来「ありなり」であるものが音便形「あんなり」となり、撥音無表記の「あなり」となったもの。撥音文字(ん・ン)登場以前の日本語の一特徴で、発音は「あんなり」となる》〔連接語〕《あり〔自ラ変〕＋なり〔助動ラ変型〕伝聞推量》〈伝聞情報に基づき、物事・事態の存在を想定して言う語〉あるという話だ。

-1408- 〈C〉ざりける【ざりける】《係助詞「ぞ」＋動詞「あり」＋過去助動詞「けり(の連体形)」＝「ぞありける」を、和歌の中に詠み込む場合などに、音調上の事情で「・・・(に)ざりける」とした時に生じる形。「ざりけり」(＝否定＋過去の助動詞)と誤解する危険性が高い厄介な語形である》〔連接語〕《ぞ〔係助〕＋あり〔自ラ変〕＋けり〔助動ラ変型〕過去》〈(「ぞありける」の略。係り結びなので、末尾は必ず連体形)(特に和歌の中で)何らかの事柄について、今更気付いたかのように詠嘆的に述懐する〉・・・だったのだなあ。

-1409- 〈A〉え【え】《「うまく事を運ぶ」意味の動詞「得」の連用形が副詞化して「可能」の意を表わした語。但し、肯定形で用いたのは上代までで、平安期以降は打消語を伴った否定・反語表現の中で用いて「不可能」の意味を表わす用法のみとなった》〔副〕(1)〈(平安期以降)(下に打消・反語の表現を伴って)不可能の意を表わす〉**とても・・・できない。どうして・・・できようか。** (2)〈(上代のみ)(肯定文で用いて)可能の意を表わす〉**よく・・・し得る。**

-1410- 〈A〉えも【えも】《副詞「え」に係助詞「も」を付けて強調したもの。「え」は元来「可能」の意を表わす動詞「得」の連用形なので、「えも」も上代には「見事に・・・できる」の肯定の意を表わしたが、平安時代以降は下に打消表現を伴った「とても・・・できない」の否定の強調表現としてのみ用いた》〔連接語〕《え〔副〕＋も〔係助〕》(1)〈(平安時代以降)(下に打消の語を伴って)否定の意を強調的に表わす〉**到底・・・できない。** (2)〈(上代の用法)肯定の意を強調的に表わす〉**見事に・・・できる。**

-1411- 〈C〉えしも【えしも】《否定の副詞「え」に強意の副助詞「しも」を付けて「不可能」の意を強調したもの》〔連接語〕《え〔副〕＋しも〔副助〕》〈(下に打消の語を伴って)不可能の意味を強調的に表わす〉**到底・・・できない。**

-1412- 〈B〉えに【得に】《「可能」の意を表わす動詞「得」の未然形「え」に、上代の打消助動詞「ず」の連用形「に」を付けたもので、その意味は「得ず」(＝不可能)に等しい。「言へばえに」(＝口に出して言えずに)の形での使用例が多く、単独語というより連語構成成分として把握すべきである》〔連接語〕《う〔補動ア下二〕＋ず〔助動特殊型〕打消》〈(「言へばえに(＝言えなくて)」などの形で)不可能な状態であることを表わす〉**・・・できずに。**

-1413- 〈B〉えや【えや】《副詞「え」に係助詞「や」を付けて疑問・反語の意を強調したもの。更なる強調形として「えやは」もある。いずれも「どうして・・・か？」の疑問／「・・・できるわけがない」の反語の意》〔連接語〕《え〔副〕＋や〔係助〕》(1)〈疑問文を強調する〉**どうしたら・・・ということになるのか？** (2)〈反語の意味を強調する〉**・・・なんてありえない。**

-1414- 〈B〉えあらず【えあらず】《否定の副詞「え」と助動詞「ず」で補助動詞「あり」を挟み込んで否定し「とてもじゃないが・・・できない」の意を表わす。本動詞の「あり」(＝存在する)ではないので、何がどう不可能なのかは、文脈を判断した上で然るべき動詞を適宜補って(「どうにも我慢できずに」などとして)解釈する必要がある》〔連接語〕《え〔副〕＋あり〔補動ラ変〕＋ず〔助動特殊型〕打消》
〈(補助動詞「あり」に、脈絡から適当な動詞の意味を補って)不可能の意を強調的に表わす〉到底・・・できない。

-1415- 〈B〉えならず【えならず】《否定副詞「え」＋打消助動詞「ず」で、「なり」を不可能(「なることはない」)の意としたもの。この「なり」は動詞「成る」とも断定助動詞「なり」とも解せるが、いずれにせよそれ自体に意味はなく、程度の甚だしさ(多くの場合、形容不能な素晴らしさ)を強調する表現である》〔連接語〕《え〔副〕＋なる〔自ラ四〕＋ず〔助動特殊型〕打消》(1) 〈(情熱の激しさなどに言及して)程度が甚だしい〉並大抵でない。(2) 〈(外観や行動の美に言及して)形容のしようがないほど優れている〉何とも言えず素晴らしい。

-1416- 〈B〉えさらず【え避らず】《「(何らかの事態を)回避する」の意の動詞「避る」に、共に否定の意の副詞「え」＋助動詞「ず」を添えた表現で、「不可避的に」の意を表わす》〔連接語〕《え〔副〕＋さる〔他ラ四〕＋ず〔助動特殊型〕打消》
〈その事態が回避不可能であることを表わす〉どうしようもなくて。

-1417- 〈C〉けだし【蓋し】《真四角のきっちりとした感覚を現わす「角」を副詞化したもので、強調的な「まさに」が原義。この「蓋し」が推量語と共に使われるうちに、「恐らく(・・・に相違ない)」・「もし仮に(・・・だとしたら)」・「もしかしたら(・・・かもしれない)」と語義が拡大して行った》〔副〕(1) 〈(推量表現を伴って)確定的推量の意を表わす〉多分・・・に違いない。(2) 〈(仮定表現を伴って)仮想の陳述であることを現わす。(実現性の有る・無しいずれの仮定にも用いる)〉もし仮に・・・だとしたら。(3) 〈(疑問表現を伴って)確信のない推量の意を表わす〉もしかすると・・・かもしれない。(4) 〈(推量・仮定・疑問の語を伴わずに)強調する意を表わす〉実に。

-1418- 〈C〉ぬかも【ぬかも】《『万葉集』に見られる上代の連語(または終助詞)で、平安期の散文には用いられぬ古歌専表現。「他者に対する希望」(・・・してくれないかなぁ)または、その希望が実現しないことに関する嘆きを込めた「慨嘆」(・・・ないものだなぁ)の意を表わす》〔連接語〕《ず〔助動特殊型〕打消＋かも〔終助〕》(1) 〈(上代歌語)(慨嘆)希望する事態が実現しないことを嘆く気持ちを表わす〉・・・ないものだなぁ。 (2) 〈(上代歌語)(他者に対する希望)自分の望む事を他者が実現してくれることを望む気持ちを表わす〉・・・ないかなぁ。

-1419- 〈A〉にき【にき】《完了助動詞「ぬ」の連用形に、直接体験過去の助動詞「き」を付けたもので、「・・・てしまった」という(英語の完了形に近く、現代日本語には語形としてはもはや存在しない)感覚の表現。完了の上に更に詠嘆の気持ちを添える場合には「・・・にけり」となる》〔連接語〕《ぬ〔助動ナ変型〕完了＋き〔助動特殊型〕過去》〈(完了)既に成立してしまった状況を、その成立以前の状況との比較対照を際立たせる形で述べる〉・・・てしまった。

-1420- 〈B〉なりき【なりき】《自身の直接体験した過去の事実を断定的に述べる表現で、他者から聞いた過去の伝聞情報を断定的に述べる「なりけり」と対を成す。仏教説話では、断定色を強めて説得力を増そうという魂胆からか、非直接体験過去でも「なりけり」を使わずに「なりき」を用いる傾向がある》〔連接語〕《なり〔助動ナリ型〕断定＋き〔助動特殊型〕過去》〈(自らの体験として／筆者の視点ではなく作中人物の視点に立って／仏教説話の中で、事実性を強調するために伝聞情報を敢えて直接見聞きしたかの如く)直接体験した過去の事柄について、断定的に述べる〉・・・であった。

-1421- 〈A〉なりけり【なりけり】《直接体験したわけではない過去について「・・・だった」と述べたり、(物語などで)伝聞情報であることを明示して「・・・だったということだ」とする語法が基本。過去から存在していた事態に今更のように気付いた感慨を表わす「・・・だったのだなぁ」の詠嘆用法もある》〔連接語〕《なり〔助動ナリ型〕断定＋けり〔助動ラ変型〕過去》(1) 〈直接体験したわけではない過去について、断定的または伝聞的に述べる〉・・・であった(そうだ)。 (2) 〈過去から存在していた事態について、今更のように気付いたことを詠嘆的に述べる〉・・・だったのだなぁ。

-1422- 〈B〉りけり【りけり】《過去のある時点の「動作の継続・進行」(…の真っ最中だった)・「動作の完結」(既にもう…してしまった)・「動作完結の結果としての状態の存続」(…ているところだった／…していた)など、現代日本語にはない(英語の完了形に似た)様々な含みを表わす表現》〔連接語〕《り〔助動ラ変型〕存続+けり〔助動ラ変型〕過去》(1)〈(過去に於ける継続・進行)過去のある時点に於いて、動作が継続・進行していた意を表す〉…している最中だった。 (2)〈(過去に於ける完了)過去のある時点に於いて、動作が完結した意を表わす〉既に…していた。 (3)〈(過去に於ける結果の状態の存続)過去のある時点に於いて、動作が既に完結し、その結果としてある状態が存続していた意を表わす〉…していた。 (4)〈(現在に於ける気付き)過去に起こった出来事の結果や影響が現在まで続いていることに、今更のように気付いた意を詠嘆的に表わす〉…だったのだなぁ。

-1423- 〈A〉こそあらめ【こそあらめ】《文末に置くと単純な助動詞「む」の強調的用法で「…がよいだろう」(適当)／「…であろう」(推量)の意。文中だと(多く「ばこそあらめ」の仮想形態で)「…の場合は良い。が、そうでない場合は困る」／「…の場合は困る。が、それ以外の場合なら良い」の意となる》〔連接語〕《こそ〔係助〕+あり〔自ラ変〕+む〔助動マ四型〕推量》(1)〈(文末にあって)そうすることが適切であろうと判断する意を表わす〉…べきだ。 (2)〈(文末にあって)恐らくそうであろうと推測する意を表わす〉…であろう。 (3)〈(文中にあって)(多く、「…ばこそあらめ」の形で)望ましい事態に言及しつつ、それが実現しない場合への不安の含みを込めた想定を行なう〉もし…ならばいいけれど(実際は…じゃないから、ダメでしょ)。 (4)〈(文中にあって)(多く、「ばこそあらめ」の形で)不適切な事態に言及しつつ、それ以外の事態ならば問題はあるまいという勧誘の含みを込めた想定を行なう〉もし…ならば困るけれど(実際は…じゃないんだから、イイでしょ?)。

-1424- 〈B〉こそあれ【こそあれ】《直前の体言・用言を強調しつつ逆接でつなぐ「確かに・・・だが、しかし〜」の用法の他に、「・・・ほどこそあれ〜」の形で「いよいよ・・・というその時に〜」の逆接と、「・・・するや否や〜」という複数事態の同時進行の意を表わす》〔連接語〕《こそ〔係助〕＋あり〔自ラ変〕》(1)〈(「あれ」が本動詞の場合)直前にある体言を強調した上で逆接の意を表わす〉確かに・・・はあるけれども。 (2)〈(「あれ」が補助動詞の場合)直前にある用言を強調した上で逆接の意を表わす〉確かに・・・ではあるけれども。 (3)〈(「ほどこそあれ」の形で)ある事態が進行中に、同時に別の事態が新たに加わることを表わす〉・・・するや否や〜。 (4)〈(「ほどこそあれ」の形で)ある事態が実現しかかったところで、邪魔が入って実現せずに終わることを惜しむ意を表わす〉折角・・・だというのに。

-1425- 〈B〉こそなからめ【こそなからめ】《「こそあらめ」の裏返し表現で、「・・・ないのは仕方ないとしても」の意を表わしつつ、言外に「・・・しかし〜ぐらいはあってもよいだろうに」の含みを持たせた言い回し》〔連接語〕《こそ〔係助〕＋なし〔形ク〕＋む〔助動マ四型〕推量》〈ある事態が実現しないことを、やむを得ぬこととして受け入れつつも、別の事態が実現してもよさそうなものだ、として嘆く気持ちを表わす〉・・・ないのは仕方ないにしても。

-1426- 〈B〉とこそ【とこそ】《文中で用いると「強調」の意(末尾は係り結びで已然形)。この語義以外では、後続部に「言へ」・「聞け」の省略された形として文末に置いて用いた「・・・ということだ」(伝聞)の語義と、(中世以降に生じた)「動詞の命令形＋とこそ」形の「命令の強調」の語義とがある》〔連接語〕《と〔格助〕＋こそ〔係助〕》(1)〈(強調)(文中で用いて)「と」以前の内容を強調する。(末尾は已然形で係り結びを形成する)〉・・・だと。 (2)〈(伝聞)(文末で用い、下に続くべき「言へ」・「聞け」などを省略した形で)そこまでの内容が伝聞情報に基づくことを表わす〉・・・ということだ。 (3)〈(中世以降)(命令の強調)(動詞の命令形に続き)その動作の実行を相手に強く促す意を表わす〉さあ・・・せよ。

-1427- 〈A〉にこそ【にこそ】《「に」の品詞によって三種類に語義が分化する。断定助動詞「なり」の連用形と見れば「・・・なのだ」(強調的断定)／格助詞と見ればその格助詞の強調／接続助詞と見れば「・・・なので」(理由)となる》〔連接語〕《なり〔助動ナリ型〕断定＋こそ〔係助〕》(1)〈(断定の強調)(しばしば後続部にあるべき「あれ」・「あらめ」を省略した形で)断定助動詞「なり」の意を強調する〉・・・で(あって)。・・・に(存在して)。《に〔格助〕＋こそ〔係助〕》(2)〈(格助詞の強調)(しばしば後続部にあるべき「あれ」・「あらめ」を省略した形で)格助詞「に」の意を強調する〉・・・に。《に〔接助〕＋こそ〔係助〕》(3)〈(原因・理由)直前に述べた事態が、後に述べる事態の理由となっている意を表わす〉・・・だからこそ。

-1428- 〈C〉ごさんなれ【ごさんなれ】《「にこそあるなれ」→「にこさるなれ」→「にこさんなれ」→「ごさんなれ」と転じた中世語。「・・・であるようだ」(推量)が原義だが、「なり」を断定と解釈して「・・・である」の意で用いる場合もあるし、両者の中間的色彩の「・・・であるようだな」と訳してよいこともある》〔連接語〕《に〔格助〕＋こそ〔係助〕＋あり〔自ラ変〕＋なり〔助動ラ変型〕伝聞推量》(1)〈(「なれ」を推量の助動詞と解釈して)話者の推定を表わす〉どうやら・・・であるようだ。《に〔格助〕＋こそ〔係助〕＋あり〔自ラ変〕＋なり〔助動ナリ型〕断定》(2)〈(「なれ」を断定の助動詞と解釈して)話者の確信を表わす〉・・・である。

-1429- 〈A〉ばこそ【ばこそ】《活用語への接続の仕方により語義が二分する：未然形接続は「順接の仮定条件」(もし・・・ならば～であろう)／已然形接続は「順接の確定条件」(・・・なのだから～だ)。係助詞「こそ」の影響で末尾は已然形となるが、結びの語句が消失する例も極めて多い》〔連接語〕《ば〔接助〕＋こそ〔係助〕》(1)〈(順接の仮定条件の強調)(活用語の未然形に付いて)「ば」以前の条件が満たされれば、「こそ」以降の帰結が確実に見込まれる意を表わす〉もし・・・ならばきっと～。(2)〈(順接の確定条件の強調)(活用語の已然形に付いて)「ば」以前を原因・理由として、「こそ」以降の判断を強調する〉・・・だからこそ～だ。(3)〈(中世以降)(打消の強調)(活用語の未然形に付いて、文末で、已然形係り結びの表現を省略して)「ば」以前の事態がもしあるのならよいが、実際にはないのだから、として否定の意味を強調する〉実際、・・・ないのだから(しょうがない)。

-1430- 〈B〉ばこそあらめ【ばこそあらめ】《「ばこそ」の発展形と言える連語で、「…だというのならまだいいけれど」と、「…だというのならば困りものだけれど」という、正反対の語義となるが、両者に共通するのは「でも実際には…ないから」という反実仮想的ニュアンスを持つ場合が殆ど、という点》〔連接語〕《ば〔接助〕＋こそ〔係助〕＋あり〔自ラ変〕＋む〔助動マ四型〕推量》(1)〈(望ましい事態の想定)「ば」以前の条件が満たされれば望ましい、との判断を表わす。(実際にはその条件は満たされない、という含みを持つ場合が多い)〉…だというのならよいけれど(実際には…でないので、駄目)。 (2)〈(望ましからざる事態の想定)「ば」以前の条件が満たされれば具合が悪い、との判断を表わす。(実際にはその条件は満たされない、という含みを持つ場合が多い)〉…だというのなら困るけれど(実際には…でないから、よし)。

-1431- 〈B〉あらばこそ【あらばこそ】《現実に反する事柄を想定し「もし…ならいいのだけれど」とする用法と、非現実性を強調し「まさかそんなことがあるものか」とする用法があるが、いずれにせよ「ない」ことが前提となっている表現》〔連接語〕《あり〔自ラ変〕＋ば〔接助〕＋こそ〔係助〕》(1)〈(実現不可能な事柄を想定し、下に推量の表現を伴って)実現性の薄い仮想、または、反語を表わす〉(まずあり得ないことだが)もし…だとしたら。 (2)〈(文末に用いて)強い否定を表わす〉…だなんてことはあり得ない。

-1432- 〈C〉さればこそ【然ればこそ】《字義通りには「そうであるからこそ」として、直前に述べられた事情があるからこそ尚更いっそう…だ、との主張を述べる言い回しになる。一方で、「あぁ、やっぱりそうだ」として、その事態が自分の予測通りであることを主張する感動詞的な使い方もある》〔連接語〕《さり〔自ラ変〕＋ば〔接助〕＋こそ〔係助〕》(1)〈(感動詞的に)事態が、自分の予測通りであったことを主張する〉あぁ、やっぱりそうだ。 (2)〈直前に述べられた事情があればこそ、尚更一層…である〉そうであるからこそ…だ。

-1433- 〈A〉もぞ【もぞ】《「もこそ＋動詞の已然形」と同義で、重要度の高い連語。「もぞ＋動詞の連体形」の形で用い、同種の物事を並列して述べる「…もまた」(単なる「も」の強調)の語義もあるが、極めて重要なのは、起きてほしくない未来の事態を危惧しつつ想定する「…だったりすると大変だ」の語義》〔連接語〕《も〔係助〕＋ぞ〔係助〕》(1)〈(「もぞ＋動詞の連体形」の形で)その動作・行動の実現を危惧する気持ちを表わす〉…したりするといけない。 (2)〈(「もぞ＋動詞の連体形」の形で)「もぞ」直前の語句を強調する〉…もまた。

-1434- 〈A〉もこそ【もこそ】《「もぞ＋動詞の連体形」と同義で、重要度の高い連語。「もこそ＋動詞の已然形」の形で用い、同種の物事を並列して述べる「…もまた」(単なる「も」の強調)の語義もあるが、極めて重要なのは、起きてほしくない未来の事態を危惧しつつ想定する「…だったりすると大変だ」の語義》〔連接語〕《も〔係助〕＋こそ〔係助〕》(1)〈(「もこそ＋動詞の已然形」の形で)その動作・行動の実現を危惧する気持ちを表わす。(動詞には推量助動詞「む」は付けない)〉…したりするといけない。 (2)〈(「もこそ＋動詞の已然形」の形で)「もこそ」直前の語句を強調する〉…もまた。

-1435- 〈B〉もや【もや】《上代には、係助詞「も」＋間投助詞「や」の「詠嘆」(なんと…であることよ)。中古以降は、係助詞「も」＋係助詞「や」で、文中で用い、「単純疑問」(…も〜だろうか？)／「期待含みの想像」(…でも〜してくれまいか？)／「懸念」(…でも〜しないだろうか？)の意を表わす》〔連接語〕《も〔係助〕＋や〔係助〕》(1)〈(単純な疑問)(文中に用い)そうではなかろうかと考える意を表わす〉…でも〜だろうか？ (2)〈(期待を込めた想像)(文中に用い)ある事態を、その実現を期待しながら想像する意を表わす〉…でも〜してくれないだろうか？ (3)〈(懸念)(文中に用いて)ある事態を、それが実現しないことを願いながら想像する意を表わす〉…でも〜したりしないだろうか？ 〔間投助〕《(上代語)強い感動の意を表わす》何と…であることよ。

-1436- 〈B〉ごと【如】《「まるで…のよう」という様態を表わす助動詞「如し」の語幹で、活用語の連体形や、格助詞「が」・「の」に付いて、「…の如く」の意を表わす。「如く」の持つ漢文調の堅さを嫌う場合や、和歌の中での字数の制約を満たすためなどに、「如」はよく用いられた》〔助動語幹〕〈(活用語の連体形や、格助詞「が」・「の」の後に付けて)まるでそのようである、という様態を表わす〉…のように。

-1437- 〈C〉ことは【同は】《仮定の表現で用い、「もし同じだと想定すれば」の意を表わす副詞。「如」(＝実際には異なるが、あたかも同じであるかの如し)と同根語。その語源的来歴を踏まえつつ、「事・言・異・別・殊」との混同を回避するため、平安・鎌倉期には「ごとは」と濁音読みした》〔副〕〈(同じ条件下であると仮定して)ある特定の事柄を望む意を表わす〉同じことならば。

-1438- 〈C〉ことならば【同ならば】《「もし同じだと仮定すれば」の意の副詞で、「如」(=実際は異なるのにあたかも同じであるかの如し)と同根。「異ならば」と誤読すれば正反対の誤解に陥る。それを回避する意味もあったろう(「事・言・異・別・殊」と紛れぬように)、平安・鎌倉期には「ごとならば」の濁音読みが行なわれた》〔連接語〕《こと〔副〕＋なり〔助動ナリ型〕断定＋ば〔接助〕》〈(同じ条件下であると仮定して)ある特定の事柄を望む意を表わす〉**同じことならば。**

-1439- 〈C〉ことしもあれ【事しも有れ】《「…しもあれ」は、直前の記述「…」を強調して「まさに…」の意を表わすが、「事しもあれ」だと「事もあろうに」としてその事例の特異性を強調する表現となる。類似の組成の連語に「折しもあれ」(現代語「折しも＝ちょうどその時」の祖先)がある》〔連接語〕《こと〔名〕＋しも〔副助〕＋あり〔自ラ変〕》〈(非難・驚きなどの感情を含んで)その事例の特異性を強調する〉**事もあろうに。**

-1440- 〈B〉なげ【無げ】《形容詞「なし」の語幹に接尾語「げ」を付けたもの。存在の有無に言及すれば「なさそうだ」または「ないも同然だ」の意となるが、多くは「なげの＋名詞」の形で「肝心な心・誠意が籠もっていない／何ということもない」(現代語「投げ遣り」に通じる表現)となる》〔形動ナリ〕(1)〈存在の有無について、否定的な見解を表わす〉**無さそうだ。**(2)〈(多く「無げの＋名詞」の形で)本来そこにあるべき大事な精髄が存在しない意を表わす〉**なおざりだ。**

-1441- 〈C〉なで【なで】《完了助動詞「ぬ」の未然形に打消の接続助詞「で」を付けて、「…しない状態で」の意を表わす》〔連接語〕《ぬ〔助動ナ変型〕完了＋で〔接助〕》〈(打消の付帯状況)直前に述べた事柄を否定し、その状況下で、直後の事柄が成立していることを表わす〉**…せずに。**

-1442- 〈A〉ならで【ならで】《「なり」の直前には体言・準体言が来る。用法は、直前の記述を否定して直後に繋ぐ「…なくて」／直前の条件を満たしていないにもかかわらず直後の事態が生じる「…でないというのに」／条件を限定する「…以外では」(通例、直後に打消表現が続く)、の三つ》〔連接語〕《なり〔助動ナリ型〕断定＋で〔接助〕》(1)〈単純に直前の記述を否定して直後につなぐ〉**…なくて。**(2)〈直前の条件が満たされていないにもかかわらず直後の事態が生じている意を表わす〉**…ないのに。**(3)〈(多く、打消の表現とともに用いて)ある特定の条件のみに限定する意を表わす〉**…以外は。**

-1443- 〈A〉ずして【ずして】《「…ではなくて」という否定的断定の意を表わす。直後に接続助詞「は」を付けた「…ずしては」の形だと「…ないとすれば」となる。いずれも現代日本語文語表現にそのまま残っている》〔連接語〕《ず〔助動特殊型〕打消＋して〔接助〕》〈ある物事・動作・状態ではない、という否定的断定を表わす〉…なくて。

-1444- 〈A〉せで【せで】《現代語「…せず」に相当し、前述の行為をしないで別の何かをする意を表わす（「せ」は動詞「す」の未然形）。同音異義の「せ」を伴う表現には、（過去助動詞「き」未然形）「…せば」（もし…だったなら）／（形容詞「狭し」語幹）「…も狭に」（…狭しと）などがある》〔連接語〕《す〔自サ変〕〔他サ変〕＋で〔接助〕》〈直前に述べられた行為をせずに、別の何かをする意を表わす〉…しないで。

-1445- 〈A〉ねど【ねど】《直前の条件が満たされぬまま後続の事態が成立している意を表わす「…ないけれども」の表現。「ねども」も同義語。「ど」も「ども」も逆接の接続助詞で、接続助詞「ど」＋係助詞「も」で「ども」が生じたとも、「ども」の略形として平安期に「ど」が成立した、とも言われている》〔連接語〕《ず〔助動特殊型〕打消＋ど〔接助〕》〈（逆接）直前の条件が満たされない状態で、直後の事態が成立している意を表わす〉…ないが。

-1446- 〈A〉なくに【なくに】《打消助動詞「ず」の古い未然形「な」に接尾語「く」を付けた「なく」は、「ク語法」と言われるもので、「曰く」（…の言うことには）、「申さく」（…の申すことには）、「思へらく」（思うには）に見られるのと同種。逆接の確定条件、及び詠嘆「…ないのに（なあ）」の意を表わす》〔連接語〕《ず〔助動特殊型〕打消＋に〔格助〕》(1)〈（逆接の確定条件）直前の陳述を否定しつつ、それが否定されたにもかかわらず、妥当な代替条件が成立していないことを表わす〉…ないのに。(2)〈（詠嘆）（文末で）直前の陳述を、深い感慨を込めて否定する〉…ないのになあ。

-1447- 〈A〉ねば【ねば】《「已然形＋ば」は「…だから」(順接確定条件)なので、「打消助動詞「ず」已然形"ね"＋ば」は「…でないから～だ」(順接確定条件)／「…でないなら常に～だ」(順接恒常条件)が基本だが、例外的に「…でないのに～だ」(逆接確定条件)の意になる場合もある》〔連接語〕《ず〔助動特殊型〕打消＋ば〔接助〕》**(1)**〈(順接の確定条件)直前に述べられた条件を否定し、その条件が成立しないがゆえに後続の事態が成立している意を表わす〉**…ないので～。**

(2)〈(順接の恒常条件)直前に述べられた条件が満たされない場合には常に、後続の事態が成立する意を表わす〉**…ないと常に～。** **(3)**〈(逆接の確定条件)直前に述べられた条件を否定し、それが成立する前提ではじめて成立する筈の事態が、前提条件不成立にもかかわらず成立している意を表わす〉**…ないのに～。**

-1448- 〈A〉**なば【なば】**《完了助動詞「ぬ」未然形＋順接の仮定条件の接続助詞「ば」で、意味・組成上「てば」(完了助動詞「つ」未然形＋「ば」)と同類の表現。下に推量や命令の表現を伴って「…たならば、…してしまったら、…成った暁には」の意を表わす》〔連接語〕《ぬ〔助動ナ変型〕完了＋ば〔接助〕》〈(順接の仮定条件)(下に推量や命令の表現を伴って)「な」以前の条件が既に満たされているものと仮定した上で、「ば」以降に帰結を述べる〉**…たならば。**

-1449- 〈C〉てば【てば】《完了助動詞「つ」未然形＋順接仮定条件の接続助詞「ば」で、意味・組成上「なば」と同類の表現。下に推量・命令の表現を伴って「…たならば、…してしまったら、…成った暁には、…ているならば」(英語でいう未来完了・現在進行形)の意を表わす》〔連接語〕《つ〔助動サ下二型〕完了＋ば〔接助〕》〈(順接の仮定条件)(下に推量や命令の表現を伴って)「て」以前の条件が既に満たされているものと仮定した上で、「ば」以降に帰結を述べる〉**…たならば。**

-1450- 〈A〉**せば【せば】**《直接体験過去助動詞「き」未然形＋接続助詞「ば」の組合せ。上代や中古の和歌の中に数多く見られる語で、反実仮想「もし…だとしたら」の意を表わす。多く、後続部に反実仮想の助動詞「〜まし」を伴い「もし仮に…だとすれば、〜だろうに」の相関構文を成す》〔連接語〕《き〔助動特殊型〕過去＋ば〔接助〕》〈(多く、後続部に「〜まし」の帰結文を伴って)事実に反する仮想を表わす〉**もし仮に…だったとすれば(〜だろうに)。**

-1451- 〈A〉**ずは**【ずは】《「ず」の単なる強調形として「…などせずに」の意を表わす用法は上代のもの。「は」が順接の仮定条件を表わす「もし…ないならば」の用法は特に重要で、この用法の「ずは」から中世に「ずんば」の形が生まれた。「ずば」は近世以降の語形》〔連接語〕《ず〔助動特殊型〕打消＋は〔係助〕》(1)〈〈上代〉否定語「ず」を強調する〉…などせずに。 (2)〈順接の仮定条件を表わす〉もし…ないならば、～。 (3)〈「ざり」の言い換えとして「ずはあり」の形で用いる。(和歌の七五調に合わせるための言い回し)〉…ない。

-1452- 〈B〉**ずんば**【ずんば】《中世以降の表現で、「もし…ないならば～だ」(順接仮定条件)の意。「ずは」(打消助動詞「ず」未然(一説には、連用)形＋逆接の接続助詞「は」)に撥音「ん」が付き末尾が濁音化して「ずんば」となり、近世以降は中間の「ん」が取れて、現代文語にも残る「ずば」の語形が成立した》〔連接語〕《ず〔助動特殊型〕打消＋は〔係助〕》〈(中世以降)順接の仮定条件を表わす〉もし…ないならば、～。

-1453- 〈B〉**ならでは**【ならでは】《断定助動詞「なり」の未然形に打消の接続助詞「で」と係助詞「は」を付けた語で、打消の表現を伴い「…以外は～ない」という限定性を表わす。この「は」は順接の仮定条件を表わし、機能的には明らかに接続助詞だが、伝統的古典文法では係助詞扱い》〔連接語〕《なり〔助動ナリ型〕断定＋で〔接助〕＋は〔係助〕》〈(打消の表現を伴って)ある特定の条件のみに限定する意を表わす〉…以外では～ない。

-1454- 〈B〉**だにも**【だにも】《副助詞「だに」を係助詞「も」の添加で強調した語。程度の低い物事を引き合いに出しての「…さえも」の語義と、意志・希望の表現と共に用いて「せめて…だけでも」として最低限の願望の実現を望む意味とを表わす》〔連接語〕《だに〔副助〕＋も〔係助〕》(1)〈程度の低い物事を引き合いに出す言い回し〉…でさえも。 (2)〈(意志・希望の表現を伴って)最低限の希望の実現を望む意を表わす〉せめて…だけでも。

-1455- 〈B〉**ためり**【ためり】《存続の助動詞「たり」終止形(連体形に非ず)と推定の助動詞「めり」の結び付いた「たりめり」の音便形「たんめり」の撥音無表記語(読む時は「たんめり」となる)。目に見える状況や、確実だと思われる事態について、敢えて断定を避けて「…しているようだ」とする言い回し》〔連接語〕《たり〔助動ラ変型〕完了＋めり〔助動ラ変型〕推量》〈(視覚的に確認できる状況や、確実視される事態について)非断定的観測を述べる〉…しているようだ。

-1456- 〈A〉ぬべし【ぬべし】《この「ぬ」は確述(意味を強める)。実現が確実視される推量「…しそうだ」、確実にやり遂げる見込み「…することができそうだ」、意志表明「きっと…してしまうつもりだ」、妥当性の判断「…するのが適当だ」など、脈絡次第で様々な意味を表わす》〔連接語〕《ぬ〔助動ナ変型〕完了＋べし〔助動ク型〕推量》(1)〈(確定的推測)確実にそうなると思われる事態を推量の形で述べる〉…しそうだ。 (2)〈(完遂見込み)確実にやり遂げられそうであるとの観測を述べる〉…することができそうだ。 (3)〈(強い意志)必ずやり遂げようとする意志を表わす〉…てしまうつもりだ。 (4)〈(妥当性の判断)そうするのが適当であろうという判断を表わす〉…てしまうべきだ。

-1457- 〈A〉つべし【つべし】《助動詞「つ」を、完了ではなく確述の意で用いて、後続の「べし」の推量・可能・妥当・意志の意味を強調する連語。「…しそうだ」(推量)、「…できそうだ」(可能)、「…すべきだ」(妥当)、「…するつもりだ」(意志)の意を表わす》〔連接語〕《つ〔助動サ下二型〕完了＋べし〔助動ク型〕推量》(1)〈確実性の高い推量を表わす〉…しそうだ。 (2)〈確実性の高い可能性を表わす〉…できそうだ。 (3)〈そうするのが妥当であるとの判断を表わす〉…すべきだ。 (4)〈ある行動を決意・決定した意を表わす〉…するつもりだ。

-1458- 〈A〉なむ【なむ】《語形は係助詞(体言・助詞接続)・終助詞(未然形接続)の「なむ」と同じ。連用形に接続し、意味は連語「てむ」とほぼ同じ。動作の主体が自身の場合「強い意志」、他者の場合「確信のある推量」／「軽い命令・願望」、いずれにも限定されぬ用法としては「高い可能性」／「妥当性の判断」の意となる》〔連接語〕《ぬ〔助動ナ変型〕完了＋む〔助動マ四型〕推量》(1)〈(確信のある推量)(主語は自分以外)直前の動作が必ず行なわれるであろうという推量を表わす〉必ずや…に違いない。 (2)〈(強い意志)(主語は自分自身)直前の動作を必ず行なおうとする意志を表わす〉必ず…しよう。 (3)〈(高い可能性)(主語は自身／他者双方あり得る)直前の動作が可能であるとの確信を表わす〉きっと…できるだろう。 (4)〈(妥当性の判断)(特定の主語に限定されない客観的観測として述べる)直前の動作が行なわれるのが妥当であるとの判断を表わす〉…すべきだ。 (5)〈(軽い命令・願望)(主語は自分以外。多く「なむや」の形で)直前の動作を他者が行なうことを望む意を婉曲に表わす〉…してはくれまいか。 (6)〈(仮定)(連体修飾語を形成し、直後に仮定の語を伴って)直前の動作が実際に行なわれた場合を想定する〉もし…したならば。

-1459- 〈A〉てむ【てむ】《連用形に接続し、連語「なむ」(完了助動詞「ぬ」＋推量助動詞「む」)とほぼ同義で、動作主体が自身だと「強い意志」、自分以外の誰かなら「確信のある推量」／「軽い命令・願望」、自身／他者いずれとも限定されぬ用法としては「高い可能性」／「妥当性の判断」の意を表わす》〔連接語〕《つ〔助動サ下二型〕完了＋む〔助動マ四型〕推量》(1)〈(確信のある推量)(主語は自分以外)直前の動作が必ず行なわれるであろうという推量を表わす〉**必ずや・・・に違いない。** (2)〈(強い意志)(主語は自分自身)直前の動作を必ず行なおうとする意志を表わす〉**必ず・・・しよう。** (3)〈(高い可能性)(主語は自身／他者双方あり得る)直前の動作が可能であるとの確信を表わす〉**きっと・・・できるだろう。** (4)〈(妥当性の判断)(特定の主語に限定されない客観的観測として述べる)直前の動作が行なわれるのが妥当であるとの判断を表わす〉**・・・すべきだ。** (5)〈(軽い命令・願望)(主語は自分以外)直前の動作を他者が行なうことを望む意を婉曲に表わす〉**・・・してはくれまいか。**

-1460- 〈C〉なむや【なむや】《自分以外の主語を立て、直前の動作を他者に行なってほしい意をやんわり表わす「軽い命令」が基本義。末尾の「や」が疑問でなく反語だと、直前に述べられた内容の妥当性に疑問があることを表わす「反語含みの推量」となる》〔連接語〕《ぬ〔助動ナ変型〕完了＋む〔助動マ四型〕推量＋や〔係助〕》(1)〈(軽い命令・願望)(主語は自分以外)直前の動作を他者が行なうことを望む意を婉曲に表わす〉**・・・してはくれまいか。** (2)〈(反語含みの推量)直前に述べられた内容の妥当性に疑問があることを表わす〉**・・・だろうか(いや、ない)。**

-1461- 〈C〉てむや【てむや】《自分以外の主語を立て、直前の動作を他者に行なってほしい意をやんわり表わす「軽い命令」が基本義(現代大阪弁「・・・てぇや」の祖先)。末尾の「や」が疑問でなく反語だと、直前に述べられた内容の妥当性に疑問があることを表わす「反語含みの推量」となる》〔連接語〕《つ〔助動サ下二型〕完了＋む〔助動マ四型〕推量＋や〔終助〕》(1)〈(軽い命令・願望)(主語は自分以外)直前の動作を他者が行なうことを望む意を婉曲に表わす〉**・・・してはくれまいか。** (2)〈(反語含みの推量)直前に述べられた内容の妥当性に疑問があることを表わす〉**・・・だろうか(いや、ない)。**

-1462- 〈C〉ななむ【ななむ】《完了助動詞「ぬ」未然形＋終助詞「なむ」で、読み方は「ななん」。終助詞「なむ」は他者に対し望む意、「ぬ」は完了または確述の意なので、「(是非／とっとと)・・・してしまってくれ」という、他者に対する少々じりじりした願望を表わす》〔連接語〕《ぬ〔助動ナ変型〕完了＋なむ〔終助〕》〈他者に対し、ある行動の迅速な遂行を望む意を表わす〉**・・・てしまってほしい。**

-1463- 〈B〉あへなむ【敢へなむ】《「敢ふ」連用形＋完了助動詞「ぬ」未然形＋推量助動詞「む」と見れば、自身の判断「これはこれでやむを得まい」・「こんなものでよいだろう」／「敢ふ」未然形＋終助詞「なむ」と解すれば、他者への(心中での消極的な)願望「どうか我慢してやってほしい」の意となる》〔連接語〕《あふ〔自ハ下二〕＋ぬ〔助動ナ変型〕完了＋む〔助動マ四型〕推量》(1)〈不本意な状況ではあるが、甘んじて受け入れよう〉やむを得まい。 (2)〈満足行くものではないが、許容範囲内であろう〉差し支えあるまい。《あふ〔自ハ下二〕＋なむ〔終助〕》(3)〈他者に対し、心の中で消極的に、事態を受け入れてくれるよう望む〉どうか我慢してやってほしい。

-1464- 〈B〉つらむ【つらむ】《完了助動詞「つ」を完了＋確述に用いて、後続の推量助動詞「らむ」の意味を強調したもの。「既にもう・・・してしまっていることだろう」(英語で言う未来完了：現代語「・・・たろう」の祖先)、及び「今まで・・・し続けてきたのだろう」(英語で言う現在完了進行形)という、現代日本語にはない推量表現である》〔連接語〕《つ〔助動サ下二型〕完了＋らむ〔助動ラ四型〕現在推量》(1)〈現時点で既成事実となっているであろう事柄についての確実性を込めた推量を表わす〉既にもう・・・てしまっていることだろう。 (2)〈過去から連綿として現在まで継続し続けてきたのであろうという確実性を込めた推量を表わす〉今まで・・・続けてきたのだろう。

-1465- 〈C〉らむ【らむ】《存続助動詞「り」未然形に推量助動詞「む」が付いた連語で「・・・ていることだろう」の意。単独の現在推量助動詞「らむ」（終止形接続）／ラ変動詞の活用語尾(未然形)＋推量助動詞「む」と混同しやすいが、上接語の形（四段已然形・カ変未然形接続なら〔連接語〕、終止形・ラ変連体形接続なら助動詞）や、存続の「り」の含意の有無で区分する》〔連接語〕《り〔助動ラ変型〕存続＋む〔助動マ四型〕推量》〈(未来の時点に於いて)ある動作・状態がなおも存続している、または、既にそうした状態になっているであろうことを推量する意を表わす〉・・・ていることだろう。

-1466- 〈A〉な【な】《上代には「な＋動詞連用形」で、それ以降は「な＋動詞連用形(カ変・サ変のみ未然形)＋そ」の形で、「・・・はするな」の意を表わす。「動詞終止形＋終助詞"な"」(現代日本語の否定表現と同じ形)と比較すると、やや弱い感じの禁止表現である》〔副〕(1)〈(中古以降)(「な＋動詞の連用形(カ変・サ変のみ未然形)＋そ」の形で)穏やかに禁止する意を表わす〉・・・しないでほしい。 (2)〈(上代)(「な＋動詞の連用形」の形で)禁止の意を表わす〉・・・するな。

-1467- 〈A〉そ【そ】《強調の係助詞「ぞ」の元語で、副詞「な」と呼応した「な＋動詞連用形(カ変・サ変のみ未然形)＋そ」形で(「動詞終止形＋な」形よりは穏やかな)「禁止」の意を表わす。副詞「な」を伴わず単独の「そ」だけで「きつめの禁止」を表わす語法も、平安後期以降には生じた》〔終助〕(1)〈(副詞「な」と呼応した「な＋動詞連用形:カ変・サ変は未然形＋そ」の形で)相手にやんわりと自制を求める穏やかな禁止を表わす〉・・・しないでほしい。 (2)〈(平安時代後期以降の用法)(副詞「な」と呼応せぬ「動詞連用形＋そ」の形で)「な・・・そ」よりもきつめの禁止を表わす〉・・・するな。

-1468- 〈C〉さな【然な】《「な＋・・・そ」による禁止表現の変形で、様態の副詞「然」を冒頭に伴って「そんな風に・・・するな」の意を表わす》〔連接語〕《さ〔副〕＋な〔副〕》〈(「さな・・・そ」の形で)(直前に述べた内容や眼前の状況に対し)禁止の意を表わす〉そんな風に・・・するな。

-1469- 〈A〉なめり【なめり】《断定助動詞「なり」終止形(連体形に非ず)＋推定助動詞「めり」＝「なりめり」の撥音便形「なんめり」から「ん」が取れた撥音無表記語で、「・・・であるようだ」の意を表わす。末尾の「めり」は、「なり」の断定色を和らげるために添えられただけで、実質的意味は「・・・なり」とあまり変わらない》〔連接語〕《なり〔助動ナリ型〕断定＋めり〔助動ラ変型〕推量》〈確信のある事柄について、敢えて断定を避けて婉曲に表現する〉・・・であるようだ。

-1470- 〈C〉ななり【ななり】《断定助動詞「なり」終止形(連体形に非ず)＋推量助動詞「なり」の「なりなり」が、撥音便形「なんなり」に転じ、更に撥音無表記の「ななり」になったもので、読み方は「なんなり」。「・・・であるようだ」という推量の意と、「・・・だそうだ」という伝聞の意を表わす》〔連接語〕《なり〔助動ナリ型〕断定＋なり〔助動ラ変型〕伝聞推量》(1)〈(推量)視覚・音声・周囲の状況などを根拠として推量する意を表わす〉・・・であるようだ。 (2)〈(伝聞)他者から伝え聞いた情報であることを表わす〉・・・だそうだ。

-1471- 〈A〉にけり【にけり】《完了助動詞「ぬ」連用形＋間接体験過去助動詞「けり」。既に完了した過去の事態について、他者からの伝聞または自身の回想として語る「・・・てしまった(ということだ)」/「けり」の持つ「気付き」に力点を置く「・・・てしまったのだなぁ」(詠嘆)の二つの用法を持つ》〔連接語〕《ぬ〔助動ナ変型〕完了＋けり〔助動ラ変型〕過去》(1)〈(完了の伝聞・回想)既に完了した過去の事態について、他者からの伝聞、または個人的回想の形で述べる〉・・・てしまった(ということだ)。 (2)〈(詠嘆)過去から現在に至るまで常にあった事態について、今更のように気付いた意を感慨を込めて表わす〉・・・てしまったのだなぁ。

-1472- 〈B〉にし【にし】《組成により、以下の三種の解釈が成り立つ：完了助動詞「ぬ」連用形＋直接体験過去助動詞「き」連体形＝連体修飾語（…てしまったところの〜）／断定助動詞「なり」連用形＋副助詞「し」＝断定助動詞「なり」の強調／格助詞「に」＋副助詞「し」＝格助詞「に」の強調》〔連接語〕《ぬ〔助動ナ変型〕完了＋き〔助動特殊型〕過去》(1)〈（完了の強調）（連体修飾語として）既に完了してしまった意を強調する〉…てしまった〜。《なり〔助動ナリ型〕断定＋し〔副助〕》(2)〈（断定の強調）断定の助動詞「なり」の意を強調する〉…で。《に〔格助〕＋し〔副助〕》(3)〈（格助詞の強調）格助詞「に」の意を強調する〉…に。

-1473- 〈A〉にか【にか】《組成により二分化する。末尾は疑問または反語の係助詞「か」だが、「に」を格助詞と捉えれば「…に〜か？／否、〜ない」となり、断定助動詞「なり」連用形の「に」と見れば「…だろうか？／否、…あるまい」となる》〔連接語〕《に〔格助〕＋か〔係助〕》(1)〈（「に」が格助詞の場合）（地点・時点・対象・理由などに関する）疑問または反語の意を表わす〉…に〜ということはあるまい。…に〜なのか？《なり〔助動ナリ型〕断定＋か〔係助〕》(2)〈（「に」が断定助動詞の場合。多く末尾に「あらむ」を省略した形で用いて）そう断定してよいのかどうかの疑念、またはそうではないという否定の意を表わす〉…ということはあるまい。…なのか？

-1474- 〈A〉にや【にや】《組成によって意味は二分される。「に」が格助詞と見る場合、「疑問」または「反語」を表わす。「に」が断定助動詞「なり」連用形の場合、意味はほぼ常に「疑問」であり、もし「反語」なら「にやは」形を取るのが普通》〔連接語〕《なり〔助動ナリ型〕断定＋や〔係助〕》(1)〈（疑問）（文中で、連体形「あらむ」などを伴って係り結びを構成する形で）疑問の意を表わす〉…だろうか。(2)〈（疑問）（文末で、連体形の末尾「あらむ」・「ある」・「聞く」などが省略された形で）疑問の意を表わす〉…だろうか。《に〔格助〕＋や〔係助〕》(3)〈（疑問）格助詞「に」の受ける内容についての疑問の意を表わす〉…に〜か？(4)〈（反語）格助詞「に」の受ける内容について、そうではないという否定的見解を表わす〉…に〜か、いや、ちがう。

-1475- 〈B〉とかや【とかや】《文中で用いると「不確実な伝聞」：直前の体言"X"(人・物・所・時など)に関し「はっきりそういう人・物・所・時だったか否か確証はないのだが、とにかくその"X"が・・・」の意となる。文末に置くと単なる「伝聞」の「・・・とかいう話である」の意(「とか」と同じ)になる》〔連接語〕《と〔格助〕＋か〔係助〕＋や〔間投助〕》(1)〈(不確実な伝聞)(文中で)直前に述べられた記述が、情報として正確であるか否かが疑わしい意を表わす〉・・・とかいう(人・物・所・時など)。 (2)〈(伝聞)(文末で)直前に述べられた事柄が、他者から聞いた情報であることを示す〉・・・とかいうことだ。

-1476- 〈B〉とや【とや】《「や」が疑問／反語を表わす場合(文中及び文末)は「・・・というのか？／・・・ということもあるまいに」の意になる。「や」が疑念を表わす場合(文末)は「・・・という話だと聞いている。が、その信憑性は保証しない」の意になる》〔連接語〕《と〔格助〕＋や〔係助〕》(1)〈(疑問・反語)(文中・文末で)「と」以前に述べられた内容を疑う、または、否定する意を表わす〉・・・ということはない。・・・というのか？ (2)〈(不確実な伝聞)(文末で)そこまでの記述が、幾分怪しげな伝聞情報であることを表わす〉・・・とかいうことらしい。

-1477- 〈B〉なれや【なれや】《「や」を係助詞と見れば「・・・だろうか、いやそうではない」(反語)、「・・・故のことだろうか？」(疑問)の意となり、間投助詞と見れば「・・・であることだなあ」(詠嘆)となる。中古以前は反語の用法のみだったが、中世の「なれや」は詠嘆の意を表わす場合が多い》〔連接語〕《なり〔助動ナリ型〕断定＋や〔係助〕》(1)〈(反語)疑問文の形で否定的な意味を表わす〉・・・だろうか、否、・・・ない。 (2)〈(疑問)ある事態の原因について、疑念を持ちつつ提示する〉・・・故であろうか。《なり〔助動ナリ型〕断定＋や〔間投助〕》(3)〈(詠嘆)記述の末尾に置いて、しみじみとした余韻を添える〉・・・であることよ。

-1478- 〈C〉ばや【ばや】《終助詞「ばや」と同形だが、意味が異なる連語。活用語の未然形に接続すると「仮定条件の疑問文」(もし・・・だとしたら～か？)、已然形に接続すれば「確定条件の疑問文」(・・・であるがゆえに～なのか？)の意を表わす》〔連接語〕《ば〔接助〕＋や〔係助〕》(1)〈(仮定条件の疑問文)(活用語の未然形に付いて)「ばや」以前に述べた条件が満たされた場合、直後に述べるような帰結になるのだろうかという疑念を表わす〉もし・・・だとしたら～か？ (2)〈(確定条件の疑問文)(活用語の已然形に付いて)「ばや」以前の事態が原因で、直後に述べる帰結が生じているのかという疑念を表わす〉・・・だから～なのか？

-1479- 〈C〉めや【めや】《助動詞「む」の已然形「め」を単純な推量と解すれば「…だろうか？否、…ない」となり、打消意志と見れば「…しようか？否、そんなことをするつもりはない」となる。「めやは」・「めやも」の形でも同じ意味になる》〔連接語〕《む〔助動マ四型〕推量＋や〔終助〕》(1)〈(打消推量)そうはならないだろうという単純な推量を表わす〉…(し)ないであろう。 (2)〈(打消意志)そうするつもりはないという打消の意志を表わす〉…などするつもりはない。

-1480- 〈C〉やはせぬ【やはせぬ】《係助詞「やは」に動詞「為」の未然形と打消助動詞「ず」の連体形を付けたものなので、末尾は連体形の係り結びである。他者に対する勧誘や希望を込めた「…しないか？…すればいいのになあ。」の意を表わす》〔連接語〕《やは〔係助〕＋す〔他サ変〕＋ず〔助動特殊型〕打消》〈(勧誘・希望)ある行為を他者が取ることを、促したり、期待したりする意を表わす〉…しないか？…すればよいのに。

-1481- 〈B〉をや【をや】《目的の格助詞「を」＋疑問の係助詞「や」で、「疑問」(…を～なのか？)・「反語」(…を～か？いや、違う)／共に詠嘆の間投助詞「を」＋「や」で、「詠嘆」(…なことだなぁ)・"況や…(に於いて)をや"形で「類推」(まして…は言うまでもない)へと語義は分化する》〔連接語〕《を〔格助〕＋や〔係助〕》(1)〈(疑問)その対象に対し、動作が及ぶか否かを疑う〉…を～だろうか？ (2)〈(反語)その対象に対し、動作が及ばないであろうという見解を述べる〉…を～ということはあるまい。 (3)〈(類推)(漢文訓読由来表現として、多く「いはんや…(において)をや」の形で用いて)程度の低い例をあげ、より程度の高い事例を類推させる〉…でさえ～なのだ、まして――が～なのは言うまでもない。《を〔間投助〕＋や〔間投助〕》(4)〈(詠嘆)(文末に用いて)強い感動を表わす〉…だなぁ。

-1482- 〈A〉ものかは【物かは】《「感動・驚き」を表わす場合と、「反語」(現代語「…なものか！」の祖先)になる場合とがある。後者は、他の何かとの相対比較の文脈で「…はものかは」の形で述部を構成する自立語として用いられ、「(それに比べれば)…など問題にもならぬ」の意になる場合もある》〔連接語〕《ものか〔終助〕＋は〔終助〕》〈(反語)(「…はものかは」の形で)(他の事柄と比較して)取るに足らないものである意を表わす〉物の数ではない。〔終助〕(1)〈(感動・驚嘆)強い感動や驚きあきれる気持ちを表す〉何とまぁ…ではないか。 (2)〈(反語)疑問の形を取りながら、実質的に否定の意味を表わす〉…であろうか、否、…ない。

-1483- 〈C〉さしもやは【さしもやは】《既に述べた具体的程度を指して「そんなにも」の意を表わす副詞「さしも」に反語の係助詞「やは」を付けて「いくら何でもそんなことがあるだろうか？ある筈がない」の意となる》〔連接語〕《さしも〔副〕＋やは〔係助〕》〈(既に述べた事態に言及して)そこまで甚だしい筈がない、という反語の意を表わす〉**そんなことがあろうか？否、ない。**

-1484- 〈B〉べからず【べからず】《「禁止」(・・・してはならぬ)、「否定的推量」(・・・の筈がない)、「打消意志」(・・・するつもりはない)、「不可能」(・・・できぬ)など、脈絡に応じて様々の意となる。中古の「べからず」は漢文訓読調表現で、和文脈では「べくもあらず」や助動詞「まじ」を用いた》〔連接語〕《べし〔助動ク型〕推量＋ず〔助動特殊型〕打消》(1)〈(禁止)妥当性を欠く行為として禁ずる意を表わす〉**・・・してはならない。** (2)〈(否定的推量)ある事態の発生可能性が低いだろうとの予測(確信度は様々)を表わす〉**・・・の筈がない。・・・そうにもない。** (3)〈(意志の打消)ある行為を行なう意志がないことを強調する〉**・・・するつもりはない。** (4)〈(不可能)(能力不足や可能性の低さから)ある事態が成立しないであろうとの推量を表わす〉**・・・できない。**

-1485- 〈B〉べくもあらず【べくもあらず】《中古に於いて、漢文訓読調の「べからず」に対し、和文脈で用いた表現。但し、「べくもあらず」の表わす語義は「べからず」よりも限定的で、「否定的推量」(・・・の筈もない)、「不可能」(・・・できない)の意を表わすのみである》〔連接語〕《べし〔助動ク型〕推量＋も〔格助〕＋あり〔補動ラ変〕＋ず〔助動特殊型〕打消》(1)〈(否定的推量)ある事態の発生可能性が低いだろうとの予測(確信度はさまざま)を表わす〉**・・・の筈がない。・・・そうにもない。** (2)〈(不可能)(能力不足や可能性の低さから)ある事態が成立しないであろうとの推量を表わす〉**・・・できない。**

-1486- 〈C〉べくは【べくは】《「もし・・・ならば」の意を表わすが、助動詞「べし」の多様性ゆえに、その訳し方も「もし・・・することが"可能"ならば」／「もし・・・するのが"運命"だとすれば」／「もし・・・しようという"意向"であれば」などと、脈絡に応じて変わって来るので、厄介な表現である》〔連接語〕《べし〔助動ク型〕推量＋は〔係助〕》〈(順接の仮定条件)ある事柄が「可能なこと／必然のこと／意図すること」であると仮定し、それに対する帰結を直後に述べる〉**もし・・・出来るならば。もし・・・する運命ならば。もし・・・するつもりならば。**

-1487- 〈A〉ましかば【ましかば】《反実仮想助動詞「まし」の未然形＋接続助詞「ば」で「もし…だったなら」の意を表わす。後続部には「〜まし」の帰結文を伴う場合が多い。事実に反する仮想／実現性ある事態の婉曲な仮想の双方を表わす点で、英語に於ける仮定法条件節に相当する》〔連接語〕《まし〔助動特殊型〕推量＋ば〔接助〕》〈(反実仮想／婉曲な仮想)(多く、下に終止形「まし」で終わる帰結文を伴って)事実に反する仮想、または、実現可能性のある婉曲な仮想を表わす〉もし…だったなら。

-1488- 〈B〉ざらまし【ざらまし】《条件を表わす場合は「…ざらましかば」(もし…なかったならば)の形、帰結を表わす場合は「…せば」や「…ましかば」などの条件文(もし…だったならば)と呼応して「〜ざらまし」(〜ではなかっただろう)の形を取る。中世以降は反実仮想に限定されず単純な仮想にも用いた》〔連接語〕《ず〔助動特殊型〕打消＋まし〔助動特殊型〕推量》(1)〈(「…せば」、「…ましかば」などの条件文と呼応し、「〜ざらまし」の形で)事態が、現にあるのとは異なる様相を呈していただろう、という反実仮想の帰結文を表わす。(中世以降は単なる仮想の意をも表わす)〉もし…だったなら)〜なかっただろうに。(2)〈(「…ざらましかば」の形で)事態がもし現にあるのとは異なる様相を呈していたならば、という反実仮想の条件文を表わす。(多く、「〜まし」の形の反実仮想の帰結文が後に続く)〉もし…なかったならば。

-1489- 〈B〉なまし【なまし】《元来の用法は反実仮想：「…なましかば」(もし…としたら)／文末言い切りの「…なまし」(きっと…だろうに)／「…なましものを」(…しておくべきだった)のみ。「疑念・迷い」(…だろうか？)／「他者への婉曲な願望」(…してくれまいか)は中世以降の用法》〔連接語〕《ぬ〔助動ナ変型〕完了＋まし〔助動特殊型〕推量》(1)〈(反実仮想の仮定部分)(「…なましかば」の形で)事実に反する仮想を強調的に表わす〉もし…てしまったならば。(2)〈(反実仮想の帰結部分)(「…なまし」の形で)事実に反する仮想を受けての帰結の文を強調的に表わす〉きっと…だっただろうに。(3)〈(反実仮想の定型句)(「…なましものを」の形で)そうしなかったことを後悔する気持ちを表わす〉…しておけばよかったのに。(4)〈(「…なまし」直前の動作に対する)疑念・迷いの念を表わす〉果たして…なものかどうか。(5)〈(中世以降)(命令や願望の表現を伴って)他者に対して婉曲に望む意を表わす〉どうか…してほしい。

-1490- 〈C〉てまし【てまし】《完了助動詞「つ」の未然形に反実仮想の助動詞「まし」が付いたもので、組成・意味ともに「なまし」にほぼ等しい。助動詞「まし」本来の用法は反実仮想だが、中世以降は「む」と同じ単純推量となり、「てまし」=「てむ・てむや・てよ」とみなしてよい語義が生じた》〔連接語〕《つ〔助動サ下二型〕完了+まし〔助動特殊型〕推量》(1)〈(反実仮想の仮定部分)(「…てましかば」の形で)事実に反する仮想を強調的に表わす〉もし…てしまったならば。(2)〈(反実仮想の帰結部分)(「…てまし」の形で)事実に反する仮想を受けての帰結の文を強調的に表わす〉きっと…だっただろうに。(3)〈(「…てまし」直前の動作に対する)疑念・迷いの念を表わす〉果たして…なものかどうか。(4)〈(中世以降)(命令や願望の表現を伴って)他者に対して婉曲に望む意を表わす〉どうか…してほしい。

-1491- 〈A〉まれ【まれ】《係助詞「も」+ラ変動詞「あれ」命令形の「もあれ」の略で、「…であるにせよ(何にせよ)」の意を表わす。英語の"whether A (or B)"に相当する言い回しで、多く「…まれ〜まれ」(…であれ、〜であれ、いずれにせよとにかく)の並置形を取る点までそっくり同じ》〔連接語〕《も〔係助〕+あり〔自ラ変〕》〈(譲歩)(多く「…まれ〜まれ」の形で)事態の委細を問題にせず、とりあえずそうである意を表わす〉いずれにせよとにかく。

-1492- 〈A〉み【み】《最も多芸な接尾語の一つで、語法は多様だが、形容詞・形容詞型活用の助動詞語幹に付き「名詞(A)+を+形容詞語幹(B)+み」形で「原因・理由」/動詞連用形に付き「…み〜み」形で「交互・反復」/形容詞語幹に付き「直前内容同様の記述の並列」などの語法が重要》〔接尾〕(1)〈(形容詞・形容詞型活用の助動詞の語幹に付いて)「名詞(A)+を+形容詞語幹(B)+み」の形で原因・理由(「AがBなので」)を表す。(「を」が消失する場合もある)〉…が〜なので。(2)〈(動詞の連用形に付いて)「…み〜み」の形で、動作が交互にあるいは反復して行なわれる意を表わす〉…したり〜したり。(3)〈(形容詞の語幹に付いて)直前の内容と同様の記述を並列的に続ける〉…であって、そして〜。(4)〈(形容詞の語幹に付いて)その形容詞の性質を有する名詞(例:「苦しみ」・「楽しみ」)を作る〉…さ。…的性質。(5)〈(形容詞の語幹に付いて)「形容詞(A)+み+動詞(「思ふ」・「為」など)」の形で、動詞の目的語(「Aであると思う/Aのようにする」)を表わす〉…だと思う。…の如く為す。

-1493- 〈A〉**むとす**【むとす】《主語の意志が感じられる行動に関しては「…しようとする」と解釈し、無意志行動に関し単純に予想する場合は「…しそうだ」とすればよい。この「むとす」が元となって平安中期に成立した助動詞が「むず」だと言われるが、以後もなお「むとす」の言い回しは残った》〔連接語〕《む〔助動マ四型〕推量＋と〔格助〕＋す〔自サ変〕》(1)〈(意志的行動)特定の行動を意志的に行なおうとする意を表わす〉…**しようとする**。(2)〈(推量)そのような事態になりそうだ、との予測を表わす〉…**だろう**。

-1494- 〈C〉**むずらむ**【むずらむ】《自分自身以外の行動についての予測や疑問を述べる連語で、「むず」を単純な推量と見れば「…なのだろう(か？)」となり、意志を含むものと見れば「…するつもりなのだろう(か？)」となる》〔連接語〕《むず〔助動サ変型〕推量＋らむ〔助動ラ四型〕現在推量》(1)〈(単純推量)将来の、または未確認の事態について、予測や疑問を述べる〉…**だろう(か？)**。(2)〈(意志の推量)第三者の意志について、予測や疑問を述べる〉…**つもりなのだろう(か？)**。

-1495- 〈A〉**もて**【以て】《動詞「持つ」の連用形＋接続助詞「て」の「持ちて」の音便形「もって」の促音無表記形。「体言／活用語の連体形／それらに格助詞"を"を付けたもの」に付けて用いる。機能的には完全に格助詞だが、古典文法では連語扱い》〔連接語〕《もつ〔他タ四〕＋て〔接助〕》(1)〈(素材・手段)何かを作るための道具や材料、目的を果たすための方法を表わす〉…**でもって**。(2)〈(原因・理由)その事態・行動の元となったものを表わす〉…**ゆえに**。(3)〈(動作の連接)(動詞の連用形を受けて、後続の動詞へと接続助詞的につないで)二つの動作を一つにまとめる。(例:「言ひもて行く(言いながら行く)」)〉…**して〜する**。(4)〈(整調・付帯状況説明)(直前の記述内容を受けて)語調を整えたり、直後の記述がいかなる状況下に於けるものかを説明するために既述の状況を再度持ち出したりする〉**それでもって**。

-1496- 〈B〉**によりて**【に依りて・に因りて・に由りて】《原因・手段などに言及して「…によって」の意を表わす連語。男性的・漢文的な理屈っぽい語で、鎌倉期以降の文物によく出て来る》〔連接語〕《に〔格助〕＋よる〔自ラ四〕＋て〔格助〕》〈原因や手段などに言及する語〉…**であるが故に**。…**によって**。

-1497- 〈C〉**にとりて**【にとりて】《語義は「…に関して」。現代日本語「…にとって」の祖先で、英語で言えば"as for A／as far as A is concerned"》〔連接語〕《に〔格助〕＋とる〔他ラ四〕＋て〔接助〕》〈(主題・相関)直後の記述の対象を、直前の人・物に限定する〉…**に関連して**。

-1498- 〈C〉につきて【につきて】《基本的には「…に関連して」の意だが、関連性の他に因果・相関関係までをも包含する幅の広い言い回し。現代語「…について」・「…につけても」の祖先であり、古語としては「につけて」と同義語》〔連接語〕《に〔格助〕＋つく〔自カ四〕＋て〔格助〕》〈直前に述べた事柄が、直後に述べる事柄と関連性を有する意を表わす。(主題・相関・因果関係まで、関連性の幅は広い)〉…に関して。…ゆえに。

-1499- 〈B〉らく【らく】《上代の接尾語で、活用語に付いて名詞を作る「…する事」／「言ふ」・「思ふ」などの動詞に付いて引用文を導く「…なことには」／文末にあって詠嘆を表わす「…であることよ」などの用法を持つ。古典文法ではこれらを「ク語法」と呼んでいる》〔接尾〕(1)〈(上代語)活用語に付いてこれを名詞化する〉…な事。 (2)〈(上代語)「言ふ」・「思ふ」などの動詞に付いて、引用文を導く〉…なことには。 (3)〈(上代語)(文末にあって、多く下に助詞「に」・「も」を伴って)詠嘆の意を表わす〉…であることよ。

-1500- 〈C〉みまくほし【見まく欲し】《動詞「見る」の未然形「見」＋上代の意志助動詞「む」のク語法「まく」で「見ること」の名詞の意を表わしたものに、動詞「欲し」を付け、特定の誰か・何かに「会いたい」の意を表わす。『万葉集』に頻出する上代の連語。平安期の助動詞「まほし」はこの「まくほし」から生じた》〔連接語〕《みる〔他マ上一〕＋む〔助動マ四型〕推量＋ほし〔形シク〕》〈(特定の人や物に)会える状態を望む意を表わす〉見たい。

……これにて単語集本編、終了……

http://fusau.com 古文単語千五百マスタリング・ウェポン http://fusaugatari.com

《古文単語千五百 Mastering Weapon》本編終了の御挨拶(ごあいさつ)

いかがだったであろうか、平安の息吹(いぶき)を伝える古語探訪(たんぼう)の道中は？・・・ともあれ、本編はこれにて一巻のおしまい、以下は、索引の部となる。

本編では"意味集団別配置"で紹介してきた1500の古語の全てについて、古語重要度等級（〈A〉・〈B〉・〈C〉）水準別に三分割＆五十音順配列して同一頁内に三段組(3 columns)の形で（左からＡ｜Ｂ｜Ｃの順に）書き出してある。各見出語の冒頭部には本編中での―収録語番号―を付記してある・・・"本編"にはあって"索引"には記されていない情報は、《語源考察》・《語義解説》＆漢字の振り仮名(がな)だけ・・・"ひらがな読み【漢字読み】〔品詞〕厳選訳語"はすべて余さず記載してある：言わば簡易版"〈A〉〈B〉〈C〉水準別1500語古文単語集（あいうえお順）"が、本書の巻末までを飾るフィナーレ(finale＝幕引き)となるわけだ。

　大方(おおかた)の受験生諸君にとっては、情報満載の本編より巻末簡易版の方が、取っ付き易(やす)く御馴染(なじ)みのものということになりそうだが、銘記(めいき)しておいて欲(ほ)しい：取って付けの知力だの筋肉だの魅力だのは、当座凌(とうざしの)ぎの受身業(うけみわざ)でしかないということを。志望する大学やら眼前のスポーツイベントやら意中の異性やらをまんまと攻略するのに、"掛(か)ける手間暇(てまひま)は最小限が得策"ともしあなたが思っているようなら、考え直した方がよい・・・当面の入試古文でヨイ点数を取れればよいというだけの安直な目的で、棒暗記には好適な巻末の簡易版"〈A〉〈B〉〈C〉水準古文単語表"の御世話になるにしても、たとえ最低限の〈A〉水準450語をモノにするだけの時間でさえ、数週間から数ヶ月は必要であろう？・・・そうして費やした時間と労力が、入試古文の点数の形で報(むく)われさえすれば、あなたはそれで満足、であろうか？・・・よくよく欲張(よくば)りな考えを働かせてみたらどうだろう・・・世間がやたら"かけがえのない人生の一時期(せんせ)"と持て囃(はや)し、おそらくはあなた自身もその気になっている、その*素晴らしき青春時代(しだい)*の数ヶ月分の時間と労力が"入試期限定で以後は忘れ去られてお終(しま)い"という受験知識の獲得のためにのみ空費されて「それでよいのだ、自分は手間暇(てまひま)を節約して得をしたのだ」などと思っているようなら、あなたは「かけがえのない」はずの自らの人生の時間と労力を、さしたることもない目的のために切り売り・投げ売り・大安売りしていることに、なるのではないか？「一夜漬(いちやづ)けでも、攻略本でも、カンニング(cheating)でも、どんな手を使ってでも、とにかく試験さえいい点数で乗り切ればそれでいいのだ」と思うより、「どうせ受験勉強しなくちゃならないなら、他人にやらされるから仕方なくやる、なんてのは"奴隷労働(どれい)"と同じこと。"奴隷(ドレイ)"になるのは嫌(イヤ)だから、自らの意志と努力

http://zubaraie.com　　- 370 -　　see also 古文・和歌マスタリング・ウェポン

で、自らのためにやるのだ、と胸を張ってやってやる」と思うほうが、よほど素敵な欲張りだとは思われまいか？・・・どうせなら欲張りに本編で学んでみないか？
　・・・本書の作者は、そうした*欲張り*に*自己本位*な考え方・生き方をする人間である。自らの人生の時間も精力も金も興味もすべてみな、自身が納得できる対象にのみ費やしながら生きてきた。否、苟も自らの大事なものを費やす対象ならば自らが納得できる形へと昇華させずにはおられないタチなのだ、と胸を張って言おうか(それとも、我ながら欲深いことだ、と頭掻くべきか・・・)。

　本書は古文単語の本であるが、実は、筆者の本業は「英語屋」であり、本書を作るきっかけは"たまたま入試古文と古文単語とに関わる用事が出来たから"であって、どうせやるなら自分自身にも読む人にとっても日本語の今と昔についての一生モノの身になる知識が得られる仕事がいいとの思いから、人生の時間のほんの四年間ほど、本腰入れて古文と真剣勝負で取っ組み合った結果がこの『古文単語千五百 Mastering Weapon』になった次第である。他事を随分放っぽらかしにしてこの仕事にかかずり合ううちにまたぞろ四歳ほど齢を取ってしまったが・・・なぁに、その分の元は十分取った気分の作者なのである・・・この本が売れてカネが入って、とかいう話ではなく、自分が日々その上で暮らしている日本の言葉について随分とまた馴染みが深まったなぁという感慨が、単なる交換価値でしかない金の、根無し草の徒花に過ぎぬ世間の評価だのといった、非本源的な三人称の御褒美で頭を撫でられる前にもう、贅沢に自己本位なこの作者の精神を、主観的に心地良い満足でたっぷりと潤してくれている、ということである。
　そんな心地好い満足の一部なりとも、読者の皆さんにも(たかが大学入試古文の高得点以上の実のある形で)お裾分けできれば、と願うこの筆者である・・・ぁ、受験方面の御利益希望の諸君は、同筆者の『古文・和歌 Mastering Weapon』も必読されたし(でないと、ちゃんと読んでる*敵相手*には*惨敗必至*だから)・・・あと、古文単語覚えるのに「例文を通しての読み馴れ」が欲しいというまっとうに贅沢な願望を満たすべく「本書収載1500重要古語＋平安時代に使われた助動詞37＆助詞77の全用例」を作中にちりばめた筆者自作擬古文歌物語集『ふさうがたり(Fusau Tales)扶桑語り』も用意したので(心底文芸的に欲張りな人は)是非御覧あれ。
　2011年夏、今後、なにかとハードな戦いを強いられるはずの日本の同胞たちに捧ぐ

之人冗悟(のと・じゃうご:Jaugo Noto)

《古文単語千五百 Mastering Weapon》 巻末付録
A・B・C等級別（五十音順）総覧型索引

これ以降のページは、「あいうえお順」索引を兼ねた「ミニ古文単語集」の趣(おもむき)。
語句は五十音順に並べてあるが、重要度水準に応じて
〈A水準語＝左端〉　〈B水準語＝中央〉　〈C水準語＝右端〉
という風(ふう)に記載されるコラムの位置(＆サイズ)が異なる
・・・ので「小型辞書」的に使うのには少々メンドくさいが、
暗記対象を絞(しぼ)り込んで覚える(例えば〈A水準限定〉とか)
には最適な形態と言えるだろう。左端の〈A水準〉を最初に
制覇した後で、その後更に　→〈B〉水準　→〈C〉水準へと
対象を広げるか否(いな)かは各読者の意欲・志望校＆残り時間
に応じて、御随意(ごずいい)に・・・ABC各水準の目安は以下の通り：

〈A水準語〉
最重要語(暗記必須(ひっす))
単語＝400
連語＝50
・・・この水準の古語だけは
確実に知っておかないと
まるでお話になりません。

〈B水準語〉
中堅(ちゅうけん)語(暗記推奨(すいしょう))
単語＝450
連語＝50
・・・名のある大学受けるなら、
この水準の古語は覚えた方が
身のためです。

〈C水準語〉
最上級語(ヲタク級(すきもの))
単語＝500
連語＝50
・・・古文に関わる仕事を
する人ならば、この水準
まで押さえた方がいい；
けど、受験生的にはやや
オーバースペックかも・・・(標準規格超越)
東大・早大受験する人で、
「語彙(ごい)」を超えた「自信」が
欲しい人とかは、どうぞ。

―あ行―

-1269-〈A〉あいなし【あいなし】〔形ク〕(1)気に入らない。(2)不当だ。(3)無闇に。
-65-〈A〉あかつき【暁】〔名〕早暁。
-442-〈A〉あからさま【あからさま】〔形動ナリ〕(1)一時的だ。(2)全然・・・ない。
-95-〈A〉あがる【上がる・揚がる・騰がる】〔自ラ四〕(1)上がる。高くなっている。(2)昇進する。(3)あがる。(4)その昔は。(5)参上する。(6)のぼせる。〔他ラ四〕召し上がる。
-441-〈A〉あかる【別る・離る・散る】〔自ラ下二〕離別する。
-231-〈A〉あく【飽く・厭く】〔自カ四〕(1)満足する。(2)げんなりする。(3)十分・・・する。(4)あまりにも・・・しすぎる。
-440-〈A〉あくがる【憧る】〔自ラ下二〕(1)さまよう。(2)幽体離脱する。魂が抜けたようになる。(3)心変わりする。
-66-〈A〉あけぼの【曙・明ぼの】〔名〕早朝。
-245-〈A〉あさまし【あさまし】〔形シク〕(1)驚いた。(2)がっかりだ。(3)嘆かわしい。(4)非常に。(5)見苦しい。(6)取るに足らない。
-228-〈A〉あざる【狂る・戯る】【鯘る】〔自ラ下二〕【狂る・戯る】(1)ふざける。(2)打ち解ける。(3)色っぽく振る舞う。【鯘る】(4)腐敗する。〔自ラ四〕【狂る・戯る】騒然となる。

―あ行―

-1-〈B〉あいぎゃう【愛敬】〔名〕(1)慈愛。(2)魅力。(3)配慮。
-443-〈B〉あからめ【傍目】〔名・自サ変〕(1)よそ見。(2)心変わり。(3)雲隠れ。
-71-〈B〉あけくれ【明け暮れ】〔名〕朝晩。日常。〔副〕常日頃。
-1249-〈B〉あげつらふ【論ふ】〔他ハ四〕論争する。
-247-〈B〉あさし【浅し】〔形ク〕(1)淡い。(2)早い。(3)近しい。(4)薄情だ。(5)浅薄だ。(6)趣に欠ける。(7)軽微な。(8)取るに足らない。
-72-〈B〉あさなゆふな【朝な夕な】〔副〕朝夕。
-67-〈B〉あさぼらけ【朝朗け】〔名〕明け方。
-246-〈B〉あさむ【あさむ】【浅む】〔自マ四〕【浅む】意外に思う。〔他マ四〕【あさむ】侮る。
-207-〈B〉あだあだし【徒徒し】〔形シク〕(1)いい加減だ。(2)移り気だ。
-209-〈B〉あだこと【徒事・徒言】〔名〕【徒事】(1)戯れ事。(2)情事。【徒言】(3)軽口。
-271-〈B〉あたら【惜】〔副〕勿体なくも。〔連体〕折角の。
-1215-〈B〉あつかひぐさ【扱ひ種】〔名〕(1)話題。(2)被庇護者。厄介な案件。
-629-〈B〉あどなし【あどなし】〔形ク〕あどけない。
-711-〈B〉あなかしこ【あな畏】〔連語〕《あな〔感〕+かしこし〔形ク〕》(1)おお怖い。(2)勿体ない。(3)恐れ入りますが。(4)決して。(5)かしこ。
-712-〈B〉あなかま【あな喧】〔連語〕《あな〔感〕+かまし〔形ク〕》やかましい。静かに。

―あ行―

-1270-〈C〉あいなだのみ【あいな頼み】〔名〕空頼み。高望み。
-666-〈C〉あえか【あえか】〔形動ナリ〕はかなげだ。
-69-〈C〉あかし【明かし】〔形ク〕(1)明るい。(2)誠実だ。
-150-〈C〉あがためしのぢもく【県召しの除目】〔連語〕《あがためし〔名〕+の〔格助〕+ぢもく〔名〕》地方官任命。
-232-〈C〉あかなくに【飽かなくに】〔連接語〕《あく〔自カ四〕+ず〔助動特殊型〕打消+に〔接助〕》まだ飽き足りないのに。
-233-〈C〉あかぬわかれ【飽かぬ別れ】〔連語〕《あく〔自カ四〕+ず〔助動特殊型〕打消+われ〔名〕》惜別。
-97-〈C〉あがりたるよ【上がりたる世】〔連語〕《あがる〔自ラ四〕+たり〔助動ラ変型〕完了+よ〔名〕》上代。
-1250-〈C〉あきらむ【明らむ】〔他マ下二〕(1)晴れ晴れする。(2)明らかにする。
-98-〈C〉あげげず【上げげず】〔連接語〕《あぐ〔他ガ下二〕+ず〔助動特殊型〕打消》・・・と間を空けずに。
-307-〈C〉あこめ【袙・衵】〔名〕(1)袙。(2)衵。
-435-〈C〉あさましくなる【あさましくなる】〔連語〕《あさまし〔形シク〕+なる〔自ラ四〕》亡くなる。
-987-〈C〉あじろ【網代】〔名〕(1)網代。(2)網代。(3)網代車。
-125-〈C〉あそん【朝臣】〔名〕(1)朝臣。(2)君。(3)朝臣。
-210-〈C〉あだしごころ【徒し心】〔名〕浮気心。
-211-〈C〉あだな【徒名・仇名】〔名〕(1)浮き名。(2)根も葉もない噂。
-208-〈C〉あだびと【徒人】〔名〕(1)浮気者。(2)風流人。
-186-〈C〉あてはか【貴はか】〔形動ナリ〕見た目が上品だ。
-486-〈C〉あと【跡・後】〔名〕【跡】(1)足跡。行方。(2)痕跡。筆跡。(4)先例。(5)跡継ぎ。【後】(6)後方。(7)以後。(8)死後。

-263-〈A〉あし【悪し】〔形シク〕(1)不正な。(2)具合が悪い。(3)だるい。不快だ。(4)醜悪だ。(5)下手くそだ。(6)粗末だ。(7)荒々しい。(8)貧窮した。(9)・・・しにくい。

-514-〈A〉あした【朝】〔名〕(1)朝。(2)翌朝。(3)翌日。

-217-〈A〉あそばす【遊ばす】〔他サ四〕(1)管弦・詩歌・遊芸などをなさる。(2)・・・なさる。

-216-〈A〉あそぶ【遊ぶ】〔自バ四〕(1)芸能(詩歌・管弦・舞踊等)にいそしむ。(2)遊楽(狩猟・行楽・酒宴等)をする。(3)遊び戯れる。(4)そぞろ歩く。〔他バ四〕演奏する。

-206-〈A〉あだ【徒】〔形動ナリ〕(1)はかない。(2)無益だ。(3)不誠実だ。

-296-〈A〉あたふ【能ふ】〔自ハ四〕(1)・・・出来る。(2)相応しい。(3)納得できる。

-270-〈A〉あたらし【惜し】〔形シク〕(1)惜しい。(2)素晴らしい。

-1267-〈A〉あぢきなし【あぢきなし】〔形ク〕(1)無茶苦茶だ。(2)情けない。(3)虚しい。(4)切ない。(5)無性に。思いがけず。

-1214-〈A〉あつかふ【扱ふ】〔他ハ四〕(1)面倒を見る。(2)噂する。口出しする。(3)持て余す。(4)看病する。(5)処理する。(6)仲裁する。

-1216-〈A〉あづかる【与る・預かる】〔自ラ四〕(1)関わる。(2)・・・にありつく。(3)・・・していただく。〔他ラ四〕(1)預かる。(2)受け持つ。

-594-〈A〉あつし【篤し】〔形シク〕衰弱している。

-185-〈A〉あて【貴】〔形動ナリ〕(1)高貴だ。(2)気品がある。

-709-〈A〉あな【あな】〔感〕ああ。

-1180-〈A〉あながち【強ち】〔形動ナリ〕(1)強引だ。(2)一途だ。(3)あんまりだ。(4)一概に・・・ない。〔副〕(1)一概に・・・ない。(2)決して・・・するな。

-29-〈A〉あはひ【間】〔名〕(1)間隔。(2)間柄。(3)釣り合い。(4)情勢。

-462-〈B〉あなた【彼方】【貴方】〔代名〕【彼方】(1)遠方。(2)以前。(3)今後。(4)あの御方。

-1366-〈B〉あなづらはし【侮らはし】〔形シク〕(1)大したことはない。(2)気楽な。

-1407-〈B〉あなり【有なり】〔連接語〕《あり〔自ラ変〕+なり〔助動ラ変型〕伝聞推量》あるという話だ。

-32-〈B〉あはす【合はす】〔他サ下二〕(1)合わせる。(2)釣り合わせる。(3)調子を合わせる。調音する。(4)・・・に遭遇させる。(5)めあわせる。(6)夢占いをする。(7)競わせる。(8)一緒に・・・する。お互い・・・し合う。

-1219-〈B〉あへしらふ【あへしらふ】〔他ハ四〕(1)応対する。(2)もてなす。(3)取り合わせる。

-1463-〈B〉あへなむ【敢へなむ】〔連接語〕《あふ〔自ハ下二〕+ぬ〔助動ナ変型〕完了+む〔助動マ四型〕推量》(1)やむを得まい。(2)差し支えあるまい。《あふ〔自ハ下二〕+なむ〔終助〕》(3)どうか我慢してやってほしい。

-867-〈B〉あらがふ【諍ふ・争ふ】〔自ハ四〕(1)反論する。(2)拒絶する。(3)賭け事をする。

-272-〈B〉あらた【新た】〔形動ナリ〕霊験あらたかだ。

-273-〈B〉あらは【顕】〔形動ナリ〕(1)丸見えだ。(2)明白だ。(3)露骨だ。(4)無遠慮だ。

-1431-〈B〉あらばこそ【あらばこそ】〔連接語〕《あり〔自ラ変〕+ば〔接助〕+こそ〔係助〕》(1)(まずあり得ないことだが)もし・・・ならば。(2)・・・だなんてことはあり得ない。

-1213-〈C〉あない【案内】〔名〕(1)内情。(2)記録。〔名・他サ変〕(1)事情聴取。状況説明。(2)伺候。取り次ぎ。(3)招待。先導。

-710-〈C〉あなう【あな憂】〔連語〕《あな〔感〕+うし〔形ク〕》ああ嫌だ。

-1025-〈C〉あひみる【相見る・逢ひ見る】〔他マ上一〕(1)対面する。(2)逢い引きする。契りを結ぶ。

-33-〈C〉あふせ【逢ふ瀬】〔名〕逢い引き(の場面)。

-1288-〈C〉あへて【敢へて】〔副〕(1)無理を承知で。思い切って。(2)無理に・・・はしない。(3)全然・・・ない。

-178-〈C〉あま【海人・海士・蜑・海女】〔名〕(1)漁師。(2)海女。

-781-〈C〉あまつさへ【剰へ】〔副〕そればかりか。

-780-〈C〉あまり【余り】〔名〕(1)残り。(2)・・・のあまり。〔形動ナリ〕あんまりだ。〔副〕(1)あまりにも。(2)さほど・・・ない。〔接尾〕(1)・・・あまり。(2)・・・と・・・。

-56-〈C〉あめがした【天が下】〔名〕(1)この世。(2)天下。国家。国政。

-1271-〈C〉あやめもしらず【文目も知らず】〔連語〕《あやめ〔名〕+も〔係助〕+しる〔他ラ四〕+ず〔助動特殊型〕打消》わけも解らない。

-366-〈C〉あらます【あらます】〔他サ四〕思い描く。

-364-〈C〉あられぬ【有られぬ】〔連接語〕《あり〔自ラ変〕+る〔助動ラ下二型〕自発・可能・受身・尊敬+ず〔助動特殊型〕打消》(1)有り得ない。(2)とんでもない。

-713-〈A〉あはれ【あはれ】〔名〕(1)しみじみとした情趣。(2)情愛。(3)恋情。(4)悲しみ。〔形動ナリ〕(1)しみじみと心惹かれる。(2)見事だ。(3)いとおしい。(4)情愛が豊かだ。(5)心底寂しい。(6)可哀想だ。(7)尊い。〔感〕ああ。

-30-〈A〉あひだ【間】〔名〕(1)隙間。合間。(2)区画。距離。期間。(3)間柄。〔接助〕(1)・・・なので。(2)・・・(した)ところ。

-1287-〈A〉あふ【敢ふ】〔自ハ下二〕(1)耐える。(2)大目に見る。〔補動ハ下二〕・・・しおおせる。

-28-〈A〉あふ【合ふ・会ふ・逢ふ・婚ふ】〔自ハ四〕(1)集合する。(2)調和する。(3)出会う。(4)結婚する。肉体関係を持つ。(5)張り合う。(6)一緒に・・・する。〔他ハ下二〕合わせる。

-316-〈A〉あへなし【果へ無し】〔形ク〕(1)処置なしだ。(2)がっかりだ。(3)無惨だ。

-779-〈A〉あまた【数多】〔副〕(1)たくさん。いくつか。(2)たいして・・・ではない。

-1406-〈A〉あめり【あめり】〔連接語〕《あり〔自ラ変〕＋めり〔助動ラ変型〕推量》あるようだ。

-164-〈A〉あやし【怪し・奇し・異し】【賤し】〔形シク〕《怪し・奇し・異し》(1)不思議だ。(2)珍しい。(3)不審だ。(4)けしからぬ。《賤し》(5)卑しい。(6)見苦しい。聞き苦しい。

-1268-〈A〉あやなし【文無し】〔形ク〕(1)わけがわからない。(2)無意味だ。

-361-〈B〉ありける【有りける】〔連体〕先述の。

-360-〈B〉ありし【有りし・在りし】〔連体〕(1)かつての。(2)生前の。往年の。(3)先述の。

-362-〈B〉ありつる【有りつる・在りつる】〔連体〕さっきの。

-377-〈B〉あるは【或は】〔連接語〕《あり〔自ラ変〕＋は〔係助〕》ある者は。〔接続〕あるいはまた。

-1079-〈B〉あるやう【有る様】〔連語〕《あり〔自ラ変〕＋やう〔名〕》(1)有様。(2)事情。

-718-〈B〉いかがは【如何は】〔連接語〕《いかが〔副〕＋は〔係助〕》(1)一体どんな風に・・・か。(2)一体どうして・・・なものか。(3)どんなに・・・なことか。

-719-〈B〉いかがはせむ【如何はせむ】〔連語〕《いかが〔副〕＋は〔係助〕＋す〔自サ変〕＋む〔助動マ四型〕推量》(1)どうしたらだろうか。(2)どうなるというのか(どうしようもないではないか)。

-717-〈B〉いかでか【如何でか】〔連接語〕《いかで〔副〕＋か〔係助〕》(1)どのようにして・・・か。(2)どうして・・・なものか。(3)是非とも。

-720-〈B〉いかならむ【如何ならむ】〔連接語〕《いかなり〔形動ナリ〕＋む〔助動マ四型〕推量》(1)どんな風であろうか。(2)どうなってしまうのだろうか。(3)(たとえ)どのような・・・(でも)。

-722-〈B〉いかにも【如何にも】〔連接語〕《いかに〔副〕＋も〔係助〕》(1)いかようにも。(2)決して・・・ない。(3)何が何でも。(4)はなはだ。(5)おっしゃる通りです。

-375-〈C〉ありありて【在り在りて】〔副〕(1)ずっとこのままで。(2)挙げ句の果てに。

-371-〈C〉ありつく【有り付く】〔自カ四〕(1)住み着く。身を固める。(2)慣れる。(3)生計を立てる。(4)・・・に生まれつく。〔他カ下二〕(1)落ち着かせる。身を固めさせる。(2)慣れさせる。

-376-〈C〉ありのすさび【有りの遊び】〔連語〕《あり〔自ラ変〕＋の〔格助〕＋すさび〔名〕》惰性的生活態度。忘恩。

-372-〈C〉ありもつかず【在りも付かず】〔連語〕《あり〔自ラ変〕＋も〔係助〕＋つく〔自カ四〕＋ず〔助動特殊型〕打消》(1)落ち着かない。(2)しっくりこない。

-369-〈C〉ありやなしや【有りや無しや】〔連語〕《あり〔自ラ変〕＋や〔終助〕＋なし〔形ク〕＋や〔終助〕》(1)安否。(2)真偽。有無。

-705-〈C〉あるる【荒る】〔自ラ下二〕(1)荒天になる。(2)荒廃する。(3)人心がすさむ。(4)しらける。

-368-〈C〉あるかなきか【有るか無きか】〔連語〕《あり〔自ラ変〕＋か〔係助〕＋なし〔形ク〕＋か〔係助〕》(1)影が薄い。(2)衰弱しきっている。

-223-〈C〉あるじまうけ【饗設け】〔名・自サ変〕接待。御馳走。

-793-〈C〉あれかにもあらず【吾かにもあらず】〔連語〕《あれ〔代名〕＋か〔終助〕＋なり〔助動ナリ型〕断定＋も〔係助〕＋あり〔補動ラ変〕》茫然自失だ。

-1212-〈C〉あんず【案ず】〔他サ変〕(1)考案する。熟考する。(2)気遣う。

-1398-〈C〉いうそく【有識・有職】〔名〕(1)学識(者)。至芸(の人)。教養(人)。(2)儀式通。〔形動ナリ〕博識だ。

-723-〈C〉いかさま【如何様】〔形動ナリ〕どのように・・・か。〔副〕(1)きっと。(2)何としても。〔感〕いかにも。

-1148-〈A〉あやにく【生憎】〔形動ナリ〕（1）あいにくだ。（2）意地悪だ。やり過ぎだ。〔副〕あいにく。折悪しく。

-363-〈A〉あらぬ【あらぬ】〔連体〕（1）別の。（2）思いも寄らぬ。（3）もってのほかの。

-365-〈A〉あらまし【あらまし】〔名〕（1）予定。願望。（2）概略。（3）絵空事。〔副〕おおよそ。

-367-〈A〉あらまほし【有らまほし】〔連接語〕《あり〔自ラ変〕＋まほし〔助動シク型〕希望》・・・でありたい。〔形シク〕理想的だ。

-68-〈A〉ありあけ【有り明け】〔名〕（1）残月。（2）常夜灯。

-1322-〈A〉ありがたし【有り難し】〔形ク〕（1）稀に見る。（2）無類の見事さだ。（3）恐れ多い。かたじけない。（4）難しい。生き辛い。

-985-〈A〉ありく【歩く】〔自カ四〕（1）出歩く。移動する。（2）訪ね回る。（3）・・・して回る。（4）・・・して過ぐ。

-224-〈A〉あるじ【主・主人】〔饗〕〔名〕【主・主人】（1）主人。（2）第一人者。〔名・自サ変〕〔饗〕接待。

-189-〈A〉いう【優】〔形動ナリ〕（1）優美だ。（2）優秀だ。（3）潤沢だ。（4）ほんの戯れだ。

-715-〈A〉いかが【如何】〔副〕（1）どのように・・・か。（2）どうして・・・か（いや・・・ない）。（3）どうなってしまうだろう。（4）どうであろうか。（5）どんなにか。

-716-〈A〉いかで【如何で】〔副〕（1）どのようにして・・・か。（2）どうして・・・なものか。（3）是非とも。

-714-〈A〉いかに【如何に】〔副〕（1）どんな風に・・・か。（2）どうして・・・か。（3）どんなにか・・・（なことか）。（4）何とまあ。（5）たとえどんなに・・・でも。〔感〕（1）おい。（2）どのようなものか。

-692-〈A〉いかめし【厳めし】〔形シク〕（1）威風堂々たるものだ。（2）見るからにたくましい。（3）激烈な。

-1006-〈B〉いぎたなし【寝汚し】〔形ク〕（1）熟睡している。寝入ってしまった。（2）朝寝坊だ。

-778-〈B〉いくばく【幾許】〔副〕（1）どのくらい。（2）いくらも・・・ない。

-857-〈B〉いさ【いさ】〔副〕（1）さあ、・・・ないですね。（2）さあ、どうだかわかりませんね。〔感〕（1）さあ・・・。（2）いえ。

-851-〈B〉いざたまへ【いざ給へ】〔連語〕《いざ〔感〕＋たまふ〔補動ハ四〕》さぁさぁ。

-1005-〈B〉いざとし【寝聡し】〔形ク〕目が覚めやすい。

-850-〈B〉いざなふ【誘ふ】〔他ハ四〕勧誘する。

-626-〈B〉いたいけ【幼気】〔形動ナリ〕何とも可愛い。

-610-〈B〉いたつく【労く・病く】〔自カ四〕（1）病気になる。疲弊する。（2）骨を折る。〔他カ四〕いたわる。

-1253-〈B〉いちぢゃう【一定】〔名・形動ナリ〕（1）一定している。（2）間違いない。〔副〕必ずや。

-693-〈B〉いちはやし【逸早し】〔形ク〕（1）霊験あらたかだ。（2）激越だ。（3）性急だ。

-466-〈B〉いづく【何処】〔代名〕どこ。

-674-〈B〉いつくし【厳し・美し】〔形シク〕（1）厳かだ。（2）厳格だ。（3）美麗である。

-1221-〈B〉いとなむ【営む】〔他マ四〕（1）忙しく立ち働く。（2）取り仕切る。勤行を行なう。（3）支度をする。（4）作る。

-864-〈B〉いなぶ【否ぶ・辞ぶ】〔他バ上二〕〔他バ四〕断わる。

-1003-〈B〉いぬ【寝ぬ】〔自ナ下二〕就寝する。

-831-〈B〉いはく【言はく・曰く】〔連体形〕・・・の言うことには。

-721-〈C〉いかなれや【如何なれや】〔連接語〕《いかなり〔形動ナリ〕＋や〔係助〕》（1）どうしたわけで・・・なのか。（2）一体どういうものか。

-432-〈C〉いかにもなる【如何にもなる】〔連語〕《いかなり〔形動ナリ〕＋も〔係助〕＋なる〔自ラ四〕》死ぬ。

-415-〈C〉いきいづ【生き出づ】〔自ダ下二〕息を吹き返す。生きた心地がする。

-852-〈C〉いざかし【いざかし】〔連語〕《いざ〔感〕＋かし〔終助〕》さぁさあ。

-858-〈C〉いさや【いさや】〔副〕さあ、どうでしょうか。〔感〕いえ、まあ。

-861-〈C〉いさよひのつき【十六夜の月】〔名〕十六晩目の月。

-609-〈C〉いたがる【甚がる・痛がる】〔自ラ四〕感心してみせる。

-438-〈C〉いたづらになる【徒らになる】〔連語〕《いたづら〔形動ナリ〕＋なる〔自ラ四〕》（1）死ぬ。（2）徒労に終わる。

-467-〈C〉いづくはあれど【何処はあれど】〔連語〕《いづく〔代名〕＋は〔係助〕＋あり〔自ラ変〕＋ど〔接助〕》他の場所はともかくとして。

-572-〈C〉いつしか【何時しか】〔形動ナリ〕時期尚早だ。〔副〕（1）いつ・・・だろうか。（2）早く・・・ないものか。（3）早速。いつの間にか。

-468-〈C〉いづち【何方・何処】〔代名〕どの方向。〔副〕どの方向へ。

-469-〈C〉いづら【何ら】〔代名〕どこ。どちら。〔感〕（1）あら？（2）いかが。

http://fusau.com　古文単語千五百マスタリング・ウェポン　http://fusaugatari.com

- -859-〈A〉いさむ【諫む】【禁む】〔他マ下二〕【禁む】(1)禁止する。【諫む】(2)忠告する。
- -860-〈A〉いさよふ【いさよふ】〔自ハ四〕ためらう。
- -991-〈A〉いそぎ【急ぎ】〔名〕(1)大慌て。急用。(2)準備。
- -990-〈A〉いそぐ【急ぐ】〔自ガ四〕急ぐ。〔他ガ四〕準備する。
- -605-〈A〉いたく【甚く】〔副〕(1)極端に。(2)それほど…ない(するな)。
- -604-〈A〉いたし【痛し・甚し】〔形ク〕(1)甚だしく。(2)見事だ。(3)痛い。(4)心苦しい。
- -813-〈A〉いだす【出だす】〔他サ四〕(1)出す。(2)口に出して言う。素振りに出す。(3)吟詠する。(4)…出す。(5)遣わす。(6)引き起こす。
- -326-〈A〉いたづら【徒ら】〔形動ナリ〕(1)虚しい。(2)暇だ。(3)がらんとしている。風情のかけらもない。
- -607-〈A〉いたはし【労し】〔形シク〕(1)苦しい。(2)骨が折れる。(3)大切にしたい。(4)気の毒だ。
- -608-〈A〉いたはる【労る】〔自ラ四〕(1)骨を折る。(2)病気になる。〔他ラ四〕(1)面倒を見る。(2)治療する。療養する。
- -675-〈A〉いつく【斎く】【傅く】〔自カ四〕【斎く】精進潔斎して神に仕える。〔他カ四〕【傅く】大事に養育する。秘蔵する。
- -606-〈A〉いと【いと】〔副〕(1)とても。(2)それほど…ない。
- -676-〈B〉いはふ【斎ふ】【祝ふ】〔他ハ四〕【斎ふ】(1)祭祀を執り行なう。(2)守護する。(3)精進潔斎する。【祝ふ】(4)祈願する。祝福する。
- -873-〈B〉いひけつ【言ひ消つ】〔他タ四〕(1)言いよどむ。(2)否定する。(3)非難する。
- -355-〈B〉いひなす【言ひ做す】〔他サ四〕(1)誇張する。(2)言い繕う。(3)歪曲する。
- -1294-〈B〉いひやる【言ひ遣る】〔他タ四〕(1)手紙をやる。伝言する。(2)言いたいことを全部言う。
- -434-〈B〉いふかひなくなる【言ふ甲斐無くなる】〔連語〕《いふ〔他ハ四〕+かひ〔名〕+なし〔形ク〕+なる〔自ラ四〕》死ぬ。
- -844-〈B〉いふばかりなし【言ふ計り無し】〔連語〕《いふ〔他ハ四〕+ばかり〔副助〕+なし〔形ク〕》何とも言いようがない。
- -841-〈B〉いふべきにもあらず【言ふべきにもあらず】〔連語〕《いふ〔他ハ四〕+べし〔助動ク型〕推量+なり〔助動ナリ型〕断定+あり〔補動ラ変〕+も〔係助〕+ず〔助動特殊型〕打消》何とも言いようがない。
- -331-〈B〉いふもおろかなり【言ふも疎かなり】〔連語〕《いふ〔他ハ四〕+も〔係助〕+おろか〔形動ナリ〕》何とも言いようがない。
- -832-〈B〉いふやう【言ふ様】〔連接語〕《いふ〔自ハ四〕〔他ハ四〕+やう〔名〕》…の言うことには。
- -330-〈B〉いへばさらなり【言へば更なり】〔連語〕《いふ〔他ハ四〕+ば〔接助〕+さらなり〔形動ナリ〕》何とも言いようがない。
- -849-〈C〉いで【いで】〔接続〕さて。〔感〕(1)さぁ。(2)こらこら。いや。(3)いやはや。
- -619-〈C〉いとどし【いとどし】〔形シク〕(1)益々…だ。(2)そうでなくても…な〜だというのに。
- -560-〈C〉いとま【暇】〔名〕(1)合間。(2)余暇。(3)ゆとり。(4)服喪(期間)。忌引。(5)辞職(願)。(6)離別。暇乞い。(7)隙間。
- -843-〈C〉いはむかたなし【言はむ方無し】〔連語〕《いふ〔自ハ四〕〔他ハ四〕+かた〔名〕+なし〔形ク〕》何とも言いようがない。
- -848-〈C〉いはれぬ【言はれぬ】〔連接語〕《いふ〔自ハ四〕〔他ハ四〕+る〔助動ラ下二型〕自発・可能・受身・尊敬+ず〔助動特殊型〕打消》無茶な。
- -1085-〈C〉いひおもむく【言ひ赴く】〔他カ下二〕説得する。
- -1220-〈C〉いひしろふ【言ひしろふ】〔他ハ四〕(1)語り合う。(2)議論する。
- -20-〈C〉いひつく【言ひ付く】〔自カ四〕(1)求愛する。親密な関係になる。(2)言葉をかける。〔他カ下二〕(1)託する。言い付ける。(2)告げ口する。(3)言い慣れる。呼び習わす。
- -842-〈C〉いふかぎりにあらず【言ふ限りにあらず】〔連語〕《いふ〔自ハ四〕〔他ハ四〕+かぎり〔名〕+に〔格助〕+あり〔補動ラ変〕+ず〔助動特殊型〕打消》(1)問題外だ。(2)何とも言いようがない。
- -809-〈C〉いぶかる【訝る】〔自ラ四〕気がかりだ。もっとよく知りたい。〔他ラ四〕不審に思う。
- -833-〈C〉いぶぢゃう【言ふ定】〔連接語〕《いふ〔自ハ四〕〔他ハ四〕+ぢゃう〔名〕》…とは言うものの。
- -470-〈C〉いほ【庵・廬】〔名〕(1)草庵。(2)旅の宿。(3)拙宅。
- -680-〈C〉いましむ【戒む・警む】〔他マ下二〕(1)訓戒する。(2)禁止する。(3)警戒する。(4)緊縛する。監禁する。(5)懲らしめる。

- 627 -〈A〉いとけなし【幼けなし・稚けなし】〔形ク〕幼少だ。子供っぽい。
- 618 -〈A〉いとど【いとど】〔副〕(1)いよいよ。(2)そうでなくても・・・だというのに。(3)その上。
- 611 -〈A〉いとふ【厭ふ】〔他ハ四〕(1)忌避する。(2)出家する。
- 613 -〈A〉いとほし【いとほし】〔形シク〕(1)嫌だ。(2)不憫だ。我ながら惨めだ。(3)いじらしい。
- 482 -〈A〉いにしへ【古へ】〔名〕(1)古代。(2)過去。
- 419 -〈A〉いぬ【往ぬ・去ぬ】〔自ナ変〕(1)立ち去る。帰る。(2)過ぎ去る。(3)死ぬ
- 628 -〈A〉いはけなし【稚けなし】〔形ク〕幼少だ。子供っぽい。
- 811 -〈A〉いふ【言ふ】〔自ハ四〕〔他ハ四〕(1)言う。(2)・・・という名の。(3)噂する。(4)言い寄る。求婚(婚約)する。(5)吟詠する。(6)鳴く。
- 808 -〈A〉いぶかし【訝し】〔形シク〕(1)気がかりだ。(2)疑わしい。(3)憂鬱だ。(4)よく知りたい。
- 329 -〈A〉いふかひなし【言ふ甲斐無し】〔形ク〕(1)仕方がない。(2)つまらない。(3)無様だ。貧しい。卑しい。(4)言いようもないほど。
- 810 -〈A〉いぶせし【いぶせし】〔形ク〕(1)憂鬱だ。(2)気持ち悪い。(3)気がかりだ。不審に思う。事情が知りたい。
- 681 -〈A〉いまいまし【忌ま忌まし】〔形シク〕(1)はばかられる。(2)不吉だ。汚らわしい。(3)歯痒い。(4)しゃくにさわる。
- 399 -〈A〉います【在す・坐す】〔自サ変〕(1)いらっしゃる。おありになる。(2)行かれる。来られる。〔自サ四〕(1)いらっしゃる。おありになる。(2)行かれる。来られる。〔他サ下二〕居ていただく。行かせ申し上げる。〔補動サ変〕・・・(て／で)いらっしゃる。〔補動サ四〕・・・(て／で)いらっしゃる。

- 501 -〈B〉いまさら【今更】〔形動ナリ〕(1)今となってはもう遅い。(2)今初めての。〔副〕(1)今頃になってから。(2)事新たに。(3)今初めて。
- 401 -〈B〉いますがり【在すがり・坐すがり】〔自ラ変〕いらっしゃる。おありになる。〔補動ラ変〕・・・(て／で)いらっしゃる。
- 493 -〈B〉いまは【今は】〔名〕死に際。〔連接語〕《いま〔名〕＋は〔係助〕》もはや。
- 483 -〈B〉いまはむかし【今は昔】〔連語〕《いま〔名〕＋は〔係助〕＋むかし〔名〕》昔々。
- 502 -〈B〉いまめかし【今めかし】〔形シク〕(1)洒落ている。(2)虚飾に満ちている。(3)わざとらしい。
- 652 -〈B〉いも【妹】〔名〕(1)妻。恋人。姉妹。(2)貴女。
- 1002 -〈B〉いもねず【寝も寝ず】〔連接語〕《い〔名〕＋も〔係助〕＋ぬ〔自ナ下二〕＋ず〔助動特殊型〕打消》眠らない。
- 1009 -〈B〉いろごのみ【色好み】〔名〕(1)恋愛の情趣を知ること。異性に好かれる人物。恋の達人。(2)風流心。風雅の達人。
- 1001 -〈B〉いをぬ【寝を寝】〔連接語〕《い〔名〕＋を〔係助〕＋ぬ〔自ナ下二〕》寝る。
- 241 -〈B〉うきな【憂き名】〔浮き名〕〔名〕〔憂き名〕(1)悪評。〔浮き名〕(2)艶聞。
- 302 -〈B〉うけたまはる【承る】〔他ラ四〕(1)頂戴する。(2)お引き受けする。(3)拝聴する。(4)拝見する。
- 422 -〈B〉うしなふ【失ふ】〔他ハ四〕(1)喪失する。不明になる。(2)死別する。(3)抹殺する。(4)赦免する。(5)捨て去る。見逃す。(6)追放する。

- 503 -〈C〉いまに【今に】〔連接語〕《いま〔名〕＋に〔格助〕》(1)いまだに。(2)そのうちに。
- 654 -〈C〉いもせ【妹背】〔名〕(1)恋人どうし。夫婦。(2)兄妹。姉弟。
- 622 -〈C〉いやまさる【弥増さる】〔自ラ四〕さらに増す。いよいよ募る。
- 704 -〈C〉いらなし【いらなし】〔形ク〕(1)極端だ。(2)強烈だ。(3)大袈裟だ。(4)心が痛い。
- 1008 -〈C〉いろふ【色ふ・彩ふ・艶ふ】〔自ハ四〕美しい色合いになる。〔他ハ下二〕(1)彩色する。(2)脚色する。
- 1223 -〈C〉いろふ【綺ふ・弄ふ】〔自ハ四〕(1)関与する。(2)干渉する。〔他ハ四〕(1)いじる。(2)逆らう。
- 1177 -〈C〉うけばる【受け張る】〔他ラ四〕(1)自信満々に振る舞う。(2)傍若無人だ。
- 1374 -〈C〉うしろめたなし【後ろめたなし】〔形ク〕(1)気懸かりだ。(2)要注意だ。(3)後ろ暗い。
- 930 -〈C〉うたあはせ【歌合はせ】〔名〕歌合わせ。
- 587 -〈C〉うたかた【泡沫】〔名〕水の泡。〔副〕決して・・・ない。束の間も・・・ない。
- 373 -〈C〉うちあり【打ち有り】〔自ラ変〕(1)たまたまそこにある。(2)ありふれた。
- 308 -〈C〉うちき【袿】〔名〕(1)袿。(2)袿。(3)御袿。
- 1108 -〈C〉うつしごころ【現し心・移し心】〔名〕〔現し心〕(1)正気。(2)本心。【移し心】(3)浮気心。
- 1107 -〈C〉うつしざま【現し様】〔名・形動ナリ〕(1)日常生活。(2)正気。

-682-〈A〉いみじ【いみじ】〔形シク〕(1)並々ならぬ。たいそう。(2)素晴らしい。嬉しい。(3)大変だ。ひどい。悲しい。恐ろしい。

-678-〈A〉いむ【忌む】【斎む】〔自マ四〕【斎む】精進潔斎する。物忌みをする。〔他マ四〕【忌む】(1)忌避する。(2)厭う。

-655-〈A〉いもうと【妹】〔名〕(1)妹。姉。(2)妹。(3)妹みたいな君。

-163-〈A〉いやし【賎し・卑し】〔形シク〕(1)下賤の。(2)みすぼらしい。(3)品性が卑しい。(4)取るに足らない。

-829-〈A〉いらふ【答ふ・応ふ】〔自ハ下二〕応答する。

-1007-〈A〉いろ【色】〔名〕(1)色彩。(2)顔色。素振り。(3)華美。(4)風情。(5)風流心。情感。(6)美貌。色艶。(7)恋人。遊女。美女。(8)色恋。(9)当色。禁色。鈍色。〔形動ナリ〕(1)風流だ。(2)好色だ。(3)色艶がよい。

-291-〈A〉う【得】〔他ア下二〕(1)獲得する。(2)女をものにする。娶る。(3)得意とする。(4)理解する。(5)・・・できる。〔補動ア下二〕・・・できる。

-240-〈A〉うきよ【憂き世】【浮き世】〔名〕【憂き世】(1)辛い世の中。(2)悩み多き男女関係。

-234-〈A〉うし【憂し】〔形ク〕(1)憂鬱だ。(2)気が乗らない。(3)薄情だ。〔接尾ク型〕・・・したくない。

-1373-〈A〉うしろめたし【後ろめたし】〔形ク〕(1)気懸かりだ。(2)要注意だ。(3)後ろ暗い。

-1024-〈B〉うしろみ【後ろ見】〔名〕(1)後見人。(2)補佐役。

-421-〈B〉うす【失す】〔自サ下二〕(1)消滅する。(2)死亡する。(3)行方不明になる。

-895-〈B〉うそぶく【嘯く】〔自カ四〕(1)喘ぐ。(2)遠吠えをする。(3)嘆息する。口笛を吹く。(4)素知らぬ顔をする。〔他カ四〕吟詠する。

-280-〈B〉うたた【転】〔副〕(1)更に一層。(2)嫌な感じだ。

-815-〈B〉うちいづ【打ち出づ】〔自ダ下二〕(1)出る。(2)出で立つ。〔他ダ下二〕(1)口に出す。(2)打ち鳴らす。発火させる。

-670-〈B〉うつくしむ【慈しむ・愛しむ】〔他マ四〕大事にする。

-1105-〈B〉うつし【現し・顕し】〔形シク〕(1)実在する。(2)正気である。

-1103-〈B〉うつせみ【現身】【空蝉】〔名〕【現身】(1)人(の身)。(2)この世。【空蝉】(3)もぬけの殻。空疎な事柄。(4)蝉。

-1106-〈B〉うつる【移る・遷る】〔自ラ四〕(1)移動する。(2)異動する。(3)移る。(4)色褪せる。(5)取り憑く。(6)過ぎ去る。(7)心変わりする。

-1166-〈B〉うとむ【疎む】〔他マ下二〕忌避させる。〔他マ四〕忌避する。

-113-〈B〉うへびと【上人】〔名〕(1)殿上人。(2)天皇付きの女房。

-1135-〈B〉うらなし【うらなし】〔形ク〕(1)何の隠し事もない。(2)薄ぼんやりしている。

-1140-〈B〉うらむ【恨む・怨む】〔他マ上二〕〔他マ四〕(1)憎む。(2)愚痴をこぼす。(3)仕返しする。(4)遺憾に思う。(5)むせび泣く。

-1198-〈C〉うったへに【うったへに】〔副〕(1)決して・・・ない。(2)ただひたすらに。

-313-〈C〉うひかうぶり【初冠】〔名〕(1)元服。(2)初任官。

-855-〈C〉うべなふ【諾ふ】〔他ハ四〕(1)同意する。(2)承諾する。(3)謝罪する。

-237-〈C〉うむ【倦む】〔自マ四〕嫌気がさす。

-621-〈C〉うもれいたし【埋もれ甚し】〔形ク〕(1)実に内気だ。(2)気分がくすぶる。

-1139-〈C〉うるせし【うるせし】〔形ク〕(1)よく気が利く。(2)優秀だ。

-1137-〈C〉うれたし【慨たし】〔形ク〕腹立たしい。

-1411-〈C〉えしも【えしも】〔連接語〕《え〔副〕+しも〔副助〕》到底・・・できない。

-176-〈C〉えせ【似非】〔接頭〕〔形動ナリ〕(1)にせの。(2)ひどい。

-294-〈C〉えたる【得たる】〔連語〕《う〔他ア下二〕+たり〔助動ラ変型〕完了》得意の。

-181-〈C〉えびす【夷・戎】〔名〕(1)田舎者。(2)関東武者。(3)東国の人間。(4)異邦人。

-1232-〈C〉える【選る・択る】〔他ラ四〕選別する。

-1176-〈C〉おしたつ【押し立つ】〔自タ四〕強引に振る舞う。〔他タ下二〕(1)無理強いする。(2)堅く閉ざす。

-1134-〈C〉おだし【穏し】〔形シク〕(1)心安らかだ。(2)平穏無事だ。(3)穏健だ。

-1377-〈C〉おちゐる【落ち居る】〔自ワ上一〕(1)くつろいで座る。(2)定着する。(3)安心する。

-872-〈C〉おとしむ【貶む】〔他マ下二〕下等扱いする。軽蔑する。

-1193-〈C〉おのがしし【己がしし】〔副〕各人各様に。

-50-〈C〉おのがどち【己がどち】〔名〕仲間同士。〔副〕仲間内で。

-1191-〈C〉おのれと【己と】〔副〕自然発露的に。

-1375-〈A〉うしろやすし【後ろ安し】〔形ク〕安心だ。
-281-〈A〉うたて【うたて】〔形動ナリ〕(1)嫌な感じだ。(2)気の毒だ。〔副〕(1)ますます。(2)不気味に。(3)嫌なことに。
-282-〈A〉うたてし【うたてし】〔形ク〕(1)気に食わない。(2)気の毒だ。
-143-〈A〉うち【内】〔名〕(1)内側。(2)宮中。(3)帝。(4)内心。私生活。(5)我が家。身内。(6)夫。妻。(7)…以内。…の間中。(8)仏教。
-1331-〈A〉うちつけ【打ち付け】〔形動ナリ〕(1)出し抜けだ。(2)軽率だ。(3)ぶしつけだ。
-669-〈A〉うつくし【愛し・美し】〔形シク〕(1)いとおしい。(2)可愛らしい。(3)美麗だ。(4)見事だ。
-1104-〈A〉うつつ【現】〔名〕(1)現実世界。(2)正気。(3)夢見心地。
-1165-〈A〉うとし【疎し】〔形ク〕(1)疎遠だ。(2)よそよそしい。(3)詳しくない。(4)冷淡だ。(5)愚鈍だ。
-1167-〈A〉うとまし【疎まし】〔形シク〕(1)遠ざけたい。(2)不気味だ。
-853-〈A〉うべ【宜・諾】〔形動ナリ〕もっともだ。〔副〕なるほど。
-109-〈A〉うへ【上】〔名〕(1)上方。(2)表面。(3)近辺。(4)帝。主人。貴人。貴人の妻。(5)御座所。御前。(6)事情。(7)その上。(8)こうなった以上は。(9)…の貴婦人。…の奥方様。〔接尾〕…様。
-1138-〈A〉うるさし【煩し】〔形ク〕(1)煩わしい。(2)わざとらしい。(3)実に抜かりがない。(4)優秀だ。
-668-〈A〉うるはし【麗し・美し・愛し】〔形シク〕(1)端麗だ。(2)端正だ。(3)誠実だ。(4)生真面目だ。(5)親密だ。(6)本物だ。正式だ。
-1136-〈A〉うれふ【憂ふ・愁ふ】〔他ハ下二〕〔他ハ上二〕(1)愚痴る。(2)思い悩む。(3)病気になる。
-1409-〈A〉え【え】〔副〕(1)とても…できない。どうして…できようか。(2)よく…し得る。

-238-〈B〉うんず【倦ず・鬱ず】〔自サ変〕(1)気落ちする。(2)飽き飽きする。
-1414-〈B〉えあらず【えあらず】〔連接語〕《え〔副〕+あり〔補動ラ変〕+ず〔助動特殊型〕打消》到底…できずに。
-324-〈B〉えうなし【要無し】〔形ク〕不要だ。役立たずだ。
-1416-〈B〉えさらず【え避らず】〔連接語〕《え〔副〕+さる〔他ラ四〕+ず〔助動特殊型〕打消》不可避的に。
-295-〈B〉えたり【得たり】〔連語〕《う〔他ア下二〕+たり〔助動ラ変型〕完了》やった。
-1415-〈B〉えならず【えならず】〔連接語〕《え〔副〕+なる〔自ラ四〕+ず〔助動特殊型〕打消》(1)並大抵でない。(2)何とも言えず素晴らしい。
-1412-〈B〉えに【得に】〔連接語〕《う〔補動ア下二〕+ず〔助動特殊型〕打消》…できずに。
-44-〈B〉えにし【縁】〔名〕因縁。
-847-〈B〉えもいはず【えも言はず】〔連語〕《え〔副〕+も〔係助〕+いふ〔自ハ四〕〔他ハ四〕+ず〔助動特殊型〕打消》何とも言いようがない。
-1413-〈B〉えや【えや】〔連語〕《え〔副〕+や〔係助〕》(1)どうして…だろうか？(2)一体どうして…というのか。
-414-〈B〉おいらか【おいらか】〔形動ナリ〕(1)穏健だ。(2)穏便だ。(3)淡泊だ。(4)単調だ。〔副〕いっそのこと。
-659-〈B〉おうな【媼・老女】〔名〕老女。
-658-〈B〉おきな【翁】〔名〕(1)老人。(2)年寄り。(3)古老。

-408-〈C〉おひさきみゆ【生ひ先見ゆ】〔連語〕《おひさき〔名〕+みゆ〔自ヤ下二〕》将来性がある。
-320-〈C〉おびたたし【夥し】〔形シク〕尋常一様ではない。
-1082-〈C〉おほどか【大どか】〔形動ナリ〕大らかだ。
-147-〈C〉おほとなぶら【大殿油】〔名〕殿中の灯火。
-94-〈C〉おぼほる【溺ほる】〔自ラ下二〕【溺ほる】(1)溺れる。(2)涙に咽ぶ。【惚ほる】(3)よくわからない。(4)惚ける。呆然とする。(5)耽溺する。(6)とぼける。
-1081-〈C〉おほやう【大様】〔形動ナリ〕(1)堂々たる風格がある。(2)おおらかだ。〔副〕一般に。
-123-〈C〉おほんぞ【御衣】〔名〕お召し物。
-402-〈C〉おまし【御座】〔名〕(1)御座所。(2)御敷物。
-1091-〈C〉おもてうた【面歌】〔名〕出世作。
-1089-〈C〉おもておこし【面起こし】〔名〕汚名挽回。面目躍如。
-1090-〈C〉おもてぶせ【面伏せ】〔名〕不名誉。
-403-〈C〉おもと【御許】〔名〕(1)御座所。(2)…の方。(3)御方。〔代名〕(1)あなた。(2)あの方。
-17-〈C〉おもなる【面馴る】〔自ラ下二〕(1)見慣れる。馴染む。(2)馴れ馴れしくなる。
-1362-〈C〉おもはゆし【面映し】〔形ク〕照れ臭い。
-1229-〈C〉おもひおく【思ひ置く】〔他ハ四〕(1)心に決めておく。(2)未練を残す。
-1095-〈C〉および【指】〔名〕(1)指。(2)親指。

-297-〈A〉えさす【得さす】〔連接語〕《う〔他ア下二〕＋さす〔助動サ下二型〕使役・尊敬》与える。〔補動サ下二〕・・・してくれる。
-1410-〈A〉えも【えも】〔連語〕《え〔副〕＋も〔係助〕》(1)到底・・・できない。(2)見事に・・・できる。
-190-〈A〉えん【艶】〔名〕艶。〔名・形動ナリ〕(1)華麗なる美しさ。(2)官能的魅力。(3)風流心。好色。(4)いわくありげ。(5)情趣。(6)妖艶だ。
-1224-〈A〉おきつ【掟つ】〔他タ下二〕(1)意図する。(2)指図する。(3)取り計らう。
-807-〈A〉おくゆかし【奥ゆかし】〔形シク〕(1)心引かれる感じだ。(2)好感が持てる。
-555-〈A〉おくる【後る・遅る】〔自ラ下二〕(1)遅れる。(2)死に後れる。(3)劣る。(4)気後れする。
-1297-〈A〉おこす【遣す】〔補動サ下二〕こちらへ・・・する。〔他サ下二〕〔他サ四〕(こっちへ)寄越す。
-1173-〈A〉おこたる【怠る】〔自ラ四〕〔他ラ四〕(1)怠ける。(2)油断する。過失を犯す。(3)途絶える。(4)快復する。
-1174-〈A〉おこなふ【行ふ】〔自ハ四〕勤行する。〔他ハ四〕(1)実行する。(2)治める。(3)処置する。(4)命じる。
-1277-〈A〉おづ【怖づ・懼づ】〔自ダ上二〕(1)怖がる。(2)憚る。
-997-〈A〉おと【音】〔名〕(1)物音。(2)音声。(3)世評。(4)音信。来訪。

-1226-〈B〉おく【置く】〔自力四〕降りる。〔他力四〕(1)置く。(2)放置する。(3)間を置く。(4)差し置く。〔補動カ四〕(1)予め・・・しておく。確実に・・・する。(2)・・・のままにしておく。
-598-〈B〉おこる【起こる】〔自ラ四〕(1)生まれる。(2)発病する。(3)盛り上がる。(4)決起する。
-995-〈B〉おとづる【訪る】〔自ラ下二〕(1)訪問する。(2)お便りを出す。(3)物音を立てる。
-145-〈B〉おとど【大殿・大臣】〔名〕(1)御殿。(2)大臣。(3)・・・様。
-639-〈B〉おとな【大人】〔名〕(1)成人。(2)立派な大人の男／女。(3)頭目。(4)古株。
-916-〈B〉おとにきこゆ【音に聞こゆ】〔連語〕《おと〔名〕＋に〔格助〕＋きこゆ〔自ヤ下二〕》その名も高い。
-999-〈B〉おともせず【音もせず】〔連語〕《おと〔名〕＋も〔係助〕＋す〔自サ変〕＋ず〔助動特殊型〕打消》音信不通だ。
-407-〈B〉おふ【生ふ】〔自ハ上二〕(1)成長する。(2)生まれる。生える。
-1038-〈B〉おほかた【大方】〔名〕(1)世間並み。世人。(2)大部分。概略。(3)そこらじゅう。〔形動ナリ〕平均的だ。代わり映えがしない。〔副〕(1)一般に。(2)全然・・・ない。殆ど・・・ない。〔接続〕そもそも。
-1239-〈B〉おほす【果す】〔補動サ下二〕・・・し通す。
-93-〈B〉おぼめかし【おぼめかし】〔形シク〕(1)不明瞭だ。(2)不案内だ。不安だ。(3)有耶無耶だ。

-336-〈C〉おる【愚る・痴る】〔自ラ下二〕放心状態になる。

―か行―

-136-〈C〉かうい【更衣】〔名〕(1)衣替え。(2)更衣。
-387-〈C〉かうてさぶらふ【斯うて候ふ】〔連語〕〈訪問時の挨拶の言葉〉御免(ごめん)下(くだ)さい。
-1092-〈C〉かうみゃう【高名】〔名・自サ変〕(1)手柄。(2)武勲。〔名・形動ナリ〕評判。
-78-〈C〉かかやく【輝く・赫く・耀く】〔自力四〕(1)光り輝く。(2)輝くばかりの美しさだ。(3)赤面する。〔他カ四〕赤面させる。
-537-〈C〉かかるほどに【斯かる程に】〔連接語〕《かかり〔自ラ変〕＋ほどに〔接続〕》そうこうしているうちに。
-75-〈C〉かきくらす【掻き暗す】〔他サ四〕(1)辺り一面を暗くする。(2)気持ちを暗くする。
-431-〈C〉かぎりあるみち【限りある道】〔連語〕《かぎり〔名〕＋あり〔自ラ変〕＋みち〔名〕》死ぬこと。
-427-〈C〉かくる【隠る】〔自ラ下二〕(1)隠れる。(2)お亡くなりになる。〔自ラ四〕隠れる。
-581-〈C〉かけて【掛けて・懸けて】〔連接語〕《かく〔他力四〕＋て〔接助〕》(1)・・・を兼ねて。(2)・・・に亘って。(3)・・・に向かって。〔副〕(1)絶対に・・・ない。(2)少しでも・・・すれば。(3)心にかけて。
-1143-〈C〉かこちがほ【託ち顔】〔名・形動ナリ〕恨めしそうな顔付き。
-1160-〈C〉かごとばかり【託言ばかり】〔連語〕《かごと〔名〕＋ばかり〔副助〕》形だけ。
-306-〈C〉かさね【重ね・襲】〔名〕(1)重ね。(2)重ね着。襲。(3)下襲。(4)襲の色目。〔接尾〕・・・揃い。
-105-〈C〉かざりをおろす【飾りを下ろす】〔連語〕《かざり〔名〕＋を〔格助〕＋おろす〔他サ四〕》頭を丸める。

-657-〈A〉おとうと【弟・妹】〔名〕弟。妹。
-633-〈A〉おとなし【大人し】〔形シク〕(1)大人らしい。ませている。(2)中心人物である。(3)思慮深い。(4)温和だ。
-996-〈A〉おとなふ【音なふ・訪ふ】〔自ハ四〕(1)訪問する。(2)お便りを出す。(3)物音を立てる。取り次ぎを求める。
-706-〈A〉おどろおどろし【おどろおどろし】〔形シク〕(1)ものものしい。(2)騒々しい。ぎょっとする。(3)物凄い。
-708-〈A〉おどろかす【驚かす】〔他サ四〕(1)起こす。(2)びっくりさせる。(3)気付かせる。(4)忘れた頃にやって来る。久々に手紙を書く。
-707-〈A〉おどろく【驚く】〔自カ四〕(1)目を覚ます。(2)不意に気付く。(3)びっくりする。
-1190-〈A〉おのづから【自ら】〔副〕(1)自然発露的に。(2)いつの間にか。(3)たまたま。(4)もし仮に・・・。
-405-〈A〉おはします【御座します】〔自サ四〕(1)(・・・に)いらっしゃる。(2)行かれる。来られる。〔補動サ四〕・・・ていらっしゃる。
-406-〈A〉おはす【御座す】〔自サ変〕(1)(・・・に)いらっしゃる。(2)行かれる。来られる。〔補動サ変〕・・・ていらっしゃる。
-1388-〈A〉おぼえ【覚え】〔名〕(1)評判。(2)御恩顧。寵愛。(3)腕自慢。(4)心当たり。感触。
-1067-〈A〉おほけなし【おほけなし】〔形ク〕(1)分不相応だ。(2)恐れ多い。
-1390-〈A〉おぼしめす【思し召す】〔他サ四〕お思いになる。
-812-〈A〉おほす【仰す】〔他サ下二〕(1)おっしゃる。(2)おっしゃる。(3)命じる。
-1389-〈A〉おぼす【思す】〔他サ四〕お思いになる。

-92-〈B〉おぼめく【おぼめく】〔自カ四〕(1)不明瞭だ。(2)不審に思う。(3)曖昧にぼかす。
-140-〈B〉おほやけ【公】〔名〕(1)宮中。(2)朝廷。政府。幕府。(3)天下人。(4)天下国家の事。他人事。世間。
-91-〈B〉おぼろけ【朧け】〔形動ナリ〕(1)並みの・・・ではない。(2)並々ならぬ。
-1088-〈B〉おもだたし【面立たし】〔形シク〕面目躍如たるものがある。
-1087-〈B〉おもなし【面無し】〔形ク〕(1)面目ない。(2)厚顔無恥だ。
-1306-〈B〉おもひいる【思ひ入る】〔自ラ四〕(1)思い詰める。(2)望んで入る。〔他ラ下二〕心に刻む。
-1225-〈B〉おもひおきつ【思ひ掟つ】〔他ダ下二〕意図する。
-81-〈B〉おもひぐまなし【思ひ隈無し】〔形ク〕(1)浅はかだ。(2)思いやりがない。
-1305-〈B〉おもひくんず【思ひ屈ず】〔自サ変〕気が滅入る。
-874-〈B〉おもひけつ【思ひ消つ】〔他タ四〕(1)無理にも忘れようとする。(2)軽視する。無視する。
-358-〈B〉おもひなす【思ひ為す・思ひ做す】〔他サ四〕(1)・・・と信じ込む。(2)・・・と見做す。
-1292-〈B〉おもひやる【思ひ遣る】〔他ラ四〕(1)気を晴らす。(2)思いを馳せる。(3)推量する。(4)気遣う。
-1393-〈B〉おもほえず【思ほえず】〔連接語〕《おもほゆ〔自ヤ下二〕＋ず〔助動特殊型〕打消》意外にも。
-1391-〈B〉おもほす【思ほす】〔他サ四〕お思いになる。

-103-〈C〉かしらおろす【頭下ろす】〔連語〕《かしら〔名〕＋おろす〔他サ四〕》剃髪する。
-156-〈C〉かずまふ【数まふ】〔他ハ下二〕物の数に入れる。
-88-〈C〉かすむ【掠む】〔他マ下二〕(1)掠奪する。(2)示唆する。(3)誤魔化す。
-1037-〈C〉かたがた【方方】〔名〕(1)あちこち。(2)あれこれ。(3)方達。(4)あちこちの部屋。〔代名〕あなた方。〔副〕(1)あれこれと。(2)いずれにせよ。
-969-〈C〉かたたがへ【方違へ】〔名〕方違へ。
-1075-〈C〉かたちあり【形有り】〔連語〕《かたち〔名〕＋あり〔自ラ変〕》美貌だ。
-1076-〈C〉かたちをかふ【形を変ふ】〔連語〕《かたち〔名〕＋を〔格助〕＋かふ〔他ハ下二〕》出家する。
-1071-〈C〉かたは【片端】〔名・形動ナリ〕(1)不完全。(2)見苦しさ。異様。(3)不具。異常。
-1034-〈C〉かたひく【方引く・片引く】〔他カ四〕肩入れする。
-970-〈C〉かたふたがる【方塞がる】〔自ラ四〕方塞りになっている。
-968-〈C〉かぢ【加持】〔名〕加持祈祷。
-582-〈C〉かつ【且つ】〔副〕(1)一方で・・・、他方〜。(2)次から次へと。(3)一方。(4)一瞬。(5)既に。〔接続〕さらにまた。
-583-〈C〉かつがつ【かつがつ】〔副〕(1)どうにか。(2)ようやく。(3)とりあえず。(4)続々と。(5)更にまた。(6)早くも。

-90-〈A〉おぼつかなし【覚束なし】〔形ク〕(1)不明瞭だ。(2)不案内だ。不安だ。(3)御無沙汰している。待ち遠しい。
-146-〈A〉おほとのごもる【大殿籠る】〔自ラ四〕お休みになる。
-1387-〈A〉おぼゆ【覚ゆ】〔自ヤ下二〕(1)・・・と感じられる。(2)思い出される。(3)似通う。(4)・・・とみなされる。〔他ヤ下二〕(1)思い浮かべる。(2)思い出話をする。(3)覚え込む。
-122-〈A〉おほん【大御・御】〔名〕御・・・。〔接頭〕御・・・。
-1086-〈A〉おもしろし【面白し】〔形ク〕(1)見た目に心地よい。(2)愉快だ。
-1083-〈A〉おもて【面】〔名〕(1)顔。顔立ち。(2)表面。表向き。(3)面目。
-1386-〈A〉おもふ【思ふ・想ふ】〔他ハ四〕(1)思考する。(2)愛慕する。(3)苦悩する。(4)懐かしむ。(5)希望する。(6)予想する。(7)気持ちを顔に出す。
-1084-〈A〉おもむく【趣く・赴く】〔自カ四〕(1)出向く。(2)・・・を志す。(3)素直に従う。〔他カ下二〕(1)向かわせる。(2)従わせる。(3)示唆する。誘導する。
-333-〈A〉おろか【疎か・愚か】〔形動ナリ〕(1)いいかげんだ。(2)いくら言っても言葉が足りない。(3)未熟だ。(4)愚かだ。
-335-〈A〉おろそか【疎か】〔形動ナリ〕(1)いいかげんだ。(2)簡素な造りだ。(3)まばらだ。(4)運が悪い。

-413-〈B〉およすく【およすく】〔自カ下二〕(1)成長する。(2)大人びる。大人ぶる。(3)老ける。地味である。
-334-〈B〉おろかならず【愚かならず】〔連語〕《おろか〔形動ナリ〕+ず〔助動特殊型打消〕並々ならぬ。
-102-〈B〉おろす【下ろす・降ろす】〔他サ四〕(1)下ろす。(2)退位・辞任・降格させる。(3)こき下ろす。(4)剃髪する。(5)退出させる。(6)おこぼれを与える。(7)新品をおろす。(8)摺り下ろす。(9)・・・枚におろす。(10)妊娠中絶する。(11)落とす。(12)吹き下ろす。

——か行——

-471-〈B〉かいばみ【垣間見】〔名〕垣間見。
-1217-〈B〉かかづらふ【拘ふ】〔自ハ四〕(1)関係する。(2)従事する。(3)まとわりつく。(4)こだわる。(5)俗世に執着する。死にきれない。(6)道を探りつつ行く。
-731-〈B〉かかる【懸かる・掛かる】〔自ラ四〕(1)引っ掛かる。寄り掛かる。(2)頼る。(3)恩恵に浴する。(4)身に降りかかる。(5)降下する。滴下する。(日・月が)空に懸かる。(6)関係する。連座する。(7)目に付く。(8)かかりきりになる。(9)殺される。(10)襲い掛かる。(11)差し掛かる。(12)巻き付く。〔補動ラ四〕(1)・・・し始める。(2)ほとんど・・・しかかる。
-1057-〈B〉かぎりなし【限り無し】〔形ク〕(1)果てしない。(2)この上ない。(3)最高だ。

-157-〈C〉かどひろし【門広し】〔連語〕《かど〔名〕+ひろし〔形ク〕》一族が繁栄している。
-579-〈C〉がね【がね】〔接尾〕・・・候補。
-578-〈C〉かねごと【予言】〔名〕予言。約束。
-580-〈C〉かねて【予て】〔連接語〕《かぬ〔他ナ下二〕+て〔接助〕》・・・以前に。〔副〕(1)前もって。(2)以前に。
-451-〈C〉かへさ【帰さ】〔名〕帰り道。
-828-〈C〉かへさふ【返さふ】〔他ハ四〕(1)反問する。糾弾する。説得する。(2)じっくり思い返す。(3)謹んでご辞退申し上げる。(4)何度も引っ繰り返す。
-1151-〈C〉からくして【辛くして】〔副〕辛うじて。
-309-〈C〉かりぎぬ【狩衣】〔名〕狩衣。
-168-〈C〉かろし【軽し】〔形ク〕(1)軽量だ。(2)大したことはない。(3)身分が低い。(4)軽薄だ。
-1397-〈C〉かんのう【堪能】〔名・形動ナリ〕(1)一芸に秀でること。達人。(2)刻苦勉励。
-1259-〈C〉ぎ【儀】〔名〕【儀】(1)儀式。式次第。(2)理由。(3)成り行き。【義】(4)道理。(5)教義。(6)意味。【儀】(7)・・・につきまして、ですが。
-1021-〈C〉きげん【機嫌・譏嫌】〔名〕(1)他人の非難。(2)他人の思惑。(3)時機。(4)状況。(5)気分。
-917-〈C〉きこゆる【聞こゆる】〔連体〕評判の。
-198-〈C〉きざみ【刻み】〔名〕(1)階層。等級。(2)・・・の折り。(3)刻み。刻み加減。
-484-〈C〉きしかた【来し方】〔名〕(1)過去。(2)ここまでの経路。
-528-〈C〉きと【きと】〔副〕(1)さっと。(2)不意に。(3)僅かに。(4)きりっと。
-667-〈C〉きびは【きびは】〔形動ナリ〕幼くてか弱い。
-1399-〈C〉きゃうざく【警策】〔名・形動ナリ〕(1)卓越。(2)優秀。

—か行—

-730-〈A〉かかり【斯かり】〔自ラ変〕こんなである。
-494-〈A〉かぎり【限り】〔名〕(1)限界。(2)期限。期間。終結。(3)ありったけ。(4)···に限り。(5)最期。葬儀。(6)極致。(7)最大限。最低限。
-724-〈A〉かく【斯く】〔副〕こう。
-77-〈A〉かげ【影・景】【陰・蔭】〔名〕【影・景】(1)光。(2)姿形。(3)鏡像。水鏡。(4)面影。(5)見る影もなくやつれた姿。(6)霊魂。遺影。遺勲。(7)幻影。(8)模造品。(9)陰影。(10)影身。【陰・蔭】(11)物陰。(12)隠れ場所。(13)恩恵。庇護者。
-1158-〈A〉かこつ【託つ】〔他タ四〕(1)···にかこつける。(2)愚痴る。(3)つてとして頼る。
-1159-〈A〉かごと【託言】〔名〕(1)口実。(2)愚痴。言い掛かり。
-897-〈A〉かしかまし【囂し】〔形シク〕(1)やかましい。(2)口やかましい。
-1282-〈A〉かしこし【畏し・恐し】【賢し】〔形ク〕【畏し・恐し】(1)恐ろしい。(2)畏れ多い。(3)極めて高貴だ。【賢し】(4)賢明だ。(5)抜群だ。(6)好都合だ。(7)物凄く。(8)よくもまあ。
-1281-〈A〉かしこまる【畏まる】〔自ラ四〕(1)畏れ多く思う。(2)謹慎する。謝罪する。(3)受諾する。(4)お礼を言う。(5)端座する。
-1283-〈A〉かしづく【傅く】〔他カ四〕(1)愛育する。(2)面倒を見る。
-446-〈A〉かた【方】〔名〕(1)方向。場所。(3)方面。点。(4)手段。(5)頃合。(6)組。(7)···のお方。(8)どんな風。〔接尾〕(1)···の頃。(2)···側。(3)···の方〈々〉。(4)···役。
-1184-〈A〉かたくな【頑な】〔形動ナリ〕(1)頑固だ。(2)無教養だ。(3)見苦しい。

-1240-〈B〉かく【掛く・懸く】〔他カ下二〕(1)懸ける。(2)火をかける。水を浴びせる。(3)兼務する。兼用だ。(4)掛け詞にする。かこつける。(5)測り比べる。(6)思い浮かべる。口に出して言う。(7)話しかける。(8)約束する。代償にする。(9)当てにする。(10)騙す。(11)目指す。〔補動カ下二〕(1)···かける。(2)···かける。···かけてやめる。
-840-〈B〉かけまく【掛けまく・懸けまく】〔連接語〕《かく〔他カ四〕+む〔助動マ四型〕推量》口に出して言うのも畏れ多い。
-463-〈B〉かしこ【彼処】〔代名〕彼方。
-165-〈B〉かずなし【数無し】〔連語〕《かず〔名〕+なし〔形ク〕》(1)取るに足らない。(2)無数だ。
-166-〈B〉かずならず【数ならず】〔連語〕《かず〔名〕+なり〔助動ナリ型〕断定+ず〔助動特殊型〕打消》取るに足らない。
-1033-〈B〉かたうど【方人】〔名〕(1)···側の人。(2)味方。
-1035-〈B〉かたき【敵・仇】〔名〕(1)対戦相手。(2)配偶者。(3)敵。(4)仇敵。
-448-〈B〉かたへ【片方】〔名〕(1)片方。一部。(2)傍ら。(3)周りの人。
-1036-〈B〉かたみに【互に】〔副〕各々。
-986-〈B〉かちより【徒歩より・徒より】〔連語〕《かち〔名〕+より〔格助〕》徒歩で。
-584-〈B〉かつて【都て・曾て・嘗て】〔副〕(1)決して···ない。(2)いまだかつて···ない。(3)以前に。
-1154-〈B〉がてに【がてに】〔連接語〕《かつ〔補動タ下二〕+ず〔助動特殊型〕打消》···し難くて。

-1327-〈C〉きょうがる【興がる】〔自ラ四〕(1)面白がる。不思議に思う。(2)奇妙だ。ふざけている。
-1328-〈C〉きょうにいる【興に入る】〔連語〕《きょう〔名〕+に〔格助〕+いる〔自ラ四〕》ひたすらに面白がる。
-910-〈C〉きりふたがる【霧り塞がる】〔自ラ四〕(1)濃霧で先が見えない。(2)目の前が暗くなる。
-46-〈C〉ぐ【具】〔名〕(1)相棒。従者。配偶者。連れ子。(2)道具。家具。(3)添え物。〔接尾〕···揃い。
-120-〈C〉くぎゃう【公卿】〔名〕国政の最高幹部。
-141-〈C〉くげ【公家】〔名〕(1)天皇。(2)朝廷。(3)朝臣。
-685-〈C〉くし【奇し】〔形シク〕神秘的だ。
-101-〈C〉くだんの【件の】〔連体〕(1)既述の。(2)例の。
-923-〈C〉くちのは【口の端】〔名〕人の噂。
-124-〈C〉くらうど【蔵人】〔名〕(1)蔵人。(2)女蔵人。
-788-〈C〉くれがし【某】〔代名〕だれそれ。
-279-〈C〉くわうりゃう【荒涼・広量】〔名・形動ナリ〕(1)曖昧だ。(2)度量が広い。(3)尊大だ。〔名・自サ変・形動ナリ〕(1)荒涼たる。(2)浅はかだなあ。
-1222-〈C〉けいえい【経営】〔名・他サ変〕(1)執行。(2)準備。(3)接待。(4)建築。(5)詩作。
-1152-〈C〉けうにして【希有にして】〔連語〕《けう〔名・形動ナリ〕+して〔接続〕》辛うじて。

-1153-〈A〉かたし【難し】〔形ク〕(1)容易ではない。(2)滅多にない。
-1066-〈A〉かたじけなし【辱し・忝し】〔形ク〕(1)恥ずかしい。(2)心苦しい。(3)感謝の極みだ。
-1074-〈A〉かたち【形・容・貌】〔名〕(1)姿形。(2)容貌。(3)美しい顔立ち(の人物)。(4)有様。
-1068-〈A〉かたはらいたし【傍ら痛し】〔形ク〕(1)心苦しい。(2)見苦しい。(3)ばつが悪い。(4)お笑いぐさだ。
-1070-〈A〉かたほ【片秀・偏】〔形動ナリ〕(1)不完全だ。(2)不器量だ。
-814-〈A〉かたらふ【語らふ】〔他ハ四〕(1)語り合う。(2)懇意にする。(3)睦び合う。(4)説得する。(5)相談する。
-303-〈A〉かづく【被く】【潜く】〔自カ四〕【潜く】潜水する。海藻類を採る。〔他カ下二〕【被く】(1)すっぽりかぶせる。(2)褒美をやる。【潜く】(3)潜水させる。〔他カ四〕【被く】(1)すっぽりかぶる。(2)褒美を戴く。
-454-〈A〉かど【角】【才】〔名〕【角】(1)尖端部。(2)隅っこ。(3)切っ先。(4)とげとげしさ。難点。【才】(5)見所。(6)才気。
-1405-〈A〉かどかどし【オオし】【角角し】〔形シク〕【オオし】(1)見るからに有能だ。【角角し】(2)尖っている。(3)気性が荒い。

-673-〈B〉かなしくす【愛しくす】〔他サ変〕大いにかわいがる。
-672-〈B〉かなしぶ【愛しぶ】【悲しぶ・哀しぶ】〔他バ四〕【愛しぶ】(1)深く愛する。賞美する。【悲しぶ・哀しぶ】(2)悲しく思う。(3)哀れむ。(4)感激する。
-461-〈B〉かなた【彼方】〔代名〕あちら。
-1040-〈B〉かなふ【叶ふ・適ふ】〔自ハ四〕(1)適合する。(2)望み通りになる。(3)…できる。(4)匹敵する。(5)…で済まされる。〔他ハ下二〕成就させる。
-1203-〈B〉かならず【必ず】〔副〕(1)必ずや。(2)必ずしも…ない。(3)決して…するな。
-577-〈B〉かぬ【兼ぬ・予ぬ】〔他ナ下二〕(1)兼備する。兼務する。(2)…に及ぶ。(3)予想する。心配する。(4)配慮する。
-728-〈B〉かばかり【斯ばかり】〔副〕(1)これほどまでの。(2)これだけ。
-1364-〈B〉かはゆし【かはゆし】〔形ク〕(1)ひどく恥ずかしい。(2)何とも哀れだ。(3)愛くるしい。
-314-〈B〉かひがひし【甲斐甲斐し】〔形シク〕(1)それだけの甲斐がある。(2)いかにも頼りになる感じだ。
-827-〈B〉かへす【帰す・返す・反す】〔他サ四〕(1)元に戻す。(2)引っ繰り返す。(3)吐く。(4)耕作する。(5)繰り返す。(6)繰り返す。(7)染め直す。(8)孵化させる。(9)返事をする。返歌を送る。(10)官位を辞する。
-825-〈B〉かへりごと【返り事・返り言】〔名〕(1)使者の報告。(2)返事。返歌。(3)お返し。

-194-〈C〉けうら【清ら】〔形動ナリ〕清らかに美しい。
-1169-〈C〉けけし【けけし】〔形シク〕変によそよそしい。
-84-〈C〉けざやか【けざやか】〔形動ナリ〕(1)対照的だ。際立つ。(2)露骨だ。
-689-〈C〉けしかる【異しかる・怪しかる】〔連体形〕(1)異様だ。(2)奇抜で面白い。
-1018-〈C〉けしきおぼゆ【気色覚ゆ】〔連語〕《けしき〔名〕+おぼゆ〔他ヤ下二〕》(1)趣深く感じる。(2)空恐ろしく感じる。
-1017-〈C〉けしきづく【気色付く】〔自カ四〕(1)兆しが現われる。(2)一風変わっている。
-1020-〈C〉けしきとる【気色取る】〔自ラ四〕(1)様子を窺う。(2)御機嫌取りをする。(3)相手の意向を窺う。
-1172-〈C〉けだい【懈怠】〔名・自サ変〕(1)修行怠慢。(2)怠惰。
-1417-〈C〉けだし【蓋し】〔副〕(1)多分…に違いない。(2)もし仮に…だとしたら。(3)もしかすると…かもしれない。(4)実に。
-880-〈C〉けどほし【気遠し】〔形ク〕(1)遙か彼方に思われる。遠い昔のようだ。(2)物寂しい。(3)親しみにくい。(4)世間離れしている。
-966-〈C〉けにや【故にや】〔連接語〕《け〔名〕+なり〔助動ナリ型〕断定+や〔係助〕》…の故であろうか。
-174-〈C〉げらふ【下﨟】〔名〕(1)下位の僧。(2)下級官僚。(3)下僕。(4)下賤の者。
-964-〈C〉げん【験】〔名〕(1)霊験。(2)効き目。
-965-〈C〉げんず【現ず・験ず】〔自サ変〕姿を現わす。霊験あらたかである。〔他サ変〕現出する。しでかす。
-495-〈C〉ご【期】〔名〕(1)時期。(2)限度。(3)臨終。
-776-〈C〉ここだ【幾許】〔副〕(1)こんなに沢山。(2)こんなにも甚だしく。

- 671 - 〈A〉かなし【愛し】【悲し・哀し】〔形シク〕【愛し】(1) 身にしみて愛しい。(2) しみじみと趣深い。(3) お見事。【悲し・哀し】(4) 気の毒で仕方がない。(5) 悲しい。(6) 何ともひどいことに。
- 315 - 〈A〉かひなし【甲斐無し】〔形ク〕(1) 甲斐がない。(2) 何とも頼りない。
- 826 - 〈A〉かへし【返し】〔名〕(1) 返歌。(2) 返答。(3) 返礼。(4) 再発。
- 1207 - 〈A〉かまふ【構ふ】〔自ハ下二〕身構える。正装する。〔自ハ四〕関与する。〔他ハ下二〕(1) 組み立てる。話をでっち上げる。(2) 準備する。身構える。(3) 企てる。(4) やりくりする。
- 106 - 〈A〉かみ【上】〔名〕(1) 上方。(2) 川上。(3) 上方。上京区。(4) 昔。(5) 冒頭部。上の句。(6) 月初。(7) 年長者。帝。将軍。主君。(9) 上座。
- 729 - 〈A〉かやう【斯様】〔形動ナリ〕このような。
- 994 - 〈A〉かよふ【通ふ】〔自ハ四〕(1) 往来する。通じる。(2) 女のもとへ通う。(3) 分かり合う。(4) 精通する。(5) 似通う。(6) 交差する。
- 452 - 〈A〉がり【許】〔名〕…のところへ。〔接尾〕…のところへ。
- 439 - 〈A〉かる【離る】〔自ラ下二〕(1) 離れる。(2) 途絶える。(3) 疎遠になる。
- 915 - 〈A〉きこえ【聞こえ】〔名〕評判。
- 819 - 〈A〉きこえさす【聞こえさす】〔連接語〕《きこゆ〔他ヤ下二〕+さす〔助動サ下二型〕使役・尊敬》人づてに申し上げる。〔他サ下二〕(1) 申し上げる。(2) お手紙差し上げる。〔他サ四〕(発言の途中で) 申し上げるのをやめる。〔補動サ下二〕お…申し上げる。
- 820 - 〈A〉きこしめす【聞こし召す】〔他サ四〕(1) お聞きになる。(2) 召し上がる。(3) 御統治なさる。

- 511 - 〈B〉かへるとし【返る年】〔連接語〕《かへる〔自ラ四〕+とし〔名〕》翌年。
- 898 - 〈B〉かまびすし【喧し・囂し】〔形ク〕〔形シク〕騒がしい。
- 1206 - 〈B〉かまへて【構へて】〔副〕(1) よく注意して。(2) 必ずや。(3) 絶対に。
- 479 - 〈B〉から【唐・漢・韓】〔名〕(1) 朝鮮半島。中国。外国。(2) 外来の。
- 1150 - 〈B〉からし【辛し】〔形ク〕(1) 塩辛い。(2) ひどい。(3) 切ない。(4) 不愉快だ。(5) 危うい。
- 785 - 〈B〉かれ【彼】〔代名〕(1) あの人。彼。彼女。(2) あれ。あちら。
- 1014 - 〈B〉かをる【薫る】〔自ラ四〕(1) いい臭いがする。(2) ほんのり美しい。(3) 霞みたなびく。
- 119 - 〈B〉かんだちめ【上達部】〔名〕公卿。
- 356 - 〈B〉ききなす【聞き做す】〔他サ四〕聞いて…と思う。
- 918 - 〈B〉きこえぬ【聞こえぬ】〔連接語〕《きこゆ〔自ヤ下二〕+ず〔助動特殊型〕打消》納得できない。
- 1010 - 〈B〉きしょく【気色】〔名〕(1) 気色ばむこと。面持ち。(2) 御内意。(3) 御寵愛。(4) 気分。〔自サ変〕改まった態度を取る。
- 509 - 〈B〉きぞ【昨・昨夜・昨日】〔名〕昨夜。昨日。
- 133 - 〈B〉きたのかた【北の方】〔名〕(1) 奥方。(2) 北方。
- 476 - 〈B〉きちゃう【几帳】〔名〕几帳。
- 35 - 〈B〉きぬぎぬ【衣衣・後朝】〔名〕(1) 後朝の別れ。情事の翌朝。(2) 離別。
- 158 - 〈B〉きはぎはし【際際し】〔形シク〕際立つ。
- 866 - 〈B〉きほふ【競ふ】〔自ハ四〕(1) 張り合う。(2) 一斉に…する。

- 1129 - 〈C〉ここちなし【心地無し】〔連語〕《ここち〔名〕+なし〔形ク〕》思慮がない。
- 464 - 〈C〉ここもと【此処許】〔代名〕(1) この近所。(2) 当方。こちら。
- 1049 - 〈C〉こころおとり【心劣り】〔名・自サ変〕幻滅。
- 1121 - 〈C〉こころだましひ【心魂】〔名〕(1) 精神。正気。(2) 心と頭の働き。
- 21 - 〈C〉こころづく【心付く】〔自力四〕(1) 分別が付く。色気付く。(2) 思い付く。気付く。(3) 気に入る。〔他カ下二〕(1) 気付かせる。(2) 心寄せる。
- 1130 - 〈C〉こころと【心と】〔副〕自örgから進んで。
- 616 - 〈C〉こころのおに【心の鬼】〔連語〕《こころ〔名〕+の〔格助〕+おに〔名〕》(1) 疑心暗鬼。(2) 良心の呵責。
- 1125 - 〈C〉こころひとつ【心一つ】〔連接語〕《こころ〔名〕+ひとつ〔名〕》人知れず。
- 1048 - 〈C〉こころまさり【心勝り】〔名・自サ変〕予想以上。
- 1369 - 〈C〉こころやすし【心安し】〔形ク〕(1) 安心だ。(2) 気安い。(3) たやすい。
- 615 - 〈C〉こころやまし【心疾し・心疼し】〔形シク〕(1) 不愉快だ。(2) もどかしい。
- 1428 - 〈C〉ごさんなれ【ごさんなれ】〔連接語〕《に〔格助〕+こそ〔係助〕+あり〔自ラ変〕+なり〔助動ラ変型〕伝聞推量》(1) どうやら…であるようだ。《に〔格助〕+こそ〔係助〕+あり〔自ラ変〕+なり〔助動ナリ型〕断定》(2) …である。
- 988 - 〈C〉こし【輿】〔名〕(1) 輿。(2) 上げ輿。神輿。

-818-〈A〉きこゆ【聞こゆ】〔自ヤ下二〕(1)聞こえる。(2)噂に聞こえる。(3)・・・と感じられる。(4)納得できる。(5)・・・の臭いがする。〔他ヤ下二〕(1)申し上げる。(2)・・・という名である。(3)お便り申し上げる。(4)お願い申し上げる。〔補動ヤ下二〕・・・申し上げる。

-197-〈A〉き は【際】【名】(1)末端。境界。(2)限り。(3)程度。(4)身の程。・・・的立場の人。(5)当座。(6)終わり。臨終。

-117-〈A〉きみ【君・公】【名】(1)天皇。(2)主君。(3)例のお方。(4)・・・様。〔代名〕あなた。〔接尾〕・・・様。

-192-〈A〉きよげ【清げ】〔形動ナリ〕(1)清浄感がある。(2)整然としている。

-191-〈A〉きよし【清し】〔形ク〕(1)清らかに美しい。(2)爽快だ。(3)心がきれいだ。(4)潔い。(5)きれいさっぱり。

-193-〈A〉きよら【清ら】【名】最高の美。〔形動ナリ〕(1)上品で美しい。(2)華麗だ。

-977-〈A〉く【来】〔自カ変〕(1)来る。(2)行く。〔補動カ変〕(1)ずっと・・・続けている。(2)次第に・・・してくる。

-47-〈A〉ぐす【具す】〔自サ変〕(1)具備する。(2)同行する。(3)連れ添う。〔他サ変〕(1)備える。(2)帯同する。(3)携帯する。

-268-〈A〉くちをし【口惜し】〔形シク〕(1)何とも残念なことだ。(2)がっかりだ。(3)身分が賎しい。

-420-〈B〉きゆ【消ゆ】〔自ヤ下二〕(1)消滅する。(2)失せる。(3)死滅する。(4)気絶する。

-1326-〈B〉きょうず【興ず】〔自サ変〕面白がる。

-1238-〈B〉きる【切る】〔自ラ下二〕(1)途切れる。(2)決着が付く。(3)逸脱する。〔他ラ四〕(1)切る。(2)期限を設定する。(3)決着を付ける。(4)・・・し尽くす。

-118-〈B〉きんだち【公達・君達】【名】(1)上流階層の御子息。(2)皇孫。(3)あなたがた。貴方様。

-1255-〈B〉くさ【種・類】【名】(1)種。(2)種類。〔接尾〕(1)・・・種。(2)・・・の題材。

-1304-〈B〉くす【屈す】〔自サ変〕(1)気が滅入る。(2)卑屈になる。

-684-〈B〉くすし【奇し・霊し】〔形シク〕(1)神秘的だ。(2)へんてこな感じだ。

-426-〈B〉くたす【腐す・朽す】〔他サ四〕(1)朽ち果てさせる。(2)悪口を言う。(3)やる気をなくさせる。

-100-〈B〉くだり【件・条】【名】(1)一節。(2)既述の件。

-99-〈B〉くだる【下る・降る】〔自ラ四〕(1)下る。(2)下向する。(3)時代が下る。定刻を過ぎる。(4)下げ渡される。(5)命令が下る。(6)低落する。(7)降伏する。

-425-〈B〉くつ【朽つ】〔自タ上二〕(1)朽ち果てる。(2)衰える。(3)死滅する。

-79-〈B〉くま【隈・曲】【名】(1)曲がり角。(2)片隅。片田舎。(3)陰。(4)隠し事。(5)短所。(6)・・・なところ。(7)隈取り。

-428-〈B〉くもがくる【雲隠る】〔自ラ四〕〔自ラ下二〕(1)姿が見えなくなる。(2)お亡くなりになる。

-485-〈C〉こしかた【来し方】【名】(1)ここまでの経路。(2)過去。

-496-〈C〉ごす【期す】〔他サ変〕(1)予期する。(2)期待する。(3)覚悟する。

-121-〈C〉ごたち【御達】【名】御婦人(方)。

-458-〈C〉こち【東風】【名】東風。

-940-〈C〉ことうけ【言承け・事請け】【名】(1)承諾。(2)受け答え。

-945-〈C〉ことごころ【異心・他心】【名】(1)その他の想念。(2)浮気心。二心。

-942-〈C〉ことこと【異事】【名】他事。

-941-〈C〉ことごと【事事】【悉・尽】【名】【事事】あれこれ。〔副〕【悉・尽】(1)全部。(2)全く・・・ない。

-944-〈C〉ことざま【異様】【名】(1)異様さ。(2)別人。別の話。

-943-〈C〉ことざま【事様】【名】(1)様子。(2)気構え。

-1329-〈C〉ことさむ【事醒む】〔自マ下二〕興醒めする。

-936-〈C〉ことさら【殊更】〔形動ナリ〕(1)格別な感じだ。(2)意図的だ。〔副〕(1)意図的に。(2)特に。

-1439-〈C〉ことしもあれ【事しも有れ】〔連接語〕《【こと】【名】＋しも〔副助〕＋あり〔自ラ変〕》事もあろうに。

-950-〈C〉ことそぐ【言削ぐ】【事削ぐ】〔自ガ四〕【言削ぐ】(1)言葉少なに言う。(2)簡略に行なう。

-1120-〈C〉ことだま【言霊】【名】言霊。

-939-〈C〉ことづく【言付く・託く】〔自カ下二〕・・・にかこつける。〔他カ下二〕伝言する。委託する。預託する。

-805-〈C〉こととふ【言問ふ】〔自ハ四〕(1)話す。(2)親しげに話す。愛の言葉を交わす。(3)質問する。(4)訪問する。お便りする。

-948-〈C〉ことなし【事無し】〔形ク〕(1)平穏無事だ。(2)至極容易だ。(3)完全無欠だ。

-949-〈C〉ことなしび【事無しび】【名】何気ない素振り。

-80-〈A〉くまなし【隈無し】〔形ク〕(1)辺り一面が明るい。一点の曇りもない。(2)万事抜かりがない。万事に精通している。(3)大っぴらだ。
-110-〈A〉くもゐ【雲居・雲井】〔名〕(1)天空。(2)雲。(3)遙か彼方。(4)宮中。都。
-269-〈A〉くやし【悔し】〔形シク〕(1)悔やまれる。(2)腹立たしい。
-1157-〈A〉くるし【苦し】〔形シク〕(1)痛い。辛い。(2)不快だ。(3)気懸かりだ。(4)よろしくない。〔接尾シク型〕(1)・・・するのも不快だ。(2)・・・しにくい。
-1303-〈A〉くんず【屈ず】〔自サ変〕(1)気が滅入る。(2)卑屈になる。
-686-〈A〉けし【異し・怪し】〔形シク〕(1)いつもと違う。(2)異様だ。(3)ひどい。(4)悪くはない。
-1011-〈A〉けしき【気色】〔名〕(1)気色ばむこと。面持ち。(2)内意。(3)機嫌。(4)気分。(5)様子。情趣。(6)兆候。(7)ほんの少しだけ。
-1015-〈A〉けしきばむ【気色ばむ】〔自マ四〕(1)思いが現われる(現わす)。(2)素振りをする。(3)気取る。(4)兆しが現われる。身籠もっているのがわかる。
-1111-〈A〉げに【実に】〔副〕(1)実際。(2)本当にそうです。(3)全く。
-1012-〈A〉けはひ【気はひ・気配・気色・化粧・仮粧】〔名〕(1)気配。音声。匂い。温度。(2)物腰。人品。(3)名残。(4)ゆかり。(5)化粧。
-1126-〈A〉ここち【心地】〔名〕(1)気分。(2)・・・のような感じ。(3)きちんとした考え。魂。(4)病弱。気分がすぐれぬこと。
-1122-〈A〉こころ【心】〔名〕(1)心。(2)気持ち。気質。(3)いたわり。愛情。(4)理性。正気。(5)風流心。(6)本質。(7)ど真ん中。最深部。(8)趣意。(9)やる気。発心。
-1128-〈A〉こころあり【心有り】〔自ラ変〕(1)思いやりがある。(2)思慮分別がある。(3)情趣を解する。

-111-〈B〉くものうへ【雲の上】〔名〕(1)天上。(2)宮中。
-112-〈B〉くものうへびと【雲の上人】〔名〕(1)貴人。(2)四位以下で昇殿を許された者。
-73-〈B〉くる【暗る・暮る・昏る】【暗る・眩る】〔自ラ下二〕【暮る・暗る・昏る】(1)日が暮れる。(2)年が押し詰まる。過ぎ行く。【暗る・眩る】(3)目が眩む。(4)目が霞む。(5)心を乱す。
-575-〈B〉け【褻】〔名〕日常。
-822-〈B〉けいす【啓す】〔他サ変〕申し上げる。
-1168-〈B〉けうとし【気疎し】〔形ク〕(1)親しみにくい。(2)物寂しい。薄気味悪い。(3)しっくりこない。(4)物凄い。
-6-〈B〉けさう【懸想】〔名・他サ変〕恋慕。
-688-〈B〉けしうはあらず【異しうはあらず・怪しうはあらず】〔連語〕《けし〔形シク〕+は〔係助〕+あり〔補動ラ変〕+ず〔助動特殊型〕打消》(1)なかなかのものだ。(2)むきになって否定するほどのこともない。
-687-〈B〉けしからず【異しからず・怪しからず】〔連語〕《けし〔形シク〕+ず〔助動特殊型〕打消》(1)異様だ。(2)感心しない。(3)なかなかのものだ。
-1016-〈B〉けしきだつ【気色立つ】〔自タ四〕(1)兆しが現われる。(2)態度に出る。(3)気取る。
-1019-〈B〉けしきばかり【気色ばかり】〔副〕形ばかり。
-173-〈B〉げす【下種・下衆】〔名〕(1)身分の低い人。(2)使用人。
-871-〈B〉けつ【消つ】〔他タ四〕(1)消す。(2)抹消する。(3)滅する。貶す。押さえ付ける。(4)・・・ない。

-1438-〈C〉ことならば【同ならば】〔連語〕《こと〔副〕+なり〔助動ナリ型〕断定+ば〔接助〕》同じにことならば。
-951-〈C〉ことにす【事にす】〔連語〕《こと〔名〕+に〔格助〕+す〔他サ変〕》それでよしとする。
-573-〈C〉ことにふれて【事に触れて】〔連語〕《こと〔名〕+に〔格助〕+ふる〔自ラ下二〕+て〔接助〕》折に触れて。
-952-〈C〉ことのたより【事の便り】〔連語〕《こと〔名〕+の〔格助〕+たより〔名〕》(1)事のついで。(2)折々の便宜。
-1437-〈C〉ことは【同は】〔副〕同じことならば。
-947-〈C〉こともなし【事も無し】〔連語〕《こと〔名〕+も〔格助〕+なし〔形ク〕》(1)平穏無事だ。(2)難点がない。(3)可もなく不可もない。(4)容易だ。
-108-〈C〉このかみ【兄】〔名〕(1)長男。(2)兄。姉。(3)年長(者)。(4)人の上に立つ器量の持ち主。(5)義兄。
-571-〈C〉ころしも【頃しも・比しも】〔連語〕《ころ〔名〕+しも〔副助〕》・・・の丁度その時～。

—さ行—

-1051-〈C〉さう【左右】〔名〕(1)左右。(2)指図。裁決。(3)つべこべ言うこと。(4)状況。(5)報告。
-474-〈C〉さうじ【障子】〔名〕障子。
-1052-〈C〉さうにおよばず【左右に及ばず】〔連語〕《さう〔名〕+に〔格助〕+及ぶ〔自バ四〕+ず〔助動特殊型〕打消》(1)言うまでもない。(2)細かいことはどうでもいい。

-235-〈A〉こころうし【心憂し】〔形ク〕(1)心痛を感じる。(2)嫌な感じだ。
-239-〈A〉こころぐるし【心苦し】〔形シク〕(1)心痛を感じる。(2)気の毒だ。(3)大切にしてやりたい。
-22-〈A〉こころづきなし【心付き無し】〔形ク〕(1)心引かれない。(2)気に入らない。
-1127-〈A〉こころなし【心無し】〔形ク〕(1)人情味がない。感情を持たない。(2)間抜けだ。(3)無教養だ。
-1147-〈A〉こころにくし【心憎し】〔形ク〕(1)心魅かれる。(2)不審な点がある。(3)警戒を要する。
-1123-〈A〉こころばへ【心延へ】〔名〕(1)性質。(2)心遣い。(3)風情。趣向。(4)主旨。
-89-〈A〉こころもとなし【心許無し】〔形ク〕(1)待ち遠しい。(2)はっきりしない。(3)気懸かりだ。(4)物足りない。
-1423-〈A〉こそあらめ【こそあらめ】〔連接語〕《こそ〔係助〕＋あり〔自ラ変〕＋む〔助動マ四型〕推量》(1)・・・べきだ。(2)・・・であろう。(3)もし・・・ならばいいけれど。(4)もし・・・ならば困るけれど。
-620-〈A〉こちたし【言痛し・事痛し】〔形ク〕(1)世間が大騒ぎしている。(2)多すぎる。(3)仰々しい。
-702-〈A〉こちなし【骨無し】〔形ク〕武骨だ。
-934-〈A〉こと【異・別・殊】〔名〕他の・・・。〔形動ナリ〕(1)異なる。(2)格別だ。

-691-〈B〉けに【異に】〔副〕(1)・・・以上に。(2)異様に。
-1113-〈B〉げにげにし【実に実にし】〔形シク〕(1)もっともだと思う。(2)堅実だ。(3)まことしやかだ。
-1112-〈B〉げには【実には】〔副〕実際には。
-508-〈B〉けふ【今日】〔名〕本日。
-690-〈B〉けやけし【けやけし】〔形ク〕(1)風変わりだ。(2)格別な。(3)異様だ。(4)はっきり。
-459-〈B〉こ【此・是】〔代名〕これ。
-593-〈B〉こうず【困ず】〔自サ変〕(1)困る。(2)疲れ果てる。
-775-〈B〉ここら【幾許】〔副〕(1)こんなに沢山。(2)こんなにも甚だしく。
-292-〈B〉こころう【心得】〔自ア下二〕(1)理解する。(2)用心する。(3)熟達する。(4)引き受ける。
-617-〈B〉こころのやみ【心の闇】〔連語〕《こころ〔名〕＋の〔格助〕＋やみ〔名〕》(1)子ゆえに惑う親心。(2)惑乱。
-1124-〈B〉こころばせ【心ばせ】〔名〕(1)性質。(2)心遣い。(3)嗜み。
-1293-〈B〉こころやる【心遣る】〔自ラ四〕得意になる。〔他ラ四〕気晴らしをする。
-1218-〈B〉こしらふ【慰ふ・誘ふ】【拵ふ】〔他ハ下二〕【慰ふ・誘ふ】(1)宥め賺す。(2)丸め込む。(3)用意する。(4)うまくやりくりする。
-510-〈B〉こぞ【去年】【昨夜】〔名〕【去年】(1)去年。【昨夜】(2)昨夜。(一説に)今夜。

-972-〈C〉さうにん【相人】〔名〕人相見。
-1404-〈C〉ざえがる【才がる】〔自ラ四〕学識をひけらかす。
-1403-〈C〉さかしだつ【賢し立つ】〔自ラ四〕利口ぶる。
-902-〈C〉さくりもよよ【噦りもよよ】〔連語〕《さくる〔自ラ四〕＋も〔格助〕＋よよ〔副〕》泣きじゃくる。
-900-〈C〉ささめく【ささめく】〔自カ四〕(1)ひそひそ話す。(2)ひそひそ噂する。(3)ざわつく。
-901-〈C〉ざざめく【ざざめく】〔自カ四〕(1)ざわつく。(2)陽気に浮かれ騒ぐ。
-816-〈C〉さしいづ【差し出づ】〔自ダ下二〕(1)光が差す。(2)現われる。(3)しゃしゃり出る。〔他ダ下二〕(1)差し出す。(2)口に出す。
-310-〈C〉さしぬき【指貫】〔名〕指貫。
-1483-〈C〉さしもやは【さしもやは】〔連接語〕《さしも〔副〕＋やは〔係助〕》そんなことがあろうか？いや、ない。
-1246-〈C〉さた【沙汰】〔名・他サ変〕(1)審議。訴訟。(2)処理。(3)指図。(4)音信。(5)噂話。(6)教義。
-750-〈C〉さてこそ【然てこそ】〔連接語〕《さて〔副〕＋こそ〔係助〕》(1)それでこそ・・・だ。(2)そうしたわけで。(3)そのようなものとして。(4)やっぱり。
-751-〈C〉さてしもあるべきことならず【然てしも有るべき事ならず】〔連語〕《さて〔副〕＋しも〔副助〕＋あり〔自ラ変〕＋べし〔助動ク型〕推量＋こと〔名〕＋なり〔助動ナリ型〕断定＋ず〔助動特殊型〕打消》そのままにはしておけない。
-747-〈C〉さては【然ては】〔副〕そんな状態で・・・か。〔接続〕(1)そうして。(2)それ以外にも。(3)それならば。〔感〕あっ、うか。
-748-〈C〉さても【然ても】〔副〕(1)そうではあっても。(2)そのままで。〔接続〕それにつけても。〔感〕何とまぁ。

-931-〈A〉こと【言】〔名〕(1)言葉。(2)通信(文)。(3)伝聞情報。噂話。故事。(4)口約束。嘘。(5)和歌。歌語。

-932-〈A〉こと【事】〔名〕(1)…という事。(2)出来事。(3)経緯。(4)事件。不幸。(5)仕事。(6)…ということ。…すること。…せぬこと。…なものよ。…なのか。(7)没頭する。

-937-〈A〉ことわり【理・断り】〔名〕(1)道理。(2)判断。説明。(3)理由。(4)言い訳。辞退。謝罪。〔形動ナリ〕当然だ。

-938-〈A〉ことわる【理る・断る・判る】〔他ラ四〕(1)判断する。(2)説明する。(3)予告する。

-1056-〈A〉こよなし【こよなし】〔形ク〕(1)この上ない。(2)段違いだ。

-1028-〈A〉ごらんず【御覧ず】〔他サ変〕御覧になる。

―さ行―

-732-〈A〉さ【然】〔副〕そう。

-1312-〈A〉さうざうし【さうざうし】〔形シク〕物足りない。心細い。

-1053-〈A〉さうなし【左右無し・双無し】〔形ク〕【左右無し】(1)たやすい。(2)後先も考えない。【双無し】(3)この上なく素晴らしい。

-386-〈A〉さうらふ【候ふ】〔自ハ四〕(1)伺候する。お仕えする。(2)ございます。〔補動ハ四〕…です。

-1395-〈A〉ざえ【才】〔名〕(1)漢学の才。(2)才芸。(3)男の謡い手。

-1131-〈A〉さが【性・相・祥】〔名〕(1)宿命。不運。(2)生まれつきの性分。(3)世の習い。

-1401-〈A〉さかし【賢し】〔形シク〕(1)賢明だ。(2)気は確かだ。(3)気が利いている。(4)小賢しい。(5)めでたく栄えている。

-1132-〈A〉さがなし【さがなし】〔形ク〕(1)意地悪だ。(2)口が悪い。(3)困ったものだ。

-1424-〈B〉こそあれ【こそあれ】〔連接語〕《こそ〔係助〕+あり〔自ラ変〕》(1)確かに…はあるけれども。(2)確かに…ではあるけれども。(3)…するや否や〜。(4)折角…だというのに。

-1425-〈B〉こそなからめ【こそなからめ】〔連接語〕《こそ〔係助〕+なし〔形ク〕+む〔助動マ四型〕推量》…ないのは仕方ないにしても。

-703-〈B〉こちごちし【骨骨し】〔形シク〕武骨だ。

-1436-〈B〉ごと【如】〔助動語幹〕…のように。

-946-〈B〉ことごとし【事事し】〔形シク〕大袈裟だ。

-926-〈B〉ことのは【言の葉】〔名〕(1)言葉。(2)和歌(の言葉)。

-460-〈B〉こなた【此方】〔代名〕(1)こちら。(2)…して以来。(3)今から…まで。(4)この人。(5)私。(6)あなた。

-696-〈B〉こはし【強し・剛し・恐し】〔形ク〕【強し・剛し】(1)堅い。(2)ぎこちない。(3)頑固だ。(4)手強い。(5)険しい。

-1300-〈B〉こほつ【毀つ】〔他タ四〕(1)破壊する。(2)除去する。

-665-〈B〉こまやか【細やか・濃やか】〔形動ナリ〕(1)微細だ。(2)精巧だ。(3)詳細だ。(4)心遣いが細やかだ。(5)懇ろだ。(6)にこやかだ。(7)きめ細かだ。(8)濃密だ。

-409-〈B〉こもる【籠る・隠る】〔自ラ四〕(1)囲まれている。(2)充満している。(3)隠れる。(4)引き籠もる。(5)参籠する。(6)籠城する。(7)将来性がある。

-1400-〈C〉さとし【聡し】〔形ク〕(1)聡明だ。(2)分別がある。

-1468-〈C〉さな【然な】〔連接語〕《さ〔副〕+な〔副〕》そんな風に…するな。

-1110-〈C〉ざね【実ね】〔接尾〕(1)…の本源。(2)主…。

-757-〈C〉さのみやは【然のみやは】〔連接語〕《さ〔副〕+のみ〔副助〕+やは〔係助〕》そんなにも…ではあるまい。

-761-〈C〉されば【然れば】〔接続〕それはそうかもしれないが。〔感〕もうどうにでもなれ。

-1077-〈C〉さまかふ【様変ふ】〔連語〕《さま〔名〕+かふ〔他ハ下二〕》(1)趣向を変える。(2)装いを変える。(3)出家する。

-914-〈C〉さみだる【五月雨る】〔自ラ下二〕五月雨が降る。

-755-〈C〉さもあれ【然も有れ】〔連接語〕《さ〔副〕+も〔係助〕+あり〔補動ラ変〕》(1)もうどうにでもなれ。(2)それはそうかもしれないが。

-739-〈C〉さらず【然らず】〔連接語〕《さり〔自ラ変〕+ず〔助動特殊型〕打消〕そうではない。

-765-〈C〉さらでも【然らでも】〔連接語〕《さり〔自ラ変〕+で〔接助〕+も〔係助〕》ただでさえ…なのに。

-766-〈C〉さらぬだに【然らぬだに】〔連接語〕《さり〔自ラ変〕+ず〔助動特殊型〕打消+だに〔副助〕》ただでさえ…なのに。

-743-〈C〉さりあへず【避りあへず】〔連接語〕《さる〔他ラ四〕+あふ〔補動ハ下二〕+ず〔助動特殊型〕打消〕どうにも避けることができない。

http://fusau.com 古文単語千五百マスタリング・ウェポン http://fusaugatari.com

―さ行―

-487-〈A〉さき【先・前】〔名〕（1）先端。（2）前方。（3）過去。先代。（4）将来。（5）上位。重大事。（6）露払い。（7）先陣。

-735-〈A〉さすが【流石・遉】〔形動ナリ〕（1）・・・ではあるが、そうは言ってもやはり～である。いくら・・・だとしても、～はあるまい。（2）気が咎める。〔副〕（1）・・・ではあるが、そうは言ってもやはり～である。いくら・・・だとしても、～はあるまい。（2）さすがは。

-394-〈A〉させたまふ【させ給ふ】〔連接語〕《さす〔助動サ下二型〕使役・尊敬＋たまふ〔補動ハ四〕》（1）・・・おさせになる。（2）お・・・になる。

-746-〈A〉さて【然て・扨】〔副〕（1）そのままで。（2）それ以外の。〔接続〕（1）そうして。（2）ところで。〔感〕（1）それにしても。（2）どうかね。

-744-〈A〉さながら【然ながら・宛ら】〔副〕（1）そのまま。（2）すべて。（3）全く・・・ない。（4）まるで・・・のよう。〔接続〕しかしながら。

-597-〈A〉さはる【障る】〔自ラ四〕（1）邪魔になる。（2）支障がある。（3）病気を抱えている。月経になる。

-1311-〈A〉さびし【寂し・淋し】〔形シク〕（1）寂しい。（2）物足りない。心細い。（3）やりきれぬ。（4）みすぼらしい。

-1310-〈A〉さぶ【荒ぶ・寂ぶ】【錆ぶ】〔自バ上二〕〔荒ぶ・寂ぶ〕（1）衰亡する。荒れ果てる。（2）寂しく思う。（3）古びる。時の重みが感じられる。【錆ぶ】（4）色褪せる。錆びる。

-523-〈B〉さいつころ【先つ頃】〔名〕先頃。

-304-〈B〉さうぞく【装束】〔名・自サ変〕（1）衣装。（2）正装。（3）準備。（4）装飾。

-1133-〈B〉さがし【険し・嶮し】〔形シク〕（1）険しい。（2）危険だ。

-1402-〈B〉さかしら【賢しら】〔名・自サ変〕告げ口。〔名・形動ナリ〕（1）利口ぶること。（2）出しゃばり。

-749-〈B〉さこそ【然こそ】〔連接語〕《さ〔副〕＋こそ〔係助〕》（1）あんなにも。（2）さぞ。（3）たとえ・・・とはいえ。

-830-〈B〉さしいらへ【差し答へ】〔名〕（1）応答。（2）合奏。合唱。（3）差し出口。

-752-〈B〉さしも【さしも】〔副〕（1）さほど・・・ない。（2）あんなにも。

-1241-〈B〉さす【さす】〔接尾サ四型〕（1）・・・しかけてやめる。（2）・・・し始めたばかりだ。

-753-〈B〉さぞ【然ぞ】〔連接語〕《さ〔副〕＋ぞ〔係助〕》（1）そうした状態で。（2）そうだ。〔副〕さぞかし・・・だろう。

-554-〈B〉さだすぐ【さだ過ぐ】〔自ガ上二〕遅れる。盛りを過ぎる。

-1254-〈B〉さだめて【定めて】〔副〕（1）・・・するのは必定だ。（2）さだめし。

-183-〈B〉さと【里】〔名〕（1）人里。（2）自宅。実家。（3）俗世間。（4）田舎。

-1408-〈C〉ざりける【ざりける】〔連接語〕《ぞ〔係助〕＋あり〔自ラ変〕＋けり〔助動ラ変型〕過去》・・・だったのだな。

-759-〈C〉さるに【然るに】〔接続〕それなのに。

-760-〈C〉さるは【然るは】〔接続〕（1）それというのも。その上また。（2）そうは言っても。

-771-〈C〉さるべきにや【然るべきにや】〔連接語〕《さり〔自ラ変〕＋べし〔助動ク型〕推量＋なり〔助動ナリ型〕断定＋や〔係助〕》（1）それも当然の事なのだろうか？（2）こうなる運命だったのだろうか。

-538-〈C〉さるほどに【然る程に】〔接続〕（1）そうこうしているうちに。（2）さて。（3）それにしても。

-1080-〈C〉さるやう【然る様】〔連語〕《さる〔連体〕＋やう〔名〕》それなりの訳。

-1432-〈C〉さればこそ【然ればこそ】〔連接語〕《さり〔自ラ変〕＋ば〔接助〕＋こそ〔係助〕》（1）あぁ、やっぱりそうだ。（2）そうであるからこそ・・・だ。

-971-〈C〉さんまい【三昧】〔名〕（1）仏道精進。一心不乱。（2）墓所。火葬場。

-349-〈C〉しいづ【為出づ】〔他ダ下二〕（1）しでかす。（2）成就する。生み出す。（3）調達する。

-1227-〈C〉しおく【為置く・仕置く】〔他カ四〕・・・しておく。

-745-〈C〉しかしながら【然ながら】〔副〕（1）そっくりそのまま。（2）要するに。〔接続〕しかし。

-734-〈C〉しかすがに【然すがに】〔副〕・・・ではあるが、そうは言ってもやはり～である。いくら・・・だとしても、～はあるまい。

-1285-〈C〉しがらみ【柵】〔名〕（1）柵。（2）阻害要因。

-928-〈C〉しきしまのみち【敷島の道】〔名〕和歌（の道）。

-913-〈C〉しぐれ【時雨】〔名〕（1）通り雨。（2）涙。落涙。

-1102-〈C〉しし【肉・宍〔獣〕〔名〕【肉・宍】（1）獣肉。【獣】（2）食用獣。（3）狩猟。

- 19 - see also 古文・和歌マスタリング・ウェポン

http://zubaraie.com

-385-〈A〉さぶらふ【候ふ・侍ふ】〔自ハ四〕(1)伺候する。お仕えする。(2)参上する。(3)お手元にある。(4)ございます。〔補動ハ四〕…です。

-447-〈A〉さま【様】【方】〔名〕【様】(1)有様。姿形。(2)趣。(3)形式。(4)事情。〔接尾〕【様・方】(1)…の方。(2)…するや否や。【様】(3)…な風に。(4)…様。

-82-〈A〉さやか【明か・清か・分明】〔形動ナリ〕(1)くっきり明るい。(2)はっきり聞こえる。(3)はっきりわかる。

-740-〈A〉さらぬ【然らぬ】〔連接語〕《さり〔自ラ変〕+ず〔助動特殊型〕打消》(1)その他の。(2)それほどでもない。

-741-〈A〉さらぬ【避らぬ】〔連接語〕《さる〔他ラ四〕+ず〔助動特殊型〕打消》避けようがない。

-737-〈A〉さる【然る】〔連体〕(1)そのような。(2)それ相応の。(3)とある。

-738-〈A〉さる【避る】〔他ラ四〕(1)避ける。遠慮する。(2)断わる。

-733-〈A〉しか【然】〔副〕(1)そう。(2)そんなにも。(3)その通りです。

-549-〈A〉しげし【繁し・茂し】〔形ク〕(1)絶え間ない。(2)大量だ。高密度だ。(3)うるさい。

-1230-〈A〉したたむ【認む】〔他マ下二〕(1)準備する。(2)管理する。(3)片付ける。(4)書き記す。(5)食事する。〔補動マ下二〕確かに…する。すっかり…し通す。

-636-〈A〉しどけなし【しどけなし】〔形ク〕(1)乱れている。(2)無造作だ。

-199-〈A〉しな【階・品・級・科】〔名〕(1)階段。(2)身分。(3)品格。(4)差異。(5)状況。(6)品目。

-5-〈A〉しのぶ【忍ぶ】【慕ぶ・偲ぶ・賞ぶ】〔他バ上二〕【他バ四】【忍ぶ】(1)堪え忍ぶ。(2)秘密裏に事を運ぶ。隠蔽する。【慕ぶ・偲ぶ・賞ぶ】(3)思慕する。(4)賞美する。

-345-〈A〉しる【治る・領る】〔他ラ四〕(1)統治する。領有する。(2)世話をする。

-754-〈B〉さも【然も】〔連接語〕《さ〔副〕+も〔係助〕》そのようにも…。〔副〕(1)それほどまでに…。(2)それはもう…。(3)さほど…ない。

-756-〈B〉さもや【然もや】〔連接語〕《さ〔副〕+も〔係助〕+や〔係助〕》(1)そのように…であろうか?/ではないのか?(2)そうではなかろうか。

-83-〈B〉さやけし【清けし・明けし】〔形ク〕(1)鮮やかだ。(2)爽やかだ。(3)清らかだ。

-764-〈B〉さらで【然らで】〔連接語〕《さり〔自ラ変〕+で〔接助〕》そうではなくて。

-624-〈B〉さらに【更に】〔副〕(1)更にまた。(2)再び。(3)全然…ない。

-846-〈B〉さらにもあらず【更にもあらず】〔連語〕《さら〔形動ナリ〕+も〔係助〕+あり〔補動ラ変〕+ず〔助動特殊型〕打消》別にどうということもない。

-742-〈B〉さらぬわかれ【避らぬ別れ】〔連語〕《さる〔他ラ四〕+ず〔助動特殊型〕打消+わかれ〔名〕》避けようのない運命の別れ。

-762-〈B〉さらば【然らば】〔接続〕(1)それならば。(2)それなのに。〔感〕さようなら。

-1488-〈B〉ざらまし【ざらまし】〔連接語〕《ず〔助動特殊型〕打消+まし〔助動特殊型〕推量》(1)(もし…だったなら)…なかっただろうに。(2)もし…なかったならば。

-736-〈B〉さり【然り】〔自ラ変〕(1)そうだ。(2)そのようである。

-758-〈B〉さりとも【然りとも】〔副〕いくら何でも…だろう。〔接続〕そうは言っても。

-445-〈C〉しぞく【退く】〔自カ四〕しりぞく。

-1231-〈C〉したたか【したたか】〔形動ナリ〕(1)堅牢だ。(2)屈強だ。気丈だ。(3)確かだ。(4)たっぷり…だ。…し過ぎだ。〔副〕ひどく。

-350-〈C〉したり【したり】〔感〕(1)やったあー。(2)やっちゃったあー。

-1109-〈C〉じち【実】〔名〕(1)真実。(2)実質。

-1378-〈C〉しづごころ【静心】〔名〕心穏やかなこと。

-416-〈C〉しにいる【死に入る】〔自ラ四〕(1)死んだようになる。(2)息絶える。

-417-〈C〉しにかへる【死に返る】〔自ラ四〕(1)何度も何度も死ぬ。(2)死ぬほど苦しむ。(3)死ぬほど強く…。

-904-〈C〉しほたる【潮垂る】〔自ラ下二〕(1)びしょ濡れだ。(2)落涙する。

-398-〈C〉しめたまふ【しめ給ふ】〔連接語〕《しむ〔助動マ下二型〕使役・尊敬+たまふ〔補動ハ四〕》(1)…させなさる。(2)…あそばす。

-973-〈C〉しゃうにん【聖人・上人】〔名〕(1)聖人。(2)和尚様。

-935-〈C〉しゅしょう【殊勝】〔形動ナリ〕(1)霊験あらたかだ。(2)神々しい。(3)けなげだ。

-144-〈C〉じゅだい【入内】〔名・自サ変〕入内。

-1261-〈C〉しょせん【所詮】〔名〕要点。〔副〕結局。

-449-〈C〉しりへ【後・後方】〔名〕(1)後方。(2)後手。

-340-〈C〉しれじれし【痴れ痴れし】〔形シク〕(1)馬鹿みたいだ。(2)そらとぼけている。

-343-〈A〉しる【知る】〔自ラ下二〕知られる。〔自ラ四〕わかる。〔他ラ四〕(1)理解する。(2)区別する。(3)経験する。(4)付き合いがある。(5)男と女の関係にある。(6)世話をする。(7)・・・することができない。

-967-〈A〉しるし【印・璽・徴】【験】【標・印・証】〔名〕【標・印・証】(1)目印。(2)証拠。(3)紋章。(4)合図。【徴】(5)兆候。【験】(6)霊験。(7)甲斐。【標・印・証】(8)首級。【印・璽】(9)神璽。

-1252-〈A〉しるし【著し】〔形ク〕(1)際立つ。(2)さすがに・・・だと思わせるような感じで。

-348-〈A〉す【為】〔自サ変〕(1)・・・する。(2)・・・する。(3)・・・しようとする。・・・しそうになる。〔他サ変〕(1)・・・する。(2)・・・する。(3)・・・とする。〔補動サ変〕・・・する。

-1073-〈A〉すがた【姿】〔名〕(1)体付き。(2)外見。(3)歌体。

-219-〈A〉すき【好き・数寄】〔名〕(1)恋(心)。(2)風流(心)。

-553-〈A〉すぐす【過ぐす】〔他サ四〕(1)年月を過ごす。暮らす。(2)やり過ごす。(3)済ます。(4)かなりの年齢である。(5)度を超している。並外れて優れている。〔補動サ四〕・・・し過ぎる。

-57-〈A〉すくせ【宿世】〔名〕(1)前世。(2)宿命。

-278-〈A〉すごし【凄し】〔形ク〕(1)荒涼としている。(2)無気味だ。(3)素晴らしい。

-769-〈B〉さりぬべし【然りぬべし】〔連接語〕《さり〔自ラ変〕＋ぬ〔助動ナ変型〕完了＋べし〔助動ク型〕推量》(1)当然そうあるべきだ。(2)相当なものだ。

-229-〈B〉ざる【戯る】〔自ラ下二〕(1)ふざける。(2)世慣れている。なまめかしい。(3)洒落ている。

-768-〈B〉さること【然る事】〔連語〕《さる〔連体〕＋こと〔名〕》(1)そのようなこと。(2)然るべきこと。(3)言うまでもないこと。(4)たいしたこと。

-770-〈B〉さるべき【然るべき】〔連接語〕《さり〔自ラ変〕＋べし〔助動ク型〕推量》(1)然るべき。(2)立派な。(3)宿命的な。

-767-〈B〉さるもの【然る者】【然る物】〔連語〕《さる〔連体〕＋もの〔名〕》【然る者】(1)ああいう人。(2)なかなかの人物。【然る物】(3)・・・は当然として。(4)・・・なのはもっともだが、その一方で。(5)そのような物事。

-230-〈B〉ざれこと【戯れ言】【戯れ事】〔名〕【戯れ言】(1)冗談。【戯れ事】(2)戯れ。

-763-〈B〉されば【然れば】〔接続〕(1)それゆえに。(2)話は変わって。さて。〔感〕(1)いやはや。(2)いや、その事なんですがね。

-1065-〈B〉しく【及く・若く・如く】〔自力四〕(1)追い付く。(2)匹敵する。

-557-〈B〉しだい【次第】〔名〕(1)順序。(2)経緯。〔接尾〕(1)・・・のままに。(2)・・・するや否や。

-351-〈B〉したりがほ【したり顔】〔名・形動ナリ〕得意満面。

-177-〈B〉しづ【賤】〔名〕下層民。下賤の身分。

-1181-〈B〉しふ【強ふ】〔他ハ上二〕強行する。

-342-〈C〉しれもの【痴れ者】〔名〕(1)愚か者。(2)求道者。その道の達人。

-1385-〈C〉すいさん【推参】〔名・自サ変〕押しかけること。〔名・形動ナリ〕出しゃばり。

-222-〈C〉すかす【賺す】〔他サ四〕(1)欺く。(2)おだてる。(3)慰める。

-881-〈C〉すがむ【眇む】〔自マ四〕片目を細める。斜視である。〔他マ下二〕片目を細めてじっと見る。

-893-〈C〉ずきゃう【誦経】〔名〕(1)読経。(2)御布施。

-1050-〈C〉すぐれて【勝れて】〔副〕際立って。

-1170-〈C〉すげなし【すげなし】〔形ク〕冷淡だ。

-277-〈C〉すさびごと【遊び事】〔遊び言〕〔名〕【遊び事】(1)慰みごと。【遊び言】(2)気紛れな言葉。

-1340-〈C〉すずろごと【漫ろ言】【漫ろ事】〔名〕【漫ろ言】(1)どうでもいいようなつまらぬ話。【漫ろ事】(2)どうでもいいようなつまらぬ事。

-506-〈C〉すでに【已に・既に】〔副〕(1)もはや・・・している。(2)今まさに・・・しようとする。(3)現に・・・している。(4)すべて。

-507-〈C〉すなはち【即ち・乃ち・則ち】〔名〕(1)即時。(2)当時。直後。〔副〕即座に。〔接続〕(1)つまり。(2)そこで。(3)・・・ならば、その時には～。

-656-〈C〉せうと【兄人】〔名〕(1)兄。弟。(2)男兄弟。兄。(3)特別親しい男性。

-290-〈C〉せうとく【所得】〔名・自サ変〕得ること。

-130-〈C〉せちゑ【節会】〔名〕節会。

-1161-〈C〉せむ【責む】〔他マ下二〕(1)苦しめる。(2)咎める。(3)しきりにせがむ。(4)真剣に追求する。(5)調教する。

-472-〈C〉せんざい【前栽】〔名〕(1)植え込み。(2)野菜。

-274-〈A〉すさぶ【荒ぶ・遊ぶ】〔自バ上二〕〔自バ四〕(1)ますます盛んになる。(2)勝手気ままに・・・する。(3)わずかに・・・する。〔補動バ上二〕〔補動バ四〕(1)盛んに・・・する。(2)勝手気ままに・・・する。(3)・・・しなくなる。

-276-〈A〉すさまじ【凄じ・冷じ】〔形シク〕(1)興醒めだ。(2)冷淡だ。(3)寒々としている。(4)物凄い。(5)ぞっとする。

-275-〈A〉すさむ【荒む・進む・遊む】〔自マ四〕(1)ますます盛んになる。(2)勝手気ままに・・・する。(3)わずかに・・・する。〔他マ下二〕(1)ふと心に留める。(2)嫌う。〔補動マ四〕(1)盛んに・・・する。(2)勝手気ままに・・・する。(3)・・・しなくなる。

-1443-〈A〉ずして【ずして】〔連接語〕《ず〔助動特殊型〕打消＋して〔接助〕》・・・なくて。

-1338-〈A〉すずろ【漫ろ】〔形動ナリ〕(1)ただ何となく。(2)こんな等ではないのだけれど。(3)関係ない。(4)よくない。(5)無鰹矢鱈と・・・だ。

-1256-〈A〉すぢ【筋】〔名〕(1)筋。(2)一筋。(3)血筋。身分。(4)気性。(5)理由。(6)方向。(7)・・・方面。(8)手法。(9)粗筋。〔接尾〕・・・本。

-1451-〈A〉ずは【ずは】〔連接語〕《ず〔助動特殊型〕打消＋は〔係助〕》(1)・・・などせずに。(2)もし・・・ないならば、～。(3)・・・ない。

-27-〈A〉すむ【住む】〔自マ四〕(1)暮らす。(2)男が女の許を訪れる。

-396-〈A〉せさす【為さす】〔連接語〕《す〔他サ変〕＋さす〔助動サ下二型〕使役・尊敬》(1)・・・させる。(2)・・・あそばす。

-115-〈B〉じゃうず【上衆・上種】〔名〕高貴な人物。

-116-〈B〉じゃうらふ【上﨟】〔名〕(1)高僧。(2)上流階級。高位高官。(3)貴婦人。

-218-〈B〉しらぶ【調ぶ】〔他バ下二〕(1)調律する。(2)演奏する。(3)調子づく。(4)吟味する。

-450-〈B〉しりうごと【後う言】〔名〕噂話。

-339-〈B〉しる【痴る】〔自ラ下二〕(1)ぼける。(2)ふざけている。

-344-〈B〉しるべ【導・知る辺】〔名〕(1)道標。(2)手引き(書)。(3)知り合い。

-341-〈B〉しれごと【痴れ言】【痴れ事】〔名〕【痴れ言】(1)笑い話。愚かな話。【痴れ事】(2)笑える事。愚挙。

-346-〈B〉しろしめす【知ろし召す・領ろし召す】〔他サ四〕(1)御理解なさる。(2)お治めになる。(3)御世話なさる。

-1309-〈B〉しわぶ【為侘ぶ】〔他バ上二〕持て余す。

-541-〈B〉すがら【すがら】〔接尾〕(1)・・・の間中ずっと。(2)・・・のついでに。

-221-〈B〉すきずきし【好き好きし】〔形シク〕(1)恋愛に夢中だ。(2)物好きだ。その道にひたむきだ。

-220-〈B〉すきもの【好き者・数寄者】〔名〕(1)好色な人物。(2)風流人。

-1351-〈B〉すくすくし【すくすくし】〔形シク〕(1)真面目だ。(2)融通が利かない。(3)不愛想だ。

-588-〈B〉すくよか【健よか】〔形動ナリ〕(1)ごわごわしている。(2)剣呑だ。(3)健康だ。(4)気丈だ。(5)堅実だ。(6)融通が利かない。(7)不愛想だ。

-891-〈B〉ずす【誦す】〔他サ変〕口ずさむ。

-488-〈C〉せんだち【先達】〔名〕(1)先輩。(2)指導者。(3)先導役の修験者。

-975-〈C〉そうづ【僧都】〔名〕僧都。

-773-〈C〉そこな【其処な】〔連体〕そこの・・・。

-777-〈C〉そこばく【若干・幾許】〔副〕(1)こんなに沢山。(2)こんなにも甚だしく。

-465-〈C〉そこもと【其処許】〔代名〕その場所。

-911-〈C〉そでかたしく【袖片敷く】〔連語〕《そで〔名〕＋かた〔接頭〕＋しく〔他カ四〕》独り寝をする。

-1044-〈C〉そふ【添ふ・副ふ】〔自ハ下二〕・・・につれて。〔自ハ四〕(1)寄り添う。(2)夫婦になる。(3)付け加わる。〔他ハ下二〕(1)随行させる。(2)付加する。(3)例える。

-905-〈C〉そほつ【濡つ】〔自タ四〕〔自タ上二〕(1)すっかり濡れる。(2)絶えず降り注ぐ。

-179-〈C〉そま【杣】〔名〕(1)伐採用樹木。(2)伐採用山林。(3)木樵。

―た行―

-699-〈C〉たく【長く・闌く】〔自カ下二〕(1)日が高くなる。(2)熟達する。(3)年老いる。押し詰まる。

-1211-〈C〉たくむ【工む・巧む】〔他マ四〕(1)計画する。(2)技巧を凝らす。

-172-〈C〉ただびと【直人・徒人】〔名〕(1)生身の人間。(2)臣下。(3)一般貴族。

-1063-〈C〉たとしへなし【譬へ無し】〔形ク〕(1)比べようがない。(2)まるで別人・物である。(3)甚だしく。

-397-〈A〉せさせたまふ【せさせ給ふ】〔連接語〕《す〔助動サ下二型〕使役・尊敬＋さす〔助動サ下二型〕使役・尊敬＋たまふ〔補動ハ四〕》（1）…おさせになる。《す〔他サ変〕＋さす〔助動サ下二型〕使役・尊敬＋たまふ〔補動ハ四〕》（2）…おさせになる。（3）お…になる。
-395-〈A〉せたまふ【せ給ふ】〔連接語〕《す〔助動サ下二型〕使役・尊敬＋たまふ〔補動ハ四〕》（1）…おさせになる。（2）お…になる。
-1178-〈A〉せち【切】〔形動ナリ〕（1）痛切だ。（2）切実だ。（3）重大だ。
-1444-〈A〉せで【せで】〔連接語〕《す〔自サ変〕〔他サ変〕＋で〔接助〕》…しないで。
-1450-〈A〉せば【せば】〔連接語〕《き〔助動特殊型〕過去＋ば〔接助〕》もし仮に…だったとすれば。
-1467-〈A〉そ【そ】〔終助〕（1）…しないでほしい。（2）…するな。
-1337-〈A〉そぞろ【漫ろ】〔形動ナリ〕（1）ただ何となく。（2）こんな筈ではないのだけれど。（3）関係ない。（4）よくない。（5）無闇矢鱈と…だ。（6）そわそわしている。
-489-〈A〉そむ【初む】〔補動マ下二〕…し始める。
-204-〈A〉そらごと【空言・虚言】〔名〕嘘。

—た行—

-1197-〈A〉たえて【絶えて】〔副〕（1）全然…ない。（2）実に…。（3）ぱったりと…なくなる。

-1339-〈B〉すずろはし【漫ろはし】〔形シク〕（1）不思議と心が浮き立つ。（2）訳もなく不快だ。
-37-〈B〉すだく【集く】〔自カ四〕（1）群がる。（2）鳴き騒ぐ。
-1263-〈B〉すちなし【術無し】〔形ク〕処置なしだ。
-1204-〈B〉すべて【総て】〔副〕（1）合わせて。（2）概して。（3）全く…ない。（4）まったくもって…だ。
-865-〈B〉すまふ【争ふ・辞ふ】〔自ハ四〕（1）抵抗する。（2）辞退する。
-151-〈B〉ずりゃう【受領】〔名〕国司。
-491-〈B〉すゑ【末】〔名〕（1）末端。（2）梢。（3）将来。（4）終盤。（5）末期。（6）子孫。（7）下位。（8）結末。（9）下の句。
-892-〈B〉ずんず【誦ず】〔他サ変〕口ずさむ。
-1452-〈B〉ずんば【ずんば】〔連接語〕《ず〔助動特殊型〕打消＋は〔係助〕》もし…ないならば、〜。
-653-〈B〉せ【兄・夫・背】〔名〕あなた。
-370-〈B〉せうそこ【消息】〔名・自サ変〕（1）動静。（2）通信（文）。（3）訪問。面会要請。
-1289-〈B〉せきあふ【塞き敢ふ】〔他ハ下二〕我慢する。
-1368-〈B〉せに【狭に】〔連接語〕《せし〔形ク〕＋に〔格助〕》…狭しと。
-1179-〈B〉ぜひなし【是非無し】〔形ク〕（1）良いも悪いもない。（2）やむを得ない。
-1264-〈B〉せむかたなし【為む方無し】〔形ク〕どうしようもない。
-1162-〈B〉せめて【せめて】〔副〕（1）無理に。（2）ひどく。（3）せめて…ぐらいは。
-1260-〈B〉せん【詮】〔名〕（1）結局。（2）手立て。（3）効能。（4）主眼点。

-683-〈C〉たへ【妙】〔形動ナリ〕（1）霊妙だ。（2）抜群に上手だ。
-1118-〈C〉たま【玉・珠】〔名〕（1）宝玉。（2）涙。露。滴。（3）玉のような。〔接頭〕美しい。
-586-〈C〉たまさか【偶・邂逅】〔形動ナリ〕（1）たまたまだ。（2）たまにしかない。（3）万が一。
-1119-〈C〉たまのを【玉の緒】〔名〕（1）玉飾り。（2）束の間の時。（3）生命力。
-585-〈C〉たまゆら【玉響】〔副〕（1）しばしの間。（2）ほのかに。
-600-〈C〉たゆし【弛し・懈し】〔形ク〕（1）かったるい。（2）のろのろしている。（3）ゆったりしている。
-601-〈C〉たゆたふ【揺蕩ふ】〔自ハ四〕（1）揺れ動く。（2）ためらう。
-663-〈C〉たわやめ【手弱女】〔名〕たわやめ。
-327-〈C〉ちからおよばず【力及ばず】〔連語〕《ちから〔名〕＋およぶ〔自ハ四〕＋ず〔助動特殊型〕打消》仕方がない。
-1302-〈C〉ちゃうず【打ず】〔他サ変〕殴打する。
-424-〈C〉ちる【散る】〔自ラ四〕（1）散る。こぼれる。（2）散乱する。（3）離散する。（4）落ち着かない。（5）世間に知れる。
-381-〈C〉つゐゐる【突い居る】〔自ワ上一〕（1）ひざまずく。（2）ちょこんと座る。
-149-〈C〉つかさ【司・官・寮】〔名〕（1）役所。（2）役人。（3）位階。官職。
-390-〈C〉つかふ【仕ふ】〔自ハ下二〕（1）近仕する。（2）役人として働く。
-929-〈C〉つくばのみち【筑波の道】〔連語〕《つくば〔地名〕＋の〔格助〕＋みち〔名〕》連歌。
-1210-〈C〉つくろふ【繕ふ】〔他ハ四〕（1）修繕する。（2）治療する。養生する。（3）化粧する。身だしなみを整える。（4）取り繕う。
-288-〈C〉つと【苞・苴】〔名〕（1）藁苞。（2）贈答品。

-1244-〈A〉たがふ【違ふ】〔自ハ四〕（1）食い違う。（2）背く。（3）変調を来たす。〔他ハ下二〕（1）変える。（2）背く。（3）間違える。（4）「方違へ」をする。

-589-〈A〉ただ【直】【唯・只】【徒・常・只】【形動ナリ】【直】（1）まっすぐだ。（2）じかだ。（3）生のままだ。【徒・常・只】（4）普段通りだ。（5）無料だ。〔副〕【直】（1）じかに。（2）すぐ。（3）すぐ。（4）素直に。（5）ちょうど・・・のようなものだ。【唯・只】（6）わずかに。（7）ただもう。（8）とにかく。

-802-〈A〉たづぬ【尋ぬ・訪ぬ】〔他ナ下二〕（1）探訪する。（2）探求する。（3）質問する。（4）訪問する。

-392-〈A〉たてまつる【奉る】〔自ラ四〕お乗りになる。〔他ラ下二〕（1）差し上げる。（2）参上させる。〔他ラ四〕（1）差し上げる。（2）参上させる。（3）召し上がる。（4）お召しになる。〔補動ラ四〕お・・・申し上げる。

-160-〈A〉たのもし【頼もし】〔形シク〕（1）頼りになる。（2）先々楽しみだ。（3）裕福だ。

-1248-〈A〉たばかる【謀る】〔他ラ四〕（1）謀略を巡らす。（2）計画する。（3）相談する。

-226-〈A〉たはぶる【戯る】〔自ラ下二〕（1）ふざける。（2）遊興する。（3）淫らなことをする。

-299-〈A〉たぶ【賜ぶ・給ぶ】〔他バ四〕下さる。〔補動バ四〕お・・・になる。

-301-〈A〉たまはる【賜はる・給はる】〔他ラ四〕（1）頂戴する。（2）お与えになる。〔補動ラ四〕（1）・・・ていただく。（2）・・・してくださる。

-298-〈A〉たまふ【賜ふ・給ふ】〔他ハ下二〕頂戴する。〔他ハ四〕（1）下さる。（2）お寄越しになる。（3）お・・・なさい。〔補動ハ下二〕・・・でございます。〔補動ハ四〕・・・なさる。

-925-〈A〉ためし【例し・試し】〔名〕（1）見本。（2）前例。（3）証拠。（4）試し切り。

-1262-〈B〉せんなし【詮無し】〔形ク〕無益だ。

-772-〈B〉そ【夫・其】〔代名〕（1）それ。（2）その人。

-821-〈B〉そうす【奏す】〔他サ変〕（1）申し上げる。（2）演奏する。

-319-〈B〉そこはかとなし【そこはかとなし】〔連語〕《そこ〔代名〕＋はか〔名〕＋と〔格助〕＋なし〔形ク〕》はっきりしない。

-774-〈B〉そこら【そこら】〔副〕（1）たくさん。（2）たいそう。

-908-〈B〉そでをしぼる【袖を絞る】〔連語〕《そで〔名〕＋を〔格助〕＋しぼる〔他ラ四〕》号泣する。

-107-〈B〉そのかみ【其の上】〔名〕（1）その当時。（2）過去。（3）その時。

-879-〈B〉そばそばし【側側し】【稜稜し】〔形シク〕【側側し】（1）親しみ辛い。【稜稜し】（2）ごつごつしている。近寄り難い。

-878-〈B〉そばむ【側む】〔自マ四〕（1）脇見をする。（2）脇に寄る。（3）正道を踏み外す。（4）嫉妬する。〔他マ下二〕（1）一方に寄せる。（2）目を逸らす。（3）疎んじる。

-444-〈B〉そむく【背く】〔自カ四〕（1）背を向ける。横を向く。（2）逆らう。（3）離別する。（4）出家する。〔他カ下二〕（1）背ける。（2）離反する。

-202-〈B〉そら【空・虚】〔名〕（1）空中。（2）高所。（3）空模様。時節。（4）場面。（5）心持ち。立場。〔形動ナリ〕（1）上の空だ。（2）いい加減だ。（3）虚しい。（4）丸暗記して。〔接頭〕（1）当てにならない。（2）偽りの。（3）何となく・・・。

-205-〈B〉そらだのめ【空頼め】〔名〕空約束をすること。

-787-〈B〉それがし【某】〔代名〕（1）某・・・。（2）私。

-526-〈C〉つとに【夙に】〔副〕（1）早朝に。（2）早期に。

-1175-〈C〉つとむ【勤む・努む・勉む・務む】〔自マ下二〕（1）努力する。（2）勤行する。（3）気を付ける。（4）勤務する。

-962-〈C〉つはもの【兵】〔名〕（1）武装。（2）兵士。（3）猛者。

-500-〈C〉つひえ【費へ】【弊へ・潰へ】〔名〕【費え】（1）出費。浪費。（2）損失。（3）悪化。【弊え・潰え】（4）疲労。

-499-〈C〉つひに【遂に・終に】〔副〕（1）結局。（2）とうとう。（3）いまだかつて・・・ない。

-1315-〈C〉つれなしづくる【つれなし作る】〔自ラ四〕素知らぬ振りをする。

-1314-〈C〉つれもなし【つれもなし】〔形ク〕（1）素知らぬ顔だ。（2）冷淡だ。（3）何も起こらない。（4）思うに任せない。

-1449-〈C〉てば【てば】〔連接語〕《つ〔助動サ下二型〕完了＋ば〔接助〕》・・・たならば。

-839-〈C〉てへれば【者〕〔接続〕・・・という次第で。

-1490-〈C〉てまし【てまし】〔連接語〕《つ〔助動サ下二型〕完了＋まし〔助動特殊型〕推量》（1）もし・・・てしまったならば。（2）きっと・・・だっただろうに。（3）果たして・・・なものかどうか。（4）どうか・・・してほしい。

-1461-〈C〉てむや【てむや〕〔連接語〕《つ〔助動サ下二型〕完了＋む〔助動マ四型〕推量＋や〔終助〕》（1）・・・してはくれまいか。（2）・・・だろうか（いや、ない）。

―た行―

-862-〈A〉ためらふ【躊躇ふ】〔自ハ四〕(1)病状を落ち着かせる。静養する。(2)躊躇する。〔他ハ四〕気を落ち着かせる。

-39-〈A〉たより【便り・頼り】〔名〕(1)拠り所。(2)縁故。(3)手づる。つて。(4)機会。(5)消息。(6)取り合わせ。

-34-〈A〉ちぎる【契る】〔他ラ四〕(1)誓約する。(2)変わらぬ愛を誓う。(3)肉体関係を持つ。夫婦の関係にある。

-388-〈A〉つかうまつる【仕うまつる】〔自ラ四〕お仕え申し上げる。〔他ラ四〕・・・してさしあげる。〔補動ラ四〕・・・申し上げる。

-391-〈A〉つかはす【遣はす・使はす】〔連接語〕《つかふ〔他ハ四〕＋す〔助動サ四型〕尊敬・親愛（上代語）》お使いになる。〔他サ四〕(1)派遣なさる。(2)お与えになる。(3)派遣する。(4)くれてやる。

-389-〈A〉つかまつる【仕まつる】〔自ラ四〕お仕え申し上げる。〔他ラ四〕(1)・・・してさしあげる。(2)・・・いたします。

-521-〈A〉つきごろ【月頃】〔名〕数ヶ月来。

-1379-〈A〉つきづきし【付き付きし】〔形シク〕(1)相応しい。(2)もっともらしい。

-1380-〈A〉つきなし【付き無し】〔形ク〕(1)不似合いだ。(2)好感が持てない。(3)手だてがない。(4)頼りない。

-513-〈A〉つごもり【晦・晦日】〔名〕(1)月末。(2)末日。

-1330-〈A〉つたなし【拙し】〔形ク〕(1)卑しい。(2)未熟だ。(3)運が悪い。(4)みっともない。

-783-〈B〉た【誰】〔代名〕誰。

-1171-〈B〉たいだいし【怠怠し】〔形シク〕(1)もってのほかだ。(2)足下が怪しい。(3)先が思いやられる。

-300-〈B〉たうぶ【賜ぶ・給ぶ】〔他バ四〕下さる。〔補動バ四〕お・・・になる。

-1046-〈B〉たぐひ【比・類】〔名〕(1)同種のもの。(2)仲間。(3)・・・な連中。

-1045-〈B〉たぐふ【類ふ・比ふ・副ふ】〔自ハ四〕(1)一緒にいる。(2)似合う。〔他ハ下二〕(1)並ばせる。(2)なぞらえる。(3)似せる。

-697-〈B〉たけし【猛し】〔形ク〕(1)勢いが盛んだ。(2)勇猛だ。(3)素晴らしい。(4)気丈だ。

-784-〈B〉たそ【誰そ】〔連語〕《た〔代名〕＋そ〔係助〕》誰が・・・か？

-70-〈B〉たそかれ【黄昏】〔名〕日暮れ時。

-38-〈B〉たづき【方便】〔名〕(1)手段。(2)様子。

-393-〈B〉たてまつりたまふ【奉り給ふ】〔連接語〕《たてまつる〔他ラ四〕＋たまふ〔補動ハ四〕》(1)差し上げなさる。《たてまつる〔補動ラ四〕＋たまふ〔補動ハ四〕》(2)御・・・申し上げなさる。《たてまつる〔他ラ四〕＋たまふ〔補動ハ四〕》(3)お乗りになる。お召しになる。

-1454-〈B〉だにも【だにも】〔連接語〕《だに〔副助〕＋も〔係助〕》(1)・・・でさえも。(2)せめて・・・だけでも。

-1290-〈B〉たふ【堪ふ・耐ふ】〔自ハ下二〕(1)・・・せずにいられる。(2)・・・できる。(3)・・・し続ける。

-480-〈C〉てんぢく【天竺】〔名〕(1)インド。(2)空。

-838-〈C〉とか【とか】〔連接語〕《と〔格助〕＋か〔係助〕》(1)・・・が原因で〜なのか。(2)・・・とかいうことだ。

-727-〈C〉とざまかうざま【とざまかうざま】〔連接語〕《と〔副〕＋さま〔名〕＋かう〔副〕＋さま〔名〕》あれこれ。

-646-〈C〉とじ【刀自】〔名〕(1)主婦。(2)女性。(3)家政婦。(4)宮中の女雑用係。

-837-〈C〉とては【とては】〔連接語〕《とて〔格助〕＋は〔係助〕》(1)・・・と言っては。(2)・・・としては。(3)・・・さえも・・・ない。

-148-〈C〉とのゐ【宿直】〔名〕(1)宿直。(2)夜のお相手。

-536-〈C〉とばかりありて【とばかりありて】〔連接語〕《とばかり〔副〕＋あり〔自ラ変〕＋て〔接助〕》しばらくしてから。

-374-〈C〉ともある【ともある】〔連接語〕《と〔副〕＋も〔係助〕＋あり〔自ラ変〕》ちょっとした。

-433-〈C〉ともかくもなる【ともかくもなる】〔連語〕《と〔格助〕＋も〔係助〕＋かく〔副〕＋も〔係助〕＋なる〔自ラ四〕》死ぬ。

-52-〈C〉ともがら【輩】〔名〕仲間。

-359-〈C〉とりなす【取り成す・執り成す】〔他サ四〕(1)変える。(2)・・・のように扱う。(3)取り繕う。(4)相手に調子を合わせる。(5)・・・とみなす。

―な行―

-203-〈C〉なかぞら【中空】〔名〕(1)中天。(2)途中。〔形動ナリ〕(1)中途半端だ。(2)上の空だ。

-1345-〈C〉なかにも【中にも】〔連接語〕《なか〔名〕＋に〔格助〕＋も〔係助〕》

-31-〈C〉なからひ【仲らひ】〔名〕(1)付き合い。(2)血族。

-1344-〈C〉なかんづく【就中】〔副〕とりわけ。

-4-〈C〉なさけおくる【情け後る】〔自ラ下二〕情に乏しい。

-1274-〈A〉つつまし【慎まし】〔形シク〕（1）気が咎める。（2）遠慮される。（3）遠慮深い。

-1273-〈A〉つつむ【慎む・包む・裏む】〔自マ四〕【慎む】（1）遠慮される。（2）感情を抑える。〔他マ四〕【包む・裏む】（1）囲い込む。（2）包み隠す。

-515-〈A〉つとめて【つとめて】〔名〕（1）早朝。（2）翌朝。

-1457-〈A〉つべし【つべし】〔連接語〕《つ〔助動サ下二型〕完了＋べし〔助動ク型〕推量》（1）・・・しそうだ。（2）・・・できそうだ。（3）・・・すべきだ。（4）・・・するつもりだ。

-912-〈A〉つゆ【露】〔名〕（1）露。（2）涙。（3）儚いもの。（4）わずかばかり。（5）恩愛。〔副〕（1）全然・・・ない。（2）少しでも・・・なら。

-1149-〈A〉つらし【辛し】〔形ク〕（1）薄情だ。（2）苦しい。

-1316-〈A〉つれづれ【徒然】〔名・形動ナリ〕（1）単調だ。（2）退屈だ。（3）やるせない。〔副〕（1）長々と。（2）退屈しのぎに。（3）しんみりと。

-1313-〈A〉つれなし【つれなし】〔形ク〕（1）素知らぬ顔だ。（2）冷淡だ。（3）何も起こらない。（4）思うに任せない。

-1094-〈A〉て【手】〔名〕（1）手。腕。手首。掌。指。（2）取っ手。（3）文字。筆跡。（4）芸風。曲目。出し物。（5）手腕。（6）手段。（7）手数。（8）人手。（9）負傷。（10）方向。（11）交際。（12）・・・手。

-1096-〈A〉てづから【手づから】〔副〕（1）自分の手で。（2）自分から進んで。

-836-〈A〉ては【ては】〔連接語〕《て〔接助〕＋は〔係助〕》（1）・・・たかと思うとまた～。（2）・・・て、そして。（3）・・・しつつ。（4）・・・なら。（5）・・・すると必ず。（6）・・・である以上は。

-835-〈A〉てふ【てふ】〔連接語〕《と〔格助〕＋いふ〔自ハ四〕》・・・という。

-188-〈B〉たふとし【尊し・貴し】〔形ク〕（1）高貴だ。（2）敬うべきだ。価値が高い。（3）有り難い。

-1117-〈B〉たま【魂・霊】〔名〕霊魂。

-1455-〈B〉ためり【ためり】〔連接語〕《たり〔助動ラ変型〕完了＋めり〔助動ラ変型〕推量》・・・しているようだ。

-423-〈B〉たゆ【絶ゆ】〔自ヤ下二〕（1）途絶する。（2）消滅する。（3）絶命する。気絶する。（4）縁が切れる。音沙汰なくなる。

-664-〈B〉たをやか【嫋やか】〔形動ナリ〕（1）しなやかだ。（2）しとやかだ。

-171-〈B〉ぢげ【地下】〔名〕（1）下級貴族。（2）下々の民。

-640-〈B〉ちご【児・稚児】〔名〕（1）乳飲み子。子供。（2）お寺の小僧。

-558-〈B〉ついで【序】〔名〕（1）順序。（2）きっかけ。

-76-〈B〉つきかげ【月影】〔名〕（1）月明かり。（2）月の姿。（3）月下の姿。

-527-〈B〉つと【つと】〔副〕（1）じっと。（2）ぐっと。（3）さっと。

-492-〈B〉つひ【終】〔名〕（1）晩年。臨終。（2）結末。

-138-〈B〉つぼね【局】〔名〕（1）局。（2）局。

-455-〈B〉つま【端】〔名〕（1）末端。（2）軒。（3）きっかけ。

-644-〈B〉つま【夫・妻】〔名〕（1）夫。あなた。（2）妻。おまえ。（3）オス。メス。

-548-〈B〉つもる【積もる】〔自ラ四〕（1）積もる。（2）経つ。（3）積もり積もる。

-1196-〈B〉つやつや【つやつや】〔副〕（1）全く・・・ない。（2）全く。（3）じっくり。

-48-〈B〉つら【列・連】〔名〕（1）行列。（2）仲間。同類。

-795-〈C〉なぞ【何ぞ】〔連接語〕《なに〔代名〕＋ぞ〔係助〕》（1）一体全体・・・？！（2）何で・・・！？〔副〕（1）何故・・・？（2）どうして・・・なものか。

-1043-〈C〉なぞふ【準ふ・准ふ・擬ふ】〔他ハ下二〕同等のものとみなす。

-1093-〈C〉なだたし【名立たし】〔形シク〕人の噂になりそうだ。

-10-〈C〉なつく【懐く】〔自カ四〕馴染む。〔他カ下二〕馴染ませる。

-13-〈C〉なづさふ【なづさふ】〔自ハ四〕（1）水に漂う。（2）まつわりつく。慣れ親しむ。

-1441-〈C〉なで【なで】〔連接語〕《ぬ〔助動ナ変型〕完了＋で〔接助〕》・・・せずに。

-799-〈C〉なでふ【なでふ】〔副〕（1）どうして・・・か？（2）どうして・・・なものか（否）・・・ない）。〔連体〕（1）どんな・・・か？（2）大した・・・ではない。（3）何々とかいう・・・。

-797-〈C〉などて【などて】〔連接語〕《など〔副〕＋て〔係助〕》・・・などと言って（思って・書いて）。〔副〕どうして・・・か？どうして・・・であるものか。

-1462-〈C〉ななむ【ななむ】〔連接語〕《ぬ〔助動ナ変型〕完了＋なむ〔終助〕》・・・してしまってほしい。

-1470-〈C〉ななり【ななり】〔連接語〕《なり〔助動ナリ型〕断定＋なり〔助動ラ変型〕伝聞推量》（1）・・・であるようだ。（2）・・・だそうだ。

-1459-〈A〉てむ【てむ】〔連語〕《つ〔助動サ下二型〕完了＋む〔助動マ四型〕推量》(1)必ずや・・・に違いない。(2)必ず・・・しよう。(3)きっと・・・できるだろう。(4)・・・すべきだ。(5)・・・してはくれまいか。

-161-〈A〉ときめく【時めく】〔自カ四〕(1)繁栄する。(2)恩顧を受ける。

-529-〈A〉とく【疾く】〔副〕(1)早速。(2)もう。

-1367-〈A〉ところせし【所狭し】〔形ク〕(1)狭苦しい。(2)気詰まりだ。(3)仰々しい。(4)威風堂々たるものだ。(5)厄介だ。

-530-〈A〉とし【疾し】【敏し・聡し】【利し・鋭し】〔形ク〕【疾し】(1)素早い。(2)早期だ。(3)激しい。【敏し・聡し】(4)敏捷だ。(5)鋭敏だ。【利し・鋭し】(6)鋭利だ。

-522-〈A〉としごろ【年頃・年比】〔名〕(1)ここ数年。長年。(2)年のころ。

-49-〈A〉どち【どち】〔名〕仲間。〔接尾〕・・・同士。

-803-〈A〉とふ【問ふ・訪ふ】〔他ハ四〕(1)質問する。(2)訪問する。(3)見舞う。消息を尋ねる。(4)弔問する。(5)占う。

-804-〈A〉とぶらふ【訪ふ】【弔ふ】〔他ハ四〕【訪ふ】(1)質問する。(2)訪問する。(3)調査する。(4)見舞う。消息を尋ねる。【弔ふ】(5)弔問する。哀悼する。追善供養する。

―な行―

-1466-〈A〉な【な】〔副〕(1)・・・するな。(2)・・・するな。

-23-〈B〉つく【付く・着く・著く・就く・即く】〔自カ四〕(1)くっつく。(2)付着する。色付く。傷付く。(3)到着する。近付く。(4)着席する。(5)就任する。(6)いつも一緒である。(7)心引かれる。関心を持つ。(8)感覚が芽生える。(9)着火する。(10)身に付く。(11)似合う。(12)従事する。(13)取り憑く。(14)・・・に関して。〔他力下二〕(1)くっつける。(2)付着させる。色付ける。傷付ける。(3)到着させる。近付ける。(4)就任させる。(5)託す。言付ける。(6)いつも一緒にいさせる。(7)尾行させる。(8)心引かれる。関心を持つ。(9)着火する。(10)身に付ける。備える。(11)詠み添える。(12)名付ける。(13)・・・に関して。(14)いつも・・・している。〔他力四〕(1)身に付ける。備え付ける。(2)名付ける。

-1464-〈B〉つらむ【つらむ】〔連接語〕《つ〔助動サ下二型〕完了＋らむ〔助動ラ四型〕現在推量》(1)既にもう・・・してしまっていることだろう。(2)今まで・・・し続けてきたのだろう。

-1301-〈B〉てうず【調ず】〔他サ変〕(1)調達する。調整する。(2)調理する。(3)懲らしめる。(4)調伏する。

-477-〈B〉てうど【調度】〔名〕(1)調度品。(2)武具。

-1097-〈B〉てならひ【手習ひ】〔名〕(1)習字。(2)修練。(3)走り書き。

-114-〈B〉てんじゃうびと【殿上人】〔名〕殿上人。

-128-〈B〉とうぐう【東宮・春宮】〔名〕(1)東宮御所。(2)皇太子。

-1163-〈B〉とが【咎・科】〔名〕(1)欠点。(2)過失。

-800-〈C〉なにかは【何かは】〔連接語〕《なに〔代名〕＋か〔係助〕＋は〔係助〕》(1)何が・・・か？《なに〔副〕＋か〔係助〕＋は〔係助〕》(2)どうして・・・か。(3)どうして・・・なものか。(4)いえいえ。

-801-〈C〉なにすとか【何為とか】〔連接語〕《なに〔代名〕＋す〔他サ変〕＋と〔格助〕＋か〔係助〕》(1)どうして・・・か？(2)どうして・・・なものか。

-347-〈C〉なびく【靡く】〔自力四〕(1)横に流れる。横転する。(2)服従する。〔他力下二〕(1)横に流す。横転させる。(2)従わせる。

-1347-〈C〉なほあらじ【猶あらじ】〔連語〕《なほ〔副〕＋あり〔自ラ変〕＋じ〔助動特殊型〕打消推量》捨て置くわけには行かない。

-1348-〈C〉なほあり【猶有り】〔連語〕《なほ〔副〕＋あり〔自ラ変〕》ただ手をこまねいている。

-1350-〈C〉なほし【直し】〔形ク〕(1)真っ直ぐだ。(2)平坦だ。(3)平均的だ。(4)公明正大だ。

-311-〈C〉なほし【直衣】〔名〕直衣。

-1342-〈C〉なまじひ【生強ひ・憖】〔形動ナリ〕(1)本心に逆らって。(2)しぶしぶ。(3)よせばいいのに。(4)中途半端だ。

-1343-〈C〉なまなま【生生】〔形動ナリ〕(1)しぶしぶ。(2)中途半端だ。未熟だ。

-1352-〈C〉なみなみ【並み並み】〔名〕同程度。〔形動ナリ〕ありきたりだ。

-1460-〈C〉なむや【なむや】〔連接語〕《ぬ〔助動ナ変型〕完了＋む〔助動マ四型〕推量＋や〔係助〕》(1)・・・してはくれまいか。(2)・・・だろうか(いや、ない)。

-599-〈C〉なよよか【なよよか】〔形動ナリ〕(1)柔軟だ。(2)柔和だ。

-284-〈C〉なりはひ【生業】〔名〕(1)農業。農作物。(2)仕事。

-870-〈C〉なんず【難ず】〔他サ変〕非難する。

-1341-〈A〉なかなか【なかなか】〔形動ナリ〕(1)中途半端だ。(2)むしろしない方がまし。〔副〕(1)中途半端に。(2)かえって。(3)到底。(4)相当。〔感〕いかにも。

-894-〈A〉ながむ【眺む】【詠む】〔他マ下二〕【眺む】(1)ぼんやり見やる。(2)物思いに耽る。(3)・・・と思いながらじっと見る。(4)遠くを見やる。【詠む】(5)吟詠する。詩作する。

-1291-〈A〉なぐさむ【慰む】〔自マ四〕気が晴れる。〔他マ下二〕(1)気晴らしをする。(2)なだめすかす。介抱する。〔他マ四〕(1)気晴らしをする。(2)もてあそぶ。

-1446-〈A〉なくに【なくに】〔連接語〕《ず〔助動特殊型〕打消+に〔格助〕》(1)・・・ないのに。(2)・・・ないのになあ。

-2-〈A〉なさけ【情け】〔名〕(1)心遣い。(2)愛情。(3)風雅。人情。情趣。(4)感情。

-3-〈A〉なさけなし【情け無し】〔形ク〕(1)薄情だ。(2)情趣がない。(3)嘆かわしい。興醒めだ。

-353-〈A〉なす【為す・成す】〔他サ四〕(1)・・・をする。(2)・・・を作り出す。・・・に作り替える。・・・とみなす。(3)・・・に変える。(4)・・・に転用す。(5)任命する。〔補動サ四〕殊更・・・する。強引に・・・する。

-11-〈A〉なつかし【懐かし】〔形シク〕(1)離したくない。(2)心惹かれる。(3)昔懐かしい。

-794-〈A〉など【など】〔副〕(1)何故・・・か?(2)どうして・・・なものか。

-1355-〈A〉なのめ【斜め】〔形動ナリ〕(1)平凡だ。目立った難点はない。(2)不十分だ。(3)並々ならず。

-1448-〈A〉なば【なば】〔連接語〕《ぬ〔助動ナ変型〕完了+ば〔接助〕》・・・たならば。

-1353-〈A〉なべて【並べて】〔副〕(1)概して。(2)あたり一面。(3)平凡だ。目立った難点はない。

-725-〈B〉とかく【とかく】〔名〕是非。〔副〕(1)あれやこれや。(2)とにもかくにも。

-1475-〈B〉とかや【とかや】〔連接語〕《と〔格助〕+か〔係助〕+や〔間投助〕》(1)・・・とかいう(人・物・所・時など)。(2)・・・とかいうことだ。

-289-〈B〉とく【徳・得】〔名〕(1)道徳。人徳。(2)功徳。(3)天賦の才。(4)威信。(5)利益。成功。富。(6)恩恵。

-1426-〈B〉とこそ【とこそ】〔連接語〕《と〔格助〕+こそ〔係助〕》(1)・・・だと。(2)・・・ということだ。(3)さあ・・・せよ。

-293-〈B〉ところう【所得〕〔他ア下二〕(1)地位に恵まれる。(2)得意気に振る舞う。

-1280-〈B〉ところおく【所置く】〔自カ四〕(1)遠慮する。(2)一目置く。

-834-〈B〉とぞ【とぞ】〔連接語〕《と〔格助〕+ぞ〔係助〕》(1)・・・と。(2)・・・ということだ。

-570-〈B〉とばかり【とばかり】〔連接語〕《と〔格助〕+ばかり〔副助〕》・・・とだけ。〔副〕しばらく。

-726-〈B〉とまれかくまれ【とまれかくまれ】〔連語〕《と〔格助〕+も〔係助〕+あり〔補動ラ変〕+かく〔副〕+も〔係助〕+あり〔補動ラ変〕》ともかくも。

-525-〈B〉とみに【頓に〕〔副〕すぐには・・・ない。

-170-〈B〉ともし【乏し・羨し〕〔形シク〕(1)少ない。(2)貧乏だ。(3)羨ましい。(4)心引かれる。

-1476-〈B〉とや【とや】〔連接語〕《と〔格助〕+や〔係助〕》(1)・・・ということはない。・・・というのか?(2)・・・とかいうことらしい。

-899-〈B〉とよむ【響む・動む】〔自マ四〕(1)鳴り響く。(2)大騒ぎする。〔他マ下二〕鳴り響かせる。

-798-〈C〉なんでふ【何でふ〕〔副〕どうして・・・するものか。〔感〕何ということを言うのだ。〔連体〕一体どういう・・・だというのか?

-1146-〈C〉にくからず【憎からず〕〔連語〕《にくし〔形ク〕+ず〔助動特殊型〕打消》(1)感じがよい。(2)好意を抱いている。

-1144-〈C〉にくむ【憎む】〔他マ四〕(1)不快に思う。(2)責める。

-1498-〈C〉につきて【につきて〕〔連接語〕《に〔格助〕+つく〔自カ四〕+て〔格助〕》・・・に関して。・・・ゆえに。

-1497-〈C〉にとりて【にとりて〕〔連接語〕《に〔格助〕+とる〔他ラ四〕+て〔接助〕》・・・に関連して。

-974-〈C〉にふだう【入道〕〔名・自サ変〕(1)出家。(2)在家。

-135-〈C〉にょうご【女御〕〔名〕女御。

-1418-〈C〉ぬかも【ぬかも〕〔連接語〕《ず〔助動特殊型〕打消+かも〔終助〕》(1)・・・ないものだなあ。(2)・・・ないかなあ。

-411-〈C〉ねびまさる【ねび勝る】〔自ラ四〕(1)大人びている。(2)次第に立派に成長して行く。

-903-〈C〉ねをなく【音を泣く】〔連語〕《ね〔名〕+を〔格助〕+なく〔他カ四〕》泣く。

-497-〈C〉のちのこと【後の事〕〔名〕(1)将来の事。来世の事。(2)死後の法事。(3)後産。

-498-〈C〉のちのよ【後の世〕〔連語〕《のち〔名〕+の〔格助〕+よ〔名〕》(1)後世。(2)来世。

-1349-〈A〉なほ【猶・尚】〔副〕(1)依然として。(2)とは言うもののやはり。(3)更にまた。(4)同様に。(5)あたかも・・・のごとし。

-635-〈A〉なまめかし【生めかし・艶めかし】〔形シク〕(1)若々しい。(2)意外に魅力的だ。(3)自然でさりげない魅力がある。(4)艶やかだ。色っぽい。

-1458-〈A〉なむ【なむ】〔連接語〕ぬ〔助動ナ変型〕完了＋む〔助動マ四型〕推量》(1)必ずや・・・に違いない。(2)必ず・・・しよう。(3)きっと・・・できるだろう。(4)・・・すべきだ。(5)・・・してはくれまいか。(6)もし・・・したならば。

-1384-〈A〉なめし【なめし】〔形ク〕無礼だ。

-1469-〈A〉なめり【なめり】〔連接語〕《なり〔助動ナリ型〕断定＋めり〔助動ラ変型〕推量》・・・であるようだ。

-591-〈A〉なやまし【悩まし】〔形シク〕(1)だるい。(2)病気だ。心苦しい。

-590-〈A〉なやむ【悩む】〔自マ四〕(1)病苦に悩む。(2)苦悩する。(3)とやかく言う。〔補動マ四〕うまく・・・しない。

-1442-〈A〉ならで【ならで】〔連接語〕《なり〔助動ナリ型〕断定＋で〔接助〕》(1)・・・なくて。(2)・・・ないのに。(3)・・・以外は。

-15-〈A〉ならふ【慣らふ・馴らふ】習ふ】〔自ハ四〕【慣らふ・馴らふ】(1)習慣となる。(2)慣れ親しむ。(3)模倣する。〔他ハ四〕【習ふ】学ぶ。

—な行—

-524-〈B〉なかごろ【中頃】〔名〕(1)そう遠くない昔。(2)かつて。

-1440-〈B〉なげ【無げ】〔形動ナリ〕(1)無さそうだ。(2)なげやりだ。

-1142-〈B〉なげく【嘆く・歎く】〔自カ四〕(1)溜息をつく。(2)悲嘆する。悲泣する。(3)哀願する。

-1042-〈B〉なずらふ【準ふ・准ふ・擬ふ】〔自ハ四〕匹敵する。〔他ハ下二〕同等のものとみなす。

-12-〈B〉なづむ【泥む】〔自マ四〕(1)行き悩む。(2)難儀する。(3)こだわる。

-796-〈B〉などか【などか】〔副〕(1)何故・・・か？(2)どうして・・・なものか。

-786-〈B〉なにがし【何某・某】〔名〕(1)某・・・。(2)何とか。〔代名〕この・・・。

-920-〈B〉なにしおふ【名にし負ふ】〔連語〕《な〔名〕＋に〔格助〕＋し〔副助〕＋おふ〔他ハ四〕》(1)名として持つ。(2)その名も高い。

-1356-〈B〉なのめならず【斜めならず】〔連語〕《なのめ〔形動ナリ〕＋ず〔助動特殊型〕打消》並々ならず。

-1354-〈B〉なべてならず【並べてならず】〔連語〕《なべて〔副〕＋なり〔助動ナリ型〕断定＋ず〔助動特殊型〕打消》並々ならず。

-1346-〈B〉なほざり【等閑】〔形動ナリ〕(1)何ということもない。(2)いい加減だ。(3)適度だ。

-1276-〈C〉のどむ【和む】〔他マ下二〕(1)落ち着かせる。(2)ゆったりとやる。ほどほどにする。(3)先延ばしする。

—は行—

-437-〈C〉はかなくなる【果無くなる・果敢無くなる】〔連語〕《はかなし〔形ク〕＋なる〔自ラ四〕》死ぬ。

-200-〈C〉はした【端・半・半端】〔名・形動ナリ〕(1)どっちつかずだ。(2)半端だ。(3)半人前だ。下男。下女。

-1199-〈C〉はた【将】〔副〕(1)ひょっとして。(2)必ずや。(3)案の定。(4)まるで・・・ない。(5)とは言うものの。(6)これまた。(7)ましてや。(8)これはまた。〔接続〕AはたまたB。

-1189-〈C〉はふはふ【這ふ這ふ】〔副〕やっとの思いで。慌てふためいて。

-287-〈C〉はむ【食む】〔他マ四〕(1)飲食する。口をぱくつかせる。(2)害する。(3)頂戴する。

-1478-〈C〉ばや【ばや】〔連接語〕《ば〔接助〕＋や〔係助〕》(1)もし・・・だとしたら～か？(2)・・・だからなのか？

-875-〈C〉はらだつ【腹立つ】〔自タ四〕(1)立腹する。(2)喧嘩する。

-886-〈C〉ひがぎき【僻聞き】〔名〕聞き違い。

-885-〈C〉ひがごころ【僻心】〔名〕(1)ひねくれ心。(2)誤解。

-882-〈C〉ひがむ【僻む】〔自マ四〕ひねくれる。〔他マ下二〕歪曲する。

-87-〈C〉ひそむ【顰む】〔自マ四〕(1)泣き顔になる。(2)口元が歪む。〔他マ下二〕しかめ面をする。

-312-〈C〉ひたたれ【直垂】〔名〕(1)直垂。(2)直垂衾。

-1039-〈C〉ひとかたならず【一方ならず】〔連語〕《ひと〔接頭〕＋かた〔名〕＋なり〔助動ナリ型〕断定＋ず〔助動特殊型〕打消》並み一通りではない。

-1421-〈A〉なりけり【なりけり】〔連接語〕《なり〔助動ナリ型〕断定＋けり〔助動ラ変型〕過去》(1)・・・であった。(2)・・・だったのだなあ。

-14-〈A〉なる【慣る・馴る】【萎る・褻る】〔自ラ下二〕【慣る・馴る】(1)慣れる。熟成する。(2)慣れ親しむ。馴れ馴れしくなる。【萎る・褻る】(3)馴染む。使い古す。

-1473-〈A〉にか【にか】〔連接語〕《に〔格助〕＋か〔係助〕》(1)・・・に・・・ということはあるまい。・・・に・・・なのか？《なり〔助動ナリ型〕断定＋か〔係助〕》(2)・・・ということはあるまい。・・・なのか？

-1419-〈A〉にき【にき】〔連接語〕《ぬ〔助動ナ変型〕完了＋き〔助動特殊型〕過去》・・・てしまった。

-1145-〈A〉にくし【憎し】〔形ク〕(1)気に入らない。(2)醜悪だ。(3)・・・しにくい。(4)なかなかのものだ。

-1471-〈A〉にけり【にけり】〔連接語〕《ぬ〔助動ナ変型〕完了＋けり〔助動ラ変型〕過去》(1)・・・てしまった(ということだ)。(2)・・・てしまったのだなあ。

-1427-〈A〉にこそ【にこそ】〔連接語〕《なり〔助動ナリ型〕断定＋こそ〔係助〕》(1)・・・で(あって)。・・・に(存在して)。《に〔格助〕＋こそ〔係助〕》(2)・・・に。《に〔接助〕＋こそ〔係助〕》(3)・・・だからこそ。

-1013-〈A〉にほふ【匂ふ】〔自ハ四〕(1)綺麗に色付く。(2)照り映える。(3)佳い香りがする。(4)引き立てられる。〔他ハ下二〕色付ける。〔他ハ四〕香らせる。

-1474-〈A〉にや【にや】〔連接語〕《なり〔助動ナリ型〕断定＋や〔係助〕》(1)・・・だろうか。(2)・・・だろうか。《に〔格助〕＋や〔係助〕》(3)・・・に～か？(4)・・・に～か、否、～ではない。

-1000-〈A〉ぬ【寝・寐】〔自ナ下二〕寝る。共寝する。

-1489-〈B〉なまし【なまし】〔連接語〕《ぬ〔助動ナ変型〕完了＋まし〔助動特殊型〕推量》(1)もし・・・てしまったならば。(2)きっと・・・だっただろうに。(3)・・・しておけばよかったのに。(4)果たして・・・なものだろうか。(5)どうか・・・してほしい。

-634-〈B〉なまめく【生めく・艶めく】〔自ラ四〕(1)若々しい。(2)意外に魅力的だ。(3)自然でさりげない魅力がある。(4)若ぶる。好色めく。

-1453-〈B〉ならでは【ならでは】〔連接語〕《なり〔助動ナリ型〕断定＋で〔接助〕＋は〔係助〕》・・・以外には。

-16-〈B〉ならひ【慣らひ・習ひ】〔名〕(1)習慣。(2)風習。世の常。(3)学習(内容)。

-1420-〈B〉なりき【なりき】〔連接語〕《なり〔助動ナリ型〕断定＋き〔助動特殊型〕過去》・・・であった。

-1477-〈B〉なれや【なれや】〔連接語〕《なり〔助動ナリ型〕断定＋や〔係助〕》(1)・・・だろうか、否、・・・ない。(2)・・・故であろうか。《なり〔助動ナリ型〕断定＋や〔間投助〕》(3)・・・であることよ。

-332-〈B〉なんどもおろかなり【なんども疎かなり】〔連語〕《など〔副〕＋いふ〔他ハ四〕＋も〔係助〕＋おろか〔形動ナリ〕》・・・などという形容では到底言い足りない。

-159-〈B〉にぎははし【賑はは し】〔形シク〕(1)富み栄えている。(2)賑やかだ。(3)やたらと多い。

-1381-〈B〉にげなし【似気無し】〔形ク〕不似合いだ。

-328-〈C〉ひとだのめ【人頼め】〔形動ナリ〕(空しい)期待を抱かせること。

-155-〈C〉ひととなる【人と成る】〔連語〕《ひと〔名〕＋と〔格助〕＋なる〔自ラ四〕》(1)成人する。(2)正気に返る。

-922-〈C〉ひとのくち【人の口】〔連語〕《ひと〔名〕＋の〔格助〕＋くち〔名〕》世間の話題。

-478-〈C〉ひとのくに【人の国】〔連語〕《ひと〔名〕＋の〔格助〕＋くに〔名〕》(1)外国。(2)田舎。

-305-〈C〉ひとへ【単・単衣】〔名〕単衣。

-1183-〈C〉ひとへに【偏に】〔副〕(1)ひたすらに。(2)まるで。

-1192-〈C〉ひとやりならず【人遣りならず】〔連語〕《ひと〔名〕＋やる〔他ラ四〕＋なり〔助動ナリ型〕断定＋ず〔助動特殊型〕打消》自分でしたことだ。

-1004-〈C〉ふす【伏す・臥す】〔自ラ四〕(1)俯す。(2)横になる。(3)潜伏する。(4)死ぬ。〔他サ下二〕(1)倒す。(2)寝かす。(3)潜伏させる。

-701-〈C〉ふつつか【不束】〔形動ナリ〕(1)太くて丈夫だ。(2)不格好だ。(3)無風流だ。(4)短慮だ。

-1188-〈C〉ふりはへ【振り延へ】〔副〕殊更に。

-1486-〈C〉べくは【べくは】〔連接語〕《べし〔助動ク型〕推量＋は〔係助〕》もし・・・出来るならば。もし・・・する運命ならば。もし・・・するつもりならば。

-1064-〈C〉べち【別】〔名・形動ナリ〕(1)異なる。(2)格別だ。

-963-〈C〉へんげ【変化】〔名・自サ変〕(1)化身。(2)化け物。(3)変化。

-1456-〈A〉ぬべし【ぬべし】〔連接語〕《ぬ〔助動ナ変型〕完了＋べし〔助動ク型〕推量》(1)…しそうだ。(2)…することができそうだ。(3)…てしまうつもりだ。(4)…てしまうべきだ。

-614-〈A〉ねたし【妬し・嫉し】〔形ク〕(1)妬ましい。(2)痛恨し。(3)羨望を覚えるほど見事だ。

-1445-〈A〉ねど【ねど】〔連接語〕《ず〔助動特殊型〕打消＋ど〔接助〕》…ないが。

-1447-〈A〉ねば【ねば】〔連接語〕《ず〔助動特殊型〕打消＋ば〔接助〕》(1)…ないので〜。(2)…ないと常に〜。(3)…ないのに〜。

-9-〈A〉ねんごろ【懇】〔形動ナリ〕(1)熱心だ。(2)親密だ。(3)度を超している。

-1286-〈A〉ねんず【念ず】〔他サ変〕(1)祈願する。(2)こらえる。頑張る。

-823-〈A〉のたまふ【宣ふ】〔他ハ四〕(1)仰せになる。(2)上位者の言葉を言い聞かせる。

-896-〈A〉ののしる【罵る】〔自ラ四〕(1)大声を出す。(2)やかましく鳴る。うるさく鳴く。(3)評判になる。(4)勢いに乗る。(5)罵倒する。

—は行—

-317-〈A〉はかなし【果無し・果敢無し】〔形ク〕(1)甲斐がない。(2)頼りない。(3)はかない。(4)ほんのちょっとした。(5)取るに足らない。(6)浅はかだ。

-1472-〈B〉にし【にし】〔連接語〕《ぬ〔助動ナ変型〕完了＋き〔助動特殊型〕過去》(1)…してしまった〜。《なり〔助動ナリ型〕断定＋し〔副助〕》(2)…で。《に〔格助〕＋し〔副助〕》(3)…に。

-1055-〈B〉になし【二無し】〔形ク〕比類なき素晴らしさだ。

-137-〈B〉にょうばう【女房】〔名〕(1)女房。(2)侍女。(3)妻。(4)女性。

-1496-〈B〉によりて【に依りて・に因りて・に由りて】〔連接語〕《に〔格助〕＋よる〔自ラ四〕＋て〔格助〕》…によって。

-175-〈B〉ぬすびと【盗人】〔名〕(1)泥棒。(2)見下げ果てたやつ。

-998-〈B〉ね【音】〔名〕音声。

-410-〈B〉ねぶ【ねぶ】〔自バ上二〕(1)年を取る。老ける。(2)成長する。大人びる。ませる。

-824-〈B〉のたまはす【宣はす】〔他サ下二〕仰せになる。

-96-〈B〉のぼる【上る・登る・昇る】〔自ラ四〕(1)上昇する。(2)遡上する。(3)上京する。(4)参上する。(5)昇進する。(6)昔に遡る。

—は行—

-1359-〈B〉はえなし【映え無し】〔形ク〕見映えがしない。

-1358-〈B〉はえばえし【映え映えし】〔形シク〕(1)見栄えがする。(2)晴れがましい。

-1247-〈B〉はかる【量る・計る・測る・図る・企る・謀る】〔他ラ四〕(1)測定する。(2)想像する。(3)推量する。(4)画策する。機を待つ。(5)謀略を巡らす。(6)相談する。

-322-〈C〉ほいあり【本意あり】〔連語〕《ほい〔名〕＋あり〔自ラ変〕》(1)意中の。(2)望み通りである。

-338-〈C〉ほく【惚く】〔自カ四〕〔自カ下二〕呆ける。

-1205-〈C〉ほとほと【殆・幾】〔副〕(1)危うく…しかかる。(2)殆ど…に近い。

-337-〈C〉ほる【惚る】〔自ラ下二〕(1)ぼうっとする。(2)心を奪われる。(3)毫碌する。

—ま行—

-700-〈C〉まう【猛】〔形動ナリ〕勢いがある。

-888-〈C〉まがこと【禍言】〔禍事〕〔名〕【禍言】(1)不吉な言葉。不吉な予言。【禍事】(2)凶事。

-909-〈C〉まくらうく【枕浮く】〔連語〕《まくら〔名〕＋うく〔自カ四〕》枕を泣き濡らす。

-1336-〈C〉まさなごと【真無事・正無事】〔名〕戯れ事。冗談。

-36-〈C〉まじらふ【交じらふ】〔自ハ四〕(1)混じり合う。(2)仲間入りする。

-650-〈C〉ますらを【益荒男・丈夫・大夫】〔名〕(1)一人前の男性。(2)兵士。(3)上代の官僚。

-1072-〈C〉またし【全し】〔形ク〕(1)完全無欠だ。(2)無事息災だ。(3)正直だ。馬鹿正直だ。

-1032-〈C〉まぼる【守る・護る】〔他ラ四〕(1)見つめる。様子を窺う。(2)保護する。(3)遵守する。

-1030-〈C〉まみ【目見】〔名〕(1)目つき。(2)目元。

-215-〈C〉まめごと【忠実事・実事】〔名〕地道にやること。仕事。

-265-〈C〉まろぶ【転ぶ】〔自バ四〕転がる。倒れる。

-1031-〈C〉みえぬ【見えぬ】〔連接語〕《みゆ〔自ヤ下二〕＋ず〔助動特殊型〕打消》(1)珍しい。殊更に目新しさを狙った。(2)姿が見えない。

-1228-〈C〉みおく【見置く】〔他カ四〕(1)見届ける。(2)放置する。(3)銘記する。(4)見計らう。

-318-〈A〉はかばかし【果果し・捗捗し】〔形シク〕(1)てきぱきしている。(2)頼もしい。(3)際立っている。(4)表向き。(5)地位が高い。

-1429-〈A〉ばこそ【ばこそ】〔連接語〕《ば〔接助〕＋こそ〔係助〕》(1)もし…ならばきっと〜。(2)…だからこそ〜だ。(3)実際、…ないのだから。

-201-〈A〉はしたなし【端なし】〔形ク〕(1)不釣り合いだ。(2)気まずい。(3)困ってしまう。(4)つれない。(5)強烈だ。

-1365-〈A〉はづかし【恥づかし】〔形シク〕(1)素晴らしい。気後れするほどだ。(2)恥ずかしい。無様だ。(3)照れ臭い。

-384-〈A〉はべり【侍り】〔自ラ変〕(1)お仕え申し上げる。(2)おります。(3)ございます。〔補動ラ変〕(1)…でございます。(2)…でございます。(3)…でございます。(4)…ております。

-887-〈A〉ひがこと【僻事】〔名〕(1)悪事。(2)間違い。

-518-〈A〉ひぐらし【日暮らし】〔副〕終日。

-520-〈A〉ひごろ【日頃・日比】〔名〕〔副〕(1)数日来。(2)普段。(3)数日間。

-1182-〈A〉ひたぶる【一向・頓】〔形動ナリ〕(1)一途だ。(2)強引だ。(3)ひたすら。(4)一向に…ない。

-152-〈A〉ひと【人】〔名〕(1)人。(2)人々。他人。(3)あの人。恋人。(4)大人物。(5)大人。(6)使いの者。(7)身分。人柄。(8)人里。人気。〔代名〕あなた。

-519-〈A〉ひねもす【終日・尽日】〔副〕一日中。

-1332-〈A〉びんなし【便無し】〔形ク〕(1)不都合だ。(2)けしからぬ。

-547-〈A〉ふ【経・歴】〔自ハ下二〕(1)経過する。(2)通過する。(3)経験する。

-1430-〈B〉ばこそあらめ【ばこそあらめ】〔連接語〕《ば〔接助〕＋こそ〔係助〕＋あり〔自ラ変〕＋む〔助動マ四型〕推量》(1)…だというのならよいけれど。(2)…だというのなら困るけれど。

-283-〈B〉はたらく【働く】〔自カ四〕(1)動く。(2)役立つ。(3)思考する。動揺する。(4)労働する。

-546-〈B〉はつか【僅か】〔形動ナリ〕(1)僅かだ。(2)一瞬。

-1279-〈B〉はばかる【憚る】〔自ラ四〕(1)邪魔で進めない。(2)広がる。幅を利かす。〔他ラ四〕遠慮する。

-545-〈B〉はやう【早う】〔副〕(1)かつて。(2)既に。(3)元来は。(4)いやはや…だったよ。(5)急いで。

-1360-〈B〉はゆ【映ゆ・栄ゆ】〔自ヤ下二〕(1)際立つ。(2)ますます進む。

-876-〈B〉はらあし【腹悪し】〔形シク〕(1)意地悪だ。(2)怒りっぽい。

-51-〈B〉はらから【同胞】〔名〕兄弟姉妹。

-576-〈B〉はれ【晴れ】〔名〕(1)開けた場所。(2)晴朗。(3)晴れの場。

-884-〈B〉ひがひがし【僻僻し】〔形シク〕(1)普通じゃない。(2)素直じゃない。

-1275-〈B〉ひかふ【控ふ】〔自ハ下二〕(1)待つ。(2)側にいる。〔他ハ下二〕(1)引き止める。まさぐる。(2)差し控える。(3)内密にする。

-883-〈B〉ひがめ【僻目】〔名〕(1)横目。(2)見間違い。

-550-〈B〉ひさし【久し】〔形ク〕(1)時間が長い。(2)久しぶりだ。

-976-〈B〉ひじり【聖】〔名〕(1)高僧。(2)修行僧。(3)聖人君子。(4)名人。(5)天皇。

-979-〈C〉みかうしまゐる【御格子参る】〔連語〕《み〔接頭〕＋かうし〔名〕＋まゐる〔他ラ四〕》格子戸を上げて(下げて)差し上げる。

-104-〈C〉みぐしおろす【御髪下ろす】〔連語〕《み〔接頭〕＋くし〔名〕＋おろす〔他サ四〕》出家する。

-475-〈C〉みす【御簾】〔名〕貴所の簾。

-556-〈C〉みすつ【見捨つ】〔他タ下二〕置き去りにする。

-637-〈C〉みだりがはし【濫りがはし・猥りがはし】〔形シク〕(1)乱雑だ。(2)乱暴だ。(3)淫乱だ。

-19-〈C〉みつく【見付く】〔自カ四〕馴染む。〔他カ下二〕見付ける。

-790-〈C〉みながら【身ながら】〔連接語〕《み〔名〕＋ながら〔接助〕》(1)我ながら。(2)…の身のまま。

-53-〈C〉みなひと【皆人】〔名〕その場の全員。

-18-〈C〉みなる【見馴る・見慣る】〔自ラ下二〕(1)見慣れる。(2)馴染む。

-1500-〈C〉みまくほし【見まく欲し】〔連接語〕《みる〔他マ上一〕＋む〔助動マ四型〕推量＋ほし〔形シク〕》見たい。

-919-〈C〉みゃうもん【名聞】〔名〕世間での評判。〔形動ナリ〕売名行為。

-134-〈C〉みやすどころ【御息所】〔名〕(1)帝の御寵愛を受ける女官。(2)皇太子妃。親王妃。

-139-〈C〉みやづかへ【宮仕へ】〔名〕(1)宮中での出仕。(2)奉公。(3)帰依。

-129-〈C〉みゆき【行幸・御幸】〔名〕天皇(上皇・法皇・女院)のお出まし。

-1394-〈A〉ふみ【文・書】〔名〕(1)文書。(2)手紙。(3)漢詩。漢文。(4)学問。漢学。
-551-〈A〉ふる【古る・旧る】〔自ラ上二〕(1)古ぼける。(2)年老いる。(3)感銘が薄らぐ。
-323-〈A〉ほい【本意】〔名〕(1)本懐。(2)真意。
-1284-〈A〉ほだし【絆】〔名〕(1)手枷足枷。(2)しがらみ。
-195-〈A〉ほど【程】〔名〕(1)頃。(2)距離。辺り。(3)程度。様子。(4)身の程。年齢。仲。

―ま行―

-1209-〈A〉まうく【設く・儲く】〔他カ下二〕(1)準備する。(2)設営する。(3)(妻・子を)得る。(4)手に入れる。(5)蒙る。
-817-〈A〉まうす【申す】〔他サ四〕(1)申し上げる。…という名でいらっしゃる。(2)お願いする。(3)…し申し上げる。(4)差し上げる。(5)言います。…という名です。〔補動サ四〕お…申し上げる。
-982-〈A〉まうづ【参づ・詣づ】〔自ダ下二〕(1)参詣する。(2)参上する。
-984-〈A〉まかづ【罷づ】〔自ダ下二〕(1)退出申し上げる。(2)おいとま申し上げて行く(来る)。(3)行きます。〔他ダ下二〕お下げする。
-1243-〈A〉まがふ【紛ふ】〔自ハ四〕(1)入り交じる。(2)見分けが付かない。〔他ハ下二〕(1)入り交じらせる。(2)混同する。

-906-〈B〉ひつ【漬つ・沾つ】〔他タ下二〕浸す。〔自タ四〕〔自タ上二〕浸る。
-167-〈B〉ひとげなし【人気無し】〔形ク〕人並み以下だ。
-153-〈B〉ひとびとし【人人し】〔形シク〕(1)人並みだ。(2)身分が高い。
-154-〈B〉ひとめかし【人めかし】〔形シク〕(1)人間らしい。(2)ひとかどの人物だ。
-921-〈B〉ひとわろし【人悪し】〔形ク〕人聞きが悪い。
-182-〈B〉ひな【鄙】〔名〕田舎。
-574-〈B〉ひにけに【日に異に】〔連語〕《ひ〔名〕＋に〔格助〕＋けに〔副〕》日増しに。
-559-〈B〉ひま【隙・暇】〔名〕(1)隙間。(2)合間。(3)余暇。(4)ゆとり。(5)不和。油断。(6)好機。
-907-〈B〉ひる【干る・乾る】〔自ハ上一〕(1)乾く。(2)干潮になる。水かさが減る。
-1333-〈B〉びんあし【便悪し】〔形シク〕不都合だ。
-562-〈B〉ふし【節】〔名〕(1)節。(2)機会。(3)事柄。(4)節回し。
-1334-〈B〉ふびん【不便・不憫】〔名〕世話。〔形動ナリ〕(1)不都合だ。(2)気の毒だ。(3)かわいがる。
-552-〈B〉ふるさと【古里・故郷】〔名〕(1)旧都。歴史的名所。(2)馴染みの場所。(3)実家。
-196-〈B〉ぶん【分】〔名〕(1)割当。(2)分際。(3)…な分。(4)名目上の…。
-1484-〈B〉べからず【べからず】〔連語〕《べし〔助動ク型〕推量＋ず〔助動特殊型〕打消》(1)…してはならない。(2)…の筈がない。…そうにもない。(3)…するつもりはない。(4)…できない。

-695-〈C〉むくつけなし【むくつけなし】〔形ク〕(1)無気味だ。(2)呆れた。風情も何もあったものじゃない。
-25-〈C〉むすぼほる【結ぼほる】〔自ラ下二〕(1)もやもやした気分になる。(2)固結びになる。(3)結露する。霜が降りる。氷結する。(4)関係者になる。
-1494-〈C〉むずらむ【むずらむ】〔連接語〕《むず〔助動サ変型〕推量＋らむ〔助動ラ四型〕現在推量》(1)…だろう(か？)(2)…つもりなのだろう(か？)
-436-〈C〉むなしくなる【空しくなる・虚しくなる】〔連語〕《むなし〔形シク〕＋なる〔自ラ四〕》死ぬ。
-1325-〈C〉むねつぶる【胸潰る】〔連語〕《むね〔名〕＋つぶる〔自ラ下二〕》胸がどきどきする。
-1324-〈C〉むねはしる【胸走る】〔連語〕《むね〔名〕＋はしる〔自ラ四〕》胸がどきどきする。
-1258-〈C〉むねむねし【宗宗し】〔形シク〕(1)主立っている。(2)しっかりしている。
-856-〈C〉むべむべし【宜宜し】〔形シク〕(1)正式な。(2)しっかりしている。
-74-〈C〉めくる【目眩る・目昏る】〔自ラ下二〕目が眩む。
-1318-〈C〉めづらか【珍か】〔形動ナリ〕(1)もの珍しい。(2)奇妙だ。
-1321-〈C〉めでまどふ【愛で惑ふ】〔自ハ四〕大絶賛する。狂喜乱舞する。
-1272-〈C〉めもあや【目も奇】〔形動ナリ〕(1)目も眩むほど素晴らしい。(2)見るに堪えない。
-1479-〈C〉めや【めや】〔連接語〕《む〔助動マ四型〕推量＋や〔終助〕》(1)…(し)ないであろう。(2)…などするつもりはない。
-863-〈C〉もだす【黙す・黙止す】〔自サ変〕(1)沈黙する。(2)黙認する。
-1361-〈C〉もてはやす【もて映す・もて栄す】〔他サ四〕(1)囃し立てる。(2)歓待する。(3)際立たせる。

- 983-〈A〉まかる【罷る】〔自ラ四〕(1)地方に任官する。(2)退出申し上げる。(3)行きます。(4)参上する。(5)この世を去る。(6)・・・致します。万一・・・なら。
- 933-〈A〉まこと【真・実・誠】〔名・形動ナリ〕(1)真実。(2)誠実。〔副〕本当に。〔感〕そうそう。
- 1335-〈A〉まさなし【正無し】〔形ク〕(1)良くない。(2)予想外だ。(3)見苦しい。
- 1047-〈A〉まさる【勝る・優る】【増さる】〔自ラ四〕【勝る・優る】(1)優れる。【増さる】(2)盛んになる。
- 1487-〈A〉ましかば【ましかば】〔連接語〕《まし〔助動特殊型〕推量＋ば〔接助〕》もし・・・だったなら。
- 504-〈A〉まだし【未だし】〔形シク〕(1)若すぎる。早すぎる。(2)未熟だ。未完成だ。
- 512-〈A〉またの【又の・亦の】〔連接語〕《また〔副〕＋の〔格助〕》(1)翌・・・。(2)別の。
- 1242-〈A〉まどふ【惑ふ・迷ふ】〔自ハ四〕(1)道に迷う。(2)見誤る。(3)心が乱れる。(4)・・・しまくる。
- 890-〈A〉まねぶ【学ぶ・真似ぶ】〔他バ四〕(1)口真似する。(2)見た（聞いた)ままを人に語る。(3)習う。
- 1363-〈A〉まばゆし【目映ゆし・眩し】〔形ク〕(1)まぶしい。(2)目映いばかりに見事だ。(3)恥ずかしい。(4)見るに堪えない。
- 1069-〈A〉まほ【真秀】【真面】〔名・形動ナリ〕【真秀】(1)完璧だ。【真秀・真面】(2)本格的だ。【真面】(3)直接的だ。
- 540-〈A〉ままに【儘に・随に】〔連接語〕《まま〔名〕＋に〔格助〕》(1)・・・につれて。(2)・・・通りに。(3)・・・なので。(4)・・・と殆ど同時に。
- 212-〈A〉まめ【忠実・真実】〔形動ナリ〕(1)誠実だ。忠実だ。(2)熱心だ。(3)実用第一の。(4)丈夫だ。

- 1485-〈B〉べくもあらず【べくもあらず】〔連接語〕《べし〔助動ク型〕推量＋も〔格助〕＋あり〔補動ラ変〕＋ず〔助動特殊型〕打消》(1)・・・の筈がない。・・・そうにもない。(2)・・・できない。
- 321-〈B〉ほいなし【本意無し】〔形ク〕(1)不本意だ。(2)気に食わない。
- 567-〈B〉ほどこそあれ【程こそ有れ】〔連接語〕《ほど〔名〕＋こそ〔係助〕＋あり〔自ラ変〕》(1)確かに・・・することはあったが、しかし～。(2)・・・するや否や～。
- 569-〈B〉ほどなし【程無し】〔形ク〕(1)間もなくだ。(2)近所だ。(3)狭苦しい。(4)身分が卑しい。(5)年端も行かない。
- 568-〈B〉ほどに【ほどに】〔連接語〕《ほど〔名〕＋に〔格助〕》・・・するうちに。〔接助〕(1)・・・なので。(2)・・・だが。
- 453-〈B〉ほとり【辺】〔名〕(1)辺境。(2)近辺。(3)近親者。
- 85-〈B〉ほのか【仄か】〔形動ナリ〕(1)ぼんやりしている。(2)ちょっぴりだ。

―ま行―

- 623-〈B〉まいて【況いて】〔副〕(1)ましてや。(2)ますます。
- 889-〈B〉まがまがし【禍禍し】〔形シク〕(1)不吉だ。(2)忌々しい。
- 1245-〈B〉まぎる【紛る】〔自ラ下二〕(1)入り交じって見分けが付かない。(2)隠れる。(3)気を取られる。(4)忙殺される。

- 868-〈C〉もどく【擬く・抵悟く・牴悟く】〔他カ四〕(1)真似る。(2)逆らう。非難する。
- 679-〈C〉ものいみ【物忌み・斎戒】〔名・自サ変〕(1)精進潔斎。(2)物忌。(3)物忌の札。
- 1392-〈C〉ものもおぼえず【物も覚えず】〔連語〕《もの〔名〕＋も〔係助〕＋おぼゆ〔他ヤ下二〕＋ず〔助動特殊型〕打消》無我夢中だ。(2)無茶苦茶だ。
- 1208-〈C〉もよほす【催す】〔他サ四〕(1)促す。(2)引き起こす。(3)召集する。(4)挙行する。(5)準備する。
- 481-〈C〉もろこし【唐土】〔名〕中国。

―や行―

- 544-〈C〉やおそき【や遅き】〔連接語〕《や〔格助〕＋おそし〔形ク〕》・・・するのが待ち遠しい。
- 542-〈C〉やにはに【矢庭に】〔副〕すぐさま。
- 1480-〈C〉やはせぬ【やはせぬ】〔連接語〕《やは〔係助〕＋す〔他サ変〕＋ず〔助動特殊型〕打消》・・・しないか？・・・すればよいのに。
- 180-〈C〉やまがつ【山賤】〔名〕(1)山に住む下層民。(2)山の家。粗末な家屋。
- 927-〈C〉やまとことば【大和言葉・大和詞】〔名〕(1)日本語。(2)和歌。
- 1396-〈C〉やまとだましひ【大和魂】〔名〕(1)実務能力。(2)大和魂。
- 645-〈C〉やもめ【寡・鰥】〔名〕【寡・寡婦】(1)独身女。【鰥】(2)独身男。

-1491-〈A〉まれ【まれ】〔連接語〕《も〔係助〕＋あり〔自ラ変〕》いずれにせよとにかく。
-978-〈A〉まゐる【参る】〔自ラ四〕（1）参上する。（2）お仕えする。（3）入内する。（4）参詣する。（5）参ります。〔他ラ四〕（1）差し上げる。（2）・・・して差し上げる。（3）・・・なさる。（4）お召しになる。
-1492-〈A〉み【み】〔接尾〕（1）・・・が〜なので。（2）・・・したり〜したり。（3）・・・であって、そして〜。（4）・・・さ。・・・的性質。（5）・・・だと思う。・・・の如く為し。
-1357-〈A〉みぐるし【見苦し】〔形シク〕（1）醜悪だ。（2）見るに忍びない。（3）見分けが付かない。
-86-〈A〉みそか【密か】〔形動ナリ〕こっそり。
-1029-〈A〉みめ【見目・眉目】〔名〕（1）見た目。（2）容貌。
-184-〈A〉みやび【雅び】〔名〕（1）優雅。（2）洗練された振る舞い。洒落た恋愛。
-1023-〈A〉みゆ【見ゆ】〔自ヤ下二〕（1）見える。（2）・・・に感じられる。（3）世にある。（4）出現する。（5）お越しになる。（6）・・・に見せかける。（7）対面する。（8）妻となる。
-1022-〈A〉みる【見る】〔他マ上一〕（1）見る。見て何かを思う。（2）・・・と思う。（3）対面する。（4）男女の契りを結ぶ。（5）養う。（6）・・・を蒙る。（7）占う。（8）・・・してみる。

-404-〈B〉まします【坐します】〔自サ四〕（1）（・・・に）おられる。（2）（・・・を）お持ちでいらっしゃる。〔補動サ四〕（1）・・・でいらっしゃる。（2）・・・でいらっしゃる。
-400-〈B〉ます【座す・坐す】〔自サ四〕（1）（・・・に／・・・で）いらっしゃる。（2）いらっしゃる。〔補動サ四〕お・・・になる。
-505-〈B〉まだき【夙・未だき】〔副〕早くも。
-1054-〈B〉またなし【又無し】〔形ク〕比類なき素晴らしさだ。
-1100-〈B〉まな【真名・真字】〔名〕（1）漢字。（2）楷書体。
-539-〈B〉まにまに【随に】〔連接語〕《まにま〔名〕＋に〔格助〕》（1）・・・通りに。（2）・・・につれて。
-213-〈B〉まめまめし【忠実忠実し】〔形シク〕（1）誠実だ。（2）実用第一の。
-214-〈B〉まめやか【忠実やか】〔形動ナリ〕（1）誠実だ。忠実だ。（2）実用第一の。（3）本格的だ。本気だ。（4）実は。
-225-〈B〉まらうと【客人・賓】〔名〕客人。
-980-〈B〉まゐらす【参らす】〔他サ下二〕差し上げる。〔補動サ下二〕・・・して差し上げる。
-789-〈B〉み【身】〔名〕（1）身体。（2）命。（3）身分。（4）この身。（5）身内。味方。（6）中身。（7）刀身。〔代名〕私。
-1298-〈B〉みおこす【見遣す】〔他サ下二〕こちらを見る。
-131-〈B〉みかど【御門・帝】〔名〕（1）御門。（2）皇居。皇室。（3）天皇。皇国。
-127-〈B〉みこ【御子・皇子】〔名〕（1）皇子。皇女。（2）親王。

-535-〈C〉ややあって【稍有って】〔連接語〕《やや〔副〕＋あり〔自ラ変〕＋て〔接助〕》少し経ってから。
-473-〈C〉やりみづ【遣り水】〔名〕遣り水。
-1265-〈C〉やるかたなし【遣る方無し】〔形ク〕（1）思いを晴らす方法がない。（2）途方もない。
-532-〈C〉ゆくりか【ゆくりか】〔形動ナリ〕（1）思いがけない。（2）考えが足りない。
-517-〈C〉ゆふさる【夕さる】〔自ラ四〕夕方が来る。
-1114-〈C〉ゆめあはせ【夢合はせ】〔名〕夢占い（をする人）。
-1116-〈C〉ゆめゆめ【努努】〔副〕（1）決して・・・するな。（2）全然・・・ない。（3）是非とも・・・せよ。
-1164-〈C〉ゆるす【許す・緩す】〔他サ四〕（1）緩める。（2）解放する。（3）免除する。（4）許可する。（5）評価する。
-250-〈C〉ゆゑづく【故付く】〔自カ四〕（1）教養をひけらかす。訳ありといった感じだ。由緒ありげだ。〔他カ下二〕（1）訳ありげに振る舞う。（2）風情を加える。
-249-〈C〉ゆゑゆゑし【故故し】〔形シク〕格調高い。格式張っている。
-257-〈C〉ようせずは【良うせずは】〔連接語〕《よく〔副〕＋す〔自サ変〕＋ず〔助動特殊型〕打消＋は〔係助〕》下手をすると。
-64-〈C〉よがれ【夜離れ】〔名〕男女間の仲が冷えること。
-877-〈C〉よく【避く】〔他カ上二〕〔他カ下二〕避ける。
-256-〈C〉よざま【善様】〔形動ナリ〕よさそうだ。
-62-〈C〉よさり【夜さり】〔名〕夜になる頃。今夜。
-258-〈C〉よし【縦し】〔副〕（1）まぁ、しようがない。（2）よしんば・・・でも。
-255-〈C〉よしなしごと【由無し事】〔名〕無意味なこと。
-252-〈C〉よしばむ【由ばむ】〔自マ四〕由緒ありげに振る舞う。

-694-〈A〉むくつけし【むくつけし】〔形ク〕(1)無気味だ。(2)呆れた。風情も何もあったものじゃない。

-1195-〈A〉むげ【無下・無碍】〔名・形動ナリ〕(1)最低だ。(2)身分が卑しい。無学だ。(3)甚だしい。(4)無惨だ。(5)正真正銘の。

-1155-〈A〉むつかし【難し】〔形シク〕(1)不快だ。(2)煩わしい。(3)しょーもない。(4)無気味だ。

-1493-〈A〉むとす【むとす】〔連接語〕《む〔助動マ四型〕推量＋と〔格助〕＋す〔自サ変〕》(1)・・・しようとする。(2)・・・だろう。

-325-〈A〉むなし【空し・虚し】〔形シク〕(1)空っぽだ。(2)事実無根だ。(3)無駄だ。(4)儚い。(5)死んでいる。

-854-〈A〉むべ【宜】〔副〕なるほど。

-1323-〈A〉めざまし【目覚まし】〔形シク〕(1)唖然とさせられる。(2)意外に素晴らしい。

-1027-〈A〉めす【看す・見す】【召す】〔自サ四〕【召す】お乗りになる。〔他サ四〕【見す・看す】(1)御覧になる。(2)統治なさる。【召す】(3)お呼びになる。御寵愛になる。(4)お取り寄せになる。(5)お召しになる。・・・なさる。(6)任命なさる。(7)・・・とお呼びになる。〔補動サ四〕【召す】お・・・になる。

-1319-〈A〉めづ【愛づ】〔自ダ下二〕賞美する。〔他ダ下二〕(1)賞賛する。(2)愛する。

-1317-〈A〉めづらし【珍し】〔形シク〕(1)褒め讃えるべきだ。(2)目新しい。(3)滅多にない。例のない。

-1320-〈A〉めでたし【愛でたし】〔形ク〕(1)褒め讃えるべきだ。(2)祝うべきことだ。

-647-〈A〉めのと【乳母】【傅】〔名〕【乳母】(1)乳母。【傅】(2)御守役。

-1434-〈A〉もこそ【もこそ】〔連接語〕《も〔係助〕＋こそ〔係助〕》(1)・・・したりするといけない。(2)・・・もまた。

-1026-〈B〉みす【見す】〔他サ下二〕示す。〔他サ四〕(1)御覧になる。(2)経験させる。(3)結婚させる。(4)見届けさせる。占わせる。

-1101-〈B〉みづくきのあと【水茎の跡】〔連語〕《みづくき〔名〕＋の〔格助〕＋あと〔名〕》筆(跡)。文字。手紙。

-357-〈B〉みなす【見做す】〔他サ四〕(1)・・・だと考える。(2)見届ける。(3)育成する。

-429-〈B〉みまかる【身罷る】〔自ラ四〕死ぬ。

-126-〈B〉みや【宮】〔名〕(1)神社。(2)御所。皇族の居所。(3)・・・宮。

-1295-〈B〉みやる【見遣る】〔他ラ四〕あちらを見る。

-1041-〈B〉むかふ【向かふ・対ふ】〔自ラ四〕(1)向き合う。(2)赴く。(3)比肩する。(4)敵対する。(5)間もなく・・・になる。〔他ハ下二〕(1)対面させる。敵対させる。(2)行かせる。

-1194-〈B〉むげに【無下に・無碍に】〔副〕(1)無闇に。(2)非常に。(3)全く・・・ない。(4)正真正銘・・・だ。

-24-〈B〉むすぶ【結ぶ】【掬ぶ】〔自バ四〕【結ぶ】形を成す。〔他バ四〕【結ぶ】(1)結び付ける。結び目を作る。(2)構成する。(3)結束する。約束する。(4)引き起こす。【掬ぶ】(5)掌で水を掬う。

-1156-〈B〉むつかる【憤る】〔自ラ四〕(1)ぐずる。(2)むっとする。嫌がる。(3)文句を言う。

-8-〈B〉むつぶ【睦ぶ】〔自バ上二〕親しく交わる。

-7-〈B〉むつまし【睦まし】〔形シク〕(1)親密だ。(2)慕わしい。

-1257-〈B〉むね【宗】【旨】〔名〕【宗】(1)主立ったもの。【旨】(2)趣意。

-40-〈C〉よせ【寄せ】〔名〕(1)信望。(2)後ろ盾。(3)縁故。(4)理由。(5)縁語。

-41-〈C〉よそふ【寄そふ・比ふ】〔他ハ下二〕(1)関係付ける。(2)なぞらえる。

-42-〈C〉よそふ【装ふ】〔他ハ四〕(1)準備する。(2)身支度をする。(3)よそう。

-698-〈C〉よだけし【弥猛し】〔形ク〕(1)大袈裟だ。(2)面倒臭い。

-60-〈C〉よづく【世付く】〔自カ四〕(1)世間慣れする。(2)色気付く。(3)世間並みになる。(4)通俗的になる。

-61-〈C〉よなる【世慣る・世馴る】〔自ラ下二〕(1)世間慣れする。(2)色気付く。

-162-〈C〉よにあり【世に有り】〔連語〕《よ〔名〕＋に〔格助〕＋あり〔自ラ変〕》(1)この世に生きている。(2)世に名高い。

-1058-〈C〉よにしらず【世に知らず】〔連語〕《よ〔名〕＋に〔格助〕＋しる〔他ラ四〕＋ず〔助動特殊型〕打消》類稀な素晴らしさだ。

-169-〈C〉よになし【世に無し】〔連語〕《よ〔名〕＋に〔格助〕＋なし〔形ク〕》(1)今は亡き。(2)比類なき素晴らしさだ。(3)取るに足らない。

-1059-〈C〉よににず【世に似ず】〔連語〕《よ〔名〕＋に〔格助〕＋にる〔自ナ上一〕＋ず〔助動特殊型〕打消》無類のものだ。

-924-〈C〉よのためし【世の例】〔連語〕《よ〔名〕＋の〔格助〕＋ためし〔名〕》(1)先例。(2)世の習い。(3)立派なお手本。(4)世間の語り種。

-1433-〈A〉もぞ【もぞ】〔連接語〕《も〔係助〕＋ぞ〔係助〕》(1)・・・したりするといけない。(2)・・・もまた。

-1495-〈A〉もて【以て】〔連接語〕《もつ〔他タ四〕＋て〔接助〕》(1)・・・でもって。(2)・・・ゆえに。(3)・・・して～する。(4)それでもって。

-981-〈A〉もていく【もて行く】〔自力四〕だんだん・・・ていく。

-354-〈A〉もてなす【もて成す】〔他サ四〕(1)処理する。(2)待遇する。(3)素振りを見せる。(4)もてはやす。(5)歓待する。

-953-〈A〉もの【物・者】〔名〕(1)無形物。(2)有形物。(3)ある物。ある場所。(4)その他の（普通の）もの。(5)特筆に値するもの。(6)何か言う（思う）こと。(7)人。生き物。(8)物の怪。(9)場。〔接頭〕何となく。

-236-〈A〉ものうし【物憂し】〔形ク〕(1)億劫だ。(2)辛い。

-1482-〈A〉ものかは【物かは】〔連接語〕《ものか〔終助〕＋は〔終助〕》物の数ではない。〔終助〕(1)何とまぁ・・・ではないか。(2)・・・であろうか、否、・・・ない。

-955-〈A〉ものし【物し】〔形シク〕(1)無気味だ。(2)気に食わない。

-954-〈A〉ものす【物す】〔自サ変〕(1)居る。(2)行く。来る。(3)生まれる。死ぬ。〔他サ変〕・・・（を）する。〔補動サ変〕・・・（して）いる。

-643-〈B〉め【妻】【女】【牝・雌】〔名〕【妻】(1)妻女。(2)雌。【女】(3)女性。

-1370-〈B〉めやすし【目安し・目易し】〔形〕見苦しくない。

-380-〈B〉もちゐる【用ゐる】〔他ワ上一〕(1)使用する。(2)採用する。(3)取り上げる。(4)留意する。

-490-〈B〉もと【元・本・原】【下】【許】【元・故・旧】〔名〕【下】(1)下方。【元・本・原】(2)根もと。(3)根本。(4)原因。由来。(5)和歌の上の句。(6)元手。【許】(7)所在地。近辺。【元・故・旧】(8)往時。〔副〕【元・故・旧】以前には。昔から。〔接尾〕【本】・・・本。

-869-〈B〉もどかし【もどかし】〔形シク〕(1)非難されるべき。(2)じれったい。

-959-〈B〉ものぐるほし【物狂ほし】〔形シク〕(1)どことなく変だ。(2)狂ったようだ。

-958-〈B〉ものげなし【物げ無し】〔形ク〕取るに足らない。

-960-〈B〉もののけ【物の怪・物の気】〔名〕物の怪。

-961-〈B〉もののふ【物部・武士】〔名〕(1)文武の百官。(2)武士。

-957-〈B〉ものめかし【物めかし】〔形シク〕ひとかどのものらしい。

-956-〈B〉ものものし【物物し】〔形シク〕(1)堂々たるものだ。(2)大袈裟だ。

-1200-〈B〉もはら【専ら】〔副〕(1)専ら。(2)全然・・・ない。

-1435-〈B〉もや【もや】〔連接語〕《も〔係助〕＋や〔係助〕》(1)・・・でも・・・だろうか？(2)・・・でも・・・してくれないだろうか？(3)・・・でも・・・したりしないだろうか？〔間投助〕何と・・・であることよ。

-845-〈C〉よのつね【世の常】〔連語〕《よ〔名〕＋の〔格助〕＋つね〔名・形動ナリ〕》(1)ありきたり。(2)何とも言いようがない。

-63-〈C〉よは【夜半】〔名〕夜。

-430-〈C〉よみぢ【黄泉】〔名〕(1)あの世。(2)死出の旅立ち。

-456-〈C〉よも【四方】〔名〕(1)東西南北。(2)あちらこちら。

-260-〈C〉よろこび【喜び・悦び・慶び】〔名〕(1)嬉しさ。嬉しく思うこと。(2)慶事。(3)祝辞。(4)御礼。謝辞。

-782-〈C〉よろづ【万】〔名〕(1)一万。膨大な数。(2)万事。〔副〕およそ何事に於いても。

-58-〈C〉よをすつ【世を捨つ】〔連語〕《よ〔名〕＋を〔格助〕＋すつ〔他タ下二〕》出家する。

-59-〈C〉よをそむく【世を背く】〔連語〕《よ〔名〕＋を〔格助〕＋そむく〔他カ下二〕》出家する。

—ら・わ行—

-262-〈C〉らうあり【労有り】〔連語〕《らう〔名〕＋あり〔自ラ変〕》(1)心遣いが行き届いている。(2)熟練している。(3)趣深い。

-1465-〈C〉らむ【らむ】〔連接語〕《り〔助動ラ変型〕存続＋む〔助動マ四型〕推量》・・・ていることだろう。

-1062-〈C〉れいは【例は】〔連接語〕《れい〔名〕＋は〔係助〕》いつもは。

-285-〈C〉れう【料】〔名〕(1)材料。(2)対価。(3)ため。

-227-〈C〉ろうず【弄ず】〔他サ変〕からかう。

-286-〈C〉ろく【禄】〔名〕(1)報酬。(2)御祝儀。

-1234-〈C〉わかつ【分かつ・別つ】〔他タ四〕(1)別々にする。(2)分配する。(3)見分ける。

-1236-〈C〉わきて【分きて・別きて】〔副〕とりわけ。

-1233-〈C〉わきまふ【弁ふ】〔他ハ下二〕(1)正しく認識する。(2)きちんと借りを返す。

—や行—

- 1078-〈A〉やう【様】〔名〕(1)様子。(2)様式。(3)手段。(4)事情。(5)同類。(6)…なことには。〔接尾〕(1)…風。(2)…様。
- 534-〈A〉やうやう【漸う】〔副〕(1)次第に。(2)どうにかこうにか。
- 533-〈A〉やがて【軈て・頓て】〔副〕(1)その状態でずっと。(2)さながら。(3)即ち。(4)すぐさま。(5)間もなく。
- 612-〈A〉やさし【恥し・優し】〔形シク〕(1)辛い。(2)恥ずかしい。(3)慎ましい。(4)感心なことだ。(5)優雅だ。(6)心優しい。(7)易しい。
- 1372-〈A〉やすし【安し・易し】〔形ク〕(1)心安らかだ。(2)気軽だ。軽薄だ。(3)容易だ。(4)無造作だ。(5)安価だ。(6)…しやすい。
- 187-〈A〉やむごとなし【止む事無し】〔形ク〕(1)捨てておけない。(2)格別だ。(3)高貴だ。
- 1296-〈A〉やる【遣る】〔他ラ四〕(1)行かせる。流す。(2)送る。(3)気分を晴らす。〔補動ラ四〕(1)遠く…する。(2)すっかり…し終える。(3)…してやる。
- 806-〈A〉ゆかし【ゆかし】〔形シク〕(1)…したい。(2)心引かれる。
- 1115-〈A〉ゆめ【勤・努・謹】〔副〕(1)決して…するな。(2)全然…ない。(3)気を付けろ。
- 677-〈A〉ゆゆし【由由し・忌忌し】〔形シク〕(1)畏れ多い。(2)素晴らしい。(3)忌まわしい。(4)ひどい。(5)甚だしい。
- 248-〈A〉ゆゑ【故】〔名〕(1)原因。(2)由緒。(3)上品な嗜好。(4)風情。(5)縁故。血縁（者）。(6)異変。(7)…のゆえに。(8)…にもかかわらず。

—や行—

- 1371-〈B〉やすからず【安からず】〔連語〕《やすし〔形ク〕＋ず〔助動特殊型〕打消》(1)心穏やかでない。(2)不安だ。(3)とんでもない。
- 1376-〈B〉やすらふ【休らふ】〔自ハ四〕(1)ためらう。(2)立ち止まる。(3)滞在する。(4)休息する。〔他ハ下二〕休ませる。
- 592-〈B〉やつす【窶す・俏す】〔自サ四〕くつろぐ。〔他サ四〕(1)目立たぬ身なりをする。(2)僧形になる。(3)熱中する。(4)似せる。
- 1299-〈B〉やる【破る】〔自ラ下二〕破損する。〔他ラ四〕破壊する。
- 543-〈B〉やをら【やをら】〔副〕おもむろに。
- 45-〈B〉ゆかり【縁】〔名〕(1)縁故。(2)つながり。
- 531-〈B〉ゆくりなし【ゆくりなし】〔形ク〕(1)思いがけない。(2)考えが足りない。
- 516-〈B〉ゆふべ【夕べ】〔名〕(1)夕方。(2)昨夜。昨夕。
- 1201-〈B〉よに【世に】〔副〕(1)非常に。(2)全然…ない。
- 55-〈B〉よのなか【世の中】〔名〕(1)世界。(2)世間。時勢。(3)…期。時代。(4)世評。(5)境遇。貧福。(6)夫婦仲。(7)自然界。天候。(8)とてつもない。
- 412-〈B〉よはひ【齢】〔名〕(1)年齢。(2)年の頃。(3)寿命。
- 26-〈B〉よばふ【呼ばふ・婚ふ】〔他ハ四〕(1)何度も呼ぶ。(2)言い寄る。
- 1202-〈B〉よも【よも】〔副〕まさか。

- 1235-〈C〉わく【別く・分く】〔他カ下二〕(1)別々にする。(2)分配する。(3)分け進む。〔他カ四〕(1)別々にする。(2)見分ける。
- 1237-〈C〉わくらばに【わくらばに】〔副〕たまたま。とりわけ。
- 1185-〈C〉わざと【態と】〔副〕(1)意図的に。(2)格別に。(3)本格的に。
- 1187-〈C〉わざわざし【態態し】〔形シク〕わざとらしい。
- 989-〈C〉わしる【走る】〔自ラ四〕(1)走る。(2)あくせくする。
- 602-〈C〉わななく【戦慄く】〔自カ四〕(1)ぶるぶる震える。(2)声・音が震える。(3)縮れる。曲がりくねる。(4)動揺が走る。
- 792-〈C〉われかのここち【我かの心地】〔連語〕《われ〔代名〕＋か〔係助〕＋の〔格助〕＋ここち〔名〕》茫然自失。-791-〈C〉われかひとか【我か人か】〔連語〕《われ〔代名〕＋か〔係助〕＋ひと〔名〕＋か〔係助〕》茫然自失。
- 352-〈C〉われはがほ【我は顔】〔名・形動ナリ〕得意顔。
- 382-〈C〉ゐざる【膝行る・居ざる】〔自ラ四〕(1)膝行する。(2)這うように進む。
- 1382-〈C〉ゐやなし【礼無し】〔形ク〕無礼だ。
- 1383-〈C〉ゐやゐやし【礼礼し】〔形シク〕礼儀正しい。
- 603-〈C〉ゑふ【酔ふ】〔自ハ四〕(1)酔っぱらう。(2)食中毒になる。(3)乗り物酔いする。(4)心を奪われる。
- 1141-〈C〉ゑんず【怨ず】〔他サ変〕不満に思う。恨みがましくする。

http://fusau.com 古文単語千五百マスタリング・ウェポン http://fusaugatari.com

-54-〈A〉よ【世・代】【名】(1)一生。寿命。(2)三世。(3)・・・期。時代。(4)世間。時勢。(5)時期。(6)境遇。貧福。(7)世界。(8)俗世間。世俗的欲望。(9)生活。暮らし向き。(10)世評。(11)夫婦仲。

-251-〈A〉よし【由・因・縁】【名】(1)原因。(2)二流の血統。(3)上品な嗜好。(4)風情。(5)縁故。血縁(者)。(6)方法。(7)様子。

-253-〈A〉よし【良し・好し・善し・吉し】〔形ク〕(1)素晴らしい。(2)快い。(3)美しい。(4)正しい。善良だ。(5)相応しい。(6)上手だ。(7)縁起がよい。(8)富裕だ。(9)高貴だ。(10)聡明だ。(11)親しい。(12)・・・してかまわない。(13)・・・(し)易い。

-254-〈A〉よしなし【由無し】〔形ク〕(1)理由がない。(2)方法がない。(3)関係がない。(4)薄っぺらだ。(5)無意味だ。(6)人聞きが悪い。

-43-〈A〉よすが【縁・因・便】〔名〕(1)拠り所。(2)縁者。(3)手づる。(4)手段。

-259-〈A〉よろし【宜し】〔形シク〕(1)好ましい。(2)相応しい。(3)悪くはない。(4)可もなく不可もない。

—ら・わ行—

-625-〈A〉らうたし【らうたし】〔形ク〕(1)いたわしい。(2)かわいい。

-1061-〈A〉れいの【例の】〔連接語〕《れい[名]+の[格助]》(1)あの。(2)普通の。(3)例によって。

—ら・わ行—

-638-〈B〉らうがはし【乱がはし】〔形シク〕(1)乱雑だ。(2)無礼だ。(3)耳障りだ。

-261-〈B〉らうらうじ【労労じ】〔形シク〕(1)熟練している。(2)上品に愛らしい。

-1499-〈B〉らく【らく】〔接尾〕(1)・・・な事。(2)・・・なことには。(3)・・・であることよ。

-1422-〈B〉りけり【りけり】〔連接語〕《り[助動ラ変型]存続+けり[助動ラ変型]過去》(1)・・・している最中だった。(2)既に・・・していた。(3)・・・していた。(4)・・・だったのだなあ。

-1060-〈B〉れいならず【例ならず】〔連接語〕《れい[名]+なり[助動ナリ型]断定+ず[助動特殊型]打消》(1)普通でない。(2)体調不良だ。

-1251-〈B〉ろなう【論無う】〔副〕無論。

-418-〈B〉わうじゃう【往生】〔名・自サ変〕(1)極楽往生。(2)死ぬこと。(3)諦めること。

-1186-〈B〉わざ【業・態・事・技】〔名〕(1)行為。(2)仏事。(3)仕事。(4)方法。技芸。(5)災厄。(6)・・・なこと。

-142-〈B〉わたくし【私】〔名〕(1)個人的なこと。(2)個人の思惑。〔代名〕私。

-596-〈B〉わづらはし【煩はし】〔形シク〕(1)面倒臭い。(2)煙ったい。(3)鬱陶しい。(4)複雑だ。念入りだ。(5)重病だ。

-642-〈B〉わらは【童】【妾】〔名〕【童】(1)子供。(2)召使いの少年。(3)召使いの少女。(4)ざんばら髪。【妾】(5)わたくし。

-660-〈C〉をうな【女】〔名〕女。

-457-〈C〉をちこち【彼方此方・遠近】〔名〕(1)遠くと近く。あちらこちら。(2)未来と現在。

-1278-〈C〉をぢなし【をぢなし】〔形ク〕(1)臆病だ。(2)下手くそだ。浅はかだ。

-651-〈C〉をとめ【少女・乙女】〔名〕(1)少女。処女。(2)五節の舞姫。

-565-〈C〉をりしりがほ【折り知り顔】〔形動ナリ〕(1)待ってましたと言わんばかりだ。(2)場面相応だ。

see also 古文・和歌マスタリング・ウェポン

-993-〈A〉わたり【辺り】〔名〕(1)付近。(2)…頃。…の様子。(3)お方。
-992-〈A〉わたる【渡る】〔自ラ四〕(1)渡航する。(2)空を横切る。(3)行く。来る。(4)通過する。(5)広く通じる。(6)いらっしゃる。(7)過ごす。〔補動ラ四〕広く…する。長い間…する。
-595-〈A〉わづらふ【煩ふ】〔自ハ四〕(1)心が辛い。(2)病気になる。(3)苦労する。〔補動ハ四〕なかなか…できない。
-1308-〈A〉わびし【侘びし】〔形シク〕(1)やりきれない。(2)みすぼらしい。(3)面白味がない。(4)物足りない。心細い。
-1307-〈A〉わぶ【侘ぶ・陀ぶ】〔自バ下二〕(1)がっかりする。(2)心細く思う。(3)困惑する。(4)許しを請う。(5)落ちぶれる。(6)侘び住まいをする。〔補動バ上二〕…しかねる。…し続けられそうにない。
-1266-〈A〉わりなし【わりなし】〔形ク〕(1)理解に苦しむ。(2)どうしようもない。(3)並々でない。(4)ひどく。
-264-〈A〉わろし【悪し】〔形ク〕(1)よくない。(2)正しくない。(3)醜悪だ。(4)下手だ。(5)衰退している。貧乏だ。(6)たちが悪い。
-378-〈A〉ゐる【居る】〔自ワ上一〕(1)座る。(2)じっとしている。(3)居る。住む。(4)…である。(5)発生する。(6)立腹がおさまる。〔他ワ上一〕鬱憤を晴らす。〔補動ワ上一〕…し続ける。
-379-〈A〉ゐる【率る】〔他ワ上一〕(1)引き連れる。(2)携行する。
-244-〈A〉をかし【をかし】〔形シク〕(1)興味深い。(2)美しい。可愛い。(3)趣深い。(4)滑稽だ。(5)奇妙だ。
-243-〈A〉をこがまし【痴がまし】〔形シク〕馬鹿みたいだ。
-630-〈A〉をさなし【幼し】〔形ク〕(1)幼少だ。(2)子供っぽい。
-631-〈A〉をさをさし【長長し】〔形シク〕(1)しっかりしている。(2)しっかりとは…ない。

-641-〈B〉わらはべ【童部】〔名〕(1)子供(達)。(2)召使いの少年。(3)愚妻。
-132-〈B〉ゐん【院】〔名〕(1)大きな屋敷。(2)〔上皇・法皇・女院〕の御所。(3)上皇。法皇。女院。
-242-〈B〉をこ【痴・烏滸・尾籠】〔名・形動ナリ〕馬鹿。
-632-〈B〉をさをさ【をさをさ】〔副〕(1)殆ど…ない。全然…ない。(2)しっかりと。
-267-〈B〉をしむ【愛しむ・惜む】〔他マ四〕(1)とても愛おしい。(2)哀惜する。(3)物惜しみする。(4)思う存分。
-1098-〈B〉をとこで【男手】〔名〕(1)男性の筆跡。(2)漢字。
-661-〈B〉をみな【女】〔名〕女性全般。少女。美女。
-1481-〈B〉をや【をや】〔連接語〕《を〔格助〕＋や〔係助〕》(1)…を〜だろうか？(2)…を〜ということはあるまい。(3)…でさえ〜なのだ、まして〜〜〜が〜なのは言うまでもない。《を〔間投助〕＋や〔間投助〕》(4)…だなあ。
-561-〈B〉をり【折】〔名〕(1)季節。(2)場面。(3)懐紙。(4)折り詰め。
-564-〈B〉をりから【折柄】〔名〕よい折り。〔副〕その折りも折り。
-566-〈B〉をりしもあれ【折しもあれ】〔連接語〕《をりしも〔副〕＋あり〔補動ラ変〕》その折りも折り。
-563-〈B〉をりふし【折節】〔名〕(1)その時々。(2)季節。場面。〔副〕(1)時折。(2)その折りも折り。
-1099-〈B〉をんなで【女手】〔名〕(1)女性の筆跡。(2)ひらがな。

-266-〈A〉をし【愛し】【惜し】〔形シク〕【愛し】(1)とても愛おしい。【惜し】(2)失いたくない。名残が尽きない。

-648-〈A〉をとこ【男】〔名〕(1)成人男子。(2)男。(3)夫。恋人の男。(4)息子。(5)世俗の男性。(6)下男。(7)男性風。男文字。

-649-〈A〉をのこ【男子・男】〔名〕(1)男の子。(2)男。(3)下男。(4)蔵人。

-383-〈A〉をり【居り】〔自ラ変〕(1)じっとしている。(2)ある。(3)・・・にある。〔補動ラ変〕(1)ずっと・・・している。(2)・・・やがる。

-662-〈A〉をんな【女】〔名〕(1)女。(2)妻。恋人の女性。(3)娘。(4)女性風。女文字。

http://zubaraie.com ←合同会社ズバライエ(ZUBARAIE LLC.)ホームページ

― about **the author** of this book (本書の**著者**について) ―

Jaugo Noto is a professional educator in linguistics, who makes it his business to enable students to see, do, or be what he's been through and what he can see through, in ways other humans have never imagined or even thought possible. His field of business activity ranges from modern English to ancient Japanese, developing not so much on paper or in the flesh as on the WEB currently.

之人冗悟(のと・じゃうご)は語学教育の専門家。彼本人の実践・予見の体験を、学生にも認識・実践・体得させること(それも、他者が想像もせず、不可能とさえ思っていた方法で可能ならしめること)を仕事とする彼の活動の幅は、現代英語から古典時代の日本語まで多岐に渡る。現在、紙本執筆や生身の授業よりインターネット上での事業展開が主力。

― about **ZUBARAIE** LLC. (Limited Liability Company) (**合同会社ズバライエ**について) ―

ZUBARAIE LLC. was established in Tokyo, Japan, on July 13th (Friday), 2012, as a legal vehicle for Jaugo Noto to perform such services as education, translation, publication and other activities to help enlighten people.

合同会社ズバライエ(ごうどうがいしゃZubaraie)は、2012年7月13日(おまけに仏滅)(金曜日(けいもう))、日本国の東京(すいこう)にて、之人冗悟(のと・じゃうご)が教育・翻訳・出版その他の啓蒙活動を遂行するための法的枠組として設立された。

「古文単語1500マスタリング・ウェポン(Mastering Weapon)」

ISBN 978-4-9906908-3-0

Copyright ©2011- 2013 by Jaugo Noto(之人冗悟)

1st edition published from ZUBARAIE LLC. 2013/02/11

＊本書は、その「字引き」的性格上、古語の語義・訳語の「引用」を自由に許可しますが、著者の独自創案による「意味別語群」や「ABC重要度水準」等、本書の体系的特性を商業的に転用する行為は「引用」を越えた「盗用」となりますので、厳にお慎み下さい。

= also from the same **author** 之人冗悟(*Jaugo Noto*) =
Beneath **U**mbrella of **Z**ubaraie　LLC.

『でんぐリングリッシュ：英・和 対訳版』ISBN 978-4-9906908-0-9
　　日本の初学者&再挑戦者に贈る、英語を真にモノにするための心得(英文／和訳見開き対訳本)。
　　…本書一冊では効果半減：『英文**解剖**編』との併用により、真の英文解釈力の開眼を図るべし。

『でんぐリングリッシュ：英文 解剖編』ISBN 978-4-9906908-1-6
　　同書の全英文を、解剖学的解釈の詳細な構造図で「**可視化**」した古今未曾有の英文読解指南書。
　　英語がこの形で「見える」ようになることこそ、全学習者の理想形…よーく見て、マネぶべし。

☆！併読推奨！☆『**古文・和歌**マスタリング・ウェポン』ISBN 978-4-9906908-2-3
　　大学入試で出題される古文と和歌の知識を完全網羅。暗記必須事項は抱腹絶倒の語呂合わせで、
　　重要事項の全ての暗記＋確認は巻末穴埋めテストで、調べ物は詳細な索引で、完全サポート。

★本書★『**古文単語千五百**マスタリング・ウェポン』ISBN 978-4-9906908-3-0
　　充実の語義解説で大学入試古文にも和歌・古文書解釈にも不自由を感じぬ完璧な古語力を養成。
　　入試得点力に直結する受験生の福音書にして、日本語・日本文化への目からウロコの知識の宝庫。

　　　　☆↓本書「古文単語１５００ＭＷ」の「**例文集**」をお望みの方は、こちらをどうぞ↓☆
『ふさうがたり(Fusau Tales)**扶桑語り**：古文・英文・現代和文対釈』ISBN 978-4-9906908-4-7
　　『古文単語千五百』の**全見出語1500**(＋**平安助動詞37**＆**平安助詞77**全用法)で書かれた22編の
　　擬古文歌物語で『古文・和歌マスタリングウェポン』の説く古典読解法の実践を図る英和古対釈本。

Greeting and invitation from *author Jaugo Noto*
筆者・之人冗悟(のと・じゃうご)よりの御挨拶&御招待

Thank you very much for taking (even *READING!*) this book.

本書を手に取って(更には読んで!)いただき、感謝します。

If you found it interesting, you could find it much more so by visiting **the WEB site presented by this author**:

「面白い!」と感じたなら、**筆者提供のWEBサイトを訪問すれば**もっと興味深いものが見つかるはずですよ:

＜扶桑語り(Fusau Tales) interactive lesson＞
扶桑語り (ふさうがたり) 双方向型授業 on the WEB
http://fusaugatari.com   …↓教材見本はこちら↓
http://fusaugatari.com/sample/dochi/1000001/index.html

＜ancient Japanese literature in general＞
(古い時代の) 日本文学全般紹介サイト
http://fusau.com

・・・本書およびWEBコンテンツの提供元は、筆者が代表社員の
合同会社(Limited Liability Company:LLC.) **ZUBARAIE** (ズバライエ)
でした(・・・日本の古文のみならず、英語のコンテンツもありますよ)
cf: http://furu-house.com/sample   (←英語構文WEBレッスン)

www.ingramcontent.com/pod-product-compliance
Lightning Source LLC
Chambersburg PA
CBHW072037160426
43197CB00014B/2538